油泉 金東建 先生 古稀紀念

刑事判例研究

〔24〕

韓國刑事判例研究會 編

韓國刑事政策研究院

Korean Journal of Criminal Case Studies

〔24〕

Edited by

Korean Association of Criminal Case Studies

KOREAN INSTITUTE OF CRIMINOLOGY

油泉 金東建

머 리 말

1992년 한국형사판례연구회가 발족한 이래로 매년 발간되어 온 형사판례연구는 24년의 역사와 전통을 자랑하는 학술지로서, 형사판례의 이론적 기초와 아울러 실천적 적용범위를 제시해 왔습니다. 특히, 이번 형사판례연구 제24권은 금년에 고희를 맞으시는 유천(油泉) 김동건(金東建) 선생님께 봉정할 수 있게 되어 우리 회원 모두가 기뻐하고 경하하고 있습니다.

유천 선생님께서는 일찍이 판사로서 법조실무를 시작하여 2004년 서울고등법원장까지 역임하시고, 2005년부터는 법무법인 바른의 대표변호사를 지내시는 등 명실 공히 우리나라 형사실무를 대표하는 분이십니다. 우리 연구회에도 설립 초기부터 참여하여 제2대 회장을 역임하면서 연구회의 기반을 다지셨고, 이후 고문으로 계시면서 물심양면으로 학회 활동을 지원해 주시고, 최근까지도 직접 연구회에 참석하여 후학들을 격려하고 모범을 보이시는 등 학회 발전에 크게 기여하고 계십니다.

강직하고 청렴하면서도 따뜻한 성품을 지니신 선생님께서는 학계와 법조계에서의 활동에 더하여 중앙선거관리위원으로 활동하였고, 불교포럼 상임대표, 세종문화회관 후원회장, 장욱진 미술문화재단 이사장, 서울미디어대학원 대학교 이사장 등 종교 · 문화 · 교육 등 다방면에 걸쳐 활발한 사회기여활동을 하고 계십니다. 특히, 선생님께서는 2012년 아천 장학회를 설립하여 매년 어린 학생들에게 장학금을 지급함으로써 후학의 양성에도 힘쓰고 계십니다. 이처럼 훌륭하고 따뜻한 성품을 지닌 선생님에 대한 우리 회원 모두의 존경심을 담아 이 책을 봉정하는 것입니다. 다시 한 번 선생님의 고희를 진심으로 축하드리고, 앞날의 행운과 만수무강을 축원드립니다.

끝으로 유천 선생님의 고희를 기념하는 '축하의 글'을 써 주신 한국형사정책연구원의 김진환 원장님께 깊이 감사드립니다. 원장님께서는 연구회의 회장을 역임하셨고, 현재는 형사정책연구원의 원장으로서 연구회에 재정적·행정적 지원을 해 주고 계십니다. 또한 이 책이 나오기까지 월례회의 발표와 사회를 맡아주신 분들과 꾸준히 참여하여 주신 회원 여러분, 그리고 논문에 대한 심사를 맡아 주신 여러 분께도 감사를 드립니다. 특히, 오랜만에 지방인 남원에서 연구회를 할 수 있도록 많은 노력을 아끼지 않으신 김영기 남원지청장님께 깊은 감사를 드립니다. 그리고 학회의 살림살이를 맡아 수고하는 총무간사인 형사정책연구원의 안성훈 박사님과 이 책이 등재지를 유지할 수 있도록 부단히 노력하며 이 책의 발간에 힘쓴 편집간사인 이강민 박사님에 대해서도 감사드립니다. 나아가 창간호부터 지금까지 이 책의 출판을 맡아주신 박영사의 안종만 회장님, 조성호 이사님 그리고 박영사 관계자 여러분께 감사의 말씀을 전합니다.

2016년 6월
한국형사판례연구회 회장
조 균 석

賀 詞

油泉 金東建 변호사님께서 古稀를 맞을 때까지 나라와 법조, 판례 발전을 위하여 쌓은 공훈을 기리기 위하여 한국형사판례연구회가 정성으로 마련한 고희기념논문집인 형사판례연구 제24권을 김 변호사님께 헌정하는 자리에서 賀詞를 드리게 된 것을 무한한 영광으로 생각합니다.

저는 金東建 변호사님의 대학 2년 후배지만 여러 가지 연분으로 김 선배님과 동행하거나 가까이서 보필하고 직무를 승계하는 행운을 가졌습니다.

김 선배님께서 법관의 길을 갈 때 저는 검사의 길을 가면서도 김 선배님이 대법원 법원행정처 기획조정실장일 때 저는 대검찰청 기획조정부장으로 일했고, 김 선배님이 수원지방법원장을 거쳐 서울지방법원장일 때 저는 대구지검장, 법무부 검찰국장, 서울지검장으로 일하면서 늘 가까이서 김 선배님의 투철한 법조정신, 탁월한 경륜과 지도력을 배우면서 흠모해왔습니다.

김 선배님이 법무법인 바른의 대표변호사일 때 저는 법무법인 충정의 대표변호사로서 2010년 2월 법조원로기자단이 초청한 서울관훈클럽(신영연구기금회관) 양자 토론에서 각기 법원 및 검찰을 대표하여 법조갈등 해소방안에 대한 대담을 가지기도 하였습니다.

더욱이 김 선배님이 오늘 기념논문집을 헌정받는 한국형사판례연구회 회장이실 때 제가 부회장으로 보필하다가 그 자리를 승계하였고, 최근 서울법대 총동문회장의 직책도 이어받아 후임이 되었으니 그만큼 질긴 인연의 끈도 드문 일이라 하겠습니다.

제가 아는 金東建 변호사님은 법원에 계시면서 법원행정처 조사국장 재직시에는 근대사법 100년사의 모든 자료를 모아 편찬·발간하는 금자탑을 세웠고, 수석재판연구관 및 기조실장 때에는 조세·환경 분야 등 법관업무의 전문화를 추진하는 등 올곧은 자세로 사법부의 발전에 큰 족적을 남겨 많은 후배들의 존경과 신망을 받고 있습니다.

법원을 떠난 뒤 재야 법조인으로서 법무법인 바른을 반석 위에 올려놓았을 뿐만 아니라 정부 공직자 윤리위원회 위원장으로서 공직기강 확립에도 크게 기여하였습니다.

교육의 중요성을 인식하고 학교법인 영남학원 이사장과 중앙대학교 이사를 역임한 바 있으며, 현재에도 학교법인 서울미디어대학원대학교 이사장과 한국외국어대학교 이사를 맡고 있습니다.

종교적으로 불교신자로서 재조에 있을 때에는 서초반야회를 이끌었고, 그 후 참여불교 재가연대 상임대표를 거쳐 불교포럼 상임대표로서 불교계의 성숙한 발전에 기여하고 있는 한편, 탄허불교문화재단의 이사로 봉사하면서 삼일선우회 회장직을 맡아 매주 일요일 대한변호사회관에서 법회도 주관하고 있습니다.

문화적으로도 세종문화회관 후원회장, 장욱진 미술문화재단 이사장 등으로 활발한 사회활동을 전개하면서, 2014년 6월에는 양주시립장욱진미술관을 준공하였고, 2017년에는 장욱진 화백 탄신 100주년 기념사업을 추진하기 위하여 동분서주하고 있습니다.

金東建 변호사님은 평소 학구적인 자세로 서울대학교 대학원에서 법학석사학위를 받으시고 영국의 명문 캠브리지대학에 유학하여 수학한 후 그 대학 한국총동문회 회장을 맡고 있으며, 명예로운 서울법대 총동문회장으로서 장학재단 기반을 공고히 하였을 뿐만 아니라, 개인적으로도 雅泉 장학회를 만들어 고향의 후배들에게 장학금을 지급하고 있으며, 무엇보다 「한국형사판례연구회」의 초대 회장 이재상 교수에 이어 제2대 회장으로서 법관들의 참여율을 높이고 법조실무자들과 법학자들이 형사판결을 함께 평석하는 전통을 확고히 다져 오늘날까

지 매월 연구발표회가 지속되고 있습니다.

그런 의미에서 후배들이 전임 회장의 고희를 기념하여 형사판례연구 제24권을 기념논문집으로 헌정하는 것은 매우 뜻깊은 일이라 할 것입니다.

아무쪼록 앞으로도 더욱 건승하셔서 후학들을 계속 지도해주시고 내외분이 천수를 누리시면서 가정에 내내 행복이 충만하시기를 축원드립니다.

2016년 6월

한국형사정책연구원 원장 金 振 煥

油泉 金東建 略曆

油泉 金東建 선생님은 1946. 11. 2. 대구광역시 북구 칠성동에서 父 金濬河 선생과 母 李德祚 여사 사이에서 4남 중 장남으로 출생하였다. 그 후 경북 의성군 구천면 고향에서 성장하였고, 1971년 模雅 金珠經 여사와 혼인하여 슬하에 昭伶, 秀炫, 慈伶 세 딸을 두었다.

· 학력

1958. 3.	구천초등학교 졸업
1961. 3.	안계중학교 졸업
1964. 2.	경북대 사범대 부설 고등학교 졸업
1969. 2.	서울대학교 법과대학 졸업
1970. 2.	제11회 사법시험 합격(사법연수원 1기)
1974. 2.	서울대학교 대학원 법학과 졸업(법학석사)
1983. 7.	영국 Cambridge 대학 LL.VM 과정 수료

· 경력

1972. 4. - 1975. 3.	해군 법무관(해군 대위)
1975. 3. - 1977. 3.	서울형사지방법원 판사
1977. 3. - 1979.11.	서울민사지방법원 판사
1979.12. - 1981. 8.	대전지방법원 판사
1981. 9. - 1982. 8.	서울지방법원 동부지원 판사
1982. 9. - 1985. 2.	서울고등법원 판사
1985. 3. - 1986. 4.	대법원 재판연구관
1986. 5. - 1989. 2.	대구지방법원 부장판사
1989. 3. - 1991. 2.	사법연수원 교수
1991. 2. - 1992. 8.	서울형사지방법원 부장판사

1992. 8. - 1993. 8.	대법원 법원행정처 조사국장
1993. 9. - 1995. 2.	대구고등법원 부장판사
1995. 2. - 1997. 2.	서울고등법원 부장판사
1997. 2. - 1998. 2.	대법원 수석 재판연구관
1998. 2. - 2000. 2.	대법원 법원행정처 기획조정실장
2000. 2. - 2000. 7.	서울고등법원 부장판사
2000. 7. - 2000. 9.	제주지방법원장, 제주도 선거관리위원회 위원장
2000. 9. - 2003. 2.	수원지방법원장, 경기도 선거관리위원회 위원장
2003. 2. - 2004. 2.	서울지방법원장, 서울특별시 선거관리위원회 위원장
2004. 2. - 2005. 2.	서울고등법원장, 중앙선거관리위원

· 사회활동

2002. 1. - 2003.12.	한국형사판례연구회 회장
2005. 3. - 2011.12.	법무법인 바른 대표변호사
2005.12. - 2008. 8.	학교법인 영남학원 이사장
2006.11. - 2011.12.	참여불교재가연대 상임대표
2007.11. - 2009.11.	정부공직자윤리위원회 위원장
2014. 6. - 2016. 5.	제35대 서울대학교 법과대학 동창회장
2010. 7. - 현재	세종문화회관 후원회장
2011. 6. - 현재	장욱진 미술문화재단 이사장
2012. 1. - 현재	법무법인 바른 명예대표변호사
2012. 1. - 현재	학교법인 서울미디어대학원대학교 이사장
2012. 1. - 현재	불교포럼 상임대표
2013. 8. - 현재	사단법인 국민안전행복네트워크 이사장

· 서훈

2005. 5.	황조근정훈장 수훈

목 차

Table of Contents

외국에서 집행받은 형의 선고와 형법 제7조의 개정방향
- 대법원 2013. 4. 11. 선고 2013도2208 판결, 헌법재판소 2015. 5. 28. 선고 2013헌바129 전원재판부-

전 지 연*

I. 사실관계

피고인은 2011. 5. 일자불상경 불상의 장소에서 여권 위조 조직원인 조선족 갑과 함께 을 명의의 대한민국 여권을 위조하기로 공모하였다. 피고인은 공모한 후 약 일주일이 경과한 2011. 5. 일자불상경 서울 구로구 가리봉역 앞길에서 갑의 연락을 받은 불상의 조선족에게 을 명의의 대한민국 여권을 건네주고, 그로부터 약 2주 후 같은 장소에서 동일인으로부터 을 명의의 인적사항에 피고인의 사진을 붙이는 방법으로 위조된 여권을 건네받았다. 이로써 피고인은 갑과 공모하여 공문서인 대한민국 여권 1매를 위조하였다.

---

* 연세대학교 법학전문대학원 교수.

피고인은 2011. 6. 22.경 첵랍콕섬에 있는 홍콩국제공항에서 성명불상의 입국심사직원에게 위조한 공문서인 을 명의의 대한민국여권을 마치 진정하게 발급된 것처럼 제시하여 이를 행사하였다. 여권의 행사과정에서 위조여권임이 드러나 피고인은 체포되어 홍콩법원에서 징역 1년을 선고받고 8개월 정도 복역하다가 대한민국으로 강제추방 되었고, 입국할 때 체포되어 다시 기소되었다.

Ⅱ. 소송의 경과

1. 제1심법원인 인천지방법원은 위의 사실관계를 확인하고 피고인에 대하여 동일한 범죄사실로 징역 6월을 선고하였다.[1)]

2. 제1심법원의 판결에 대하여, (1) 피고인은 원심의 형(징역 6월)이 너무 무거워서 부당하다는 이유로, (2) 검사는 원심의 형이 너무 가벼워서 부당하다는 이유로 피고인과 검사 모두 항소하였다.

3. 항소법원은 피고인의 항소이유에 관한 판단에 앞서 직권으로, 피고인이 2012. 8. 3. 인천지방법원 2012고단1643호 마약류관리에관한법률위반(향정)죄로 징역 1년 및 추징 90만원을 선고받아 그 판결이 이 사건 원심판결 선고 후인 2012. 12. 13. 확정되었음을 확인하였다. 따라서 이 사건 죄는 위 판결이 확정된 죄와 형법 제37조 후단의 경합범 관계에 있어 형법 제37조 후단, 제39조 제1항을 적용하여야 하므로 이를 적용하지 아니한 원심판결은 더 이상 유지될 수 없다고 판단하였다.

그 결과 항소법원은 원심판결에는 직권파기사유가 있으므로, 피고인 및 검사의 각 양형부당 주장에 대한 판단을 생략한 채 형사소송법 제364조 제2항에 의하여 직권으로 원심판결을 파기하고, 변론을 거

1) 인천지방법원 2012. 11. 1. 선고 2012고단10017 판결.

쳐 다시 피고인에 대한 형을 징역 6월로 정하였다.[2]

4. 피고인은

(1) 홍콩에서 이 사건 공소사실과 동일한 범죄사실로 형사처벌을 과하는 확정판결을 받았으므로 이를 다시 처벌하는 원심판결은 일사부재리의 원칙을 위반한 위법이 있으며,

(2) 원심판결에 피고인이 검찰에서 진술서를 작성함에 있어 진술거부권을 고지 받았는지 여부 또는 위 진술서의 증거능력에 관하여 심리를 다하지 아니하여 판결결과에 영향을 미친 위법이 있으며,

(3) 형의 양정이 부당하다고 주장하며 상고하였다.

5. 피고인은 상고심 재판 계속 중 형법 제7조가 헌법에 위반된다며 위헌법률심판제청신청을 하였으나, 대법원은 2013. 4. 11. 위 신청을 기각하였다(대법원 2013초기137).

6. 대법원은 피고인에 대하여,

(1) 원심판결은 일사부재리의 원칙을 위반한 위법이 있다는 취지의 주장은 받아들일 수 없으며,

(2) 피고인이 검찰에서 진술서를 작성함에 있어 진술거부권을 고지 받았는지 여부 또는 위 진술서의 증거능력에 관하여 심리를 다하지 아니하여 판결결과에 영향을 미친 위법이 있다고 볼 수 없으며,

(3) 피고인에 대하여 6월의 형이 선고된 이 사건에서 형의 양정이 부당하다는 주장은 적법한 상고이유가 되지 못한다는 이유로 상고를 기각하였다.[3]

7. 이에 대하여 피고인은 2013. 5. 10. 형법 제7조에 대하여 헌법소

---

2) 인천지방법원 2013. 1. 30. 선고 2012노3338 판결.

3) 대법원 2013. 4. 11. 선고 2013도2208 판결.

원심판을 청구하였다.

8. 헌법재판소는 2015. 5. 28. 이에 대하여,

(1) 형법 제7조는 헌법 제13조 제1항의 이중처벌금지 원칙에 위배되지 아니한다.

(2) 형법 제7조와 같이 우리 형법에 의한 처벌 시 외국에서 받은 형의 집행을 전혀 반영하지 아니할 수도 있도록 한 것은 과잉금지원칙에 위배되어 신체의 자유를 침해한다.

(3) 형법 제7조에 대하여 헌법불합치결정을 선고하되, 2016. 12. 31.을 시한으로 입법자의 개선입법이 있을 때까지 계속적용을 명하기로 한다고 결정하였다.[4)]

Ⅲ. 대상판결

1. 대법원판결

대 법 원

제 3 부

판 결

사 건	2013도2208 공문서위조, 위조공문서행사
피 고 인	송○○, 대리운전
	주거 서울 성북구 길음동 1077, ○○○호
	(인천구치소 수감중)
	등록기준지 서울 성동구 성수동2가 ○○○
상 고 인	피고인
변 호 인	변호사 안○○ (국선)

4) 헌법재판소 2015. 5. 28. 선고 2013헌바129 전원재판부.

원 심 판 결 인천지방법원 2013. 1. 30. 선고 2012노3338 판결
판 결 선 고 2013. 4. 11.

주 문

상고를 기각한다.

이 유

상고이유를 판단한다.

피고인이 홍콩에서 이 사건 공소사실과 동일한 범죄사실로 형사처벌을 과하는 확정판결을 받았다고 하더라도, 이러한 외국판결은 우리나라에서는 일사부재리의 원칙이 적용될 수 없으므로(대법원 1983. 10. 25. 선고 83도2366 판결 등 참조), 원심판결에 일사부재리의 원칙을 위반한 위법이 있다는 취지의 상고이유 주장은 받아들일 수 없다.

그리고 기록을 살펴보아도 상고이유 주장과 같이 원심판결에 피고인이 검찰에서 진술서를 작성함에 있어 진술거부권을 고지 받았는지 여부 또는 위 진술서의 증거능력에 관하여 심리를 다하지 아니하여 판결결과에 영향을 미친 위법이 있다고 볼 수 없다.

또한 형사소송법 제383조 제4호에 의하면 사형, 무기 또는 10년 이상의 징역이나 금고가 선고된 사건에서만 양형부당을 사유로 한 상고가 허용되는 것이므로, 피고인에 대하여 그보다 가벼운 형이 선고된 이 사건에서 형의 양정이 부당하다는 주장은 적법한 상고이유가 되지 못한다.

그러므로 상고를 기각하기로 하여, 관여 대법관의 일치된 의견으로 주문과 같이 판결한다.

대법관 민일영(재판장), 이인복, 박보영(주심), 김신

2. 항소심판결

인 천 지 방 법 원
제 2 형 사 부
판 결

사 건	2012노3338 공문서위조, 위조공문서행사
피 고 인	송○○, 대리운전
	주거 서울 성북구 길음동 1077, ○○○호
	(현재 인천구치소 수감 중)
	등록기준지 서울 성동구 성수동2가 ○○○
항 소 인	피고인 및 검사
검 사	고○○(기소), 반○(공판)
변 호 인	변호사 배○○(국선)
원 심 판 결	인천지방법원 2012. 11. 1. 선고 2012고단10017 판결
판 결 선 고	2013. 1. 30.

주 문

원심판결을 파기한다.

피고인에 대한 형을 징역 6월로 정한다.

이 유

1. **항소이유의 요지**

가. 피고인

원심의 형(징역 6월)이 너무 무거워서 부당하다.

나. 검사

원심의 형이 너무 가벼워서 부당하다.

2. **직권판단**

피고인의 항소이유에 관한 판단에 앞서 직권으로 살피건대, 피고인이 2012. 8. 3. 인천지방법원 2012고단1643호 마약류관리에관한법률위반(향정)죄로 징역 1년 및 추징 90만 원을 선고받아 그 판결이 이 사건 원심판결 선고 후인 2012. 12. 13. 확정되었는바, 이 사건 죄는 위 판결이 확정된 죄와 형법 제37조 후단의 경합범 관계에 있어 형법 제37조 후단, 제39조 제1항을 적용하여야 하므로 이를 적용하지 아니한 원심판결은 더 이상 유지될 수 없게 되었다.

3. **결론**

그렇다면 원심판결에는 직권파기사유가 있으므로, 피고인 및 검사의 각 양형부당 주장에 대한 판단을 생략한 채 형사소송법 제364조 제2항에 의하여 직권으로 원심판결을 파기하고, 변론을 거쳐 다시 다음과 같이 판결한다.

범죄사실 및 증거의 요지(**생략**)

법령의 적용(**생략**)

양형이유

피고인이 잘못을 인정하는 점, 동종 범죄로는 처벌받은 전력이 없는 점, 피고인이 이 사건 위조여권과 관련하여 홍콩에서 약 8개월 동안 수감생활을 하였다고 하는 점, 위 판결이 확정된 죄와 동시에 재판을 받았을 경우와의 형평성을 고려해야 하는 점은 참작할 만한 정상이다.

3. 헌법재판소의 결정 : 헌법재판소 2015. 5. 28. 선고 2013헌바129 전원재판부

【판결요지】

가. 형사판결은 국가주권의 일부분인 형벌권 행사에 기초한 것으로서, 외국의 형사판결은 원칙적으로 우리 법원을 기속하지 않으므로 동일한 범죄행위에 관하여 다수의 국가에서 재판 또는 처벌을 받는 것이 배제되지 않는다. 따라서 이중처벌금지원칙은 동일한 범죄에 대하여 대한민국 내에서 거듭 형벌권이 행사되어서는 안 된다는 뜻으로 새겨야 할 것이므로 이 사건 법률조항은 헌법 제13조 제1항의 이중처벌금지원칙에 위배되지 아니한다.

나. 입법자는 외국에서 형의 집행을 받은 자에게 어떠한 요건 아래, 어느 정도의 혜택을 줄 것인지에 대하여 일정 부분 재량권을 가지고 있으나, 신체의 자유는 정신적 자유와 더불어 헌법이념의 핵심인 인간의 존엄과 가치를 구현하기 위한 가장 기본적인 자유로서 모든 기본권 보장의 전제조건이므로 최대한 보장되어야 하는바, 외국에서 실제로 형의 집행을 받았음에도 불구하고 우리 형법에 의한 처벌 시 이를 전혀 고려하지 않는다면 신체의 자유에 대한 과도한 제한이 될 수 있으므로 그와 같은 사정은 어느 범위에서든 반드시 반영되어야 하고, 이러한 점에서 입법형성권의 범위는 다소 축소될 수 있다.

입법자는 국가형벌권의 실현과 국민의 기본권 보장의 요구를 조화시키기 위하여 형을 필요적으로 감면하거나 외국에서 집행된 형의 전부 또는 일부를 필요적으로 산입하는 등의 방법을 선택하여 청구인의 신체의 자유를 덜 침해할 수 있음에도, 이 사건 법률조항과 같이 우리 형법에 의한 처벌 시 외국에서 받은 형의 집행을 전혀 반영하지 아니할 수도 있도록 한 것은 과잉금지원칙에 위배되어 신체의 자유를 침해한다.

다. 만약 이 사건 법률조항이 위헌결정으로 즉시 효력을 상실할 경우, 임의적으로나마 형을 감면할 근거규정이 없어지게 되어 감면 적용을 받아야 할 사람에 대하여도 감면을 할 수 없게 되므로, 법적 안정성의 관점에서 용인하기 어려운 법적 공백이 생기게 된다. 따라서 이 사건 법률조항에 대하여 헌법불합치결정을 선고하되, 2016. 12. 31.을 시한으로 입법자의 개선입법이 있을 때까지 계속적용을 명하기로 한다.

[재판관 강일원, 재판관 서기석, 재판관 조용호의 반대의견]

형벌법규가 외국에서 형의 집행을 받은 자에게 어떠한 요건 아래, 어느 정도의 혜택을 줄 것인지의 문제는 형벌의 특수성 및 국가사법권의 독자성 등 여러 요소를 종합적으로 고려하여 정할 수 있는 입법정책의 문제이다.

동일한 행위에 대하여 외국에서는 우리 형사법과 실질적으로 동일한 불법내용이 규정되어 있지 않은 경우가 있을 수 있으므로 이 사건 법률조항의 임의적 감면 방법은 불가피한 측면이 있다. 또한 일선 법원에서는 형 집행의 정도 등을 고려해 법률상 감경을 하거나 형을 면제하기도 하고, 집행유예 등의 필요성이 있는 경우 법률상 감경과 작량감경을 동시에 적용하기도 하는 등 이 사건 법률조항을 사안에 맞게 적절히 적용하고 있는 것으로 보인다.

따라서 단지 규정상 법관의 재량에 맡겨져 있다는 이유만으로 입법재량의 범위를 일탈하였다고 단정하기는 어려우므로, 이 사건 법률조항이 신체의 자유를 침해하여 헌법에 위반된다고 볼 수는 없다.

【참조조문】

형법(1953. 9. 18. 법률 제293호로 제정된 것) 제7조

헌법 제12조 제1항 , 제13조 제1항 , 제23조 제1항 , 제37조 제2항, 형법(1953. 9. 18. 법률 제293호로 제정된 것) 제3조

【참조판례】

가. 헌재 2014. 5. 29. 2013헌바171, 판례집 26-1하, 343, 350

나. 헌재 1992. 4. 14. 90헌마82, 판례집 4, 194, 206

【전문】

【청 구 인】 송○○ (대리인 변호사 안○○, 이○○)

【대상판결】

【당해사건】 대법원 2013도2208 공문서위조, 위조공문서행사

【주문】

1. 형법(1953. 9. 18. 법률 제293호로 제정된 것) 제7조는 헌법에 합치되지 아니한다.

2. 위 법률조항은 2016. 12. 31.을 시한으로 입법자가 개정할 때까지 계속 적용된다.

【이유】

1. 사건개요

청구인은 2011. 6. 22. 홍콩국제공항에서 대한민국 여권을 위조, 행사한 범죄사실로 체포되어 홍콩 법원에서 징역 1년을 선고받고 8개월 정도 복역하다가 대한민국으로 강제추방 되었고, 입국할 때 체포되어 다시 기소되었다.

인천지방법원은 청구인에 대하여 같은 범죄사실로 징역 6월을 선고하였고(2012고단10017), 청구인이 제기한 항소(인천지방법원 2012노3338) 및 상고(대법원 2013도2208)가 모두 기각되어 위 판결은 확정되었다. 청구인은 상고심 재판 계속 중 형법 제7조가 헌법에 위반된다며 위헌법률심판제청신청을 하였으나 2013. 4. 11. 위 신청이 기각되자(대

법원 2013초기137), 2013. 5. 10. 이 사건 헌법소원심판을 청구하였다.

2. 심판대상

이 사건 심판대상은 형법(1953. 9. 18. 법률 제293호로 제정된 것) 제7조(이하 '이 사건 법률조항'이라 한다)가 헌법에 위반되는지 여부이다. 심판대상조항 및 관련조항의 내용은 다음과 같다.

[심판대상조항]

형법(1953. 9. 18. 법률 제293호로 제정된 것)

제7조 (외국에서 받은 형의 집행) 범죄에 의하여 외국에서 형의 전부 또는 일부의 집행을 받은 자에 대하여는 형을 감경 또는 면제할 수 있다.

[관련조항]

형법(1953. 9. 18. 법률 제293호로 제정된 것)

제3조 (내국인의 국외범) 본법은 대한민국 영역외에서 죄를 범한 내국인에게 적용한다.

3. 청구인의 주장

이 사건 법률조항은 외국에서 이미 형의 집행을 받은 자에 대하여 거듭 처벌할 수 있음을 전제로 하고 있어 헌법 제13조 제1항의 이중처벌금지원칙에 위반되고, 동일한 범죄에 대하여 외국과 국내에서 거듭 처벌하는 것은 신체의 자유 및 인간의 존엄과 가치를 침해한다. 또한, 동일한 범죄로 외국에서 형의 집행을 받고 다시 국내에서 처벌을 받은 자와 국내에서만 처벌을 받은 자를 합리적 이유 없이 차별취급하고 있으므로 평등원칙에 위반된다.

4. 판 단

가. 이 사건 법률조항의 입법취지 및 연혁

세계 각국의 형법은 서로 다른 제도를 가지고 있어 외국 형법에 의한 처벌과 우리 형법에 의한 처벌이 별도로 이루어질 수 있다. 즉, 내국인의 국외범(형법 제3조)이나 외국인의 국외범(형법 제5조)에 대하여 해당 외국 법원이 처벌하였더라도 우리 형법을 적용하여 다시 처벌할 수 있는 것이다. 이 사건 법률조항은 이러한 사실상의 이중처벌과 같은 문제점을 완화하기 위하여 형을 선고할 때 외국에서 형의 집행을 받은 사실을 고려하여 형을 정하도록 하는 데에 그 입법취지가 있다.

이 사건 법률조항은 1953. 9. 18. 법률 제293호로 제정된 형법에 도입된 이래 그 내용의 변동 없이 현재까지 효력을 유지하고 있다.

나. 이 사건 법률조항의 위헌 여부

(1) 이중처벌금지원칙 위반 여부

헌법 제13조 제1항은 "모든 국민은 …… 동일한 범죄에 대하여 거듭 처벌받지 아니한다."고 하여 '이중처벌금지원칙'을 규정하고 있다. 이는 한 번 판결이 확정되면 동일한 사건에 대해서는 다시 심판할 수 없다는 '일사부재리원칙'이 국가형벌권의 기속원리로 헌법상 선언된 것으로서, 동일한 범죄행위에 대하여 국가가 형벌권을 거듭 행사할 수 없도록 함으로써 국민의 기본권, 특히 신체의 자유를 보장하기 위한 것이다. 이러한 점에서 헌법 제13조 제1항에서 말하는 '처벌'은 원칙적으로 범죄에 대한 국가의 형벌권 실행으로서의 과벌을 의미하는 것이고, 국가가 행하는 일체의 제재나 불이익처분을 모두 그 '처벌'에 포함시킬 수는 없다(헌재 2014. 5. 29. 2013헌바171).

형사판결은 국가주권의 일부분인 형벌권 행사에 기초한 것으로서, 외국의 형사판결은 원칙적으로 우리 법원을 기속하지 않으므로 동일한 범죄행위에 관하여 다수의 국가에서 재판 또는 처벌을 받는 것이 배제되지 않는다. 따라서 이중처벌금지원칙은 동일한 범죄에 대하여 대한민국 내에서 거듭 형벌권이 행사되어서는 안 된다는 뜻으로 새겨야 할 것이다. 대법원도 이와 같은 전제에서 "피고인이 동일한 행위에 관하여 외국에서 형사처벌을 과하는 확정판결을 받았다 하더라도 이런 외국판결은 우리나라에서는 기판력이 없으므로 여기에 일사부재리원칙이 적용될 수 없다."고 판시한 바 있다(대법원 1983. 10. 25. 선고 83도2366 판결).

또한, '시민적 및 정치적 권리에 관한 국제규약' 제14조 제7항은 "어느 누구도 각국의 법률 및 형사절차에 따라 이미 확정적으로 유죄 또는 무죄선고를 받은 행위에 관하여서는 다시 재판 또는 처벌을 받지 아니한다."고 규정하고 있다. 유엔 인권이사회(Human Rights Committee)도 위 조항의 일사부재리원칙이 다수 국가의 관할에 대하여 적용되는 것이 아니며, 단지 판결이 내려진 국가에 대한 관계에서 이른바 이중위험(double jeopardy)을 금지하는 것으로 보고 있다(유엔 인권이사회 결정 No. 204/1986 참조).

따라서 헌법상 일사부재리원칙은 외국의 형사판결에 대하여는 적용되지 아니한다고 할 것이므로, 이 사건 법률조항은 헌법 제13조 제1항의 이중처벌금지원칙에 위반되지 아니한다.

(2) 과잉금지원칙 위반 여부

(가) 제한되는 기본권

이 사건 법률조항은 우리 형법에 의한 처벌 시 외국에서의 형 집행의 반영 여부를 법관의 재량에 맡김으로써 위와 같은 사정이 반영되지 아니한 채 별도로 처벌받을 수 있도록 하고 있으므로, 형의 종류에 따라 청구인의 신체의 자유 내지 재산권 등을 제한한다. 국가형벌권의 행사 및 그 한계는 신체의 자유와 가장 밀접한 관계에 있다고 할 것이므로, 이하에서는 이 사건 법률조항이 신체의 자유를 제한함에 있어 그 헌법적 한계를 지키고 있는지 여부를 판단하기로 한다.

(나) 판단

1) 입법목적의 정당성 및 수단의 적합성

형법은 대한민국 영역 내에서 죄를 범한 자에게 적용되는 속지주의를 원칙으로 하면서(제2조, 제4조) 내국인이 범한 죄에 대하여 범죄지의 여하를 불문하는 속인주의(제3조)와 대한민국 또는 대한민국 국민의 법익을 해하는 범죄행위에 대한 보호주의(제5조, 제6조)를 가미하고 있다. 이에 따라 범죄행위자에 대하여 우리 형법뿐 아니라 외국의 형법이 함께 적용될 수 있어, 이미 외국에서 재판을 받아 형이 집행되었더라도 우리 형법을 적용하여 다시 재판할 수 있다. 이 사건 법률조항은 이러한 사정을 반영하여 국가형벌권을 적정하게 행사하면서도 피고인의 실질적인 불이익을 완화하기 위하여 외국에서 형의 전부 또는 일부의 집행을 받은 자에 대하여 형을 감경 또는 면제할 수 있도록 정한 것으로서 입법목적의 정당성이 인정된다. 또한, 외국 판결의 집행을 형의 임의적 감경 또는 면제의 사유로 정한 것은 위와 같은 입법목적을 달성하기 위한 적합한 수단에 해당한다.

2) 침해의 최소성

앞서 살펴본 바와 같이 이 사건 법률조항은 이중처벌금지원칙에 위반되지 않으므로, 외국에서 형의 집행을 받은 자를 다시 국내에서 처벌하는 것이 가능하다. 그러나 그와 같은 경우에도, 입법자는 국가형벌권 행사로 인한 신체의 자유에 대한 침해를 최소화하기 위한 방법을 강구하여야 한다.

입법자는 외국에서 형의 집행을 받은 자에게 어떠한 요건 아래, 어느 정도의 혜택을 줄 것인지에 대하여, 우리의 역사와 문화, 시대적 상황, 외국에서 처벌받은 자의 실질적인 불이익을 감안하는 것에 대한 국민 일반의 가치관과 법감정, 국가권력의 독점에 의하여 이루어지는 형벌의 특수성 및 국가사법권의 독자성 등 여러 요소를 종합적으로 고려하여 정할 수 있고, 이러한 점에서 입법자에게는 일정 부분 재량권이 인정된다.

그러나 신체의 자유는 정신적 자유와 더불어 헌법이념의 핵심인 인간의 존엄과 가치를 구현하기 위한 가장 기본적인 자유로서 모든 기본권 보장의 전제조건이므로 최대한 보장되어야 하는바(헌재 1992. 4. 14. 90헌마82 참조), 외국에서 실제로 형의 집행을 받았음에도 불구하고 우리 형법에 의한 처벌 시 이를 전혀 고려하지 않는다면 신체의 자유에 대한 과도한 제한이 될 수 있으므로 그와 같은 사정은 어느 범위에서든 반드시 반영되어야 하고, 이러한 점에서 입법형성권의 범위는 다소 축소될 수 있다.

한편, '국제수형자이송법'은 외국과의 조약 체결을 전제로 하여(제3조) 외국에서 자유형을 선고받은 대한민국 국민을 일정한 요건 하에 국내로 이송하여(제11조 제1항) 국내에서 그 자유형을 집행할 수 있도록 하고(제15조 내지 제17조), 국내이송수형자에 대하여 외국에서 선고된 자유형을 집행중인 때에는 동일한 범죄사실에 대하여 공소제기를 제한하고 있다(제18조). 법무부장관은 국내이송의 요건이 갖추어져 있더라도 대한민국의 안전과 질서 유지, 공공의 이익 등을 고려하여 이송의 필요성이 없다고 판단하면 국내이송을 하지 아니하므로(제12조 제1항), 이 경우 우리 형법에 따라 별도로 처벌하면서 이 사건 법률조항을 적용하는 것이 가능하다. 다만, 외국에서 형 집행중인 대한민국 국민의 조속한 사회복귀를 도모하기 위한 '국제수형자이송법'의 목적(제1조 참조)과 그 제도의 인도주의적 취지는 이 사건 법률조항에 대한 판단에 있어서도 고려할 필요가 있다.

그런데 이 사건 법률조항은 외국에서 받은 형의 집행을 단지 법정형의 임의적 감면사유로만 정하고 있어, 우리 형법에 의한 처벌 시 법관의 재량에 따라 그러한 사정이 전혀 반영되지 아니할 수도 있다. 이러한 입법형식은 형을 필요적으로 감면하거나 형의 집행단계에서 필요적으로 산입하여 주는 방법 등과는 본질적으로 차이가 있고, 형의 감면 여부를 법관의 재량에 전적으로 위임하고 있어 개별적인 사건에 따라서는 신체의 자유에 대한 심각한 제한이 발생할 수 있다.

일선 법원에서 이 사건 법률조항을 적절히 적용하여 신체의 자유에 대한 침해를 방지하기 위한 노력을 한다고 하더라도, 우리 형법에 의한 처벌 시 법률의 규정에 의하여 외국에서의 형 집행 사실이 필요적으로 반영되는 것과 구체적인 사건의 판결 선고 시 법관의 재량에 맡겨져 있는 것은 피고인의 입장에서 큰 차이가 있다고 할 것이다. 가사 구체적인 사건에서 양형 요소로 참작된다고 하더라도 피고인으로서는 외국에서 받은 형의 집행이 실제로 감안된 것인지, 감안되었다면 그것이 어느 정도인지 알기 어렵다.

외국에서 집행된 형의 전부를 의무적으로 산입하거나, 산입 자체는 의무적이되 산입의 범위를 법원의 재량에 맡기는 입법형식 등을 취한다고 하더라도, 국가형벌권의 행사에는 지장이 없으므로 외국에서의 형벌이 경미하거나 범죄의 성격상 국내에서 다시 처벌할 필요성이 강한 경우에도 처벌의 공백이나 혼란이 발생한다고 보기 어렵다.

이에 대한 외국의 입법례를 보더라도, 독일의 경우 외국에서 집행된 형을 새로운 형에 필요적으로 산입하도록 하고(독일 형법 제51조 제3항) 외국에서 집행된 형의 종류가 국내 형법과 다른 경우 법원은 재량에 의해 산입기준을 정하도록 하고 있다(독일 형법 제51조 제4항 참조). 한편, 일본의 경우 외국에서 형의 집행을 받은 때에는 형의 집행을 필요적으로 감면하도록 하고 있다(일본 형법 제5조 단서).

결국, 입법자는 국가형벌권의 실현과 국민의 기본권 보장의 요구를 조화시키기 위하여 형을 필요적으로 감면하거나 외국에서 집행된 형의 전부 또는 일부를 필요적으로 산입하는 등의 방법을 선택하여 청구인의 신체의 자유를 덜 침해할 수 있음에도 이 사건 법률조항과 같이 우리 형법에 의한 처벌 시 외국에서 받은 형의 집행을 전혀 반영하지 아니할 수도 있도록 한 것은, 입법재량의 범위를 일탈하여 필요최소한의 범위를 넘어선 과도한 기본권제한이라고 할 것이다.

3) 법익의 균형성

이 사건 법률조항으로 달성하고자 하는 국가형벌권의 적정한 행사라는 공익보다는, 동일한 범죄사실로 외국에서 형의 집행을 받았음에도 형이 감면될 수 있는 가능성에 그치고 형이 필요적으로 감면되거나 형기가 의무적으로 산입되지 않는 등 외국에서의 처벌이 전혀 반영되지 않을 수 있어 받게 되는 신체의 자유 제한 등 개인의 불이익이 훨씬 더 중대하다고 할 것이므로 법익의 균형성원칙에도 위반된다.

4) 소결

따라서 이 사건 법률조항은 과잉금지원칙에 위반되어 청구인의 신체의 자유를 침해한다.

(3) 그 밖의 주장에 대한 판단

헌법 제13조 제1항의 이중처벌금지원칙은 대한민국 내에서 구속력을 가지므로 이 사건 법률조항은 헌법상 이중처벌금지원칙에 반하지 않는다. 따라서 동일한 범죄로 외국에서 형의 집행을 받고 다시 국내에서 처벌을 받은 자와 국내에서만 형의 집행을 받은 자는 '본질적으로 동일한 비교집단'이라고 할 수 없어 차별 취급 여부를 논할 수 없으므로 평등원칙 위반이라는 주장은 이유 없다.

5. 헌법불합치결정과 잠정적용명령

이 사건 법률조항은 헌법에 위반되므로 원칙적으로 위헌결정을 하여야 할 것이나, 이 사건 법률조항의 위헌성은 외국에서 형의 집행을 받은 사람에 대하여 형을 감면하는 것 자체에 있는 것이 아니라, 형의 임의적 감면이 아닌 형의 필요적 감면 내지 필요적 형기산입조항 등과 같이 외국에서 받은 형의 집행이 반드시 반영되도록 하는 규정을 두지 않은 데 있는 것이다. 만약 이 사건 법률조항이 위헌결정으로 즉시 효력을 상실할 경우 임의적으로나마 형을 감면할 근거규정이 없어지게 되어 감면 적용을 받아야 할 사람에 대하여도 감면을 할 수 없게 되므로 법적 안정성의 관점에서 용인하기 어려운 법적 공백이 생기게 된다.

입법자는 위와 같은 위헌성을 제거하기 위하여 이 사건 법률조항을 개정하여 외국에서 형의 집행을 받은 부분에 대해서 형의 선고 내지 집행에 있어 반드시 반영되도록 하는 규정을 마련함으로써, 신체의 자유에 대한 침해를 최소화하기 위한 방안을 강구하여야 할 것이다. 이때 구체적으로 어떠한 입법형식을 취할 것인지에 대하여는 원칙적으로 입법자의 재량이 인정된다.

따라서 이 사건 법률조항에 대하여 헌법불합치결정을 선고하되, 다만 입법자의 개선입법이 있을 때까지 계속적용을 명하기로 한다. 입법자는 가능한 한 빠른 시일 내에 개선입법을 해야 할 의무가 있다 할 것이므로, 늦어도 2016. 12. 31.까지 개선입법을 이행하여야 하고, 그때까지 개선입법이 이루어지지 않으면 이 사건 법률조항은 2017. 1. 1.부터 효력을 상실한다.

6. 결 론

이 사건 법률조항은 헌법에 합치되지 아니하나 2016. 12. 31.을 시한으로 입법자의 개선입법이 이루어질 때까지 잠정적으로 적용하기로 하여 주문과 같이 결정한다. 이 결정은 아래 7.과 같은 재판관 강일원, 재판관 서기석, 재판관 조용호의 반대의견이 있는 외에는 나머지 관여 재판관 전원의 일치된 의견에 따른 것이다.

7. 재판관 강일원, 재판관 서기석, 재판관 조용호의 반대의견

우리는 이 사건 법률조항이 입법재량의 범위 내에 있어 청구인의 신체의 자유를 침해하지 아니한다고 판단하므로, 다음과 같이 그 이유를 밝힌다.

형벌법규가 외국에서 형의 집행을 받은 자에게 어떠한 요건 아래, 어느 정도의 혜택을 줄 것인지의 문제는 형벌의 특수성 및 국가사법권의 독자성 등 여러 요소를 종합적으로 고려하여 정할 수 있는 입법정책의 문제이다. 입법자가 외국형사판결의 일사부재리 효력을 전면적 또는 부분적으로 인정하는 적극적인 방법을 선택할 것인지, 아니면 일사부재리 효력을 부정하면서 형의 집행단계에서 필요적 산입을 할 것인지 또는 형의 선고단계에서 필요적 감면 내지 임의적 감면의 방법을 선택할 것인지는 입법자의 재량에 속하는 것이다.

그런데 국가안보에 위협을 가하는 범죄 등과 같이 이를 처벌하여야 할 필요성이 강한 영역이 있고, 동일한 행위에 대하여 외국에서는 우리 형사법이 정한 형보다 가벼운 형을 규정하거나 혹은 실질적으로 동일한 불법내용이 규정되어 있지 않은 경우가 있을 수 있으므로 이 사건 법률조항의 임의적 감면 방법은 불가피한 측면이 있다.

또한 이 사건 법률조항이 비록 임의적 감면사유로 규정되어 있기는 하나, 일선 법원에서는 범죄사실의 동일성, 형 집행의 정도 등을 고려해 법률상 감경을 하거나, 외국에서의 형 집행으로 피고인에 대한 형벌목적이 대부분 달성되었다고 보이는 경우 형을 면제하기도 하고, 집행유예 등의 필요성이 있는 경우 법률상 감경과 작량감경을 동시에 적용하기도 한다. 더 나아가 동일한 범죄사실이 아니어서 이 사건 법률조항이 적용되지 아니하는 경우에도 제반 사정의 일부로서 양형 요소로 참작하기도 하는 등 이 사건 법률조항을 사안에 맞게 적절히 적용하고 있는 것으로 보인다.

그리고 이 사건 법률조항에 의하여 달성하고자 하는 공익은 국가주권의 한 속성으로 이해되는 국가형벌권의 적정한 행사 및 개인의 기본권 보장의 조화라는 측면에서, 형이 감면될 수 있는 가능성에 그친다는 점 때문에 이 사건 법률조항으로 인하여 받게 되는 개인의 불이익이 더 중대하다고 할 수는 없다.

이에 대한 각국의 입법례를 보더라도, 다수의견이 언급한 독일과 일본 외에 이 사건 법률조항과 같은 감면 조항을 아예 두고 있지 않은 미국, 외국에서 형의 전부 집행을 받은 국외범에 대하여 처벌을 배제하는 오스트리아, 우리나라와 유사하게 처벌을 면제하거나 감경할 수 있도록 규정한 중국 등에 이르기까지 외국에서 처벌을 받은 자에 대하여 국내에서의 형사제재를 완화하는 방안은 나라마다 다양하다.

이상에서 본 바와 같은 임의적 감면의 불가피성, 법원의 실무, 법익의 균형성, 각국의 입법례 등을 종합하여 보면, 단지 규정상 법관의 재량에 맡겨져 있다는 이유만으로 입법재량의 범위를 일탈하였다고 단정하기는 어렵다.

그렇다면 이 사건 법률조항이 청구인의 신체의 자유를 침해하여 헌법에 위반된다고 볼 수는 없다.

재판관 박한철(재판장) 이정미 김이수 이진성 김창종 안창호
강일원 서기석 조용호

[참조판례 1 : 대법원 1983. 10. 25. 선고 83도2366 판결]

【이유】

상고이유를 판단한다.

소론과 같이 피고인이 동일한 행위에 관하여 일본국에서 형사처벌을 과하는 확정판결을 받았다 하여도 이런 외국판결은 우리나라에서는 기판력이 없다고 할 것이므로 여기에 일사부재리의 원칙이 적용될 리 없다. 이와 같은 취지에서 원심판결이 위 외국판결의 기판력을 인정하지 아니한 조치는 정당하고 거기에 소론과 같은 위법이 있다고 할 수 없으며 본 건에서 양형과중의 주장은 적법한 불복사유로 되지 아니함이 형사소송법 제383조의 규정에 명백하다.

그러므로 소론은 이유 없어 상고를 기각하기로 관여법관의 의견이 일치되어 주문과 같이 판결한다.

[참조판례 2 : 대법원 1979. 4. 10. 선고 78도831 판결]

【판결요지】

1. 형법 제7조의 규정은 그 취지가 범죄에 대하여 외국에서 형의 전부 또는 일부의 집행을 받은 자에 대하여는 법원의 재량에 의하여 형을 감경 또는 면제할 수 있다는 것으로서 외국에서 형을 받은 자라고 해서 반드시 감경 또는 면제를 하지 않으면 안 된다는 것이 아니니, 이 건에 있어서 피고인 등이 일본국에서 형의 집행을 받았다고 해서 피고인 등에게 형을 선고한 것이 형법 제7조에 위배된다고 할 수 없다.

2. 국내에 밀수입하여 관세포탈을 기도하다가 외국에서 적발되어 압수된 물품이 그 후 몰수되지 아니하고 피고인의 소유 또는 점유로 환원되었으나 몰수할 수 없게 되었다면 관세법 제198조에 의하여 범칙 당시의 국내 도매가격에 상당한 금액을 추징하여야 할 것이나, 동 물품이 외국에서 몰수되어 그 소유가 박탈됨으로써 몰수할 수 없게 된 경우에는 위 법조에 의하여 추징할 수 없다.

[연 구]

I. 서 론

대한민국은 1990년대 말의 IMF를 거친 후 시장의 전면적인 개방과 경제시스템에 있어 국제적 표준에 맞출 것을 요구받았다. 이를 통하여 우리는 경제뿐만 아니라 사회의 거의 모든 영역에서 세계화 또는 국제화라는 새로운 가치를 추구하게 되었다. 이는 대한민국 국민이 세계 각지에서 활동하며 자유로운 인적·물적 교류의 확대로 이어지고, 그 결과 대한민국 국민이 국외에서 죄를 범하고 국외로 도주하는 경우나 국외에서 죄를 범하여 범행지에서 처벌을 받은 후 다시 우리나라로 송환되는 경우도 증가하였다.

이와 같이 범죄인이 이미 특정한 범행으로 인하여 해당국에서 재판을 받아 처벌된 후, 다시 새로이 동일한 범죄사실로 다른 국가에서 처벌을 받는 경우 형사재판권이 경합한다.[5] 이러한 재판권의 경합의 아주 일반적인 경우를 예로 들면 국외에서 대한민국 국민이 범죄를 범하는 경우로 이 경우에는 해당 범죄지 국가는 속지주의에 근거하여 자국형법을 적용하여 행위자를 처벌한 후, 다시 우리나라에서 속인주의 원칙에 따라 우리 형법을 적용하여 행위자를 처벌한다. 따라서 형사재판권의 경합은 한편으로는 범죄인에 대한 이중처벌의 위험성이라는 문제를 제기하고, 다른 한편으로는 국가주권의 행사로서 형사재판권의 독자성 또는 주체성의 문제를 제기한다. 여기서 재판권의 경합문제를 보다 합리적으로 해결하기 위하여 양국이 상대방국과의 조약형태로 범죄인인도협정 등을 체결할 수도 있으며, 외국에서 형사재판을 받은 경우 동일한 범죄사실에 대하여는 다시 소추하지 못하도록 외국의 판결에 대한 전면적인 신뢰를 보여줄 수도 있다.

그러나 우리나라의 경우 형법 제7조에 '외국에서 받은 형의 집행'이라는 표제 하에 "범죄에 의하여 외국에서 형의 전부 또는 일부의 집행을 받은 자에 대하여는 형을 감경 또는 면제할 수 있다."라고 규정하여 형의 집행을 받은 자에 대하여 법원은 형을 임의적으로 감경 또는 면제할 수 있도록 규정하고 있다. 여기에서 대상판결과 이전의 판결들은 일관되게 외국에서 집행 받은 형을 임의적 감면사유로 이해하였다.

그러나 헌법재판소는 지난 2015년 5월말에 대상 결정에서 형법 제7조의 규정이 헌법에 불합치하는 규정이라고 판단하였으며, 다만 해당 규정을 그대로 무효화하는 하는 경우에는 범죄행위자에 대한 형의 임의적 감면근거가 존재하지 않게 되어 행위자에게 불리하게 해석될 여지가 있으므로 2016. 12. 31.까지만 그 효력을 인정토록 하였다.

---

5) 이를 '넓은 의미에서의 재판권의 경합'이라고 한다(Ambos, Internationales Strafrecht, 4.Aufl., 2014, 4/4).

본고에서는 이와 같은 형법 제7조의 연혁과 그 동안의 개정논의를 살펴보고(II), 학설과 판례는 형법 제7조와 관련하여 어떠한 입장에 있었는가를 검토하여 본다(III). 그리고 동일한 범죄사실로 외국에서 형의 집행을 받은 경우 해당 범죄인을 어떻게 처벌하고 있는지에 대하여 영미법의 입장과 독일과 일본을 비롯한 일부 대륙법계 국가의 다양한 입법례를 살펴본다(IV). 마지막으로 우리 헌법재판소가 형법 제7조의 규정에 대하여 헌법불합치 결정을 하였으므로, 이를 개정하여야 한다는 점에서 어떠한 형식으로 개정할 것인가에 대한 방향을 설정하여 보고자 한다(V).

Ⅱ. 형법 제7조의 연혁과 개정논의

특정한 범죄에 대하여 이미 외국에서 형의 집행을 받은 경우 이를 어떻게 할 것인가에 대하여 우리 형법 제7조는 명시적인 규정을 두고 있다. 형법은 제7조에 '외국에서 받은 형의 집행'이라는 표제 하에 "범죄에 의하여 외국에서 형의 전부 또는 일부의 집행을 받은 자에 대하여는 형을 감경 또는 면제할 수 있다."라고 규정하고 있다. 이와 같은 제7조의 규정은 1953년 제정된 형법의 규정이 현재까지 전혀 개정되지 않은 채 그대로 사용되어지고 있는 규정이다.

외국에서 받은 형과 관련하여 법전편찬위원회의 형법초안과 정부초안 그리고 국회를 통과한 형법은 그 내용과 표현에서 모두 동일하다.[6] 다만 국회를 통과한 형법은 정부초안에 표제를 단 것이 유일한 차이점이며, 동 규정이 현재에도 그대로 적용되는 것이다.

6) 1948년 대한민국 수립 후 법전편찬위원회는 형법전의 제정작업을 진행하여 형법초안을 만들어 1950년 정부에 제출하였으나, 6.25 전쟁의 발발로 정부는 정부초안을 1951년에야 비로소 국회에 제출하였다. 이 정부초안은 1952년 8월 29일에 국회의 법제사법위원회에서 수정을 거친 후, 1953년 7월 8일 국회를 통과하고, 정부는 이를 심의한 후 1953년 9월 18일에 법률 제293호로 공포하여 1953년 10월 31일부터 이를 시행하였다(전지연, 형법개정의 역사와 전망, 비교형사법연구, 제14권 제2호, 2012. 12, 113면 이하 참조).

당시 국회에서 제7조의 규정을 논의하는 과정에서 이 규정의 취지와 내용에 대하여 법제사법위원장대리를 맡고 있던 엄상섭 의원은 "이것은 외국에서 범죄를 지어가지고 … 사기죄면 사기죄를 지어서 외국에서 재판을 받고 거기서 전부 형을 받았거나 혹은 형의 집행의 일부를 받았거나 이럴 적에는 우리나라에서 집행의 일부를 받은 것은 감경을 하고 전부 받은 것은 면제한다 이런 것입니다. …… 외국의 판결에 의해서 형을 받고 형의 집행을 받았다 하더라도 우리나라에서는 우리나라 입장에서 다시 가치판단을 해서 대한민국의 입장에서 판결할 수가 있는 것입니다."[7]라고 설명하고 있다.[8]

이후 1995년의 형법개정안에서는 제정형법의 입장을 다소 수정한 개정안이 제출되었다. 이 개정안에는 제8조에 '외국에서 받은 형의 효력'이라는 표제 하에 "외국에서 형의 전부 또는 일부의 집행을 받은 자에 대하여는 형을 감경 또는 면제한다."라고 규정하였다. 즉 본조의 규정의 표제를 '외국에서 받은 형의 집행'에서 '외국에서 받은 형의 효력'으로 변경하였다. 그리고 '범죄에 의하여'라는 문언은 당연하다는 취지에서 이를 삭제하였다. 가장 중요한 차이점은 형의 일부 또는 전부의 집행을 받았으므로 피고인에게 유리하게 이전의 형의 임의적 감면에서 필요적 감면으로 개정하였다.[9] 그러나 이 개정안은 형법의 전면개정으로 인하여 신중한 심사필요성이 제기되어, 제14대 국회의원의 임기만료로 인하여 자동폐기될 상황에 있었다. 이러한 상황에서 일부 시급히 개정해야 할 부분만 발췌 · 정리하여 형법전개정법률안(대안)이 제기되고, 해당 대안이 통과되었다.[10] 그 결과 본조의 규정은 개

7) 신동운, 형법 제 · 개정 자료집, 한국형사정책연구원, 2009, 135면.

8) 그러나 엄격히 말하면 엄상섭 의원의 이러한 설명은 제7조에 대한 일반적인 설명으로는 적절할지 모르나 구체적인 내용에서는 정확하지 아니하다. 예컨대 해당 본조는 반드시 외국에서 범죄를 지은 것을 전제하지 않고 국내에서 범죄를 범하고 국외에서 이에 대한 형의 집행을 받은 경우를 포함하고 있다. 또한 감경 또는 면제를 형의 일부 또는 전부를 집행하였는가에 의하여 감경 또는 면제가 되는 것도 아니다.

9) 법무부, 형법개정법률안 제안이유서, 형사법개정자료(XIV), 1992. 10, 28면.

정되지 않은 채 그대로 유지되었다.

이후 2008년 한국형사법학회는 형법개정연구회를 통하여 형법개정안을 마련하였다. 개정연구회의 처음 시안은 형법 제7조의 규정과 동일하게 형의 임의적 감면사유로 규정하였다. 그러나 개정안을 검토하는 과정에서 외국에서 형을 받은 자를 또 다시 처벌하는 것이 일사부재리의 원칙이나 헌법상 평등의 원칙과 관련하여 문제가 있다는 지적에 따라 개정안검토위원회는 형법 제7조를 필요적 감면사유로 개정할 것을 제안하였다.[11)]

1995년의 형법개정안의 폐기 이후 법무부는 형법의 전면개정이 어렵다고 판단하여 2011년 3월 25일 형법총칙만의 개정을 위한 형법총칙개정안을 제출하였다. 이 개정안의 제8조는 '외국에서 받은 형의 집행'이라는 표제 하에 "죄를 범하여 외국에서 형의 전부 또는 일부의 집행을 받은 자에 대해서는 형을 감경하거나 면제할 수 있다."라고 규정하였다. 이 규정은 그 취지에 있어서는 현행 형법의 규정과 동일하며, 다만 '받은 자에 대하여는'을 '받은 자에 대해서는'으로, '감경 또는 면제할'을 '감경하거나 면제할'로 자구만을 수정하였을 뿐이다.[12)] 국제형사법적 관점이나 인권법적 관점에서 보면 2011년 형법총칙개정안의 본조는 개정내용에 있어 1995년의 개정안보다 훨씬 후퇴한 개정안으로 국제화시대를 역행하는 개정안에 해당된다.

결국 외국에서 받은 형의 집행과 관련한 형법 제7조의 규정은 그동안 수차례 개정시도에도 불구하고 여전히 개정되지 않은 채 제정당시의 형법규정이 그대로 적용되고 있었다.

---

10) 이 대안의 통과로 개정된 주요 내용은 보호관찰제의 도입, 컴퓨터범죄와 인질관련범죄의 신종범죄화, 법정형의 조정이었다. 1995년의 개정 법률에 대하여 전체적으로는 전지연, 형법개정의 역사와 전망, 비교형사법연구, 제14권 제2호(2012. 12), 126면 이하 참조,

11) 신양균, 형법총칙개정의 기본방향, 형사법연구, 제22권 제4호(2010 겨울), 24면.

12) 법무부, 형법(총칙)일부개정법률안 제안이유서, 2011. 4, 22면.

Ⅲ. 형법 제7조에 대한 학설과 판례의 입장

1. 학설의 입장

우리 헌법은 제13조 제1항에 “모든 국민은 행위시의 법률에 의하여 범죄를 구성하지 아니하는 행위로 소추되지 아니하며, 동일한 범죄에 대하여 거듭 처벌받지 아니한다.”라고 규정하여 이중처벌금지의 원칙을 천명하고 있다. 이중처벌금지의 원칙에 의하여 범죄에 대한 국가의 형벌권실행으로서의 처벌이 병과될 수 없는 것으로 파악된다. 즉 이중처벌금지의 원칙은 국가가 동일한 범죄에 대하여 거듭 처벌하는 것을 금지하는 것이며, 따라서 금지의 대상이 되는 것은 원칙적으로 범죄에 대한 국가의 형벌권 실행으로서 과벌을 말한다고 본다.[13] 국가가 행하는 일체의 제재나 불이익처분이 모두 병과가 금지되는 처벌에 포함되는 것은 아니다.[14]

다만 이중처벌금지의 원칙은 우리 헌법상의 국가권력을 수범자로 하는 것으로 이해한다. 따라서 외국에서 확정판결이 이미 내려진 경우에 동일한 행위에 대하여 국내법에 따라 소추하여 처벌하는 것은 금지되는 것이 아니라고 본다. 그리고 거의 모든 헌법학자[15]와 형사법학자[16] 역시 이와 같은 해석에 동의하고 있다. 오히려 국외에서 처벌받은 후 동일한 범죄사실을 기초로 하여 국내에서 또 다시 처벌하는 것은 행위자에게 가혹한 결과를 초래할 수 있다는 점에서 이를 고려하

13) 전광석, 한국헌법론(제8판), 2013, 289면.

14) 이러한 의미에서 행정법위반행위에 대하여 형벌을 가하고, 행정법상의 의무를 이행하도록 하기 위하여 과태료를 부과하거나, 형벌을 부과하면서 보안처분을 병과하거나, 누범이나 상습범에 대한 가중처벌은 이중처벌금지의 원칙에 어긋나는 것은 아닌 것으로 파악한다(전광석, 앞의 책, 289-290면 참조)

15) 김종철, 헌법주석[I], 한국헌법학회(편), 2013, 491면; 성낙인, 헌법학(16판), 2016, 1083면; 전광석, 앞의 책, 291면.

16) 김성규, 일사부재리의 원칙과 형법 제7조의 의미, 성균관법학, 제14권 제1호, 2002, 171면; 김종원, 주석형법(I), 총칙(1), 2001, 81면; 임웅, 형법총론(제5정판), 2013, 68면; 정성근/박광민, 형법총론(전정2판), 2015, 86면; 천진호, 형법총론, 2016, 143면.

여 우리 형법은 형을 임의적으로 감경 또는 면제하도록 규정한 것으로 파악한다.[17]

여기서 외국에서 형의 집행을 받은 경우는 외국법원의 유죄판결에 의하여 외국의 교도소 등에서 형의 집행을 받은 경우를 의미한다. 그리고 그 형의 집행은 전부집행 뿐만 아니라 일부의 집행도 포함하며, 자유형뿐만 아니라 재산형의 경우도 포함된다. 집행을 받은 경우이므로 외국법원에서 유죄판결을 받았으나 집행유예, 집행면제, 형의 선고유예와 같이 그 형의 집행을 받지 아니한 경우는 여기의 형의 감면사유에 해당하지 아니한다.[18]

이와 같이 형법 제7조가 외국에서 형의 집행을 받은 경우 법원은 이에 대하여 임의적 감면을 규정한 것으로 해석하는 것에 학설은 거의 일치하고 있다.[19] 다만 일부 견해에서 입법론적으로 이중처벌금지원칙이 국내에서만 적용되는 법원칙이라는 점을 인정하면서도 국제적인 차원에서의 일사부재리의 원칙을 인정하는 전향적인 태도에 따라 형법 제7조의 규정을 폐지하는 것이 바람직하다는 입법론을 제시하고 있을 정도이다.[20]

2. 법원의 입장

대법원은 이미 1979년 4월 [참조판례 2]에서 보는 바와 같이 "형법 제7조의 규정은 그 취지가 범죄에 대하여 외국에서 형의 전부 또는 일부의 집행을 받은 자에 대하여는 법원의 재량에 의하여 형을 감경 또는 면제할 수 있다는 것으로서 외국에서 형을 받은 자라고 해서 반드시 감경 또는 면제를 하지 않으면 안 된다는 것이 아니니, 이 건

17) 김종원, 주석형법(I), 총칙(1), 2001, 81면; 조상제/천진호/류전철/이진국, 국제형법, 2011, 59면.
18) 김종원, 앞의 책, 82면.
19) 조상제/천진호/류전철/이진국, 앞의 책, 59면.
20) 김성돈, 형법총론, 2009, 99면; 조상제/천진호/류전철/이진국, 국제형법, 2011, 59면.

에 있어서 피고인 등이 일본국에서 형의 집행을 받았다고 해서 피고인 등에게 형을 선고한 것이 형법 제7조에 위배된다고 할 수 없다."[21]고 판단하였다.

그리고 이러한 판단은 1983년의 10월 [참조판례 1]에도 그대로 유지되어, "피고인이 동일한 행위에 관하여 일본국에서 형사처벌을 과하는 확정판결을 받았다 하여도 이런 외국판결은 우리나라에서는 기판력이 없다고 할 것이므로 여기에 일사부재리의 원칙이 적용될 리 없다. 이와 같은 취지에서 원심판결이 위 외국판결의 기판력을 인정하지 아니한 조치는 정당하다."[22]고 이해하였다.

본고의 [대상판결]에서도 "피고인이 홍콩에서 이 사건 공소사실과 동일한 범죄사실로 형사처벌을 과하는 확정판결을 받았다고 하더라도, 이러한 외국판결은 우리나라에서는 일사부재리의 원칙이 적용될 수 없다."[23]고 파악하였다.

결론적으로 우리 대법원은 일관되게 외국에서 형의 집행을 받은 자에 대하여 우리 법원이 형을 선고하는 것은 위법한 것이 아니며, 다만 형을 선고함에 있어 그 형을 감경 또는 면제할 수 있다고 파악한다. 다만 여기서 외국에서 받은 형과 관련하여 이중처벌금지의 원칙이나 헌법 제13조 제1항의 규정에 대하여는 언급하지 아니하고, 일부 판결에서 외국판결에 대한 기판력을 부정하여 일사부재리의 원칙이 적용될 수 없음을 주장하고 있다.

3. 헌법재판소의 입장

1) 헌법재판소는 위의 [대상판결]에 해당하는 2013헌바129에서 앞서 2007헌마49에서 형법 제7조의 위헌여부를 간접적으로 다룬 적이 있다.

---

21) 대법원 1979. 4. 10. 선고 78도831 판결.
22) 대법원 1983. 10. 25. 선고 83도2366 판결.
23) 대법원 2013. 4. 11. 선고 2013도2208 판결.

2007헌마49 결정의 사건개요와 소송경과는 다음과 같다.

갑은 1990년부터 인도네시아에 정착하고 현지여성과 결혼하여 생활하고 있었다. 2002. 6.경 인도네시아에 거주하는 한국인 2인 및 현지인 1인(주범들)이 국내에 거주하는 고철수집상 2인(피해자)을 인도네시아로 유인하여 금품을 강취하고자 범행도구를 준비하였음을 알았다. 갑은 주범들과 공모하여 피해자들을 감금하여 가혹한 행위를 하고 금원을 강취하고 상해를 가하고 치사에 이르게 하였다. 이러한 범죄사실로 갑은 인도네시아에서 기소되어 징역 3년 6월을 선고받고 약 3년을 복역한 뒤 출소하였다. 이 후 2006. 7. 25. 갑은 동일한 범죄사실에 대하여 부산지방법원에서 강도치상 등 죄로 징역 6년을 선고받고(2006고합192), 부산고등법원에 항소를 제기하여 2006. 12. 7. 형법 제7조의 법률상 감경을 받아 징역 3년을 선고받았으며(2006노467), 대법원에 상고하였으나 2007. 2. 8. 상고가 기각되어 판결이 확정되었다(2006도9184).

갑은 동일한 사건으로 외국에서 이미 처벌받았음에도 불구하고 항소심 판결이 '외국판결은 우리나라에서 기판력이 없어 일사부재리의 원칙이 적용될 수 없다'는 이유로 갑에게 다시 징역 3년을 선고한 것은 갑의 기본권을 침해하여 위헌이라고 주장하면서 2007. 1. 12. 이 사건 심판청구를 하였다.

이에 대하여 헌법재판소는 전원합의체의 결정을 통하여 헌법재판소법 제68조 제1항 본문에 의하여 법원의 재판은 헌법소원심판의 대상으로 삼을 수 없다. 다만 헌법재판소가 위헌으로 결정한 법령을 적용함으로써 국민의 기본권을 침해한 재판에 대하여만 헌법재판소법 제68조 제1항에 의한 헌법소원심판을 청구할 수 있다.[24] 따라서 이 사건 항소심 판결(부산고등법원 2006노467)은 헌법소원심판의 대상이 되는 예외적인 재판에 해당되지 아니하므로 그 취소를 구하는 이 사건 심판청구는 부적법하다고 판단하여, 심판청구를 각하하였다.[25]

---

24) 헌법재판소 1997. 12. 24. 96헌마172 전원재판부.

2) 이에 반하여 우리의 [대상판결]인 2013헌바129에서 헌법재판소는 다음과 같이 판단하였다.

첫째, 형사판결은 국가주권의 일부분인 형벌권 행사에 기초한 것으로서, 외국의 형사판결은 원칙적으로 우리 법원을 기속하지 않으므로 동일한 범죄행위에 관하여 다수의 국가에서 재판 또는 처벌을 받는 것이 배제되지 않는다. 따라서 이중처벌금지원칙은 동일한 범죄에 대하여 대한민국 내에서 거듭 형벌권이 행사되어서는 안 된다는 뜻으로 새겨야 할 것이므로 형법 제7조의 규정은 헌법 제13조 제1항의 이중처벌금지원칙에 위배되지 아니한다.

둘째, 입법자는 외국에서 형의 집행을 받은 자에게 어떠한 요건 아래, 어느 정도의 혜택을 줄 것인지에 대하여 일정 부분 재량권을 가지고 있으나, 신체의 자유는 정신적 자유와 더불어 헌법이념의 핵심인 인간의 존엄과 가치를 구현하기 위한 가장 기본적인 자유로서 모든 기본권 보장의 전제조건이므로 최대한 보장되어야 하는바, 외국에서 실제로 형의 집행을 받았음에도 불구하고 우리 형법에 의한 처벌 시 이를 전혀 고려하지 않는다면 신체의 자유에 대한 과도한 제한이 될 수 있으므로 그와 같은 사정은 어느 범위에서든 반드시 반영되어야 하고, 이러한 점에서 입법형성권의 범위는 다소 축소될 수 있다.

입법자는 국가형벌권의 실현과 국민의 기본권 보장의 요구를 조화시키기 위하여 형을 필요적으로 감면하거나 외국에서 집행된 형의 전부 또는 일부를 필요적으로 산입하는 등의 방법을 선택하여 청구인의 신체의 자유를 덜 침해할 수 있음에도, 형법 제7조와 같이 우리 형법에 의한 처벌 시 외국에서 받은 형의 집행을 전혀 반영하지 아니할 수도 있도록 한 것은 과잉금지원칙에 위배되어 신체의 자유를 침해한다.[26)]

---

25) 이에 대하여는 재판관 조대현, 김종대, 민형기의 반대의견과 이동흡의 보충의견이 존재한다.

26) 이에 대하여 재판관 강일원, 서기석, 조용호의 반대의견이 존재한다. 반대의견에 따르면 첫째, 형벌법규가 외국에서 형의 집행을 받은 자에게 어떠한 요

셋째, 만약 형법 제7조의 규정이 위헌결정으로 즉시 효력을 상실할 경우, 임의적으로나마 형을 감면할 근거규정이 없어지게 되어 감면적용을 받아야 할 사람에 대하여도 감면을 할 수 없게 되므로, 법적 안정성의 관점에서 용인하기 어려운 법적 공백이 생기게 된다. 따라서 형법 제7조에 대하여 헌법불합치결정을 선고하되, 2016. 12. 31.을 시한으로 입법자의 개선입법이 있을 때까지 계속적용을 명하기로 한다.

Ⅳ. 외국에서 집행 받은 형에 대한 입법례

1. 영국

영국은 보통법의 전통에 따라 국내재판에서 이전에 해당하는 행위로 인하여 이미 무죄의 재판을 받았다거나 또는 이미 유죄의 재판을 받아 처벌받았다는 항변을 할 수 있었다. 이를 일사부재리의 항변이라고 하며, 이러한 항변은 어느 누구도 단일하고 동일한 것을 이유로 하여 두 번 고통 받아서는 안 된다(Nemo debet bis vexari pro eadem causa)는 보통법원칙에 근거한 것으로 보았다.[27]

이와 같이 과거에 유무죄의 판단이 존재하였다는 일사부재리의 항변은 국내판결뿐만 아니라 외국판결에까지 그 적용이 확대되었다고

건 아래, 어느 정도의 혜택을 줄 것인지의 문제는 형벌의 특수성 및 국가사법권의 독자성 등 여러 요소를 종합적으로 고려하여 정할 수 있는 입법정책의 문제이다. 둘째, 동일한 행위에 대하여 외국에서는 우리 형사법과 실질적으로 동일한 불법내용이 규정되어 있지 않은 경우가 있을 수 있으므로 형법 제7조의 임의적 감면 방법은 불가피한 측면이 있다. 또한 일선 법원에서는 형 집행의 정도 등을 고려해 법률상 감경을 하거나 형을 면제하기도 하고, 집행유예 등의 필요성이 있는 경우 법률상 감경과 작량감경을 동시에 적용하기도 하는 등 형법 제7조를 사안에 맞게 적절히 적용하고 있는 것으로 보인다. 결론적으로 단지 규정상 법관의 재량에 맡겨져 있다는 이유만으로 입법재량의 범위를 일탈하였다고 단정하기는 어려우므로, 형법 제7조가 신체의 자유를 침해하여 헌법에 위반된다고 볼 수는 없다고 주장하였다.

27) Boyce/Dripps/Perkins, Criminal Law and Procedure(Cases and Materials), 10.Ed. 2007, p.1165.

한다.[28] 즉 영국법원은 국외에서 행하여진 무죄판결이 존재하는 경우에는 동일한 범죄를 이유로 한 영국 내에서의 기소를 봉쇄한다고 판단하였으며,[29] 이러한 원칙은 또한 외국법원의 유죄판결에도 적용된다고 판단하였다.[30] 다만 외국의 유죄판결에 근거하여 일사부재리의 항변을 하기 위해서는 첫째, 외국법원의 판결이 존재하는 경우 해당 외국판결은 권한 있는 관할법원에 의한 판결일 것, 둘째, 피의자가 실질적으로 두 번째의 위험에 직면할 것, 셋째, 피의자가 처한 위험은 진정한 위험을 의미하는 것[31]이 요구된다고 보았다.

2. 미국

미국 수정헌법 제5조는 누구라도 동일한 범행으로 인하여 생명이나 신체에 대한 위험을 거듭하여 받지 아니한다고 하여 이중위험의 금지(Prohibition against Double Jeopardy)를 규정하고 있다. 이중위험금지의 원칙에 따라 동일한 범행에 대하여 2회 이상의 기소 또는 재판을 하는 것은 금지된다.[32] 예를 들면 피고인이 기소되어 배심원이나 판사에 의하여 해당 범행에 대하여 무죄가 선고되는 경우 해당 피고인은 동일한 범행을 이유로 다시 기소되거나 심리되는 것은 허용되지 않는다. 다만 하나의 행위가 수개의 범죄를 구성하는 경우에는 개개의 범죄마다 기소할 수 있음은 물론이다. 그리고 이중위험의 금지는 연방법원의 재판 뿐 아니라 주법원의 재판에도 동일하게 적용된다.

여기서 이중위험의 금지는 동일한 주권에 의한 중복기소의 경우

28) 이하의 내용은 김기준, 일사부재리원칙의 국제적 전개, 2013, 114-115면 참조.

29) 이러한 내용의 사건은 R. v. Roche(1775) 1 Leach 134; R. v. Aughet(1919), 13Cr. App.R.101, CCA.

30) 이러한 내용의 사건은 R. v. Lavercombe and Murray(1988) Crim.L.R.435, CA.

31) 따라서 피의자가 이탈리아에서 사기죄로 기소되어 유죄판결을 선고받았으나 당해 재판이 궐석재판으로 진행되어졌을 뿐만 아니라 범죄인인도의 대상도 되지 않았던 사건(R. v. Thomas(K.W.), 79 Cr. App.R. 200, CA)에서는 진정한 위험이 존재하지 아니하였으므로 이중위험의 항변이 허용되지 않는다고 하였다.

32) Harris v. Oklahoma, 433 U.S. 682(1977).

에만 적용되는 것으로 이해된다. 따라서 외국을 포함한 서로 다른 주권에 의한 기소는 허용되기 때문에, 외국에서 기소되어 형을 받은 경우 동일한 범행을 이유로 미국에서 다시 기소하거나 처벌하는 것은 이중위험의 금지에 해당하지 않는다고 본다. 이러한 의미에서 미국은 외국판결에 대한 일사부재리의 효력을 전면적으로 부정하고 있는 입장이다.

미국이 이와 같이 외국판결의 효력을 전적으로 부인하는 근거는 이중주권의 원칙이다. 이중주권원칙에 의하면 모든 미 연방의 시민은 또한 각 주 또는 그 지역의 시민이다. 그 시민은 두 주권에 충성해야 하며 양쪽 중 어느 하나의 법을 위반할 시에도 처벌받을 수 있다. 하나의 행동이 양쪽 법에 대한 침해 및 위반이 될 수 있다. 이 원칙에 따라 연방이나 각 주는 다른 외국법원에 의하여 내려진 판결에 일정한 효력을 부여할 것을 강요받지 않는다. 행위자가 하나의 행위로 연방법도 위반하고 주법도 위반하였다면 서로 구분되는 두 개의 죄를 범한 것이다. 따라서 연방법에 의하여 기소되어 처벌된 후 다시 주법에 의하여 기소되거나, 그 역의 경우에도 이중위험금지의 원칙에 위반되지 아니한다. 이러한 이중주권의 원칙은 주와 연방 뿐만 아니라 주와 주의 경우에도 적용되며, 외국법원의 판결에도 적용된다.[33)]

다만 많은 주에서 다른 주나 연방의 사법권에 의하여 유죄를 선고받은 피고인을 재기소로부터 보호하기 위하여 개별 주의 헌법이나 법률에 재기소의 제한규정을 마련하여 두고 있다. 연방차원에서 지침을 마련하여 주법원에서 기소한 범행을 연방법원에 재기소하려는 경우에는 법무부장관보의 재기소 승인을 받도록 하고 있다. 모범형법전 역시 다른 재판관할 내에서의 이전의 공소가 존재하는 경우 재기소를 제한하는 규정을 마련하고 있다.[34)]

---

33) United State v. Richardson, 580 F.2d 946(9th Cir. 1978).

34) Model Penal Code, Section 1.10.

3. 독일

1) 국제법적 관점에서 일사부재리의 원칙

일사부재리의 원칙(ne bis in idem Grundsatz)에 따르면 동일한 범죄에 대하여 재차 형사소추를 하는 것은 금지된다. 그러나 이러한 일사부재리의 원칙은 국가 간의 법적 관계의 경우에는 인정되지 않으므로,[35] 다른 국가에서 처벌받았다는 점이 자국의 형벌권을 배제하지는 않는다. '시민적 및 정치적 권리에 관한 협약'의 제14조 제7항(Art.14 Abs.7 IPBPR)과 '유럽인권조약 제7부속의정서'의 제4조(Art.4 ZP VII EMRK)의 인권보장 규정 역시 명시적으로 '개별국가의' 법에 따라 판결을 내리도록 하고 있으며, 따라서 특정 국가에서 형사처벌을 받았을지라도 다른 국가에서 새로이 형사책임을 묻는 것을 배제하지 않는다고 보았다.

또한 기본법 제25조는 "국제법의 일반원칙은 연방법의 일부를 이룬다. 그것은 법률에 우선하고, 연방 영역내의 주민에 대하여 직접 권리와 의무를 발생 시킨다."고 규정하고 있다. 따라서 국제법의 일반원칙이 국가 사이에서도 일사부재리의 원칙을 승인하는 경우에는 독일에서도 국가 간의 일사부재리의 원칙이 직접 적용될 수 있다. 그러나 외국에서 받은 형에 대한 국제법의 일반원칙은 존재하지 않는다. 왜냐하면 국제법의 일반원칙은 일사부재리의 원칙을 국가 간에도 인정하는 것은 거의 대다수의 국가에서 승인된 법원칙에 해당하지 않는다.[36] 오히려 앞의 시민적 및 정치적 권리에 관한 협약과 유럽인권조약에서 보는 바와 같이 그 반대의 경우라고 해석하는 것이 적절하다.

다만 유럽지역에서 적용되는 법과 관련하여 쉥겐협약 제54조(Art.54 SDÜ)는 일사부재리의 원칙의 국제법적 불승인에 대한 예외에 해당된다. 쉥겐협약 제54조에 의하면 EU의 해당 협약국들 사이에 이

35) Ambos, a. a. O., 4/5; Radtke/Hohmann, Strafprozessordnung, Kommentar, 2011, §153c Rn.19.

36) BVerfGE 15, 25, 34; 16, 27, 33; BGHSt 35, 216, 218.

중처벌금지의 원칙이 인정된다. 행위자에 대해 당사국에서 이미 유효한 판결이 내려진 경우에는, 즉 판결의 경우에는 그에 대한 형벌이 이미 완전히 집행종료 되었거나, 막 집행이 되었거나 또는 판결국가의 법률에 따라 더 이상 집행될 수 없는 경우에는 해당 행위자는 동일한 범죄사실로 인하여 다른 당사국에 의하여 소추되어질 수 없다(쉥겐협약 제54조).[37] 다만 협약당사국은 특정한 상황이나 특정한 범죄[38]에 대하여는 제54조에 해당하는 일사부재리의 원칙을 적용하지 않을 것을 선언할 수 있으며(쉥겐협약 제55조),[39] 이에 따라 독일은 일사부재리의 원칙을 부분적 배제하는 선언을 하였다.[40]

2) 독일 국내법상 일사부재리의 원칙

일사부재리의 원칙과 관련하여 독일 형사소송법은 명문의 규정을 두고 있지 않으나, 동 원칙이 인정된다는 점에는 이의가 없다.[41] 이에 반해 독일 기본법 제103조 제3항은 "누구도 동일한 범행으로 인하여 일반형법에 근거하여 거듭 처벌되지 아니 한다."[42]라고 규정하여 이중처벌금지의 원칙이나 일사부재리의 원칙을 명시적으로 선언하고 있다. 여기서 기본법 제103조 제3항은 기본권과 유사한 절차적 권리를 규정하고 있는 것이며, 법적 안정성과 실질적 정의가 충돌하는 경우에는 법적 안정성의 이익이라는 입장에서 해결되어야 하는 것으로 이해된다.[43] 따라서 개인은 형사법원의 유효한 판결 이후에 새로이 책임을

37) Schönke/Schröder/Stree/Kinzig, StGB, Kommentar, 29.Aufl., 2014, §51 Rn.29.

38) 예컨대 당사국의 중대한 이익을 침해하는 범죄나 당사국 공무원의 범죄와 같은 당사국의 주권을 침해하는 범죄에 대하여는 일사부재리의 적용을 배제할 수 있다(Ambos, a. a. O., 10/117).

39) Ambos, a. a. O., 4/4, 10/117; Doehring, Völkerrecht, 2.Aufl., 2004, Rn. 815,1152.

40) 오스트리아의 경우도 독일의 경우와 동일한 것으로 파악된다(Ambos, a. a. O., 10/117; Ernst Eugen Fabrizy, Die österreichische Strafprozessordnung, Kommentar, 11.Aufl., 2011, 193/2).

41) Radtke/Hohmann, Strafprozessordnung, Kommentar, 2011, Einl. Rn.100.

42) Art.103 Abs.3 GG: Niemand darf wegen derselben Tat auf Grund der allgemeinen Strafgesetz mehrmals bestraft werden.

43) Jarass/Pieroth, GG, Kommentar, 8.Aufl., 2006, Art.103 Rn.56.

부담하는 것으로부터 보호되어야 한다. 그리고 일사부재리의 원칙에서 차단효과를 발생시키는 유효한 판결은 유죄의 판결에만 국한되는 것이 아니라 무죄의 판결에도 적용되며,[44] 새로운 형사소추를 금지하는 효과뿐만 아니라 수사의 착수 자체를 금지하는 효과도 나타낸다.[45]

그러나 형사소송법과 기본법에서 인정되는 일사부재리의 원칙은 국가 간에 존재하는 형사재판권의 경합의 경우에는 유효하지 않은 것으로 이해되고 있다. 그 이유는 일사부재리의 원칙은 단지 '독일 법원'에 의한 이중적인 처벌이나 이중적인 판결을 금지하는 것을 의미하는 것이라고 보기 때문이다.[46] 따라서 동일한 범죄사실로 인한 외국의 유효한 판결이 존재할지라도 해당 판결이 국내법적으로 종국적인 효력을 가지는 것이 아니며,[47] 또한 범행지의 보다 가벼운 형벌이 국내의 형벌을 한계지우는 것(lex mitior)도 아니다.[48]

결국 외국의 확정판결이 있다 하더라도 동일한 범죄사실로 독일에서 새로이 형사소추나 형사처벌하는 것은 독일 국내법이나 독일 내에 적용되는 조약법에 위반되지 않는다.

3) 형법상 외국형의 고려: 산입주의의 채택

동일한 범죄로 외국에서 형벌의 집행을 받은 경우 독일에서는 전술한 바와 같이 일사부재리의 원칙이 적용되지 않지만 형벌의 집행에서 국내의 형벌에 산입된다. 즉 독일 형법 제51조 제3항은 "형의 선고를 받은 자가 이미 동일한 범죄로 인해 국외에서 처벌받은 경우에는 국외에서 받은 형은 그 집행이 종료된 경우에 한하여 새로운 형에 산입된다. 국외에서 선고받은 기타의 자유박탈에 대해서도 제1항이 동

44) BVerfGE 12, 62, 66; BVerfGE 65, 6377, 381.

45) BGHSt 35, 60, 61; 44, 1, 3; Jarass/Pieroth, GG, Kommentar, 8.Aufl., 2006, §103 Rn.63.

46) BVerfGE 6, 176, 177; BGH NStZ 1998, 149, 150.

47) BGHSt 34, 334, 340; Mayer, Ne-bis-in-idem-Wirkung europäischer Strafentscheidungen, 1992, 110면 이하. 이에 반해 종국적인 효력을 인정하는 것에 찬성하는 견해는 Oehler, Internationales Strafrecht, 2.Aufl., 1983, Rn.140.

48) 이러한 의미로 BGHSt 27, 30, 34; Ambos, a. a. O., 4/5.

일하게 적용된다."[49]라고 규정하여 산입주의(Anrechnungsprinzip)를 채택하고 있다.

여기서 해당 범죄가 국내에서 범하여졌는지 국외에서 범하여졌는지는 문제되지 아니하며, 또한 외국에서 집행된 형벌이 자유형인지 벌금형인지도 중요하지 않다.[50] 중요한 것은 외국에서 행해진 판결이 동일한 범행으로 인한 판결이어야 한다. 그리고 동일한 범행인가의 여부는 독일 형사소송법 제264조에 따라 확정되어지며, 여기에서 외국의 법에 따른 법적 평가를 고려하지 아니한 채 단지 동일한 과거의 역사적 사실인가의 여부에 따라 결정된다.[51] 연속범으로 인한 판결의 경우에는 연속범행의 개별범행이 처벌되어 집행된 경우에만 해당 외국형벌이 산입되어질 수 있다.

외국형벌은 이미 집행된 경우에만 산입가능하다. 따라서 형벌이 감형되거나, 사면되거나, 시효가 완성된 경우에는 해당 형벌은 산입되지 아니한다. 부과금이행을 위하여 지출된 급부 역시 산입될 수 있으며, 부분집행의 경우에도 산입이 가능하다. 외국에서 집행된 형벌이 국내에서 처벌될 형벌의 양을 초과하는 경우 초과된 부분이 다른 범행으로 인한 형벌에 산입될 수는 없다.[52] 따라서 전체형벌의 경우에도 동일한 범죄사실로 인한 개별형벌이 산입에 표준이 되는 것이다.

피고인이 형사소추로 인하여 외국에서 수사상 구금되거나 다른 자유박탈의 처분을 받은 경우에는 독일 형법 제51조 제1항[53]에 규정

---

49) StGB §51 Anrechnung

(3) Ist der Verurteilte wegen derselben Tat im Ausland bestraft worden, so wird auf dieneue Strafe die ausländische angerechnet, soweit sie vollstreckt ist. Für eine andere im Ausland erlittene Freiheitsentziehung gilt Absatz 1 entsprechend.

50) Fischer, StGB, Kommentar, 63.Aufl., 2016, §51 Rn.13; Schönke/Schröder/Stree/Kinzig, a. a. O., §51 Rn.29.

51) NK/Kett-Straub, StGB, Bd.1, 3.Aufl., 2010, §51 Rn.32; Schönke/Schröder/Stree/Kinzig, a. a. O., §51 Rn.30.

52) OLG Hamm NJW 1972, 2193; NK/Kett-Straub, a. a. O., §51 Rn.33; Schönke/Schröder/Stree/Kinzig, a. a. O., §51 Rn.31.

53) 第51조【형의 산입】① 형의 선고를 받은 자가 형사소송절차의 대상이거나

된 바와 같이 해당 처분이 산입된다. 다만 여기서 고려되는 자유박탈은 외국의 형벌로 산입되지 아니하였던 자유박탈에 국한된다. 외국의 형벌에 산입된 자유박탈은 이미 집행된 형벌로 다루어지는 것이며, 이미 제3항의 전문에 의하여 산입되는 것이다. 이송구금의 경우에도 산입되어질 수 있으며, 이 경우 실제로 이송이 이루어지지 않을지라도 관계없다.[54] 피고인이 형사소추의 목적으로 이송절차에서 이송구금이 이루어진 경우에도 외국에서 선고받은 기타의 자유박탈로 인정된다. 외국의 구금이 독일 관계기관의 국제적 수배의 결과로 인한 것이라면 외국의 구금은 그것이 추방절차를 취하였든 이송절차를 취하였든 관계없이 산입된다.[55]

4) 절차법상 외국형의 고려: 기소편의주의의 적용(독일 형사소송법 제153c조)

독일의 형사소송법은 공소제기는 검사의 권한에 속하며(제152조 제1항), 법률에 다르게 규정되어 있지 않은 한, 검사는 충분한 사실적 근거가 존재하는 한, 형사소추 가능한 모든 범죄행위에 대하여 공소를 제기하여야 한다고 규정하여(제152조 제2항), 원칙적으로 국가소추주의와 기소법정주의를 취하고 있다. 다만 "외국에서 행해진 범죄행위로 인해 피의자에 대한 형이 이미 집행되었고, 그 외국의 형을 감안하여 볼 때 국내에서 예상하고 있는 형벌의 정도가 높지 않은 경우 또는 피의자가 그 행위에 관하여 외국에서 무죄의 확정판결을 받은 경우에 검사는 기소하지 않을 수 있다."(제153c조 제2항)[56]라고 하여 검사의

그 대상이 되었던 범죄행위로 인하여 미결 구금되었거나 기타의 자유박탈을 받은 경우에 그 기간을 자유형 및 벌금형에 산입한다. 다만, 법원은 범행 후 형의 선고를 받은 자의 태도에 비추어 타당하지 아니한 경우에는 그 기간의 전부 또는 일부를 산입하지 않을 수 있다.

54) NK/Kett-Straub, a. a. O., §51 Rn.36; Schönke/Schröder/Stree/Kinzig, a. a. O., §51 Rn.35.

55) BGH NStZ 1997, 385; NK/Kett-Straub, a. a. O., §51 Rn.36.

56) StPO §153c

(2) Die Staatsanwaltschaft kann von der Verfolgung einer Tat absehen, wenn wegen der Tat im Ausland schon eine Strafe gegen den Beschuldigten vollstreckt worden

소추재량을 인정하고 있다. 즉 독일의 경우 비록 재량적이기는 하나 국외에서 받은 형벌이 집행된 경우 해당 동일한 범죄사실에 대하여 검사가 불기소할 수 있는 가능성을 열어 두고 있다.

이 규정은 외국에서 유효한 판결을 받아 그 판결이 집행된 경우와 외국에서 유효한 무죄의 판결이 존재하는 두 가지 사례유형을 포함하고 있다. 이미 외국에서 동일한 범죄로 인하여 형벌이 집행된 경우에는 독일 국내에서의 처벌이 불가능한 것은 아니나 해당 집행받은 형벌을 반드시 산입하도록 하고 있다. 여기서 국제법적으로 산입주의가 필수적으로 요청되는 것은 아니다. 산입주의가 상당수 국가의 법질서에 의하여 승인되고 있는 것은 아니기 때문에 산입주의가 국제법적으로 승인된 일반규범에 속하는 것은 아니다.[57] 따라서 국경을 초월하는 이중소추나 이중처벌로부터 피의자를 보호하는 것은 국가형벌권의 행사라는 명제보다 후순위에 위치한다. 즉 국제법적인 국가주권 중심적 관점이 법치국가적 형법의 개인법적 관점을 배제시키고 있는 것이다.

그러나 동일한 범행으로 처벌받은 사람을 다시 국내에서 처벌하여야 할 필요성이나 형사소추이익은 별로 크지 않다.[58] 오히려 처벌받은 자를 다시 일률적으로 처벌하는 것은 실질적 정의나 책임주의 관점에서 정당화되기 어렵다고 생각할 수 있으므로, 이러한 경우에는 형사소추를 배제할 수 있도록 규정하는 것이다.

어쨌든 이와 같은 형사소추의 배제가능성에도 불구하고 처벌가능성의 존재는 인권법적 측면에서나 기본권법적 측면에서 우려할 만한 일이며, 그리 만족할 만한 일은 아니다. Lagodny가 지적한 바와 같이,[59] 형사소송적 유죄증명행위와 전체 형사절차가 일반적 인격권, 특

---

ist und die im Inland zu erwartende Strafe nach Anrechnung der ausländischen nicht ins Gewicht fiele oder der Beschuldigte wegen der Tat im Ausland rechtskräftig freigesprochen worden ist.

57) BVerfG NJW 1987, 2155, 2158; Radtke/Hohmann, Strafprozessordnung, Kommentar, 2011, §153c Rn.19.

58) Meyer-Goßner, StPO, Kommentar, 54.Aufl., 2011, §153c Rn.12; Radtke/Hohmann, a. a. O., §153c Rn.19.

히 명예에 대한 침해가 존재하는 경우에는(이미 절차가 형벌에 해당한다), 이러한 사실이 이미 외국에서 유효하게 법적으로 판단되어진 경우에는 동일한 사실로 인하여 형사절차가 계속되는 것은 어떻든 헌법적으로 허용되어지지 않는다. 이러한 논증의 토대가 되는 국가 간 또는 국제법적 형사소추의 개인법적 요소들이 점점 더 큰 의미를 얻고 있으며, 예컨대 특히 국제형사재판소나 쉥겐협약 등을 통하여 일사부재리의 원칙의 승인이 확대되고 있는 것이다.

4. 일본

1) 외국형의 일사부재리원칙 적용여부

일본 헌법 제39조는 "누구든지 실행 당시 적법했던 행위 또는 이미 무죄가 된 행위에 대해서는 형사상의 책임을 추궁 받지 않는다. 또한 동일한 범죄로 거듭 형사상의 책임을 추궁 받지 않는다."라고 규정하고 있다. 여기서 전문은 소급효금지의 원칙(형벌불소급의 원칙)을 선언한 것이며, 후문은 이중처벌금지의 원칙 또는 일사부재리의 원칙을 선언한 것이다.[60)]

이러한 일사부재리의 원칙은 다른 대부분의 국가들과 마찬가지로 일본의 경우에도 국내법원에 의한 판결에 의하여 거듭 처벌되는 경우에만 금지되는 것으로 파악한다.[61)] 일본 형법 제5조 역시 이러한 취지에 따라 "외국에서 확정판결을 받은 자이더라도 동일행위에 대하여 다시 처벌하는 것이 방해되지 아니한다."라고 명문으로 규정하고 있다. 법률의 규정뿐만 아니라 판례의 입장도 헌법 제39조는 일본 법원의 재판에 대하여만 이중의 위험을 금지하는 것으로 해석하며, 이에 따라 외국의 확정판결이 있는 경우 일본 법원이 다시 재판하여 처벌

59) Lagodny, Strafrecht vor den Schranken der Grundrechte, 1996, S. 96 ff.

60) 井田 良, 講義刑法學 總論, 2008, 59-60面.

61) 岡野光雄, 刑法要說總論, 成文堂, 2001, 12面; 森下 忠, 國際刑法の基本問題, 東京, 成文堂, 1996, 84面; 井田 良/丸山雅夫, Casestudy 刑法, 第2版, 2004, 59面.

하는 것을 허용하는 형법 제5조는 헌법에 위반되지 않는다고 판단하였다.[62]

2) 형법상 외국형의 고려: 산입주의의 채택

외국형에 대하여 일사부재리의 원칙을 적용하지는 않더라도 동일한 범죄사실로 거듭하여 처벌하는 것은 적절하지 않다. 따라서 일본 형법은 외국에서 형의 집행을 받은 경우 일본에서 형을 집행하는 단계에서 이를 반드시 고려하도록 하였다. 즉 일본 형법 제5조 후단은 "다만 범인이 이미 외국에서 선고된 형의 전부 또는 일부의 집행을 받은 경우에는 형의 집행을 감경하거나 면제한다."라고 규정하여 필요적으로 형의 집행을 감경 또는 면제하도록 하는 필요적 산입주의[63]를 채택하고 있다.[64]

형의 집행을 필요적으로 감면하기 위하여는 '외국에서' 확정판결을 받은 경우에 한한다. 여기서 외국에서의 의미는 일본의 재판권이 아닌 다른 나라의 재판권에 의한 판결을 의미한다. 그리고 외국에서의 판결은 외국의 형사법원에 의하여 선고된 '형사 확정판결'이어야 한다.[65]

피고인이 동일한 범죄로 인하여 외국에서 선고된 형의 전부 또는 일부의 집행을 받은 경우 형의 집행을 필요적으로 감경 또는 면제하는 데, 이 경우 형의 집행을 면제할 것인가 아니면 감경할 것인가, 감

62) 最大判 昭和 28.7.22 刑集 7券 7号 1621面.

63) 井田 良/丸山雅夫, 前揭書, 59面; 前田雅英, 刑法總論講義, 第4版, 東京大學出版會, 2006, 87面. 이에 대하여 일부에서는 이를 '탄력적 산입주의'라고 표현하나(김기준, 일사부재리원칙의 국제적 전개, 2013, 131면), 필요적 산입주의의 표현이 적절한 것으로 보인다.

64) 일본의 구형법에서는 외국에서의 확정판결이 존재하는 경우 형의 집행을 감경 또는 면제할 수 있도록 하여 임의적인 것으로 규정하였으나, 1947년의 형법개정으로 인하여 현행 형법은 형의 집행을 필요적으로 감면하도록 규정한 것이다(김기준, 일사부재리원칙의 국제적 전개, 2013, 131면 참조).

65) 井田 良/丸山雅夫, 前揭書, 59面; 前田雅英, 前揭書, 2006, 87面. 이에 대하여 일부에서는 이를 '탄력적 산입주의'라고 표현하나(김기준, 앞의 논문, 131면), 필요적 산입주의의 표현이 적절한 것으로 보인다.

경하는 경우 어느 정도 형의 집행을 감경할 것인가가 문제된다. 여기서 외국에서 선고되어 집행된 형의 종류 및 형량과 일본에서 집행이 면제 또는 감경되는 형의 종류가 동일한 형종일 필요는 없으며, 형량 역시 반드시 집행된 형량을 모두 산입할 필요는 없다. 예를 들면 일본에서 피고인에게 사기죄로 징역 5년을 선고할 경우, 해당 범죄로 인하여 국외에서 이미 징역 1년형을 집행 받았던 경우, 이를 고려하여 선고할 5년 중 집행되어진 1년의 기간을 집행을 감경해 줄 수도 있고, 그 이상 또는 그 이하의 기간의 집행을 감경할 수 있다. 그리고 동일한 범죄로 외국에서 벌금형을 집행 받았던 경우에도 징역형을 선고하면서 형의 집행기간을 감경할 수 있다.[66]

일본에서의 면제 또는 감경은 형 그 자체에 대해 행해지는 것이 아니라 형의 집행에 대하여 행하여지는 것이다.[67] 따라서 판결을 선고할 때에 형명, 형기 또는 금액은 그대로 나타나야 하며 형의 집행의 감경 및 면제 역시 재판으로 선고되어야 한다.[68] 여기서 형의 집행의 감경이란 자유형에서는 선고되는 형기의 집행기간을 감하여 주는 것이며, 벌금형과 같은 재산형에서는 선고되는 벌금액 등 납부하여야 할 금액을 감하여 주는 것을 말한다. 그리고 '형의 면제'란 형의 집행을 모두 면제하는 것을 말한다.[69] 그러나 선고되는 형 자체가 변경되는

66) 그 밖에 무기형의 경우에도 형법 제5조에 의한 감경이 가능하며, 판례는 외국에서 형의 집행을 받은 사실을 감안하여 상당기간을 본형에 산입하는 것에 의해 그 기간은 가출옥의 규정 적용에 대하여 이미 형의 집행을 받은 기간을 통산하는 것도 집행의 감경에 해당한다고 한다(最大判 昭和 30.6.1. 刑集 9.7.1103). 그러나 사형에 대하여는 집행의 감경이 인정되지 않는다. 외국에서 받은 형은 반드시 일본의 형과 같은 내용을 가질 것을 요하지 않으며, 다만 외국의 처벌이 일본의 형이 아닌 경우에는(예컨대 과료) 형법 제5조가 적용되지 않고 다만 정상참작사유로 고려될 뿐이라고 한다(장규원/강동욱, 형법총칙 비교법 자료집, 2006, 한국형사정책연구원, 100-101면 참조).

67) 이 점에서 우리 형법이 형의 임의적 감면사유로 규정하고 있는 것과 차이가 존재한다.

68) 最大判 昭和 29.12.23. 刑集 9劵 2号 374面.

69) 最大判 昭和 28.7.22. 刑集 7劵 7号 1621面.

것은 아니므로 형의 시효는 선고된 형에 따라 정하여 진다.

결국 일본의 경우 외국에서 선고받은 형의 경우 이를 전부 또는 일부의 집행을 받은 경우에 한하여 이미 집행 받은 형을 일본의 형의 집행에서 산입하여 주는 방식으로 피고인에 대하여 고려하고 있다. 물론 산입은 반드시 하도록 규정하고 있으나 산입의 정도에 대하여는 개방적인 태도를 취하고 있다.

3) 절차법상 외국형의 고려: 기소편의주의의 채택(형사소송법 제248조)

일본의 경우에는 외국에서 형의 집행을 받은 범죄인에 대하여 전술한 바와 같이 법원이 형을 선고하는 단계에서 이를 고려하는 이외에도, 기소단계에서 해당 범죄인을 고려하는 것도 가능하다. 일본 형사소송에서 기소는 검찰관이 행하도록 하고 있으며(국가소추주의; 형사소송법 제247조), 검찰관은 범인의 성격, 연령 및 환경, 범죄의 경중 및 정상 및 범죄 후의 정황에 의하여 소추를 필요로 하지 아니하는 때에는 공소를 제기하지 아니할 수 있다(제248조). 이에 따라 일본 형사소송에서는 범죄의 중대성이나 전과의 부존재 같은 조건을 부과하지 않고 광범위한 기소편의주의를 채용하고 있다.[70] 그리고 실제로 일본에서는 검사에 의한 기소유예처분이 외국에서는 그 예를 보기 어려울 정도로 활발히 행하여지고 있다고 한다. 이와 같은 기소편의주의에 따라 검찰관이 기소를 하는 경우 해당 범죄인이 외국에서 형의 집행을 받았는지 여부를 확인하여 충분하고도 필요한 정도의 형의 집행이 행하여 졌다고 판단되면 불기소 처분을 하는 것이 가능하다. 따라서 외국에서 처벌받은 범죄인에 대하여 구체적 타당성을 흠결하는 국제적 이중처벌은 사실상 일어날 수 없으며, 제한적 기소편의주의를 채용하는 국가에 비하여 외국판결에 대한 국제적 일사부재리원칙을 인정할 필요성이 상대적으로 적다는 주장이 제기되고 있다.[71]

70) 田口守一, 刑事訴訟法, 第5版, 2009, 弘文堂, 148面.

71) 森下忠, 前揭書, 84面; 김기준, 앞의 논문, 135-136면.

5. 기타 국가에서의 외국에서 집행 받은 형에 대한 입법

(1) 오스트리아 형법은 오스트리아 국내에서 행한 범죄 또는 오스트리아 국적의 선박 또는 항공기에서 행해진 범죄에 적용되며(제62조, 제63조), 또한 행위지의 형법과 무관하게 국외에서 범한 특정한 범죄(내란, 오스트리아 공무원에 대한 또는 오스트리아 공무원의 범죄, 형사미성년자에 대한 성범죄 등)의 경우에도 오스트리아 형법이 적용된다(제64조). 이러한 의미에서 오스트리아 형법은 속지주의와 기국주의 및 특정한 범죄에 대한 보호주의와 세계주의를 인정하고 있다.[72)]

속인주의와 관련하여 보면, 외국에서 행해진 범행의 경우에는 ① 행위자가 행위 당시에 오스트리아인이었거나 오스트리아 국적을 사후적으로 취득하였거나 형사소송이 개시될 당시 오스트리아 국적을 보유하고 있는 때 또는 ② 행위자가 행위 당시 외국인으로서 국내에 있으며 범행의 종류나 성질 이외의 다른 이유로 외국으로 인도될 수 없는 때[73)]에 행위지의 법률도 해당 범죄를 처벌하는 경우에 한하여(lex loci) 오스트리아 형법이 적용된다(제65조 제1항).

국외범에 대하여 속인주의에 따른 형법이 적용된다 할지라도 다만 “행위자가 행위지의 법원에 의해 기판력 있는 무죄판결을 받았거나 소추되지 않는 때”(제2호), “행위자가 외국의 법원에 의해 기판력 있는 유죄판결을 받고 형벌이 모두 집행되었거나 면제되거나 형의 집행이 외국의 법률에 의해 시효로 소멸된 때”(제3호), “외국법원에 의해 선고된 형벌의 집행의 전부 또는 일부가 연기된 때”(제4호)에는 처벌되지 않는다(제65조 제4항). 이 경우 오스트리아 법률에 의한 보안처분은 그 요건이 충족되는 때에는 앞의 이유로 국내에서 처벌되지 않는 오스트리아국민에 대해서도 보안처분을 명할 수 있도록 하고 있다(제65조 제5항).

---

72) Helmut Fuchs, Österreichisches Strafrecht, AT I, 7.Aufl., 2008, 5/21 ff.

73) 이 경우는 속인주의에 따른 원칙이 아니라 대리형사사법주의에 따른 오스트리아 형법의 적용에 해당한다(Helmut Fuchs, a. a. O., 5/30).

이에 반하여 국내에서 처벌될 범죄로 인해 외국에서 받은 처벌은 국내에서의 형의 집행에 산입하도록 하고 있다(제66조).[74] 오스트리아 법원은 행위지의 법률에 의한 것보다 전체적 효력에서 행위자에게 불리하지 않도록 형벌을 정하여야 한다. 따라서 검사는 형사소송법 제192조 제1항 제2호에 따라 국외에서 집행된 형벌이나 다른 형사정차상의 불이익으로 인하여 국내에서 더 높지 않은 형벌이 예상되는 경우에는 형사소추를 포기할 수 있다.[75] 보통 외국에서 집행된 자유형의 경우에는 국내의 형벌에 1:1로 산입되어 진다. 보다 어려운 외국의 구금상황, 예컨대 동아시아에서의 자유형 1일은 오스트리아에서 자유형 2일에 상응하는 것으로 산입하는 것과 같이[76] 다른 비율로 고려되어 질 수 있다.

(2) 중국의 경우에는 형법 제10조에 “중화인민공화국의 영역 외에서 죄를 범하여 본법에 따라 형사책임을 져야하는 경우, 비록 외국에서 재판을 받았다고 하더라도 모두 본법에 따라 추궁할 수 있다. 다만, 외국에서 이미 형벌을 받은 자에 대하여는 처벌을 면제하거나 감경할 수 있다.”고 규정하고 있다. 즉 국외에서 죄를 범하였을지라도 중국 형법을 적용할 수 있는 경우에는 행위자가 국외에서 재판을 받은 경우에도 다시 중국 형법으로 처벌할 수 있으며,[77] 다만 이 경우 외국에서 형벌을 받은 자에 대하여 임의적으로 처벌을 면제하거나 감경할 수 있도록 규정하고 있다.

여기서 제10조는 중국공민이 국외에서 죄를 범하여 행위지에서

74) Das österreichische Strafgesetzbuch **Anrechnung im Ausland erlittener Strafen**
§66 Hat der Täter für die Tat, derentwegen er im Inland bestraft wird, schon im Ausland eine Strafe verbüßt, so ist sie auf die im Inland verhängte Strafe anzurechnen.

75) Ernst Eugen Fabrizy, Die österreichische Strafprozessordnung, Kommentar, 11.Aufl., 2011, 193/1.

76) Helmut Fuchs, a. a O., 5/41.

77) 이는 하나의 독립·자주적 국가로서 당연히 외국판결의 효력에 구속되지 아니한다는 것으로 중국 형법이론의 통설이라고 한다(張明楷, 刑法學, 第3版, 法律出版社, 中國, 2009, 70面).

처벌을 받은 경우를 예정하여 해당 중국공민에게 형을 임의적으로 감면할 수 있는 것으로 해석된다.[78] 그러나 중국국민이 국외에서 죄를 범한 것이 아니라 국내에서 죄를 범한 후 국외로 도주하고, 체류국에서 해당 중국인을 처벌한 후 다시 중국으로 추방한 경우, 이에 대하여는 어떻게 할 것인가에 대하여는 명문의 규정이 존재하지 않는 것으로 파악된다. 이 경우에는 중국 형법 제10조는 적용이 불가능하고 중국 형법 제6조[79]의 속지주의 원칙에 따라 자국형법을 적용하여 처벌하는 것이 가능할 뿐이라고 보아야 한다. 그리고 속지주의를 적용하는 경우에는 해당 범죄인은 국외에서 처벌을 받은 경우에도 다시 중국 형법에 의하여 처벌하는 경우 그 처벌을 면제하거나 감경할 수 없다는 문제가 발생한다.

Ⅴ. 형법 제7조의 개정방향

1. 일사부재리의 원칙과 형법 제7조의 개정

전술한 바와 같이 헌법은 '모든 국민은 … 동일한 범죄에 대하여 거듭 처벌되지 아니한다'(제13조 제1항)라고 규정하고 있다. 이 규정을 해석함에 있어 일부에서는 이중처벌금지의 원칙을 규정한 것으로 설명하고,[80] 일부에서는 '일사부재리의 원칙을 헌법적으로 보장하는 것'[81]이라고 설명한다. 엄밀히 말하면 이중처벌금지의 원칙과 일사부

78) 張明楷, 前揭書, 70面.

79) 중국 형법 제6조
중화인민공화국의 영역 내에서 죄를 범한 자에게는 법률에 특별한 규정이 있는 경우를 제외하고는 모두 본법을 적용한다.
중화인민공화국의 선박이나 항공기 내에서 죄를 범한 경우에도 본법을 적용한다.
범죄행위 또는 결과에 중화인민공화국의 영역 내에서 발생한 것이 있는 경우에는 중화인민공화국의 영역 내에서 죄를 범한 것으로 본다.

80) 전광석, 앞의 책, 289면.

81) 성낙인, 앞의 책, 1082면.

재리의 원칙은 동일한 것은 아니다. 일사부재리의 원칙은 해당 소송과 판결에 관련된 법적 안정성을 확보하고 법적 신뢰와 일관성을 유지하기 위한 원칙이다. 이에 반해 이중처벌금지의 원칙은 개인의 인권을 충실히 보호함을 그 목적으로 하는 헌법상의 원칙이다. 따라서 양 원칙은 처음부터 그 제도 자체의 의미와 내용을 달리하는 이질적 제도인 것이다.[82)]

이중처벌금지의 원칙이든 일사부재리의 원칙이든 양 원칙은 외국에서 집행된 형사판결에는 적용되지 아니한다. 형사판결은 국가주권인 형벌권 행사에 기초한 것이기 때문이다. 따라서 외국의 형사판결이 존재할지라도 동일한 범죄에 대하여 대한민국 내에서 거듭 형벌권이 행사되는 것이 금지되는 것은 아니다.[83)] 다만 우리 형법은 제7조에서 동일한 범죄로 외국에서 형의 선고를 받아 이를 집행한 경우에는 피고인에 대하여 형을 임의적으로 감면할 수 있도록 고려한 것이다.

외국에서의 형을 집행 받은 자에 대하여 형법 제7조의 고려에도 불구하고 헌법재판소는 해당 규정이 위헌이라고 판단하였다. 즉 입법자는 국가형벌권의 실현과 국민의 기본권 보장의 요구를 조화시키기 위하여 형을 필요적으로 감면하거나 외국에서 집행된 형의 전부 또는 일부를 필요적으로 산입하는 등의 방법을 선택할 수 있었다. 그럼에도 불구하고 대상 헌법재판소의 결정을 통하여 행위자를 처벌 시 형법 제7조와 같이 임의적 감면으로 규정하여 외국에서 받은 형의 집행을 전혀 반영하지 아니할 수도 있도록 한 것은 과잉금지원칙에 위배되어 신체의 자유를 침해한다고 판단하였다.[84)] 따라서 입법자는 2016년 말까지 형법 제7조를 개정하여야 하며, 전술한 다양한 입법례를 참고하

82) 상세히는 김승대, 이중처벌 금지원칙에 대한 헌법해석의 재검토, 공법연구, 제35집 제4호, 2007, 380-381면 참조.

83) 김성규, 앞의 논문, 171면; 김종철, 헌법주석[I], 한국헌법학회(편), 2013, 491면; 성낙인, 앞의 책, 1083면; 임웅, 앞의 책, 68면; 전광석, 앞의 책, 291면; 정성근/박광민, 앞의 책, 86면; 천진호, 앞의 책, 143면.

84) 헌법재판소 2015. 5. 28.선고 2013헌바129 전원재판부.

여 구체적인 개정방향을 결정하여야 할 것이다.

2. 형법 제7조의 개정방향 : 전면적 산입주의로

형법 제7조를 어떻게 개정할 것인가에 대하여 외국형에도 일사부재리의 원칙을 적용할 것인가에 따라 다양한 개정방안이 마련될 수 있다.

첫째, 외국에서 집행 받은 범죄에 대하여 미국과 같이 일사부재리 원칙의 적용을 전적으로 부정하여 외국형을 전혀 고려하지 않고 우리 법원이 동일한 범죄에 대하여 형사판결을 선고하여 이를 집행하는 방안이다. 이미 헌법재판소가 외국에서 형의 집행을 받은 피고인에 대하여 형의 임의적 감면사유로 규정한 형법규정을 위헌으로 판단한 상황에서, 외국형에 대한 고려를 전적으로 부정하는 이 방식은 마찬가지로 위헌으로 판단될 것이므로 개정방향으로는 적절하지 않다.

둘째, 영국이나 유럽국가들 사이의 쉥겐협약국의 경우와 같이 외국에서 집행 받은 형이 존재하는 경우에는 동일 범행에 대하여 일사부재리의 원칙을 전면적으로 적용하여 우리 사법기관이 다시 기소·처벌하는 것을 허용하지 않는 방안이다. 외국형에 일사부재리의 원칙을 적용하는 이 방안은 행위자의 이중처벌을 막을 수 있다는 점에서 행위자의 신체의 자유를 보호함에 가장 좋은 방법이 될 수 있다. 그러나 이를 인정하기 위하여는 외국 형사사법기관의 판단에 대한 전폭적인 신뢰, 자국이나 자국민의 법익보호와의 충돌가능성 그리고 외국과의 범죄와 법정형의 유사성 등이 전제되어야 한다. 따라서 현재의 상황에서 이를 모든 외국의 집행된 형에 일사부재리의 원칙을 적용하기는 어렵다고 판단된다.

셋째, 외국형에 대하여 일사부재리원칙의 적용을 부분적으로 제한하는 방안이다. 자국내에서 행하여진 범죄로 인하여 외국에서 처벌받았던 경우에는 일사부재리의 원칙을 적용하지 않고 자국의 형법으로 다시 처벌하며, 역으로 외국의 행위지에서 범한 범죄로 외국에서 처벌을 받은 경우에는 일사부재리의 원칙을 적용하여 처벌하지 않는 것과 같은 방식이다. 이 방안 역시 외국의 형사법과의 유사성, 자국이나 자국민의 법익보호라는 형법의 기능 그리고 외국의 형사사법기관의 신뢰라는 문제는 여전히 발생한다.

넷째, 외국형에 대하여 일사부재리원칙의 적용을 부정하여 처벌함을 원칙으로 하나, 그 처벌에 있어 외국에서 받은 형을 고려하는 방안이다. 자국의 자주적인 형벌권 행사를 위하여 불가피하게 이중으로 처벌함을 금지할 수는 없다. 다만 처벌함에 있어 가능한 한 개인의 기본권을 최대한 보장하여 신체의 자유가 침해되는 정도를 최소한도로 제한할 필요가 있다. 이와 같이 외국에서 판결을 선고받고 집행된 형벌은 새로운 형벌이 부과될 때 반드시 고려되어야 한다는 것을 일사부재벌(ne bis poena in idem)원칙이라고 한다.[85] 앞에서 언급된 독일과 일본에서도 이 원칙을 채택하고 있다.

일사부재벌의 원칙의 적용과 관련하여서 일부에서는 형을 필요적으로 감면하는 방안을 제시하기도 한다.[86] 그러나 형을 필요적으로 감면하는 방식은 외국에서 받은 형에 대한 실질적인 고려에 부적절하다. 즉 외국에서 선고받은 형의 일부만 집행 받은 경우나 전부 집행 받은 경우의 차이를 고려하지 못하며, 해당 범죄에 대한 외국의 법정형과 우리 형법의 법정형이나 양형의 차이를 고려함이 없이 일률적으로 감면하는 것에서 문제가 있다.

따라서 형법 제7조를 개정함에 있어서 외국에서 판결을 선고받고 형벌의 집행이 있었던 경우 이를 형의 선고 시에 산입하는 방안(산입주의)이 적절하다고 생각된다. 산입하는 방안은 법원이 우선 해당 범행에 대한 우리 형법상의 적정한 형을 판단한 후, 피고인이 해당 범죄

85) 이에 대한 설명은 김기준, 앞의 논문, 273면 이하 참조.

86) 김종원, 앞의 책, 82면; 신양균, 형법총칙개정의 기본방향, 형사법연구, 제22권 제4호, 2010 겨울, 24면; 정성근/박광민, 앞의 책, 86면; 조상제/천진호/류전철/이진국, 앞의 책, 59면; 천진호, 앞의 책, 143면.

로 인하여 외국에서 집행 받은 형 전체를 반드시 산입하여 선고하는 방식이다. 즉 형의 선고 시에 형의 집행에 외국에서 집행 받은 형을 필요적으로 전부 산입하는 것이다. 다만 외국의 형의 산입시에 우리 형벌과 어느 정도로 상응하게 산입할 것인가는 구체적 타당성에 맞도록 외국의 형사사법의 운용, 형법상의 법정형과 양형의 차이 등을 고려하여 결정하여야 할 것이다.

[주 제 어]
외국에서 받은 형, 이중처벌금지의 원칙, 일사부재리의 원칙, 형법 제7조, 산입주의

[Key Words]
Die im Ausland vollstreckte Strafe, Doppelbestrafung, ne-bis-in-idem Grundsatz, Art.7 KStGB, Anrechnungsprinzip

접수일자: 2016. 5. 10. 심사일자: 2016. 5. 31. 게재확정일자: 2016. 6. 3.

[참고문헌]

Ambos, Internationales Strafrecht, 4.Aufl., 2014.

Boyce/Dripps/Perkins, Criminal Law and Procedure(Cases and Materials), 10.Ed. 2007.

Doehring, Völkerrecht, 2.Aufl., 2004.

Fabrizy, Ernst Eugen, Die österreichische Strafprozessordnung, Kommentar, 11.Aufl., 2011.

Fischer, StGB, Kommentar, 63.Aufl., 2016.

Hannich, Karlsruher Kommentar zur Strafprozessordnung, 7.Aufl., 2013.

Jarass/Pieroth, GG, Kommentar, 8.Aufl., 2006.

Meyer-Goßner, StPO, Kommentar, 54.Aufl., 2011.

NK/Kett-Straub, StGB, Bd.1, 3.Aufl., 2010.

Oehler, Internationales Strafrecht, 2.Aufl., 1983.

Radtke/Hohmann, Strafprozessordnung, Kommentar, 2011.

Schönke/Schröder, StGB, Kommentar, 29.Aufl., 2014.

井田 良, 講義刑法學 總論, 2008.

井田 良/丸山雅夫, Casestudy 刑法, 第2版, 2004.

岡野光雄, 刑法要說總論, 成文堂, 2001.

森下 忠, 國際刑法の基本問題, 東京, 成文堂, 1996.

前田雅英, 刑法總論講義, 第4版, 東京大學出版會, 2006.

田口守一, 刑事訴訟法, 第5版, 弘文堂, 2009.

김기준, 일사부재리원칙의 국제적 전개, 2013.

김성규, 일사부재리의 원칙과 형법 제7조의 의미, 성균관법학, 제14권 제1호.

______, 국제적 이중소추의 배제와 기소편의주의, 법학논집, 이화여자대학교, 제14권 제4호, 2010.

김성돈, 형법총론, 2009.

김승대, 이중처벌 금지원칙에 대한 헌법해석의 재검토, 공법연구, 제35집 제4호, 2007.
김종원, 형법총칙의 개정경위에 관하여, 형사법연구, 제9호, 1997.
김종원(편집대표), 주석 형법총칙(상), 한국사법행정학회, 2001.
김종철, 헌법주석[I], 한국헌법학회(편), 2013.
법무부, 형법개정법률안 제안이유서, 형사법개정자료(XIV), 1992. 10.
법무부, 형법(총칙)일부개정법률안 제안이유서, 2011. 4.
성낙인, 헌법학(16판), 2016.
신동운, 형법 제·개정 자료집, 한국형사정책연구원, 2009.
신양균, 형법총칙개정의 기본방향, 형사법연구, 제22권 제2호, 2010 겨울.
이재상, 개정형법각칙의 내용과 문제점, 형사법연구, 제9호, 1997.
임동규, 일사부재리원칙에 대한 연구, 서울대학교 박사학위논문, 1994.
임웅, 형법총론(제5정판), 2013.
장규원/강동욱, 형법총칙 비교법 자료집, 2006, 한국형사정책연구원.
전광석, 한국헌법론(제8판), 2013.
전지연, 형법개정의 역사와 전망, 비교형사법연구, 제14권 제2호, 2012. 12.
정성근/박광민, 형법총론(전정2판), 2015.
조상제/천진호/류전철/이진국, 국제형법, 2011.
천진호, 형법총론, 2016.

[Zusammenfassung]

Das strafrechtliche Urteil der im Ausland vollstreckten Strafe und der Reformvorschlag des Art.7 KStGB

Ji-Yun JUN*

Von einem Jurisdiktionskonflikt i.w.S. kann an sprechen, wenn ein Täter in einem Land bereits wegen einer bestimmten Straftat abgeurteilt wurde, später aber erneut in einem anderen Land wegen derselben Straftat abgeurteilt werden soll. Grundsätzlich wird eine solche mehrfache Strafverfolgung durch den ne-bis-in-idem Grundsatz verboten. Er ist jedoch im zwischenstaatlichen Rechtsverkehr nicht anerkannt. Danach ist nur eine mehrmalige Verurteilung durch koreanische Gerichte verboten.

Trotzdem ist die Möglichkeit der Doppelbestrafung gegen Verdächtigen geblieben. Deshalb werde ich mit diesem Aufsatz den Reformvorschlag über das Art.7 KStGB überprüfen wie im folgendem;

1) KOGH 2013. 4. 11., 2013Do2208 Urteil; KVerfGE 2015. 5. 28., 2013Heonba129 Urteil

2) Einleitung

3) Die Geschichte des Art.7 KStGB und Ihre Diskussion über den Reformvorschlag

4) Die Stellungnahme von Lehre und Rechtsprechung über Art.7 KStGB

- Lehre und Rechtsprechung in Korea und eigene Stellungnahme

5) Die verschiedene Gesetzgebungsmodelle auf die Behandlung der im

* Prof. Dr. iur. an der Yonsei Law School

Ausland vollstreckten Strafe

- GB, USA, Deutschland, Japan, Österreich, China

6) Art.7 KStGB de lege ferende

(1) ne-bis-in-idem Grundsatz und Art.7 KStGB

(2) Zum Anrechnungsprinzip als Reformvorschlag des Art. 7 KStGB

부작위에 의한 살인죄의 공동정범의 성립요건

김 태 명*

[대상판결] 대법원 2015. 11. 12. 선고 2015도6809 전원합의체 판결

[사실관계]

① 청해진해운 소속 세월호는 2014. 4. 15. 18:30경 인천에 있는 연안부두에서 제주도로 출항할 예정이었으나, 17:35경 안개로 인한 시정주의보가 발효되어 출항이 지연되다가 20:35경 시정주의보가 해제되어 21:00경 선장 이○석, 1등 항해사 강○식, 2등 항해사 김○호, 3등 항해사 박○결, 조타수 조○기, 기관장 박○호 등 33명의 승무원과 수학여행을 가는 학생 등 443명의 승객, 총 476명이 승선한 뒤 출항하였다.

세월호가 최대한 적재할 수 있는 재화중량 톤수는 3,794톤이고 복원성을 유지하면서 적재할 수 있는 화물의 최대치는 1,077톤이었으며, 만재흘수를 유지하면서 최대 1,077톤의 화물을 적재하기 위해서는 평형수·연료유·청수 2,546.6톤을 적재하고 출항해야 했다. 그럼에도 불구하고 강○식은 평형수 등을 기준보다 1,375.8톤이 감축된 1,170.8톤만 적재하고 지하, 1층, 2층의 화물칸 및 2층의 선수 갑판과 선미 화물칸에 컨테이너, 일반 화물, 승용차, 화물차, 중장비 등 적재 가능한 화물 최대치 1,077톤을 1,065톤 초과하는 2,142톤 상당의 화물을 적재

* 전북대학교 법학전문대학원 교수, 법학박사.

하였고, 이○석은 이를 점검을 하지 않았다.

한편 화물은 선박안전법에 의하여 운항관리규정의 차량적재도 및 화물고박장치도에 정해진 방법으로 적재하고 항해 시 화물이 흔들리지 않도록 고박을 하여야 함에도 불구하고, 강○식은 물류팀 직원이 현장 인부들에게 "화물을 무조건 많이 적재하고, 컨테이너는 2단 컨테이너 상단을 로프로 둘러 묶는 방법으로만 고박하라"고 지시하는 것을 알고 있음에도 이를 묵인하였고, 이○석은 위와 같이 부실하게 고박된 화물에 대하여 점검하지 않아, 세월호는 적재 가능 화물 최대치를 초과하여 화물을 적재하고 고박을 규정대로 하지 않는 등 세월호의 안전운항을 위해 필요한 조치를 하지 않은 채 출항하게 되었다.

② 그 다음날인 2014. 4. 16. 08:48경 당직항해사 박○결과 당직조타수 조○기는 조타실에서 근무하던 중 전남 진도군 조도면 병풍도 북방 1.8해리 해상에 이르러 침로 약 140도, 엔진 최대 출력을 유지한 채 145도 방향의 우현 변침을 시도하다가 선수가 급속도로 우회두하면서 선체가 좌현 쪽으로 급속히 기울어졌고, 과정에서 과적된 상태로 부실하게 고박된 화물이 좌현 쪽으로 급격하게 쏠리면서 세월호는 좌현 쪽으로 더욱 기울게 됨으로써 복원력을 상실하여 결국 좌현으로 약 30도 전도된 다음, 엔진정지 및 조류의 영향 등으로 선박 우측방향으로 타원형을 그리면서 이동하였다.

08:52경 세월호가 좌현으로 기울어진 상태로 멈추자, 각자의 선실에서 휴식을 취하던 이○석, 강○식, 김○호 등은 조타실로 모여 상황파악에 나섰고, 강○식은 복원성이 나쁜 상태에서 배가 좌현으로 많이 기울고 배의 균형을 잡는 힐링펌프가 작동되지 않자 배가 곧 침몰할 것으로 인식하고, 08:55경 제주 해상교통관제센터(Vessel Traffic Service Center, 이하 'VTS'라고 한다)에 "본선... 아... 위험합니다. 지금 배 넘어가 있습니다."라며 구조요청을 하였다.

한편 사고 발생 당시 조타실에 있던 기관장 박○호는 세월호가 전복될 것으로 판단하여, 엔진을 정지시키기 위해 레버를 잡아당겼으나 불완전하여 엔진이 완전히 정지되지 않은 상태에 있던 중, 이○석의 지시로 엔진을 완전히 정지시킨 다음 직통전화로 기관실에 전화를 걸어 기관실에 있던 기관부 선원들에게 기관실에서 나올 것을 지시하였다. 이어서 박○호는 이○석의 지시로 곧바로 조타실에서 나와 기관부 선실이 있는 3층 복도까지 계단으로 내려갔고, 09:06경 그곳에서 기관실에서 올라 온 기관부 선원들 및 기관부 선실에서 나온 기관부 선원들과 함께 대기하였다.

③ 당시 세월호에는 부녀자와 노약자, 수학여행을 가는 단원고 학생 등 443명의 승객들이 승선하고 있었으므로 승무원들은 승객들을 잘 통솔하여 동요하지 않도록 하여야 하고, 승객들에게 선내방송을 통하여 사고 발생 사실을 알리고 적당한 간격으로 선원들에 의해 어떤 비상조치가 시행되고 있는지 등의 구조 관련 상황을 반복해서 알림으로써 승객들이 불안해하지 않도록 하여야 함은 물론, 사고 직후 이미 세월호가 좌현으로 약 30도 정도 기울고 선수 갑판에 있던 컨테이너 등의 화물들이 좌현으로 쏠려 무너져 내리는 등 평소 복원력이 나빴던 세월호가 곧 전복되어 침몰될 위험에 직면하게 되었으므로, 무엇보다도 퇴선이 불가피한 위급상황에 대비하여 미리 퇴선이 용이한 갑판으로 대피하도록 유도하는 등 퇴선을 위한 적절한 조치를 신속하게 취하여야 할 긴박한 상황이었다.

그런데 이○석은 위와 같이 강○식이 구조요청을 마친 후인 08:58경 김○호에게 '승객들로 하여금 구명조끼를 입고 그 자리에 대기하라'는 방송만을 지시하였을 뿐, 정작 선원들에게 승객 등의 퇴선에 대비한 각자의 임무를 수행하도록 지시하는 등 선박 위험 시 선장이 취하여야 할 지휘·감독상 임무를 전혀 수행하지 아니하였다. 또한 강○식, 김○호를 비롯하여 조타실에 모여 있던 갑판부 소속 승무원들이나 3층 선실 복도에 모여 있던 박○호 등 기관부 소속 승무원들도 비상배치표 등에 따른 임무를 수행할 시도조차 하지 아니한 채 오로지 각각 조타실과 3층 기관부 선실 복도에 머물며 진도 VTS 등과의 교신에 매달려 구조요청을 반복하거나 아무런 대책 논의도 없이 상황을 주시하기만 하였다. 그에 따라 3층 안내데스크에 있던 사무부 승무원들은 자세한 사고경위도 모른 채 위 방송지시에 따라 승객들에게 선박의 침몰상황, 구조계획 등에 대한 설명 없이 “현 위치에서 절대 움직이지 말고 그 자리에 대기하라”는 취지의 안내방송을 실시한 후, 그저 조타실의 추가 지시만을 기다리면서 같은 내용의 안내방송을 반복하는 상황이 전개되었다.

④ 이○석은 위와 같이 세월호의 승무원들 모두가 승객을 선내 대기 상태로 방치한 채 수수방관하는 동안, 09:13경 세월호 부근을 항해 중이던 둘라에이스호가 진도 VTS의 구조요청을 받고 승객들을 구조하기 위해 세월호에 다가오면서 “탈출을 하면 저희들이 구조를 하겠습니다.”라고 하는 교신을 들었고, 이후 진도 VTS와의 교신을 통해서 경비정 및 인근 어선들도 구조를 위해 오고 있다는 사실도 알게 되었을 뿐 아니라, 09:21경 진도 VTS 및 둘라에이스호로부터 “지금 둘라에이스가 지금 접근 중에 있는데 지금 그 어롱사이드(alongside)가 할 수 없는 상태라 구조 대기하고 있습니다.”, “인근에 있다가 인명들이 탈출하면 인명구조 하겠습니다.”라고 하는 교신을 들었음에도, 선원들을 지휘하여 구명뗏목과 슈트 등 구조장비를 투하하고 승객들을 대피시키는 등의 퇴선을 위한 조치를 전혀 취하지 아니하였고, 조타실에 함께 있던 강○식, 김○호 등 나머지 갑판부 소속 승무원들도 교신 내용을 듣고만 있었을 뿐 별다른 조치를 취하지 아니하였다.

또한 이○석은 세월호가 45도 이상 기운 09:23경 진도 VTS로부터 “경비정 오는 데 15분, 15분입니다.”, “방송이 안 되더라도 최대한 나가셔서 그 승객들한테 구명동의를 꼭 착용을 하고 옷을 두껍게 입으라고 최대한 많이 전파를 좀 부탁드리겠습니다.”라고 하는 교신을 들었고, 09:24경 둘라에이스호 선장으로부터 “맨몸으로 하지 마시고 라이프링이라도 하여간 착용을 시켜서 탈출을 시키십시오, 빨리.”라고 하는 교신을 들었음에도 아무런 추가 조치 없이 이를 묵살하고, 다시

09:25경 진도 VTS로부터 "지금 저희가 그쪽 상황을 모르기 때문에 선장님께서 최종적으로 판단을 하셔 갖고 지금 승객 탈출을 시킬지 최대한 지금 빨리 결정을 해 주십시오."라고 하는 교신을, 09:26경 "경비정이 10분 이내에 도착할 겁니다."라고 하는 교신을 들었을 뿐 아니라, 그 무렵 김○호로부터 수차례 "어떻게 할까요?"라고 하는 추가 대응지시를 독촉받고, 조타실에 있는 무전기를 통해 3층 객실 안내데스크에 있던 사무부 승무원들로부터 선내에 대기 중인 승객들의 대피 등 추가 조치 요청을 수차례 받았음에도, 퇴선 등 구조조치에 관한 논의나 설명 없이 이를 모두 묵살한 채 아무런 추가 조치를 취하지 아니하였다. 또한 강○식, 김○호 등 나머지 갑판부 소속 승무원들도 여전히 조타실에 머물면서 승객 등의 퇴선을 위한 조치에 나서지 아니하였고 이○석의 무책임한 행동에 대해 이의를 제기하거나 승객 등의 구조방안을 언급하지 아니하였다.

한편 박○호 등 기관부 소속 승무원들은 3층 기관부 선실 복도에 머물면서 승객들이 선내 대기 방송에 따라 선내 대기 중임을 알고 있었음에도, 각자의 선실에서 구명동의를 찾아 입는 등 자신들의 퇴선에 대비하였을 뿐 구명뗏목과 슈트를 투하하거나 승객들을 구조가 쉬운 갑판으로 대피시키는 등 승객 구조를 위한 아무런 조치를 취하지 않았고 승객의 상황을 확인하거나 승객 구조 방법을 논의조차 하지 아니하였다.

또한 박○호 등 기관부 소속 승무원들은 세월호에서 퇴선하기 얼마 전에 갑자기 조리수 A와 조리원 B가 차례로 우현 복도 쪽에서 기울어진 연결통로를 통해 기관부 소속 승무원들이 대기하고 있던 좌현 복도 쪽으로 떨어져 그 충격으로 정신을 잃은 채 쓰러져 있는 것을 알게 되었으나, 이들을 구조가 쉬운 갑판으로 대피시키는 등 퇴선에 필요한 조치를 취하지 아니하였다.

⑤ 승객 등은 08:58경 배가 기울고 엔진이 꺼진 사실 자체만으로도 스스로 갑판으로 나와서 침몰상황을 파악한 후 그에 따른 정보를

공유하고 생존을 위한 조치를 할 수 있었고, 그 경우 적어도 경비정이 도착할 무렵에는 구명조끼를 착용한 상태에서 바다에 뛰어들어 구조를 받을 수 있었다. 하지만 대부분의 승객 등은 이○석의 지시에 의한 선내 대기 명령에 따라 경비정이 도착할 때 및 그 이후까지도 선실 내부 또는 복도 등에서 그대로 대기하고 있었다.

세월호가 좌현으로 기울고 있던 당시 상황에서의 퇴선은 주로 좌현 갑판을 이용할 수밖에 없었고, 선체가 계속 기울고 있었으므로 많은 승객 등이 빠른 시간 안에 퇴선하기 위해서는 미리 이동하는 것이 필수적이었다. 또한 세월호는 선체 아래쪽이 풍우밀구역으로 되어 있고 차량 등 화물을 싣는 공간에 격벽이 설치되어 있지 아니하여 바닷물이 침투할 경우 빠른 시간 내에 침몰할 것으로 예상될 뿐 아니라 당시 세월호가 계속 기울어져서 승객 등이 선내에서 이동하기가 점점 더 어려워지고 있었다.

반면 사고 당시 날씨가 맑고 파도가 잔잔하였을 뿐 아니라 구조세력과의 교신과정에서 해경 등의 구조세력이 가까운 시간 내에 세월호에 도달할 것이 충분히 예상되었으며, 가천대학교 초고층방재융합연구소에서 실시한 가상 대피 시나리오 및 탈출 시뮬레이션 결과에 의하면, 세월호가 52.2도 기운 상태에서 선실에 있던 승객 등이 탈출을 시작하였다면 약 9분 28초 안에 탈출을 완료할 수 있으므로 늦어도 09:26경까지 승객 등이 탈출을 시작하였다면 3, 4층의 출입구가 침수되기 전에 세월호를 탈출할 수 있었다. 이러한 상황에서 선내 대기 중인 승객 등의 구조를 위한 최소한의 조치에 해당하는 적시의 퇴선 조치 또는 유보갑판 등으로의 퇴선준비 조치는, 조타실 내의 방송장비 또는 선내 전화기를 통한 안내방송, 무전기를 통한 사무부에의 지시, 비상벨의 이용 등 조타실에 있었던 선원이면 누구나 쉽게 이용 가능한 방법으로 할 수 있었고, 그것이 여의치 않더라도 선원들이 직접 객실이 있는 3층과 4층으로 이동하여 승객 등에게 퇴선을 알리거나 유보갑판으로 유도하는 것도 충분히 가능하였다.

그럼에도 이○석은 09:34경 세월호의 침수한계선이 수면에 잠기어 복원력을 완전히 상실하고 09:35경 해경 경비정이 사고현장에 도착한 후에도 퇴선명령 등 퇴선을 위한 기본적인 조치조차 취하지 아니하였고, 강○식, 김○호, 박○호 등 나머지 선원들도 그와 같은 상황을 방관하고 있었다. 그에 따라 승객 등은, 해경 등 구조세력이 사고현장에 도착하였음에도 구조가 가능한 적절한 시점인 이른바 '골든타임'이 다 지나갈 때까지 세월호의 침몰상황에 대해서는 제대로 알지 못한 채, 반복적인 선내 대기 안내방송 등에 따라 막연히 선내에 대기하는 상태가 지속되었다.

⑥ 박○호는 위와 같이 기관부 소속 피고인들과 3층 선실 복도에서 대기만 하고 있다가 09:38경 해경 구명단정이 세월호의 좌현으로 접근하자 이○석 등 기관부 소속 승무원들에게 3층 복도와 연결된 좌현 쪽 출입문을 통하여 밖으로 나가도록 한 뒤 09:39경 해경 구명단정에 탑승하면서 자신이 선원임을 밝히지 않고 세월호에서 퇴선하였다.

이○석과 강○식, 김○호 등 갑판부 소속 승무원들은 09:37경 이후 진도 VTS로부터의 교신에 응답하지 않은 채 해경 경비정이 세월호에 다가오기만을 기다리면서 대피명령 및 퇴선명령, 승객 퇴선유도 등 승객 등을 구조하기 위한 아무런 조치를 취하지 않았을 뿐만 아니라, 승객 등의 상황에 대하여 확인하거나 승객 등의 구조 방법에 대한 논의조차 하지 않다가, 09:39경 박○호 등 기관부 소속 승무원들이 퇴선하는 것과 전방에 경비정이 다가오는 것을 보자 곧바로 조타실 좌측에 있는 출입문을 통해 차례로 윙브릿지로 나간 후, 09:46경 세월호의 조타실 앞에 도착한 해경 123호 경비정에 탑승하면서 자신들이 선장 또는 선원임을 밝히지 않고 퇴선하였고 퇴선 이후에도 해경에게 승객 등이 선내 대기 중인 사실 등을 알려 주지 아니하였다.

⑦ 결국 승객 등은 구조세력이 도착한 이후에도 퇴선명령이나 이에 수반되는 퇴선유도 등 퇴선 상황에 따른 조치가 전혀 이루어지지 아니한 상태에서 막연히 퇴선지시를 기다리면서 선내에 대기하다가

09:47경 세월호의 3층 난간이, 09:50경 4층 난간이 완전히 침수되어 출구가 차례로 폐쇄되면서 스스로의 힘으로 선체를 빠져나가는 것이 사실상 불가능하게 되어, 해경 등의 구조활동에도 불구하고 실종자 C를 비롯한 303명이 바다에 빠져 사망하였고, 152명은 해경 등에 의하여 구조되었으나 세월호가 갑자기 기울어질 때 또는 탈출 과정에서 상해를 입었다.

[관련조문]

○ 형법 제187조(기차 등의 전복 등) 사람의 현존하는 기차, 전차, 자동차, 선박 또는 항공기를 전복, 매몰, 추락 또는 파괴한 자는 무기 또는 3년 이상의 징역에 처한다.

○ 수난구호법[2015. 7. 24. 법률 13440호로 개정되기 전의 것] 제18조(인근 선박 등의 구조지원) ① 조난현장의 부근에 있는 선박 등의 선장·기장 등은 조난된 선박 등이나 구조본부의 장 또는 소방관서의 장으로부터 구조요청을 받은 때에는 가능한 한 조난된 사람을 신속히 구조할 수 있도록 최대한 지원을 제공하여야 한다. 다만, 조난사고의 원인을 제공한 선박의 선장 및 승무원은 요청이 없더라도 조난된 사람을 신속히 구조하는 데 필요한 조치를 하여야 한다.

○ 특가법 제5조의12(도주선박의 선장 또는 승무원에 대한 가중처벌) 「해사안전법」 제2조에 따른 선박의 교통으로 인하여 「형법」 제268조의 죄를 범한 해당 선박의 선장 또는 승무원이 피해자를 구호하는 등 「수상에서의 수색·구조 등에 관한 법률」 제18조제1항 단서에 따른 조치를 하지 아니하고 도주한 경우에는 다음 각 호의 구분에 따라 가중 처벌한다.

1. 피해자를 사망에 이르게 하고 도주하거나, 도주 후에 피해자가 사망한 경우에는 무기 또는 5년 이상의 징역에 처한다.
2. 피해자를 상해에 이르게 한 경우에는 1년 이상의 유기징역 또는 1천만원 이상 1억원 이하의 벌금에 처한다.

[사건의 경과]

○ 검사의 기소

검사는 선장 이○석은 살인·살인미수(예비적 죄명 : 특가법위반, 유기치사상), 업무상과실선박매몰, 수난구호법위반, 선원법위반 및 해양환경관리법위반으로, 1등 항해사 강○식은 살인·살인미수(예비적 죄명 : 특가법위반, 유기치사상), 업무상과실선박매몰, 수난구호법위반으로, 2등 항해사 김○호와 기관장 박○호는 살인·살인미수(예비적 죄명 : 특가법위반, 유기치사상), 수난구호법위반으로, 3등 항해사 박○결과 조타수 조○기는 업무상과실선박매몰, 특가법위반 및 해양환경관리법위반으로, 기타 9명의 선원들은 수난구호법위반과 유기치사상으로 그리고 청해진해운은 해양환경관리법위반으로 기소하였다.

○ 제1심(광주지법 **2014. 11. 11.** 선고 **2014고합180·2014고합384** 판결) 판결요지

(1) 제1심은 이○석, 강○식, 김○호, 박○호에 대하여 자신들의 행위로 인하여 피해자들이 사망에 이를 수도 있다는 가능성을 인식한 것을 넘어서 이를 용인하는 내심의 의사까지 있었다고 인정하기에 부족하다는 이유로 살인 및 살인미수의 공소사실에 대하여 무죄를 선고하였다.

(2) 제1심은 피고인들에게 유기치사상을 인정하였으나, 세월호가 기울기 시작한 08:49경 C는 60대로 추정되는 남자 1명이 3층 좌현 난간에서 바다로 추락하였는데 그 남자는 실종자 C인 사실을 인정하고 피고인들에게 C가 세월호가 기울 무렵 바다에 빠져 부조를 요하는 상태에 있다는 사실에 대한 인식이 있다고 할 수 없다는 이유로 C에 대한 유기치사의 공소사실에 대하여 무죄를 선고하였다.

(3) 제1심은 수난구호법 제18조 제1항에 의하여 구조의무를 부담하는 자는 '조난현장의 부근에 있는 선박 등(인근 선박 등)'의 선장·기장 등이라 할 것이고 '조난된 선박 등'은 구조요청의 주체로서 '인근

선박 등'에는 해당되지 않는다고 보고 '조난된 선박' 자체에 해당하는 세월호의 선장 및 승무원들인 위 피고인들에게 적용되지 않는다는 이유로 피고인들의 수난구호법위반의 공소사실에 대하여 무죄를 선고하였다.

(4) 그리고 특가법 제5조의12는 '수난구호법 제18조 제1항 단서'에 따른 구호조치를 취하여야 하는 사람, 즉 '조난사고의 원인을 제공한 선박'의 선장 및 승무원이 필요한 구조조치를 취하지 않는 경우에 처벌되는 것을 기본 범죄로 하여, 이들이 형법 제268조의 죄(업무상과실 또는 중대한 과실로 사고를 범한 경우)를 범하였음에도 도주하는 경우를 처벌하기 위한 규정이라고 보고 '조난된 선박' 자체에 해당하는 세월호의 선장과 승무원들에게 적용되지 않는다는 이유로 피고인들의 특가법위반의 공소사실에 대하여 무죄를 선고하였다.

(5) 제1심은 선장의 직접 지휘의무를 규정하고 있는 선원법 제9조의 '그 밖에 선박에 위험이 생길 우려가 있는 때'는 입·출항 시 또는 협수로를 지날 때와 대등할 정도로 위험 발생의 우려가 명백한 경우를 의미하는 것으로 해석된다고 보고, 세월호가 기울어진 시점 및 지점에서의 조류의 세기 및 형태, 세월호 주변 선박 통행량, 사고 지점의 위치, 수심, 날씨 및 바람이나 파도의 정도, 박○결·조○기의 운항 경험 등에 비추어 보면, 검사가 제출한 증거만으로는 이○석의 직접 지휘의무 위반 사실을 인정하기 어렵다고 판단하여 이○석의 업무상과실선박매몰의 공소사실에 대하여 무죄를 선고하였다.

○ **제2심(광주지법 2015. 4. 28. 선고 2014노490 판결)** 판결요지

(1) 제2심은 피고인 이○석에 대하여는 자신의 행위로 인하여 승객 등이 사망에 이를 수도 있다는 가능성을 인식한 것을 넘어서 이를 용인하는 내심의 의사까지 있었다고 할 수 있으므로 승객 등에 대한 살인의 미필적 고의가 인정되나, 피고인 강○식, 김○호, 박○호에 대해서는 세월호 퇴선 당시 승객들의 사망을 용인하는 내심의 의사까지

있었다고 단정하기는 어렵다고 판단하였다.

(2) 제1심은 피고인 박○호에게 동료 선원인 A와 B를 구조해야 할 조리상 의무가 있고 기관장으로서 3층 객실 복도에서 대기하고 있던 기관부 선원들을 지휘하여 피해자 A와 B를 구조할 수 있는 있는 지위에 있었으며 즉시 구조하지 않으면 피해자들이 부상당한 상태에서 침몰하는 세월호에서 빠져나오지 못하게 됨으로써 사망하게 된다는 점을 인식하고 있었음에도 피해자들을 그대로 남겨 두고 자리를 벗어나 피해자들이 익사하게 되었다는 이유로 박○호의 A와 B에 대한 살인죄를 인정하였다.

이에 대해 제2심은 A가 좌현 복도 쪽으로 떨어진 직후 다른 승무원으로부터 A의 상황을 보고 받고 뇌진탕이 온 것 같으니까 가서 주물러 주라고 하는 등의 조치를 하였고 B가 떨어진 후에는 다른 승무원으로 하여금 B를 통로 쪽에 눕히게 하는 등의 조치를 하는 등 피해자들을 적극적으로 방치하지는 않았고, 퇴선 무렵에는 위 피해자들이 사망하였을 수도 있다고 오해했을 가능성이 있다는 점을 들어 A와 B에 대한 살인의 미필적 고의를 인정하기 어렵다고 판단하고 박○호의 A와 B에 대한 살인의 공소사실에 대하여 무죄를 선고하였다.

(3) 제2심은 수난구호법 제18조 제1항 본문에서 규정하고 있는 '조난현장의 부근에 있는 선박 등'에서 '조난현장'은 조난된 선박이 아닌 '조난된 사람'을 기준으로 판단하여야 하므로 조난된 선박은 위 제18조 제1항 단서에서 규정하고 있는 '조난사고의 원인을 제공한 선박'에도 해당할 수 있고, 나아가 특가법 제5조의12의 조문 형식, 입법경과 등을 고려할 때 위 제5조의12 규정의 주체가 '수난구호법 제18조 제1항 단서'의 주체인 '조난사고의 원인을 제공한 선박'의 선장 및 승무원에 한정된다고 볼 수 없으며, 이는 선박의 교통으로 인하여 해상사고를 일으켜 형법 제268조의 죄를 범한 선장 및 승무원을 모두 포함한다고 보아, 피고인들의 수난구호법위반 및 특가법위반의 공소사실에 대하여 유죄를 선고하였다.

(4) 제1심은 세월호의 선박 자동식별 장치 자료, 한국해양과학기술원 부설 선박해양플랜트연구소의 시뮬레이션 결과 보고서, 피고인 이○석, 박○결, 박○호의 진술 등을 근거로 피고인 조○기가 우현으로 조타기를 대각도로 돌리는 바람에 세월호의 선수가 급속도로 우회두하면서 외방경사의 영향으로 선체가 좌현 측으로 급속히 기울어졌다고 판단하고, 피고인 조○기가 조타기를 임의로 사용한 것과 피고인 박○결이 대각도 변침에 관한 감독의무를 소홀히 한 것은 업무상과실에 해당한다고 판단하고 조○기와 박○결의 업무상과실선박매몰의 공소사실에 대하여 유죄를 선고하였다.

이에 대해 제2심은 변호인이 제출한 증거자료나 기존 증거들에 의하더라도 조타기에 솔레노이드 밸브 고착 현상 등의 고장이 발생하였거나 프로펠러가 오작동 하였다고 단정할 수 없으나 형사재판에서 증명책임은 검사에게 있으므로 사고 원인을 모를 때에는 피고인들에게 유리하게 판단할 수밖에 없다고 전제하고, 사고 당시 조타기나 프로펠러가 정상적으로 작동하였는지에 관하여 합리적인 의심이 있는 이상 피고인 조○기에게 우현으로 대각도로 조타한 업무상과실이 있고 피고인 박○결에게 대각도 조타에 관한 감독의무를 소홀히 한 과실이 있다고 단정하기 어렵다는 이유로 피고인 조○기와 박○결의 업무상과실선박매몰의 공소사실에 대하여 무죄를 선고하였다.

[대법원 판결요지]

○ 수난구호법위반의 점

[다수의견] 수난구호법의 체계, 내용 및 취지와 더불어, 수난구호법 제18조 제1항은 구조대상을 '조난된 선박'이 아니라 '조난된 사람'으로 명시하고 있는데, 같은 법 제2조 제4호에서 조난사고가 다른 선박과의 충돌 등 외부적 원인 외에 화재, 기관고장 등과 같이 선박 자체의 내부적 원인으로도 발생할 수 있음을 전제로 하고 있으므로, 조

난된 선박의 선장 및 승무원이라 하더라도 구조활동이 불가능한 상황이 아니라면 구조조치의무를 부담하게 하는 것이 조난된 사람의 신속한 구조를 목적으로 하는 수난구호법의 입법 취지에 부합하는 점을 고려하면, 수난구호법 제18조 제1항 단서의 '조난사고의 원인을 제공한 선박의 선장 및 승무원'에는 조난사고의 원인을 스스로 제공하여 '조난된 선박의 선장 및 승무원'도 포함된다.

[반대의견] '조난된 선박의 선장 및 승무원'은 수난구호법 제18조 제1항 본문의 구조대상이 되는 '조난된 사람'에 해당한다. 선박 조난사고에서 위 본문의 '조난현장의 부근에 있는 선박, 항공기, 수상레저기구 등의 선장·기장 등'은 조난된 선박의 조난된 사람에게서 직·간접적으로 구조요청을 받는 사람이므로, 그 자신은 '조난된 선박의 선장 및 승무원'이 될 수 없다. 따라서 위 본문의 요건 충족을 전제로 하는 단서의 '조난사고의 원인을 제공한 선박의 선장 및 승무원'에 '조난된 선박의 선장 및 승무원'은 포함될 수 없다.

○ 피고인 강○식, 김○호의 살인·살인미수의 점

[다수의견] 피고인 강○식, 김○호는 간부 선원이기는 하나 나머지 선원들과 마찬가지로 선박침몰과 같은 비상상황 발생 시 각자 비상임무를 수행할 현장에 투입되어 선장의 퇴선명령이나 퇴선을 위한 유보갑판으로의 대피명령 등에 대비하다가 선장의 실행지휘에 따라 승객들의 이동과 탈출을 도와주는 임무를 수행하는 사람들로서, 임무의 내용이나 중요도가 선장의 지휘 내용이나 구체적인 현장상황에 따라 수시로 변동될 수 있을 뿐 아니라 퇴선유도 등과 같이 경우에 따라서는 승객이나 다른 승무원에 의해서도 비교적 쉽게 대체 가능하고, 따라서 승객 등의 퇴선을 위한 선장의 아무런 지휘·명령이 없는 상태에서 피고인 강○식, 김○호가 단순히 비상임무 현장에 미리 가서 추가 지시에 대비하지 아니한 채 선장과 함께 조타실에 있었다거나 혹은 기관부 선원들과 함께 3층 선실 복도에서 대기하였다는 사정만으로, 선

장과 마찬가지로 선내 대기 중인 승객 등의 사망 결과나 그에 이르는 사태의 핵심적 경과를 계획적으로 조종하거나 저지·촉진하는 등 사태를 지배하는 지위에 있었다고 보기 어려운 점 등 제반 사정을 고려하면, 피고인 강○식, 김○호가 간부 선원들로서 선장을 보좌하여 승객 등을 구조하여야 할 지위에 있음에도 별다른 구조조치를 취하지 아니한 채 사태를 방관하여 결과적으로 선내 대기 중이던 승객 등이 탈출에 실패하여 사망에 이르게 한 잘못은 있으나, 그러한 부작위를 작위에 의한 살인의 실행행위와 동일하게 평가하기 어렵고, 또한 살인의 미필적 고의로 피고인 이○석의 부작위에 의한 살인행위에 공모가담하였다고 단정하기도 어려우므로, 피고인 강○식, 김○호에 대해 부작위에 의한 살인죄의 죄책을 지울 수 없다.

[반대의견] 피고인 강○식과 김○호는 선박이 조난사고를 당한 비상상황에서 선장을 보좌하여 선원들을 지휘하고 유사시 선장의 직무를 대행할 책임을 지고 있어 조난을 당한 승객 등의 생명·신체의 안전을 보호할 법적 지위와 작위의무에서 선장에 준하는 것으로 평가되는 점, 사고 당시 긴박한 상황 전개와 선장 이○석의 모든 대응을 직접 목격함으로써 이○석이 승객의 인명구조와 관련된 선장의 역할을 전면적으로 포기·방기하는 비정상적 상황임을 인식한 점, 피고인 강○식과 김○호에게는 비상상황에서 선장을 보좌하여 현장을 지휘할 의무 외에도 선장의 직무 포기라는 비정상적 상황이 지속됨으로 인하여 선장을 대행하여 구조조치를 지휘할 의무가 현실적으로 발생한 점, 피고인 강○식과 김○호는 당시 상황에 부합하는 자신들의 의무를 이행함으로써 승객 등의 사망이라는 결과발생을 직접적으로 용이하게 저지할 수 있을 정도로 사태를 지배하고 있었음에도 어떠한 의무도 이행하지 않고 방관한 점, 구조정이 도착한 이후에 승객 등에게 퇴선하라는 아무런 명령·조치도 없이 선내에 그대로 방치한 채 선장 및 다른 갑판부 선원들과 함께 먼저 퇴선함으로써, 그 후 승객 등이 사망할 가능성이 크지만 사망해도 어쩔 수 없다는 의사, 즉 결과발생을 인

식·용인하였고, 이러한 피고인 강○식과 김○호의 부작위는 작위에 의한 살인의 실행행위와 동일하게 평가할 수 있는 점, 피고인 이○석의 부작위에 의한 살인행위에 암묵적, 순차적으로 공모 가담한 공동정범이라고 보아야 하는 점 등을 종합할 때, 피고인 강○식과 김○호는 부작위에 의한 살인 및 살인미수죄의 공동정범으로서의 죄책을 면할 수 없다.

[연 구]

Ⅰ. 문제의 제기

세월호 참사라고 불리는 우리나라 역사에서 지울 수 없는 비극적 사건이 발생한 지도 2년이 지났지만, 아직까지도 거리 곳곳에서 세월호 사건을 잊지 말자는 취지가 담긴 글이나 이미지를 어렵지 않게 발견할 수 있다. 2014. 11. 19. 「4·16 세월호참사 진상규명 및 안전사회 건설 등을 위한 특별법(이하 '세월호진상규명법'이라 한다)」이 제정되었으나 지난해 12월 14일에서야 비로소 '4·16 세월호참사 특별조사위원회'(이하 '특조위'라고 한다)의 제1차 청문회가 열렸고, 특조위의 활동이 올해 6월말로 끝날 예정이어서 세월호진상규명법의 개정을 두고 정치권이 실랑이를 벌이고 있다.

세월호의 참사는 유해발견, 선체인양, 원인규명 등 여전히 해결하지 못한 여러 과제를 안고 있는 가운데, 세월호 참사의 직접적인 책임자라고 할 수 있는 선장과 선원들에 대한 형사재판이 신속하게 종료되었다. 지난 해 11월 12일 대법원은 선장 이○석을 비롯한 15명의 선원과 세월호가 속해 있는 청해진해운에 대해 살인·살인미수, 업무상과실선박매몰, 수난구호법위반, 선원법위반, 특가법위반, 유기치사상, 해양환경관리법위반 등 대부분의 공소사실을 인정하고 선장 이○석에 대해서는 무기징역을, 1등 항해사인 강○식에 대해서는 징역 12년을, 기관장인 박○호에 대해서는 징역 10년을, 2등 항해사인 김○호에 대해서는 징역 7년을, 사고 당시 조타실에서 항해를 담당하고 있었던 박○결과 조○기에 대해서는 징역 5년을 선고한 것을 비롯하여 선장과 선원들에 대하여 징역형을 선고하고, 청해진해운에 대해서는 1,000만원의 벌금을 선고하였다.

세월호 참사 책임자의 처벌과 관련해서는 검찰의 불성실한 태도, 해경 등 관료들에 대한 가벼운 형량, 해경 윗선의 불처벌 등의 논란이 전개되고 있는 가운데,[1)] 최근 선장과 선원들에 대한 재판에 있어서는 과연 법원이 피해자들에 대한 살인의 고의를 인정할 것인가 있는가에 가장 큰 관심이 쏠렸다. 특히 선장뿐만 아니라 사고당시 세월호 운항 및 승객구조의 직접적 책임을 맡고 있었던 1등 항해사, 2등 항해사 그리고 기관장에게 살인죄의 공범의 죄책을 물 수 있는가가 언론의 집중적 조명을 받았다.

1심은 이들 전원에 대해 살인죄의 성립을 부정하였으나 2심은 선장 이○석에 대해서만 살인죄를 인정하였다. 2심의 결론은 대법원에서 그대로 확정되었나, 대법원에서는 사고 당시 조타실에 있었던 1등 항해사 강○식, 2등 항해사 김○호 그리고 조타실에 있다가 기관부 선실복도로 내려가 그곳에서 다른 선원들과 함께 대기하고 있었던 기관장 박○호에 대해 살인죄의 공범의 죄책을 물 수 있는가를 두고 다수의견(6명)과 반대의견(3명)이 대립하였다. 다수의견은 "선장이 선박의 안전에 관한 선장으로서의 포괄적이고 절대적인 권한을 가지고 이 사건 사고 이후의 사태 변화를 주도하거나 조종하고 있었음"을 근거로 공범의 죄책을 부정하였으나, 반대의견은 1등 항해사와 2등 항해사는 조난사고를 당한 비상상황에서 선장을 보좌하여 선원들을 지휘하고 유사시 선장의 직무를 대행할 책임을 지고 있고, 선장이 승객의 인명구조와 관련된 역할을 전면적으로 포기·방기하고 있음을 알았음에도

1) 2016. 5. 24. 세월호 증선 인가 과정에서 뇌물을 주고받은 혐의로 기소된 전 인천해양항만청 공무원들과 세월호 선사인 청해진해운의 대표가 무죄 확정 판결을 받았다. 자세한 내용은 연합뉴스 2016. 5. 24.자, "'세월호 증선' 비리 연루 항만청 간부 등 무죄 확정", 참조.

불구하고 승객의 생명·신체의 안전을 보호하기 위한 아무런 조치도 취하지 아니한 체 선장과 함께 퇴선하였다는 이유로 살인죄의 공범의 죄책을 물어야 한다고 주장했다.

세월호 선장과 선원들에 대한 재판과정에서는 조난된 선박의 선장과 승무원인 이 사건 선장과 선원들에 대해서도 수난구조법위반 및 특가법위반(도주선박)의 죄책을 물 수 있는지 여부, 선장(이○석)·당직항해사(박○결)·당직조타수(조○기)에 대해 세월호의 침몰에 대한 업무상과실이 있는가의 여부, 침몰 당시 기관부 선실 복도에 있다가 갑자기 복도에서 떨어져 정신을 잃고 쓰러져 있는 승무원을 구조하지 아니하고 퇴선한 기관장(박○호)에게 살인죄의 죄책을 물 수 있는지 여부 등 많은 법적인 쟁점을 두고 다툼이 있었다(앞의 제1심 및 제2심 판결요지 참조).

그러나 무엇보다도 많은 논란이 일어났던 것은 선장 이외에 사고 당시 선장과 함께 조타실에 있다가 선장과 함께 퇴선한 1등 항해사 강○식과 2등 항해사 김○호에게 사고로 사망한 승객과 승무원에 대한 살인죄의 죄책을 물 수 있는가이다. 논란이 된 이들의 죄책은 '부작위'에 의한 살인죄의 '공동정범'이라는 점에서 살인의 (미필적) 고의, 부작위범의 성립요건 및 공동정범의 성립요건을 갖추고 있는지가 문제된다.

이하에서는 이 점에 대해 구체적으로 살펴본다.

Ⅱ. 본 사건의 쟁점과 이에 관한 다수의견과 반대의견의 주장

위에서 지적한 바와 같이 본 사건에서는 (1) 피고인들에게 살인죄의 고의를 인정할 수 있는지, (2) 부작위범의 성립요건으로서 작위의무(구조의무)와 작위에 의한 살인행위와 동등한 형법적 가치가 인정되는지 그리고 (3) 공동정범의 요건으로서 공동가공의 의사와 기능적 행위지배를 통한 실행행위의 분담이 인정되는지가 문제되었다.

1. 다수의견과 반대의견의 주장과 논거

(1) 살인의 고의 및 부작위범의 성립요건을 갖추었는지 여부

우선 (1)과 (2)의 점과 관련하여 [다수의견]은 피고인 강○식, 김○호 및 박○호는 구조세력과의 교신과정이나 선내 대기 안내방송 등을 통하여 승객 등에 대한 퇴선조치의 필요성을 어느 정도 인식할 수 있었다고 하더라도, ① 선장으로서의 경험이 풍부하고 연륜이 깊은 이○석을 중심으로 한 지휘명령체계가 그대로 유지되고 그 지휘체계에 편입되어 선장의 상황 판단과 지휘 내용에 의존하면서 후속 임무를 수행하여야 하는 지위에 있었을 뿐 아니라, 이○석이 명시적으로 퇴선조치에 대한 거부의사를 밝힌 것도 아니었던 당시 상황을 고려하면 선장의 전문적인 판단과 지휘명령체계를 무시하면서까지 퇴선조치를 독단적으로 강행하여야 할 만큼 비정상적인 상황이 전개되고 있음을 인식하고 있었다고 단정할 수 없으며, ② 나아가 나머지 선원들과 마찬가지로 조타실 또는 3층 기관부 선실 복도에서 구조세력에 구조요청을 하면서 대기하다가 해경 경비정 등 구조세력이 사고현장에 도착하여 해경을 중심으로 한 체계적인 구조작업이 개시된 후에야 이○석의 선원들에 대한 퇴선명령이나 해경의 구조유도에 따라 퇴선하였고 그 과정에서 특별히 이○석의 지시에 불응하고 상황 판단에 혼란을 주거나 혹은 다른 승무원들의 승객 등에 대한 구조활동을 방해 또는 제지하지 아니하였다는 이유로, 피고인 강○식, 김○호 및 박○호는 승객 등에 대한 구조조치를 취하지 아니한 채 사태를 방관하였다고 하더라도 그러한 부작위를 작위에 의한 살인의 실행행위와 동일하게 평가할 수 있다거나 승객 등에 대한 유기의 고의를 넘어 살인의 미필적 고의를 가지고 이준식의 범행에 가담하였다고 단정하기도 어렵다고 보았다.

이에 대해 [반대의견]은 ① 강○식과 김○호는 선박이 조난사고를 당한 비상상황에서 선장을 보좌하여 선원들을 지휘하고 유사시 선장의 직무를 대행할 책임을 지고 있어 선장에 준하여 조난을 당한 승객 등의 생명·신체의 안전을 보호할 법적 지위와 작위의무를 지고 있고, ② 이 사건 사고 당시 긴박한 상황 전개와 이○석의 대응을 직접 목격함으로써 이○석이 승객의 인명구조와 관련된 선장의 역할을 전면적으로 포기·방기하는 비정상적 상황임을 인식하였다고 보이고, ③ 비상상황에서 선장을 보좌하여 현장을 지휘할 의무 외에도 선장의 직무 포기라는 비정상적 상황이 지속됨으로 인하여 선장을 대행하여 구조조치를 지휘할 의무가 현실적으로 발생하였고, ④ 당시 상황에 부합하는 자신들의 의무를 이행함으로써 승객 등의 사망이라는 결과발생을 직접적으로 용이하게 저지할 수 있을 정도로 사태를 지배하고 있었음에도 어떠한 의무도 이행하지 않고 방관하였으며, ⑤ 구조정이 도착한 이후에 승객 등에게 퇴선하라는 아무런 명령·조치도 없이 선내에 그대로 방치한 채 선장 및 다른 갑판부 선원들과 함께 먼저 퇴선하였다는 점을 근거로, 피고인 강○식과 김○호는 승객들이 사망할 가능성이 크지만 사망해도 어쩔 수 없다는 의사, 즉 결과발생을 인식·용인하였고 피고인들의 부작위는 작위에 의한 살인의 실행행위와 동일하게 평가할 수 있다고 보았다.

(2) 공동정범의 인정여부

피고인 강○식, 김○호, 박○호에게 공동정범의 죄책을 물 수 있는가와 관련하여 [다수의견]은 ① 피고인 이○석은 이 사건 사고 직후 조타실로 복귀하여 조타실 내 평소 지휘 장소인 해도대 부근에 머물면서 기관장 박○호에게 엔진정지를 지시하거나 강○식, 김○호 등 조타실에 있던 나머지 갑판부 선원들이 구조세력과 교신하는 상황을 주시하면서 김○호에게 승객들에 대한 선내 대기 방송을 지시한 후 구조세력의 퇴선요구와 이에 대한 김○호의 대응지시 요청 등을 받고도 모두 묵살하여 승객 등의 선내 대기 상태가 그대로 유지되도록 하는 등 퇴선할 무렵까지 선박의 안전에 관한 선장으로서의 포괄적이고 절대적인 권한을 가지고 이 사건 사고 이후의 사태 변화를 주도하거나 조종하고 있었던 반면, ② 강○식, 김○호, 박○호는 비록 간부 선원이기는 하나 나머지 선원들과 마찬가지로 선박침몰과 같은 비상상황 발생 시 각자 비상임무를 수행할 현장에 투입되어 선장의 퇴선명령이나 퇴선을 위한 유보갑판으로의 대피명령 등에 대비하다가 선장의 실행 지휘에 따라 승객들의 이동과 탈출을 도와주는 임무를 수행하는 자로서, 그 임무의 내용이나 중요도가 선장의 지휘 내용이나 구체적인 현장상황에 따라 수시로 변동될 수 있을 뿐 아니라 퇴선유도 등과 같이 경우에 따라서는 승객이나 다른 승무원에 의해서도 비교적 쉽게 대체 가능하므로, ③ 승객 등의 퇴선을 위한 선장의 아무런 지휘·명령이 없는 상태에서 단순히 비상임무 현장에 미리 가서 추가 지시에 대비하지 아니한 채 선장과 함께 조타실에 있었다거나 혹은 기관부 선원들과 함께 3층 선실 복도에서 대기하였다는 사정만으로, 강○식, 김○호, 박○호가 선장과 마찬가지로 선내 대기 중인 승객 등의 사망 결과나 그에 이르는 사태의 핵심적 경과를 계획적으로 조종하거나 저지·촉진하는 등 사태를 지배하는 지위에 있었다고 보기 어렵다는 이유로 공동정범의 성립을 부정하였다.

이에 대하여 [반대의견]은 "공범관계에서 전체의 모의과정이 없다 하더라도 수인 사이에 순차적으로 또는 암묵적으로 상통하여 공동 가공에 의한 범죄 실현 의사의 결합이 이루어지면 공모관계는 성립한다."고 전제한 후, 이 사건에서 강○식과 김○호는 비록 승객들에게 필요한 퇴선명령을 하지 않을 것과 승객 등을 그대로 방치한 채 먼저 퇴선하는 것 등에 관하여 이○석과 명시적으로 의견을 나누고 의사합치에 이르는 등 모의를 한 것은 아니지만, ① 각자 자신의 의무의 존재와 불이행 사실 및 다른 피고인들의 불이행 사실까지도 모두 인식하면서도 아무런 의무를 이행하지 않았고, ② 나아가 공동 퇴선에 의하여 향후의 이행 가능성까지 차단함으로 인하여 선장의 무책임한 행위에 편승하였으므로, 순차적 또는 암묵적으로 공동 가공에 의한 구성요건 실현 의사의 결합이 이루어졌다고 충분히 인정할 수 있다는 이유로 피고인 강○식과 김○호에 대해 살인죄의 공동정범의 죄책을 인정해야 한다고 보았다.

2. 다수의견과 반대의견의 대립점

이상에서 볼 수 있듯이 (1) 살인의 고의 및 부작위범의 성립요건과 관련하여 [다수의견]은 피고인 강○식, 김○호가 승객 등에 대한 퇴선조치의 필요성을 어느 정도 인식하고 있었음을 인정하면서도 선장의 판단과 지휘명령체계를 무시하면서까지 퇴선조치를 강행하여야 할 만큼 비정상적인 상황이 전개되고 있음을 인식하고 있었다고 보기는 어렵다는 점을 근거로 살인의 미필적 고의를 부정하고, 나아가 조타실 또는 3층 기관부 선실 복도에서 구조요청을 하면서 대기하다가 해경 경비정 등이 사고현장에 도착하여 체계적인 구조작업이 개시된 후에야 이○석의 퇴선명령과 해경의 구조유도에 따라 퇴선하였고 그 과정에서 특별히 상황 판단에 혼란을 주거나 다른 승무원들의 승객 등에 대한 구조활동을 방해 또는 제지하지 아니하였다는 이유로 피고인 강○식, 김○호의 부작위를 작위에 의한 살인과 동일하게 평가할 수 없다고 판단하였다.

이에 대하여 [반대의견]은 강○식과 김○호는 이 사건 사고 당시의 긴박한 상황과 선장인 이○석이 승객의 인명구조 임무를 전면적으로 포기·방기하는 비정상적 상황을 인식하고 있었다는 점을 근거로 살인의 미필적 고의를 인정하고, 나아가 이들은 선박이 조난사고를 당한 비상상황에서 선장을 보좌하여 선원들을 지휘하고 유사시 선장의 직무를 대행할 책임을 지고 있었고, 당시 상황에 부합하는 자신들의 의무를 이행함으로써 승객 등의 사망이라는 결과발생을 직접적으로 용이하게 저지할 수 있었음에도 불구하고 아무런 조치를 취하지 아니한 채 선장 및 다른 갑판부 선원들과 함께 먼저 퇴선하였다는 점을 근거로 이들의 부작위는 작위에 의한 살인과 동일하게 평가할 수 있다고 주장하였다.

살인의 고의 및 부작위범의 성립요건과 관련한 다수의견과 반대의견은 사실관계에 대한 나름대로의 판단에 근거하여 상반되는 주장을 전개하고 있는바, 그 옳고 그름을 단정하기는 곤란하다. 그런데 공동정범의 성립여부와 관련해서는 [다수의견]과 [반대의견]은 서로 다른 논거를 들어 상반된 결론에 이르고 있다. 즉 [반대의견]은 주관적 요건으로 '공동가공의 의사'가 인정된다는 점을 근거로 공동정범의 성립을 인정한 반면, [다수의견]은 강○식과 김○호에게 객관적 요건으로서 '기능적 행위지배'가 인정되지 않는다는 점을 근거로 공동정범의 성립을 부정하고 있다.

그동안 판례는 "공동정범이 성립하기 위해서는 주관적 요건으로서 공동가공의 의사와 객관적 요건으로서 공동의사에 기한 기능적 행위지배를 통한 범죄의 실행사실이 필요하고, 공동가공의 의사는 타인의 범행을 인식하면서도 이를 제지하지 아니하고 용인하는 것만으로는 부족하고 공동의 의사로 특정한 범죄행위를 하기 위하여 일체가 되어 서로 다른 사람의 행위를 이용하여 자기의 의사를 실행에 옮기는 것을 내용으로 하는 것이어야 한다."는 입장을 견지해 왔는데,[2] 이와 같은 판례의 입장을 이 사건에 적용하면 강○식과 김○호에게 객관적 요건으로 기능적 행위지배는 물론 주관적 요건으로서의 공동가공의 의사를 인정하기 곤란하다고 본다.

그러나 이 사건은 일반적 범죄인 작위범의 공동정범 사례가 아니라 부작위범의 공동정범 사례인바, 이 사건에서는 다른 시각에서의 접근이 필요하지 않는가 생각된다.

---

2) 최근의 판례로는 대법원 2014. 5. 16. 선고 2012도3676 판결 참조.

Ⅲ. 부작위범의 공동정범의 성립요건

1. 판례의 입장

가. 그동안 부작위범의 공동정범을 인정함에 있어서는 작위범에서 발전된 공동정범의 인정요건을 부작위범의 공동정범에도 그대로 적용해야 하는가 또는 부작위범이 구조적 특수성에서 나오는 독자적인 기준을 적용해야 하는가를 두고 다양한 이론이 전개되어 왔다.[3] 이러한 노력들은 그동안의 연구가 '작위범'의 공동정범을 중심으로 전개되어 온 한계를 극복하고, '부작위범'의 특수성에 초점을 맞추어 부작위범의 공동정범의 성립가능여부 및 그 성립요건에 대한 이론적 규명을 시도하면서 형법이론학의 상당한 진전을 가져왔다.

한편 판례는 다양한 사건에서 부작위범의 공동정범 또는 부작위에 의한 공범(이하에서는 이를 간단히 '부작위범의 공범'이라고 한다)의 성립을 인정해 왔으며 일부 판례는 그 성립요건을 제시하기도 하였다. 본 논문은 그동안 부작위범의 공범에 관한 이론적 성과들을 소개·검토하는 것이 아니라 그동안 판례가 인정해 온 부작위범의 공범의 사례를 점검하여 판례가 제시한 법리를 정리·평가한 다음, 이 사건에서 과연 피고인들에 대해 부작위에 의한 살인죄의 공동정범을 인정할 수 있는지를 검토하고자 한다.

나. 부작위범의 공범은 ⅰ) 작위범에 부작위의 형태로 가담하는 경우, ⅱ) 부작위범에 작위의 형태로 가담하는 경우 그리고 ⅲ) 부작위범에 부작위의 형태로 가담하는 경우로 나눌 수 있다. 이 중에서 ⅰ) 유형에서는 실질적으로 별다른 문제점이 야기되지 않고, 부작위범

3) 이에 관한 설명으로는 김성룡, "부작위범 사이의 공동정범", 형사판례연구 17호(2009), 39면 이하; 이용식, "부작위 상호간에 있어서 정범과 공범의 구별 및 공동정범 성립가능성", 서울대 법학 52권 1호(2011/3), 151면 이하. 이정원, "부진정부작위범에서의 정범과 공범", 비교형사법연구 2권 2호(2000), 148면 이하; 전지연, "부작위범에서 정범과 공범의 구별", 형사판례연구 13호(2005), 95면 이하 참조.

의 공범에 관한 이론적 문제점은 주로 ii) 부작위범에 작위의 형태로 가담하는 경우와 iii) 부작위범에 부작위의 형태로 가담하는 경우에 발생한다. 이를 차례대로 설명하면 다음과 같다.

(1) 작위범에 부작위의 형태로 가담하는 경우

가. 판례는 은행지점장이 은행에 대한 부하직원의 범행사실을 발견하고도 손해의 보전에 필요한 조치를 취하지 아니하고 배임행위를 방치한 사건(대법원 1984. 11. 27. 선고 84도1906 판결), 입찰업무 담당 공무원이 입찰보증금이 횡령되고 있는 사실을 알고도 이를 방지할 조치를 취하지 아니한 사건(대법원 1996. 9. 6. 선고 95도2551 판결), 백화점 직원이 백화점 입점점포의 위조상표 부착 상품 판매사실을 알고도 방치한 사건(대법원 1997. 3. 14. 선고 96도1639 판결) 등 다수의 사건에서 "형법상 방조는 작위에 의하여 정범의 실행을 용이하게 하는 경우는 물론, 직무상의 의무가 있는 자가 정범의 범죄행위를 인식하면서도 그것을 방지하여야 할 제반 조치를 취하지 아니하는 부작위로 인하여 정범의 실행행위를 용이하게 하는 경우에도 성립된다."는 입장을 취해 왔다.

나. 주지하고 있는 바와 같이 판례는 부작위범이 인정되기 위해서는 "형법이 금지하고 있는 법익침해의 결과발생을 방지할 법적인 작위의무를 지고 있는 자가 그 의무를 이행함으로써 결과발생을 쉽게 방지할 수 있었음에도 불구하고 그 결과의 발생을 용인하고 이를 방관한 채 그 의무를 이행하지 아니한 경우에, 그 부작위가 작위에 의한 법익침해와 동등한 형법적 가치가 있는 것이어서 그 범죄의 실행행위로 평가될 만한 것"일 것을 요구하고 있는데, 이러한 유형의 사건들에서 피고인은 정범의 범죄실행을 방지해야 할 의무를 지고 있는데다, 피고인의 행위가 방조인 만큼 그 부작위가 작위에 의한 법익침해와 동등한 형법적 가치가 있는 것으로 평가되는 데 큰 문제가 없다.

다. 다만 작위범에 부작위의 형태로 가담하는 경우라도 항상 종범만이 성립하는 것은 아니다. 예컨대 회사의 경비원(甲)이 다른 공범(乙)과 공모하고 乙이 야간에 회사건물에 침입하여 회사소유 물건을 절취하고 그 때 경비를 서고 있던 甲이 乙을 범행을 묵인하였다면 甲은 종범이 아니라 절도죄의 공동정범 또는 특수절도죄의 죄책을 진다. 작위범에 부작위의 형태로 가담한 경우 가담자가 공동정범의 죄책을 지는가 또는 종범의 죄책을 지는가는 공동정범의 성립요건을 갖추었는가의 여부에 의해 결정될 것이다.

(2) 부작위범에 작위의 형태로 가담하는 경우

가. 다음으로 부작위범에 작위의 형태로 가담하는 경우가 있다. 그 대표적인 사례가 이른바 보라매병원사건이다. 이 사건에 대해서는 우리나라 형법학 역사상 유래를 찾아보기 힘들 정도로 많은 평석이 나왔으며,[4] 여전히 그 사건의 피고인들에게 어떤 죄책을 지우는 것이 타당한가는 논란의 대상이 되고 있다. 본 논문에서는 이 사건에 대한 판례의 당부(當否)를 구체적으로 논의하기는 어렵고, 다만 대법원이 피해자를 퇴원조치함으로써 결국 피해자를 사망에 이르게 한 의사들에게 배우자인 피해자에 대한 계속 치료를 중단한 아내의 부작위에 의한 살인죄에 대한 방조범의 죄책을 인정하였다는 점을 지적하고자 한다.

나. 다소 생소하게 느껴질지 모르겠지만 부작위범에 작위의 형태도 가담한 자에게 공범의 죄책을 인정한 사례가 얼마든지 있을 수 있다. 판례는 승용차의 운전자(甲)가 도로를 주행하던 중 과실로 보행자를 충격하자 조수석에 앉아 있던 동승자(乙)가 운전자를 조수석에 앉히고 자신이 승용차를 운전하여 도주한 사건(대구지법 2007. 3. 28.선

4) 이에 대해서는 김성돈, "세칭 보라매병원사건에 대한 1심법원 판결과 2심법원 판결의 비교분석", 법조(2003.4), 71면 이하; 김성룡, "치료중단에 있어서 작위와 부작위의 구별", 형사판례연구 13호(2005), 138면 이하; 이정원, "의학적 권고에 반한 퇴원으로 사망한 환자에 대한 형사책임", 비교형사법연구 6권 2호(2004), 361면 이하; 허일태, "의학적 충고에 반하는 퇴원조치와 의사의 형사책임", 비교형사법연구 4권 2호(2002), 633면 이하 등 참조.

고 2006노2898 판결)에서 판례는 다음과 같이 부작위에 의한 공동정범의 성립을 인정한 바 있다.[5)]

대구지법 2007. 3. 28. 선고 2006노2898 판결

[사실관계]

피고인 1은 피고인 2의 집으로 가기 위해 SM5 승용차를 운전하고 피고인 2는 조수석에 앉아 길을 모르는 피고인 1에게 진행할 방향을 가르쳐 주면서 동승하고 있던 중, 피고인들은 각 자동차운전면허 없이 2005. 11. 9. 06:40경 피고인 1은 위 자동차를 운전하여 편도 2차로 길을 2차로를 따라 직진함에 있어 전방 및 좌우를 잘 살피지 아니한 업무상 과실로 피해자 1 운전의 엑스트렉 승용차 좌측 앞부분을 피고인 1운전의 승용차 좌측 뒷부분으로 들이받아 피해자 1로 하여금 약 2주간의 치료를 요하는 경추염좌 등의 상해를 입게 함과 동시에 피해자 2 소유의 위 엑스트렉 승용차 앞범퍼 등을 손괴한 후 현장에서 이탈할 생각으로 피고인 2에게 부탁하여, 피고인 2는 피고인 1과 자리를 바꾸어 위 SM5 승용차를 운전하여 감으로써 교통사고를 야기하고도 필요한 조치를 취하지 아니한 채 도주하였다.

[판결요지]

교통사고를 야기한 운전자 또는 차량의 안전운행에 공동 책임이 있는 승무원의 지위에 있는 자가 교통사고 후 필요한 조치를 취하지 않은 경우에는 도로교통법위반(사고후미조치)죄가 성립하고 이는 형법 제33조 본문 소정의 신분관계로 인하여 성립될 범죄에 해당하는데, 피고인 2는 앞서 살펴 본 것처럼 단순 동승자에 불과하여 이 사건 교통

5) 아래 판례는 비록 하급심판결이기는 하나 사실관계와 판시사항이 구체적으로 적시되어 있고 대법원 2007. 7. 26. 선고 2007도2919 판결에 의해 그대로 인정되었기 때문에 대법원판결에 대신하여 인용하였다.

사고를 야기한 운전자나 승무원에 해당되지는 않지만, 교통사고 후 이 사건 차량을 운전하는 방법으로 피고인 1의 도주행위에 가담하였으므로, 이는 형법 제33조 소정의 신분관계로 인하여 성립되는 피고인 1의 범죄에 가공한 행위에 해당하여 신분관계가 없는 피고인 2에 대하여도 형법 제30조에서 정한 공동정범에 관한 규정이 적용된다.

설령 피고인 1의 교통사고 후 미조치로 인한 도로교통법위반죄가 부작위범이라 하더라도, 피고인 2는 위와 같은 운전행위를 작위의 방법으로 실행함으로써 부작위범에 가담한 것이고, 이러한 작위범으로 부작위범에 가담하기 위해서는 부작위범에서 요구되는 '구호조치를 하여야 할 의무'가 필요하지 아니므로, 피고인 2가 이 사건 교통사고의 피해자에 불과하여 운전자나 승무원의 지위에 있지 않아 구호의무가 없었다고 하더라도, 피고인 2가 적극적인 작위범의 형태로 가담한 이상 피고인 2를 교통사고 후 미조치의 점에 대한 도로교통법위반죄의 공동정범으로 처벌할 수 있다.

다. 위에서 볼 수 있듯이 판례는 도로교통법위반(사고후미조치)죄는 교통사고를 야기한 운전자 또는 차량의 안전운행에 공동 책임이 있는 승무원의 지위에 있는 자가 교통사고 후 필요한 조치를 취하지 않은 경우에 성립하고 이는 형법 제33조 본문 소정의 신분관계로 인하여 성립될 범죄에 해당하는데, 이러한 신분이 없는 동승자라고 하더라도 신분자와 공동으로 또는 신분자의 범죄를 교사 또는 방조한 때에는 신분범의 공동정범 또는 공범으로 처벌될 수 있다고 판시하고 있다.

같은 취지에서 판례는 "직무유기죄는 구체적으로 그 직무를 수행하여야 할 작위의무가 있는공무원이 그 직무를 버린다는 인식 하에 작위의무를 수행하지 아니함으로써 성립하고, 직무를 유기한 때란 직장의 무단이탈, 직무의 의식적인 포기 등과 같이 그것이 국가의 기능을 저해하며 국민에게 피해를 야기시킬 가능성이 있는 경우를 말하므로 병가 중인 공무원은 구체적인 작위의무 내지 국가기능을 저해할 구체적 위험성이 있다고 할 수 없어 직무유기죄의 주체로 될 수는 없으나, 신분이 없는 자라 하더라도 신분이 있는 자의 행위에 가공하는 경우 본죄의 공동정범이 성립하므로 병가 중인 공무원이 농성에 가담하는 등 다른 공무원과 다른 공무원 사이에 공범관계가 인정된다면 병가 중인 공무원도 직무유기죄의 공동정범으로 처벌된다."고 판시한 바 있다(대법원 1997. 4. 22.선고 95도748 판결).

라. 이처럼 판례는 부작위범에 작위의 형태로 가담하는 경우 공범의 성립을 인정하고 있을 뿐만 아니라 가담자를 공범으로 처벌함에 있어서는 작위의무가 필요하지 않다는 입장을 취하고 있다. 공범이 가담하는 범죄는 부작위이지만 공범 자신은 작위범이므로 공범에게는 작위의무가 요구되지 않는 것은 당연하다고 할 수 있다. 다만 가담하는 범죄가 신분범인 이상 공범에게도 신분이 있을 것이 요구되는가의 문제가 발생할 수 있는데, 이 문제는 형법 제33조에 의해 해결된다.

(3) 부작위범에 부작위의 형태로 가담하는 경우

가. 이와는 달리 부작위범에 부작위의 형태로 가담하는 경우 가담하는 자의 행위가 부작위이므로 마땅히 작위의무가 요구된다고 해야 한다. 가담하는 자의 행위가 부작위인 경우 작위의무가 요구되는 것은 앞에서 설명한 '작위범에 부작위의 형태로 가담하는 경우'에서도 마찬가지이다.

나. 판례는 신고를 하지 아니한 채 공중위생영업을 한 업체의 사장과 공동하여 공중위생관리법에 따른 신고의무를 위반하였다는 이유로 기소된 업체의 실장에 대하여, "신고의무 위반으로 인한 공중위생관리법 위반죄는 구성요건이 부작위에 의하여서만 실현될 수 있는 진정부작위범에 해당한다고 할 것이고, 한편 부작위범 사이의 공동정범은 다수의 부작위범에게 공통된 의무가 부여되어 있고 그 의무를 공통으로 이행할 수 있을 때에만 성립한다."고 하여 이 점을 분명히 한

바 있다(대법원 2008. 3. 27. 선고 2008도89 판결).[6] 다만 위 판례는 부작위범 사이의 공동정범의 성립을 위해서는 부작위범들에게 공통된 의무가 부여되어 있고 그 의무를 공통으로 이행할 수 있을 것이 요구된다는 점만을 밝히고 있을 뿐, 나아가서 공동정범으로서의 성립요건을 갖추어야 하는가에 대해서는 구체적인 언급이 없다.

이에 대한 언급은 앞에서 간단히 소개한 이른바 보라매병원사건에서 발견할 수 있다. 항소심과 상고심은 피해자의 배우자와 더불어 의사들에 대해서 부작위에 의한 살인죄의 공동정범을 인정한 제1심을 파기하면서, 그 이유로 i) 의사들의 치료중단이라고 하는 부작위의 측면에서 보더라도 작위에 의한 살인이라고 하는 법익침해와 동등한 형법적 가치가 있는 것이어서 위 피고인들의 행위를 살인범죄의 실행행위로 평가될 만한 것이라 보기는 어렵고(서울고등법원 2002. 2. 7. 선고 98노1310 판결), ii) 공동정범이 성립하기 위해서는 공동가공의 의사와 그 공동의사에 기한 기능적 행위지배를 통하여 범죄를 실행하였을 것이 필요하고, 여기서 공동가공의 의사란 타인의 범행을 인식하면서도 이를 제지함이 없이 용인하는 것만으로는 부족하고 공동의 의사로 특정한 범죄행위를 하기 위하여 일체가 되어 서로 다른 사람의 행위를 이용하여 자기의 의사를 실행에 옮기는 것을 내용으로 하는 것이어야 하는데, 의사들에게는 이러한 공동정범의 요건인 공동가공의사와 기능적 행위지배가 흠결되어 있다는 점을 들었다(대법원 2004. 6. 24. 선고 2002도995 판결).[7] 가설적 판단이지만 보라매병원 사건에서 의사들에 대해서 위와 같은 공동가공의사와 기능적 행위지배를 통한 실행행위의 분담이 인정되었다면, 판례는 의사들에 대해서 부작위범의 공동정범의 죄책을 인정하였을 것으로 보인다.

다. 한편 부작위범에 부작위의 형태로 가담하는 경우는 비단 공동

6) 이 판례와 관련하여 진정부작위범의 공동정범의 성립여부에 대해서는 김혜경, "진정부작위범의 법리적 구성", 형사판례연구 23호(2015), 87면 이하 참조.

7) 부작위에 의한 살인죄의 공동정범을 인정한 제1심판결을 파기한 항소심 판결의 논리구조와 문제점에 대해서는 김성돈, 앞의 논문, 71면 이하 참조.

정범에 국한되지 않는다. 예컨대 불법체포·감금죄(제124조)는 작위뿐만 아니라 부작위에 의해서도 범할 수 있는데 예컨대 사법경찰관이 피의자를 적법하게 체포·구속한 후 체포 또는 구속기간이 경과한 후에도 피의자를 석방하지 않았다면 부작위에 의한 불법체포·감금죄의 죄책을 질 것이고, 검사가 체포·구속장소감찰(형소법 제198조의2)를 하면서 불법체포·감금사실을 알고도 방치하였다면 검사는 부작위에 의한 불법체포·감금죄의 방조범의 죄책을 진다고 말할 수 있다.

라. 이상의 논의를 종합해 볼 때 판례는 부작위범의 공범의 성립을 인정하고 있으며, 특히 부작위범의 공동정범에서는 그 성립요건으로 일반적인 부작위범과 공동정범의 요건을 모두 갖출 것을 요구하고 있다고 할 수 있다.

본 논문의 평석대상판결은 부작위범의 공동정범에 관한 것이므로 이하에서는 부작위범의 공동정범의 인정여부 및 그 성립요건을 중심으로 서술한다.

2. 부작위범의 공동정범을 부정하는 견해

(1) 위에서 살펴본 바와 같이 판례는 비교적 간명한 입장을 취하고 있는데 반해, 학계에서는 부작위에 의한 공동정범 또는 부작위범 사이의 공동정범을 인정할 수 있는가 그리고 만약 인정할 수 있다면 그 요건은 무엇인가를 둘러싸고 많은 논의가 전개되었다.

(2) 작위의무는 각자가 부담하는 일신전속적인 것으로서 타인과 공유할 수 없고 의무위반은 그 자체로 발생된 결과에 대해 완전한 인과성이 인정되므로 다수의 작위의무자가 공동의사로 결과발생 방지의무를 이행하지 아니한 경우도 동시범에 불과하다고 하거나,[8] 진정부작위범은 자수범으로 각자의 부작위가 자수적 실행으로 인정되는 한 이를 공동하였다고 평가할 필요가 없을 뿐만 아니라 개별 부작위를

8) 이정원, "부진정부작위범에서의 정범과 공범" 비교형사법연구 2권 2호(2000), 152면 참조.

전체범죄의 일부실행으로 볼 수 없다거나,[9] 부작위범의 공동정범을 인정할 필요성이 있는 경우는 개별 행위자들의 작위로는 결과의 방지가 불가능하고 공동의 작위로 결과의 방지가 가능한 경우라는 전제가 인정되어야 하는데, 다수인이 공동으로 작위로 나아가야 결과발생의 방지가 가능한 상황에서 개별 작위의무자가 다른 작위의무자와 협력하여 결과를 방지하여야 한다는 의무가 형법 제18조(부작위범) 및 제30조(공동정범)에서 도출될 수 없다는 이유로 부작위범의 공동정범은 인정할 수 없다는 견해가 주장되고 있다.[10]

(3) 이상과 같이 부작위범의 공동정범의 성립을 부정하는 견해에 따르면, 다수의 작위의무자의 부작위에 의해 결과가 발생한 경우 이를 공동정범이 아니라 동시범으로 보아야 한다. 그리고 수인이 부작위범에 가담한 경우 모두 단독정범이 되며 가담의 정도에 따라 공동정범이나 종범과 같은 차이가 발생하지도 않는다.[11]

그러나 부작위범의 공동정범의 성립을 부정하는 견해는 실천적 의미에서 동의하기 힘들다. 우선 부작위범의 공동정범을 부정하고 부작위에 의한 가담자 모두를 동시범으로 본다면 원인행위가 판명되지 않을 경우 인과관계의 확정문제(형법 제19조), 공소제기로 인한 공범자에 대한 공소시효 정지의 효력(형소법 제253조 제2항), 공범자인 공동 피고인에 대한 증인신문[12] 등의 문제를 해결하기 힘든 상황에 직면한다. 뿐만 아니라 가담정도를 불문하고 모두 부작위범의 정범으로 처벌하는 것은 가담의 정도에 따라 정범과 공범을 구별하고 그 처벌

9) 김혜경, 앞의 논문, 135면 이하 참조.

10) 김성룡, “부작위범 사이의 공동정범”, 형사판례연구 17호(2009), 56면 이하 참조.

11) 이에 대해서는 김성룡, “부진정부작위범의 한국적 해석으로서 단일정범개념”, 비교형사법연구 5권 1호(2003), 116면 이하; 전지연, “부작위에 의한 정범과 공범 -대법원 1997. 3. 14. 선고 96도1639 판결”, 저스티스 76호(2003), 301면 이하 참조.

12) 피고인의 지위에 있는 공동피고인은 원칙적으로 다른 공동피고인에 대한 공소사실에 관하여 증인이 될 수 없으며, 다른 공동피고인에 대한 공소사실에 관하여 증인이 되기 위해서는 소송절차가 분리되어 피고인의 지위에서 벗어나야 한다(대법원 2012. 3. 29. 선고 2009도11249 판결).

의 수위도 달리 정하고 있는 형법체계와도 어울리지 않는다.

그리고 부작위범의 공동정범을 부정하는 논거들은 설득력이 부족하다. 예를 들어 피해자를 구조하기 위해 출동한 수명의 구급대원들이 상호 의사연락 하에 피해자를 방치하여 사망하게 한 경우와 같이 엄연히 수인의 작위의무자가 공동으로 작위의무를 이행하지 않음으로써 결과가 발생하였음에도 불구하고 "작위의무는 각자가 부담하는 일신전속적인 것으로서 타인과 공유할 수 없고 의무위반은 그 자체로 발생된 결과에 대해 완전한 인과성이 인정된다."거나 "각자의 부작위가 자수적 실행으로 인정되는 한 이를 공동하였다고 평가할 필요가 없다."고 하는 것은 사실에 대한 정당한 평가라고 보기 어렵다.

또한 부작위범의 공동정범의 성립여부의 문제를 행위자들의 개별적 작위로는 결과의 방지가 불가능하고 공동의 작위로 결과의 방지가 가능한 경우로 제한하거나 형법 제30조(공동정범)에서는 부작위범의 공동정범의 근거를 찾을 수 없다는 주장도 부작위범의 공동정범이 문제되는 현실과 부합하지 않거나 형법 제30조를 지나치게 제한적으로 해석하는 것으로 수긍하기 힘들다. 앞에서 살펴본 보라매병원 사건이나 본 논문의 평석대상인 세월호 사건에서 볼 수 있듯이 오히려 개별행위자의 작위에 의해서도 결과발생이 가능한 경우에 부작위범의 공동정범을 인정할 필요성이 더 크다. 그리고 형법 제30조가 개별적 작위로 결과발생이 가능함에도 불구하고 수인이 공동의 작위로 결과를 발생시킨 경우에 적용되듯이, 개별적인 작위로도 결과발생이 가능한데 수인의 작위의무자가 공동의 부작위로 결과를 발생시킨 경우에도 마땅히 형법 제30조가 적용되어야 한다고 본다.

3. 부작위범의 공동정범의 성립요건

이상과 같이 현실적으로도 부작위범의 공동정범을 인정할 필요성이 있다고 할 때, 이를 인정하기 위한 요건은 과연 무엇인가가 문제된다.

(1) 우선 판례는 "(진정) 부작위범 사이의 공동정범은 다수의 부작위범에게 공통된 의무가 부여되어 있고 그 의무를 공통으로 이행할 수 있을 때에만 성립한다."고 하여, 부작위범의 공동정범이 성립하기 위한 요건으로 다수의 행위자들에게 공통된 작위의무가 부과되어 있을 것을 제시하고 있다. 작위의무가 범죄의 성립요건인 진정부작위범의 경우 이러한 조건은 당연해 보인다. 그러나 위의 (2)에서 볼 수 있듯이 작위의무를 지지 않은 자라도 작위의 형태로 부작위범에 가담한 때에는 그 가담의 정도에 따라 공동정범 또는 종범의 죄책을 지고, 가담자에게 신분이 결여되어 있는 문제는 형법 제33조에 의해 해결이 가능하다는 점을 고려해 볼 때, 이 조건은 진정부작위범에 부작위의 형태로 가담하는 경우에 한하여 제한적으로 적용되어야 한다.

진정 부작위범과는 달리 부진정 부작위범에서는 다수의 작위의무자에게 공동의 작위의무가 부과된 경우가 아니라도 다수의 작위의무자가 공동하여 부작위로 나아간 때에는 공동정범이 성립한다고 보아야 한다. 보라매병원 사건에서 피해자의 배우자와 의사들은 각각의 작위의무를 부담하고 있을 뿐 이들이 공동하여 피해자를 보호해야 할 의무를 부담하고 있다고 보기는 어렵다. 그리고 피해자인 노부모에 대해 부양의무를 지고 있는 자녀(甲)와 피해자와 계약을 맺고 피해자에 대해 구조의무를 담당하고 있는 자(乙)가 피해자의 사망으로 인해 생기는 이익을 공유하기로 약속하고 피해자가 생명·신체에 대한 위험에 처해 있음을 알고도 구조하지 않아 피해자로 하여금 사망하게 한 경우, 비록 甲과 乙이 공동의 작위의무를 지고 있지 않더라도 공동하여 부작위로 나아간 이상 甲과 乙에게 부작위에 의한 살인죄의 공동정범의 죄책을 인정하는 것이 타당하다.

(2) 다음으로 판례는 부작위범의 공동정범의 성립요건으로 작위범의 공동정범과 마찬가지로 "주관적 요건으로서 공동가공의 의사와 객관적 요건으로서 공동의사에 기한 기능적 행위지배를 통한 범죄의 실행사실이 필요하고, 공동가공의 의사는 타인의 범행을 인식하면서도

이를 제지하지 아니하고 용인하는 것만으로는 부족하고 공동의 의사로 특정한 범죄행위를 하기 위하여 일체가 되어 서로 다른 사람의 행위를 이용하여 자기의 의사를 실행에 옮기는 것을 내용으로 하는 것이어야 한다."고 보고 있다. 보라매병원 사건은 물론 세월호 사건에서도 피고인들에 대해 부작위범의 공동정범의 성립을 부정한 이유는 바로 여기에 있다.

우리는 여기서 작위범의 공동정범의 성립요건을 이처럼 엄격하게 요구하고 있는 이유를 생각해 볼 필요가 있다. 형법 제30조는 공동으로 범죄를 실행한 경우 그 공범자 전원을 공동실행한 범죄의 정범으로 처벌한다. 이른바 '일부실행 전부책임'의 원칙을 선언한 것이다. 이처럼 형법 제30조는 공동으로 범죄를 실행하였다는 것을 이유로 공범자 전원을 공동실행한 범죄의 정범으로 처벌하는 것을 인정하고 있기 때문에 마땅히 그 요건을 엄격하게 해석하지 않을 수 없다. 그런데 부작위범의 공동정범은 작위범의 공동정범과 상황이 좀 다르다. 만약 단독의 부작위로 결과발생이 가능한데 공동의 부작위로 결과가 발생하였다면 위와 같이 작위범의 공동정범의 법리를 부작위범의 공동정범에 그대로 적용하더라도 큰 무리가 없을 것이다.

그러나 부작위범의 공동정범은 원칙적으로 작위의무자 전원이 부작위로 나아가야 결과발생이 가능하다. 즉 작위범의 공동정범에서는 결과를 발생시키기 위해 적극적으로 에너지를 투입해야 하므로 공동정범이 성립하기 위해서는 공동가공의 의사와 기능적 행위지배라는 적극적 요소가 요구된다. 그리고 공동가공의 의사는 타인의 범행을 인식하면서 이를 제지하지 아니하고 용인하는 것으로는 부족하고 특정한 범죄행위를 하기 위하여 일체가 되어 서로 다른 사람의 행위를 이용하여 자기의 의사를 실행에 옮기는 것이어야 한다. 그러나 부작위범의 공동정범에서는 결과를 발생시키기 위해서는 작위의무자 모두가 소극적으로 에너지의 투입을 억제하는 것으로 족하다. 따라서 수인이 모두 각자의 작위의무를 이행하지 않으면 족하고 반드시 "수인이 결과에 이르는 사태의 핵심적 경과를 계획적으로 조종하거나 저지·촉진하는 등 사태를 지배하는 지위"에 있어야 할 필요가 없다. 그리고 공동가공의 의사는 "특정한 범죄행위를 하기 위하여 일체가 되어 서로 다른 사람의 행위를 이용하여 자기의 의사를 실행에 옮기는 것"을 내용으로 할 필요가 없고 "타인의 범행을 인식하면서 이를 제지하지 아니하고 용인하는 것"으로 족하다. 이것은 부모가 공동으로 생명의 위험에 빠진 자녀를 구조하지 않고 사망하게 하거나 수명의 자녀가 공동으로 생명의 위험에 빠진 노부모를 구조하지 않고 사망하게 하는 경우와 같이 결과발생방지의무가 공동으로 부과되어 있는 경우를 상정해 보면 쉽게 이해할 수 있다.

이처럼 작위범의 공동정범과 부작위범의 공동정범의 성립요건에 차등을 두는 것은 작위범과 부작위범의 본질적 요소가 다르기 때문이다. 작위범은 문자 그대로 결과를 발생시키는 적극적인 행위, 즉 작위가 본질적 요소이다. 이에 반하여 부작위범은 부작위가 본질적인 요소이고, 다시 부작위를 구성하는 가장 본질적인 요소는 작위의무이다. 고의의 본질적인 요소는 죄의 성립요소인 사실에 대한 인식과 용인인데 반하여 과실의 본질적인 요소는 주의의무위반인 것과 같은 이치이다. 과실범의 성립에서 가장 중요한 요소가 주의의무이듯이 부작위범의 성립에서 가장 중요한 요소는 작위의무이고, 과실범의 공동정범이 성립하기 위해서는 공동의 주의의무위반이 요구되듯이, 부작위범의 공동정범이 성립하기 위해서는 공동의 작위의무위반이 요구된다. 그리고 공동의 작위의무위반은 공동의 작위의무를 지고 있는 수인이 타인의 작위의무위반을 인식하면서도 이를 제지하지 아니하고 용인하는 것으로도 쉽게 실현될 수 있다.

(3) 결론적으로 부작위범의 공동정범의 죄책을 지우기 위해서는 객관적 요건으로 수인이 결과발생을 방지할 공동의 작위의무를 지고 있거나 또는 수인이 공동으로 결과발생을 방지할 작위의무를 이행하지 않으면 족하고, 주관적 요건으로 수인이 타인의 작위의무위반을 인

식하면서도 이를 제지하지 아니하고 용인하는 의사가 있으면 족하다고 보아야 한다.

Ⅳ. 대상판결에 대한 평가

(1) 이 사건에서 [다수의견]은 강○식, 김○호, 박○호는 비록 간부선원으로 선장의 퇴선명령이나 대피명령 등에 대비하다가 선장의 실행지휘에 따라 승객들의 이동과 탈출을 도와주는 임무를 수행하는 자이기는 하나 퇴선할 무렵까지 선박의 안전에 관한 선장으로서의 포괄적이고 절대적인 권한을 가지고 있었으므로, 승객 등의 퇴선을 위한 선장의 아무런 지휘·명령이 없는 상태에서 단순히 비상임무 현장에 미리 가서 추가 지시에 대비하지 아니한 채 선장과 함께 조타실에 있었다거나 혹은 기관부 선원들과 함께 3층 선실 복도에서 대기하였다는 사정만으로 이들이 선장과 마찬가지로 선내 대기 중인 승객 등의 사망 결과나 그에 이르는 사태의 핵심적 경과를 계획적으로 조종하거나 저지·촉진하는 등 사태를 지배하는 지위에 있었다고 보기 어렵다는 이유로 공동정범의 성립을 부정하였다. 이에 반하여 [반대의견]은 공범관계에서 전체의 모의과정이 없다 하더라도 수인 사이에 순차적으로 또는 암묵적으로 상통하여 공동 가공에 의한 범죄 실현 의사의 결합이 이루어지면 공모관계는 성립한다고 전제한 후, 이 사건에서 강○식과 김○호는 다른 피고인들의 불이행 사실을 인식하면서도 아무런 의무를 이행하지 않았고 나아가 공동 퇴선에 의하여 향후의 이행가능성까지 차단함으로 인하여 선장의 무책임한 행위에 편승하였으므로, 순차적 또는 암묵적으로 공동 가공에 의한 의사의 결합을 인정할 수 있다는 이유로 공동정범의 죄책을 인정해야 한다고 보았다.

(2) [다수의견]과 [반대의견]의 상반된 결론 같은 법리를 전제로 사실관계에 대한 판단을 달리한 데서 비롯된 것이 아니라 부작위범의 공동정범의 성립요건에 대한 현격한 견해차에서 비롯된 것이다. [다수

의견]은 사실상 부작위범의 공동정범에 대해서 작위범의 공동정범의 법리를 그대로 적용하고 있으나, 이것은 앞에서 설명한 바와 같이 부작위범의 특수성을 간과한 것으로 잘못된 태도라고 하지 않을 수 없다. 이에 반해 [반대의견]은 부작위범의 공동정범의 성립요건은 작위범의 공동정범과 다르다는 것을 전제로 상당히 완화된 요건을 적용하여 피고인 강○식과 김○호에 대해 부작위에 의한 살인죄를 인정하고 있다.

필자가 제시한 법리를 이 사건에 적용하면 피고인 강○식과 김○호는 비상상황에서 선장인 이○석을 보좌하여 선원들을 지휘하고 유사시 선장의 직무를 대행할 책임이 있는데다 실제로 그와 같은 상황이 발생하였고, 당시 상황에 부합하는 자신들의 의무를 이행함으로써 승객 들이 사망하는 결과를 방지할 수 있었음에도 불구하고 아무런 조치를 취하지 아니하였으며, 구조정이 도착하자 승객들의 방치한 채 선장과 함께 먼저 퇴선함으로써 승객 들을 사망에 이르게 하였다. 이러한 점들을 고려해 볼 때 피고인 강○식과 김○호에 대해서는 부작위에 의한 살인죄의 공동정범의 죄책을 묻는 것이 타당하고 본다.

[주 제 어]

세월호 사건, 부작위범, 부작위에 의한 살인, 부작위에 의한 공동정범, 신분범의 공동정범

[Key Words]

Sewol Ferry incident, Crime of Ommission, Homicide by Omission, Complicity in a Crime of Ommission, Complicity in a Status Offense

접수일자: 2016. 5. 10. 심사일자: 2016. 5. 31. 게재확정일자: 2016. 6. 3.

[참고문헌]

김성돈, "세칭 보라매병원사건에 대한 1심법원 판결과 2심법원 판결의 비교 분석", 법조(2003.4).

김성룡, "부진정부작위범의 한국적 해석으로서 단일정범개념", 비교형사법연구 5권 1호(2003).

______, "치료중단에 있어서 작위와 부작위의 구별", 형사판례연구 13호(2005).

______, "부작위범 사이의 공동정범", 형사판례연구 17호(2009).

김혜경, "진정부작위범의 법리적 구성", 형사판례연구 23호(2015).

연합뉴스 2016. 5. 24.자, "'세월호 증선' 비리 연루 항만청 간부 등 무죄 확정"

이용식, "부작위 상호간에 있어서 정범과 공범의 구별 및 공동정범 성립가능성", 서울대 법학 52권 1호(2011/3).

이정원, "부진정부작위범에서의 정범과 공범", 비교형사법연구 2권2호(2000).

______, "의학적 권고에 반한 퇴원으로 사망한 환자에 대한 형사책임", 비교형사법연구 6권 2호(2004).

전지연, "부작위에 의한 정범과 공범-대법원 1997. 3. 14. 선고 96도1639 판결", 저스티스 76호(2003).

______, "부작위범에서 정범과 공범의 구별", 형사판례연구 13호(2005).

허일태, "의학적 충고에 반하는 퇴원조치와 의사의 형사책임", 비교형사법연구 4권 2호(2002).

[Abstact]

Complicity in Homicide by Omission

Kim, Tae-myeong*

On Nov. 12. 2015, the Suprem Court of Korea has given out an judgement on the Sewol Ferry incident that convicted the captain of a Homicide by Omission who escaped the ship abandoning more than 300 passengers and crews trapped in the sinking ship. On the contrary it denied the first navigation officer and the second of the charge a complicity in homicide by omission. The Court said that a conviction shall not be made because it was hard to admit that they were in collusion with the captain and omitted their obligations out of willful negligence or dolus eventualis.

However they, as the executive members of the ship, had duty to protect the passengers and the other crews on the Sewol Ferry from the danger of death in the ship in distress. They knew that they were in a tense situation and the captain didn't organize his response appropriately, and they could have rescued most of the people who couldn't escape from the sinking ship if they tried to fulfill their obligation.

It can be said that they took charge in the crisis with the captain, and there was implied communication between them to omit their obligation when they abandoned the passengers and crews escaping the ship with no action to rescue them.

This article deals with the practical and theoretical possibility that the executive navigation officers of the Sewol Ferry can be convicted of a complicity in homicide by omission.

* Ph. D. in Law, Associate Professor at Law School of Chonbuk University.

사실상 인과관계 및 법적 인과관계와 객관적 귀속

김 종 구*

[대상판례] 대법원 1989. 9. 12. 선고 89도866 판결

1. 판결 요지

"자동차의 운전자가 그 운전상의 주의의무를 게을리 하여 열차 건널목을 그대로 건너는 바람에 그 자동차가 열차좌측 모서리와 충돌하여 20여 미터쯤 열차 진행방향으로 끌려가면서 튕겨나갔고 피해자는 타고 가던 자전거에서 내려 위 자동차 왼쪽에서 열차가 지나가기를 기다리고 있다가 위 충돌사고로 놀라 넘어져 상처를 입었다면 비록 위 자동차와 피해자가 직접 충돌하지는 아니하였더라도 자동차 운전자의 위 과실과 피해자가 입은 상처 사이에는 상당한 인과관계가 있다."[1)]

2. 판결 이유

"원심판결 이유에 의하면, 원심은 그 증거에 의하여 피고인이 자동차를 몰고 가다가 판시와 같은 주의의무를 게을리 하여 열차건널목을 그대로 건너는 바람에 그 자동차가 열차좌측 모서리와 충돌하여

---

* 조선대학교 법과대학 교수, 법학박사.

1) 대법원 1989. 9. 12. 선고 89도866 판결.

20여 미터쯤 열차 진행방향으로 끌려가면서 튕겨나갔고 피해자가 타고 가던 자전거에서 내려 위 자동차 왼쪽에서 열차가 지나가기를 기다리고 있다가 위 충돌사고로 놀라 넘어져 상처를 입은 사실을 적법하게 확정하고 있는 바 사실이 이와 같다면 비록 위 자동차와 피해자가 직접 충돌하지는 아니하였다 하더라도 피고인의 위 사실과 피해자가 입은 상처 사이에는 상당한 인과관계가 있다고 할 것이므로 피고인은 그에 대한 업무상과실치상의 죄책을 면할 수 없다. 같은 취지의 원심판결은 정당하고, 거기에 지적하는 바와 같은 법리의 오해나 채증법칙을 어긴 위법이 없다."[2]

[연　구]

Ⅰ. 머리말 – 대상판례의 쟁점

우리 형법학계에 객관적 귀속론이 도입된 이후 인과관계론은 많은 발전이 있었다. 초기에는 객관적 귀속론이 인과관계론을 대체하는 이론인가도 논란이 되었으나, 넓은 의미의 인과관계에는 사실상 또는 자연적 인과관계와 규범적 관점의 인과관계가 포함되며, 객관적 귀속론은 규범적 관점의 인과관계를 다루는 것으로 이해하는 것이 일반적이다. 인과관계가 인정되기 위해서는 먼저 자연적 의미의 인과관계가 인정되어야 하며, 여기에 더해 규범적 관점에서 결과를 행위에 객관적으로 귀속시킬 수 있어야 한다. 그러나 인과관계를 사실적 측면과 규범적 측면의 두 가지로 구분하는 관점은 중세 이전부터 존재했으며, 새로운 학설은 아니다. 영미법계에서도 인과관계는 사실상 인과관계(factual causation)와 법적 인과관계(legal causation)로 구분되며, 법적 인과관계는 바로 객관적 귀속의 문제를 다루는 것이다. 이제 대륙법계이건 영미법계이건 인과관계의 문제는 사실적 측면과 법적 측면으로 구분하는 것이 일반화되어 있으며 우리의 경우도 마찬가지이다.

---

2) 대법원 1989. 9. 12. 선고 89도866 판결.

하지만, 학계의 동향과 달리 대법원 판례는 여전히 인과관계를 사실적 측면과 법적 측면으로 구분하지 않고, 사실상의 관점과 법적 관점이 혼합된 상당인과관계라는 개념으로 인과관계를 판단하고 있다. 1980년 대 이후 전개된 학계의 학문적 연구 성과가 실무에 전혀 접목되지 못하고 있는 것이다. 대상 판례에서도 역시 대법원은 행위자의 과실과 피해자의 부상에는 상당한 인과관계가 있다고 설명하는 데 그치고 있다. 대상 판례는 운전자의 차량에 직접 충돌되지 않은 피해자의 부상과 운전자의 과실 사이의 인과관계를 인정한 사례로서 특이한 구조를 갖고 있다. 대법원은 이 사례에서 인과관계를 인정하고 있으나, 사회통념에 비추어 인과관계를 인정하여 처벌해야 하는가는 의문이다. 이 사례에서도 인과관계는 사실상의 관점과 법적 관점으로 나누어 구체적인 기준을 적용하여 판단하는 것이 타당했을 것이다.

본 연구에서는 대상 판례에 적용될 수 있는 객관적 귀속 또는 법적 인과관계의 판단 기준을 중심으로, 미국의 유사한 구조의 판례와 비교법적 관점에서 검토하고자 한다.

Ⅱ. 인과관계의 사실적 측면과 법적 측면

1. 개관

1980년대 이후 객관적 귀속론이 우리 학계에 소개된 이후,[3] 다수의 학자들에 의하여 객관적 귀속론이 받아들여지고 있다. 객관적 귀속론이 우리 학계에 처음 등장했을 때 그 용어의 낯설음과 함께, 인과관계이론을 대체하는 이론이 등장한 것이라는 오해도 있었다. 이제 일반적으로 인과관계에는 사실상 또는 자연과학적 인과관계와 규범적 측면의 인과관계가 있으며, 객관적 귀속론은 인과관계의 규범적 측면을

3) 이형국, "객관적 귀속이론에 관한 소고", 법률연구(연세대 법률문제연구소) 제2집, 1982. 2, 109면 이하. 기타 객관적 귀속이론에 관한 국내의 초기 문헌으로는 심재우, "형법상의 인과관계", 월간고시 1977. 8, 44면 이하; 심헌섭, "인과관계의 확정과 합법칙적 조건설", 고시연구 1975. 9, 51면 이하.

다루는 것으로 이해되고 있다.[4] 그러나, 객관적 귀속론이 우리 형법의 해석론으로는 적합하지 않다는 유력한 반론도 있다.[5] 형법 제정 당시에 우리 입법자들에게 객관적 귀속론이 알려져 있지도 않았고, 우리 형법은 제17조[6]에서 인과관계를 명시적으로 규정하고 있다는 점 등을 근거로 한다. 그렇다면, 과연 객관적 귀속론을 우리 형법의 해석론으로 받아들인 다수설의 입장은 타당한 것인지, 기존의 상당인과관계설에 따라 판단하면 족한 것인지 의문이 생긴다. 이러한 논의에 구체적인 대법원 판례를 가지고 이론의 타당성을 검토하는 것은 의미를 갖는다. 또한 비교법적 및 법제사적 연구도 유용한 판단의 근거를 제공하리라 생각된다.

영미의 형법과 불법행위법에서는 인과관계를 사실상 인과관계와

4) 객관적 귀속론에 관한 문헌으로는 권영법, "형법 제17조와 인과관계", 인권과 정의 제430호, 2012, 85면 이하; 김성룡, "객관적 귀속이론의 발전사", 법사학연구 제42호, 2010, 121면 이하; 김성천, "객관적 귀속론과 판례", 비교형사법연구 제7권 제1호, 53면 이하; 김혜경, "동일법익귀속자에 대한 위험행위의 형법적 평가", 형사법연구 제19권 제2호(2007 여름), 43면 이하; 신양균, 형법상 인과관계와 객관적 귀속에 관한 연구, 연세대 박사학위논문, 1988; 원형식, "방조범의 인과관계와 객관적 귀속", 형사법연구 제21권 제3호(2009 가을), 209면 이하; 이용식, "객관적 귀속이론의 규범론적 의미와 구체적 내용", 서울대학교 법학 제43권 제4호, 229면 이하; 정현미, "인과과정에 개입된 타인의 행위와 객관적 귀속", 형사판례연구 I, 지송이재상교수화갑기념논문집, 2003, 190면 이하; 조훈, "객관적 귀속에 있어서 간과된 연결고리", 형사법연구 제26호 특집호(2006 겨울), 551면 이하; 황정익, "인과관계와 객관적 귀속이론 적용의 한계", 현대형사법의 쟁점과 과제, 동암이형국교수화갑기념논문집, 1998, 45면 이하

5) 도중진, "형법에 있어서 상당인과관계와 객관적귀속", 비교형사법연구, 제2권 제2호, 2012, 26면; 배종대, 형법총론(제11판), 홍문사, 2014, 242면 이하; 오영근, 형법총론(제2판보정판), 박영사, 2012, 176면 이하; 이건호, "형법 제17조의 위험발생의 의미와 상당인과관계설", 형사법연구 제17호, 2002, 39면; 임석원, "객관적 귀속에 관한 의문점과 해석의 방향", 형사법연구 제22권 제2호, 2010, 180면. 이에 대한 반론으로는 신동운, 형법총론(제8판보정판), 법문사, 2015, 173면 이하; 김호기, "형법학에서의 인과관계의 의미와 객관적 귀속론", 형사법연구 제26호 특집호(2006 겨울), 547면 이하.

6) 제17조(인과관계) 어떤 행위라도 죄의 요소되는 위험발생에 연결되지 아니한 때에는 그 결과로 인하여 벌하지 아니한다.

법적 인과관계로 구분한다. 사실상 인과관계는 가설적 제거공식(but-for test)을 적용하여 판단하며, 법적 인과관계의 판단에는 예견가능성(foreseeability)을 기초로 다양한 관점이 제시되고 있다. 인과관계를 사실적 측면과 법적 측면으로 구분하는 기본 구조는 대륙법계와 영미법계 모두 동일한 것이다. 독일의 객관적 귀속론은 칸트와 헤겔의 귀속론의 분석에 기초한 라렌츠(Karl Larenz)의 이론에 영향을 받은 호니히(Richard Honig)[7]가 처음 주장하였고, 록신(Claus Roxin)이 발전시켰다.[8] 영미의 법적 인과관계 또는 근접원인(proximate cause)의 개념은 아리스토텔레스와 중세의 베이컨(Roger Bacon)에까지 거슬러 올라가며, 1800년대 영미의 불법행위법 판례에 등장한 후 형법 판례에도 도입된 것이다. 이러한 양 법체계의 인과관계론의 내용과 연혁을 비교하여 살펴보는 것은 형법상 인과관계의 해석에 의미 있는 자료를 제공할 것이다.

대상 판례에서 대법원은 상당인과관계론을 적용하여 인과관계를 인정하였으며, 인과관계를 사실상 측면과 법적 측면으로 구분하는 관점은 전혀 고려하지 않는다. 반면, 일부 학자들은 본 대상 판례[9] 및 이와 유사한 판례[10]에서 사실상 인과관계는 인정되지만, 규범의 보호

---

7) Richard Honig, "Kausalaität und objekitve Zurechnung", Festgabe für Reinhard von Frank zum 70. Geburtstag, Bd. 1, 1930, 174-201면. 본 논문의 번역은 이용식, "인과관계와 객관적 귀속", 인과관계와 객관적 귀속(이재상/김영환/장영민 편역), 박영사, 1995, 11-43면.

8) 객관적 귀속론의 연혁에 대해서는 김성룡, 앞의 논문, 121면 이하; 조훈, 앞의 논문, 551면 이하.

9) 대법원 1989. 9. 12. 선고 89도866 판결.

10) 자기 집 안방에서 취침하다가 일산화탄소(연탄가스) 중독으로 병원 응급실에 후송되어 온 환자를 진단하여 일산화탄소 중독으로 판명하고 치료한 담당의사에게 회복된 환자가 이튿날 퇴원할 당시 자신의 병명을 문의하였는데도 의사가 아무런 요양방법을 지도하여 주지 아니하여, 환자가 일산화탄소에 중독되었던 사실을 모르고 퇴원 즉시 사고 난 자기 집 안방에서 다시 취침하다 전신피부파열 등 일산화탄소 중독을 입은 것이라면, 위 의사에게는 그 원인 사실을 모르고 병명을 문의하는 환자에게 그 병명을 알려주고 이에 대한 주의사항인 피해 장소인 방의 수선이나 환자에 대한 요양의 방법 기타 건강관

목적 이론을 적용하여 객관적 귀속은 부정되어야 한다고 주장한다.[11] 이하에서는 영미법상 사실상 인과관계와 법적 인과관계의 논의를 살펴보고[12], 대상 판례에서 인과관계의 문제를 객관적 귀속론과 영미법상 법적 인과관계를 중심으로 살펴보고자 한다.

2. 사실상의 인과관계

영미법체계에서도 인과관계는 사실적 측면과 규범적 측면으로 나뉘어 검토되며, 사실상 인과관계의 판단에는 대륙법계와 마찬가지로 'but-for 공식' 또는 'sine qua non 공식'이라 불리는 조건설이 적용된다.[13] 사실상의 인과관계는 자연과학적 인과관계를 뜻하며, 당대의 최선의 과학(best science)에 의해 판단되어야 할 사실의 문제(factual question)이다.[14] 또한 가설적 제거공식을 적용할 때 실제 발생하지 않은 가설적인 사실들을 고려해서는 안 된다.[15]

인과관계가 인정되려면, 1차적으로 사실상의 인과관계가 확정되

리에 필요한 사항을 지도하여 줄 요양방법의 지도의무가 있는 것이므로 이를 태만한 것으로서 의사로서의 업무상과실이 있고, 이 과실과 재차의 일산화탄소 중독과의 사이에 인과관계가 있다고 보아야 한다(대법원 1991. 2. 12. 선고 90도2547 판결).

11) 김일수, "상당인과관계와 객관적 귀속", 법률신문 제1936호, 1990, 15면 이하; 이상돈, "규범의 보호목적", 현대형사법의 쟁점과 과제(동암이형국교수화갑기념논문집), 법문사, 1998, 69면 이하.

12) 영미법상 인과관계론의 자세한 것은 김종구, "객관적 귀속론과 영미법상 법적 인과관계", 형사법연구 제21권 제4호(2009 겨울), 461면 이하 참조.

13) 이러한 내용에 대해서는 Andrew Ashworth, Principles of Criminal Law(5판), Oxford University Press, 2006, 124면 이하; Markus D. Dubber/Mark G. Kelman, American Criminal Law(2판), Foundation Press, 2009, 430면 이하; Goerge E. Dix/M.Michael Sharlot, Criminal Law(5판), West Group, 2002, 547면 이하; Michael S. Moore, Causation and Responsibility, Oxford University, 2009, 84면; Joshua Dressler, Understanding Criminal Law(5판), LexisNexis, 2009, 183면; Richard R. Singer/John Q. La Fond, Criminal Law(4판), Aspen Publishers, 2007, 144면 이하; Wayne R. LaFave, Criminal Law(4판), Thomson West, 2003, 333면.

14) Michael S. Moore, 앞의 책, 83면.

15) Richard W. Wright, "Causation in Tort Law", 73 Cal. L. Rev. 1735(1985), 1778면.

어야 하며, 이어서 법적 인과관계가 검토된다. 행위가 결과에 대하여 사실상의 원인이자, 법적인 관점에서 근접원인(proximate cause)이어야 인과관계가 인정되는 것이다. 영미형법학에서 인과관계론의 기본구조는 우리나라와 독일 형법학에서와 같다. 사실상 인과관계의 판단에 적용되는 영미의 조건설도 최선의 과학법칙을 기초로 하고, 실제 발생된 사실과 인과관계를 논해야 한다는 점에서 합법칙적 조건설이라 할 수 있다.

3. 법적 인과관계 – 객관적 귀속

(1) 연혁과 의의

가. 의의

영미법계에서도 대륙법계와 마찬가지로 인과관계의 판단에는 사실적 측면과 법적 측면이 있다고 본다. 합법칙적 조건설에 기초한 사실상 인과관계만으로 형사책임을 물을 수는 없으며, 법적 인과관계도 인정되어야 한다.[16] 영미법상 법적 인과관계는 과학적 사실에 관한 문제가 아니라 정책적 판단에 관한 문제로서 평가의 문제(evaluative issue)라는 점에서 객관적 귀속과 같은 성격의 것이다.[17]

인과관계의 판단에 사실적 측면 외에 법적 측면도 고려되어야 하는 이유는 자연과학의 인과관계와 달리 법학에서 인과관계는 책임귀속(attribution of responsibility)과 연관되기 때문이다.[18] 법학에서 인과관계의 문제는 사실상 인과관계를 다루는 자연과학적 인과관계와는 다른 것이다. 법학에 있어서 인과관계론의 목적은 잘못된 결과에 대하여 관련된 사람들 중 누가 어느 정도로 책임을 부담할지를 결정하기 위한 것이다.[19] 조건설이 적용되는 사실상 인과관계의 판단은 법적 인

16) 영미법상 법적 인과관계에 관한 자세한 것은 김종구, 앞의 논문, 468면 이하.
17) Michael S. Moore, 앞의 책, 83면.
18) Victor Tadros, Criminal Responsibility, Oxford University Press, 2007, 156면.
19) Michael S. Moore, Victor Tadros, 앞의 책, 159면; 앞의 책, 83면; Wayne R. LaFave, 앞의 책, 336면.

과관계가 인정될 수 있는 후보군을 가려내는 과정이다. 사실상 인과관계가 인정되는 원인들 중에서 근접 원인(proximate cause) 또는 법적 원인(legal cause)을 찾아내는 것이 법적 인과관계 판단의 과정인 것이다.[20]

규범적이고 정책적 판단인 법적 인과관계의 판단에 단일한 기준이 적용될 수는 없다. 법적 인과관계의 판단은 다양한 정책적인 고려에 기초한 신축적인 가치판단이며, 법적 인과관계는 발견되는 것이 아니라 선택되는 것이다.[21] 영미법에서 법적 인과관계의 판단에는 다양한 기준이 제시되고 있으며, 이러한 상황은 객관적 귀속론과 동일한 것이다.

나. 연혁

영미법상 법적 인과관계는 근접원인(proximate cause)의 개념을 토대로 한다. 결과에 가장 직접적으로 관련된 조건(condition)이 원인(cause)이며, 이를 근접원인이라 한다. 근접원인의 개념은 "법에 있어서는 원인(遠因, remote cause)이 아니라, 근접원인(proximate cause)이 고려된다."는[22] 중세 베이컨(Roger Bacon)의 법격언에서 유래한다.[23] 그리고 베이컨의 이러한 격언은 아리스토텔레스의 4원인설에서 기원하였는데, 근접원인은 질료인(material cause), 형상인(efficient cause), 동력인(formal cause), 목적인(final cause)이라는 4원인 중 목적인과 관련된 것이다. 아리스토텔레스는 근접원인의 인식이 진정한 인식이라 하였고, 영미의 근접원인의 개념은 이에 기초한 것이다.[24]

중세 유럽의 신학에서도 근접원인은 중요한 개념이었으며, 중세

20) 이러한 내용에 대해서는 Joshua Dressler, 앞의 책, 188면 참조.

21) Joshua Dressler, 앞의 책, 189면.

22) "*in jure non remota cause sed proxima spectator*"

23) Joseph H. Beale, "The Proximate Consequences of an Act", Harvard Law Review Vol. 33 (1920), 633면.

24) Paul K. Ryu, "Causation in Criminal Law", University of Pennsylvania Law Review Vol. 106(1958), 789면; Nicholas St. John Green, "Proximate and Remote Cause", American Law Review Vol. 4(1870), 201면.

신학자들은 근접원인의 개념을 신학상 문제의 해석에 사용하였다. 중세 신학자들에 의하면, 먼 거리에 있는 원인(remote cause)은 근접원인의 전제가 되는 것이지만, 근접원인은 먼 거리의 원인과 별개로 결과에 대한 최종 원인이 될 수 있는 것이었다. 아퀴나스(Thomas Aquinas)는 신이 인간을 창조하지 않았다면 범죄도 없을 것이지만, 신은 인간 악행의 먼 거리의 원인이며, 근접원인이 아니라고 설명했다. 객관적 귀속론의 관점에서 보자면, 범인의 범죄행위의 결과는 신의 창조행위에 객관적으로 귀속시킬 수 없는 것이다. 베이컨의 격언에 등장하고 중세 신학에서도 사용된 근접원인의 개념은 프랑스 학자인 가로(René Garraud)에 의해 받아들여졌고, 영국과 미국에도 수용되었다.[25)]

영미법학에서 근접원인(proximate cause)의 개념은 누가 어느 범위에서 손해배상을 할 것인가의 문제와 관련하여 불법행위법에 먼저 등장하였다. 영국의 Ward v. Weeks 사건[26)]에서 근접원인의 개념이 처음 나타났는데, 행위자는 자신의 행위와 근접한 결과에 대해서만 책임을 지는 것이며, 중간 개입자가 야기한 결과에 대해서는 책임이 없다고 하였다. 이후 행위자는 자신의 행위와 직접 관련성이 있는 결과에 대해서만 책임을 진다는 원칙이 확립되었다.[27)]

미국에서는 근접원인의 개념이 19세기 말부터 20세기 초의 불법행위법 판례에서 본격적으로 다루어졌다. 주로 불법행위법상 손해배상의 인정 및 범위와 관련된 것으로서, 행위가 사실상 손해를 야기했는가, 사실상 손해를 야기했다면 어느 범위에서 책임을 부담할 것인가의 두 단계 판단 과정을 거쳐 손해배상의 범위를 결정했다. 두 번째 단계인 손해배상 범위의 결정에 관한 질문은 공공정책(public policy)이나 조정(expediency)에 관한 것으로서, 법적 관점에서 행위자의 행위가 피해자의 손해의 원인인가, 그리고 손해에 대하여 행위자가 책임을 져

25) Paul K. Ryu, 앞의 논문, 789면.

26) 7 Bing. 211, 212(1830).

27) Joseph H. Beale, 앞의 논문, 636면.

야 하는가를 판단하는 것이었다.[28)]

먼저 불법행위법 분야에서 근접원인(proximate cause)의 개념이 활발히 논의되었으며, 그 뒤 형법 분야에서도 같은 구조의 논의가 이어졌던 것이다. 미국의 형법과 불법행위법에서 인과관계의 설명은 거의 같다. 인과관계의 판단은 먼저 사실상 인과관계의 유무를 조건설(but-for test)에 따라 판단하고, 사실상 인과관계가 인정되는 것들 중에서 근접원인 또는 법적 원인을 찾아내는 것이다. 영미의 불법행위법과 형법 모두 인과관계론은 사실상 인과관계론과 법적 인과관계론의 두 부분으로 구성되어 있는 것이다.

(2) 판단 기준

객관적 귀속의 문제와 마찬가지로 규범적이고 정책적 판단인 법적 인과관계의 판단에 조건설과 같은 단일한 척도가 적용될 수는 없다. 객관적 귀속의 판단 기준으로 위험증대이론, 적법한 대체행위이론, 자기위태화관여이론, 규범의 보호목적이론 등 다양한 관점이 제시되는 것과 같이, 영미의 판례도 다양한 척도로 법적 인과관계를 판단하고 있다.

영미에서는 법적 인과관계가 주로, 행위와 결과 사이에 다른 행위나 사건이 개입된 경우, 원래의 행위와 결과 사이에 인과관계를 인정할 수 있는지 여부의 문제로 다루어진다. 원래 행위가 있은 후 결과 발생 이전에 개입된 제3자의 행위나 사건을 '개입원인'(intervening cause)이라 한다.[29)] 개입원인은 '비독립적 개입원인'(dependent intervening cause)과 '독립적 개입원인'(independent intervening cause)으로 분류되며, 개입원인이 비독립적인 경우 원래 행위와 결과 사이에 인과관계가 인정되며, 개입원인이 독립적인 경우 인과관계가 부정된다.[30)] 문제는 비독립적 개입

28) 이러한 내용에 대해서는 Jeremiah Smith, "Legal Cause in Actions of Tort", Harvard Law Review Vol. 25(1912), 227면.

29) 자세한 것은 Michael S. Moore, 앞의 책, 229면 이하.

30) Joshua Dressler, 앞의 책, 191면; Rollin M. Perkins/Ronald N. Boyce, Criminal Law and Procedure(8판), 1999, 791면; Wayne R. LaFave, 앞의 책, 344면.

원인과 독립적 개입원인의 판단 기준이다.

개입원인이 원래 행위자에 의해 의도되었거나, 합리적으로 예견 가능하거나(reasonably foreseeable), 원래 행위와 충분히 연관된 것이라면 비독립적 개입원인에 해당한다. 개입원인이 비독립적이라면, 원래 행위자의 행위가 결과에 대한 근접원인인 것이다.[31] 피해자가 가해자의 행위를 피하려고 차에서 뛰어내리다 부상을 입었다면, 피해자의 행위는 비독립적 개입원인이 된다. 가해자의 행위가 피해자의 부상에 대한 근접원인이며, 가해자의 행위와 부상의 결과 사이에 법적 인과관계가 인정되는 것이다.

원래 행위와 결과 사이에 예견할 수 없었던 비정상적인 제3자의 행위나 사건이 결과를 야기한 경우는 원래 행위자에게 결과에 대한 책임을 물을 수는 없다. 이 경우는 원래 행위자의 행위가 인과의 연쇄를 작동시켰지만, 개입원인으로 인하여 법적 인과관계가 부정되기 때문이다. 이 경우 개입원인을 '독립적 개입원인'이라 한다.[32] 개입원인이 독립적인 경우 원래 행위자의 행위와 결과 사이의 인과의 사슬은 끊어지며, 원래 행위와 결과 사이에 법적 인과관계는 부정된다. 독립적 개입원인은 '대체적 개입원인'(superseding intervening cause)이라고도 불린다.[33]

문제는 '비독립적 개입원인'과 '독립적 개입원인'의 판단 기준이다. 보통은 개입원인이 예견 가능했는가, 우연적인가, 원래 행위와 연관성이 있는가 등을 기준으로 판단한다. 개입원인이 예견할 수 없었거나 우연적인 것이었다면 그 개입원인은 독립적 개입원인이며, 원래 행위와 결과 사이에 법적 인과관계는 부정된다.[34] '독립적 개입원인'으로는

31) Singer/La Fond, 앞의 책, 146면.
32) Singer/La Fond, 앞의 책, 146면.
33) 미국의 경우 불법행위법에서는 형법의 경우보다 독립적 개입원인을 인정하는 범위가 더 좁다. 불법행위법에 있어서는 많은 경우 개입원인은 비독립적인 것으로 판단되며 피고인은 결과에 대해 책임을 지는 것으로 본다. Michael S. Moore, 앞의 책, 83면; Singer/La Fond, 앞의 책, 143면 참조.
34) Singer/La Fond, 앞의 책, 145면.

예견할 수 없는 제3자의 행위, 유책한 매개자(responsible agent), 중대한 의료과실(grossly negligent medical malpractice) 등이 거론된다. '비독립적 개입원인'으로는, 원래 의도나 예견과 다른 방식에 의한 결과 야기, 선재조건(preexisting conditions), 의료과실(negligent medical treatment), 예견 가능한 제3자의 행위 등이 거론된다.[35]

Ⅲ. 비교 판례 – Palsgraf v. Long Island R. Co.–

1. 사실관계

한 승객이 기차를 타려고 플랫폼에서 뛰어가는데 막 기차가 출발하기 시작하자 기차에 뛰어올라 타려고 하였다. 이 승객이 기차를 타려고 할 때 롱아일랜드 철도회사의 역무원 두 사람이 한 사람은 플랫폼에서 이 승객을 밀어올리고 한 사람은 열차에서 이 승객을 끌어당기면서 열차에 탈 수 있도록 도와주었다. 이렇게 밀고 당기는 와중에 이 승객이 들고 있던 보따리가 땅에 떨어졌는데, 이 보따리에는 폭죽이 가득 들어있었다. 이 폭죽들이 떨어지면서 폭발하였고, 이 폭발에 플랫폼에 있던 승객들이 놀라 한쪽으로 휩쓸리면서 플랫폼의 다른 쪽 끝에 있던 제법 큰 무거운 저울이 넘어져 Ms. Palsgraf가 다치게 되었다. Palsgraf는 그 승객을 도와주던 열차회사 역무원들의 과실로 인하여 자신이 부상을 입게 되었다고 주장하면서 롱아일랜드 열차회사를 상대로 소송을 제기하였다.[36]

2. 판결의 내용

불법행위책임이 인정되기 위해서는 행위와 결과 사이에 인과관계가 인정되어야 하는데, 인과관계에는 사실상의 인과관계(factual causation)와 법적 인과관계(legal causation)의 두 측면이 있다. 법적 인과관계는 근

35) 이러한 판단 기준에 관한 자세한 것은 김종구, 앞의 논문, 475면 이하.

36) Palsgraf v. Long Island Railroad Co., 248 N.Y. 339, 162 N.E. 99 (N.Y. 1928).

접원인(proximate cause)이라 하기도 한다. 사실상의 인과관계는 행위가 없다면 결과도 없겠는가를 묻는 것이다(but-for test). 반면, 법적 인과관계의 판단에서 중요한 것은 결과가 예견가능(foreseeable)했는지 여부이다. 비록 행위와 결과 사이에 사실상의 인과관계가 인정된다 하더라도, 자신의 행위로 인하여 그러한 결과가 야기되리라는 것을 예견할 수 없었다면 법적 측면의 인과관계는 부정된다.

이러한 사실상의 인과관계와 법적 인과관계의 구별에 관한 고전적인 사례의 하나가 비교 판례인 Palsgraf v. Long Island Railroad Co. 사건이다. 뉴욕주 대법원(New York Court of Appeals)은 이 사건에서 사실상의 인과관계(cause in fact)는 인정된다고 보았다. 만약 그 보따리가 떨어지지 않았다면 폭죽의 폭발로 인해 플랫폼의 반대편에서 저울이 넘어져 피해자가 다치는 일은 일어나지 않았을 것이기 때문이다. 그러나, 재판부는 법적 인과관계(legal causation) 또는 근접원인(proximate cause)은 존재하지 않는다고 보았다. 왜냐하면, 열차회사의 역무원들이 승객을 열차에 태우려고 도와주는 경우 플랫폼의 반대편에서 저울이 넘어져 피해자가 다치리라는 것을 전혀 예견할 수 없었기 때문이다. 합리적인 사람이 판단했을 때 보따리의 외관상 폭발물이 들어있는 것으로 보이지 않았다면, 명백히 위험이 발생할 가능성은 드러나지 않았으며, 법적 인과관계 또는 근접원인은 존재하지 않는다는 것이다.

이 사건의 제1심에서는 원고가 승소하였고, 2심에서는 피고가 승소하였는데, 뉴욕주 대법원은 항소심판결을 인용하여 피고측인 롱아일랜드 철도회사의 손을 들어준 것이다.

3. 시사점

Palsgraf 판결은 1920년대 판결이며, 영미법계에서는 이 시기부터 이미 사실상 인과관계와 법적 인과관계의 문제가 판례에서 논란이 되고 있었던 것이다. 인과관계의 판단 척도로 거론되는 예견가능성이 타당한 판단의 기준인가는 의문이 있지만, 인과관계를 사실상 측면과 법적 측면으로 구분하여 판단하는 것은 영미법계와 대륙법계에서 모두 오래전부터 인정되어 오고 있던 것이다.

우리 학계에서도 이제 인과관계를 사실상 인과관계와 법적 인과관계로 구분하여 판단하고 있다. 그러나, 대법원 판례는 여전히 상당인과관계설에 따라 인과관계를 판단한다. 우리 대법원은 인과관계의 판단에 사실상의 측면과 법적 측면이 있다는 것을 전혀 고려하지 않는다. 대상판례에서도 역시 상당한 인과관계가 있다고만 한다. 하지만, 대상판례에서도 인과관계의 두 가지 측면을 구분했어야 할 것이다. 당해 사안에서 사실상의 인과관계는 인정되지만, 피해자의 부상의 결과는 예견가능하지 않았고 결과가 행위에 충분히 연관되어 있지 않아 법적 인과관계 또는 객관적 귀속은 부정된다고 판시하는 것이 타당했을 것이다.

Ⅳ. 대상 판례에 적용

(1) 상당인과관계설

종래 국내에서는 상당인과관계설이 일반화되어 있었으며, 인과관계를 사실상의 측면과 법적 측면의 두 단계로 구분하는 개념은 낯선 것이었다.[37] 대상판례에서도 대법원은 상당인과관계설을 적용하여 인과관계를 인정하고 있다. 그런데, 상당인과관계설은 사실상 인과관계의 확정과 객관적 귀속의 판단에 모두 관련된다. 상당인과관계설은 인과관계 판단에 평가적 요소(appreciable factor)도 고려하고 있으며 객관적 귀속의 문제도 판단하고 있는 것이다. 상당인과관계설은 본질적으

37) 상당인과관계설에 대해서는 이경재, "상당인과관계설의 상당성 판단기준을 위한 상당성의 구체화 작업의 시도-피해자의 도피행위를 중심으로-", 형사판례연구 21, 박영사, 2013, 1면 이하; 이용식, "상당인과관계설의 이론적 의미와 한계-상당성의 본질-", 서울대학교 법학 제44권 제3호, 2003. 9, 199면 이하.

로 양적 척도뿐 아니라 질적 척도에 따른 판단도 포함할 수밖에 없다. 상당인과관계설은 그 판단의 기준이 명확치 않아 내용이 공허하다는 비판을 받고 있으며, 사실상의 인과관계의 문제와 법적 인과관계의 문제가 구분되지 않는 난점이 있는 것이다.[38] 상당인과관계설은 그 내용의 공허함과 함께 사실의 판단과 규범적 판단이 하나의 판단 과정에 혼재하게 되는 문제점을 내포하고 있다.[39]

상당인과관계설은 사실상의 인과관계와 법적 인과관계에 모두 관련되지만, 궁극적으로는 법적 인과관계의 판단에 관한 학설이다. 대상판례에서 "자동차운전자의 위 과실과 피해자가 입은 상처 사이에는 상당한 인과관계가 있다."는 것도 결국 법적 측면에서의 인과관계를 판단한 것이다. 인과관계의 핵심은 사실상 인과관계가 아니라 법적 인과관계라는 점에서, 사실상 인과관계와 법적 인과관계의 문제를 하나의 단계에서 처리하는 상당인과관계설도 의미를 갖는다. 그러나, 사실상의 인과관계는 조건설의 공식을 대입하여 단순 명료하게 판단될 수 있으며, 만약 사실상 인과관계가 부정된다면, 법적 인과관계는 별도로 거론할 필요가 없다. 따라서 양 단계를 구분하여 사실상 인과관계를 먼저 확정한 후 법적 인과관계 또는 객관적 귀속을 판단하는 것은 의미를 갖는다. 따라서 사실상 인과관계의 확정 문제와 객관적 귀속의 문제, 즉 사실의 문제와 규범의 문제를 구별하지 않는 상당인과관계설은 난점이 있다고 판단된다.

(2) 상당인과관계설과 객관적 귀속론

우리 형법은 제17조에 인과관계에 관한 명문규정을 두고 있다.[40] 형법제정 당시 입안자들은 상당인과관계설을 염두에 두고 이 조항을 입안했을 가능성이 있다.[41] 따라서 이 조항은 상당인과관계설에 따라

38) Richard W. Wright, 앞의 논문, 1783면.

39) 상당인과관계설은 인과관계의 확정과 더불어 상당성이라는 관점으로 귀속의 문제를 동시에 해결하려한 것이다.

40) 형법 제17조 "어떤 행위라도 죄의 요소되는 위험발생에 연결되지 아니한 때에는 그 결과로 인하여 벌하지 아니한다."

해석하는 것이 자연스러우며, 객관적 귀속론은 우리 형법의 해석론으로 불필요한 것이라는 주장도 있을 수 있다. 또한 객관적 귀속이 문제되는 사례들은 주관적 구성요건해당성, 위법성, 책임 단계에서 해결될 수 있다는 주장도 가능하다. 예를 들어, 위험감소(Risikoverringerung) 사례는 객관적 귀속이 부정되어 구성요건에 해당하지 않는다고 할 수 있겠지만, 위법성 단계에서 긴급피난으로 위법성이 조각된다고 할 수도 있다. 따라서 귀속의 문제를 다른 단계에서 검토해도 될 것인데 굳이 인과관계에서 판단할 필요는 없다는 견해도 가능한 것이다.

상당인과관계설을 취하든 객관적 귀속론을 취하든 법적 측면의 인과관계를 판단하는 데 문제는 없다. 다만, 상당인과관계설은 사실상의 인과관계와 법적 인과관계의 판단 단계를 구분하지 않고 있을 뿐이다. 또한, 어떤 견해를 취하여 인과관계를 판단하든 대개 결론에 있어서 큰 차이는 없다. 객관적 귀속론의 입장에서는, 상당인과관계가 인정되는 경우에도 객관적 귀속이 부정될 수 있다는 점에서 객관적 귀속론이 의미가 있다고 하나,[42] 상당성의 판단기준에 따라 상당인과관계설을 적용했을 때에도 결론이 달라질 수 있으므로 이는 큰 의미는 없는 것으로 생각된다. 그러나, 상당인과관계설과 객관적 귀속론 모두 기본적으로는 예견가능성을 기초로 법적 인과관계를 판단하는 것이지만, 객관적 귀속론이 그 기준을 좀 더 구체적으로 마련하고 있다는 점에서 의미가 있는 것으로 판단된다. 객관적 귀속론이 인과관계의 사실적 측면과 법적 측면을 구분하여 다룬다는 점을 명확히 하고 있는 점도 장점이라 판단된다.

우리 형법 제17조를 상당인과관계설이나 객관적 귀속론에 따라 해석하는 것은 모두 가능하다. 형법 제17조가 "죄의 성립요소인 위험발생에 연결"된 경우 인과관계를 인정한다는 것은 상당인과관계설에

---

41) 이건호, 앞의 논문, 21면 이하 참조.

42) 이용식, "객관적 귀속이론의 규범론적 의미와 구체적 내용", 서울대학교 법학 제43권 제4호, 232면.

따르든 객관적 귀속론에 따르든 법적 측면의 인과관계도 인정되어야 한다는 것을 표현한 것이라고 판단된다. 단순히 사실상의 인과관계가 인정되는 것으로 족하지 않고, 법적 관점에서 판단한 인과관계도 인정되어야 한다는 의미이다. 문제는 법적 인과관계의 판단기준이다. 우리 형법 제17조는 상당인과관계설을 적용하든 객관적 귀속론을 적용하든 모두 해석이 가능하지만, 사실상 인과관계와 법적 인과관계의 판단을 구분하고, 판단의 척도를 구체화한다는 관점에서는 객관적 귀속론이 타당한 측면이 있는 것으로 판단된다.

필자는 인과관계의 판단은 먼저, 사실상의 측면과 법적 측면으로 나누어 살펴보아야 한다고 생각한다. 그리고 법적 측면의 인과관계는 '객관적 귀속'이라 하지 않고, 사실상의 인과관계에 대비하여 '법적 인과관계'라고 부르는 것이 타당하리라 생각된다. 인과관계의 규범적 측면의 논의를 '법적 인과관계'라 부르더라도 '객관적 귀속'이라는 용어와 같은 내용을 담아낼 수 있으며, 영미법상 법적 인과관계와 독일형법학의 객관적 귀속의 개념은 그 연원에 있어서 공통점이 있기 때문이다. 따라서 형법상 인과관계에는 사실상의 인과관계와 법적 인과관계가 있으며, 사실상의 인과관계는 (합법칙적)조건설에 따라 판단하고 법적 인과관계는 독일형법학에서 발달된 다양한 객관적 귀속의 척도와 영미법학에서 형성된 '독립적 개입원인'과 '비독립적 개입원인'의 구별에 관한 다양한 이론들을 사안에 따라 적용하여 판단하면 될 것이다. 그리고 결과가 합리적으로 예견가능했으며(reasonably foreseeable) 피고인의 행위와 충분히 연관된 것인지(sufficiently related to his conduct) 여부가 법적 인과관계의 판단의 기준이 되어야 할 것으로 생각된다. 만약, 이 일반적인 기준을 적용하여 합리적인 판단이 가능하다면, 세부적인 귀속의 기준은 별도로 거론할 필요가 없을 것이다.

(3) 대상판례의 검토

대상 판례를 보면, 자동차 운전자의 과실로 자동차가 열차건널목에서 열차와 충돌하면서 튕겨나갔고, 피해자는 타고 가던 자전거에서 내려 자동차 왼쪽에서 열차가 지나가기를 기다리고 있다가 충돌사고로 놀라 넘어지면서 부상을 입었다. 이 사례에서 피고인의 과실행위와 피해자의 부상의 결과 사이에 사실상의 인과관계는 인정된다. 그렇다면, 피해자의 부상의 결과를 피고인의 과실행위에 귀속시킬 수 있을 것인가? 또는 행위와 결과 사이의 법적 인과관계를 인정할 수 있을 것인가?

대법원은 대상판결에서 행위와 결과 사이에 상당인과관계가 인정된다고 하는데, 그 의미는 사실상 인과관계와 법적 인과관계가 모두 인정된다는 것으로 이해된다. 여기에 대해서는 규범의 보호목적 이론을 적용하여 객관적 귀속을 부정해야 한다는 견해가 있다.[43] 피해자에 대한 과실치상의 결과는 업무상과실치상죄라는 구성요건 규범의 보호영역 밖에서 일어난 것이기 때문이다. 구체적으로는, 입법자가 주의규범을 설정한 목적은 충돌사고 자체에 의한 생명 · 신체적 위해를 미연에 방지하려는 데 있는 것이며, 피해자가 놀라지 않도록 정신적 · 심리적 위해를 방지하기 위한 것이 아니기 때문이라는 것이다.

그러나 상당인과관계설의 상당성 판단의 기준이 모호한 것처럼,[44] 규범의 보호목적이론에서 규범의 보호목적이라는 개념도 명확한 것은 아니다. 대상판례에서도 비록 자동차와 피해자가 직접 충돌한 것은 아니지만, 충돌사고로 인해 간접적으로 피해자의 생명 · 신체에 위해가 발생한 것이다. 즉, 피해자의 부상의 결과는 주의규범의 보호영역 내에서 발생한 것으로 볼 수도 있으며, 대상판례와 같은 사안에서 규범의 보호범위이론을 적용할 때 도출되는 결론이 항상 명확한 것은 아니다.

예견가능성을 기초로 상당인과관계설을 적용하더라도 마찬가지이

43) 김일수, 앞의 글, 15면 이하.

44) 예를 들어, 대개 판례에서는 무엇을 근거로 인과관계를 인정하는 것이 상당한가를 설명하지 않고, 그냥 인과관계를 인정하는 것이 "상당"하다고만 설명한다.

다. 예견가능성의 관점을 적용한다면, 대상판례에서 피고인이 피해자의 부상을 예견할 수 있었는가를 검토해보아야 한다. 충돌사고로 근처에 있던 행인이 놀라 넘어지면서 부상을 입을 것을 예견할 수 있다고 보는 관점도 있겠지만, 일반적으로 자동차 충돌사고가 났을 때 근처에 있던 행인이 충돌의 여파로 놀라 넘어지면서 부상을 입으리라는 것은 예견가능하다고 보기 어려울 것이다. 따라서 대상판례에서, 상당인과관계가 부정된다는 결론의 도출도 가능한 것이다. 비교 판례인 미국의 Palsgraf 사건에서 뉴욕주 대법원은 피해자의 부상의 결과가 예견가능하지(foreseeable) 않았기 때문에 법적 인과관계는 인정될 수 없으며, 롱아일랜드 철도회사는 책임이 없다고 판단했다. Palsgraf 판결은 객관적 귀속 또는 법적 인과관계의 판단에 예견가능성을 척도로 하고 있는 점에서 상당인과관계설을 적용한 것과 유사하고, 사실관계도 대상판례와 유사하지만 법적 인과관계가 부정되는 결론이 도출되고 있는 것이다.

법적 인과관계의 판단은 규범적 판단의 문제이기 때문에 판단의 기준이 항상 명확할 수는 없다. 따라서 최대한 그 판단 기준을 정교하게 다듬어가야 할 것이다. 이러한 관점에서 보면, 인과관계의 규범적 측면의 판단 척도를 세분화하고 있는 객관적 귀속론이 의미를 갖는다. 또한 법적 인과관계의 판단에는 객관적 귀속론이 제시하는 판단의 척도뿐 아니라 영미법상 인과관계론에서 형성된 이론도 고려할 필요가 있다. 대상 판례의 경우도, 자동차 운전자의 과실과 피해자의 부상의 결과 사이에는 합법칙적 조건설에 따라 사실상의 인과관계는 인정되지만, 피해자의 부상의 결과를 행위자가 합리적으로 예견가능하지 않았으며 결과가 행위에 충분히 연관되어 있지 않기 때문에 법적 측면의 인과관계는 부정되는 것으로 판단하면 될 것이다. 따라서 규범의 보호목적과 같은 별개의 귀속 기준을 검토할 필요는 없을 것이다.

달리 설명하면, 제3자의 행위 또는 사건이 예기치 않은 또는 비정상적인 방법(unexpected or unusual manner)으로 결과를 야기한 경우 독립적 개입원인이 되며, 원래 행위자의 행위와 결과 사이의 인과관계는 부정된다. 대상 판례에서 피해자가 놀라서 넘어진 것은 독립적 개입원인이 되며, 자동차 운전자의 과실행위와 피해자의 부상 사이의 인과관계는 부정된다. 바로 그 제3자의 행위 또는 사건이 결과에 대한 근접원인이 되며, 원래 행위자의 행위와 결과 사이의 법적 인과관계는 부정되는 것이다.

Ⅴ. 맺음말

우리 형법이나 독일형법상 인과관계론의 구조는 영미법상 인과관계론의 구조와 같다. 객관적 귀속의 개념은 영미법상 법적 인과관계의 개념과 대비되는 것인데, 이러한 개념은 중세 신학에서부터 이미 사용되어 왔던 것이다. 영미나 독일의 형법이론체계는 많은 차이점이 있고, 인과관계의 구체적인 판단 기준은 다른 부분이 많지만, 인과관계를 사실상 측면과 법적 측면으로 나누는 기본 구조는 같다. 양 법체계에서 전개되는 이론과 판례도 기본적으로 공유할 수 있는 것들이다.

우리 대법원 판례가 취하는 상당인과관계설은 인과관계를 사실상 측면과 법적 측면으로 나누지 않고 하나의 단계에서 판단하는 것으로 이해된다. 궁극적으로 상당인과관계설이 다루는 것은 인과관계의 법적 측면 즉, 객관적 귀속의 문제이며, 법적 인과관계 또는 객관적 귀속의 문제를 상당성의 개념으로 판단하는 것이다. 그러나, 상당인과관계설에 따르면, 전체적으로는 사실상 인과관계와 법적 인과관계가 하나의 과정에서 판단되는 것이다. 인과관계를 사실적 측면과 규범적 측면으로 나누고, 별개의 단계에서 판단하는 이론은 오래 전부터 확립되어 온 것이다. 상당인과관계설은 인과관계의 두 측면에 관한 이해가 부족하였던 시기를 반영하는 이론으로 생각된다. 상당인과관계론이 결과의 귀속문제를 상당성으로 해결할 수 있으므로 객관적 귀속이론을 대체할 수 있는 것으로 보기도 하지만, 상당인과관계론이나 객관적 귀속이론 모두 인과관계의 법적 측면을 다루는 것이며, 같은 주제에 관하여 판단의 기준이 다른 것뿐이다. 객관적 사실에 기초하여 간명하게 판단되는 사실상 인과관계가 부정된다면, 법적 인과관계 또는 객관적 귀속의 문제를 거론할 필요가 없다는 점에서도, 인과관계는 사실적 측면과 법적 측면의 서로 다른 단계에서 판단되는 이론 구성이 타당한 것으로 판단된다.

국내의 형법 교과서에는 거의 모두 '인과관계와 객관적 귀속'이라는 표제 하에 인과관계가 설명된다. 그러나 형법상 인과관계론을 논할 때 표제어는 '사실상 인과관계와 법적 인과관계'라고 하는 것이 더 나으리라 판단된다. '객관적 귀속'이라는 표현보다는 '법적 인과관계'라는 용어가 필요한 내용을 충분히 담고 있을 뿐 아니라 이해하기도 쉽다. 사물 주어를 주어로 사용하는 서구의 언어 사용법에 따르면 '결과가 행위에 객관적으로 귀속된다'는 표현이 자연스러울 수 있다. 그러나, 우리말에서 '귀속된다'는 표현은 사람을 주체로 하는 것이 자연스럽다. 또한 객관적 귀속이라는 용어를 사용함으로써 객관적 귀속론은 인과관계론과 별개의 이론이라는 오해도 낳는다. 객관적 귀속론은 영미법상 법적 인과관계론과 정확히 일치하는 것이다. 법적 인과관계라는 개념이 객관적 귀속이라는 개념을 반영한다면, 굳이 객관적 귀속이라는 용어를 사용할 필요는 없다. 형법상 인과관계론은 사실상 인과관계와 법적 인과관계로 구분하여 설명하는 것이 훨씬 자연스럽고 이해도 쉬운 것이다.

대상 판례 사안에서도, "상당한 인과관계가 있다."고 판단할 것이 아니라, 자동차 운전자의 과실과 피해자의 부상의 결과 사이에는 합법칙적 조건설에 따라 사실상의 인과관계는 인정되지만, 피해자의 부상의 결과를 행위자가 합리적으로 예견가능하지 않았으며 결과가 행위에 충분히 연관되어 있지 않기 때문에 법적 측면의 인과관계는 부정되는 것으로 판단하면 될 것이다. 미국의 비교 판례에서도 역무원들의 행위와 피해자의 부상의 결과 사이에 사실상의 인과관계는 인정되나,

법적 측면에서의 인과관계는 부정되었다. 즉, 역무원들의 행위는 피해자의 부상에 대한 근접원인이 아니며, 보따리에 들어 있던 폭죽의 폭발이 부상에 대한 근접원인(proximate cause)이었던 것이다.

[주 제 어]
인과관계, 객관적 귀속, 사실상 인과관계, 법적 인과관계, 근접원인

[Key Words]
Causation, Objective Imputation, Factual Cause, Legal Cause, Proximate Cause

접수일자: 2016. 5. 7. 심사일자: 2016. 5. 30. 게재확정일자: 2016. 6. 3.

[참고문헌]

권영법, “형법 제17조와 인과관계”, 인권과 정의 제430호, 2012.

김성룡, “객관적 귀속이론의 발전사”, 법사학연구 제42호, 2010.

김성천, “객관적 귀속론과 판례”, 비교형사법연구 제7권 제1호.

김일수, “상당인과관계와 객관적 귀속”, 법률신문 제1936호, 1990.

김종구, “객관적 귀속론과 영미법상 법적 인과관계”, 형사법연구 제21권 제4호(2009 겨울).

김혜경, “동일법익귀속자에 대한 위험행위의 형법적 평가”, 형사법연구 제19권 제2호(2007 여름).

김호기, “형법학에서의 인과관계의 의미와 객관적 귀속론”, 형사법연구 제26호 특집호(2006 겨울).

도중진, “형법에 있어서 상당인과관계와 객관적귀속”, 비교형사법연구, 제2권 제2호, 2012.

배종대, 형법총론(제11판), 홍문사, 2014.

신동운, 형법총론(제8판보정판), 법문사, 2015.

신양균, 형법상 인과관계와 객관적 귀속에 관한 연구, 연세대 박사학위논문, 1988.

심재우, “형법상의 인과관계”, 월간고시 1977. 8.

심헌섭, “인과관계의 확정과 합법칙적 조건설”, 고시연구 1975. 9.

오영근, 형법총론(제2판보정판), 박영사, 2012.

원형식, “방조범의 인과관계와 객관적 귀속”, 형사법연구 제21권 제3호(2009 가을).

이건호, “형법 제17조의 위험발생의 의미와 상당인과관계설”, 형사법연구 제17호, 2002.

이경재, “상당인과관계설의 상당성 판단기준을 위한 상당성의 구체화 작업의 시도-피해자의 도피행위를 중심으로-”, 형사판례연구 21, 박영사, 2013, 1면 이하.

이상돈, “규범의 보호목적”, 현대형사법의 쟁점과 과제(동암이형국교수화갑기념논문집), 법문사, 1998.

이재상/김영환/장영민 편역, 인과관계와 객관적 귀속, 박영사, 1995.

이용식, "객관적 귀속이론의 규범론적 의미와 구체적 내용", 서울대학교 법학 제43권 제4호.

이용식, "상당인과관계설의 이론적 의미와 한계-상당성의 본질-", 서울대학교 법학 제44권 제3호, 2003. 9.

이형국, "객관적 귀속이론에 관한 소고", 법률연구(연세대 법률문제연구소) 제2집, 1982. 2.

임석원, "객관적 귀속에 관한 의문점과 해석의 방향", 형사법연구 제22권 제2호, 2010.

정현미, "인과과정에 개입된 타인의 행위와 객관적 귀속", 형사판례연구Ⅰ, 지송이재상교수화갑기념논문집, 2003.

조훈, "객관적 귀속에 있어서 간과된 연결고리", 형사법연구 제26호 특집호(2006 겨울).

황정익, "인과관계와 객관적 귀속이론 적용의 한계", 현대형사법의 쟁점과 과제, 동암이형국교수화갑기념논문집, 1998.

Andrew Ashworth, Principles of Criminal Law(5판), Oxford University Press, 2006.

Goerge E. Dix/M.Michael Sharlot, Criminal Law(5판), West Group, 2002.

Joshua Dressler, Understanding Criminal Law(5판), LexisNexis, 2009.

Markus D. Dubber/Mark G. Kelman, American Criminal Law(2판), Foundation Press, 2009.

Michael S. Moore, Causation and Responsibility, Oxford University, 2009.

Richard R. Singer/John Q. La Fond, Criminal Law(4판), Aspen Publishers, 2007.

Rollin M. Perkins/Ronald N. Boyce, Criminal Law and Procedure(8판), 1999.

Victor Tadros, Criminal Responsibility, Oxford University Press, 2007.

Wayne R. LaFave, Criminal Law(4판), Thomson West, 2003.

Jeremiah Smith, "Legal Cause in Actions of Tort", Harvard Law Review Vol. 25(1912).

Joseph H. Beale, "The Proximate Consequences of an Act", Harvard Law Review Vol. 33(1920).

Nicholas St. John Green, "Proximate and Remote Cause", American Law Review Vol. 4(1870).

Paul K. Ryu, "Causation in Criminal Law", University of Pennsylvania Law Review Vol. 106(1958).

Richard Honig, "Kausalaität und objekitve Zurechnung", Festgabe für Reinhard von Frank zum 70. Geburtstag, Bd. 1, 1930.

[Abstract]

Factual Cause, Legal Cause and Objective Imputation

Kim, Jong-Goo*

Under the Anglo-American law, there are two types of causation: 'factual causation' and 'legal causation'. The test for factual causation is a but-for test or sine qua non test. However, there is no dominant test for legal causation. The reason for that is legal causation is a flexible analysis involving a variety of policy considerations.

The structure of the theory of causation in Korean and German law is almost the same as in Anglo-American law. Under Korean and German law, causation has two aspects: 'natural causation', and 'objective imputation'. Natural causation is a matter of fact and determined by the sine qua non test as in the Anglo-Americna law. The issue of objective imputation cannot be answered by a single test because it is a matter of policy or evaluation. The test for legal causation and objective imputation is determined after evaluating various policy considerations.

The author of this article compares a Korean Supreme Court case and a US Supreme Court Case concerning legal causation. The US case is a very famous one commonly known as the Palsgraf case. In Palsgraf, the Plaintiff was standing on a railroad platform purchasing a ticket, when a train stopped and two men ran forward to catch it. One of the men nearly fell, and two railroad employees attempted to help him. In the process, a package containing fireworks fell and the contents exploded. As a result of the explosion some scales at the other end of the platform fell and struck the Plaintiff. Plaintiff sued and a jury found in her favor. The Appellate Division affirmed this decision. However, the Court of Appeals,

* Professor of Law, Chosun University College of Law.

the highest court in New York, reversed and dismissed Palsgraf's complaint, deciding that the relationship of the guard's action to Palsgraf's injury was too remote to make the defendant liable. The dissenting opinion in Palsgraf's viewed the case as a matter of proximate cause. The dissent takes the view that, as a matter of law, it could not be determined that the Defendant's actions were not the proximate cause of the Plaintiff's injuries.

The structure of a Korean Supreme Court case is very similar to that of the US case. In the Korean Case, the Defendant's car was struck by a train at a railroad crossing due to Defendant's negligence. The Plaintiff, who was waiting for a train's passing at the railroad crossing, fell and was injured. The Plaintiff was not hit by the Defendant's car, but he was injured because of the impact of the crash. The Korean Supreme Court recognized the causation between the Defendant's negligence and Plaintiff's injury. However, the author of this article argues that this case is a matter of legal causation and Defendant's action was not the proximate cause of the Plaintiff's injury.

This argument is almost same as the one put forward by the dissent in the US case. The tests for legal causation or objective imputation vary from view points to view points. Thus, it is important to develop certain tests for legal causation or objective imputation that can be applied generally. For that to occur, we must analyze scholarly opinions and court results from both German law and Anglo-American law.

고의와 법률의 부지의 구별*
- 대법원 2014. 11. 27. 선고 2013도15164 판결과 관련하여 -

김 영 환**

I. 사건의 경과과정

1. 제1심과 항소심

피고인 甲은 2011. 6. 3. 서울동부지방법원에서 "여자 청소년인 피해자의 엉덩이를 만져 피해자를 강제로 추행하였다."는 내용의 아동·청소년의 성보호에 관한 법률 위반(강간등) 죄로 벌금 2,500,000원의 유죄판결을 선고받았다. 甲은 서울고등법원에 항소하였으나 2011. 8. 26. 항소 기각 판결을 받았고, 대법원에 상고하였으나 2012. 3. 29. 상고 기각 판결을 받음으로써 같은 날 아동·청소년대상 성범죄로 유죄판결이 확정되었다. 구 아동·청소년의 성보호에 관한 법률(약칭 : 청소년 성보호법 2012. 12. 18. 법률 제11572호로 개정되기 전의 것)[1] 제

* 이 논문은 2014년 한양대학교 교내연구비지원 사업으로 연구되었음(HY-2014년도-G).

** 한양대학교 법학전문대학원 교수, 법학박사, 형법 및 법철학 전공.

1) 이 법률은 2012. 1, 1.까지는 신고기간을 30일 이내로 규정하고 있다가 2012. 3. 16.부터는 40일로 규정한다. 그 후 2012. 12. 18. 전부 개정되어 2013. 6. 19. 법률 제11572호로 시행된 법률에서는 제33조의 등록대상자는 "내국인의 국외범 처벌" 조항으로, 제34조의 등록 기간은 "아동청소년 대상 성범죄의 신고" 조항에 의해 대치되었다.

34조 제1항에 따르면, "아동·청소년대상 성범죄로 유죄판결이 확정된 자는 그 판결이 확정된 날로부터 40일 이내에 신상정보를 자신의 주소지를 관할하는 경찰관서의 장에 제출하여야 한다."고 되어 있다.[2] 그럼에도 불구하고 甲은 정당한 사유 없이 위 아동·청소년대상 성범죄의 유죄판결이 확정된 날인 2012. 3. 29.부터 40일 이내에 신상정보를 주소지 관할 경찰서장에게 제출하지 않았다는 공소사실로 기소되어 제1심법원에서 벌금 100만원의 형 선고유예의 판결을 받았다.[3]

甲은 제1심 법원의 판결에 대해 "신상정보 제출의무가 있음을 안내하는 내용의 고지서를 송달받지 못하여 그 의무를 이행하지 못하였으므로 고의적인 의무불이행을 전제로 이 사건 공소사실을 유죄로 인정한 위법이 있다."는 이유로 항소하였다. 항소심 법원은 다음과 같은 이유로 제1심 판결을 파기하였다. 즉 아동·청소년의 성보호에 관한 법률에 따르면 법원은 범죄로 제1항의 판결을 선고한 경우에 등록대상자라는 사실과 제34조에 따른 신상정보 제출의무가 있음을 등록대상자에게 알려주어야 하고 또한 이 사건에 관한 여성가족부장관의 고발장도 대법원이 2012. 4. 2. 피고인에게 위 사실을 고지하였음을 전제로 하는데, 甲이 아동·청소년 대상 성범죄 판결의 확정일로부터 40일 이내에 신상정보를 제출해야 한다는 사실을 적법하게 고지 받았다고 보기 어렵다는 것이다. 특히 이 점은 집배원 A가 제1심에서 甲에게 신상정보 등록대상자가 되었다는 내용의 고지서가 포함된 등기우편을 송달해주었다고 진술하면서도 PDA상에 그 수령확인을 위한 서명을 제대로 받지 못하여 이를 초기화시키고 자신이 甲의 이름을 대신 작성하였다고 진술하고 있는 점을 통해 확인된다는 것이다. 따라서 항소심 법원은, "甲에게 그 제출의무 위반에 따른 법적 책임을 물을 수 없

2) 신상정보의 등록 및 공개관련 소관부처의 중복 문제를 해소하기 위하여 현재는 신상정보의 등록 관련 사항은 "성폭력범죄의 처벌 등에 관한 특례법"에 "신상정보등록대상자", "신상정보의 제출의무", "등록대상자의 신상제출의무" 등으로 나누어 규정되어 있다.

3) 대전지방법원 2013. 1. 31. 선고 2012고정1927 판결.

으며, 검사가 제출한 나머지 증거들만으로는 이 부분 공소사실이 충분히 증명되었다고 보기 어렵다."는 이유로 무죄판결을 선고하였다.4)

2. 대법원

검사는 항소심판결에 대하여 상고하였고, 대법원은 다음과 같은 이유로 원심판결을 파기환송하였다.5)

"구 아청법(청소년 성보호법)은 제33조 제1항에서 아동·청소년 대상 성범죄로 유죄판결이 확정된 자는 신상정보 등록대상자(이하 '등록대상자'라 한다)가 되는 것으로 규정하고 있고, 제34조 제1항에서 등록대상자는 유죄판결이 확정된 날부터 40일 이내에 자신의 주소지를 관할하는 경찰관서의 장에게 신상정보를 제출하여야 하는 것으로 규정하고 있으며, 제52조 제5항 제2호에서 등록대상자가 제34조 제1항을 위반하여 정당한 사유 없이 제출정보를 제출하지 아니할 경우 1년 이하의 징역 또는 500만 원 이하의 벌금에 처하도록 규정하고 있다. 위와 같은 법 규정의 문언과 취지에 의하면, <u>등록대상자가 아동·청소년 대상 성범죄로 유죄판결이 확정될 경우에 부담하는 신상정보 제출의무는 구 아청법(청소년 성보호법) 제34조 제1항에 의하여 당연히 발생하는 것이고, 등록대상자인 피고인이 위 법규에서 정한 신상정보 제출의무가 있다는 것을 알지 못하였다는 등의 사정은 단순한 법률의 부지에 불과하여 범죄의 성립에 아무런 지장이 없다고 할 것이며, 대법원이 보낸 신상정보 등록대상자 고지서가 피고인에게 송달되지 아니하는 등으로 신상정보 제출의무를 인식하지 못하였다는 것이 구 아청법 제52조 제5항 제2호에서의 '정당한 사유'에 해당한다고 볼 수도 없다.</u>

거기에 더하여 제1심이 적법하게 채택하여 조사한 증거에 의하면, 피고인에 대하여 아동·청소년 대상 성범죄로 벌금 250만 원에 처하는 유죄판결(서울동부지방법원 2011. 6. 3. 선고 2011고합43 판결)을 선고

4) 대전지방법원 2013. 11. 14. 선고 2013노420 판결.
5) 대법원 2014. 11. 27. 선고 2013도15164 판결(밑줄은 저자에 의한 것임).

한 법원은 그 판결문의 판결이유 중 '신상정보 등록'란에 '유죄판결이 확정되는 경우, 피고인은 구 아청법(청소년 성보호법) 제33조 제1항의 등록대상자에 해당되어 신상정보 제출의무가 있다'는 취지의 기재를 한 사실을 알 수 있는바, 이에 비추어 보면 피고인은 위와 같이 유죄판결을 선고한 법원으로부터의 고지를 통하여 신상정보 제출의무가 있음을 인식하고 있었을 것으로도 보인다.

그럼에도 원심은 대법원이 보낸 신상정보 등록대상자 고지서가 피고인에게 송달되지 아니하였다는 이유만으로 신상정보 제출의무 위반에 따른 책임을 물을 수 없다고 보아 이 사건 공소사실을 무죄로 판단하고 말았으니, 이러한 원심판결에는 구 아청법 제34조 제1항이 정한 신상정보 제출의무 및 법률의 부지에 관한 법리를 오해하여 판결에 영향을 미친 위법이 있다."

Ⅱ. 판례평석

1. 머리말

대법원은 구 아청법(청소년 성보호법)에 대한 유죄판결이 확정된 자(등록대상자)가 관할 경찰서의 장에게 신상정보를 제출할 의무가 있다는 것을 알지 못하였다고 하더라도 이러한 사정은 단순한 '법률의 부지'에 불과하여 범죄의 성립에 아무런 지장이 없다고 판시하고 있다. 이에 반해 원심은 피고인 甲이 신상정보를 제출해야 한다는 사실을 적법하게 고지 받았다고 볼 수 없다는 이유로 무죄판결을 선고하였다. 물론 원심은 "피고인에게 그 제출의무 위반에 따른 법적 책임을 물을 수 없(다)"고 판시했을 뿐 어떠한 법적 근거로 인해 피고인에게 법적 책임을 물을 수 없는지 밝히고 있지는 않다. 그러나 원심이 "피고인이 신상정보 제출의무를 적법하게 고지 받지 못하였다."는 점을 강조한다는 점에 비추어 볼 때, 이러한 의무를 인식하지 못한 것은 구 아청법의 "제출정보를 제출하지 아니한 경우 처벌된다."는 구성요건요소에 대한 인식, 즉 고의가 없는 경우로 판단한 것으로 해석할 수 있다.

원심이 무죄판결을 선고한 이유를 이렇게 이해한다면, 대법원과 원심은 '신상정보 제출의무'를 서로 다른 관점에서 파악한다는 점을 알 수 있다.[6] 즉 원심은 신상정보 제출의무를 구성요건요소로 이해하고 형벌구성요건요소에 대한 인식이 없다면 고의가 조각되는 경우로 판단한 반면, 대법원은 피고인이 신상정보 제출의무를 인식하지 못한 것은 위법성의 인식 차원인 법률의 부지 내지 법존재의 착오, 요컨대 '법률의 착오(금지착오)'와 관련된 문제로 파악한 것이라고 볼 수 있다. 대법원과 원심의 이와 같은 판단의 차이에는 형법이론상 해결하기 어려운 문제인 고의와 위법성의 인식의 구별, 구성요건착오와 위법성 착오의 구별 문제가 관련되어 있다. 이러한 의미에서 대상판결은 단순한 법률의 부지는 고려될 수 없다는 종래 대법원의 입장[7]을 다시 한번 확인하는 판결로만 이해될 수는 없고, '고의와 법률의 부지의 구별'이라는 이론적으로는 대단히 흥미 있는 문제를 제기하는 판결로 이해할 수 있다.[8]

---

6) 이러한 문제착안점은 조기영 교수의 발표논문에 힘입은 것이다. 이에 관해서는 조기영, 고의와 법률의 부지의 구별, 제113차 형사실무연구회, 2015. 5. 19. 4면.

7) 이에 관해 보다 자세히는 이하의 II. 3 참조.

8) 물론 90년대 중반 이후 구성요건착오와 금지착오의 구별 문제는 많은 학자들의 관심 대상이 되어 왔고 또한 이에 대한 심도 있는 논의가 전개되고 있지만 법률의 부지가 고의와 어떻게 구별하는가에 관한 논의는 거의 찾아보기 힘들다. 김범식, "규범적 구성요건요소의 착오", 형사법연구 제21권 제2호(2009·여름), 3쪽 이하; 류전철, "규범적 구성요건요소에 관한 소고", 형사법연구 제10호, 1997. 12. 19쪽 이하; 문채규, "구성요건착오와 금지착오의 구별 – 규범적 구성요건표지에 대한 고의의 인식양태를 중심으로 –", 부산대 법학연구 제52권 제3호, 2011, 103쪽 이하; 성낙현, "고의인정여부에 따른 착오의 구분", 비교형사법연구 제4권 제2호, 2002, 107쪽 이하; 장성원, "고의조각적 법률의 착오 – 포섭의 착오에 대한 형법적 취급 –", 형사법연구 제21권 제2호(2009·여름), 27쪽 이하; ______, "구성요건착오와 금지착오의 구별 – 구성요건착오의 도출을 중심으로 –", 형사법연구 제25권 제2호(2013·여름), 34쪽 이하; ______, "범죄체계론 변화에 따른 포섭착오의 정서", 경북대학교 법학연구원

주지하듯이 고의설은 위법성의 인식을 고의의 구성부분으로 보고 그것이 없으면 고의를 탈락시키고, 그에 대한 과실범 처벌이 가능하다면 그에 대한 위법성이 회피가능한 경우 과실범으로 처벌하는 방안이다. 이에 반해 책임설은 고의와는 별도로 위법성의 인식을 인정해서 유책한 금지착오는 처벌하지만 그 착오의 회피가능성에 따라 형을 감경하는 반면, 유책하지 않은 금지착오는 처벌하지 않는 이론이다. 독일형법은 책임설에 따라 제17조를 규정하고 있다. 그러나 독일에서는 형법 제17조가 제정된 이후 끊임없이 대부분의 부수형법에서는 책임설에 따른 해결책이 타당하지 않다는 견해가 주장된다. 즉 입법자가 정책적 목적에 의해 만든 일정한 작위 또는 부작위를 처벌하는 구성요건은 핵심형법과 달리 가치중립적이거나 혹은 백지형법과 같이 외부의 다른 규범과 관련을 맺지 않으면 어떤 불법도 지시하지 않으므로 해당 금지규범에 대한 인식자체가 애당초 고의에 속한다는 강력한 반론이 제기된다. 고의설과 책임설간의 이러한 논쟁은 특히 이 사례에서와 같이 고의와 위법성의 인식을 쉽게 구별할 수 없는 경우 주목할 만하다.

이와 같은 이론적인 문제이외에 우리의 관심을 끄는 것은 해당사안의 해결방식뿐만 아니라 이에 대한 법적 결과이다. 그 이유는 무엇보다도 해당사안을 최근의 독일논쟁에 따라 고의설이나 책임설에 따라 해결할 경우 모두 처벌되기 힘들다는 결론에 이르기 때문이다. 즉 고의설에 따라 해당사안을 구성요건적 착오로 보게 되면 고의가 탈락되지만, 책임설에 의해서도 고의는 인정되지만 위법성인식이 회피불가능성이라는 기준에 의해 인정되기 힘들기 때문이다. 그러나 대법원의 입장과 같이 법률의 부지를 위법성의 인식과 관련된 법률의 착오로 보지만 이것을 법률의 착오로 보지 않은 채 고의와 위법성의 인식

법학논고 제49집(2015. 2), 529쪽 이하 등. 한정환, "구성요건착오와 금지착오의 구별 – 규범적 구성요건요소에 관한 착오와 관련하여 –", 형사법연구 제7호, 1994. 12. 22쪽 이하.

을 인정하는 입장이 과연 얼마만큼 설득력이 있을 것인가?

이렇듯 이 사안에서는 1) 사실의 착오(구성요건 착오)인가 법률의 착오(금지착오)인가?[9] 2) 고의설인가 칙임설인가라는 두 가지 차원의 문제가 서로 결합되어 있는 것 같다. 그러므로 이하에서는 우선 이 문제와 관련해서 Tiedemann의 고의설에 따른 구성요건 착오해결방식과 Roxin의 책임설에 따른 입장을 다루고자 한다(이하의 Ⅱ. 2). 그 후 법률의 부지를 고려하지 않는 대법원의 입장을 비판적으로 검토한다(Ⅱ. 3). 이런 이론적인 배경 하에 이 사례에 관한 세 가지 해결방안을 설명한 후(II. 4), 마지막으로 대상판례가 가지는 의의 및 이 판결과 관련된 제안을 언급하고자 한다(Ⅲ.).

2. 고의설에 따른 구성요건 착오인가 책임설에 따른 금지착오인가?

이 사안에서와 같이 피고인 甲이 구 아청법(청소년 성보호법) 제34조 제1항이 규정한 신상정보 제출의무를 인식하지 못했다면, 甲에게는 구성요건고의 자체를 인정할 수 없는 것이 아닌가라는 의문이 든다. 즉 고의를 구성요건요소에 대한 감각적 인식 또는 사회적 의미의 인식이라고 이해할 때, 정책적 · 행정적 목적을 위해 만들어진 형벌규정인 법정범의 경우 행위자는 그러한 형벌규정에 규정된 명령규범 또는 금지규범을 인식하여야 비로소 자신의 행위의 사회적 의미를 인식할 수 있기 때문이다. 그러므로 이러한 금지규범을 알지 못한 것은 구성요건 착오에 해당하는지 여부가 먼저 문제된다.

---

9) 그러나 착오를 사실의 착오와 법률의 착오로 구별하는 경우에는 사실과 법률의 구별이 불명확하여 특히 규범적 구성요건에 대한 착오가 사실의 착오인가 법률의 착오인가를 분명히 할 수 없을 뿐만 아니라, 법률의 착오의 내용과 그 태양도 명백히 밝힐 수 없게 된다. 이런 근거에서 착오를 구성요건적 착오와 위법성의 착오 또는 금지착오로 구별하는 것이 일반적인 경향이다. 비록 우리 형법이 착오를 사실의 착오와 법률의 착오로 규정하고 있다고 할지라도 사실의 착오란 구성요건적 착오(Tatbestandsirrtum)를 의미하는 반면 법률의 착오는 금지착오(Verbotsirrtum) 혹은 위법성의 착오(Irrtum über die Rechtswidrigkeit)를 말한다는 점에 견해가 일치하고 있다. 이에 관해서는 무엇보다도 이재상, 형법총론, 1995, 296면.

1) Tiedemann의 견해

핵심형법에서 행위자는 자신이 무엇을 하는지를 알면 그것을 통해 자신의 행위가 지시하는 위법성도 인식할 수 있다. 예컨대 사람을 살해하거나 남의 물건을 훔치는 자는 그러한 행위가 잘못되었다는 것을 쉽사리 알 수 있다. 그러나 사회윤리적으로 아무런 색깔을 지니지 않는 부수형법에서의 구성요건은 입법자의 결정에 의해서 만들어 진 소위 "법정범(mala prohibita)"이므로 이러한 사정은 타당하지 않을 것이다.[10] 즉 해당규범이 형법외부의 규범을 지시하는 부수형법에서 자주 볼 수 있는 바와 같이 행위자가 관련되는 규범을 알지 못하는 소위 "추상적인 금지착오"[11]의 경우, 이러한 관련되는 형법외적 규범의 존재나 내용이 구성요건에 속하는가 아니면 금지 혹은 요구라는 위법성에 속하는가는 불분명하다는 것이다. 이러한 핵심형법과 부수형법의 차이점에 직면해서 독일에서는 부수형법과 질서위반법에서는 금지를 인식할 경우에만 고의를 인정하려는 고의설의 입장이 점차 호응을 얻고 있다. 이에 따르면, 형법에 속하지 않지만 해당구성요건과 관련을 맺는 형법외적 구성요건에 관한 착오는 구성요건적 착오와 동일하게 다루어져야 하며 규범명령은 '법률'이 아니라 '사실'과 같이 취급되어야 한다는 것이다. 왜냐하면 부수형법에서는 해당규범과 관련되는 형법외적 규범의 존재나 내용은 형법의 구성요건에 속하기 때문이다.[12] 요컨대 고의에는 행위상황에 대한 인식뿐만 아니라 그에 대한 위법성도 포함된다는 것이다. 이러한 사정은 특히 해당사안과 같이 행

10) 이에 관해서는 Neumann, Nomos Kommentar StGB, 3. Aufl., Bd. 1, 2010, §17, Rn. 90f.

11) Tiedemann에 의하면, "추상적인 금지착오"란 일반적인 행위명령을 규정한 법규범 혹은 법문 자체에 대한 착오(예컨대 문서를 위조하지 말라 등)로서 이것은 구성요건적 착오인 반면, 금지착오에서는 개별상황에서의 구체적인 규범(예컨대 맥주잔 위에 적힌 표시를 지우지 말라 등)이 관건이 된다고 한다. Tiedemann, FS Geerds, 1995, S. 99 참조.

12) Tiedemann, FS Geerds(주 11), S. 96. 이런 사정은 부수형법의 범람으로 인해 일반인들은 그 개별내용을 거의 알 수 없다는 사실을 반영한다는 것이다.

위자의 행위를 규율하는 규범이 특별법에 있는 경우에 더욱 그러하다.

Tiedemann에 따르면, 포르투갈은 1982년의 형법전에 금지에 대한 인식이 위법성을 지니기에 불가결할 경우 그러한 금지의 인식을 고의로 본다는 규정을 두었다고 한다. 이 경우 금지에 대한 인식은 고의에 속하는 것으로 파악된다. 이와 달리 독일은 이러한 규범의 특수성을 외면한 채 이 문제를 일반적인 금지착오의 법리에 따라 회피가능성의 척도에 따라 처리한다.[13] 그 결과 행위자의 고의는 탈락되지 않고 그러한 착오가 회피불가능할 경우에만 형법으로부터 면제될 뿐이라고 한다. 이렇듯 고의와 위법성의 인식을 구별하는 이유는 독일 입법자에 의해 1975년 금지착오 규정인 형법 제17조 입법당시 채택한 책임설 때문이라는 것이다. 그런데 이 금지착오 규정이 만들어진 1975년 이전에는 구성요건적 착오만을 규정하는 제59조만 있었으므로 "법률의 부지는 용서받지 못한다."는 원칙은 형법에만 적용되고 형법외적 규범에 대해서는 적용되지 않았으므로, 이러한 규범에 대한 착오는 구성요건 착오로 규율된 것이고 결국 그러한 규범은 '사실'로, 다시 말해 고의로 이해되었던 것이라고 한다.

물론 이러한 독일제국법원의에 입장에 대해서는 형법과 형법외적 규범을 구별하는 것이 자의적이라는 비판이 있었지만 그럼에도 불구하고 지난 30년 동안에는 이러한 입장이 부수형법의 영역에서는 점차 다시 주장된다는 것이다. 그러므로 Tiedemann은 그의 저서인 "부수형법에서의 구성요건기능(Tatbestandsfunktion im Nebenstrafrecht)"에서 다음과 같이 주장한다. 우선 구성요건의 실현이 행위자에게 불법에 대한 충격을 전달해야 하는데, 그러한 불법에 대한 호소는 단지 불법의 전형적인 상황으로부터만 도출될 수 있다는 것이다. 따라서 (해당)구성요건이 외부규범과 관련을 맺지 않으면 어떤 불법도 지시하지 않는 추상적인 금지(Verbot) 혹은 요구(Gebot)는 구성요건에 속하며 따라서

13) Tiedemann, FS Geerds(주 11), S. 97; Roxin, Über Tatbestand- und Verbotsirrtum, FS Tiedemann, 2008, S. 376.

그에 대한 인식은 고의에 속한다고 한다. 또한 이러한 생각은 구체적인 행위금지를 정형화할 것을 요구하는 독일기본법 제103조 2항의 형법규범의 명확성 요구에 의해서도 근거지워진다는 것이다. 즉 구성요건에 해당하는 행위가 법적으로 명확하게 규정되어 있지 않다면 구성요건이 전형적인 불법을 규정한다고 말할 수 없다는 것이다. 다만 Tiedemann은 이러한 고의설적인 입장이 책임설을 규정한 독일형법 제17조와 어떻게 부합할 수 있는가를 모색한다. 그에 따르면, "추상적 당위규범과 구체적 당위규범"이라는 개념구별에 의해 금지착오에서의 위법성 인식은 구체적인 당위규범과 관련을 맺는 반면, 고의설이 주장하는 고의는 추상적인 당위규범과 연관된다는 것이다.[14] 또한 이러한 생각은 90년대 초 Puppe,[15] Herzberg,[16] Kuhlen[17]등에 의해서도 주장된다고 한다. 즉 이들은 백지형법의 경우 그 구성요건의 내용적인 충족이 해석자에 의해 자의적으로 이루어져 구성요건이 변형된다는 점을 지적하면서 이러한 문제는 고의설에 따라 해결되어야 한다는 것이다. 그리고 고의설의 입장에서 해당되는 금지규범명령의 구성요건을 파악하는 것은 책임설이 주장하는 위법성 인식의 회피가능성에서 요구되는 요건으로서의 "계기(Anlaß)[18]와 별로 다를 게 없다는 것이다. 왜냐하면 구성요건이 정형화되어 구체적으로 되는 경우 이것을 인식하게 되면 자신의 위법성을 생각해 볼 계기가 될 수 있기 때문이라는 것이다.[19]

이렇듯 '사실'과 '법'이 아니라 구성요건과 위법성을 중심으로 구성요건착오와 금지착오를 구별하는 것은 "행위자의 인지적 과오에 대

---

14) Tiedemann, FS Geerds(주 11), S. 99.

15) Puppe, Tatsirrtum, Rechtsirrtum, Subsumtionsirrtum, GA 1990, 145ff.

16) Herzberg, Zu Eingrenzung des vorsatrzausschließenden Irrtums(§16), JZ1993, 1017ff.

17) Kuhlen, Die Unterscheidung von vorsatzausschließenden und nicht vorsatzausschließendem Irrtum, 1987, 430.

18) 이하의 4 가운데 정당한 이유 참조.

19) Tiedemann, FS Geerds(주 11), S. 102. Binding의 생각에 따라 Neumann도 주장한 바와 같이, 법적인 금지나 요구를 제대로 인식할 때만 법질서가 요구하는 자신의 행위의 위법성 인식을 보장할 수 있다는 것이다.

하여는 윤리적·도덕적 평가의 과오와는 다른 비난이 이루어져야 한다."는 생각에 기초한다고 한다. 달리 말해 핵심형법 영역에서는 입법자의 근본결단인 행위의 위법성을 인식하지 못한 경우 고의범으로 비난할 수 있는 반면, 불법에 대한 "경각기능(Appellwirkung)"을 수행하지 못하는 부수형법의 영역에서는 행위자가 구성요건을 실현하였더라도 그 행위자의 부주의와 위법성을 인식하지 못한 것을 고의범으로 비난할 수 없다는 것이다.[20] 왜냐하면 이 경우에는 사실관계에 대한 인식이 행위자에게 어떤 위법성에 대한 인식을 매개하지 못하기 때문이라는 것이다. 따라서 해당사안에서와 같이 법률이 하위법에서 자신의 명령을 지시하는 경우 그러한 하위법은 구성요건에 속하며 고의에 의해 파악되어야 한다는 것이다. 이런 관점을 취한다면, 해당사안은 당연히 고의를 조각하는 구성요건적 착오로 파악되며 그 결과 해당사안과 같이 금지규범 자체를 모르는 경우에는 애당초 고의가 탈락된다.

2) Roxin의 소위 "구성요건 유형론"

그러나 이러한 고의설의 입장에 대해 통설인 책임설의 반론도 만만치 않다. 그 이유는 행정 불법과 형법상의 불법은 서로 엄밀히 서로 구별할 수도 없을 뿐만 아니라 책임설도 고의설과 마찬가지의 결론에 이를 수 있기 때문이다.[21] 그리고 독일에서는 무엇보다도 금지착오의

20) Tiedemann, FS Geerds(주 11), S. 103; Roxin, FS Tiedemann(주 13), S. 375.

21) Jescheck/Weigend는 책임설 입장에서 부수형법에서 발생하는 고의와 위법성 인식의 문제를 다음과 같은 세 가지 방법을 통해 해결할 수 있다고 한다. 1) 해석에 의해 입법자가 개별규정의 고의범 구성요건을 금지규범인식만에 한정하는 것으로 파악한다는 것이다. 이 경우 금지규범에 대한 인식이 법률로부터 직접 도출되므로, 에컨대 관청의 허가가 필요하다는 점을 인식하지 못한 경우는 구성요건착오로 파악될 수 있다는 것이다. 또한 이러한 사정은 과실범이 발생할 여지가 없는 경우에도 마찬가지라는 것이다. 2) 부수형법을 일정한 생활영역 또는 직업영역에 속하는 구성원에게만 적용한다는 것이다. 즉 이러한 사람들은 관련 법률에 대해 정통해야 하므로 이러한 생활영역에 속하는 자가 관련 법률을 알지 못하는 때에는 고의범으로 처벌되며, 회피가능성의 정도에 따라 형이 감경될 뿐이라는 것이다. 3) 행위자가 구성요건을 고의로 충족시켰지만 형식적이고 기술적인 형벌규정에 대한 조회의무를 다

경우 책임설을 형법 및 질서위반법 등에 규정했기 때문에 부수형법에 고의설을 전면적으로 도입한다는 것은 실정법과도 일치하지 않는다는 것이다. 이런 사정에 직면해서 책임설과 고의설 중 어느 하나를 선택해서 그것을 모두 적용하는 일반화된 방식이 아니라 개별 사례에 따라 세분화하는 방식을 제안하는 견해가 등장한다.[22] 특히 이러한 해결책 중 Roxin이 제시한 구성요건 유형론이 우리의 관심을 끈다.

Roxin에 따르면, 구성요건착오와 금지착오를 구별하는 일반적 기준이 구체적 사안에서 확실한 결론을 도출하기에는 지나치게 추상적이라고 한다. 이런 문제점을 해결하기 위해 그는 구성요건을 다음과 같이 네 가지 유형으로 세분화한다, 즉 (1) 구성요건외적 법적 규율이 편입된 형벌규정(Die Strafvorschrift integriert aussertatbestandliche Rechtsregelungen), (2) 사회윤리적 부정적 가치평가가 수용된 경우(Der Rückgriff auf sozialethische negative Wertprädikate), (3) 형법구성요건상의 법적 개념의 인식과 미인식(Kenntnis und Unkenntnis bei strafrechtlichen Rechtsbegriffen), (4) 규범적 관련성이 불충분한 구성요건에서의 고의(Der Vorsatz bei Tatbeständen ohne hinreichenden normativen Bezug).[23] 다시 말해 (1)유형은 해당 구성요건이 아닌 외부의 '법적 규율'이 당해 구성요건에 편입

하지 않은 때에는 고의의 이중적 지위이론(Doppelstellung des Vorsatzes)에 의해 엄격한 유죄판결을 피할 수 있다고 한다. 즉 이 경우 주의의 결여만으로는 행위고의의 형성에 대한 책임비판을 가하기는 충분하지 않기 때문에 과실책임 만이 인정될 뿐이라는 것이다. 이에 관해서는 Jescheck/Weigend, Lehrbuch des Strafrecht, Allg, Teil, 5. Aufl., 1996, S. 459ff.

22) Neumann이 제안하는 방식에 따르면, 예컨대 대부분의 백지형법에서와 같이 관청의 허가가 해당행위를 허용하는 예방적인 금지를 의미한다면 그것은 구성요건적 착오인데 반해, 해당행위가 원칙적으로는 사회유해하지만 이를 허가하는 것이 규제로부터 벗어나는 예외적인 경우에는 금지착오라는 것이다. 그러므로 이러한 견해에 따르면 예컨대 요구되는 허가가 발부되었다고 착각하는 자는 구성요건적 착오에 빠진 반면, 화물차를 운전하는 사람이 자신의 차를 도로교통법상의 승용차로 잘못 알고 자신에게는 화물차에 적용되는 도로교통법칙이 해당되지 않는다고 생각하는 경우는 금지착오가 된다. 이에 관해서는 Neumann, Nomos Kommentar(주 10), §17 Rn. 95f.

23) Roxin, FS Tiedmann(주 13), S. 378 ff.

되어 있는 구성요건 유형이며, (2)유형은 (1)유형과 마찬가지로 구성요건 외적인 것이 구성요건에 편입되어 있으나, 구성요건 외적 법률개념이 아니라 사회윤리적 가치평가가 반영되어 있는 것이므로 (1)유형과는 다른 취급을 해야 하는 경우이고, (3)유형은 문서, 재산 등 구성요건 외부의 법률개념이나 사회윤리적 평가가 아니라 형법상 구성요건 자체에 형법 독자적으로 정의된 개념이 문제되는 경우로서, 규범적 구성요건요소에 대한 구성요건착오와 포섭의 착오의 구별이 문제되는 영역이고, (4)유형은 구성요건요소와 의미를 충분히 인식하였더라도 고의 조각 여부를 검토해야 하는 경우와 위법성조각사유의 허용한계에 관한 착오가 문제되는 영역이다.

Roxin이 구성요건을 이와 같이 네 가지 유형으로 구분하는 이유는 고의와 위법성의 인식의 구별을 전제로 한 '책임설' 입장에서 여전히 다음의 문제들 - 즉 규범적 구성요건요소에 대한 구성요건착오와 포섭의 착오의 구분, 위법성조각사유의 허용한계에 관한 착오 - 에 대해서는 합당한 결론을 도출할 수 있다고 생각하기 때문이다. 즉 (2), (3), (4)유형에서는 구성요건고의와 위법성의 인식이 구별가능하며 이 영역들은 책임설에 의해 적절히 파악될 수 있다는 것이다.[24] 그러나 해당 구성요건 외부에 있는 명령 또는 금지가 당해 구성요건에 편입된 (1)유형의 경우에는 구성요건 외적 의무의 인식과 관련하여 고의와 위법성인식 차원의 구별이 불가능하고 이러한 의무를 인식하지 못한

24) Roxin은 이러한 영역에서 책임설이 고의설보다 다음의 세 가지 이유 때문에 우월다고 한다. 1) 행위자는 (행위자가 모를 수도 있는 구성요건 외적 법규범이나 법제도와는 달리) 자신의 행위의 윤리적 평가에 대하여 달리 생각할 수 없다. 2) 행위자의 이러한 숙고의 결과는 법정에서 결코 재구성 될 수 없지만, 행위자의 관점에서 법에 대한 인식의 존재 및 자기 행위의 사회적 의미에 대해서는 종종 법적인 연결점을 획득할 수 있다. 3) 기본적 사회윤리적 영역에서는 행위자가 입법자와 판례가 취하는 판단을 인식하였는지 여부는 형벌필요성이라는 관점에서 중요하지 않은데 왜냐하면 윤리적 최저기준에 무관심한 채 자신의 범죄적 목적을 추구하는 자에게는 이러한 인식의 결여를 유리하게 취급해 줄 필요는 없다는 것이다. 이에 관해서는 Roxin, FS Tiedemann (주 13), S. 383.

때에는 행위자가 자신의 행위의 '사회적 의미'를 이해했다고 할 수 없기 때문에 구성요건고의를 인정하기 힘들다는 것이다.[25]

그에 의하면, 해당 구성요건 자체가 아닌 구성요건 외부의 '법적 규율'이 해당 구성요건에 편입된 (1)유형의 구성요건의 특징은 해당 구성요건 외부에 존재하는 외적 규율을 구성요건에 포함시키고 있기 때문에 외적 규율에 관한 금지와 명령을 인식한 때에만 구성요건고의를 인정할 수 있다는 데에 있다고 한다. 그리고 이것은 다시 다음과 같은 네 가지 유형으로 나누어진다고 한다. ① 납세의무, 수출입금지의무, 부양의무 등 구성요건 외부에 규정된 '의무침해'를 당해 구성요건에 편입한 구성요건, ② 절도죄에서 재물의 타인성과 관련한 민법상의 재산권 개념과 같이 구성요건 외부의 '법적 · 제도적 사실'을 당해 구성요건에 편입한 구성요건, ③ 구성요건은 제재규정만을 규정하고 범죄성립요건인 권리침해의 내용은 다른 규정에 위임한 '백지형법', ④ 이들 세 가지 유형은 아니지만 해당 구성요건이 구성요건 외부의 다른 규정들과 법적 관련성을 지니는 구성요건[26] 등.

그 중 ①유형에 해당하는 대표적인 예가 조세포탈죄(AO §370)인데, 동죄의 구성요건을 고의로 실현하기 위해서는 동 구성요건 외부에 규정된 납세의무의 인식을 전제로 해야 한다는 것이다.[27] 납세의무에 대한 인식이 없는 때에는 자신의 행위의 사회적 의미에 대한 이해에 이를 수가 없기 때문이다. 이러한 사정은 수출입금지 물품의 수출입죄(AO §372)나 독일형법 제170조의 부양의무 위반죄의 경우에도 그대로 적용된다. 요컨대 부수형법, 백지형법, 질서위반법 등에서 자주 문제가 되듯이 이러한 구성요건들은 해당 구성요건 외부의 명령 또는 금지의 침해에 의하여 비로소 해당행위가 사회적 · 법적으로 非認(Missbiligung)되기 때문에 이러한 명령 또는 금지에 대한 인식은 고의에 속하고 또

25) (3)유형과 (4)유형은 국내 학계에서도 책임설을 전제로 활발하게 논의된다.
26) Roxin, FS Tiedmann(주 13), 378ff.
27) 독일의 통설과 판례의 입장이라고 한다.

한 '위법성의 인식'도 넓은 의미에서는 고의의 구성부분으로 보아야 한다는 것이다.[28] 대표적으로 신고의무를 위반한 범죄는 행위자가 그러한 구성요건 외적 신고의무(Meldepflicht)를 인식하지 않고서는 자신의 행위의 의미를 전혀 파악하지 못하기 때문에 신고의무를 인식하지 못한 때에는 고의범으로 처벌될 수 없다는 것이다. 그런데 Roxin은 ① 유형의 구성요건 중에서도, 해당 의무를 인식하지 못한 경우 고의가 조각되는 것이 아니라 오히려 금지착오가 문제되는 경우도 있다고 주장한다. 예컨대 부작위범, 부진정부작위범에서의 보증인 지위, 독일형법 제323조의c의 구호조치 불이행죄에서의 구조의무, 독일형법 제138조의 불고지죄는 형법 구성요건에 의해 직접적으로 규정된 의무이기 때문에 납세의무가 조세포탈죄의 전제조건이 되는 것과 같이 명령의 조건이 아니라 명령 그 자체가 문제되는 경우로서 이것들은 책임설에 따를 때 구성요건요소가 아니라고 한다. 그러므로 자신의 의무가 존재한다는 사실을 알지 못한 경우에는 금지착오가 존재한다고 한다.

②유형인 구성요건 외적 법적·제도적 사실과 관련된 구성요건은 전적으로 구성요건 외적 의무를 침해하는 구성요건은 아니지만 '절취'와 같이 구체적 행위를 재산권이라는 구성요건 외적 법제도와 관련된 구성요건을 의미한다. 절도죄에서 '타인의'(fremd)라는 구성요건요소는 타인의 재산권을 지시하는 것이며 형법상 절도죄에 재산권이 관련되어 있는데, 이러한 경우에는 관련 규정에 언급된 재산권을 침해하지 않는다고 착오한 자는 고의로 행위한 것이 아니라는 것이다. 이러한 재산권침해가 절도죄의 사회적 반가치를 근거지우기 때문에 재산권침해는 법률상 불법유형의 본질적 요소로서 규범적 구성요건요소에 해당한다[29]. Roxin에 따르면, ③유형인 백지형법의 경우에도 '이미 충전규범에 규정된 행위의 반사회성을 인식하고 실현할 수 있는 경우가 아닌 한' 행위자는 충전규범(법률, 명령, 규칙, 행정행위 등)을 인식해

28) Roxin, FS Tiedemann(주 13), S. 379.

29) Roxin, FS Tiedemann(주 13), S. 380.

야만 고의가 인정된다고 본다.[30] 위에서 언급한 세 가지 유형에 관한 원리는 ④유형인 해당 구성요건이 구성요건 외부의 다른 규정들과 법적 관련성을 지니는 구성요건에도 그대로 타당하다고 한다. 예를 들면, 독일형법 제145조의c의 직업금지 위반에서도 직업금지 위반은 이러한 금지에 대한 인식을 전제로 하며, 이에 따른 명령에 대한 위반도 고의범으로 처벌되기 위해서는 그 명령에 대한 인식을 전제로 한다는 것이다.[31]

이상을 요약한다면, Roxin은 다른 법률규정 또는 법적 명령을 편입시키고 있는 구성요건이 문제되는 사례들에서는 이러한 외적 규율 내지 규정들에 대한 인식은 고의에 속한다고 주장한다. 왜냐하면 구성요건 외적 법률규정에 대한 위반이 형법상 금지의 전제가 된 경우에는 구성요건착오와 금지착오를 서로 구분할 수 없기 때문이라는 것이다. 얼핏 보기에 이러한 결론은 행위자가 금지 또는 명령을 인식하고 행위하여야 고의가 인정된다는 고의설에 의해 가능한 것이지만,[32] 책임설 입장에서도 마찬가지로 주장될 수 있다는 것이다. 다시 말해 구성요건과 관련성이 있는 구성요건 외적 법적 규율의 경우에는 행위자가 위법성의 인식에 이르기 위해 이러한 법적 규율을 '합리적으로'(vernünftigerweise) 인식해야 한다는 것을 인정할 수 있다는 것이다. 그러나 Roxin에 따르면 이러한 입장은 종전의 자신의 책임설이 고의설로 변경된 것을 의미하는 것은 아니라고 한다. 왜냐하면 책임설은

---

30) Roxin은 과거에는 이러한 유형에 대해 충전규범의 존재에 대한 착오는 금지착오임에 반하여 충전규범의 행위상황에 대한 착오는 고의를 조각한다는 견해를 취했었는데(Roxin, Strafrecht, AT, Bd. 1, Aufl. 4, 2006, §12 Rn. 111), 지금은 백지형법의 경우 법률을 인식하지 못하고는 의미의 인식을 할 수 없기 때문에 고의가 조각된다고 주장한다. 그리고 이 점에서 "불법중립적이고 불법관련성이 적은 형벌규정의 경우 관련 충전규범의 존재와 내용은 형벌구성요건에 속하는데, 왜냐하면 Tiedemann의 말과 같이 이 경우 이로부터 고의의 환기기능이 실현되기 때문이라는 것이다(Roxin, FS Tiedemann(주 13), S. 381. 또한 이에 관해서는 Schönke/Schröder, StGB, 25. Aufl., 1997, §15 Rn. 99 ff).

31) Roxin, FS Tiedemann(주 13), S. 381.

32) Roxin, FS Tiedemann(주 13), S. 382.

(2), (3), (4)의 구성요건 유형에 대하여는 여전히 구성요건적 착오와 금지착오를 서로 구별할 수 있기 때문이라는 것이다.[33] Roxin의 이러한 구성요건 유형론에 따를 경우 고의와 법률의 부지의 구별이 문제되는 경우는 ①유형일 것이다. 그리고 그의 소위 '보다 유연한 책임설(eine weichere Schuldtheorie)'[34]에 따를 경우, 해당사안에서 고의는 인정될 수 있지만, 이에 반해 위법성 인식은 회피불가능하다는 것이다.

3. 금지착오로서의 법률의 부지?

주지하듯이 우리 형법은 착오를 제15조의 사실의 착오와 제16조의 법률의 착오로 구별하여 규정하고 있다. 이렇듯 착오를 사실의 착오(error facti)와 법률의 착오(error iuris)로 구분하는 것은 전통적인 입장이라 할 수 있다. 법률의 착오란 금지착오 혹은 위법성의 착오를 의미하며, 위법성의 착오는 행위자가 사실의 인식은 있었으나 위법성을 인식하지 못한 경우, 요컨대 위법성의 인식이 없는 경우를 말한다. 그런데 학설은 위법성의 인식이 없는 경우인 법률의 착오를 직접적 착오와 간접적 착오로 구분하고, 직접적 착오란 행위자가 자신의 행위를 금지하는 규범을 인식하지 못하여 그 행위가 허용된다고 오인한 경우를 말하며, 이에 반해 간접적 금지착오란 행위자가 금지된 것은 인식하였으나 위법성을 조각하는 반대규범이 존재하는 것으로 오인한 경우를 의미한다. 금지착오의 전형적인 경우가 바로 직접적 착오이며 법률의 부지가 여기에 속하는데, 법률의 부지란 일정한 행위를 금지하는 규범을 전혀 알지 못하고 그 금지규범에 위반하는 행위를 하는 경우를 말한다.

학설의 끈질긴 반대에도 불구하고[35] 우리 대법원은 지속적으로

33) Roxin, FS Tiedemann(주 13), S. 383.

34) Roxin, FS Tiedemann(주 13), S. 389. 대단히 흥미로운 것은 Roxin은 자신의 입장을 우리 형법이 계수한 스위스형법 제20조에 의해 근거지울 수 있다는 것이다.

35) 학설은 모두 일치해서 법률의 부지를 직접적 법률의 착오의 한 유형으로 보

"법률을 모른다고 죄를 짓지 않는 것은 아니다."는 입장을 고수하며[36] 1961. 10. 5. 4294형상208 판결 이후에는 형법 제16조 법률의 착오를 다음과 같이 해석한다. "형법 제16조에 자기의 행위가 법령에 의하여 죄가 되지 아니한 것으로 오인한 행위는 그 오인에 정당한 이유가 있는 때에 한하여 벌하지 아니한다고 규정한 것은 단순한 법률의 부지의 경우를 말하는 것이 아니고 일반적으로 범죄가 되는 행위이지만 자신의 특수한 경우에는 법령에 의하여 허용된 행위로서 죄가 되지 아니한다고 그릇 인식하고 그와 같이 그릇 인식함에 있어서 정당한 이유가 있는 경우에 벌하지 아니한다는 취지이다."[37] 역사상 우리 형법 제16조는 스위스 형법 제20조를 계수했다고 한다.[38] 그러나 이러한 판례의 태도는 무엇보다도 일본의 판례와 학설에 의해 영향을 받은 것이라고 한다.[39] 즉 "법률의 부지는 용서되지 않는다(error iuris nocet)"는 로마법 이래의 귀책론이 독일형법에로 이어졌고, 더 나아가 독일형

고 있다. 이에 관해서는 김성돈, 형법총론 제3판, 2014, 381면; 김성천/김형준, 형법총론 제3판, 2005, 422면; 김일수/서보학, 새로쓴 형법총론 제11판, 2006, 397면 이하; 김종원, 한국형사법학회편, 형사법 강좌II, 형법총론 하, 1984, 88면; 박상기, 형법총론 제6판, 2004, 245면 이하; 배종대, 형법총론 제11판, 2013, 457면; 손동권, 형법총론, 2004, 255면; 신동운, 신판례백선 형법총론, 2009, 443면; 오영근, 형법총론 제2판, 2012, 455면; 이재상, 형법총론 제16판, 2009, 329면; 이정원, 형법총론, 1999, 230면; 이형국, 형법총론, 1990, 235면; 임웅, 형법총론 제6판, 2014, 318면; 정영일, 형법총론, 2005, 243면; 허일태, 제16조 법률의 착오, 주석 형법 총칙(1) 제2판, 2011, 408면 이하. 다만 손해목 교수는 예외적으로 단순한 법률의 부지만으로는 금지의 착오라고 할 수 없다고 주장하고 있다. 이에 관해서는 손해목, 형법총론, 1996, 635면 참조.

36) 이러한 입장의 판례의 연혁과 내용을 자세히 소개한 것으로는 허일태, 법률의 부지의 효력, 형사판례연구1, 1993, 43면 이하; 법률의 부지, 형사실무연구회편, 형사재판의 제문제 제3권, 2000, 3면 이하 참조.

37) 대법원 1961. 10. 5. 선고 4294 형상 208 판결.

38) 이런 사정은 유기천 교수의 주장에 의한 것이다. 즉 우리가 계수했다고 하는 스위스 형법 제20조는 다음과 같이 규정되어 있다. "행위자가 충분한 이유에 의거해서 그 행위를 할 권한이 있다고 오인했다면, 법관은 이에 대한 형벌을 (형법 제66조에 따라)자유재량으로 경감하거나 혹은 처벌을 면할 수 있다." 이에 관해서는 Dr. Paul K. Ryu, Das koreanische Strafgesetzbuch, 1968, S. 4.

39) 허일태, 법률의 부지의 효력(주 6), 5면; 오영근, 형법총론(주35), 456면 이하 참조.

법을 본받은 일본형법 제38조는 법률의 부지가 고의에 영향을 미치지 않는다는 명문의 규정을 두고 있을 뿐만 아니라,[40] 우리의 판례에 결정적 영향을 미친 일본대심원 판례도 법률의 부지는 죄의 성립여부에 영향이 없다는 일관된 태도를 견지하고 있다고 한다.[41] 이런 사정에 근거해서 1935년 조선고등법원은 "... 형법 제38조 제3항에 소위 법률을 알지 못하는 것에 해당함으로써 죄를 범할 의사가 없다고 할 수 없다."[42]라고 판시한 바 있다. 이러한 판례의 태도는 우리 형법이 제정된 이후에도 그대로 이어졌으며, 오늘날에 이르기까지 대법원의 확고한 입장이 되고 있다.

그러나 법에 무관심한 이러한 행위가 법률의 착오에조차 해당되지 않는다는 대법원의 견해는 다음과 같은 문제가 있다.

첫째, 법률의 착오 규정으로부터 법률의 부지라는 직접적 금지착오를 배제하고 그 대신 간접적인 금지착오만을 인정하는 대법원의 태도가 우선 이론상 문제가 없지는 않다. 물론 자신의 행위에 대해 해당 법률이 있는 것조차 모르는 법에 관심조차 없는 사람을 우대해 줄 수 없다는 생각은 이해할 수 있다. 그리고 사실상 이런 이유에서 1962년 독일형법 정부개정안은 제21조 금지착오에서 법률의 부지 등의 "소극적인 부지"를 배제하고 행위자가 적극적으로 자신의 행위가 잘못되었는가를 고려한 "적극적인 오인"만을 인정했다.[43] 그러나 대법원과 같이 불법의식을 갖지 못한 유형들을 세분화하고 그것에 따라 서로 상이한 법적 효과를 부여하려는 이러한 시도는 다음과 같은 근원적으로

---

40) 일본형법 제38조 3항은 다음과 같이 규정되어 있다. "법률을 알지 못함으로써 죄를 범할 뜻이 없다고 할 수 없다. 단 정상에 의하여 그 형을 감경할 수 있다."

41) 이에 대해 자세한 내용과 해당 일본판례의 소개는 허일태, 법률의 부지(주 36), 44면 주 4 참조.

42) 朝高判 1935. 6. 6., 판례총람 16-3. 이 판결 이외에 朝高判 1941. 12. 26. 판례총람 16-6 참조. 다만 조선고등법원은 민사법규의 부지는 범의를 조각한다고 한다. 朝高判 1918. 11. 14. 판례총람 16-1 참조.

43) 이에 관해서는 Dreher, Niederschriften über die Sitzung der Großen Strafrechtsko mmision, 2. Bd., S. 27; Dreher, GA 1957, 99.

잘못된 착상, 즉 본래적으로 책임을 근거짓는 요인은 불법인식 자체이며, 따라서 그런 불법인식이 어떤 이유로 결여되게 되었는지가 책임의 판단에 영향을 미친다는 생각에 근거한다. 그러나 불법인식은 그 자체가 아니라, 오히려 그로 인해 법적 의무에 합치되는 행위를 하도록 동기화시킬 수 있다는 점에서만 중요할 뿐이다.[44]

둘째, 역사적으로 볼 때 "법률의 부지는 용서받지 못한다."는 귀책론은 원칙적으로 소위 "자연범"에만 타당한 것으로서, 예컨대 살인, 상해, 강도 등과 같은 자연범을 범하고 그것을 금지하는 것은 몰랐다는 변명을 받아들이기는 곤란하다는 것을 의미한다. 그러나 이 사안에서와 같이 오늘날 양산되는 수많은 부수형법에까지 이러한 귀책론을 무조건 적용하기에는 무리가 있을 것이다.[45]

셋째, 동일한 사례에 대해 금지착오의 규정과 형법상 책임능력규정을 적용할 때 서로 모순이 생겨난다는 것이다. 주지하듯이 금지착오와 책임능력 규정은 모두 불법을 인식하는 능력을 그 전제로 하고 있고, 따라서 예컨대 새로운 법이 제정되었다는 사실을 모르기 때문에 법률의 착오에 빠진 경우이거나 아니면 생물학적인 결함으로 자신의 행위의 불법을 인식하지 못한 경우는 모두 다 불법인식이 결여된 점에서는 동일하다. 그러나 동일한 사례에 대해 금지의 착오에 관한 규정을 적용하는가 아니면 책임능력에 관한 규정을 적용하는가에 따라 서로 다른 법적 결과가 나타나게 된다. 왜냐하면 책임능력에 관한 조항은 불법인식을 하지 못한 경우 책임을 배제하는 반면, 단순한 법률의 부지는 이와 상관없이 형법상 처벌되기 때문이다.[46]

넷째, 이러한 발상은 무엇보다도 책임원칙[47]에 정면으로 위배된

---

44) Armin Kaufmann, Schuldfähigkeit und Verbotsirrtum, FS Eberhard Schmidt, 1964, S. 328.

45) 김영환, 법률의 부지의 형법해석학적 문제점, 형사법 연구 제21호, 2004, 188면 이하; BGHSt 9, 202 ff.

46) Armin Kaufmann, FS Eberhard Schmidt(주 44), S. 325 f.

47) 주지하듯이 독일연방법원은 이 원칙을 1952년 3월 18일 선고된 판결(BGHSt 9, 194ff.)에서 다음과 같이 근거짓는다. "형법은 책임을 전제하고 책임은 비

다. 즉 책임원칙에 따르면 행위자가 자신의 행위에 대한 불법을 인식하지 못할 수밖에 없었다면 이에 대한 책임을 그에게 비난할 수 없다. 그리고 이론적으로도 고의가 없으면 구성요건 착오이고 위법성의 인식이 없으면 금지착오이기 때문에 법률의 착오는 행위자가 항상 자신의 행위에 대한 위법성을 심사숙고하는 경우에 한정될 필요도 없다. 즉 어떤 과정을 거쳐 위법성을 인식하지 못했는가가 문제되는 것이 아니라 그러한 불법인식을 인식하지 못한 결과 법적인 의무에 합치되는 행위를 할 수 없게 되었다는 것이 관건이 된다.

이상에서 살펴본 바와 같이, 단순한 법률의 부지도 자기행위의 위법성을 알지 못하는 경우이기 때문에 그 위법성을 알지 못하게 된 근거가 적극적인 오인에 의한 것이든 아니면 소극적인 부지에 의한 것이든 간에 이 둘을 서로 구별할 실익이 없다. 사정이 이러하다면, 법률의 부지란 법률의 착오와 무관한 법현상이라기보다는 오히려 법률의 착오에 이르게 된 동기중의 하나라고 할 수 있다. 요컨대 "법률의 부지"는 "법률의 부지에서 유래된 법률의 착오"라고 말할 수 있다.[48] 그렇다면 단순히 법률의 부지라고만 설시한 대법원의 태도는 문제가 없는 것은 아니다. 참고로 신동운 교수의 말에 의하면, 해방 후 우리 입법자는 처음에는 스위스 형법전과 마찬가지로 법률의 착오에 대한 법률 효과를 "감경 또는 면제"로 규정했다가, 법안심사과정에서 자유주의적인 관점을 수용해서 "벌하지 아니한다."로 바꿨다고 한다. 이런 점을 고려한다면, 법률의 부지를 애당초 법률의 착오로 조차 인정하지

난 가능성이다... 책임비난의 내적인 근거는... 인간은 자유롭고 책임 있는 윤리적인 결정을 꾀하도록 되어 있고 그렇기 때문에 그의 행위를 규범에 따라 행하며 법적으로 금지된 것을 회피할 수 있다는 데에 있다. 자신이 결정한 바가 불법이라는 점을 아는 자가 그럼에도 불구하고 행위할 때는 유책한 것이다."

48) 오영근, 형법총론(주35), 459면. 사실상 이런 근거에서 우리 형법이 그대로 따랐다는 스위스 형법 제20조의 해석에서도 통설은 법률의 착오 내에 법률의 부지도 함께 포함시켜 해석하고 있다. Stratenwerth/Kuhlen, Schweizerisches Strafrecht, AT I, 6. Aufl., 2011, S. 176.

않는 대법원의 견해는 - 최소한 신 교수에 따를 때 - 입법자의 의사(?)에도 정면으로 반하는 것으로서 더더욱 설득력이 없을 것이다.

4. 해당사안에 대한 합리적인 해결책

1) 생각건대 이 사례를 해결하는 방식은 세 가지가 있는 것 같다. 첫째는 원심과 같이 구성요건적 착오로 보고 형법 제13조에 따라 고의를 탈락시키는 방법이고, 둘째는 대법원의 입장과 같이 위법성의 인식과 관련된 법률의 착오로 보지만 이러한 법률의 부지를 법률의 착오로 보지 않은 채 고의와 위법성의 인식을 인정하는 입장이고, 셋째는 법률의 부지를 형법 제16조 법률의 착오의 문제로 파악해서 "정당한 이유" 여하에 따라 판단하는 입장이다.

원심과 조기영 교수는 첫 번째 입장을 취한다. 이미 언급한 바와 같이, 원심은 법적 근거는 설시하지 않았지만, 등록대상자라는 사실과 신상정보 제출의무가 있음을 등록대상자에게 알려주어야 한다고 규정하고 있다는 점을 강조하면서 피고인 甲이 신상정보를 제출해야 한다는 사실을 적법하게 고지 받았다고 볼 수 없다는 이유로 무죄판결을 선고하였다. 또한 조기영 교수는 구성요건에 전제된 금지 또는 명령규범이 사회윤리적 관점에서 자명하게 인정되는 '규범확인적 구성요건'과 달리 해당 규범이 형벌 구성요건에 규정됨으로써 비로소 범죄로서 인정되는 '규범창설적 구성요건'[49]에서는 고의설에 따른 견해가 훨씬 더 설득력이 있다고 한다. 다시 말해 "사회윤리적 명령에 기초하지 않은 구성요건의 불법유형은 행위자가 이를 인식하지 못했다면 구성요건에 규정된 작위 또는 부작위의 사회적 의미내용을 인식하지 못한 것이므로 구성요건고의가 조각된다고 보아야 한다."[50]고 주장한다. 요컨대 해당 사안에서의 신상정보 제출의무는 '규범창설적 구성요건'에 해당하므로 이 사안에서는 고의가 조각되는 구성요건적 착오라고 보

49) 조기영, 고의와 법률의 부지의 구별, 형사법연구 제27권 제2호, 2015, 93면 이하.

50) 조기영, 고의와 법률의 부지의 구별(주 49). 96면.

아야 한다는 것이다. 그러나 조기영 교수의 평석은 이 사례에서는 타당할지 모르지만, “부수형법에서의 규범창설적인 구성요건 착오의 경우 언제나 해당규정에 대한 인식을 해야 그것의 불법을 알 수 있다.”는 식으로 일반화한다면 문제의 소지가 없지는 않다. 왜냐하면 후술하는 바와 같이, 책임설에 따를 때 이런 경우에도 행위자가 자신의 행위의 위법성을 인식할 수 있는 계기가 있었다고 볼 여지가 없지는 않다고 생각되기 때문이다.

두 번째 입장을 취하는 대법원의 입장, 즉 법률의 부지와 관련된 사안은 법률의 착오가 아니라고 하여 “정당한 이유”의 심사조차 하지 않는 태도는 이미 언급한 바와 같이 문제의 소지가 대단히 많다. 특히 이 사안에서는 구성요건 고의조차 인정되지 않는 경우에도 그에 관한 위법성을 문제 삼았다는 인상을 지울 수 없다. 다시 말해 자신의 행위에 관한 규범조차 몰랐던 행위자를 형사 처벌하는 것은 무엇보다도 형사처벌에 최소한 불법인식을 요구하는 책임원칙과 정면으로 반하기 때문에 결코 정당화될 수 없을 것이다.[51)]

2) 세 번째 입장과 같이 법률의 부지를 금지착오로 인정한다면, ‘정당한 이유’ 여부를 심사해서 이에 따라 형사처벌 여부를 결정할 수 있다. 우리 형법 제16조는 “자기의 행위가 법령에 의하여 죄가 되지 아니하는 것으로 오인한 행위는 그 오인이 정당한 이유가 있는 때에 한하여 벌하지 아니한다.”라고 규정하고 있다. 그리고 이와 관련된 사안에 대해 판례는 극히 제한된 경우에만 정당한 이유를 인정할 뿐만 아니라 정당한 이유를 인정하거나 부정하는가에 관해 판례의 유형을 나누기도 대단히 곤란하다.[52)] 이 기준에 관해 판례는 아무런 말도 하

51) 조기영 교수의 다음과 같은 견해, 즉 대법원의 입장이 “구성요건의 기능과 문언을 무시해서 죄형법정주에 반할 우려가 있다.”는 생각(조기영, 고의와 법률의 부지의 구별(주 49), 98면)은 백지형법의 예에나 타당하지, 해당사안에는 적합하지 않은 것 같다. 왜냐하면 이 사례에서는 해당규범 자체는 불법유형을 명백히 규정하고 있기 때문이다.

52) 그러나 법률의 착오의 유형화를 시도한 논문으로서는 천진호, 형법상 금지착오에 있어 “정당한 이유(회피가능성)”에 대한 판단척도, 경북대 법학연구소,

지 않으므로 오늘날 통설적인 견해는 독일의 책임설에 따라 법률의 착오에서 "정당한 이유"를 "회피가능성"이 있는가에 따라 판단하고 있다[53]. 즉 정당한 이유는 그 착오를 회피할 수 있는가에 따라 결정되며 그런 점에서 회피가능성(Vermeidbarkeit)의 여부에 따라 정당한 이유의 판단이 결정된다. 독일에서 논의되는 "정당한 이유"의 판단기준으로서의 "회피가능성"을 요약하면 다음과 같다.[54]

독일의 판례는 행위자가 그에게 기대가능한 양심의 긴장(Gewissensanspannung)을 했음에도 불구하고 자신의 행위의 불법을 얻지 못했다는 그러한 법률의 착오는 회피불가능한 것이라고 하며,[55] 이런 전제로부터 다시 행위자의 "심사숙고(Nachdenken)"와 "조회(Erkundigung)"라는 개념을 통해 "기대가능한 양심의 긴장"개념을 확대한다."[56] 그러므로 법익의 침해 내지 위태화를 피하기 위하여는 행위자에게 많은 지식능력이 요구됨은 물론, 과실책임보다도 더 높은 정도의 긴장이 요구된다.[57] 그러나 이러한 요구는 대단히 지나친 것인데, 왜냐하면 행위자

법학논고 제 11집, 1995, 83면 이하.

53) 일부의 견해는 형법 제16조의 "정당한 이유"를 독일형법의 "회피가능성"과 같은 의미로 해석하는 것에 대해 반대한다. 그 이유는 형법상 명문으로 "회피가능성"을 규정하고 있는 독일과는 달리 우리 형법은 단순히 "정당한 이유"만을 규정하고 있기 때문에 언어관행상 "정당한 이유"와 "회피가능성"은 도저히 같은 것으로 해석할 수 없다는 것이다. 이에 관해서는 오영근, 형법총론(주 35), 458면; 김성돈, 형법총론(주35), 387면; 조국, 법률의 부지 및 착오이론에 대한 재검토, 형사정책연구 제12권, 제2호, 2001, 98면 참조. 이에 대해서는 신동운, 형법총론(주 35), 430면.

54) 이에 관해 자세한 것은 김영환, 법률의 부지(주 45), 194면 이하.

55) BGHSt 2, 201.

56) BGHSt 4, 1; 9, 164; 21, 18.

57) 독일의 경우 과실보다 높은 주의의무가 요구된다고 보는 견해는 Maurach/Zipf, Strafrecht, AT, Teilb. 1, 8. Aufl., 1992, 547면, 이에 반해 과실과 같은 정도의 의무위반이면 족하다는 견해는 Jescheck/Weigend, Lehrbuch des Strafrechts(주 21), S. 458; Roxin, Strafrecht, AT, Bd. I, 4. Aufl., 2006, S. 947; Rudolphi, SK Bd. 1, AT, 3. Aufl., 1983, §17, Rn 30a 참조. 또한 우리나라의 경우 과실과 같은 정도의 주의의무라고 보는 견해로는 배종대, 형법총론(주 35), 465면; 이재상, 형법총론(주 35), 336면, 그리고 과실보다는 엄격한 것으로 보는 견해로는 김일수, 한국형법II(총론 하), 108면 참조.

가 자신의 행위의 위법성을 부단히 검토해야 할 의무가 있다고 한다면 회피가능한 금지착오는 거의 생각할 수 없을 것이기 때문이다. 더 나아가 행위상황의 인식이 위법성의 인식을 매개하기 때문에 자기 행위의 위법성에 대해 심사숙고하거나 조회할 의무가 있다는 논거도 타당한 것은 아닌데 왜냐하면 이런 사정이 해당사안에서와 같이 부수형법이나 질서위반법에서는 들어맞지 않기 때문이다.

실무에서 취하고 있는 이러한 의무개념의 난점을 피하기 위해 독일의 학설은 직접적인 불법의 인식가능성에 착안하여 회피가능성의 기준을 모색한다. 그 결과 회피가능성 판단의 전제는 다음과 같다. 첫째, 행위자는 자기 행위가 형법적으로 금지된 것이 아닌가에 대해 심사숙고하거나 조회할 수 있는 계기가 있어야 한다는 것이다. 그러나 회피가능성을 순전히 심리적으로 해석하게 되면[58] 지나치게 그 범위가 좁혀지기 때문에 규범적 계기이론들은[59] 불법인식의 계기를 세분화한다.[60] 둘째, 위에서 언급한 계기가 있게 되면, 법적으로 문외한인 일반인들은 권한 있는 기관이나 법률전문가에게 조회, 문의하거나 대법원 판결 등을 확인해야 할 의무가 있다. 물론 그 때 불법인식을 갖

58) 소위 심리적 계기이론. 이에 관해서는 Horn, Verbotsirrtum und Vorwerfbarkeit, 1969, S. 105 f. 그리고 이 이론에 따라 행위자가 자기 행위의 위법성에 대해 어떤 의심도 갖지 않는다면 회피불가능한 착오에 빠진 것으로 여긴다면 이것은 곧 불법인식을 고의의 핵심요소로 보는 고의설에 이르게 되고 그 결과 고의설의 문제점을 그대로 답습하게 된다고 한다.

59) 예컨대 Rudolphi는 이런 입장에서 회피가능성의 본질은 자기행위의 구체적 위법성의 인식가능성에 있다고 하면서 여기에서의 인식가능성은 사실상의 인식가능성과 규범적 기대가능성의 산물이라고 한다. 이에 관해 자세한 점은 ders., Unrechtsbewußtsein, Verbotsirrtum und Vermeidbarkeit des Verbotsirrtums, 1969, S. 195, 205, 211 f.

60) 이러한 세분화는 다음과 같은 나누어진다. 1) 행위자가 스스로 또는 다른 사람의 말에 따라 심사숙고하거나 혹은 관련 전문적인 책을 통해 의심을 갖게 되는 경우이고, 2) 행위자가 의심은 하지 않으나 특별한 규정이 규율하는 영역에서 행위하고 있다는 점을 알고 있는 경우이고, 3) 행위자가 자신의 행위가 개개인이나 일반인들에게 손해를 가한다는 점을 알고 있는 경우가 불법인식의 계기라고 한다. 이에 관해서는 Roxin, Strafrecht, AT(주 57), S. 951 f.

기에 필요한 노력의 정도는 행위정황이 어떠한가, 행위자 개인이 어떤 인식능력을 갖고 있는가 그리고 행위자가 어떤 사회집단에 속해 있는가에 따라 달리 평가되어야 한다.[61] 셋째, 행위자가 자기행위의 불법인식을 하려는 노력이 불충분하다고 해서 그것으로부터 곧바로 그의 법률의 착오는 피할 수 있는 것이라는 결론이 도출되지 않는다. 다시 말해 불법인식을 하려는 노력에 의해 자기 행위의 위법성을 인식해야 한다. 물론 행위자가 심사숙고의무나 조회의무를 위반했다는 것은 자신의 행위가 불법이라는 것을 현실적으로 아는 것과는 다르다. 그러므로 이러한 의무위반을 했다고 해서 행위자를 처벌하는 것은 현실적인 불법인식을 책임의 구성요소로 보는 책임원칙에 비추어 보면 문제가 적지 않다.[62] 그러나 형법은 규범의 안정화를 목표로 하기 때문에 결국 결정적인 문제는 국가나 사회가 행위자가 모른다는 것을 얼마만큼 감수할 수 있는가이다. 여기서 만약 자신의 행위가 법적으로 잘못되었다는 것을 모르는 행위자를 처벌하지 않는다면 국가질서는 큰 타격을 받게 된다. 따라서 행위자가 가졌던 생각보다 법이 무엇을 원하는가를 보다 중요하게 여기는 형사정책적인 입장은 책임원칙에 반하지 않는다. 다시 말해 책임원칙을 공정한 귀속원칙으로 이해한다면, 행위자가 법적인 상황을 알 수 있었는데도 불구하고 자신이 법을 어겼다는 것을 몰랐기 때문에 처벌받을 수 없다고 주장할 수는 없다는 것이다.

Roxin에 따르면, "정당한 이유"를 "회피가능성"이 있는가에 따라 판단하는 책임설에 따르는 해결책이 행위의 사회유해성을 요구하는 고의설의 입장보다 개별 사안에 훨씬 더 적합한데 왜냐하면 이 경우 행위자의 법적 충성심을 보다 더 적절하게 고려할 수 있기 때문이라

61) 그러므로 예컨대 의사, 약사, 건축업 종사자들은 자신의 직업과 관련된 분야에서 일반인보다 강한 주의의무가 요구된다. Roxin, Strafrecht, AT(주 57), S. 954.

62) 이에 대한 자세한 비판은 Armin Kaufmann, FS Eberhard Schmidt(주 44), S. 329. 즉 그에 의하면, 검사하거나 조회할 것에 대한 주의의무인 법적 의무 b를 위반했다고 해서 고의적인 구성요건 실현이라는 법적 의무 a를 침해했다고 비난할 수 없다고 한다.

는 것이다. 즉 이 경우 책임설이 근거하는 책임원칙은 행위자에 기대되는 법적 충성심을 모두 동원해서 당해 불법구성요건을 실현하는 것을 회피할 수 있고 또 회피해야만 한다는 것이다.[63] 이런 관점에서 사견으로는 "정당한 이유"를 독일에서의 "회피가능성"의 문제로 파악해서 사례를 해결하는 셋째 방법이 가장 설득력이 있는 것 같다. 왜냐하면 그렇게 되어야만 애당초 행위자의 고의를 조각시키는 방안보다 행위자의 법에 대한 무관심이 과연 얼마만큼 그의 법적 충성심과 관계가 있는가를 보다 자세히 알 수 있기 때문이다. 그러나 궁극적으로 이 문제는 개별사안의 구체적인 사실확인에 의해 결정될 수 있는 것 같아 보인다. 이미 항소심에서도 판시한 바와 같이 피고인 甲이 집배원으로부터 법원의 문서를 받은 것이 불분명하더라도 대법원의 판결에서 나타난 바와 같이 판결문 안에 신상정보신고의무가 기재되어 있다면 최소한 조회의무에 대한 계기는 있지 않았는가 추측할 수 있을 것 같다. 그리고 사실상 고의와 위법성의 인식을 서로 구별하는 책임설의 장점은 법에 무관심한 자들을 고의설과 같이 "법과실" 개념에 의하지 않고 규율할 수 있다는 점인데, 고의설에 따라 이 사안에서 법에 무관심한 자에 대해 애당초 고의를 인정하지 않는 것은 적어도 문제가 없는 것은 아니라는 생각이 든다. 다만 형법상 회피가능성의 정도에 따라 처벌을 달리할 수 있는 독일과 달리 우리의 경우에는 형법에 그러한 가능성이 규정되어 있지 않으므로 이러한 해결책은 해석상 난관에 처할 수밖에 없을 것이다.

Ⅲ. 맺음말

이상에서 언급했듯이 이 사안이 지니는 의미는 두 가지로 나누어 볼 수 있다.

우선 이론적으로는 여태까지 관심영역 밖에 있었던 고의와 법률

63) Kindhäuser, Gleichgültigkeit als Vorsatz, FS Albin Eser, 2005, S. 349.

의 부지를 구별하는 새로운 문제를 알려 주었다는 데에 있다. 종래 학계의 논의는 주로 규범적 구성요건요소를 중심으로 구성요건착오와 포섭의 착오를 구분하는 데 중점을 두고 있었다. 그러나 고의와 법률의 부지를 구별하는 문제는 규범적 구성요건요소에 대한 착오와 포섭의 착오를 구분하는 문제와는 차원을 달리하는 면이 있는 것 같다. 규범적 구성요건요소에 대한 착오와 포섭의 착오를 구분하는 데 있어서는 행위자의 인식이 결여된 부분이 '사회적 의미내용'에 대한 인식인지 아니면 '법적으로 금지되어 있다'는 인식인지가 관건이 되며, 여기에는 행위자가 최소 한도의 일정한 인식을 가지고 있다는 점이 전제되어 있다. 이에 반해 고의와 법률의 부지의 구분이 문제되는 경우는 책임설의 관점에서 볼 때 행위자의 미인식 내지 부지에는 구성요건요소에 대한 미인식 측면과 금지규범에 대한 미인식 측면이 동시에 존재하기 때문에 이러한 두 가지 측면을 상호 분리하기가 매우 어렵다. 대상사안에서와 같이 피고인이 '신상정보 제출의무'를 인식하지 못한 경우 이를 구성요건요소에 대한 부지인지 아니면 금지규범에 대한 부지인지를 구별하기는 쉽지 않은 것이다. 이러한 상황은 종래 학계에서의 구성요건착오와 금지착오를 구별하는 데 사용되었던 기준들을 일반화하여 고의와 법률의 부지를 구별하는 작업에 활용하는 데는 한계가 있다는 것을 의미한다.

실천적인 관점에서 고려해 볼 때 해당판결은 법률의 부지에 대한 정당한 이유의 검토도 없이 행위자를 처벌했다는 점에서 설득력이 없는 것 같다. 이미 언급한 바와 같이 이 사안에서는 책임설에 따라 금지착오를 인정하고 그에 대해 "정당한 이유"를 인정해서 처벌여부를 결정하는 것이 가장 합리적이라고 생각된다. 그러나 무엇보다도 이 사안과 관련해서 필자가 받은 느낌은 이론적인 소득보다는 실천적인 결과가 더욱 의미있는 것 같다는 것이다. 왜냐하면 형벌이라는 해당인에게 가혹한 법적 효과를 고려해 볼 때 대법원의 태도는 정당화되기 어렵기 때문이다. 그와 같은 이유에서라도 대법원이 법률의 부지를 법률의 착오로 보지 않는 자신의 입장을 다시 한번 재고하기를 한번 기대해 본다.

[주 제 어]

고의설, 책임설, 구성요건 유형론, 법률의 부지, 정당한 이유, 계기

[Key Words]

Vorsatztheorie, Schuldtheorie, Theorie der Tatbestandstypen, Unkenntnis des Gesetzes, aus zureichendem Grund, Anlaβ

접수일자: 2016. 4. 15. 심사일자: 2016. 5. 30. 게재확정일자: 2016. 6. 3.

[참고문헌]

1. 국내문헌

김일수, 한국형법 II(총론 하), 108면.
신동운, 형법총론 판례백선.
오영근, 형법총론, 497면.
이재상, 형법총론, 1995, 296면.

김영환, 법률의 부지의 형법해석학적 문제점, 형사법연구 제21호, 2004.
김범식, 규범적 구성요건요소의 착오, 형사법연구 제21권 제2호(2009 · 여름).
류전철, 규범적 구성요건요소에 관한 소고, 형사법연구 제10호, 1997. 12.
문채규, 구성요건착오와 금지착오의 구별 - 규범적 구성요건표지에 대한 고의의 인식양태를 중심으로 -, 부산대 법학연구 제52권 제3호, 2011.
장성원, 구성요건착오와 금지착오의 구별 - 구성요건착오의 도출을 중심으로 -, 형사법연구 제25권 제2호(2013 · 여름).
천진호, 형법상 금지착오에 있어 "정당한 이유(회피가능성)"에 대한 판단척도, 경북대 법학연구소, 법학논고 제11집, 1995.
허일태, 법률의 부지의 효력, 형사판례연구 1, 1993.
______, 금지착오의 일종으로 보아야 법률의 부지, 형사실무연구회 발표문,
한정환, 구성요건착오와 금지착오의 구별 - 규범적 구성요건요소에 관한 착오와 관련하여 -, 형사법연구 제7호, 1994. 12.

2, 독일문헌

Dr. Paul K. Ryu, Das koreanische Strafgesetzbuch, 1968.
Dreher, Niederschriften üeber die Sitzung der Groβen Strafrechtskommision, 2. Bd., 1958.

Baumann/Weber, Strafrrecht, AT, 11. Aufl., 2003, §21.
Jescheck/Weigend, Lehrbuch des Strafrecht, Allg, Teil, 5. Aufl., 1996, §41.

Neumann, Nomos Kommentar StGB, 3. Aufl., Bd. 1, 2010, §17.

Roxin, Strafrecht, AT, Bd. I, 4. Aufl., 2006, §12, §21.

Rudolphi, SK Bd. 1, AT, 3. Aufl., 1983, §17.

Schönke/Schröder StGB, 25. Aufl., 1997, S. §15.

Stratenwerth/Kuhlen, Schweizerisches Strafrecht, AT I, 6. Aufl., 2011, §10.

Herzberg, Vorsatrzausschlieβnde Rechtsirrtümer, JuS 2008.

ders., Tatbestands- oder Verbotsirrtum?, GA 1993.

Horn, Verbotsirrtum und Vorwerfbarkeit, 1969.

Armin Kaufmann, Schuldfähigkeit und Verbotsirrtum, FS Eberhard Schmidt, 1964.

Kindhäuser, Gleichgültigkeit als Vorsatz, FS Albin Eser, 2005.

Kuhlen, Die Untersheidung von vorsarzausschließenden und nicht vorsatzausschließendem Irrtum, 1987.

Puppe, Tatsirrtum, Rechtsirrtum, Subsumtionsirrtum, GA 1990.

Roxin, Über Tatbestands- und Verbotsirrtum, FS Tiedemann, 2008.

Rudolphi., Unrechtsbewußtsein, Verbotsirrtum und Vermeidbarkeit des Verbotsirrtums, 1969.

Tiedemann, Zum Stand der Irrtumslehre, insbesondere im Wirtschafts- und Nebenstrafrecht, Rechtsvergleichende Überlegungen und Folgerungen, FS Geerds, 1995.

[Abstract]

Vorsatz und Unkenntnis des Gesetzes

Kim, Young-Whan*

1. Im folgenden wird die Rechtsprechung des koreanischen obersten Gerichts(das höchste Gericht, 27. 11. 2014, 2013do15164) kommentiert. Dabei geht es um folgenden Sachverhalt. A hat das Gesäß der jungen Frau berührt so dass er wegen des Verstoss gegen das Gesetz zum Schutz von Kindern und Jugendlichen(das sog. Jugendschutzgesetz) verurteilt wurde. Nachdem seine Brufung sowie Revisionn erfolglos war, wurde dieses Uteil endgültig festgeschrieben. Gemäß §34 Abs. 1 dieses Gesetzes soll der wegen der sexuellen Belästigugung Verurteilte aber innerhalb von 40 Tagen bei der für seinen Wohnsitz zuständigen Polizei persönliche Daten vorlegen. Dennoch hat er ohne triftigen Grund diese Auflage nicht erfüllt so dass er bei der ersten Instanz zur Urteilsbebewährung zur Geldstrafe eine Milion Won verurteilt wurde. Dagegen hat er bei der Berufungsinstanz beschworen, dass er kein Unterlagen über die Anmeldugnspflicht bei der Polizei erhlaten hat. Während die zweite Instanz das Urtiel der ersten Instanz verworfen hat, wurde diese Entscheidung wiederum beim obersten Gericht aufgehoben.

2. M.E. geht es hier eigentlich darum, wie die Anmeldepflicht, persönliche Informationen bei der Polizei vorzulegen, aufzufassen ist. Hier ist sehr hilfreich, wenn die Dikussion in Deutschland in Bezug genommen wird. Tiedemann zufolge, der die sog. Vorsatztheorie vertritt, soll die

* Prof. Dr., School of Law, Hanyang University.

Verbotskenntnis zum Vorsatz gehören, wenn dies vernünftigerweise unerläßlich ist, um ein Unrechtsbewusstsein zu haben. Diese Überlegung beruht darauf, dass die Tatbetandsverwirklichung eine Unrechtsimpuls vermittelt und dass ein solcher Unrechtsappell nur aus der Verwirklichung unrechtstypischer Umstände erwächst. Auch Roxin behauptet die sog. weichere Schuldtheorie, nach der das Bewusstsein der Rechtswidrigkeit in weitem Umfang Vorsatzbestandteil bildet, wenn die rechtliche Missbiligung eines Verhaltens erst durch außertatbestandliche Gebote oder Verbote hervorgerufen wird, wie es häufig im Nebenstrafrecht zu beobachten ist. Denn der Sinn seines Verhaltens bleibt dem Täter eben bei seinen Fehlen verschlossen. Zum Beipiel kann allein derjenige gegen eine strafbewehrte Meldepflicht verstoßen, der diese Meldepflicht kennt. Tiedemann und Roxin sind darin einig, dass das eine intellektuelle Fehlleitung des Täters einen anderen Vorwurf verdient als seine etisch-moralische Fehlleistung. Aber anders als Tiedemann, der in diesen Fällen bereits den Vorsatz des Täters verneint, will Roxin zwar den Vorsatz stehen lassen, aber durch Annahme eines unvermeidbaren Verbotsirrtums zu einem Freispruch kommen.

3. Im Gegensatz zur herrschenden Lehre hat das oberste Gericht §16 des Koreanischen Strafgesetzes dahingehend ausgelegt, dass lediglich die positive irrige Annahme des Täters, kein Unrecht zu tun, als Rechtsirrtum gewertet werden soll. Dagegen soll die Unkennnis des Gesetzes nicht als Rechtsirrtum angesehen werden. Aber diese vom obersten Gericht vorgenommene Beschränkung des Verbotsirrtums auf die positive Annahme des Täters, kein Unrecht zu tun, setzt sich folgende Einwänden aus. Zuerst geht diese Auslegungspraxis auf den Grundgedanken, dass eoror iuris nocet, der in der modernen Zeit nicht gelten kann, weil niemand unzählige Nebenstrafgesetz kennt. Zweitens kann diese enge Auslegung des Rechtsirrtums auch zur Friktion mit der Schuldfähigkeit zur Folge haben. Denn die Rechtsfolge fallen unterschiedlich aus, je nach dem, nach welchem Grundsatz die Fehlvorstellung des Täters beurteilt werden soll, auch wenn die Unrechtseinsicht in beiden Fällen gleich sein soll. Drittens

liegt der Haupteinwand darin dass diese Ansicht des obersten Gerichts gerade gegen das Schuldprinzip verstößt, das Strafe Schuld voraussetzt, die das Bewusstsein fordert, Unrecht zu tun.

4. M.E. gibt es zu dem betreffenden Fall drei verschiedene Lösungswege. Die erste Lösung geht davon aus, dass das Gesetz, in dem die Anmeldungspflicht des Verurteilten vorgeschrieben ist, ein Tabestandselement darstellt. Daher soll der Vorsatz des Täters verneint werden, wenn der Täter das nicht kennt. Diese Ansicht hat die zweite Instanz behauptet. Die zweite Lösung, die vom obersten Gericht vertreten wird, behauptet, dass die Unkennnis des Gesetzes nicht als Rechtsirrtum angesehen werden soll. Daher bleibt die Unkenntnis des Gesetezes unbeachtlich. Die dritte M.E. angemessene Lösung geht von der Schuldlehre, die den Vorsatz als Tatvorsatz und das Bewußtsein der Rechtswidrigkeit als ein vom Vorsatz getrennntes selbständige Schuldelement begreift, aus und beurteilt dann 'den zureichenden Grund' in §16 nach dem Kriterium der Vermeidbarkeit. Dabei geht es vor allem darum, zu überprüfen, ob der Täter einen Anlaß gehabt hätte, über eine mögliche Rechtswidrigkeit seines Verhaltens nachzudenken oder sich danach zu erkundigen. Dabei sei erwähnt, dass die Entscheidung letztlich von der konkreten Sachlage abhängt.

5. Letztlich sei hier empfohlen, über die Plausibilität der Ansicht des obersten Gerichts gründlich nachzudenken. Dabei sollen vor allem die theortischen Auseinandersetzungen über den Irrtum in Nebenstrafrecht in Deutschland in weitem Maße berücksichtigt werden. Das ist deswegen dringlich vonnoten, weil die verhängte Strafe in diesem Fall uns überhaupt nicht überzeugt. Vielmehr sollte Nachsicht am Platz sein, wenn Tatbestandsvorsatz nicht ohne wieteres den Schluß auf die Kenntnis der Rechtsdwidrigkeit nahelegt.

위법성조각사유의 전제사실의 착오에 대한 대법원판례의 이해구조
-오상을 이유로 하는 위법성조각과 정당방위상황의 인정-
-판례의 시각에 대한 학계의 이해부족-

이 용 식*

[대상판결] 대법원 1968. 5. 7. 선고 68도370 판결

[사실관계]

피고인은(피고인은 상병이다) 소속연대의 경비병으로 복무를 하고 있는 자로서 1967. 7. 28 오후 10시부터 동일 오후 12시까지 연대장숙소 부근에서 초소근무를 하라는 명령을 받고 근무 중, 그 이튿날인 1967. 7. 27. 오전 1시30분경 동소에서 다음번 초소근무를 하여야 할 상병 공소외인(배희칠랑)과 교대시간이 늦었다는 이유로 언쟁을 하다가, 피고인이 동인을 구타하자 공소외인은 소지하고 있던 카빈소총을 피고인의 등 뒤에 겨누며 실탄을 장전하는 등 발사할 듯이 위협을 하자, 피고인은 당황하여 먼저 동인을 사살치 않으면 위험하다고 느껴 뒤로 돌아서면서 소지하고 있던 카빈소총을 동인의 복부를 향하여 발사함으로써 동인을 사망케 하였다.

* 서울대학교 법학전문대학원 교수.

[판시사항]

피고인과 공소외인과의 사이에 언쟁을 하고, 피고인이 동인을 구타하는 등의 싸움을 하였다 하여도 다른 특별한 사정이 없는 한, 구타를 하였음에 불과한 피고인으로서는 공소외인이 실탄이 장전되어 있는 (초소근무인 만큼 실탄이 장전되어 있다) 카빈소총을 피고인의 등 뒤에서 겨누어 발사할 것 같이 위협하는 방위행위는 위와 같은 싸움에서 피고인이 당연히 예상하였던 상대방의 방위행위라고는 인정할 수 없으므로 이는 부당한 침해라고 아니할 수 없고, 피고인이 동인을 먼저 사살하지 않으면 피고인의 생명이 위험하다고 느낀 나머지 뒤로 돌아서면서 소지 중인 카빈소총을 발사하였다는 행위는 <현재의 급박하고도 부당한 침해를 방위하기 위한 행위로서 상당한 이유가 있는 행위>라고 아니할 수 없다.

만일 공소외인이 피고인의 등 뒤에서 카빈소총의 실탄을 발사하였다면 이미 그 침해행위는 종료되고 따라서 피고인의 정당방위는 있을 수 없을 것임에도 불구하고, 원심이 위와 같은 사실을 인정하면서도 피고인이 발사할 때까지는 공소외인이 발사를 하지 아니한 점으로 보아, 동인에게는 피고인을 살해할 의사가 있다고 볼 수 없으므로 피고인의 생명에 대한 현재의 위험이 있다고 볼 수 없다는 취지로 판시함으로써 위와 같은 피고인의 행위를 정당방위가 아니라는 취지로 판시하였음은 <정당>방위에 관한 법리를 오해한 위법이 있다고 아니할 수 없다.

가사 피해자인 공소외인에게 피고인을 상해할 의사가 없고 객관적으로 급박하고 부당한 침해가 없었다고 가정하더라도 원심이 인정한 사실자체로 보아도 피고인으로서는 현재의 급박하고도 부당한 침해가 있는 것으로 오인하는 데 정당한 사유가 있는 경우(기록에 의하면 공소외인은 술에 취하여 초소를 교대하여야 할 시간보다 한시간반 늦게 왔었고, 피고인의 구타로 동인은 코피를 흘렸다는 것이며, 동인은 코피를 닦으며 흥분하여 "월남에서는 사람하나 죽인 것은 파리를 죽인 것이나 같았다. 너하나 못 죽일 줄 아느냐"라고 하면서 피고인의 등 뒤에 카빈총을 겨누었다고 한다)에 해당한다고 아니할 수 없음에도 불구하고, 원심이 위와 같은 이유로서 피고인의 정당방위의 주장을 배척하였음은 역시 <오상>방위에 관한 법리를 오해한 위법이 있다.

[연 구]

I. 들어가며

현재의 부당한 침해 즉 정당방위상황이 존재하지 않음에도 이를 존재한다고 오인하여 방위행위로 나아간 경우에, 객관적으로는 정당방위의 요건을 갖추지 못하였기 때문에 위법성은 조각되지 아니하고 이를 사실의 착오로 볼 것인가 아니면 법률의 착오로 볼 것인가에 관하여 다툼이 있다. 전자의 견해는 정당방위상황이 존재한다고 오신하여 행한 방위행위에 관하여 고의조각을 인정하는데, 후자의 견해는 이 경우 고의조각을 부정한다. 이와 같이 오상방위의 문제는 오상에 기초한 방위행위에 관하여 고의범으로 처벌할 것인가 아닌가 하는 점이 주된 논의의 대상이 되고 있다.

그러나 정당방위 오상방위의 성부가 문제로 되고 있는 대법원판례에서는 객관적으로 보면 정당방위상황이 존재하는지 여부가 의심스러운 본 사안과 같은 경우에 (1) 우선 「일정한 상황하에서는」 -정당방위상황이 존재하지 않았음에도 불구하고- 정당방위상황의 존재를 긍정하여 반격행위의 정당화를 인정하고 있다. (2) 다음으로 객관적으로 생명의 위험이 급박하다고는 할 수 없는데 피침해자는 이를 알지 못하고 자기 생명을 보호하기 위하여 반격행위로 나아갔다면 오상방위가 성립되며, 이러한 오상방위는 일정한 경우에는 피침해자의 오상을 이유로 위법성조각을 인정하고 있다. 이와 같은 재판실무의 사고방법을 명확하게 정리하는 것은 오상방위가 문제로 되는 사안의 실무처리의 지침으로서 역할을 할 수 있을 것으로 생각된다. 즉 오상방위가 문제되는 사안들에는 피고인이 단순한 실수로 정당방위상황이 존재한다고 오신한 사안에서부터 싸움에 직면해서 신체의 위험이 급박하다고 오신하지 않을 수 없는 사안까지 여러 가지 다양한 유형이 존재한다(전적으로 단순한 실수로 현재의 부당한 침해를 오상하는 케이스는 교실사례에서는 생각할 수 있지만[1] 현실적으로는 거의 발생하지 않고 오히려 본 대상판결의 사안과 같이 상대방이 무언가 범죄적인 액션을 함으로써 침해를 오신하게 된 경우가 많다). 이와 같이 다양한 사안들을 「정당방위상황의 오신 유무」라는 단순한 기준으로 일률적으로 처리하는 것은 곤란하다. 여기에서 재판실무가 오상방위가 문제되는 사안을 어떻게 처리하고 있는가를 명확히 하는 것은 이러한 사안의 적절하고 효율적인 인정에 기여할 수 있다고 생각된다. 즉 오상을 이유로 위법성조각을 인정한다고 생각되는 판례가 존재하는 이상, 그 위법성조각의 구조를 살펴보는 것은 정당방위상황의 오상에 관한 재판실무의 사고논리를 이해하기 위하여 의미가 있다는 것이다.

이와 같은 문제의식에 기초하여 본 논문은 오상방위를 고의의 문제로 보는 학계의 입장과 달리 오상을 이유로 위법성조각을 인정하는 판례의 입장을 검토하여 그 구조를 명확히 하려고 시도하는 데 목적이 있다. 그런데 이러한 학계의 시각은 오상을 이유로 위법성조각을 긍정하는 판례의 견해와는 대립되는 것인가? 오상을 이유로 하는 위법성조각을 인정하는 판례도 오상방위를 일부분 즉 일정한 경우(정당한 사유가 없는 경우 예컨대 정당방위상황이 존재하지 않음이 명백한데 피고인의 인식에 문제가 있는 경우와 같이 정당방위상황의 순수한 오신만이 문제되는 경우)에는 사실의 착오로 보아 고의조각을 인정하고 있는 것은 아닌가? 결론부터 말하면 판례는 오상을 이유로 위법성

1) 교과서에서는 예컨대 택배배달부가 들어오는 것을 강도가 들어오는 것으로 오인하거나 어두운 밤길을 걷던 행인이 맞은편에서 친구가 반가워서 달려오는 사실을 모르고 강도의 기습을 받고 있다고 생각하는 경우(김성돈, 형법총론, 제4판, 2015, 303면, 410면), 장난으로 들이댄 장난감총을 진짜로 오인하는 경우(배종대, 형법총론, 제12판, 2016, 345면) 등이 제시되고 있다.

조각을 인정함에 있어서 -정당방위상황의 존재여부 판단에 있어서 자신의 고유한 판단방법을 사용하고 있음에도 불구하고- 어떤 경우에는 정당방위상황의 존재를 인정하여 위법성조각을 인정하고 (본 대상판결인 초소경비병 사건), 또 어떤 경우에는 정당방위상황의 오신만을 인정하는 경우에도 역시 위법성조각을 인정하고 있다는 것이다 (역시 본 대상판결인 초소경비병 사건). 또 어떤 경우 -단순한 오상방위의 경우- 에는 사실의 착오로 보아 고의조각을 인정한다는 전제에 기초하고 있는 것이 아닌가(경찰관 총기발사 사건에서 업무상과실치사의 죄책을 문제삼고 있다) 분석된다. 이와 같이 본 논문의 목적은 오상방위에 관한 판례의 내용을 검토하여 그 근저에 있다고 생각되는 실질적인 가치판단의 내용을 살펴보는 데 있다. 그리고 이러한 재판실무의 사고방법이 현재 형사소송절차에 비추어 어떠한 역할을 하고 있는가에 관하여도 간단히 살펴보기로 한다.

Ⅱ. 오상방위를 고의조각의 문제로 보는 학계 – 착오론에서 접근

A. 고의조각을 인정하는 입장

오상방위의 문제에 관하여 학계에서는 정당방위상황의 오신을 이유로 고의조각을 인정해야 할 것인가(사실의 착오설) 아닌가(법률의 착오설)가 논의의 대상이 되고 있다.[2] 이에 관한 학설대립의 본질은 구성요건을 기초지우는 사실(예컨대 사람을 살해한다는 사실)의 인식과 위법성조각사유를 기초지우는 사실(예컨대 현재의 부당한 침해가 존재한다는 사실)의 인식을 동질 · 대등한 것으로 볼 것인가 이질적인 것으로 볼 것인가에 있다. 양자를 동질 대등한 것으로 본다면 (가치적으로 같은 것으로 본다면), 구성요건에 해당하는 사실의 인식이 있더

2) 학설의 자세한 내용과 헤아리기 어려운 수많은 문헌은 김종구, 우리 형법학에서 정당화 사정의 착오론의 의미, 형사법연구 제28권 제1호, 2016, 62면 이하 각주들 참조.

라도 위법성조각사유에 해당하는 사실의 인식이 존재하면 전자가 후자를 해소함으로써 고의가 있다고 할 수는 없다는 것이다. 그러나 구성요건에 해당하는 사실의 인식과 위법성조각사유에 해당하는 사실의 인식을 이질적인 것으로 본다면 (가치적으로 다른 것으로 본다면) 전자의 인식이 있으면 위법성의 인식을 환기하는 의미에서의 사실의 인식은 있다고 보아 고의를 긍정하게 된다. 달리 표현하면 위법성조각사유의 전제사실에 관한 착오에 관하여 고의조각을 인정하는 사실의 착오설과 고의조각을 부정하는 법률의 착오설의 대립은 본질적으로 「고의의 인식대상으로서 구성요건에 해당하는 사실을 인식하면 충분한가?」 이와 관련된 논의이다.[3]

오상방위에 있어서 고의조각을 인정하는 견해 중에서 유추적용설에 의하면, 현재의 부정한 침해를 오인한 경우에는 구성요건에 해당하는 사실은 인식하면서도 위법성조각사유에 해당하는 사실을 인식하고 있기 때문에 전체적으로 불법을 기초지우는 사실의 인식은 존재하지 않아서 불법고의를 인정할 수는 없다고 본다. '위법성조각사유에 해당하는 사실의 착오'를 한 오상방위를 '구성요건에 해당하는 사실의 착오'와 동일하게 평가한다는 것이다. 그런데 이는 구성요건해당성 단계에서 존재한다고 긍정된 구성요건고의가, 위법성조각사유의 전제사실의 착오에 의하여 「사후적으로」 부정되고 그에 따라 과실범의 성부가 문제된다고 하는 것이다. 이는 구성요건의 범죄개별화 기능을 부정하는 것으로 되어버린다. 구성요건에 가장 기대되는 기능은 '구성요건해당성 없으면 범죄 없다'는 죄형법정주의 기능이라고 생각된다. 구성요건이 이러한 죄형법정주의 기능을 하기 위해서는, 고의 과실이 구성요건요소가 아니면 안된다. 그리고 이러한 죄형법정주의 기능은 어떤 범죄를 다른 범죄를 구성요건해당성 단계에서 구별할 것을 요구한다. 이를 위해 구성요건해당성 단계에서 고의범과 과실범을 구별하는 것이 중요하다.[4]

3) 김성돈, 형법총론, 229면 참조.

법효과제한적 책임설에 의하면 오상방위는 사실의 착오이지만 이 경우 조각되는 고의는 구성요건고의가 아니라 책임고의이며, 그에 따라 고의범은 성립될 수 없고 오인에 과실이 인정되는 경우에 과실범이 성립된다고 한다. 구성요건고의의 인식대상은 '개별 범죄유형에 관계되는 사실' 즉 객관적 구성요건에 해당하는 사실이며, '위법성조각사유의 전제되는 사실'은 '개별 범죄유형에 관계되는 사실'은 아니기 때문에 책임고의의 인식대상이라고 이해해야 한다는 것이다. 고의의 인식대상이 되는 '구성요건에 해당하는 사실'을 인식하고 있으므로 구성요건적 고의 그자체는 조각될 수 없지만, 인식한 사실은 법이 인정하고 있는 '위법성조각사유에 해당하는 사실'이며 그자체로는 법질서에 충실한 것이고 법에 적대하는 것은 아니다. 따라서 고의의 책임비난을 부정할 수 있다는 것이다. 이는 형사정책적으로 보아 고의범을 중한 법정형으로 처벌하는 것은 타당하지 않다는 생각에 기초한다. 이에 대하여는 일단 구성요건적 고의가 인정되고 고의범의 구성요건해당성이 긍정되었는데, 다시 과실범의 구성요건해당성에 해당한다고 인정할 수 있는가 하는 의문이 제기될 수 있다(되돌아 판단하기 현상). 구성요건적 고의를 인정하면서 과실치사상죄의 성립을 인정하는 것은 타당하지 않다는 비판이다. 구성요건해당성을 일단 판단하고 나서 다시 출발점으로 되돌아와서 구성요건해당성을 다시 판단하지 않으면 안된다는 것이다.[5]

이러한 문제점을 회피하기 위한 것 중의 하나가 소극적 구성요건표지론인데,[6] 구성요건해당성 판단과 위법성조각사유의 판단의 질적 차이를 무시한다는 비판을 받고 있다. 법효과제한적 책임설에서는 이러한 되돌아와서 판단하는 현상에 대한 비판을 어떻게 해결하고 있는가? 이러한 비판은 '고의는 결과의 인식, 과실은 결과의 불인식'이라는

---

4) 정성근/박광민, 형법총론, 전정2판, 2015, 355면.

5) 김성돈, 형법총론, 414면; 김일수/서보학, 새로 쓴 형법총론, 제12판, 2014, 193면, 194면; 정성근/박광민, 형법총론, 357면.

6) 이상돈, 형법강론, 2015, 285면.

형태의 상호 배타적인 관계에 있다는 사고에 기초하고 있다. 그러나 과실은 단순한 결과의 불인식이 아니다. 결과의 예견가능성이 과실의 본질적 요소이다. 그렇다면 고의와 과실은 결과의 예견가능성이라는 부분에서 중첩 내지 공통되고 있다. 고의는 범죄사실의 인식이고 과실은 범죄사실의 인식가능성이라고 하는데, 고의는 어떻게 범죄사실을 인식하게 되었는가? 범죄사실을 인식하는 것이 가능했었기 때문에 즉 예견가능성이 있었기 때문이다. 다시 말하면 결과발생의 예견가능성이 있었는데, 실제로 결과발생을 예견한 것이 고의이고 실제로 예견하지 못한 것이 과실이다. 예견가능성은 고의와 과실에 공통되는 요건이다. 이렇게 생각하면 살인죄의 구성요건적 고의가 인정된다는 것은 사망결과에 대한 예견가능성이 존재한다는 것이므로, 이는 동시에 과실치사의 구성요건에 해당한다는 것을 의미하고 따라서 과실치상죄의 성립을 인정하는 것에 지장은 없다. 즉 구성요건적 고의 속에 구성요건적 과실이 포함되어 있다는 것으로 볼 수 있다는 논의전개이다. 구성요건적 고의와 구성요건적 과실은 양립할 수 없는 관계에 있다는 것이 전통적인 이해였던 것으로 보인다. 그런데 법효과제한적 책임설의 입장에 따르면 과실범에는 두 가지 종류의 유형이 있는 것으로 보인다. 제1유형은 구성요건적 사실의 인식이 결여된 경우로서, 통상의 과실범은 이에 해당한다. 제2유형은 구성요건적 사실은 인식하여 구성요건고의는 인정되지만 정당화사정을 오인하였기 때문에 위법성을 기초지우는 사실의 인식이 결여된 경우로서 책임고의가 없어서 고의범은 성립되지 않고 과실범이 성립하는 것으로 되는 과실범이다. 즉 이는 위법성조각사유의 전제사실에 관하여 착오하는 행위자의 책임이 질적으로 과실책임과 일치하는 때에는 비록 고의불법이 인정된다고 하더라도 과실형벌을 부과하는 것은 당연하며, 고의책임의 탈락에 의해 과실이 의제되는 것이 아니라 과실의 새로운 영역이 발견된다는 것이다.[7)]

7) 천진호, 형법총론, 2016, 585면.

사실의 착오설의 사고과정을 분석하면 결국 어느 입장도 실질적으로는 고의범이 성립하기 위하여는 구성요건에 해당하는 사실의 인식과 위법성을 기초지우는 사실의 인식이 요건으로 된다는 점에 다툼은 없는 것이다. 그러므로 오상방위의 경우는 고의범이 불성립하게 된다. 그런데 종래의 논의에는 고의가 조각된 이후에 과실범의 성립에 관하여 불충분한 점이 있다고 생각된다. 이때의 과실범은 정당화사정의 존재에 관한 과실이다. 이 경우의 과실은 정당화사정의 존부를 주의깊게 검토하지 않았다는 주의의무위반이다. 예컨대 '사전에 상대방의 동작을 잘 관찰하여야 하는데 이를 하지 않았다'는 것이다. 종래의 학설은 구성요건적 고의가 있다는 이유로 이러한 과실의 인정을 방치하였던 것 같이 생각된다. 구성요건적 고의는 예컨대 '피해자를 칼로 찌르는 것에 대한 인식이 있었다'는 것이다. 양자는 동일하지 않다. 그런데 책임단계에서 과실범으로 이동할 때 검토되어야 할 과실요건은 구성요건적 고의의 단계에서는 문제가 되지 않았던 새로운 주의의무가 포함된다. 이를 책임과실의 요건으로 위치시켜 그 존부를 음미할 것인가?에 관하여는 더 논의할 필요가 있다. 우선 구성요건적 고의는 그대로 남기면서 책임과실의 유무를 검토함으로써 과실범의 성부를 결정하는 방향이 있을 수 있다. 그런데 정당화사정의 불인식이란 구성요건적 고의가 있다는 것을 전제로 정당화사정의 불인식에 관하여 주의의무위반이 있다는 것이다. 즉 새롭게 주의의무위반이라는 사실이 추가되는 것이다. 여기서 문제가 되는 주의의무위반행위에 대해서는 아직 구성요건해당성도 위법성도 검토되지 않았다. 이것을 느닷없이 책임단계에서 검토하여 이를 근거로 처벌하는 것은 구성요건해당성의 확인없는 행위를 처벌한다는 점에서 죄형법정주의 위반의 염려가 있다. 즉 이러한 주의의무위반행위는 당초 문제가 되었던 고의행위와는 다른 사실에 관한 판단이기 때문에, 다시 구성요건해당성부터 검토되어야 한다. 따라서 이때 과실이 인정되어 유죄로 해야 할 경우에는 -공소장변경을 하지 아니하고 축소사실을 인정할 수는 없고- 공소장변경이 필요하다고 보인다. 오상방위의 경우는 고의범에서 과실범으로 죄명이 변경되므로 피고인의 방어권에 커다란 영향을 미치기 때문이다.

B. 고의조각을 부정하는 입장

오상방위에 의한 고의조각을 부정하는 견해는 오상방위를 법률의 착오로 평가한다. 이 견해는 고의의 인식대상으로서 행위자가 불법유형으로서의 구성요건에 해당하는 사실을 인식하고 있는 한 고의의 인식대상으로서 충분하다는 사고에 근거하고 있다.[8] 정당방위라고 오신한 것은 법률상 허용되지 않는 것을 허용된다고 오신하는 위법성의 착오에 지나지 않고 따라서 오상방위를 이유로 하는 고의조각을 부정한다(엄격책임설). 엄격책임설은 고의를 구성요건에 해당하는 사실의 인식으로 충분하다고 한정하여, 정당화사정의 착오를 위법성의 착오에 포함되는 것으로 보고 따라서 고의와는 무관계하다고 본다. 이 견해는 불법유형으로서의 구성요건에 해당하는 사실을 인식하기만 하면 고의가 인정되고 「행위자는 규범의 문제에 직면하고 있다」고 보는 것이다. 따라서 정당화사정의 착오에 있어서는 과실범이 성립할 여지는 없다. 고의범이 성립하는가 책임이 조각되는가 하는 문제일 뿐이다. 엄격책임설은 구성요건해당성과 위법성조각사유가 범죄체계론에서 차지하고 있는 역할에 차이가 있다는 점을 강조하는 것이다. 구성요건에 관한 착오는 사실의 착오, 위법성조각사유에 관한 착오는 위법성의 착오라고 하여, 양자에 상응시켜 착오론을 구축하고 있는 점에 엄격책임설의 특징이 있다. 구성요건은 법익침해행위를 유형화한 것으로, 구성요건에 해당하는 사실(법익침해 사실)을 인식하는 것은 고의불법과 과실불법을 구별하기 위하여 불가결하다. 그런데 위법성조각사유는 구성요건에 해당하는 행위의 허용성을 판단하는 단계이다. 그 판단기준은 목적과 수단의 상당성이나 법익형량의 원칙 등과 같은 규범적인 기준이며, 허용되지 않는 행위를 허용된다고 생각한 점은 위법행위에

8) 김성돈, 형법총론, 229면.

의 의사결정이 비난가능한가 아닌가 하는 문제로 된다는 것이다. 이러한 견해에 의하면 구성요건에 해당하는 사실(법익침해 사실)을 인식하면, 자기 행위의 위법성을 인식하고 따라서 반대동기를 형성할 기회는 주어지고 있다고 보기 때문에, 고의의 인식대상은 구성요건에 해당하는 사실에 그친다고 한다. 범죄체계론적 일관성의 관점에서 우수한 학설이라고 평가될 수 있다.

이 견해에서는 오상방위를 이유로 고의조각은 인정되지 않기 때문에, 이에 기인하여 발생하는 되돌아 판단하기 현상은 발생하지 않는다. 그러나 행위자가 구성요건에 해당하는 사실을 인식하고 있지만 동시에 위법성을 조각시키는 사실을 인식하고 있는 경우에는, 「행위자가 규범의 문제에 직면하고 있다」고는 말할 수 없다.[9] 따라서 정당방위의 요건 그 자체를 오해한 경우와 오상방위와 같이 위법성조각사유의 전제사실의 착오의 경우를 동일하게 처리할 수는 없다는 것이다. 구성요건해당성을 기초지우는 사실(법익침해를 기초지우는 사실)을 인식하더라도 동시에 위법성조각사유를 기초지우는 사실이 존재한다고 인식하고 있는 행위자는 -자기 행위가 위법하다는 것을 판단할 자료가 전부 마련되었다고는 할 수 없기 때문에- 위법성을 의식할 가능성 내지 기회가 주어지고 있다고 볼 수 없다. 이러한 경우 법에 적대적인 심정을 가지지 않는 행위자의 심리상태를 고의범으로 직접 비난할 수는 없고, 정당화사정의 존재를 오인한 부주의에 대하여 과실범으로 간접적으로 비난할 수 있음에 지나지 않는다고 보여진다. 구성요건에 해당하는 사실도 위법성조각사유를 기초지우는 사실도 행위가 위법한가 아닌가를 결정하는 데 있어서 질적 차이는 없다고 생각된다.

C. 견해대립의 핵심 : 고의의 인식대상 – 위법성 인식의 환기와 관련하여

범죄성립요건으로서 고의가 필요한 것은 범죄사실을 인식하면 자

9) 임웅, 형법총론, 제7정판, 2015, 324면.

기 행위의 위법성을 환기시킬 수 있어서 반대동기 형성이 가능하기 때문이다.[10] 그런데 다수설과 엄격책임설은 자기 행위의 위법성을 환기하는 데 필요한 사실인식의 범위 즉 고의의 인식대상에 결정적인 차이점이 있다. 다수설은 고의의 인식대상을 구성요건에 해당하는 사실과 정당화사정 부존재의 사실이라고 하는데, 엄격책임설은 고의의 인식대상을 구성요건에 해당하는 사실에 한정한다. 부정확한 비유이지만 다수설은 가령 구성요건해당성을 기초지우는 사실의 인식이 있으면 플러스 100의 위법성을 인식하는 것이 가능하다고 하면, 위법성조각사유를 기초지우는 사실의 인식이 있으면 (주관적으로는 자기 행위가 정당방위에 해당하여 완전히 적법하다고 생각하였으므로) 마이너스 100이 되어 결국 플러스 마이너스로 0이 되어 위법성의 인식을 환기하는 것이 불가능하다고 본다. 엄격책임설에 의하면 위법성조각사유를 기초지우는 사실의 인식이 있더라도 마이너스 50 밖에 되지 않으므로 플러스 마이너스 계산을 하면 플러스 50이 되어 (위법성조각사유를 기초지우는 사실을 인식하지 않고 있은 통상의 경우보다는 작더라도) 위법성의 인식을 환기하는 것이 가능하다고 생각한다. 결국 다수설과 엄격책임설의 차이는 '위법성조각사유를 기초지우는 사실'의 위법성의 인식 환기기능을 '구성요건해당 사실'의 위법성의 인식 환기기능과 대등한 것으로 볼 것인가 아니면 그것보다 낮은 것으로 볼 것인가에 있다. 법익침해를 인식하더라도 정당방위에 해당한다고 생각하면 위법성을 인식할 수 없다고 볼 것인가 아니면 법익침해를 인식하면 위법성을 인식하는 것이 가능하다고 볼 것인가의 차이이다.[11] 오상방위의 경우 행위자가 인식한 사실은 「적법」한 사실이기 때문에 보통 사람이 그러한 사실을 인식하더라도 당연히 행위를 그친다고는 할 수 없다. 고의가 있다고 하기 위해서는 구성요건에 해당하는 사실을

---

10) 임웅, 형법총론, 316면, 324면 참조; 강철하, 위법성조각사유의 전제사실에 관한 착오, 동아법학 제52호, 2011, 323면 참조; 김종구, 전게논문, 72면.

11) 김성돈, 형법총론, 414면; 정성근/박관민, 형법총론, 359면 참조.

인식하는 것만으로는 충분하지 않고, 구체적으로 위법한 사실(정당화사유를 구비하지 않은 사실)을 인식할 필요가 있다는 다수설이 설득력이 있다고 생각된다.

요약하면 오상방위를 고의조각의 문제로 보는 학설에서 논란되는 것은 (1) 위법성조각사유의 전제사실의 착오에 의하여 행위하는 자는 규범의 문제에 직면하고 있는가, (2) 위법성조각사유의 전제사실의 착오를 이와 같이 위치지우는 것은 범죄론체계와 모순되지 않는가 (되돌아 판단하기 현상) 하는 두가지 점이다. 위법성조각사유의 전제사실에 관한 착오가 문제되는 사안을 어떻게 처리해야 할 것인가 하는 점만이 문제된다면, 이 경우 고의조각을 인정할 것인가 즉 위법성조각사유의 전제사실에 관한 착오에 빠진 행위자는 규범의 문제에 직면하고 있는가 하는 점만 검토하면 족하다. 그러나 이 문제를 검토하는 논자들이 범죄론체계와의 모순을 어떻게 회피할 것인가에 관한 논의를 하게 됨으로써 여러 가지 학설이 나타나게 되었다.

Ⅲ. 오상을 이유로 하는 위법성조각을 (부분적으로) 인정하는 판례 – 위법성론에서의 접근

A. 판례의 접근시각

대법원은 위법성조각사유의 전제사실에 관한 착오를 이해하지 못하고 있다고 학계에서는 말하고 있다.[12] 도대체 위법성이 조각되는 위법성조각사유의 전제사실에 관한 착오라는 것이 말이 되는가? 비아냥거리고 있다. 그런데 정말로 그러할까? 절대로 아니다(Absolutely not!). 오히려 학계가 판례의 입장을 전혀 이해하지 못하고 있다(이해의 완전부족). 처음부터 지금까지 아주 오래전부터 판례는 정당화사정의 착오를 항상 착오의 문제로 논의하는 것에 의문을 제기하는 입장에 있

12) 김종구, 전게논문, 78면, 94면. 그런데 92면에서는 우리 대법원의 판례를 음미해 볼 필요가 있다고 한다.

어 왔다. 즉 위법성조각사유의 전제사실의 착오에 대하여 판례는 자신의 견해를 표명하지 않은 것이 아니라, 너무도 분명하게 자신의 입장을 밝혀왔던 것이다. 정당화사정이 존재한다고 오인한 것에 정당한 사유가 있는 경우에는 그 행위는 위법하지 않다고 하여, 위법성론에서 해결하여야 한다는 것이다. 즉 객관적 사후적으로는 정당방위상황이 인정되지 않는 경우에도「일정한 경우에는」반격행위의 위법성조각을 인정해야 한다는 것이다. 결국 오상방위 중에서 어떤 경우는 적법하다고 한다. 오상방위의 일부를 위법성론에서 해결하려는 입장이다. 그 근거는 무엇일까? 정당방위상황의 존부에 관한 판단은 '행위시를' 기준으로 판단해야 한다는 것이다. 따라서 '행위시에' 정당방위상황이 존재한다고 판단되는 경우에는 -설사 사후적 객관적으로는 존재하지 않더라도- 존재하는 것으로 보지 않으면 안되기 때문이다. 결국 판례는 오상방위의 문제를 단순히 착오의 문제로 논하는 것이 아니라 위법성조각사유의 요건의 존부 문제로 논하는 것이다.[13)]

B. 판례의 문제의식

이와 같은 판례의 오상을 이유로 위법성조각은 위법성조각사유의 전제사실에 관한 착오에 대하여 위법성조각의 측면에서 접근하고 있기 때문에, 이 착오의 법적 효과에 관한 주장이라고도 생각할 수 있다. 그러나 판례의 입장의 본질적 핵심은 정당방위상황의 존부는 사후적 객관적으로 판단되어서는 안된다고 주장하는 것이다.[14)] 이러한 주장은 정당방위의 요건의 판단방법에 관한 것이다. 그러므로 이러한 판

13) 김종구, 전게논문, 90면 이하는 미국에서 오상방위의 위법성조각이 -착오의 합리성을 이유로- 인정된다고 한다. 그리고 독일형법은 우리 형법체계와 다르므로 이러한 영미법적 관점을 고려해야 한다고 주장한다. 그러면 마찬가지로 우리나라와 미국은 범죄론체계에 관한 사고나 사회정세가 크게 다르기 때문에 그러한 미국법의 기준을 그대로 우리나라의 해석론에 참고하는 것은 곤란하다고 말할 수 있다.

14) 독일에서 행위당시 행위당시 사려깊은 일반인의 관점에서 판단하는 견해로는 Jescheck/Weigend, AT, 5.Aufl., 1996, S.342.

례의 견해는 실질적으로는 그 요건인 정당방위상황의 인정방법에 관한 주장이라고 해석될 수 있다. 물론 정당방위상황을 오신한 것에 정당한 사유가 있는 경우에 위법성조각이 인정된다고 하는 판례가 직접적으로 정당방위를 인정하는 것으로 보이지만(초소경비병 사건에서 “현재의 급박하고도 부당한 침해가 있는 것으로 오인하는 데 대한 정당한 사유가 있는 경우에 해당된다고 아니할 수 없음에도 불구하고 정당방위의 주장을 배척하였음은 오상방위에 관한 법리를 오해한 위법이 있다.”), 위법성이 조각된다고 말하고 있는 듯한 경우(불심검문 사건에서 “그러한 착오에 정당한 사유가 존재하는지 여부 등에 관하여 면밀히 심리한 다음 범죄성립이 조각될 수 있는지 여부를 신중히 판단하여야 한다.”)도 있다. 즉 현재의 부당한 침해라는 정당방위상황의 오신에 정당한 사유가 있는 경우에 정당방위와 마찬가지로 취급하는지 (정당방위의 성립은 부정하지만) 위법성조각을 인정하는지는 애매한 면이 없지 않다. 또한 그 오신에 정당한 사유가 없는 경우에 과실범으로 처벌되는지 아니면 당연히 고의범이 인정되는 것인지도 명확하지는 않다. 어쨌든 오신에 정당한 사유가 있는가 하는 문제는 오신에 기초하여 반격행위로 나아간 것의 타당성 평가 즉 반격행위에 나아가는 행위시에 반격행위에 나아간 것이 타당하다고 할 수 있는 상황인가 하는 문제로 볼 수 있다. 이와 같은 행위시의 관점에서 본다면 정당방위상황이 존재하는가 혹은 그 오신에 정당한 사유가 존재하는가 여부의 판단은 실질적으로는 동일한 판단이라고 보여진다. 중요한 것은 행위자의 오신이라는 주관만을 이유로 위법성조각을 인정하는 것은 아니라는 점이다. 오상방위를 고의조각의 문제로 보는 학설은 피침해자의 내심상태를 직접적인 근거로 하여 그러한 문제를 바라보지만, 판례는 피침해자의 내심상태를 직접적인 근거로 하여 위법성조각을 인정하는 것은 아니다. 결국 판례의 견해는 실질적으로는 정당방위의 요건인 정당방위상황의 인정방법에 관한 학설로 자리매김 되어야 한다. 판례가 이러한 태도를 취하는 이유는 무엇일까? 정당방위를 행사할 수 있는 범위를 확장하여야 한다는 문제의식에서 이러한 견해를 주장하는 것이라고 보여진다. 방위행위에 나아가는 시민을 위축시키지 않으려는 것이다. 또한 일반인에게 불가능한 것을 행위규범이 행위자에게 요구할 수는 없다는 것 때문이라고도 생각된다.[15)16)]

이러한 주장내용은 위법성조각사유의 전제사실에 관한 착오에 있어서 고의의 존부나 범죄론체계와의 모순과는 관계가 없다. 반격행위의 위법성조각의 범위에 관한 논의는 위법성조각사유 자체에 관한 문제이며, 그 인식을 잘못한 경우의 고의존부에 관한 논의와는 다르다는 것이다. 그러므로 대법원판례가 제한적 책임설의 입장이라든가[17)] 혹은 정당한 사유라는 말을 하니까 엄격책임설의 입장이라든가[18)]라고 단순히 말하면서, 마치 대법원이 학계와 마찬가지로 고의조각의 문제로 접근하는 것처럼 설명하는 것은 지나치게 피상적이며 견강부회하는 것으로 보인다. "칼을 소지한 것으로 믿었고 그 믿은 것에 정당한 사유가 있었다."라고 말할 때, 여기에서 즉 위법성단계에서 말하는 정

15) 정당화사유도 행위규범에 포함시키는 입장이 소극적 구성요건표지론이라고 분석된다. Gössel, Überlegung zum Verhältnis von Norm, Tatbestand und dem Irrtum über das Vorliegen eines rechtfertigenden Sachverhalts, FS-Triffterer, 1996, S.93ff.은 구성요건만을 행위규범으로 하고, 정당화사유는 행위규범이 아니라 상위규범인 허용규범이라고 구별하여 행위규범인 구성요건만을 고의의 인식대상이라고 한다.

16) 이러한 점은 정당방위상황을 사후적/객관적으로 판단해야 한다는 김호기, 비대면상황에서의 피학대자 살해행위와 정당방위의 성립가능성, 경찰법연구 제9권 제2호, 2011, 168면에서도 지적되고 있다 ("불법판단이 일반 사회구성원에 대하여 행위지침으로서 기능한다는 점을 고려하면 일반인에게 행위준칙으로 기능하기 힘든 기준을 기초로 하여 행위의 적법성 여부를 판단하는 것은 타당하지 않다.").

17) 김태명, 경찰관의 무기사용에 대한 정당방위의 성립여부, 형사판례연구 [15], 2007, 60면.

18) 신동운, 신판례백선 형법총론, 제2판, 2011, 338면; 신동운, 형법총론, 제9판, 2015, 430면; 김종구, 미국 형법상 위법성조각사유의 전제사실의 착오, 형사법연구 제25권 제3호, 2013, 8면 (그러나 김종구, 전게논문, 78면에서는 대법원이 엄격책임설을 취했다고 보기 어렵다고 개설하고 있다); 배종대, 형법총론, 347면; 임웅, 형법총론, 336면; 강철하, 전게논문, 328면.

당한 이유는 위법성착오에서 말하는 책임단계에서의 정당한 이유와는 전혀 다른 의미를 갖는다. 즉 두 가지 경우에 있어서 정당한 이유는 서로 다른 차원의 얘기다. 금지착오에 있어서 정당한 이유는 자신의 행위에 대하여 적법성을 심사숙고하거나 조회한다는 점과 관련된 것인 반면에, 오상방위에 있어서 정당한 이유는 시간적 여유가 없는 긴급상황에 관한 것이다.[19] 오상에 정당한 이유가 있는가 하는 판단에 금지착오의 정당한 이유 판단기준을 적용하는 것은 곤란하다. 그리고 최근에는 대법원이 아직 학설이 통일되지 않은 상황에서 섣불리 고의조각이니 책임조각이니 결론을 낼 수가 없기 때문에 논란을 피하기 위해 「단순하게」 위법성조각의 문제로 다루고 있다는 지적까지 나오고 있다.[20] 대법원이 단순하다고 말하는 이 견해가 바로 단순한 것이다.

즉 고의의 문제로 고찰하는 학설과는 문제되는 상황이 공통될 뿐이지 그 고찰의 시각이 전혀 다르다. 판례는 수십 년 전부터 이러한 문제를 제기한 것인데, 학계는 그것이 문제제기인 것조차 의식하지 못하고 있다. 이러한 문제제기를 의식한다면 오상방위 등 위법성조각사유의 전제사실에 관한 착오의 문제에 있어서 종래와 같이 착오론만을 염두에 두는 것이 아니라 위법성론에서의 처리도 시야에 넣어 검토할 필요가 있다고 생각된다. 물론 위법성조각사유의 전제사실에 관한 착오를 고의조각의 문제로 접근하는 학설의 입장 자체가 잘못되었다는 것은 결코 아니다. 필자도 그러한 접근이 타당하다고 생각한다. 그러나 대법원판례가 위법성조각사유의 전제사실에 관한 착오를 도대체 어떻게 내지 어떠한 방식으로 이해하고 있는가 하는 점을 분석해 보려고 시작하고 노력해야 한다는 것이다. 위법성조각사유의 전제사실의 착오임에도 왜 위법성이 조각되는지에 대한 이론적 근거를 설명하기 어렵다는 학계의 비판에 대하여,[21] 위법성조각사유의 전제사실에

19) 김경락, 오상방위의 형사책임, 비교형사법연구 제8권 제1호, 2006, 96면.

20) 윤상민, 위법성조각사유의 전제사실의 착오, 법학논총(조선대) 제22권 제3호, 2015, 529면.

21) 천진호, 형법총론, 586면 참조.

관한 착오에 대한 대법원판례의 이해구조를 파악하는 것이 중요하다는 의미이다.

C. 대법원판례의 결론에 대한 비판

현재의 부당한 침해라는 정당방위상황의 유무에 관하여는 사후적/객관적으로 판단한다는 것이 일반적이다.[22] 따라서 사후적 객관적으로 보아 현재의 부당한 침해가 존재하지 않았다면, 정당방위상황이 없었던 것이고 정당방위는 인정되지 않는다. 그런데 정당방위상황이 객관적으로는 존재하지 않지만 존재하는 것으로 오신한 것에 지나지 않는 경우에도, 일정한 경우 반격행위의 위법성조각을 인정하는 대법원판례의 견해에 대하여는 두 가지 비판이 가능할 것이다. 하나는 오상방위의 상대방에게 정당방위가 허용되지 않게 된다는 점이다.[23] 즉 객관적으로는 현재의 부당한 침해를 하지 않은 갑의 행동에 대하여 이를 현재의 부당한 침해로 오인하여 을이 오상으로 반격행위로 나아간 경우, 만약 을의 오상방위에 대하여 판례와 같이 위법성조각을 인정하면 오인당한 갑은 정당방위로 대항할 수 없게 되어버린다. 이는 상대방에게 가혹한 결과가 되어 타당하지 않다. 즉 오상방위를 적법하다고 하는 것은 결국 정당한 상대방의 법익을 침해한 사실을 경시하는 것은 아닌가 생각된다.[24] 다른 하나는 오상방위가 이미 위법한 행위가 아니라면 정당방위와 오상방위의 법적 효과도 구별할 수 없게 된다. 즉 정당방위의 요건을 충족하지 못하는 오상방위를 정당방위와 동일하게 취급하는 것은 형법 제21조의 요건을 잠탈하는 것이 된다. 정당방위의 근거는 자기보존의 본능과 함께 법질서의 수호에 있는데, 오상방위는 소위 '정당방위의 미수'라고도 할 수 있는데 위법한 공격에 대

22) 이재상/장영민/강동범, 형법총론, 제8판, 2015, 224면; 김태명, 전게논문, 62면 이하; 허일태, 오상과잉방위와 형법 제21조 제3항, 형사법연구 제26호 특집호, 2006, 579면. 특히 자세하게는 김호기, 전게논문, 150면 이하.

23) 천진호, 형법총론, 584면; 김태명, 상게논문, 97면; 김호기, 상게논문, 150면.

24) LK-Rönnau/Hohn, 12.Aufl., 2006, §32 Rn.154.

하여 적법한 이익을 관철한다는 결과가 발생하지 아니하여 법질서의 수호라는 효과를 인정할 수 없기 때문이다.[25]

Ⅳ. 판례에 있어서 정당방위상황과 정당방위상황의 오신

A. 정당방위상황을 인정한 사례

1. 대상판결 – 초소경비병 사건

대법원은 공소외인이 카빈소총을 피고인의 등 뒤에 겨누며 발사할 것 같이 위협하는 행위는 피고인의 생명에 대한 현재의 급박하고도 부당한 침해가 있다고 인정하였다. 따라서 정당방위상황이 없음에도 불구하고 방위를 하는 오상방위는 아니라는 것이다. 이러한 정당방위상황의 판단에 있어서 대법원이 어떠한 사정을 고려하고 있는가? 공소외인이 공격에 사용한 흉기의 종류(실탄이 장전되어 있는 카빈소총), 공격 태양(등 뒤에 겨누며 발사할 것 같이 위협하는 행위를 하기는 했지만 피고인이 발사할 때까지 공소외인은 발사를 하지 아니하였다), 또한 피고인은 자신의 생명이 위험하다고 느꼈다는 점 그리고 공소외인에게 피고인을 살해할 의사가 없다고 볼 수 없다는 점을 언급하고 있다. 결국 본 판례에서는 정당방위상황을 판단함에 있어서 피고인의 주관과 상대방 공소외인의 행위를 모두 대상으로 하여 전체적으로 판단하고 있다는 점을 알 수 있다. 그리고 가사 공소외인에게 피고인을 살해할 의사가 없고 객관적으로 급박하고 부당한 침해가 없다고 가정하더라도 「피고인으로서는」 현재의 급박하고도 부당한 침해가 있는 것으로 오인하는 데 대한 정당한 사유가 있는 경우에 해당하므로, 정당방위를 부정한 원심을 배척하고 있다. 이러한 판시부분은 객관적으로는 정당방위상황이 존재하지 아니한 사안의 경우에도 위법성조각이 인정될 수 있음을 명백히 밝히고 있다.

---

25) 김호기, 상게논문, 153면.

침해의 현재성은 물리적 객관적으로 판단되어야 한다는 통설의 입장에서는, 본 판결사안에 있어서 물리적 객관적으로는 위협행위를 한 것에 불과하고 탄환발사로 나아가는 것은 아니므로 정당방위상황을 긍정하는 것은 어려울 것으로 보인다. 그러나 본 판결은 행위시를 기준으로 당사자의 주관면을 포함하여 종합적으로 공소외인의 행위를 평가함으로써, 이 경우 정당방위상황을 긍정하고 있다. 즉 공소외인이 실탄을 장전한 카빈소총을 소지하고 있었다는 점, 공소외인이 공격의사가 없다고 볼 수는 없다는 점, 피고인이 생명의 위험을 느꼈다고 하는 점과 같이 행위시에 존재하는 모든 사정을 평가의 대상으로 하고 있다. 이러한 판단방법은 행위후에 판명된 사정을 판단의 대상에서 제외하는 것으로, 행위시 판단을 철저히 하는 것이다. 또 행위후의 사정을 배제하면서 관련자의 주관면을 고려하고 있기 때문에, 단지 행위시의 객관적 사실만을 판단의 대상으로 하고 있는 것은 아니다. 이는 반격행위시에 존재하는, 관련자의 주관을 포함하는 전체 사정을 고려하는 종합적 판단을 의미한다고 해석된다. 이러한 정당방위상황의 인정방법을 고려할 때 본 판결은 정당방위상황을 객관적 사실적인 요건이 아니라, 행위시의 사정을 종합적으로 고려하는 규범적인 요건이라고 보고 있으며, 따라서 물리적 객관적으로 판단하면 현재의 부당한 침해가 존재하지 아니하는 사안에서도 정당방위상황이 인정될 수 있게 된다.

이와 같이 본 판결에서 읽어낼 수 있는 바에 의하면 정당방위상황은 방위행위자의 상황을 위험성의 견지에서 판단한 것이라는 점이다(..피고인의 생명에 대한 현재의 위험이 있다고는 볼 수 없다는 취지로 판시함으로써..정당방위에 관한 법리를 오해한 위법이 있다). 이러한 판단은 사실에 대한 직접적인 평가이다(그러므로 착오의 문제는 아니다). 정당방위를 기초지우는 요건을 정당방위상황이라는 큰틀에서 포착하고 그 범위 내에서 상세하게 검토하는 방법이라고 보여진다.

2. 경찰관 총기발사 사건

대법원은 본 사안[26]에서 '공소외 1인이 술집에서 맥주병을 깨 다른 사람의 목을 찌르고 현재 자기 집으로 도주하여 칼로 아들을 위협하고 있다'는 상황을 고지 받고 현장에 도착한 경찰관인 피고인으로서는 공소외 1인이 칼을 소지하고 있는 것으로 믿었고 또 그렇게 믿은 데에 정당한 이유가 있었다고 할 것이므로, 피고인과 동료 경찰관 김○하가 공소외 1인과 몸싸움에 밀려 함께 넘어진 상태에서 칼을 소지한 것으로 믿고 있었던 공소외 1인과 다시 몸싸움을 벌인다는 것은 피고인 자신의 생명 또는 신체에 위해를 가져올 수도 있는 위험한 행동이라고 판단할 수 밖에 없을 것이고, 따라서 피고인이 공포탄 1발을 발사하여 경고를 하였음에도 불구하고 공소외 1인이 김○하의 몸 위에 올라탄 채 계속하여 김○하를 폭행하고 있었고, 또 그가 언제 소지하고 있었을 칼을 꺼내어 김○하나 피고인을 공격할지 알 수 없다고 피고인이 생각하고 있던 급박한 상황에서 김○하를 구출하기 위하여 공소외 1인을 향하여 권총을 발사한 것이므로, 이러한 피고인의 권총사용이 경찰관직무집행법 제10조의4 제1항의 허용범위를 벗어난 위법한 행동이라거나 피고인에게 업무상과실치사죄의 죄책을 지울만한 행위라고 선뜻 단정할 수 없다고 판시하고 있다.

본 판결은 공소외 1인이 심00와 몸싸움을 하다가 심00을 땅바닥에 넘어뜨리고 출입문 쪽으로 달려 나오며 동료경찰관과 피고인을 밀어 넘어뜨리고 넘어진 동료경찰관의 몸 위에 올라타 폭행을 하는 시점에서 정당방위상황이 발생하고 있다고 할 수 있으므로, 오상을 이유로 하는 위법성조각과는 아무런 관계가 없는 사안이라고 생각할 수도 있다. 그러나 본 판결은 피고인이 자기의 생명 또는 신체를 방위하기 위하여 반격행위에 나아갔다고 하지만, 공소외 1인이 흉기를 소지하지 않은 것으로 밝혀졌기 때문에 생명에 대한 침해가 객관적으로 존

26) 대법원 2004. 3. 25. 선고 2003도3842 판결.

재하였다고는 할 수 없다. 그럼에도 불구하고 본 판결이 자기의 생명 신체를 방위하기 위한 방위행위를 인정한 것은 동료경찰관의 몸 위에 올라타 폭행을 하는 객관적으로 존재하는 침해 그 이상의 것을 인정하였기 때문이라고 생각된다. 본 판결도 피고인에 대한 공소외 1인의 태도, 동료경찰관에 대한 행동 그리고 피고인의 주관을 종합적으로 고려하여 -피고인이 오신에 의하여 반격행위로 나아간 경우에도- 정당방위상황을 인정하고 있다고 보여진다. 즉 본 판결은 공소외 1인이 칼을 가지고 있다는 상황고지와 공소외 1인의 행동의 객관적 태양을 이유로 피고인은 공소외 1인이 흉기를 가지고 공격할 것으로 생각해도 무리는 아니라는 것이다. 즉 현실화된 침해 그 자체가 아니라 침해를 받을 가능성이 높다는 것을 정당방위상황이라고 하고 있다. 이러한 가능성을 인정할 때 피고인과 공소외 1인의 범행에 이르기까지의 일련의 언동이나 그에 대한 피고인의 평가를 종합적으로 고려하고 있다. 여기에서는 정당방위상황은 단순한 사실의 유무가 아니라, 상황에 대한 예측이나 평가로서의 의의를 가지고 있다. 공소외 1인의 태도는「이러한 상황 하에서는」동료경찰관에 대한 현재의 부정한 침해라고 할 수 있을 것이다. 이러한 판단과정을 보면 피고인이 공소외 1인에 의한 침해를 오상한 것은 공소외 1인의 태도를 현재의 부당한 침해로 평가하였다는 점에 근거하는 것으로 보인다. 그러므로 본 판결도 피침해자의 주관을 포함하여 행위시의 모든 사정을 종합적으로 고려하여[27] 침해가 현실적으로 발생할 가능성이라는 의미에서의 정당방위상황의 유무를 판단하고 있는 것이다. 거꾸로 말하면 공소외 1인이 칼을 소지하지 않았고 따라서 동료경찰관에게 생명에 대한 위해를 가하려는 것은 아니었다는 사후에 비로소 판명된 객관적 사정만에 기초한 판단은 부정되고 있는 것으로 생각된다.

그런데 이러한 대법원의 이해구조를 읽어내지 못하고, 정당방위

27) 대법원이 정당방위상황을 행위자의 주관을 기준으로 판단하고 있다고 단언하는 잘못된 견해로는 김태명, 전게논문, 62면.

상황의 오신에 정당한 사유가 있는가 하는 판단을 함에 있어서 대법원은 방위행위 자체의 상당성 판단을 미리 하고 있는 것이라는 잘못된 비판이 있다.[28] 정당방위상황의 판단과 방위행위의 상당성 판단을 혼동 내지 혼합 혹은 단일화하고 있다는 것이다. 대법원을 무시해도 한참 무시하고 학계의 오만과 독선을 잘 보여주고 있다. 또한 서로 호환할 수 없는 정당방위와 오상방위를 서로 호환할 수 있는 개념으로 이해함으로써 대법원은 오상방위 개념을 혼란에 빠지게 하는 우를 범했다고 비판한다.[29] 대법원은 정당방위와 오상방위를 구별하고 있다. 학계의 오만과 독선이 판례의 구별관점에 대하여 학계의 이해부족을 가져온 원인이다.

B. 정당방위상황의 오신을 인정한 사례 – 불심검문 사건

길을 걷고 있던 피고인은 그 전날 및 전전날 그 인근에서 심야에 발생했던 강도강간 사건의 용의자를 찾기 위해 잠복근무를 하던 경찰관 A로부터 02시 20경 불심검문을 받게 되었다. 불심검문을 행한 시간대는 위 강도강간 사건 발생 시각과 비슷한 무렵이었고, 위 강도강간 사건 용의자는 '20-30대 남자, 신장 170cm 가량, 뚱뚱한 체격, 긴머리, 둥근 얼굴, 상의 흰색 티셔츠, 하의 검정색 바지, 검정색 신발 착용' 및 '키 175cm 가량, 마른 체형, 안경착용'이라는 등으로 그 인상착의가 대략적으로 신고되어 있었는 바, 피고인의 인상착의가 위 정보와 상당히 일치하였다. 경찰관 A는 피고인에게 신분증을 내밀며 다가갔고, 이에 피고인은 바로 도망하였으며 경찰관 A와 함께 그 인근 노상 승용차 내에서 잠복근무 중이던 경찰관 B는 승용차를 운전하여 피고인을 뒤쫓았다. 도망하던 피고인은 넘어졌고, 넘어졌다가 일어나면서 경찰관 A에게 주먹을 휘둘렀고, 경찰관 A는 자신이 경찰관이며 불심검문을 하려 하는 것이라는 사정을 고지하였음에도 피고인은 계속

28) 허일태, 전게논문, 578면.
29) 허일태, 상게논문, 585면.

해서 저항하며 폭력을 행사하였다. 경찰관 A, B는 함께 피고인을 제압하였다. 그런데 피고인은 당시 경찰관들을 소위 퍽치기를 하려는 강도로 오인하였던 상태였다.

대법원은 본 사안[30]에서 불심검문의 대상 선정 및 불심검문의 방법이 적법하다고 볼 여지가 있음을 전제한 후, 다만 피고인은 자신을 추적하는 경찰관들을 피하여 도망하다가 넘어졌는데, 당시는 새벽 02:20경으로 상당히 어두웠던 심야였고 경찰관들도 정복이 아닌 사복을 입고 있었던 사실, 자신을 추적하는 차량(일반 승용차였던 것으로 보인다)을 피하려다가 넘어진 피고인은 주변에 고성으로 '경찰을 불러달라'고 요청하여 지나가던 택시기사도 이 소리를 듣고 정차하였던 사실 등을 알 수 있고 여기에 피고인은 원심법정에 이르기까지 일관하여 이 사건 경찰관들을 소위 퍽치기를 하려는 자들로 오인하였던 것이라고 진술하고 있는 사정 등을 종합하면, 피고인은 당시 경찰관들을 치한이나 강도로 오인함으로써 이 사건 공무집행 자체 내지 그 적법성이나 자신의 경찰관들에 대한 유형력행사의 위법성 등에 관하여 착오를 일으켰을 가능성을 배제하기 어려우므로, 원심으로서는 당시 피고인이 자신이 처한 상황을 어떻게 인식하였는지, 피고인에게 착오가 인정된다면 그러한 착오에 정당한 사유가 존재하는지 여부 등에 관하여 면밀히 심리한 다음 범죄성립이 조각될 수 있는지 여부를 신중히 판단하여야 한다고 판시하였다.[31]

본 사안에서는 현재의 부당한 침해 즉 정당방위상황은 부정되고 있다. 이는 피고인과 경찰관의 주변상황에서 피고인에 급박한 위험성이 낮다고 평가되었기 때문이 아닌가 생각된다. 그런데 피고인에게 발생한 위험성은 현재의 부당한 침해라고 평가되는 정도는 아니지만, 그러한 위험성이 피고인의 인식에 영향을 미쳐서 정당방위상황의 오신

30) 대법원 2014. 5. 22. 선고 2012도7190 판결.

31) 파기환송심에서는 피고인에게 경찰관의 적법한 공무집행에 대한 미필적 인식이 있었기 때문에 공무집행방해죄와 상해죄 모두 유죄가 인정되고 확정되었다.

이 인정될 수 있다는 것이다. 즉 정당방위상황이 인정되는가 아니면 정당방위상황의 오신이 인정되는가는 피고인에게 급박하고 있는 위험의 정도에 의하여 달라진다고 생각된다. 즉 피침해자에게 무언가의 위험이 임박하지만 그것이 정당방위상황이라고 평가되지는 않는 경우에 정당방위상황의 오신이 인정된다.

C. 정당방위상황과 정당방위상황의 오신이 문제되는 사안의 특징

1. 정당방위상황을 인정한 사례

오상방위에 유사한 사안에서 정당방위상황이 인정되는 경우는 사후적 객관적으로 보면 피침해자에게 위험이 급박하고 있다고는 할 수 없거나 혹은 위험이 급박하고 있는지가 의심스러운 사례에서, 행위시에 존재하는 사정을 종합적으로 고려하여 현재의 부당한 침해가 존재한다고 평가되고 있다는 점에 특징이 있다. 본 대상판결인 초소경비병사건에서 피침해자에 대한 생명의 위험 유무를 정하는 데 결정적인 사정 즉 카빈소총을 발사한다는 사실은 부정된다. 그러나 피고인의 반격행위시에는 카빈소총에는 실탄이 장전되어 있다는 점, 공소외인에게는 공격의사가 없다고 할 수는 없다는 점에서, 「피고인에게는」 현재의 부당한 침해가 존재하고 있다고 평가하고 있다. 경찰관 총기발사 사건에서는 침해자가 칼을 소지하고 있다는 상황의 고지받은 점, 동료경찰관에 대한 공소외 1인의 거동 등을 고려하여 현재의 부당한 침해의 존재를 인정하고 있다. 현재의 부당한 침해에 해당하는 침해자의 태도는 구체적으로 특정되고 있다. 행위시의 상황을 막연하게 현재의 부당한 침해가 존재한다고 평가하는 것이 아니다. 이러한 침해자의 태도를 평가함에 있어서 반격행위시에 존재하는 모든 사정이 고려됨으로써 -사후적 객관적으로 본다면 피침해자에게 급박하는 위험을 발생시킨다고는 할 수 없는 행위가- 현재의 부당한 침해로 평가되는 것이다.

2. 정당방위상황의 오신을 인정한 사례

현재의 부당한 침해는 부정되고 그 오신이 인정되는 데 불과한 사례에 있어서도 동일한 판단방법을 사용하고 있다. 즉 이 경우에도 행위시에 존재하는 모든 사정을 고려하여 판단하지만 -정당방위상황을 인정하는 사례와 달리- 침해자의 행위가 피침해자에게 급박한 위험을 발생시키는 것은 아니라고 평가되어 정당방위상황이 부정된다. 그러나 이 경우에도 피침해자가 정당방위상황이 인정되는 사안과 유사한 상황에 있는 이상, 그러한 상황이 피침해자의 내심상황에 영향을 미쳐서 현재의 부당한 침해에 대한 오신이 발생한다고 생각된다. 피침해자에게 뭔가의 위험이 급박하지만 현재의 부당한 침해에는 이르지 못하는 것으로 판단되어 정당방위상황의 인식만이 인정되는 것이다. 말하자면 정당방위상황의 인정이 부정되고 그 오신이 인정되는 사례이다. 이 사안은 정당방위상황 자체를 인정하기 위한 판단과 동일한 내용의 판단을 한 결과 그 인식만이 인정됨에 불과한 유형이다. 여기에서 행해지는 판단의 내실은 정당방위상황의 유무가 문제되는 사례와 동일하다. 따라서 이 경우 행위시에 존재하는 사정이나 그에 대한 평가가 약간 달라진다면, 정당방위상황이 긍정될 가능성도 존재한다. 이를 잘 보여주는 것이 불심검문 사건에서 대법원은 정당방위상황의 오신이 인정될 수 있음에 불과하다고 하지만, 원심에서는 정당방위상황을 인정하고 있다는 점이다. 그리고 본 대상판결에 있어서도 이러한 점은 잘 나타나고 있다("피고인이 발사를 할 때까지는 공소외인이 발사를 하지 아니한 점으로 보아, 동인에게 피고인을 살해할 의사가 있다고는 볼 수 없으므로 피고인의 생명에 대한 현재의 위험이 있다고는 볼 수 없다는 취지로 원심이 판시함으로써, 피고인의 행위가 정당방위가 아니라는 취지로 판시하였음은 정당방위의 법리를 오해한 위법이 있다. 가사 피해자인 공소외인에게 피고인을 살해할 의사가 없고 객관적으로 부당한 침해가 없었다고 가정하더라도 피고인으로서는 현재의 급박하고도 부당한 침해가 있는 것으로 오인하는 데 정당한 사유가 있는 경우에 해당된다고 아니할 수 없음에도 불구하고, 원심이 피고인의 정당방위의 주장을 배척하였음은 역시 오상방위에 관한 법리를 오해한 위법이 있다.”).

이와 같이 사후적 객관적으로는 피침해자에게 위험이 급박하고 있다고 할 수 없는 경우에도 정당방위상황이 인정될 수가 있다. 정당방위상황의 오신이 인정되는 사안은 대부분 정당방위상황 자체가 인정되는 사안과 유사하다고 하겠다. 일반적으로 오상방위는 고의조각의 문제이며, 정당방위상황의 유무는 위법성론에서의 문제로 범죄체계상으로는 전혀 다른 문제이다. 그러나 그 인정의 면에서는 양자가 인접한 문제라고 할 수도 있다.

Ⅴ. 오상을 이유로 하는 위법성조각과 정당방위상황의 인정

A. 정당방위상황과 그 오신의 판단방법

위와 같이 재판실무는 행위시에 존재하는 사실을 종합적으로 판단하여, 사후적으로는 법익침해의 위험이 없었던 경우에도 정당방위상황 자체를 긍정할 여지를 인정하고 또한 오신을 이유로 위법성조각을 인정하는 경우도 있다. 오상을 이유로 위법성조각을 주장하는 판례의 견해는 오상방위에 관한 학계의 견해와는 전혀 다른 것이다. 그 다름은 정당방위상황의 판단방법에 있다. 판례가 사용하는 판단방법은 피침해자가 놓여진 상황, 침해행위가 이루어지는 주변상황, 침해행위의 태양 그리고 침해행위에 대한 피침해자의 인식 등의 사정을 종합적으로 고려하여, 피침해자에게 위험이 급박하고 있는가를 판단하고 있다. 예컨대 대상판결에서는 행위후에 비로소 판명된 사정인 탄환을 발사하려는 사실은 없었다는 점은 고려의 대상에서 제외된다. 행위시에 인식가능한 ‘실탄이 장전된 카빈소총에 의한 공격’이라는 사실을 기초로 정당방위상황의 유무를 판단하고 있다. 경찰관 총기발사 사건에서도 공소외 1인이 칼을 소지하지 않고 있었다든가 동료경찰관의 생명에 위해를 가할 의사로 폭행한 것은 아니었다는 행위후에 밝혀진 사정이 아니라, 행위시에 있어서 공소외 1인의 행동태양(피고인과 동료경찰관을 밀어 넘어뜨리고 넘어진 동료경찰관의 몸 위에 올라 타 몸싸움을 벌이고 목을 누르는 등 일어나지 못하게 하였고, 공포탄 1발을 발사하여 경고를 하였음에도 불구하고 계속 동료경찰관을 폭행하고 있었다), 피침해자의 주관(공소외 1인이 칼을 소지하고 있다는 상황을 고지 받았고 따라서 몸싸움에 밀려 넘어진 상태에서 칼을 소지한 것으로 믿고 있었던 공소외 1인과 다시 몸싸움을 벌인다는 것은 피고인 자신의 생명 또는 신체에 위해를 가져올 수도 있는 위험한 행동이라고 판단하였고, 그가 언제 소지하고 있었을 칼을 꺼내어 동료경찰관이나 피고인을 공격할 지 알 수 없다고 피고인이 생각하고 있었던 급박한 상황)을 이유로 정당방위상황을 인정하고 있다. 불심검문 사건에서도 주변의 상황("당시는 새벽 02:20경으로 상당히 어두웠던 심야였고, 경찰관들도 정복이 아닌 사복을 입고 있었던 사실, 추격하는 차량이 일반 승용차였던 것으로 보인다."), 피침해자의 주관("당시 피고인이 자신이 처한 상황을 어떻게 인식하였는지")을 고려하여 정당방위상황을 판단하고 있다. 이러한 판단의 결과 불심검문 사건에서와 같이 피침해자에게 급박하는 위험의 정도가 낮은 경우에는 정당방위상황의 오신이 인정된다. 즉 정당방위상황 그 자체를 인정할 것인가 혹은 그 오신만을 인정할 것인가의 구별은 행위시에 존재하는 사정이나 그에 대한 평가의 약간의 차이에 의하여 결정된다. 이러한 사안에서 정당방위상황을 긍정한다는 의미에서 보면 재판실무는 오상을 이유로 하는 위법성조각을 인정한다고 할 수 있다.

B. 판례 사고논리의 근거 – 정당방위상황 요건의 성질 (사전적 /규범적)

정당방위상황의 판단에 있어서 가장 중요한 '침해의 현재성'에는 현실적으로 침해가 발생한 경우 뿐만 아니라 침해가 즉시 임박한 경우도 포함되며, 침해가 아직 현실화되고 있지 않아도 법익침해의 고도의 개연성이 있다면 침해의 현재성이 인정된다. 침해가 종료되었는가 계속되는가 여부와 관련하여, 예컨대 반격으로 침해자가 넘어졌지만 침해자의 가해의사가 존속하고 있으며 태세를 갖추어 재차 침해가 가능한 경우에도 현재의 부정한 침해가 인정된다. 여기에서는 사실경과의 예측이라는 가치판단을 수반하는 평가적인 판단이 이루어지고 있다. 이러한 가치판단이 현저히 나타나는 것이 싸움과 정당방위의 장면이다. 즉 이 경우에 정당방위상황을 인정할 것인가 아닌가를 결정함에 있어서는, 상대방과 본인 누구의 어떠한 행위가 현재의 부당한 침해인가를 결정하지 않으면 안 된다. 이를 위해서는 침해자의 객관적 주관적 사정뿐만 아니라 피침해자의 객관적 주관적 사정도 상관적으로 고려하지 않으면 안 된다.

그러나 이러한 가치판단은 정당방위상황의 오신이 문제되는 장면에서도 나타난다. 정당방위상황의 오신이 문제되는 경우에 있어서도 갑자기 느닷없이 정당방위상황의 오신이 발생하는 것이 아니라, 양 당사자 간에 무언가 다툼(trouble)이 발생하여 이를 계기로 현재의 부당한 침해로 인정될 가능성이 있는 행동이 이루어지고 그에 대한 반격행위가 행해지는 사안이 많기 때문이다(이 점을 염두에 두고 위에서 다룬 대법원판례들을 다시 보면 모두 이러한 사안임을 새삼 확인할 수 있을 것이다). 따라서 이러한 사례에 있어서도 침해에 이르게 된 경위나 당사자의 인적 관계(초소근무 사병들 사이의 관계, 경찰관과 신고된 범인 혹은 불심검문자의 관계) 등 반격행위시에 존재하는 다양한 사정을 고려할 필요가 있다. 이를 위해서는 다양한 사실을 종합적으로 고려하여 평가적 규범적인 판단을 행할 필요가 있다는 것이다.

이러한 판단의 필요성 때문에 정당방위상황이 문제가 되는 사안에 있어서는 침해자의 행위가 동일한 경우에도 범행에 이르게 된 경위, 주변상황, 당사자의 인적 관계 등 다양한 사정에 따라 침해자의 행위에 대한 평가가 달라지고 따라서 정당방위상황의 존부에 관한 판단이 이렇게도 저렇게도 내려질 수 있는 여지가 발생한다. 즉 피침해자가 정당방위상황의 오신에 기초하여 공격에 나아간 것으로 보이는 사례가 사실에 대한 평가의 약간의 차이 때문에 정당방위상황 자체가 인정되기도 하고, 반대로 정당방위상황이 인정되는 것으로 보이는 사안이 그 오신만이 인정됨에 불과한 경우도 있다. 따라서 각 심급 간에 이러한 판단이 번복되는 사태가 발생할 수 있다. 이와 같이 재판실무에 있어서 정당방위상황의 판단에 필연적으로 발생하는 미묘한 차이 혹은 여지 때문에, 사후적 객관적으로 보면 정당방위상황이 존재하지 않는 사안에서 정당방위상황이 긍정된다는 의미에서 결국 오상을 이유로 위법성조각이 발생할 수 있는 것이 된다. 이러한 의미관점에서 고찰해 보면, 오상을 이유로 하는 위법성조각의 근거는 정당방위상황의 성질 자체에 있다.

즉 판례는 정당방위상황을 정당방위를 기초지우는 규범적 종합적 요건으로 보고, 그 인정은 반격행위시에 존재하는 사정을 종합적으로 고려하여 이 경우에 정당방위를 인정해야 할 것인가 라는 가치판단을 내포하는 것이 되지 않을 수 없다. 그 결과 정당방위상황의 존부에 관한 판단에는 여지나 동요가 생기게 되고, 그 오신만이 인정되는 사안과의 한계는 불명확한 것이 된다. 그러나 이러한 여지나 동요는 -정당방위상황을 정당방위를 기초지우는 규범적 종합적 요건으로 보아, 사안에 나타난 다양한 사정을 고려하여 정당방위상황의 존부를 적절하게 판단하기 위해서는- 필연적인 것이다. 그렇다면 정당방위상황에 관한 판단의 여지나 동요라는 의미적 관점에서 보면, 오상을 이유로 하는 위법성조각은 이와 같은 정당방위상황의 성질 자체에서 필연적으로 발생하는 현상이다. 즉 정당방위상황의 의의나 기능에 관한 판례의 이해구조를 받아들이면 필연적으로 판단에 미묘한 여지나 동요가 생기게 되며 결국 오상을 이유로 하는 위법성조각이 발생하게 된다는 것이다(바로 이러한 점이 분명히 드러나는 것이 본 대상판결이다. 대법원은 본 사안에서 정당방위상황의 존재를 인정하면서도 동시에 "가사 급박하고 부당한 침해가 없었다고 가정하더라도 피고인으로서는 현재의 급박하고도 부당한 침해가 있는 것으로 오인하는 데 대한 정당한 사유가 있는 경우에 해당된다."고 판단하고 있다). 판례의 입장에서는 정당방위상황 자체가 인정되는 사안과 그 오신만이 인정되는 사안의 구별은 미묘하며, 이러한 경우에 정당방위상황이 인정되는 범위가 약간 넓어지는 것은 정당방위의 권리성이나 형법의 보충성이라는 견지에서는 오히려 바람직하다고 볼 수도 있을 것이다.

요약하면 오상을 이유로 하는 위법성조각이라는 재판실무에서 발생하는 현상에 있어서 결정적인 요인은 판례가 이해하고 있는 정당방위상황의 성질이다. 정당방위상황의 성질을 판례는 정당방위를 기초지우는 규범적 종합적 요건으로서 이해하고 있다고 보여진다.[32]

C. 형법 제310조의 해석과의 관계

오상방위의 경우 위법성조각의 당부에 유사한 논의로서, 형법 제310조의 해석에 관한 논의가 있다. 명예훼손죄는 형법 제310조에 의하여 진실성과 공익성이 인정되는 경우에는 위법성이 조각된다고 해석된다. 그런데 진실성의 오신에 기초하여 타인의 명예를 훼손한 경우의 취급에 관하여는 다툼이 있다. 이에 관하여 판례는 진실하다고 믿은 것에 상당한 이유가 있는 경우에는 위법성을 조각시킨다.[33] 즉 진실성

32) 정당방위상황을 사후적/객관적으로 판단해야 한다고 하면서도 김호기, 전게 논문, 168면은 현실로부터 유리된 기준에 의하여 이루어지는 것을 방지하고자 한다면 불법판단의 기준이 적절히 설정되어 있는가의 여부가 끊임없이 현실 속에서 검증되고 수정되어야 한다고 강조함으로써, 결국 규범적 요건에로의 결론에 도달하고 있는 것으로 보인다.

의 오신이 확실한 근거와 자료의 존재를 인식함으로써 진실성을 확신한 경우에는 -예컨대 언론내용의 진실성이 사후적/객관적으로는 인정되지 않더라도- 명예훼손 행위의 위법성이 조각된다(위법성론에서의 접근). 이러한 판례의 견해는 사후적 객관적으로는 표현내용의 진실성이라는 위법성을 조각하는 사정이 인정되지 않는 경우에도, 진실하다고 믿을만한 확실한 근거나 자료가 존재하는 때 즉 표현행위가 이루어지는 시점에 진실이라고 평가될 수 있는 때에는 위법성조각을 인정한다는 것이다.[34] 이러한 구조는 오상을 이유로 하는 위법성조각과 공통된다.

이와 같이 위법성론에서 접근하는 근거는 확실한 자료근거에 기초하여 진실이라고 신뢰한 언론이 사후에 처벌될 수 있다는 우려 때문에 위축되지 않도록 보장하려는 것이다. 이러한 요청은 정당방위 행사에도 그대로 적용될 수 있다고 생각된다. 정당방위는 자기의 이익 또는 법질서를 수호하기 위한 권리로서의 성질을 가지고 있다. 이러한 권리행사의 요건이 사후적으로 부정될 우려가 있으면, 정당방위의 행사를 과도하게 위축시킬 수 있다. 특히 정당방위가 문제되는 사안에서는 피침해자의 생명 신체에 위험이 있어서 반격행위가 이루어지는 경우가 많다. 이러한 경우는 방위행위에 의하여 보전되는 이익이 -표현의 자유보다도- 중요하다. 따라서 방위행위를 함에 있어서 위축되는 효과를 피할 필요성은 언론활동에 대한 위축효과를 회피할 필요성보다도 높다고 할 수 있다. 그렇다면 사후적 객관적으로는 정당방위상황이 존재하지 않는 경우라고 하더라도, 정당한 사유가 있는 경우에 정당방위의 행사를 인정하는 것은 반드시 결론의 타당성이 결여된 것은 아니라고 생각된다.

33) 대법원 1996. 8. 23. 선고 94도3191 판결.

34) 이와 동일한 입장을 취하는 견해로는 김일수, 한국형법 III, 1997, 396면.

Ⅵ. 정당방위상황의 오신과 형사절차 – 국민참여재판

위에서 본 오상을 이유로 위법성조각을 인정하는 것은 현재의 재판실무에 있어서 어떠한 역할을 하는가? 국민참여재판은 일반 국민이 재판과정에 참여하여 재판내용에 국민의 건전한 사회상식이 반영되도록 함으로써, 국민의 사법에 대한 이해와 지지를 깊이있게 하는 데 목적이 있을 것이다. 특히 정당방위에 관한 판단은 궁극적으로는 당해행위에 정당방위로서 법적인 보호를 부여하는 것이 정의에 합치되는가 하는 판단이다. 이 판단은 국민의 건전한 감각과 정의감정에 합치되지 않으면 안 된다. 즉 국민참여재판에 상응한 가치판단이라고 할 여지가 있다. 이러한 관점에서는 행위시의 사정을 일반인의 견지에서 판단함으로써 -사후적 객관적으로는 법익침해의 위함이 존재하지 않는 경우에도- 정당방위상황을 인정하는 판례의 견해는, 정당방위 행사의 범위를 결정함에 있어서 일반 국민의 견지를 반영하는 것으로 국민참여재판의 취지에 합치되는 판단기준이라고 할 수 있다.[35] 위에서 기술한 바와 같이 판례는 정당방위상황의 판단을 규범적 종합적인 것이라고 보고 있다. 이러한 판단을 할 때에는 통상의 사회생활을 영위하고 있는 일반인에게 이 경우 피고인과 동일한 행동으로 나아갔을 것인가를 직접 듣는 것이 합리적이다. 이러한 일반인의 의견을 충분하게 반영하기 위해서는 행위시의 사정을 일반인의 견지에서 판단하는 기준이 적절하다고 보여진다. 배심원의 감정적인 판단에 의하여 정당방위상황의 유무가 결정되는 사태가 발생할 가능성은 낮다고 생각된다.

공판준비절차에서는 쟁점정리와 증거정리가 행하여진다. 쟁점정리는 검사의 주장에 대하여 피고인이 어떠한 점을 다투는가를 명확히 하는 것으로, 당사자와 법원이 쟁점의 소재와 쟁점 상호간의 관계에

---

35) 재판의 내용이 배심원들과 일반인들에게 설명되고 이해되어져야 한다는 점에서 착오의 정당한 이유 또는 합리성이라는 기준도 참고할만하다는 단순한 언급은 김종구, 전게논문, 92면.

대하여 서로 인식을 가지며 또한 어떤 쟁점은 무용한 것으로 해소된다. 특히 국민참여재판에서는 사건의 핵심을 중심으로 심리를 행하여 그 판단을 구하는 것이 본래의 모습이다. 이를 위해서는 그 쟁점을 철저히 하는 것이 필요하다. 증거정리는 형성된 쟁점에 관하여 그 증거구조나 중요한 증거를 명확히 하고 그에 대한 피고인의 대응 등도 명확히 하는 것이다. 이러한 공판준비절차에는 증거의 개시가 널리 인정되고 있다. 정당방위상황의 오신이 문제되는 사안에서는 전술한 바와 같이 그 판단의 여지에 따라서는 정당방위상황 자체가 인정될 가능성도 존재한다. 따라서 이러한 사안에 공판준비절차가 이루어지는 경우에는 이를 쟁점과 증거정리의 지침으로 삼아야 한다. 우선 정당방위 내지 오상방위의 성부와 관련하여 피침해자가 처한 상황, 침해행위가 이루어진 주변의 상황, 침해행위의 태양 등에 다툼이 있는 경우에는 -사후적 객관적으로는 현재의 부당한 침해가 존재한다고 할 수 없는 경우에도- 정당방위상황이 인정될 가능성이 있다. 그러므로 이러한 경우 피고인측은 기본적으로는 정당방위상황의 존재를 주장하고 그 예비적 주장으로써 정당방위상황의 오신을 주장하게 된다. 즉 소송의 당사자는 정당방위상황의 존부를 다투고, 그 존재가 인정되지 않는 경우에 정당방위상황의 오신이 인정되는 것이 된다. 즉 정당방위상황의 오신은 정당방위상황의 존재에 대한 예비적 주장으로서 문제되는 것이므로, 정당방위상황을 추인케하는 객관적 사실이 중심적인 증거가 된다. 예컨대 피고인과 피해자의 종전의 관계, 범행에 사용된 흉기, 피해자 부상의 정도, 범행현장의 상황 등이 중요한 증거가 될 것이다. 물론 피침해자에게 아무런 위험이 급박하지 않음이 명백하고 피침해자의 인식능력 등에만 다툼이 있는 경우에는, 정당방위상황이 인정되지 않고 순전히 정당방위상황의 오신만이 쟁점이 된다. 이러한 경우에는 현재의 부당한 침해가 존재하지 않는 것이 명백하기 때문에, 이 점을 입증하기 위한 증거는 중요하지 않다. 즉 이때에는 피해자의 인식능력에 관한 증거, 예컨대 피침해자의 지적 장애 유무, 피고인의 시력, 범행시 피해자와의 위치관계 등이 중요한 증거가 된다. 이와 같이 동일하게 정당방위상황의 오신이 문제되는 사안에 있어서도 그 유형에 따라 필요한 증거가 달라지게 된다. 이에 따라 공판준비절차 단계에서 쟁점과 증거정리를 행하여 보다 신속하게 소송절차가 진행될 수 있다고 생각된다.

Ⅶ. 나오며

판례는 정당방위상황의 인정여부를 행위시에 존재하는 사정을 종합적으로 고려하여 판단한다. 이러한 인정방법에 의하게 되면 사후적 객관적으로는 현재의 부당한 침해가 존재하지 않는 경우에도 정당방위상황이 인정될 수 있다. 이러한 오상을 이유로 하는 위법성조각은 국민참여재판이나 공판전 준비절차와의 관계에서도 의의가 있다. 이러한 판례의 태도는 정당방위상황 및 그 오신이라는 요건의 이론적인 해석이 아니라, 실제 사안에 있어서 인정방법에 기한 것이다. 이러한 입장에 대하여는 요건론과 인정론을 혼동한 것이라는 비판이 예상된다. 그러나 재판실무에서는 사실인정과 법률적용에 교착이 있는 것으로 보인다. 그리하여 사실인정을 법해석에 반영할 필요가 있지 않을까 생각된다. 이러한 교착은 특히 정당방위상황이라고 하는 규범적 종합적인 요건을 인정할 경우에 강하게 나타난다고 생각된다. 또한 정당방위의 해석론에 있어서는 사실인정의 정밀성이 반드시 높다고는 할 수 없다는 점을 고려하는 기준 내지 해석론이 바람직하다는 측면도 있다. 그러므로 정당방위상황에 관한 해석론을 전개함에는 인정론도 배려하는 것이 요청된다. 판례의 이러한 오상을 이유로 하는 위법성조각이 학계에서 배척되는 것은 이론적인 측면에서만 검토되었기 때문이라고 생각된다. 실제 사안에 있어서의 정당방위상황의 인정과는 관계없이, 위법성의 과도한 주관화나 오상방위 상대방의 정당방위 불가능이라는 효과 때문에 오상을 이유로 하는 위법성조각은 검토의 여지가 배제되었던 것으로 보인다는 것이다. 그러나 이러한 판례의 이론은 실제의 사안에 비추어 검토한다면 그다지 불합리한 것은 아니라고 생각된다. 이러한 맥락에서 오상방위를 고의조각의 문제로 검토하는 학계에 있어서도 본 대상판결과 관련하여 「피고인이 피해자가 장전된 총을 가지고 자신을 향해 발사할 것이라고 생각한 것은 비록 총이 장전되지 않았고 발사할 생각이 없었던 경우라고 하더라도 자신의 생명이 위태롭다고 판단하고 정당방위를 인정할 필요가 있다고 보아야 한다. 정당방위의 필요성 여부는 장래의 시점에서 판단하는 것이 아니라 현재의 상황을 근거로 판단하여야 하기 때문이다」라는 지적이 있다.[36] 그리고 불심검문 사건과 관련하여 「피고인의 입장에서는 자신이 불심검문의 대상자가 아니며 불심검문절차 역시 위법하므로 정당방위에 해당한다고 주장하였다. 정당방위를 인정하지 않을 경우 다른 한편으로는 사건의 내용상 피고인이 정당방위 상황임을 오인하였다는 가능성, 즉 오상방위 해당여부가 문제될 수 있을 것이다. 즉 당시 피고인은 하루 또는 이틀 전에 일어난 강도강간미수 사건의 내용을 알지 못하는 상태였고, 늦은 시간에 길을 걸어가다 사복 차림의 불심검문을 받게 되자 경찰관이 아니라 소위 퍽치기를 하려는 자들로 오인하였던 것이라고 주장하고 있고, 피하려다 넘어진 피고인이 주변에 고성으로 경찰을 불러달라고 요청하여 지나가던 택시기사도 이 소리를 듣고 정차하였던 사실 등을 볼 때 그러하다」라고 언급하고 있다.[37] 또한 오상피난과 관련하여 「긴급행위자가 오인하여 위험을 인정하고 피난행위를 했고 피해가 발생하면 긴급피난자는 긴급피난으로 인한 정당한 행위를 인정받지 못하지만 객관적 기준에 따라서 그 정도에 차이가 있을 정도의 오해라면 긴급피난을 인정하고 그러한 정도에 이르지 아니하면 오상피난으로 취급될 것이다. 오상피난 행위자에 대해서 정당한 법익침해를 했다고 인정할 수 없지만 대개 불가벌로 된다.」는 지적도 있다.[38]

36) 박상기, 형법학, 제2판, 2015, 125면.
37) 박상기, 형법학, 178면.

이러한 관점에서 판례에 있어서 정당방위상황 판단과 정당방위상황의 오신 판단은 동시에 같은 지점에서 일어난다. 정확히 이해된다면 양자는 같은 것을 표현하는 두 가지 방법이다. 이들은 같은 방향을 가리키는 두 가지 지표이다. 즉 정당방위상황이 존재한다고 평가하는 정당한 사유가 있는 경우에만 정당방위상황이 존재한다고 평가되는 것이다. 정당방위상황의 존재 판단은 정당방위상황의 존재이유 찾기 판단이다. 정당방위상황이 존재하는지를 판단하고자 한다면, 정당방위상황이 존재한다는 정당한 사유를 판단해야 하는 것이다. 정당방위상황의 존재(여부)는 정당방위상황에 대한 정당한 사유의 존재(여부)인 것이다. 정당한 사유는 정당방위상황과 정당방위상황의 오신 사이의 접촉부분 즉 양자의 만나는 지점이다. 정당방위상황이 인정된다고 말할 수도 있고, 정당방위상황이 존재한다고 할 정당한 사유가 있다고 말할 수도 있는 것이다. 판례의 입장은 이러한 평가적 시각에 입각하고 있다고 보여진다.

방위상황의 존재 여부는 하나의 평가적 문제이다. 대법원의 이러한 태도가 전혀 근거가 없는 잘못된 것은 아니다. (객관적인) 정당방위상황과 함께 판례는 동시에 또 하나의 정당방위상황을 보고 있다. 즉 또 하나의 ‘미묘한 정당방위상황’을 보고 있는 것이다. 주관과 객관의 양자 사이의 「불일치」를 문제삼는 시각이 착오론에서의 접근이라면, 주관과 객관의 양자 사이의 「조율과 조화」를 시도하는 시각이 위법성론에서의 접근이라고 여겨진다. (객관적인) 정당방위상황의 인정과 정당방위상황의 인정의 정당한 사유 사이의 조율에 핵심이 있다. 위법성조각사유의 전제사실에 관한 착오에 대하여 판례의 시각은 결국 정당한 사유를 통해서 정당방위상황을 이해하는 구조이다. 이러한 대법원판례의 시각을 학계에서는 더 논의하고 더 추적해야 할 것이다. 그것이 이 논문의 전부이다.

---

38) 조준현, 형법상 긴급피난의 법리, 성신법학, 제15호, 2015, 23면 이하.

[주 제 어]
위법성조각사유의 전제사실에 관한 착오, 오상방위, 오상을 이유로 하는 위법성조각, 정당방위상황, 사후적 판단, 사전적 판단, 규범적 요건

[Key Words]
Irrtum über die sachlichen Voraussetzungen der Rechtfertigungsgründe, Putativnotwehr, Rechtfertigung wegen Putativnotwehr, Notwehrlage, ex-post Bertrachtung, ex-ante Betrachtung, Notwehrlage als normative Voraussetzung

접수일자: 2016. 5. 9. 심사일자: 2016. 5. 31. 게재확정일자: 2016. 6. 3.

[참고문헌]

김성돈, 형법총론, 제4판, 2015.
김일수/서보학, 새로쓴 형법총론, 제12판, 2014.
김일수, 한국형법 III, 1997.
박상기, 형법학, 제2판, 2015.
배종대, 형법총론, 제12판. 2016.
신동운, 신판례백선 형법총론, 제2판, 2011.
신동운, 형법총론, 제9판, 2015.
이상돈, 형법강론, 2015.
이재상/장영민/강동범, 형법총론, 제8판, 2015.
임웅, 형법총론, 제7정판, 2015.
정성근/박광민, 형법총론, 전정2판, 2015.
천진호, 형법총론, 2016.

강철하, 위법성조각사유의 전제사실에 관한 착오, 동아법학 제52호, 2011.
김경락, 오상방위의 형사책임, 비교형사법연구 제8권 제1호, 2006.
김종구, 우리 형법학에서 정당화 사정의 착오론의 의미, 형사법연구 제28권 제1호, 2016.
김종구, 미국 형법상 위법성조각사유의 전제사실의 착오, 형사법연구 제25권 제3호, 2013.
김태명, 경찰관의 무기사용에 대한 정당방위의 성립여부, 형사판례연구 [15], 2007.
김호기, 비대면상황에서의 피학대자 살해행위와 정당방위의 성립가능성, 경찰법연구 제9권 제2호, 2011.
윤상민, 위법성조각사유의 전제사실의 착오, 법학논총(조선대) 제22권 제3호, 2015.
허일태, 오상과잉방위와 형법 제21조 제3항, 형사법연구 제26호 특집호, 2006.

Jescheck/Weigend, AT, 5.Aufl., 1996.

LK-Rönnau/Hohn, 12.Aufl., 2006.

Gössel, Überlegung zum Verhältnis von Norm, Tatbestand und dem Irrtum über das Vorliegen eines rechtfertigenden Sachverhalts, FS-Triffterer, 1996.

[Abstract]

Erlaubnistatbestandsirrtum im koreanischen Obersten Gerichtshof

Yong-Sik Lee*

In der koreanischen Lehre behandelt man den Erlaubnistatbestandsirrtum als Vorsatzproblem, indem man ihn als Tatbestansirrtum oder als Verbotsirrtum sieht. All diesbezügliche deutschen Ansichten sind in Korea fast gleich eingeführt. Die koreanische überwiegende Meinung folgt der rechtsfolgenverweisenden Schuldtheorie wie in Deutschland. Zur Zeit steigt sich die strege Schuldtheorie.

Die koreanische Rechtsprechung geht anderen Weg, auf dem sie zur Rechtfertigung führt, wenn der Erlaubnistatbestandsirrtum gerechte Gründe hat. Diese Position wird von der Lehre heftig kritisiert, es gebe überhaupt keinen Irrtum, der irgenwie zur Rechtfertigung führt. Der Grund ist bis jetzt nicht angegeben.

Die Notwehrlage ist ex-post beurtelt. In korea ist diese ex-post Betrachtung allgemein anerkannt. Dagegen beruht die koreanische Rechtsprechung auf der ex-ante Beurteilung objektiv nach der allgemeinen Personen an Stelle des Täters. Die Notwehrlage verankert sich dadurch als normative Voraussetzung in Anbetracht aller Umstände. Wenn die Notwehrlage in diesem Sinne ist verneint, kommt die Putativnotwehr mit gerechtem Grund in Betracht, was den Täter auch zur Rechtfertigung führt. Die Unterscheidung zwischen Notwehr und Putativnotwehr erfolgt mit dem Urteil der gerechten Gründe zugleich. Die Notwehrlage ist also

* Prof. Dr., Law School, Seoul National University.

normative Gefahrenbewertung über die Situation, in welcher sich der Täter befindet.

Die Putativnotwehr ist in Korea zweierlei behandeln. Die Irrtumslehre betont die Abweichung vom Objektem und Subjektem. Aber die koreanische Rechtsprechung versucht auf der Rechtswidrigkeitsebene beides normativ zu harmonisieren. Die Notwehrlage ist in diesem Sinne ex-ante normative Voraussetzung, in die alle Umstände für die Wertung in Betracht kommen.

실행의 착수와 구성요건 실현을 위한 '직접적인' 전 단계행위

안 경 옥*

I. 대상판결

1. 대법원 2015. 3. 20. 선고 2014도16920 판결

(1) 사실관계

과거 필로폰을 판매하는 등으로 필로폰을 구하여 공소외인에게 판매할 수 있는 능력을 갖춘 피고인은 200만원을 송금하여 주면 필로폰을 구해줄 수 있다고 공소외인에게 말하며 그에 따른 차명계좌번호를 알려 주었고, 이에 공소외인이 두 번에 걸쳐 합계 200만원을 송금하였다.

(2) 하급심의 판단

피고인은 공소외인으로부터 단순히 돈을 편취하였다는 의사로 200만원을 송금 받은 것이 아닌, 필로폰을 구하여 공소외인에게 판매할 의사로 200만원을 송금 받았다가 이를 제공하지 못하여 미수에 그쳤다.1)

---

* 경희대학교 법학전문대학원 교수.

1) 부산지법 2014. 11. 28. 선고 2014노3353 판결.

(3) 대법원의 판단

필로폰을 매수하려는 자에게서 필로폰을 구해달라는 부탁과 함께 돈을 지급받았다고 하더라도, 당시 필로폰을 소지 또는 입수한 상태에 있었거나 그것이 가능하였다는 등 매매행위에 근접·밀착한 상태에서 대금을 지급받은 것이 아니라 단순히 필로폰을 구해 달라는 부탁과 함께 대금 명목으로 돈을 지급받은 것에 불과한 경우에는 필로폰 매매행위의 실행의 착수에 이른 것이라고 볼 수 없다.

원심판결 이유와 기록에 의하면, 피고인은 2011. 2. 중순경 공소외인으로부터 필로폰을 구해 달라는 부탁을 받고 그 대금 명목으로 200만원을 송금받은 사실은 알 수 있으나, 그 당시 피고인이 필로폰을 소지 또는 입수하였거나 곧바로 입수 가능한 상태에 있었다고 볼 만한 아무런 증거가 없으므로, 비록 피고인이 그 전에 필로폰을 판매한 적이 있었음을 고려하더라도 피고인이 단순히 필로폰을 구해 달라는 부탁과 함께 금전을 지급받았다는 것만으로는 필로폰 매매행위의 실행의 착수에 이른 것이라고 보기 어렵다.

2. 대법원 2015. 9. 10. 선고 2015도6980 판결

(1) 사실관계

피고인은 밤중에 광명시 노온사동에 있는 회사 기숙사에서 나온 후, 피해자가 버스정류소에서 혼자 걸어가는 것을 보고, 마스크로 얼굴을 상당부분 가린 채 200m 정도 피해자를 뒤따라 갔으며, 피고인은 점점 피해자와 사이의 거리를 좁혀 약 1m 이내의 간격으로까지 접근하면서 자신의 양팔을 높이 들어서 벌린 자세를 취하였으나, 팔이 피해자의 몸에 닿지는 아니하였고, 그 순간 피해자가 인기척을 느껴 뒤돌아보며 '왜 이러세요? 라고 소리치자, 그 상태로 몇 초 동안 피해자를 빤히 쳐다보다가 다시 오던 길로 되돌아갔다.

(2) 하급심 법원의 판단

강제추행죄는 상대방의 항거를 곤란하게 할 정도의 폭행 또는 협박을 개시한 때에 실행의 착수가 있다고 볼 것이나, 폭행행위 자체가 추행행위라고 인정되는 경우에는 폭행행위를 한 때에 그 실행의 착수가 있다고 보아야 한다.

앞서 본 법리에 비추어 위 사실관계를 보면, 이 사건은 이른바 기습추행에 해당하지 아니하므로(그 행위 자체로 피해자에 대한 추행행위에 해당하는 폭행행위가 존재하지 아니한다), 피고인이 피해자의 반항을 곤란하게 할 정도의 폭행 또는 협박을 개시하였을 때 강제추행죄의 실행의 착수가 있다고 보아야 한다. 그런데 앞서 살펴본 바와 같은 피고인이 피해자를 뒤따라 가다가 1m 정도 간격을 두고 양팔을 높이 들어 벌린 자세를 취한 행위나 몇 초 동안 피해자를 빤히 쳐다본 행위만으로는 피해자의 항거를 곤란하게 할 정도의 폭행이나 협박이라고 보기 어렵고 달리 이러한 폭행·협박을 인정할 증거도 없다. 따라서 피고인의 위 행위만으로 강제추행의 실행의 착수가 있었다고 볼 수 없다.[2)]

(3) 대법원의 판단

추행의 고의로 상대방의 의사에 반하는 유형력의 행사, 즉 폭행행위를 하여 그 실행행위에 착수하였으나 추행의 결과에 이르지 못한 때에는 강제추행미수죄가 성립하며, 이러한 법리는 폭행행위 자체가 추행행위라고 인정되는 이른바 '기습추행'의 경우도 마찬가지로 적용된다.

피고인과 피해자의 관계, 피해자의 연령과 의사, 위 행위에 이르게 된 경위와 당시의 상황, 위 행위후의 피해자의 반응 및 위 행위가 피해자에게 미친 영향 등을 고려하여 보면, 피고인은 피해자를 추행하기 위하여 뒤따라간 것으로 보이므로 추행의 고의를 충분히 인정할

2) 서울고법 2014. 4. 24. 선고 2015노226, 2015로105판결.

수 있고, 피고인이 피해자에게 가까이 접근하여 갑자기 뒤에서 피해자를 껴안는 행위는 일반인에게 성적 수치심이나 혐오감을 일으키게 하고 선량한 성적 도덕관념에 반하는 행위로서 피해자의 성적 자유를 침해하는 행위라 할 것이어서 그 자체로 이른바 '기습추행' 행위로 볼 수 있으므로, 실제로 피고인의 팔이 피해자의 몸에 닿지는 않았다 하더라도 위와 같이 양팔을 들어 갑자기 뒤에서 피해자를 껴안으려는 행위는 피해자의 의사에 반하는 유형력의 행사로서 폭행행위에 해당하고, 그때에 이른바 '기습추행'에 관한 실행의 착수가 있다고 볼 수 있다. 그런데 마침 피해자가 뒤돌아보면서 "왜 이러세요?"라고 소리치는 바람에 피해자의 몸을 껴안는 추행의 결과에 이르지 못하고 미수에 그친 것이므로, 피고인의 위와 같은 행위는 아동·청소년에 대한 강제추행미수죄에 해당한다고 봄이 타당하다.

Ⅱ. 문제의 제기

형법 제25조 제1항은 범죄의 실행에 착수하여 행위를 종료하지 못하였거나 결과가 발생하지 아니한 때에는 미수범으로 처벌한다. 따라서 실행의 착수는 예비·음모와 미수를 구별하는 기준이 되며, 실행의 착수는 구성요건을 실현하기 위한 행위를 개시 또는 시작하는 것이라고 할 수 있다. 그런데 대상판결 1과 2는 범죄가 개시되었는가 하는 실행의 착수와 관련하여 하급심과 대법원의 판단이 나뉘고 있다. 즉 대상판결 1은 하급심이 필로폰을 구하여 판매할 의사로 200만원을 송금 받았다면 이미 실행의 착수를 인정, 해당 범죄의 미수를 인정하는 반면에, 대법원은 단순히 필로폰을 구해달라는 부탁과 함께 대금 명목으로 돈을 지급받은 것에 불과한 경우에는 필로폰 매매행위의 실행의 착수를 인정할 수 없다고 하고 있다. 대상판결 2에서는 하급심이 피고인이 피해자를 뒤따라 가다가 1m 정도 간격을 두고 양팔을 높이 들어 벌린 자세를 취하거나 몇 초 동안 피해자를 빤히 쳐다보는 행위만으로는 강제추행죄의 폭행 협박이라고 보기 어려워 동죄의 실행의 착수를 인정하지 않은 반면에, 대법원은 피고인의 위의 행위가 피해자의 의사에 반하는 유형력의 행사로서 폭행행위에 해당하여 이른바 '기습추행'의 실행의 착수가 있다고 하였다.

이렇듯 각 개별 사례에서 해당 범죄의 실행의 착수를 인정하여 이미 범죄가 개시되었는가를 판단하는 것은 쉬운 일이 아니다. 판례나 학설의 다수설적 견해는 실행의 착수를 판단하는 기준으로 절충적인 견해인 소위 '객관적 개별설' 혹은 '주관적 개별설'을 이야기한다.[3] 개별적 혹은 주관적 개별설은 실행의 착수 여부를 판단함에 있어 행위정황과 관련된 객관적인 측면과 주관적인 측면을 모두 고려한다는 점에서는 견해의 차이가 없다. 그러나 좀 더 구체적으로 어떤 방법으로 실행의 착수를 판단하는지, 또는 객관적 측면과 주관적 측면 중 어디에 비중을 두느냐에 따라 같은 절충설이지만 견해간의 차이가 나타날 수 있다. 이에 덧붙여 대법원도 개별적 혹은 주관적 객관설을 실행의 착수를 판단하기 위한 일반적인 기준으로 인정한 후 다시 범죄유형이나 각 개별 범죄별로 실행의 착수 여부를 구체적으로 판단한다. 그러나 대상판결에서 대법원과 하급심이 이러한 동일한 기준을 적용했음에도 불구하고 그 결과는 일치하지 않는다.

본 고에서는 먼저 실행의 착수를 인정하기 위한 일반적인 판단기준을 살펴본 후(III), 문제가 된 마약매매죄와 강제추행죄 부분에서 실행의 착수 인정 여부(IV) 및 대상판결의 결론이 타당한지 비판적으로 검토하고자 한다(V). 참고적으로 독일의 규정과 관련 학설 · 판례의 내용을 간략히 살펴보고자 하는데, 이는 비교법적 논의를 본격적으로 다루고 있는 것은 아니고 단순히 관련 내용에 대한 참고사항으로만 간략히 정리하고자 한다.

---

3) 이하 Ⅲ. 3에서 후술함.

Ⅲ. 실행의 착수에 대한 일반적 판단 기준

실행의 착수는 행위자가 구성요건 실현을 위한 직접적인 행위를 개시하였는가를 의미하며, 이를 판단하는 기준으로는 객관설, 주관설, 절충설(개별적 혹은 주관적 객관설)의 견해가 있다. 그 중 객관적인 측면과 주관적인 측면을 모두 고려한 절충설이 학계의 다수설적 견해이다.[4)]

1. 객관설

객관설은 대체로 형식적 객관설과 실질적 객관설로 나뉜다. 먼저 형식적 객관설은 구성요건에 해당하는 행위나 그 일부 행위를 했을 때에만 실행의 착수를 인정하는 견해로, 미수의 인정범위를 너무 좁게 한다는 것과 행위자의 주관을 고려하지 않고 행위의 의미를 판단한다는 것이 주된 비판의 내용이다.[5)] 아울러 구성요건 실행을 위한 행위가 어느 단계에서 구성요건 실행행위의 일부가 되는지도 분명하지 않다는 비판이 있다.[6)] 실질적 객관설은 보호법익을 직접적으로 위태롭게 하는 행위가 있거나, 구성요건적 행위와 밀접하게 관련되어 있는 행위 또는 직접적인 전 단계의 행위가 있을 때 실행의 착수를 인정한다(보호법익에 대한 직접적 위험설과 밀접행위설).[7)] 그 중 프랑크 공식은 자연적으로 보아 구성요건행위와 필연적으로 결합되어 있어 구성요소로 보이는 거동이 있으면 구성요건의 전 단계에 속한 행위라도 실행의 착수가 인정된다고 판단한다.[8)] 실질적 객관설에 대해서는 그

4) 김성돈, 형법총론(2008), 409면이하; 김일수/서보학, 형법총론(2014), 379면 이하; 김태명, 형법총론(2013), 327면 이하; 오영근, 형법총론(2014), 309면 이하; 이재상/장영민/강동범, 형법총론(2015), 364면; 임웅, 형법총론 (2015), 359면.

5) 김/서, 380면; 김태명, 327면; 오영근, 310면;

6) 한정환, 형법 제25조 제1항 '범죄실행의 착수', 비교형사법연구 제8권 제1호(2006), 132면.

7) 김태명, 327면.

8) 김/서, 380면 이하; 한정환, 앞의 논문, 134면.

내용이 명확하지 않다거나, '직접적 위험' 또는 '밀접행위'를 인정할 이유와 판단기준이 애매하거나 없다거나,[9] 행위자의 의사나 행위계획을 고려하지 않고 객관적으로만 범죄의 개시를 인정하는 것은 타당하지 않다거나, 실행행위의 전단계의 행위, 밀접행위 등을 실행행위로 보는 것은 이미 논리적으로 모순이라는 비판이 있다.[10]

2. 주관설

주관설은 행위자의 의사에 따라 실행의 착수 유무를 결정해야 한다고 본다. 즉 행위자의 의사를 기초로 하여, 범죄의사가 확정적으로 나타나는 외부적 행위가 있을 때 또는 범의의 비약적 표동이 있을 때 실행의 착수가 있다는 견해이다.[11] 주관설에 대해서는 객관적 기준을 고려하지 않아 미수가 예비로까지 확대된다거나,[12] 행위의 의미를 행위자의 의사만으로 파악하는 것은 부당하다는 비판이 제기된다.[13]

3. 절충설

절충설은 개별적 객관설 혹은 주관적 개관설로, 주관적인 측면과 객관적인 측면을 모두 고려하여, 행위자의 범죄의사가 외부적으로 명백히 드러날 뿐만 아니라 보호법익을 직접적으로 위태롭게 하는 행위 혹은 구성요건적 행위와 밀접실현을 위한 행위가 직접적으로 개시된 때 실행의 착수를 인정한다. 판례 및 학설의 다수설적인 견해로, 행위의 주관적 객관적 측면을 모두 고려한다.[14] 그리고 절충설은 그 내용과 관련하여, 다시 구성요건적 실행행위와 직접적 관련 있는 행위를 기준으로 하는 견해[15]와 각 범죄구성요건의 보호법익에 대한 위험성,

9) 오경식, 범죄실행의 착수, 연세법학연구 2(1992), 644-650면.
10) 오영근, 311면.
11) 주4 참조.
12) 주4 참조.
13) 김태명, 327면.
14) 김재현, 형법상 '실행의 착수'에 관한 재검토, 성균관법학 제24권 제4호 (2012. 12), 288면 이하.

즉 보호법익을 위태롭게 하는 행위를 기준으로 하는 견해로 나눌 수 있다.[16] 먼저 구성요건실현을 위한 '직접적인' 행위가 있으면 실행의 착수를 인정한다는 견해는 각 개별범죄의 개시는 다른 중간단계의 행위가 필요 없는 경우로 설명한다. 반면에 보호법익을 '위태롭게 하는' 행위를 기준으로 하는 견해는 행위자의 범행계획에 따르면 각 범죄의 보호법익에 대한 직접적인 위험성 혹은 구성요건실현에 대한 직접적인 위험이 있으면 실행의 착수를 인정하는 견해이다.[17] 이러한 '직접성'이나 '위험성' 여부는 모두 행위자의 범행계획을 근거로 한다는 점에서 주관적이거나 개별적이라고 할 수 있다.[18]

위의 두 가지 견해 모두에 대해 언제부터 구성요건실현을 위한 직접적 행위인지, 그리고 어떤 기준으로 보호법익을 위태롭게 할 위험성 있는 행위인지가 분명하지 않다는 비판이 있다.[19] 그리고 보호법익을 위태롭게 할 행위 또는 위험성은 거동범이나 추상적 위험범의 경우는 구성요건적 행위가 있기만 하면 인정되므로 위험성이 미수나 실행의 착수를 판단할 기준이 될 수 없다거나, 주관적 요소와 객관적 요소가 어떻게 결합되어야 하는 것인지에 대한 설명도 없다는 비판도 제기된다.[20]

아울러 대법원은 실행의 착수 여부를 각 구성요건별로 검토하면서 각 사안별로 결론을 내리고 있어[21] 공통된 판단기준을 찾아보기

---

15) 대표적으로 김성돈, 410면; 오영근, 483면; 이재상/장영민/강동범, 366면.

16) 임웅, 346면; 정성근/박광민, 형법총론, 382면.

17) 김/서, 381면; 김재현, 예비 · 미수 · 기수의 구별을 위한 해석론, 성균관법학, 제25권 제4호(2013. 12), 300면.

18) 김재현, 앞의 논문, 302면.

19) 한정환, 앞의 논문, 137면.

20) 김재현, 형법상 '실행의 착수'에 관한 재검토, 성균관법학 제24권 제4호(2012. 12), 288면; 이경렬, 실행의 착수의 실질적 기준, 성균관법학 제8호(1997), 66면; 한정환, 앞의 논문, 138면.

21) 절도죄의 경우는 밀접행위 혹은 물색행위가 있을 때 실행의 착수를 인정하므로 실질적 객관설에 따른 것이며, 간첩죄의 경우는 주관설, 주거침입죄에 대해서는 주관적 객관설의 입장을 취한 것으로 해석한다(오영근, 312면).

어렵고,[22] 각 개별범죄에서 실행의 착수여부를 판단할 때에도 그 구체적인 판단방법이나 내용이 명확하게 드러나지는 않는다는 비판이 있다.[23]

4. 검토

(1) 구성요건적 (일부)행위의 실행

범죄가 개시되었는가를 판단함에 있어, 먼저 구성요건적 행위를 하거나 일부 실행하는 경우는 이미 형식적 객관설에 의해서 실행의 착수를 인정하는 경우와 결론이 같다고 하겠다. 즉 사기죄의 기망행위가 있는 경우나 살인죄에서 총을 이미 쏜 행위는 이미 구성요건적 행위를 실행 혹은 일부 실행한 경우로 사후에 객관적으로 평가할 수 있다. 그리고 범죄 실현을 위해 필요한 행위를 전부 종료하였으나 결과가 발생하지 않은, 이른바 종료미수에 대해서도 실행의 착수를 인정함에 어려움이 없다고 하겠다. 물론 결과발생에 필요한 행위를 종료했는가 여부도 행위자의 범행계획을 고려하지 않고서는 판단할 수 없기 때문에 여기서도 주관적인 측면이 필요하다고 하겠다.[24]

그러므로 각 학설의 견해에 따라 차이가 나타나는 것은 구성요건적 행위를 실행하거나 일부 실행하는 경우가 아니라 구성요건에 해당

22) 한정환, 앞의 논문, 126면

23) 독일의 판례에 대해서도 동일한 비판이 제기되고 있다(JuS 2013, 879).

24) 주관적 객관설의 내용이지만 행위자의 계획에 근거하여 착수미수와 실행미수를 구별하여 각각 다른 기준을 적용하고자 한다. 그리고 구성요건실현의 직접적 위험이 되는 행위가 이루어진 시점은 객관적 구체적으로 제시하고자 한다. 이러한 의미에서 행위계획에 근거한 객관적 기준이라는 시도라고 하였으나, 결국 행위자의 범행계획을 기초로(주관적 측면) 구성요건실현의 직접적 위험이 되는 행위를 객관적으로 판단한다는 점에서는 주관적 객관설의 내용이라고 할 수 있다. 다만 구성요건실현의 직접적 위험이 되는 행위를 객관적으로 좀 더 구체적으로 설명하고자 하였으나, 주관적으로 행위자의 행위계획을 토대로, 객관적으로 구성요건의 실현에 근접·임박한 행위를 기준으로 한다는 점에서는 절충설 중 구성요건실현을 위한 직접적인 전 단계 행위설이나 독일의 부분행위설(Zwischenaktentherie)의 내용과 차이가 없다고 하겠다.

하지는 않지만 직접적인 전 단계에 해당하는 행위이거나 보호법익에 위험을 줄 수 있는 행위에 대해 이미 범죄의 개시, 실행의 착수를 인정할 수 있는가 하는 점에 있다. 즉 실행의 착수가 있다고 보아 미수를 인정하느냐 아니면 실행의 착수를 인정할 수 없어 예비에 해당하느냐 여부는 착수미수 중 구성요건적 실행행위가 없는 경우가 문제되며, 학설간의 견해의 차이가 나타날 수 있다.

그리고 각 개별 범죄의 구성요건적 실행행위나 일부 실행행위가 있기 전, 구성요건 실현을 위한 직접적인 전 단계의 행위가 있으면 실행의 착수를 인정할 것인가, 아니면 해당 구성요건의 보호법익에 대한 위험이 있으면 이미 실행의 착수를 인정할 것인가에 따라 실행의 착수 여부를 판단하는 기준점이 약간은 다르다고 할 수 있으며, 각 견해에 대한 비판의 내용도 달라질 수 있다.

(2) 구성요건 실현을 위한 '직접적인' 전 단계행위

먼저 구성요건의 보호법익에 대한 위험이 있는 행위를 기준으로 실행의 착수 여부를 판단하는 것은 거동범이나 추상적 위험범의 경우는 적절치 않다고 하겠다. 그것은 거동범 등의 경우는 각 구성요건이 보호하는 법익에 대한 위험이 있으면 미수가 아닌 기수 인정이 가능하며, 예비나 미수행위 모두 각 구성요건을 통해 보호하고자 하는 법익을 위태롭게 한다는 점에서는 차이가 없기 때문이다. 실행의 착수가 미수와 예비를 구별하는 기능을 한다는 점에서 구성요건 실현과의 '직접성'을 기준으로, 즉 구성요건적 행위는 아니지만 구성요건 실현을 위한 직접적인 전 단계의 행위 즉 직접성을 판단하는 견해가 타당하다고 할 수 있다.

물론 무엇이 구성요건 실현을 위한 직접적인 전 단계행위인지 분명하지 않다는 비판이 제기된다. 그러나 행위자가 구성요건을 실현하고자 계획하고 시도했던 행위를 단계적으로 혹은 부분적으로 구별하여, 연속되는 행위의 여러 단계나 부분들 중 구성요건의 실현에 가장 근접한 단계의 행위나 부분이 이루어진 어느 시점에서 실행의 착수를 인정할 수밖에 없다. 즉 구성요건적 행위가 아니라도 구성요건 실현을 위한 직접적인 전 단계의 행위이나 구성요건 실현을 위한 단계 중 가장 근접한 마지막의 행위임을 객관적으로 평가, 실행의 착수를 인정하여야 한다.[25)]

구성요건 실현을 위한 단계 중 가장 근접한 마지막 단계의 행위이기 위해서는, 먼저 해당 행위가 다른 중간단계의 부분행위의 개입 없이 구성요건적 실현행위와 직접 연결되는 시간적 근접성이 있어야 한다.[26)] 경우에 따라서는 구성요건적 실행행위와 시간적 근접성뿐만 아니라 실행행위와의 장소적 근접성까지도 있다면 해당 범죄의 실행의 착수를 더욱 더 분명하게 인정할 수 있다고 하겠다. 물론 이러한 구성요건 실현을 위한 직접적인 혹은 근접·임박한 행위인가는 행위자의 범행계획에 근거하여 행위 당시의 시점을 기준으로 사후에 객관적으로 평가해야 한다. 그것은 행위자가 구성요건의 실현을 위해 계획한 행위를 다 했는가 또는 필요한 행위가 더 남아 있는가에 따라 구성요건의 실현에 가장 근접한 행위를 결정하는 기준이 달라질 수 있기 때문이다.

결론적으로 행위자의 행위가 각 개별범죄의 보호법익을 위태롭게 한다는 논거는 실행의 착수를 직접 판단하는 기준이라기보다는 미수범을 처벌하는 근거로서 의미를 가지며, 보호법익을 위태롭게 하거나 침해할 수 있는 위험이 있는 행위에는 구성요건적 행위 이외에 구성

---

25) 행위자가 사건의 진행을 더 이상 자신의 통제 하에 두지 않게 된 경우(가령 독이 든 음식을 마련해 두고 집을 떠난 경우)나 피해자가 행위자의 범죄 실현에 시간적으로 아주 근접해 있어 피해자의 영역내에서 영향을 줄 수 있을 정도로 직접 피해자가 위험해진 경우(가령 독이 든 음식을 준비한 이후 남편이 먹기를 기다리고 있는 경우)에는 실행의 착수를 인정할 수 있다(Rönnau, JuS 2013, 879).

26) 중간행위이론(Zwischenaktstheorie), 즉 행위자의 범행계획에 따르면 구성요건 실현을 위한 본질적인 중간단계의 행위가 없으면 미수의 단계로 진입한다. 그러나 중간행위이론은 구성요건실현을 위한 직접적 행위 여부를 판단할 수 있는 보조적 내용이다.

요건실현에 직접 연결되는 구성요건 전 단계의 행위도 포함된다. 그리고 구성요건 실현을 위한 직접적인 행위인가 여부는 단순히 주관적인 측면과 객관적인 측면의 결합이 아닌, 단계적으로 구성요건 실행행위에 임박한 마지막 혹은, 근접한 행위라는 측면에서 판단하는 것이 적절하다고 하겠다.

Ⅳ. 각 개별 구성요건에 따른 실행의 착수 판단

실행의 착수 판단은 결국 구성요건적 행위가 아니더라도 직접적인 전 단계의, 구성요건실현을 위해 중간개입행위가 필요 없는 마지막 행위인지를 기준으로 판단할 수 있는데, 이러한 행위인지 여부는 개별 구성요건별로 보호법익이나 구성요건적 행위를 구체적으로 검토한 후에 평가해야 할 것이다.

대상판결 1은 마약매매행위와 관련하여, 대상판결 2에서는 강제추행죄의 실행의 착수 인정 여부와 관련하여 하급심과 대법원의 판단이 다르다. 이하에서는 각 구성요건과 관련하여 실행의 착수를 인정할 것인지를 검토하고자 한다.

1. 마약매매행위와 실행의 착수

(1) 마약류 관리에 관한 법률 규정의 내용

마약류 관리에 관한 법률은 마약류 취급자가 아닌 자가 불법으로 투약 등의 사용을 하거나, 소지나 보관하는 행위, 운반하는 행위, 매매나 매매 알선 및 수수 제공하는 행위, 수·출입행위, 불법으로 제조하는 등의 행위를 주요 불법행위로 규정하고 있다(마약류 관리에 관한 법률 제3조, 제4조). 그 중에서도 필로폰을 포함한 마약류 매매행위와 관련한 조항을 살펴보면, 동법 제3조 3호에서 단순히 '헤로인이나 그 염류 또는 이를 함유하는 것을' 식품의약품안전처장의 승인 없이 '매매하는' 행위를 금지하며, 제4조는 마약류취급자가 아닌 자의 마약류 취급을 금지하고 있는데, 동 조항은 다른 불법행위와 마찬가지로 마약매매행위에 대한 개념정의나 기수시기에 대해 별도로 규정하고 있지 않다.

그리고 위의 불법행위에 대한 벌칙규정 중 제60조 제1항 제2호는 마약류취급자가 아닌 자가 마약 등을 소지, 소유나 매매하는 행위(제4조 제1항) 등에 관한 처벌을 규정하고 있는데, 마약을 포함한 향정신성의약품을 매매하는 행위는 동법 제60조 제1항 제2호에 의하여 10년 이하의 징역 또는 1억 원 이하의 벌금에 처한다. 그리고 동조 제3항에 의해 미수범도 처벌하나, 예비와 음모를 처벌하는 규정은 동 행위와 관련하여서는 없기 때문에 마약류 매매라는 실행행위를 개시했는가는 행위자의 처벌 여부를 결정하게 된다.

참고로 마약류관리에 관한 법률은 행정규제기본법에 의한 규제정비계획에 따라 마약법·향정신성의약품관리법 및 대마관리법으로 구분·시행되고 있는 마약류 관계 법률을 마약류 관리에 관한 법률로 통합하여 제정함으로써 불필요한 규제를 폐지·정비하고, 기타 현행 규정의 운영상 나타난 일부 미비점을 개선·보완하고자 2000년 1월 12일 제정하였다.[27]

(2) 마약류 매매행위에 대한 판례의 태도

동법에서 규정하고 있는 마약류 관련 불법행위를 내용으로 하는 이전의 판례들 중 대상판결 1처럼 마약류 매매행위 자체와 관련하여 실행의 착수나 기수시기와 관련된 판례는 찾아보기 힘들었다. 다만 대상판결 1의 참조판례였던 대법원 2008. 5. 29. 선고 2008도2392판결은 대상판결과 같은 입장을 유지하고 있다. 그 외의 하급심을 포함한 관련 판례들은 대체로 향정신성의약품 관련 불법매매나 소지 규정이 명확성 원칙에 반하는지 여부나,[28] 필로폰을 투약한 경우나 입수한 경우 동법의 공범여부 등이 문제된 판결이어서 직접적으로 실행의 착수여

27) 법제처, 마약류관리에 관한 법률의 제정이유 참조.

28) 서울고등법원 2012, 7. 5. 선고 2012노291판결.

부를 판단한 판결은 마약류관리에 관한 법률에서는 찾아보기 어려웠다. 아울러 관련 연구문헌도 주로 마약범죄의 형사정책적 원인 및 대응방안이 주를 이루었고, 마약류 불법소지 등에 관한 형사법적 처벌과 관련된 논문은 별로 없는 실정이다.[29)]

(3) 독일의 경우

참고로 독일의 마약류범죄에 대한 관련 규정 및 판례의 태도를 살펴보자면, 독일 연방 마약법(Betäubungsmittelgesetz) 제29조 제1항 제1호에서 마약류의 불법적인 매매를 금지하고 있으며, 미수범 처벌은 동조 제2항에서 규정하고 있다.[30)] 동 규정의 해석과 관련하여, 판례나 학계의 다수설적인 견해는 필로폰 매매행위의 미수 여부도 형법 제22조의 일반적 원칙에 따르므로, 마약류 매매행위의 실행의 착수도 구성요건적 실현을 위한 직접적인 개시행위가 있으면 인정한다. 그런데 독일의 법원이나 다수설적인 견해는 필로폰매매행위의 기수 성립범위를 넓게 인정하고 있어, 사실상 불가벌의 예비행위나 미수의 처벌 가능성이 크지 않다.

마약류 관련 불법행위 중 매매행위(Handeltreiben)의 개념을 판례와 다수설은 광의의 개념(die weite Fassung)으로 파악한다. 구체적으로 살펴보면, 필로폰 등 마약류를 매매하는 행위는 마약 등의 향정신성의 약품의 거래를 통해 이윤을 추구하는 행위인데, 불법적인 거래를 통해

---

29) 형사법적 처벌과 관련된 논의로는, 이인영, 마약류범죄에 대한 형사법적 대응에 관한 일고찰, 비교형사법연구 16권 2호(2014), 171-196면이 있으나, 그 내용이 마약류거래와 관련한 불법수익몰수나 함정수사 등과 관련한 내용임. 최성국, 우리나라 마약류범죄에 관한 고찰, 청연논총 제10집, 사법연수원 교수논문집, 사법연수원(2013), 313-384면은 마약류 범죄의 의의 및 현황, 마약류범죄의 특성 및 각 불법행위에 대한 해설을 하고 있음.

30) §29 Straftaten

(1) Mit Freiheitsstrafe bis zu fünf Jahren oder mit Geldstrafe wird bestraft, wer

1. Betäubungsmittel unerlaubt anbaut, herstellt, mit ihnen Handel treibt,...

2. (2) In den Fällen des Absatzes 1 Satz 1 Nr. 1, 2, 5 oder b Buchstabe b ist der Versuch strafbar

이익을 얻지 못하거나 거래 대상인 필로폰을 소지나 보관하지 않아도, 또는 필로폰 거래를 합의한 것만으로 이미 기수를 인정한다.[31] 이는 대상판결 1의 경우라고 볼 수 있다. 물론 매매행위의 개념을 넓게 해석함으로써 마약 거래와 관련해서는 일반적으로 예비나 미수행위로 볼 수 있는 행위를 기수로 인정하게 되어 처벌되지 않는 예비나 미수의 중지를 인정할 가능성이 없거나 아주 좁아진다는 비판이 제기되고 있다.[32]

이렇게 마약류 매매행위의 기수를 넓게 인정하는 이유는 전 유럽 차원에서 마약범죄에 강력하게 대응할 필요성이 있기 때문이라고 하였고,[33] 기수를 넓게 인정하는 해석은 수범자에게 처벌가능성을 분명하게 인식시키기 때문에 책임주의에 반하거나 명확성의 원칙에 반하는 것이 아니라고 하였다. 따라서 필로폰을 소지하고 있지 않아 매매계약에 따른 교부가 이뤄지지 않는 경우에도 기수성립에는 아무런 영향이 없으며, 이익을 얻지 않았다는 등의 사정은 양형에서 고려될 수 있다고 본다.[34]

(4) 마약류 매매행위와 미수 · 기수시기

앞서 언급한 바와 같이 마약류 관리에 관한 법률은 마약류의 매매 등을 포함하여 금지되는 불법행위를 단순히 규정하거나 미수범도 처벌한다는 것만을 규정하고 있어, 마약류 매매행위의 개념이나, 언제 불가벌의 예비행위로부터 범죄가 개시되었는지 판단하기 어렵다. 또한 매매행위만으로도 기수를 인정할 수 있는지의 여부가 분명하지 않아 예비와 미수의 구별은 물론, 미수와 기수의 구별도 용이하지 않은 것처럼 보인다.

31) BtMG §29 Rn. 472.

32) Roxin, StV 2003, 517; Weber, BtMG §29 Rn.165-167. 이렇게 기수를 넓게 인정하는 것이 책임주의나 명확성의 원칙에 반하지 않다고 본다 (Weber, §29 Rn.192-196).

33) Weber, BtMG §29 Rn.175.

34) Weber, BtMG §29 Rn.603-608.

그러나 동법 제3조, 제4조는 마약류취급자가 아닌 자가 필로폰 등 마약류를 매매하는 행위 자체를 금지하므로, 동 조항의 범죄 대상은 동법 시행령이 규정하고 있는 마약류이고, 실행행위는 불법적인 매매행위라고 볼 수 있다. 그렇다면 마약류를 허가 없이 매매한 행위는 구성요건 실현을 위한 직접적인 전 단계의 행위를 한 것이 아니라 이미 구성요건적 행위를 실행한 것이라고 볼 수 있다. 여기서 필로폰 구매의 부탁을 받고 아직 마약을 매수인에게 넘기지 않았더라도, 이미 마약판매의 계약을 맺었고 그 매매대금을 받은 시점이라면 매매행위가 개시되었다고 보아 실행의 착수를 인정할 가능성이 있다고 할 수 있다.

먼저 매매행위와 관련한 범죄의 미수와 기수시기를 판단하기 위해 형법 제289조의 인신매매죄를 참고해볼 수 있다. 동 조항은 사람을 매매한 자는 7년 이하의 징역에 처하고, 노동력 착취 등을 목적으로 하는 경우는 가중처벌하고 있으며, 미수범도 처벌한다(제294조). 판례와 다수설에 따르면 본죄의 매매행위는 사람의 신체를 유상으로 상대방에게 교부하고 상대방은 피해자에 대한 실력적 지배 혹은 사실상의 지배를 취득하는 것을 의미한다고 한다.[35] 대법원은 종래 부녀매매죄의 매매와 관련하여 '보통의 부녀자라면 법질서에 보호를 호소하기를 단념할 정도의 상태에서 신체에 대한 인수·인계가 이루어졌다면 18세의 부녀에 대한 매매도 가능하다'고 판시하였다.[36] 따라서 본죄의 매매는 민법상의 매매의 개념과는 다르게 본다고 할 수 있으며, 본죄의 매매행위는 사람의 신체에 대한 사실상의 지배의 이전이 필요하며, 이때 기수를 인정할 수 있다고 할 수 있을 것이다.

그런데 마약류 매매행위도 인신매매죄의 '매매행위'나 기수시기의 판단기준과 동일한 잣대로 판단이 가능한가? 동일하게 판단하는 견해에 따르면,[37] 인신매매죄나 불법 마약류 매매행위 두 범죄 모두 범죄

35) 김태명, 판례 형법각론(2016), 113면; 이재상, 형법각론(2014), 143면.
36) 대법원 1992. 1. 21. 선고 91도1402 판결.
37) 오영근, 2015년 형법판례 회고, 2016년 2월 1일, 형사판례연구회 발표문, 18면.

대상인 객체가 단순히 '사람'이나 '마약류'가 아니라 '자신의 실력적 지배하에 있는 사람'이거나 '소지 또는 입수하였거나 소지 또는 입수가 근접·밀착한 상태에 있는 마약류', 즉 '자신의 지배하에 있는 마약류'를 대상으로 한다. 따라서 아직 소지하고 있지 않은 필로폰은 설사 행위자가 매매대금을 지급받더라도 '자신의 지배하에 있는 마약류'가 없는 것이어서, 대상판결 1은 실행의 착수가 아닌, 매매행위의 객체가 존재하는가의 문제라고 보았다.[38]

그러나 대상판결 1에서는 필로폰을 구해달라는 매매계약의 청약이 있었고, 피고인이 대금 송금을 위한 계좌번호를 알려줌으로써 청약에 대한 승낙이 있다고 할 수 있다. 다만 매매대금을 피해자로부터 송금을 받았으나 필로폰을 아직 교부하지는 않은 단계이므로 기수가 아닌 미수가 성립한다고 볼 수 있다.[39] 그것은 기수는 단순히 매매계약을 체결한 것만으로는 충분하지 않으며 매매에 따른 실행, 즉 매매에 따른 완성까지 있어야 성립하므로, 매매계약을 체결하고 필로폰을 매도하거나 교부받은 때에 기수가 성립한다고 볼 수 있기 때문이다.

대상판결 1의 경우는 대금을 송금 받았으나 아직 필로폰을 소지하거나 입수하지도 않은 단계이므로 기수를 인정하는 것은 적절치 않다. 다만 필로폰 매매계약에 따라 돈을 송금 받은 이후에는 적어도 불법 매매행위의 실행의 착수는 있다고 하겠다. 즉 필로폰 구매를 부탁받고 그 대금을 송금 받았다면 아직 '물건'을 소지하고 있지 않은 경우라도 범죄를 개시하지 않은 예비단계로 볼 것은 아니며, 더 나아가 동법 제3조, 제4조가 규정하고 있는 구성요건적 행위를 직접 개시한 것이라고 볼 수 있을 것이다.

끝으로 만약 처음부터 필로폰을 소지하고 있지 않았고 필로폰을 구할 가능성이 처음부터 없었다고 한다면 다음 두 가지의 경우를 생각해 볼 수 있다. 처음부터 필로폰 대금을 편취할 의사가 있었다고 보

38) 오영근, 앞의 발표문, 18면.
39) 강해룡, 앞의 논문, 13면.

아 사기죄를 인정할 가능성과 필로폰을 구하여 교부하는 것이 처음부터 불가능한 경우라면 불능미수도 생각해 볼 수 있다. 어쨌거나 필로폰 매매계약을 체결하고 그 대금을 송금까지 받았다면 행위자가 현재 필로폰을 소지나 보관하고 있는가와 상관없이 필로폰 매매행위의 실행착수를 인정, 미수범 처벌이 가능하다고 하겠다.

2. 강제추행행위와 실행의 착수

(1) 기습추행과 폭행 · 협박의 정도

강제추행죄는 개인의 성적 자유 또는 성적 자기결정권을 침해하는 것을 내용으로 하는 범죄이며, 폭행이나 협박으로 사람에 대해 추행함으로써 성립한다. 즉 폭행이나 협박을 통해 피해자의 의사에 반하는 강제력의 행사와 성적 수치심을 일으키는 행위인 추행이 강제추행죄의 구성요건 요소이다. 먼저 강제추행의 폭행이나 협박의 정도와 관련하여서는, 강간죄의 폭행 협박과 같은 정도여야 하는 가에 대해서는 견해의 대립이 있다.[40] 판례는 폭행 협박을 가하여 추행행위를 하는 경우에는 항거를 곤란하게 할 정도를 요하지만, 폭행 협박 자체가 추행행위인 이른바 기습추행의 경우에는 상대방의 의사에 반하는 유형력의 행사가 있는 이상 그 힘의 대소강약을 불문한다고 하였다.[41] 추행과 관련하여서는 신체적 접촉이 없는 경우에도 추행을 인정할 것인가가 문제되기도 한다.[42]

---

40) 대표적으로 조현욱, 강제추행죄의 구성요건 중 강제추행의 의미와 그 판단기준, 홍익법학 제14권 제1호(2013), 449면 이하.

41) 대표적으로 대법원 2007. 1. 25. 선고 2006도5970 판결; 대법원 2002. 4. 26.선고 2001도2417 판결.

42) 엘리베이터라는 폐쇄된 공간에서 피해자들을 칼로 위협하는 등으로 꼼짝하지 못하도록 자신의 실력적 지배하에 둔 다음 피해자들에게 성적 수치심과 혐오감을 일으키는 자신의 자위행위 모습을 보여 주고 피해자들로 하여금 이를 외면하고 피할 수 없게 한 행위는 강제추행죄의 추행에 해당한다 (대법원 2010. 2. 25. 선고2009도13716 판결).

범행장소가 피해자가 차량을 주차하여 둔 사무실 근처의 도로로서 사람 및 다음으로 어떤 행위가 추행에 해당하는지 판단하는 기준에 대해서도 견해의 대립이 있으나, 판례는 '추행이란 객관적으로 일반인에게 성적 수치심이나 혐오감을 일으키게 하고 선량한 성적 도덕관념에 반하는 행위로서 피해자의 성적 자유를 침해하는 것이고, 이에 해당하는지는 피해자의 의사, 성별, 연령, 행위자와 피해자의 이전부터의 관계, 행위에 이르게 된 경위, 구체적 행위태양, 주위의 객관적 상황과 그 시대의 성적 도덕관념 등을 종합적으로 고려하여 신중히 결정되어야 한다. 그리고 강제추행죄의 성립에 필요한 주관적 구성요건으로 성욕을 자극·흥분·만족시키려는 주관적 동기나 목적이 있어야 하는 것은 아니다'라고 판시하고 있다.[43)]

위와 같은 판례의 태도와 관련하여, 먼저 피해자의 신체에 대한 접촉이 없다고 하더라도 가해행위로 인한 성적 수치심 내지 혐오감의 정도나 성적 자기결정권의 침해가 피해자의 신체에 대한 접촉이 있는 경우와 비교하여 동등한 정도라고 평가될 수 있는 경우에는 추행에 해당한다고 보는 것이 타당할 것이다.[44)] 그리고 기습적이고 순간적인 추행행위, 즉 기습추행행위 그 자체가 항거를 곤란하게 할 정도에 이

차량의 왕래가 빈번한 공중에게 공개된 곳이었고, ...피고인이 피해자를 위 행위장소로 이끈 것이 아니라 피해자의 차량으로 가는 피해자를 따라가면서 위와 같은 행위에 이르게 된 점... 기타 제반 사정을 고려하여 보면, 단순히 피고인 바지를 벗어 자신의 성기를 피해자에게 보여준 것만으로는 그것이 비록 객관적으로 일반인에게 성적 수치심이나 혐오감을 일으키게 하는 행위라고 할 수 있을지 몰라도 피고인의 폭행 또는 협박으로 '추행'을 하였다고 볼 수 없다(대법원 2012. 7. 26. 선고 2011도8805 판결).

위의 판결 모두 신체적 접촉이 없는 경우이나 전자의 판례는 강제추행을 인정했고 후자의 판례에서는 인정하지 않았는데, 원칙적으로 신체적 접촉이 없어도 추행이 가능하나 폭행이나 협박을 통해 행위자의 실력적 지배하에서 추행이 이루어져야 한다.

신체적 접촉이 없는 경우에도 강제추행을 인정할 수 있는가와 관련하여서는 박성준, 신체적 접촉이 수반되지 않는 강제추행죄의 성립, 재판과 판례 제23집(2014. 12), 대구판례연구회, 383면 이하 참조.

43) 대표적으로 대법원 2013. 9. 26. 선고 2013도5856 판결. 대상판결 2 참조.

44) 박성준, 앞의 논문, 387면.

르는 경우는 불가능하기 때문에 기습추행의 경우는 힘의 대소강약은 불문한다는 견해는 타당하다고 하겠다.[45] 다만 상대방의 의사에 반하여 성적 수치심이나 혐오감을 느끼게 할 정도의 유형력을 행사하는 것은 필요하다고 하겠다. 즉 강제추행죄의 폭행이 힘의 대소강약을 불문한다 하더라도 폭행이면 추행이 될 수 있는 유형력의 행사가 있어야 하고, 이는 구체적 상황에서 당사자의 관계 등을 고려하여 결정해야 할 문제라고 하겠다.

(2) 독일의 경우

참고로 독일의 규정을 살펴보면, 독일 형법 제177조 제1항은 폭행, 협박 또는 피해자가 무방비상태로 행위자의 영향 하에 있는 상황을 악용하여 성적 강요행위(Sexuelle Nötigung)를 한 경우를 처벌하고 있다. 동조 제1항을 기본적 구성요건으로 하여 동조 제2항은 강간행위 및 이와 유사한 신체삽입과 관련한 성적 강요행위, 특수강간이나 강간치사상죄의 특별히 중한 경우로 가중처벌하고 있다. 그 중 제1항 1호의 폭력에 의해 성적 행위를 자기 또는 제3자가 하는 것을 수인하게 하거나, 행위자나 제3자에게 하게 한 경우 1년 이상의 자유형으로 처벌한다.[46]

독일은 우리 형법처럼 추행의 개념을 사용하는 것은 아니며 폭행 등을 사용하여 강제적으로 성적 행위를 피해자에게 강요하거나 피해자로 행위자나 제3자에게 하게 하는 행위를 처벌하고 있다. 동 조항은 폭행의 정도에 대해서는 특별히 규정하고 있지 않는데, 판례는 폭행에 있어 그 정도는 문제되지 않으며 상대방이 신체적 강요로 느낄 정도의 물리적 힘의 행사가 있으면 가능하다고 본다.[47] 아울러 행위자의

45) 홍성태, 강제추행죄에 있어서 폭행, 협박의 정도, 대법원판례해설 41호 (2002 상반기) (2002. 12), 574, 580면. 기습추행에 대해 강제추행으로 처벌할 수 없다는 견해에 대해서는 서보학, 강제추행죄에 있어서 폭행의 정도와 기습추행의 문제, Jurist (2001), 30면 이하 참조.

46) 참고로 강간이나 집단범죄의 경우는 제2항에서 가중처벌하고, 흉기휴대 등의 경우는 제3항에서 가중처벌한다.

폭력이 있다면 피해자가 실제 방어했는가는 중요하지 않으며,[48] 심리적으로 통제된 상황에서는 힘의 사용이 적다하더라도 가능하다고 하였다. 즉 폐쇄된 공간에의 감금도 이미 해당 구성요건의 폭행에 해당할 수 있다는 것이다.[49]

독일은 성적 자기결정권과 관련한 범죄에서 규정하고 있는 성적 행위(Sexuelle Handlungen)의 개념에 대해서는 동법 제184조h에서 규정하고 있는데,[50] 성적행위는 보호법익과 관련한 중요한 성적 행위로 제한하여 규정하고 있다. 판례에 따르면 성적행위는 객관적으로 각 개인의 성적 욕구를 충족시켜줄 수 있는 행위를 의미한다.[51] 행위자의 의도가 중요하지는 않다. 성적 행위가 아닌데 행위자가 그렇게 느낀다고 해서 성적행위로 판단하지 않으며, 성적행위인데 행위자가 그렇게 느끼지 않는 경우여서 성적 행위가 아니라고 보지는 않는다는 것이다. 성적 행위인지 불분명한 경우는 행위자의 의도를 고려할 수 있다.

성적 강요죄의 미수 여부도 형법 제22조의 미수범 성립의 일반원칙에 따른다. 즉 행위자가 강요수단을 사용하기 위한 직접적인 개시가 있으면 인정된다.[52] 그리고 강제적인 성적인 행위가 있으면 기수가 성립하는데, 한 예로 강제적으로 옷을 찢은 행위는 아직 미수 단계이다. 그러나 옷을 찢는 행위가 동시에 성적 흥분을 느끼는 등 성적 행위로 평가되면 이미 기수가 될 수 있다.[53]

---

47) 독일 형법이 협박은 신체 또는 생명에 대한 현재의 위험에 대한 것이어야 함을 규정하고 있으므로 그 정도면에서 반항이 불가능하거나 현저히 곤란한 정도라고 새길 수 있다는 견해도 있다(조현욱, 앞의 논문, 453면).

48) §177 Rn.11

49) §177 Rn.11

50) 구형법 제184조f에서 제184조g 규정으로, 다시 제184조h 규정으로 2015년 개정되었다. 최종 개정내용은 조문 규정상의 성별을 남성에서 중성으로 변경하였다. 즉 2호의 'vor einem anderen'을 'vor einer anderen Preson'으로 하였다.

51) §184h Rn.3

52) §177 Rn.45

53) §177 Rn.44

(3) 기습추행과 실행의 착수 판단

대상판결 2는 신체적 접촉이나 성적 수치심을 일으킬 만한 행동이 아직 없었기 때문에 추행행위나 추행의 결과가 있다고 하기 어렵다. 강제추행죄가 폭행·협박이라는 행위 수단과 추행의 두 가지 요건이 충족되어야 하기 때문에 후자의 추행 요건이 충족되지 않으면 강제추행죄의 미수 여부가 문제된다고 하겠다. 그리고 실행의 착수와 관련하여서는, 앞서 본 바와 같이, 강간죄와 마찬가지로 항거를 곤란케 할 정도의 폭행 또는 협박을 개시한 때에 실행의 착수를 인정하므로, 본 사안에서는 행위자가 폭행이나 협박을 개시했는가 하는 점이 문제된다.

먼저 견해의 다툼이 있지만, 판례의 견해에 따르면, 적어도 폭행행위가 추행행위인 경우 힘의 대소강약을 불문하므로 강제추행의 고의를 가지고 피해자를 만지는 등의 직접적인 신체적 접촉을 한 경우에 실행의 착수를 인정할 수 있다. 그것은 앞서 언급한 바와 같이 기습추행의 경우는 폭행이 곧 추행이므로 순간적으로 피해자의 항거를 곤란하게 할 정도의 폭력의 행사가 가능하지 않기 때문이다. 따라서 기습추행의 경우는 힘의 대소강약을 불문하고, 피해자의 의사에 반하는 순간적인 신체적 접촉이 있는 경우는 강제추행이 가능하다고 하겠다.

문제는 대상판결 2의 경우처럼 아직 신체적 접촉이 없는 경우도 직접적인 전 단계행위로 보아 범죄의 개시를 인정할 수 있는가 하는 점이다. 이와 관련하여 하급심은 피해자의 반항을 곤란하게 할 정도의 폭행이나 협박이 개시되지 않아 미수가 아니라고 판단하였고, 대법원은 피고인의 팔이 갑의 몸에 닿지 않았더라도 양팔을 높이 들어 갑자기 뒤에서 껴안으려는 행위는 피해자의 의사에 반하는 유형력의 행사로서 폭행행위에 해당한다고 보아 강제추행미수죄에 해당한다고 판단하였다.

분명한 점은 신체적 접촉이 없었더라도 피해자와의 1m 이내의 간격에서 추행의 고의를 가지고 피해자를 껴안으려고 했다는 것은 피해자의 의사에 반하는 성적행위를 위한 것이므로 강제추행죄를 통해 보호하고자 하는 보호법익을 위태롭게 할 수 있는 행위라고 볼 수 있다. 다만 신체적 접촉이 없이 단순히 손을 든 행위가 강제추행죄의 구성요건 실현을 위한 직접적인 전 단계행위인가 하는 점은 의문이 생길 수 있다. 그러나 구성요건실현을 위한 직접적인 전 단계행위는 행위자의 범행계획을 기초로, 구성요건적 행위와의 시간적·장소적 근접성을 가지며, 중간개입행위가 없이도 직접적으로 구성요건이 실현될 가능성이 있는 행위라고 할 수 있다. 본 사안에서 피고인이 피해자와의 간격이 1m 내에서 피해자를 껴안으려고 손을 든 행위는 행위자의 다른 중간개입행위가 필요 없는, 구성요건실현을 위한 마지막 단계의 행위라고 할 수 있기 때문에 이 요건에 충족한다고 볼 수 있다. 그러므로 강제추행죄의 미수를 인정하는 대법원의 태도는 타당하다고 하겠다.

Ⅴ. 대상판결의 적용

1. 대상판결 1

피해자가 피고인에게 필로폰을 구해달라고 부탁하고 이에 피고인이 응하여 그 대금을 미리 송금 받았다면 불법적인 마약류 매매행위의 실행의 착수를 인정할 가능성은 있다고 하겠다. 다만 행위자가 필로폰을 소지하거나 입수하지 않은 단계라면 기수를 인정하는 것은 적절치 않다고 하겠다. 또한 필로폰 매매계약을 체결한 행위는 해당 구성요건 실현을 위한 '직접적인' 전 단계의 행위가 아니라 이미 마약류 불법 매매행위의 구성요건적 행위를 개시한 것이라고 볼 수 있다. 그러므로 필로폰 매매 계약을 체결하고 그 대금을 송금 받았다면 행위자가 필로폰을 소지나 보관하고 있는가와 상관없이 마약매매행위의 실행착수를 인정, 본 죄의 미수범이 성립한다고 하겠다.

2. 대상판결 2

신체적 접촉이 없었더라도 피해자와의 1m 이내의 간격에서 추행의 고의를 가지고 피해자를 껴안으려고 했다는 것은 강제추행죄를 통해 보호하고자 하는 보호법익을 위태롭게 할 수 있는 행위라고 볼 수 있다. 다만 신체적 접촉이 없이 단순히 손을 든 행위가 강제추행죄의 구성요건 실현을 위한 직접적인 전 단계행위인가 하는 점과 관련하여서는, 피고인이 1m 내에서 피해자를 껴안으려고 한 행위는 행위자의 범행계획을 기초로, 폭행이나 협박의 개시라는 강제추행죄의 구성요건적 행위와의 시간적·장소적 근접성을 가지며, 행위자의 중간개입행위가 없이도 직접적으로 구성요건이 실현될 가능성이 있는 행위라고 할 수 있다. 그러므로 강제추행죄의 미수를 인정할 수 있다.

Ⅵ. 마치며

각 개별범죄의 실행의 착수가 있는가를 판단함에 있어 구성요건적 행위가 직접 있는 경우와는 달리, 구성요건 실현을 위해 직접적인 전 단계의 행위나 밀접한 행위의 기준으로 범죄의 개시 여부를 판단하는 것은 쉽지 않다. 그러나 구성요건 요소 중 일부라도 실행하여야 실행의 착수를 인정하는 것은 실행의 착수 범위를 너무 좁게 판단하는 것이다. 그러므로 각 개별 범죄 구성요건을 통해 보호하고자 하는 법익의 내용, 이를 위태롭게 하는 행위에서 미수범 처벌의 근거를 찾고, 실행의 착수를 판단하는 기준을 단계적으로 검토하여 가능한 한 분명하고 구체적인 기준에 의해 범죄의 개시 여부를 판단하는 노력이 필요하다고 하겠다.

[주 제 어]
실행의 착수, 마약매매행위, 강제추행죄

[Key Words]
illegal drug trafficking, attempt of crime, assault crime

접수일자: 2016. 5. 10. 심사일자: 2016. 5. 31. 게재확정일자: 2016. 6. 3.

[참고문헌]

1. 국내문헌

<단행본>

김성돈, 「형법총론」, 성균관대학교출판부, 2008.

______, 「형법총론」, 성균관대학교출판부, 2015.

김일수/서보학, 「형법총론」, 제12판, 박영사, 2014.

김태명, 「판례형법총론」, 피앤씨미디어, 2013.

오영근, 「형법총론」, 제3판, 박영사, 2014.

이재상/장영민/강동범, 「형법총론」, 제8판, 박영사, 2015.

임 웅, 「형법총론」, 제7판, 법문사, 2015.

<학술논문>

김봉수, "형법 제334조 제1항 야간주거침입강도죄'의 실행 착수 시기", 「법학논총」 제30권 제1호, 전남대학교 법학연구소, 2010.

김재현, "형법상 '실행의 착수'에 관한 재검토", 「성균관법학」 제24권 제4호, 성균관대학교 법학연구소, 2012.

______, "예비 · 미수 · 기수의 구별을 위한 해석론", 「성균관법학」, 제25권 제4호, 성균관대학교 법학연구소, 2013.

서보학, "강제추행죄에 있어서 폭행의 정도와 기습추행의 문제", Jurist, 2001.

오경식, "범죄실행의 착수", 「연세법학연구」 제2집, 연세법학연구회, 1992.

이경렬, "실행의 착수의 실질적 기준", 「성균관법학」 제8호, 성균관대학교 법학연구소, 1997.

이용식, "결과의 조기발생 사례의 형법적 취급 - 기수범의 실행의 착수와 미수범의 고의-", 「서울대학교 법학」 제47권 제3호, 서울대학교 법학연구소, 2006.

조현욱, "강제추행죄의 구성요건 중 강제추행의 의미와 그 판단기준", 「홍익법학」 제14권 제1호, 홍익대학교 법학연구소, 2013.

최성국, "우리나라 마약류범죄에 관한 고찰", 「청연논총」 제10집, 사법연수원, 2013.

한정환, "형법 제25조 제1항 '범죄실행의 착수'", 「비교형사법연구」 제8권 제1호, 한국비교형사법학회, 2006.

홍성태, "강제추행죄에 있어서 폭행, 협박의 정도", 「대법원판례해설」 통권 제41호, 법원도서관, 2002.

2. 외국문헌

Betäubungsmittelgesetz §29 - beck-online, 22. 1. 2016.

Rahlf, Münchenner Kommentar zum StGB Bd. 6／ BtMG, 2. Auflage 2013.

Rönnau, Thomas, Grundwissen - Strafrecht : Versuchsbeginn, JuS 2013.

Schmidt, Detlev, Die Entwicklung des Betäubungsmittelstrafrechts vis Mitte 2015, NJW 2015.

Weber, Klaus, Betäubungsmittelgesetz Kommentare, 4. Auflage 2013.

Ziegler, Beckscher Online-Kommentar StGB, 29 Edition, 2015.

[ABSTRACT]

The direct action of pre-stage to fulfilling Actus reus and start to doing crime.

Ahn, Kyongok *

In the case of illegal drug trafficking, regarding whether to acknowledge the undertaking action of illegal drug trafficking when the person only have received the payment, however, have not yet possessed or obtained the drug, it is not appropriate to acknowledge starting to doing crime. Merely, the person received the payment according to the contract of sale, at least it is possible to acknowledge the undertaking action of drug trafficking crime. In other words, it is problematic that whether this level of action is preparation stage of crime or is relevant to attempting crime. If the person already signed the contract of sale, it can be seen as the direct action of configuration requirement not as the action of preparation stage.

Regarding an indecent assault, if someone tried to hug the victim with the intention of harassment within the distance of 1m with the victim, even though there was no physical contact, this has proximity in time/place with actus reus of actual crime. Without the intermediate intervention action, it may be considered as action that is possible to directly fulfill actus reus. According to the crime plan of a person, he/she is about to hug and assault the victim. Action of raising hand to hug the

* Professor, Law School, Kyunghee University.

victim is the last stage of actus reus which other intermediate intervention action is not needed. Therefore, attempted indecent assault is considerable.

의무범과 행위자의 특정*
- 우리나라 대형사고 판례의 '행위자의 특정'을 중심으로 -

조 병 선**

I. 문제의 제기: 의무범이론과 행위자의 특정

'의무범'이라는 개념은 지금까지 우리나라의 판례에 수용되어 직접적으로 다루어지는 개념은 아니었고, 다만 우리나라의 학설에서는 1988년경부터 일부 의무범의 개념을 수용하는 견해가 간간히 나왔었다. 예를 들면 최초에는 의무범의 개념이 신분범과 관련하여 의무범이론을 신분범의 특수형태라고 보아 신분없는 고의있는 도구를 이용한 간접정범을 인정하는 논거로 사용되거나,[1] 또는 자수범과 관련하여 진정자수범은 지배범에 속하지만 부진정자수범은 의무범에 속할 수 있다고 보아 의무없는 자는 간접정범이 될 수 없다는 논거로 제시되었고,[2] 1997년경부터는 의무범의 개념과 그 이론에 대하여 포괄적으

* 이 논문은 청주대학교 2014학년도 사회과학연구소가 지원한 학술연구조성비(특별연구과제)(2014. 3. 1~2016. 2. 28)에 의해 연구되었음.

** 청주대학교 법학과 교수.

1) 김일수, 형법학원론, 초판 1988, 819쪽 이하. 이후 새로쓴 형법총론, 1996, 427쪽 이하; 이후 공저로 연계된 교과서 김일수/서보학, 새로쓴 형법총론, 11판 2006, 566쪽 참조.

2) 신동운, "자수범" 김종원교수화갑기념논문집, 1991, 518쪽 이하; 동, 판례백선 형법총론, 개정증보판 1998, 206쪽 이하(판례평석으로 부정수표단속법상의 허위신고죄가 의무범에 속하는 자수범에 해당하여 의무없는 자는 이 죄의 간접정범이 될 수 없다는 취지의 논증을 함). 이후 신동운, 형법총론, 2001, 632

로 소개되기 시작하였고,[3] 근래에는 부작위범에서는 정범과 공범의 구별이 인정되지 않는다는 주장(이른바 '부작위범의 단일정범개념설')의 주요한 논거의 하나[4]가 됨으로써, 부작위범은 의무범이라고 제시되면서 의무범이론이 학설주장의 주요 논거로 사용되었다.[5] 그러나 원래 의무범이론이 생성된 영역이나 계기는, 물론 독일에서의 의무범이론의 태생(이에 관하여는 이 논문 본론에서 후술함)영역인 '공범과 정범의 구별'의 영역이다. 그런데 정범과 공범의 구별은 입법적으로 어느 나라의 법제가 단일정범이론을 채택하지 않는다는 것을 전제로 하는 것이므로 입법적으로 필요 없는 나라도 있을 수 있겠지만, 이론의 근저를 따져보면 의무범의 이론은 정범과 공범의 이론을 넘어서 행위자를 특정하는 데 유효한 도구가 될 수 있다. 이 논문은 의무범과 관련하여 - 지금까지 우리나라에서도 의무범이론이 주로 논거로 등장

쪽 참조.

3) 김성돈, "이른바 의무범에 있어서 정범과 공범" 정성근교수화갑기념논문집 상, 1997, 11쪽 이하 참조.

4) 부진정부작위범이 전제로 하는 보증인적 지위는 의무범론에서 말하는 법적인 특별의무인 결과방지의무를 내용으로 하므로, 형법각칙의 작위범을 형법총칙 제18조에 의한 부작위 형태로 실현한 경우에는 형법총칙 제32조 방조범은 성립가능하지 않다고 해석하게 된다. 대표적으로 김성룡, "부진정부작위범의 한국적 해석으로서 단일정범개념" 비교형사법연구 제5권 1호, 2003, 101쪽 이하; 동, "부진정부작위범의 정범표지" 형사판례연구 [12], 2004, 92쪽 이하. 이용식 교수는 이 견해를 소개하면서 부작위범의 '배타적 단일정범설' 또는 '절대적 단일정범설'로 지칭하고 있다. 이용식, "부작위 상호간에 있어서 정범과 공범의 구별 및 공동정범의 성립가능성" 서울대학교 법학 제52권 1호, 2003, 166쪽 이하. 물론 부진정부작위범은 의무범이라고 하면서도 부작위범에서의 정범과 공범의 구별에 관하여는 방조범설을 인정하는 견해도 있으나(김일수/서보학, 새로쓴 형법총론, 제11판, 2006, 567쪽 이하), 여기서는 이 논문의 문제의 제기에서 간접적으로 의무범이론의 현황을 제시하므로 그 외 다수의 논문들과 그들의 상세한 논거를 검토하는 것은 생략한다.

5) 교과서로는 위에 인용한 김일수/서보학, 신동운 외 의무범이론을 수용하는 듯한 논조로 소개하고 있는 손동권, 형법총론, 2005, §28/12; 박상기, 형법총론, 9판, 2012, 394쪽; 이상돈, 형법강의, 2010, §31/56 참조. 소개는 하고 있지만 의무범이론에 반대하는 입장을 분명히 한 교과서로는 김성돈, 형법총론, 2006, 646쪽.

하였던 공범과 정범의 '구별'의 영역이 아니라 -, 이른바 '행위자의 특정(特定)'이라는 영역에 초점을 맞추고자 한다. '행위자의 특정'이라는 개념 또는 영역은 우리나라의 형법교과서나 학설에 거론되는 정형적 영역은 아니었고, 그 개념도 사실상 실무에서 유래되었던 것으로서, 주로 양벌규정과 관련하여 법인 내의 다수의 행위관여자 중에서 누구를 행위자로 할 것인지의 문제를 다룰 때 주로 언급되었다.[6] 얼핏 외형적으로 볼 때, 행위자의 특정이라는 개념은 정범과 공범의 구별에서의 '행위지배설'이 말하는 행위지배 또는 정범성의 판단과도 유사해 보일 수도 있지만, 정범과 공범이 논하는 복수의 행위자의 경우 대형사고와 같은 다수의 행위자가 관여한 복잡한 사안에서 행위자를 정하는 점에서, 지금까지의 공범 논의에서 약간은 간과되었던 첫단추에 해당되는 미지의 영역이다. 범죄를 수사할 때 당연히 첫단추로서 제기되는 질문, '누가 범죄를 저질렀는지' 특별한 이론이 없이 실무에 맡겨져 있는 듯 보이기에, 대개 자연적 사고방식, 즉 범죄결과의 인과관계의 (역추적의) 연결고리에 따라 사고의 원인을 추적하여 행위자를 정하는 방식이 당연해 보였다. 그러나 의무범의 이론은 이에 대한 문제를 제기하는 계기가 된다.[7] 마치 인과관계의 영역에서 (자연)인과적 사고방식의 인과관계설과, 규범적 접근방법의 객관적 귀속이론이 대립되었던

6) 일찍이 1980년대부터 실무가들(대표적으로 당시 선우영 검사나 김대휘 판사) 사이에 양벌규정에서 행위자를 정하는 문제를 '행위자의 특정'이라고 불러왔었고, 1990년대 들어서 이 용어를 사용하는 논문들이 자주 등장하였다. 대표적으로 김대휘, "양벌규정의 해석", 형사판례연구 [10], 15쪽 이하; 선우영, "환경보전법 제70조의 행위자" 형사판례연구 [1], 1993, 286쪽 이하; 조병선, "환경형사판례에 대한 비판적 검토 - 특히 양벌규정과 감독책임에 관하여" 형사판례연구 [1], 1993, 295쪽 이하; 동, "양벌규정과 법인의 형사책임 - 대판 1992.10.11 82도2324의 판례평석" 형사판례연구 [3], 1995, 1쪽 이하; 趙炳宣, "兩罰規定と法人の刑事責任" 札幌學院法學(札幌學院大學法學部), 제17권 1호, 2000, 158쪽 이하 참조.

7) 과실과 부진정부작위의 구별에 관한 이른바 '평가적 관찰방법'에 대하여는 조병선, "대형사고사례에서의 작위사안·부작위사안의 구별 - 과실범인가 부진정부작위범인가" 고시계 2009년 5월호, 100쪽 이하 참조.

것처럼, 행위자(또는 정범과 공범)의 영역에서 지금까지의 인과적 사고방식으로부터 규범적 평가방식으로 행위자를 특정하는 전환점이라는 점에서, 방법론적으로 인과적 사고방식과 규범평가적 사고방식 - 예컨대 법규의 수범자(Adressat)를 해석하는 것까지도 포함되어[8] - 이 대립되는 분야로 볼 수 있다. 오래전부터 이미 실무에서는 행위자의 특정이라는 영역은 사건의 결과발생까지의 여러 정황을 주로 인과적으로만 고찰하여 왔었고, 때로는 여러 행위자군 중에서 선택이 가능하다는 점에서 법실무가의 법정책적 영역에 가까웠었다. 그러나 현대사회에 들어 대형사고가 발생되면서 - 예를 들어 1994년 성수대교붕괴나 1995년 삼풍백화점붕괴와 같은 대형사고, 독일에서는 1990년 피혁분무기 사례[9] - 실무에서도 행위자의 특정을 인과적 사고방식에서 벗어나 규범적으로 접근할 필요가 생겼다. 요즈음의 가습기살균제 사건은 그 정황만 보더라도 이러한 필요성을 입증하고 있다. 이 논문은 이러한 필요성에 따라 의무범이론의 본질적 내용을 근거로 하여 - 의무범이론의 원래 용도였던 정범과 공범의 영역에서의 정범성의 논거의 첫단추가 되는 - 규범적 의미에서 행위자를 특정하려는 시도를 하고자 한다. 이러한 문제의식을 갖는 이 논문의 구조는 다음과 같다: 비록 독일에서 제기되었던 이론이지만 의무범의 이론을 소개하면서 학

8) 예컨대 대법원도 과거 양벌규정과 관련하여 행위자가 누구인지 언급이 없이 그저 자연인으로 (실무적으로나 사실적 관점에서) (직접)행위자로 판단된 자를 단순히 양벌규정에 따라 처벌하는 것으로 논증하다가, 드디어 1997년에 이르러, 본래 양벌규정에 따라 처벌되는 근거규정의 업무를 실제 집행하는 자에게까지 '업무주 처벌규정'을 양벌규정을 통하여 '확장'시키는 취지라고 보아, 법규의 수범자가 업무주 또는 법인이라는 점을 선언하였다(대법원, 1997. 7. 15 선고, 95도2870, 전원합의체판결). 이에 대한 분석과 학계의 견해에 대하여는 조병선, "형법에서의 행위자의 특정: 개인책임과 단체책임" 서울대학교 법학 제50권 2호, 2009, 591쪽 이하 참조.

9) 성수대교붕괴사고와 삼풍백화점붕괴사고는 후술하는 III에서 판례를 소개함. 독일의 피혁분무기사례에 관하여는 Perron, Walter, 조병선(역) "1990년 7월 6일 독일연방최고법원의 형법적 제조물책임에 대한 피혁보호분무기-판결", 법학논집(청주대학교 법학연구소) 제8권 1호, 1994, 217쪽 이하 참조.

자들에 따라서 약간은 다르게 전개되고 있는 그 이론이 갖는 내용의 공통적 특징을 요약하고(이하 II), 과실범으로 처리되었던 우리나라의 대형사고의 판례 중 몇개를 선별하여 - 원래 우리나라에서 의무범이론은 앞서 각주에 간략히 소개한 문헌들처럼 대개 부진정부작위범에서의 방조범의 긍정논거로 제시되었었지만 -, 행위자의 특정에 초점을 맞추어 누가 행위자인지 정하는 과정에서, 우리나라의 대형사고의 판례를 정리하여 대부분의 대형사고판례에 보이는 인과적 접근방법에 관한 특징을 정리하고(이하 III), 의무범이론을 적용하여 규범적 접근방법으로 판례를 분석함으로써, 원청과 하청 등 누적된 감독관계를 갖는 대형사고의 복잡한 연결고리 속에서 행위자를 특정하는 데 도움이 되고자 한다(이하 IV).

Ⅱ. 의무범 이론

1. 의무범 이론의 시작: 클라우스 록신

'의무범'이라는 개념을 처음 사용하면서 그 이론을 정립한 학자는 독일의 록신(Claus Roxin)이다. 록신에 의하면 의무범(Pflichtdelikt)은 대략 '구성요건 검토에 앞서서 전치(前置)된 형법 외에 존재하는 특별의무를 침해한 자를 그 구성요건의 정범으로 하는 구성요건'[10]으로 이해하면 족하다. 그렇다면 여기서 의무범으로 불리우는 구성요건은 과거부터 우리 형법학계에서 흔히 논의해 오던 신분범(Sonderdelikt)이라고 불리우는 구성요건과도 내용으로 볼 때 어느 정도 비슷한 면도 없지

10) 록신이 자신의 의무범이론에 대하여 회의적이 되어 가면서 약간씩 정의가 바뀌어 가기도 하지만, 대략 Roxin, Claus, in : LK, 11. Aufl., 1993, §25 Rdnr. 37; ders., Täterschaft und Tatherrschaft, 7. Aufl., 1999, S. 354에 근거하여 보통 독일 교과서나 앞서 국내문헌에서 제시되는 가장 핵심적인 특징을 뽑아내서 정리한 필자의 표현이다. 이 장 제목에 의무범이론의 '시작'으로 록신을 제시하였지만, 정작 록신은 의무범이론의 단서는 1936년 에버하르트 슈미트에서 시작된다고 하였다(Schmidt, Eberhard, Die militärische Straftat und ihr Täter, 1936, S. 10 ff.).

않기에, 독일에서조차 많은 학자들은 의무범이라는 개념 대신에 신분범의 개념으로 접근하기도 한다.[11] 이러한 용어상의 난맥에도 불구하고 이 논문이 의무범이론에 대하여 눈여겨 보고 있는 특징은, 어느 구성요건이 '범죄의 본질적 구조'로 볼 때 의무범이라고 파악(해석)되면, 그 의무를 지는 자에게 바로(즉 행위지배를 검토하지 않고) 정범성을 - 앞서 지적한 것처럼 정범과 공범의 구별을 위한 이론으로서, 행위지배의 기준이 적용되지 않는 유일한 영역으로서 - 인정한다.[12] 그런데 앞서 말한 바와 같이 이 논문은 정범과 공범의 구별에 초점을 둔 논문이 아니기 때문에, 국내에 소개된 설명과 가급적 중복을 피하기 위하여 록신의 설명 중에서 '의무범의 본질적 구조'에 대하여 주목하려고 한다. 록신은 정범을 '구체적 행위사상(事象)의 중심형태'로 정의하면서, 대부분 입법자는 정범행위(Tathandlung)로 구체적 행위사상을 가능한 명확하게 기술하였기 때문에, 그 기술된 대로의 행위사상을 지배하는 자가 정범이라고 하였다. 록신은 특히 이러한 대부분의 경우의 범죄를 '지배범(Herrschaftsdelikt)'이라고 불렀고, 그 기준은 '행위지배'이지만, 이러한 기준은 통일적 원리는 아니라는 점[13]에서 록신의 이론에 주목해야 한다. 록신은 입법자는 이와는 달리 특정한 사회적 역할을 수행하는 자를 전제하고 법조문을 만들 수도 있는데, 그 때 그 사회적 역할을 형벌부과의 근거로 보아야 한다고 보았고, 바로 그 구성요건을 의무범으로 분류하였다. 예를 들면 독일형법 제343조는 공무원이 진술을 강요하는 것을 처벌하는데, 이 때 록신은 입법자가 특별한 정범자격을 정하였다고 보아, 행위자가 부담하는 사회적 역할을 - 공무원으로서의 역할을 - 제재의 근거로 보았다. 이 때 공무원에게는 행

11) 예를 들면 Heine/Weißer in Schönke/Schröder, 29. Aufl., 2014, Vorbem §§25 ff. Rdnr. 83. 의무범이라는 용어에 대하여 "원래는 신분범(die eigentlichen Sonderdelikte)"이라고 표현하고 있다. 이 점에 관하여 김성돈, "이른바 의무범에 있어서 정범과 공범"(각주 3), 39쪽 참조.

12) Roxin, Täterschaft (Fn. 10), S. 353 f.

13) Roxin, in : LK (Fn. 10), §25 Rdn. 36.

위지배라는 기준과 상관없이 공무원이라는 사회적 역할을 담당하는 자로서의 부여된 의무를 기준으로 - 특별의무의 침해 - 바로 정범이 된다. 따라서 비공무원이 공무원에게 무리한 진술을 강요하였다고 해도 그는 독일형법 제343조의 정범이 될 수 없다. 결국 록신이 말하고 있는 의무범의 경우에는, 구성요건에 기술된 행위태양이 중요한 것이 아니라 그 구성요건의 형법 밖에 있는 의무가 더 중요하므로, 형법 밖의 특별의무를 침해하는 자가 정범이고, 오히려 구성요건을 충족시키는 형태로 가담하는 자가 공범이 된다. 이렇게 고찰하는 록신의 의무범이론은 부작위범에 이르면 혹시 '부작위범은 모두 의무범'이라는 결론에 이르게 되는 것은 아닐는지 - 실제로 우리나라에서는 부작위 단일정범설이 있다[14] - 혼동하기 쉽다. 그러나 록신에 따르면, 입법자가 구성요건에 해당하는 행위를 상세하고 명확하게 서술하고 있다면, 원칙적으로 지배범이다. 이러한 지배범은 일반적으로는 작위로 실현되지만, 부작위로도 가능하다. 부작위으로 실현되는 지배범은 자세히 검토하여 본다면 특별하게 형법외적 의무를 전제로 하지 않기 때문에, 법조문 그 자체로는 의무범은 아니고, 지배범의 특수한 행태로서 좀 더 상세한 고찰이 필요한 구성요건이 될 뿐이라고 한다.[15] 다만 록신은 부작위자가 정범이 될 경우, 그 기준은 행위지배라기보다는 결과회피의무라고 봐야 한다고 본다. 이 점에 관하여 비록 록신의 설명이 약간은 불완전하기는 하지만, 필자가 그의 저작을 종합하여 고찰해보면, 그의 이론의 전체적 구조 속에서 '사회적 행위지배'라는 용어도 결국 '사회적 기능의 의무'라는 개념의 파생어라는 생각이 든다. 그러나 만일 작위정범에 대하여 부작위정범이 공범관계에 있는 경우, 그 구성요건은 작위범으로서는 지배범이지만, 부작위범으로서는 의무범이라는 이중구조를 가질 수 있다. 록신은 작위정범과 부작위정범은 사회윤리

14) 이에 관한 우리나라의 학설상황에 관하여 앞서 I. 문제의 제기에서 간략하게 소개하였다. 각주1에서 각주5까지 나오는 문헌들 참조.

15) Roxin, Täterschaft (Fn. 10), S. 364.

적 반가시성에서는 동등하지만 책임과 당벌성의 정도에서는 차이가 있다고 본다. 따라서 록신은 작위의 행위자에 부작위로 관여한 보장인은 작위방조와 동일한 정도로 처벌되는 것이 옳다고 한다.[16)]

이상과 같이 록신의 의무범이론은 정범과 공범의 구별에 주요 초점을 맞추고 있지만, 필자는 그보다는 이러한 논거에서 보이는 의무범이론의 '본질적 특성'에 주목하여 이상과 같이 간략하게 정리하였다.

2. 의무범 이론의 발전적 수정: 귄터 야콥스

록신 이후 귄터 야콥스가 록신의 의무범이론을 비약적으로 발전시켰다고 평가받는데, 이 점은 록신 스스로도 인정하고 있다.[17)] 야콥스의 의무범이론은 록신만큼 국내에 자세히 소개되지는 않았지만,[18)] 이 역시 중복을 피하기 위하여 필자는 정범과 공범의 구별에 초점을 두기보다는 그 본질적 이해에 중점을 두어 요약하겠다. 야콥스는 범죄를 록신에 따라서 지배범과 의무범을 구별하여 이분화(Dichtonomie)시키면서, 지배범과 의무범은 귀책근거가 다른 것으로 정의하고 있다. 야콥스의 정의에 따르면, 의무범이란 '포지티브한 의무(positivierte Pflicht)'의 위반에 해당하는 '제도적 관할에 근거한 범죄(Delikte kraft institutioneller Zuständigkeit)'이고, 지배범이란 '네거티브한 의무(negativierte Pflicht)'의 위반에 해당

---

16) Roxin, Täterschaft (Fn. 10), S. 501 ff. 물론 이러한 록신의 주장은 작위와 부작위 사이의 동가치성의 관점에서 부당하다는 비판이 제기된다. 이러한 비판은 Ranft, Garantenpflichtwidriges Unterlassen der Deliktshinderung, ZStW 94 (1982), 855 ff.

17) Roxin, Täterschaft (Fn. 10), S. 705. 다른 학자들도 야콥스의 의무범 이론의 비약적 발전을 높이 평가하고 있다. Lesch, Heiko H., Täterschaft und Gestaltungsherrschaft - Überlegung zu der gleichnamigen Monographie von Winfried Bottke, GA 1994, 112 ff. 야콥스의 제자 산체스-베라도 – 물론 스승의 이론이기는 하지만 – 같은 높은 평가를 내리고 있다. Sánchez-Vera, Javier, Pflichtdelikt und Beteiligung. Zugleich ein Beitrag zur Einheitlichkeit der Zurechnung bei Tun und Unterlassen 1999 (Duncker & Humblot, zugleich Diss. Bonn 1998), S. 29 ff.

18) 김성돈교수의 논문(각주 3)은 그 부제가 '록신의 이론을 중심으로' 이듯이, 상대적으로 야콥스의 이론은 간략하게 소개하였다. 김성돈, "이른바 의무범에 있어서 정범과 공범"(각주 3), 23쪽 참조.

하는 '조직화 관할에 근거한 범죄(Delikte kraft Organisationszuständigkeit)' 이다. 여기서 지배범이란, 조직화의 자유와 결과책임을 진다는 관점에서, 형법에서 말하는 범죄(피해)결과에 대하여 '자유로운 조직화'를 행할 수 있는 자(예컨대 스스로 자유로이 사회구성원이 된 자는 피해결과를 회피해야 할 역할을 수행한다)가 부담하는 책임과 관련되어 있다. 이에 반해서 의무범이란, 사회의 중요한 조직이 유지되어야 하는 관점에서, 그 제도로부터 나오는 '특별한 의무'를 갖는 자가 갖는 책임과 연결된다. 지배범의 정범은 조직화 관할을 갖는 자로서, 다시 말해 피해결과를 조직화하는 자인데 반하여, 의무범의 정범은 제도적 관할을 갖는 자로서, 제도적으로 결부된 피해(범죄)의 법익침해자이다. 그 결과 지배범은 '누구의 조직화 자유의 결과인가?'가 핵심이 되고, 따라서 조직화의 '양(量)'이 문제가 된다. 이에 반해서 의무범은 제도에서 유래된 '특별한 의무'의 침해가 중요한데, 이는 항상 일신전속적으로 행하여지므로 양의 문제는 아니다. 따라서 지배범에서는 정범과 공범의 구별이 가능하지만, 의무범에서는 항상 정범만이 성립된다.[19)]

이러한 야콥스의 설명이 - 그의 법사회학에 근거한 정의로 인하여 우리에게 다소 복잡하고 난해하게 들리는 것도 사실이지만 - 의무범 이론의 진일보로 평가받는 이유는 무엇일까? 우선 록신이 말하는 '형법외적 특별한 의무'를 도출하는 데는, 록신 스스로 인정하였듯 법조문에 대하여 본질적 특성을 파악하는 이른바 '목적론적 해석'에 의존하는 외에 다른 방도가 없었지만, 야콥스는 '제도적 관할에 관련된 의무'로서 '포지티브한 의무'로 설명하고 있기 때문에, '신분범이 아닌 일반범죄(Jedermannsdelikt)'를 저지를 경우에도, 제도를 유지할 책무를 지는 보장인(Garanten)으로서 그로부터 유래하는 적극적 의무를 수행하지 않을 때(부작위)는 의무범으로서 그 구성요건을 실현한 것으로 평가되므로, 록신이 설명하지 못하였던 부분을 더 나아가 설명하였다

19) Jakobs, Günter, Strafrecht AT Die Grundlagen und die Zurechnungslehre, 2. Aufl., 1991, 28/16.

고 평가된다. 야콥스는 지배범의 '네거티브한 의무'란, 인간생활의 질서, 즉 사회질서로서 적어도 '타인의 인격을 침해하지 않아야 하는' 인격과 관련된 의무로 보므로, 야콥스에게 인간 사이의 상호관련성이란 '네거티브한(하지 말아야 할)' 관계로 이해되고, 이는 우리 행위의 합법성의 최저조건이 된다. 그러므로 법질서의 최저조건은 타인과 네거티브한 관계를 유지하고, 타인의 자율성을 존중해야 하는 '네거티브한 의무'를 지는 것이다. 네거티브한 의무는 시민적 의무의 가장 기초가 되므로, 그에 대한 위반은 형사책임의 기초가 된다.[20)]

그러나 야콥스는 사회질서의 유지에 '네거티브한 의무'만을 필수요소로 보지 않았다. 야콥스는 타인의 인격과 공동세계를 형성한다는 것은 최소한이고, 더 나아가 타인의 인격과 '포지티브한' 관계를 형성해야 하는 의무도 필수요소라고 보았다. 예를 들어 타인의 인격을 존중하는 네거티브한 의무가 사회질서유지를 위한 최소한의 조건이지만, 이는 최소한의 조건으로서 이것만으로는 부족하다. 더 나아가 이 제도에서 유래하는 제도, 예를 들어 결혼을 통해 산출한 자녀와의 공동세계를 형성하는 개인으로서 자녀를 양육하고 보호해야 하는 포지티브한 의무를 지게 해야 한다. 이렇게 포지티브한 의무는 네거티브한 의무의 전제(前提)로서, '타인과 공동세계를 형성하는 사람'으로서의 타인과의 포지티브한 관계는 각각의 개별적 사회를 그 전체공동체 속에 존속시키는 조건이 되고, 그 포지티브한 의무의 내용은 법적 의무가 된다. 그러므로 사회의 정체성을 결정하는 여러가지 제도들에서 유래하는 '포지티브한 의무'는 '네거티브한 의무'의 전제가 된다.

결국 행동의 자유란 조직화의 자유를 의미하고, 그 자유를 갖는 자는 그 자유로 인한 피해에 대한 책임을 져야 한다. 여기서 '조직화'란 그 관리와 권한이 자기 스스로에게 귀속된다는 의미에서 배타적 지배를 의미한다. 그러므로 자신의 조직화 영역에는 예를 들면 자신의 신체, 소유한 토지, 집, 자동차, 동물, 기계 등이 포함된다. 조직화의

---

20) Jakobs, Günter, Strafrecht AT (Fn. 19), 29/58.

영역을 자유롭게 형성하는 자는 그 영역에서 타인에게 위험을 발생시키지 않는 상태와 형태로 그 내용을 구성해야 한다. 야콥스에 따르면, '조직화 관할에 근거한 의무'란 '타인을 침해하지 않는다'는 네거티브한 관계를 보호해야 할 '네거티브한 의무'를 내용으로 하고, 그 위반행위는 '네거티브한 의무'의 위반으로서 책임의 근거가 되는 것이다. 여기에는 부작위도 포함되므로, '타인에게 위험을 발생시키지 않을 어떠한 조치'를 취하지 않는 행위도 네거티브한 의무의 위반행위가 된다. 예를 들어서 맹견을 키우는 자는 맹견이 타인을 해할 위험을 방지할 배려를 해야 하고, 맹견이 이미 타인을 물어서 상처를 입혀가고 있을 때는 조속히 구조해야 한다. 마찬가지로 자동차를 운전하는 자는 자유로운 조직화 활동(운전)으로서 타인에게 피해를 미치지 않도록 해야하므로, 피해에 대하여 작위와 부작위의 행위에 대한 책임을 진다.

이에 대하여 '제도적 관할에 근거한 의무'란 '일반적 또는 특정한 위험에 대하여 일정한 법익을 보호해야 할 특별한 의무'를 의미한다. 그 의무란 사회의 존속을 위해 반드시 필요한 일정한 역할을 지속적으로 부과하는 의무이므로, 야콥스에 따르면, 누가 '제도적 관할에 근거한 의무'를 질 것인가는 추상적으로 사회형태를 분석하여 도출하는 수밖에 없다. 여기서는 작위범과 부작위범의 구별이 중요하지 않게 되는데, 왜냐하면 사회질서의 유지에 필수적인 사회유지와 관련된 공동세계의 공동성을 형성하는 조건을 파괴하는 것인지만이 의미가 있기 때문이다. 야콥스에게는 '조직화 관할에 근거한 범죄(지배범)'에서는 '누가 조직화 자유에서 생긴 결과를 발생시켰는가'가 핵심이므로, 조직화 자유를 갖는 자가 정범이다. 이 때, 조직화 자유는 침해경과가 연결되는 프로세스를 거쳐 조직화가 되고, 그 양(量)의 정도가 문제로 되며, 그 '조직화 관할에 근거한 의무'를 위반하는 작위와 부작위에 대하여 정범과 공범의 구별이 가능하다. 지배범의 정범은 '행위지배'에 상응한 '조직화의 확장의 양'에 따라 결정되기 때문이다. 이에 반해서, '제도적 관할에 근거한 범죄(의무범)'에서는 작위이거나 부작위이거나 항상 일신전속적이고, 피해법익을 보호해야 할 특별한 의무를 침해한 경우 제도적으로 연계된 침해이므로 양의 문제는 아니다. 따라서 의무범의 정범자격은 '제도'라고 부르는 자녀관계, 부부관계와 같은 특별한 신뢰관계나 순수한 국가적 의무를 지는 자에 한정된다. 이러한 의무를 관념철학적 또는 이념적으로 보면, '연대(連帶)성의 강고한 확보'에 있는 '특별한 의무'로서 일신전속적이므로 그 이외의 자는 이러한 역할을 분담할 수 없다. 따라서 의무범에 의한 관여는 그 자체가 정범으로 평가된다.[21] 이러한 의미에서 야콥스의 의무범은 '제도적 관할에 근거한 범죄'이므로, 록신의 '형법 외적 의무에 근거한 범죄'를 더욱 발전시킨 것이다.[22] 한편, 록신은 모든 부작위범은 본래 의무범적 성격을 갖는다고 하였지만, 야콥스는 '조직화 관할에 근거한 의무'를 보유한 자가 부작위로 범죄를 행한 경우에 의무범으로 보지 않는다.[23] 이러한 점에서는 야콥스의 이론은 록신의 의무범 이론의 범위를 축소하고 있다. 다만 필자의 이러한 소개는 공범과 정범의 구별 그 자체보다는 그 근본적 접근방식과 관련하여 조직화관할범죄와 제도적관할범죄라는 이분법의 근저에 자리잡고 있는 본질적 분석의 방식에 보다 주목하여 소개한 것이다.

3. 의무범 이론에 대한 비판적 경향

이 논문에서 의무범 이론은 규범적 접근방법으로 행위자를 특정하는 데 중요한 단서가 되므로, 비록 정범과 공범의 이론 영역에서 록신에 의하여 정립되고 야콥스에 의해 발전되어 온 의무범 이론에 대한 현재의 비판 상황도 조금은 - 지면이 허용하는 한도에서나마 - 다루고자 한다. 원래 이 논문의 의도가 의무범이론을 그 발생(및 적용) 영역과는 다소 다른 영역, 즉 행위자의 특정의 영역으로 차용하는 것

21) Jakobs, Die strafrechtliche Zurechnung von Tun und Unterlassen, 1996, S. 11 f.; ders., Strafrecht AT (Fn. 19), 29/57 ff.
22) Sánchez-Vera, Pflichtdelikt und Beteiligung (Fn. 17), S. 34.
23) Jakobs, Strafrecht AT (Fn. 19), 28/13 ff., 29/14, 29/89 f.

이라고는 하지만, 행위자를 특정하는 문제가 정범성의 판단과 부분적으로 다소 겹치는 영역이기도 하기 때문이다. 다만 이러한 의미에서 록신의 의무범이론에 대한 비판(랑어, 바그너, 보트케, 슈타인, 슈트라텐베르트)은 이미 국내에 소개[24]되었고 시간도 꽤 경과되었으므로, 주로 야콥스의 의무범이론에 대한 최근의 비판을 간략하게 요약하겠다. 먼저 가장 주된 비판은 '의무범'을 통해 형법을 윤리화시킨다는 비판이다. 삼손(Samson)은 의무로 지칭되는 명령규범이 본래의 금지규범이 갖는 자유를 제한하고, 금지와 명령의 구별을 상대화시킨다고 비판하였다.[25] 야콥스의 의무범 이론을 발전시켜 전개하고 있는 산체스-베라도 이러한 비판을 일부 수용하면서도 의무범 이론의 '포지티브한 의무'가 지니는 도덕적 의무로서의 성격에 따라 법과 도덕의 준별이 어려워진다는 비판을 제기하고, 스스로 그 문제의 해결에 골몰하였다.[26] 또한 젤만(Seelmann)은 현대사회에 들어 가벌적 영역의 급격한 변화가 도래되어 형법의 도덕과의 한계영역의 준별은 어려워져 가는 현상 속에서 어떻게 법철학적 일반적 해결방식이 가능할 것인지 논의하였다.[27] 특히 필립스(Philipps)는 야콥스가 말하는 '포지티브한 의무'의 불명확성을 들어 독일형법 제323조의c 등의 해석에 대하여 조목조목 비판을 하였고, 그 법조문의 해석의 비판에 파블릭(Pawlik)도 가세하였다.[28] 야콥스의 맥을 잇는 산체스-베라도 결과적으로 이러한 모든 비

24) 록신의 의무범이론에 대한 독일학계의 비판(Winrich Langer, Heinz Wagner, Wilfred Bottke, Urlich Stein, Günter Straenwerth)에 대하여 김성돈, "이른바 의무범에 있어서 정범과 공범"(각주 3), 28-33쪽 참조. 김교수 스스로도 록신의 의무범이론을 비판하는데 원래 법률상의 구성요건을 통하여야 비로소 특별한 의무를 논할 수 있는데, 록신은 '거꾸로' 구성요건이 기술되기 전에 구성요건 이전의 특별의무를 운운한다고 비판한다(43쪽).

25) Samson, Erich, Begehung und Unterlassung, FS für Welzel, 1974, S. 586 ff., 590, 593 ff., 595.

26) Sánchez-Vera, Pflichtdelikt und Beteiligung (Fn. 17), S. 116 ff,

27) Seelmann, Kurt, Recht und Ethik im Strafrecht, 2000, S. 1, S. 14 ff.

28) Philipps, Lothar, Der Handlungsspielraum. Untersuchungen über das Verhältnis von Norm und Handlung im Strafrecht, 1974, S. 21 ff.; Pawlik, Michael, Unterlassene Hilfsleistung: Zuständingkeitsbegründung und systematische Struktur, GA 1995, 360 ff.

판을 수용하여 분석하고 나름 그에 대응하는 이론적 대안을 제시하기도 하였다. 이렇게 볼 때, 형법구성요건의 밖에 존재하는 - 비록 행위자와 '형법 이외의 법'으로 연계되었다고는 하지만 - 법적 의무가 형법규범 (또는 그 결과)에 연계되는 의무가 아닌 이상 '형법의 윤리화'의 비판은 피해가기 어려운 비판으로서, 필자도 그 비판의 내용을 일부 수용하면서, 이 이론을 전개시킬 영역에서 조심스럽게 접근하고자 한다. 왜냐하면 행위자의 특정이라는 영역이 사실판단과 규범판단이 혼재하는 영역이기도 하기 때문이다. 이제 우리 판례를 검토하면서 행위자를 특정하는 문제를 보자.

Ⅲ. 우리나라 대형사고 판례와 행위자의 특정

1. 대형사고의 주류를 이루는 판례의 인과론적 논증

우리나라 대형사고 판례의 주류를 이루는 논증을 볼 수 있는 대표적인 사건이 성수대교붕괴사건과 삼풍백화점붕괴사건이다. 1994년 10월 21일의 성수대교붕괴사건(서울시에서 발주하여 동아건설이 1977년 시공하였던 성수대교가 1994. 10. 21 오전 7시 30분경부터 붕괴되어 32명 사망, 17명 부상이 발생하였다)에서 동아건설 부평공장 기술담당 상무이사, 성수대교 시공현장소장, 공사현장의 감독을 담당하는 서울시청 도로과 공무원 3인, 성수대교의 보수 및 유지관리를 담당하는 서울시 도로국 산하 동부건설사업소의 소장과 직원 6인, 서울시장이 행위자로서 거론되었다. 판례는 과실범을 전제로 하여 인과과정을 순차적으로 배열하면서 '직접적이고 구체적인 주의의무위반'에 따라, 상무이사에게는 트러스를 설계도면대로 정밀하게 제작하도록 지휘·감독하여야 할 구체적이고 직접적인 주의의무가 있다는 것을 근거로, - 비록 관리감독자로서 성수대교의 철구조물(트러스)의 제작을 직접하지 않았다고 하더라도 -, 트러스제작에 '직접 관여'하였다고 보아서

'사고발생원인에 대한 직접 관여'를 인정하였다.[29] 트러스를 사용하여 성수대교를 건설한 시공현장소장에 대하여는 제1심에서는 피고인의 입장에서 볼 때 이미 철구조물은 부평공장에서 품질검사를 거쳤기 때문에 다시 그 철구조물을 검사할 의무가 없다는 이유로 무죄를 선고하였으나, 제2심은 설계도면과 달리 제작된 철구조물에 대하여는 설계자나 전문가의 조언을 받아 시공이 되도록 해야 할 의무가 있다는 점을 들어 그러한 확인이 없이(주의의무위반) 부실 철구조물을 그대로 시공한 과실을 인정하였고, 이는 대법원에서도 확인되었다.[30] 또한 서울시청 도로과 공무원으로 공사현장에서 공사감독업무를 담당하던 3인에 대하여도, 성수대교는 국내최초로 건설하는 공법에 의한 공사이기 때문에 시공현장에서 설계도와 특별시방서 그대로 시공되도록 현장감독을 철저히 해야 할 의무가 있다고 하여 주의의무위반(구체적으로는 용접공의 자격확인, 방사선검사를 통한 용접공사, 가조립공사에서의 철저한 현장확인을 하지 않을 사실을 적시함)을 인정하였다. 성수대교의 보수 및 유지관리를 담당하는 서울시 도로국 산하 동부건설사업소의 소장과 직원 6인에 대하여도, 정기적으로 성수대교를 점검할 때 교량구조물의 균열 및 부식진행상태 등을 직접 확인하거나 점검을 위임하더라도 치밀하게 점검되었는지 확인할 의무가 있다는 것을 이유로 주의의무위반을 인정하였다.[31] 그러나 당시 서울시장에 대하여는 검찰이 이미 기소대상에서 제외하였는데, 당시 검찰의 검토내용은 "서울시장이 성수대교를 특정하여 안전에 이상이 없다는 보고를 받았다면 그 보고가 허위라고 볼 만한 특단의 사정이 없는 한, 구체적 근거가 없는 언론등의 외부정보보다 내부보고를 더 신뢰할 것이 통상이므로 예견가능성이 희박하고, ... , 설사 예견가능성이 있다고 상정하

29) 성수대교 붕괴사고 1심에서 인정된 피고인 중 이규대(동아건설 회사 내에서 부평공장 기술담당 상무이사)에 대한 상황설명 및 과실기준의 제시에 대하여, 서울지방법원 95노2918(항소심) 참조.

30) 대법원 1997. 11. 28 선고, 97도1740, 집45(3)형, 792; 공 1998.1.1 (49), 184.

31) 대법원 1997. 11. 28 선고, 97도1741, 공 1998.1.1 (49), 191.

더라도 서울시장의 방대한 업무량으로 보아 성수대교가 위험하다는 급박한 보고가 없는 이상 부하직원에 대하여 일반적인 점검지시만 하고 보다 적극적이고 구체적인 조치를 취하지 아니하였더라도 이를 두고 서울시장에게 결과발생 회피의무가 있다고 할 수 없다."고 하여 행위자로 특정하지 않았다.[32] 이상을 검토하면 판례는 성수대교의 부실 철구조물 붕괴의 주된 핵심원인으로 그 관여자에게 주의의무와 사고결과의 인과적 연결을 추적하면서 과실여부를 판단하였지만, 정작 애초에 왜 수많은 관여자 중 그 대상을 위의 자들만 특정하였는지, 왜 서울시장은 이러한 특정에서 배제되는지 상황설명으로 갈음할 뿐 특별한 이유나 내용을 '구체적'으로 설시하지는 않고 있다.

유사한 판례로 1995년 6월 29일 삼풍백화점 붕괴사고(삼풍건설이 발주하여 우성건설에게 하도급을 주어 건축된 삼풍백화점이 1995. 6. 29 오후 5시 57분부터 5층부분이 붕괴되기 시작하여 471명 사망, 718명 부상을 발생시켰다)에서도, 붕괴당일과 관련하여서도 위 회장과 사장, 그리고 백화점의 시설이사로서 건물의 유지관리 및 시설안전업무를 총괄하였던 3인(후에 백화점건물의 구조에 영향을 미치는 추가공사를 한 삼풍건설의 건축부장과 설비부장, 설비부 대리), 삼풍건설로부터 발주를 받아 직접 시공을 담당하였던 건설회사의 골조공사담당 책임자, 그 외 건축구조기술사(건축구조연구소 소장)와 종합건축사무소를 경영하는 건축사가 행위자로 특정되었고,[33] 이는 모두 대법원에서 그대로 확인되었다.[34] 모두 과실범의 판단과정에서 붕괴의 인과적 전개의 배열과정에서의 업무내용을 중심으로 사실판단을 하였다고 볼 수 있다. 또한 대형사고에서 피고인들의 과실과 최종적 결과

32) 미간행 내부보고서. 이는 공간된 출판물이나 유인물이 아닌 내부적 검토사항의 문서로서, 필자가 당시 검찰수사팀의 법적 자문을 하면서 개인적으로 습득한 내부문서에 지나지 않으나, 그 내용이 의미가 있다고 판단하여 필자 책임하에 그 내부문서를 인용하였다.

33) 서울고등법원 1996. 4. 26 선고 96노118, 1996. 5. 10 선고, 96노118.

34) 대법원 1996. 8. 23 선고, 96도1231, 집44(2)형, 821; 공1996. 10. 1(19), 2937.

사이에 구체적인 인과관계가 증명되지 않더라도, 각 단계에서의 행위자의 과실이 경합하여 결과에 영향을 미치는 경우에는 상당인과관계를 인정하고 있다. 예컨대 삼풍백화점 붕괴사고 판례에서 "... 과실범의 공동정범이 성립한 이상 ... 과실이 있다 하더라도 건물붕괴의 원인이 되지 않았다는 등 특별한 사정이 있는 경우를 제외하고는 붕괴에 대한 공동책임을 면할 수 없다. ... 피고인들의 (각자의) 과실만으로 이 사건 붕괴사고에 이를 수 없었다 하더라도 ... 여러 사람들의 과실이 모두 경합하여 붕괴원인을 제공한 것이므로 상당인과관계 또한 있다."[35] 요약하면, 우리나라의 대형사고의 주류를 이루는 판례는 관리감독자의 경우 '직접적이고 구체적인 주의의무'에 따라 '사고발생원인에 직접 관여를 하였는지의 여부'에 따라 주의의무위반과 상당인과관계를 인정하고 있는데, 이렇게 되면 사실상 도급의 관계로 연결되면서 거대한 기업조직 속에서 일단 누구를 업무상의 주의의무를 지는 자로 특정할 것인지, 그 주의의무의 양적 또는 질적인 정도의 판단 이전에 행위자의 범주를 특정하는 데 어떠한 지침도 주기 어렵다는 문제점이 있다.

2. 법규의 취지를 논증근거로 추가한 판례 : 1994년 아현동 가스폭발사고 판례

대형사고에 대한 접근방법은 유사하지만 그 논증에 '적용법규의 취지'가 추가되어 있는 판례이다. 1994년 아현동 가스폭발사고(서울 마포구 아현동 소재 아현가스공급기지에서 가스점검공사를 한국가스

35) 대법원 1996. 8. 23 선고, 96도1231. 학계는 이 판례에 관하여는 주로 과실범의 공동정범의 성립여부를 두고 평석을 하고 있다. 대표적으로 이용식, "과실의 공동정범" 형사판례연구 [7], 1999, 81쪽 이하; 전지연, "과실범의 공동정범" 형사법연구 제13호, 2000, 27쪽 이하; 허일태, "과실의 공동정범에 대한 판례연구" 인권과 정의 제275호, 1999, 143쪽 이하 참조. 국내에서도 독일에서의 일부견해와 같이 과실부작위범을 '과실범의 특수형태의 한 종류(과실특수범죄의 일종)'로 소개하기도 한다. 예컨대 이정원, "과실범에서의 정범과 공범" 형사법연구 제16호, 2001, 105쪽 이하 참조.

공사 경인관로사무소에서 한국가스기술공업주식회사에 용역을 주어 시행하였는데, 가스점검공사를 하던 중인 1994. 12. 7. 오후 2시 52분경 가스가 분출되어 폭팔하였고, 이로 인해 8명 사망, 44명이 부상이 발생하였다)에서 대법원은 '적용법규의 취지'를 근거로 하여 하도급을 준 도급자의 감독책임을 긍정하였다. 본래 한국가스공사 경인관로사무소장인 피고인은 가스점검공사를 시행하면서 한국가스기술공업주식회사 수도권사업소에 용역을 주었는데, 피고인은 "... 위 공사를 한국가스기술공업회사 수도권사업소에 용역을 주었으므로 공사의 안전관리책임은 위 회사 수도권사업소에 있는 것이고, 피고인으로서는 단지 도급인으로서의 감독권한만 갖고 있으므로, 밸브조작과 관련하여 안전담당자가 배치되지 않는 등의 안전책임은 전적으로 한국가스기술공업회사에 있다."고 주장하였으나, 제2심은 "... 본건과 같은 공사의 시행에 항상 경인관로사무소에서 운전원이나 공사감독원을 배치시켜 왔으므로, 사정이 그러하다면 피고인에게는 위 공사를 감독하여야 할 의무가 있다."고 하였고,[36] 대법원은 "... 한국가스공사 관로사무소가 가스누설점검작업을 가스기술공업주식회사 수도권사업소에 도급을 주었다고 하더라도, 도시가스사업법과 그 시행령 및 한국가스공사 안전관리규정의 각 관계규정의 취지에 비추어 보면, 도급인인 한국가스공사 직원들에게도 과실책임이 인정된다."고 하였다.[37] 판례상 언급은 짧지만, 대법원은 도시가스사업법의 수범자(受範者)를 한국가스공사 관로사업소로 보면서 도급인에게까지 '행위자를 확대하여 특정'한 것으로 볼 수 있다. 이 판례는 형법외적 법규를 검토하면서 수범자의 범위를 특정한 점에서, 앞서 주로 인과적 연결고리로 역추적해가는 주류의 판례보다는 규범적으로 접근한 단초를 보이고 있다.

36) 서울지방법원 1995. 8. 29 선고, 95노3280.

37) 대법원 1996. 1. 26 선고, 95도2263, 공 1996. 3. 15(6), 841.

3. 판례의 정리

결국 우리나라의 대형사고판례를 정리하면, 대체로 대형사고에 기여하였던 (인과적) 업무내용을 분석하면서 사고결과의 원인이 되는 주의의무의 역추적 방식으로 접근하여 그 기준(지도원리)으로 '사고발생원인에 직접 관여한 구체적이고 직접적인 주의의무위반'을 정립하였는데,[38] 위에서 예시한 판례 이외에도 다른 대형사고판례의 논증을 정리하여 요약하면 다음과 같다:

1) 판례는 대형사고의 경우 사고의 발생원인을 찾는 것을 목표로 하여 대개 '여러 가지 원인이 경합된다'고 본다. 이 때 판례는 대개 복수의 원인을 누적적(累積的)인 것으로 보고 있다.

2) 판례는 사고의 발생원인을 찾기 위하여 역순(逆順)에 따라 단계적으로 접근한다. 우선 '사고의 최종결과는 사고로 인한 사상(死傷)이다'라고 하여 최종결과를 제시하고, 그 후 바로 전 단계의 위험을 찾는데, 그 위험의 구체성, 추상성은 상황에 따라 결정된다. 여기서 판례는 위험의 추상화(抽象化)의 정도를 정하는 기준을 제시하지 않은 채, 막연하게 위험에 대한 예견가능성을 요구한다. 위험에 대한 예견가능성은 위험의 방지라는 다소 막연한 규범적 견지에서 파악되는 것으로 보인다.

3) 관여자를 '상황(위험의 정도)과 관련하여' 찾는다. 또한 상황에 따라 관여자의 역할을 찾고, '관여자의 역할은 주의의무의 기초가 된다.'

4) '때때로' 관여자의 역할을 찾을 때, '법규의 취지'를 고려한다(아현동 가스폭발사고 판례).

---

38) 성수대교붕괴사고와 삼풍백화점붕괴사고의 판례 뿐만 아니라 이른바 대형사고로 일컬어지는 판례의 접근방법이 거의 유사하다. 우리나라의 상주공설운동장압사사고(공연장의 아이돌그룹의 가요행사를 보러왔다가 인파에 밀려 다수가 사망한 사건)와 일본의 유사한 압사사고(明石지방의 육교(步道橋)에서 일출을 보러 몰렸던 인파가 밀려 다수가 사망한 사건)의 양국판례를 비교한 연구에서도 우리 판례의 이러한 특징이 분명하게 들어나고 있다. 趙炳宣, "大規模事故判例の韓日比較 - 日本の明石歩道橋事件と韓國の尙州市コンサート壓死事故を契機として" Nomos(ノモス) (關西大學 法學研究所), 2013, 1-20쪽 참조.

5) '주의의무위반이 사고발생원인으로의 직접관여(直接關與)가 아니면 안된다.' 주의의무위반은 사고의 발생원인들 중의 하나에 그치지 않고, 반드시 사고결과에 객관적으로 귀속되는 주의의무위반이지 않으면 안된다.

6) '주의의무에는 감독책임(監督責任)도 포함된다.' '감독책임도 포함되는 주의의무는 위험방지와 관련하여 구체적이지 않으면 안된다.'

7) '주의의무는 행위자들에게 공유될 수 있고, 이 경우 과실의 공동정범이 된다.'

Ⅳ. 결론: 행위자의 특정에 관한 규범적 접근방법 시론

1. 판례의 분석적 평가: 누적적 인과관계를 통한 과실범적 해결방식

이상과 같이 앞 장에서 간략하게 요약하여 본 판례의 기본구조는 최종적인 '사고로 인한 사상(피해결과)'이라는 분명한 행위결과로부터, 그 바로 전 단계의 위험을 찾아내고, 위험의 정도(구체화 · 추상화 포함)에 따라 관여자를 찾고, 여기서 과실범으로 접근하여 주의의무위반이 사고발생원인에 직접관여로 인정되어야 하며, 복수의 원인을 누적적으로 판단하여 연계시킬 수 있다. 우리나라 판례의 이러한 논증방식에 대하여 필자가 분석하자면, 우선 누적적 인과관계를 인정하여 '전(全)행위(Gesamttat)'를 인과관계 또는 객관적 귀속의 기준으로 삼는 인과적 고찰방식이라고 평가할 수 있다. 이는 우리 판례만의 독특한 논증방식이 아니라 비교법적으로 볼 때, 독일에도 유사한 논리구성이 많다. 독일학자 쉬네만(Schünemann)은 모든 행위자(Täter)에 적용할 수 있는 단일적이고 통일적인 지도원리로서 '결과의 원인에 대한 지배(Herrschaft über den Grund des Erfolges)'를 제시하고 있고,[39] 헤르츠베르크(Herzberg)의

39) Schünemann, Bernd, Zum gegenwärtigen Stand der Dogmatik der Unterlassungsdelikte in Deutschland, in: Internationale Dogmatik der objektiven Zurechnung und der

'무가치행위자의 귀납(Verschiebung des Unwertakzents)'이라는 기준, 즉 행위 그 자체로부터 '결과의 원인이 된 의무위반(schadensursächliche Pflichtverletzung)'으로 이전시켜야 한다는 주장[40]이 우리나라 대형사고 판례의 '사고발생원인에로의 직접관여'와도 유사한 논리구조로 대비된다. 거의 같은 취지의 논증이라고 할 수 있다. 또한 우리판례의 누적적 인과과정을 긍정하는 방법론은 프리드리히 덴커(Friedrich Dencker)가 정립하였던, 귀속원칙으로서의 전행위에 대하여 부분행위(Teiltat) 사이의 연결법칙(Verbindungsregeln)[41]과도 비슷한 맥락인데, 이는 과실범에서의 '집합적 주의의무위반(kollektive Pflichtverletzung)'의 이론[42]과도 관련이 있다. 이러한 논의의 전제는 대형사고를 과실범(이른바 '과실범해결책(Die Lösung der Jedermannssorgfaltspflicht)')으로 접근하는 방법론인데, 부작위범으로 접근하는 방식(이른바 '부작위해결책(Die Unterlassungslösung)')[43]에서는 베젤의 '전(全)부작위(Gesamtunterlassung)'으로서의 규범적 해결방식과 같은 방식이 상응된다.[44] 이렇게 비교법적으로 고찰해 보면, 우리 판례는 무엇보다도 '누적적 인과관계를 통한 과실범적 해결방식'을 취하고 있는데, 이는 독일에서도 가장 흔하고 가장 오래된 고전적인 방법론으로서,[45] 현대산업사회에서 대형공사의 다수기업의 참여와 하도급

Unterlassungsdelikte - Ein spanisch-deutsche Symposium zu Ehren von Claus Roxin, hrsg. von Enrique Gimbernat u.a. 1995, S. 77 ff.

40) Herzberg, Mittelbare Täterschaft und Anstiftung in formalen Organisationen, in : Kurt Amelung (Hrsg.), Individuelle Verantwortung und Beteiligungsverhältnisse bei Straftaten in bürokraftischen Organisationen des Staates, der Wirtschaft und der Gesellschaft, 2000, S. 33-53.

41) Dencker, Friedrich, Kausalität und Gesamttat, 1996, S. 120 ff.

42) 이에 관하여 학설사적으로 상세히 소개하고 자신의 이론도 전개한 학자는 van Weezel, Alex, Beteiligung bei Fahrlässigkeit. Ein Beitrag zur Verhaltenszurechnung bei gemeinsamem Handeln, 2006, S. 44 ff.

43) 이에 관하여 상세히는 van Weezel, Beteiligung bei Fahrlässigkeit (Fn. 42), S. 125 ff.

44) 이에 관하여 상세히는 van Weezel, Beteiligung bei Fahrlässigkeit (Fn. 42), S. 132 ff.

45) 독일의 가장 고전적 방법론으로 평가되고 있는 '누적적 인과관계를 통한 과실범적 해결방식'이라는 표현과 관련하여, 과실의 공동정범에 대한 1855. 4. 18의 브라운슈바이크 최고법원판례(Urteil des Obersten Gerichtshofs Braunschweigs vom 18. 4. 1855)부터 현재의 학설논쟁을 정리하고 있는 Kraatz, Erik, Die fahrlässige

으로 인한 안전의무 등의 양도가 누적적으로 쌓여 복잡해진 주의의무의 그물망 속에서는 이미 그 이론적 타당성을 잃을 수밖에 없었던 사고방식(논증)이었다.

2. 행위자의 특정에 관한 규범적 접근방법 시론

위에서 요약한 판례의 요점 중 4)에서 '법규의 취지를 고려한다는 것'(위의 아현동 가스폭발사고 판례)은 수범자(受範者)를 정하고, 누가 正犯性(Täterschaft)을 갖는지 특정하는 것으로 보여진다. 이것은 록신이 말하는 '형법 외적 의무'에 근거한 정범성, 또는 야콥스가 말하는 '제도적 관할에 근거한 의무(포지티브한 의무=의무범)'에 위반한 작위·부작위로 구체화 하려는 논리적 구조의 단서가 된다고 평가된다. 록신이 말하는 형법 외적 의무를 찾기 위하여, 각종 관련 행정법규의 관리책임규정을 찾거나, 야콥스가 말하는 '제도적 관할에 근거한 의무'에 각종 산업관련 행정법규가 공법적(국가적) 의무를 두어 사회적 제도의 하나로서 기업관리문화를 형성하려는 것인지 판단하는 것은 법률가(특히 판사)의 몫일 것이나, 기존의 우리 판례보다 구체적이고 명확한 기준이 될 것으로 판단되기에, 이러한 의미에서 행위자의 특정에 의무범이론을 이러한 취지만 차용하는 것은 매우 바람직하여 보인다. 현대 산업사회에서 발생하는 대규모의 위험한 결과 - 우리나라의 대형사고 판례 - 의 영역은 위험의 관리를 보다 신뢰할만한 전문가에게 맡기고 그 책임이 위험결과의 발생으로 연결된다면 형사책임을 묻는다는 전제로서, 각종 행정법규에 규정된 법적 의무를 근거로 행위자의 범주에

Mittäterschaft(Duncker & Humblot, zugleich Diss. Berlin 2005), 2006, S. 325 참조. 과거 독일에서 누적적 인과경과를 고의범의 영역에서 공동정범에도 적용을 시도한 '중복적 공동정범(additive Mittäterschaft)'의 학설(Bloy, Die Beteiligungsform als Zurechnungstypus im Strafrecht, 1985, S. 372)도 있었다. 이 개념에 대하여 조병선, "국가권력을 이용한 살상행위의 배후자 : 간접정범, 공동정범 또는 교사범? - 5·18(광주시위유혈진압)판례와 월경자사살(BGHSt 40, 218)판례의 비교고찰 -", 공범론과 형사법의 제문제(정성근교수화갑기념논문집) 상, 1997, 208쪽 참조.

있다고 특정하고, 기타 형법적 검토를 통하여 정범으로서의 형사책임을 지우게 할 수 있다. 물론 이 때 입법론적으로 행정법규의 법적 의무가 보다 구체적으로 행위자의 특별의무를 상세하게 규정해야 한다는 것을 전제로 한다.

3. 결론의 요약

우리나라의 판례와 같이 대형사고의 사안에 따라 위험결과로부터 소급하여 하나하나 단계별로 관여자를 찾아나가는 사실적(자연적) 접근방법을 보여주고 있지만, 필자는 판례가 이보다는 범죄구조의 본질적 특징을 검토하여, 해당구성요건의 전제로서 형법영역 밖에서도 최소한의 타인침해금지의 의무(조직관할범죄)를 넘어서 적극적으로 그 위험을 관리하고 감독해야 할 의무(제도적관할범죄)가 있는지를 검토하고, 이 때 매개자로서의 타인의 중간관여와 상관없이 형사책임을 물을 대상으로서의 행위자로 특정하는 것이 마땅하다고 생각한다. 판례가 종래의 자연적 사고방식으로부터 의무범 이론의 규범적 사고방식으로 전환하여 행위자를 특정한다면 다음과 같은 장점이 있을 것이다. 행위자를 업무내용과 같은 사고상황의 판단으로 조직 내에서 - 예컨대 서울시에서 서울시장의 업무내용과 도로국의 현장감독 공무원의 업무내용처럼 - 법률가의 재량판단의 여지를 둘 것이 아니라, 입법론적으로 행정법규의 꾸준한 구체화의 개정을 통하여, 형법 외적 의무가 마치 범죄와 윤리의 구별을 어렵게 하지 않도록 사회일반구성원에게 각인시켜 나가는 효과를 줄 것이다. 판례가 이러한 논거를 제시함으로써, 이렇게 사회적 합의로 발전하여 입법과 행정의 조화로운 준법정신을 함향시키면서 의무범의 주요 논거인 '형법외적 특별의무를 갖는 자'를 행위자를 특정하는 데 구체적으로 적용하는 것이다.[46] 독일에서

46) 참고로 일본에서도 의무범이론이 '경제범죄'의 영역에서 새로운 해석의 가능성을 시사한다고 주장하는 견해(平山幹子, 不作爲犯と正犯原理, 成文堂 2005, 226)가 있는데, 일본의 경제형법과 경제규제상황에 의무범이론의 근본취지를 고려하면서 해석할 것을 주장한다는 점에서 필자와 같이 일종의 '차용'의 가

의무범의 주요영역은 부수형법과 질서위반법의 영역[47]이라고 보는 것을 굳이 언급하지 않더라도, 우리나라의 대형사고는 그 속성상 법적으로 다양한 의무가 규정된 영역 – 즉 이른바 행정형법 또는 질서위반행위규제법(과태료)의 영역 – 에서 관련되어 발생되기는 것이 통상적이다. 예를 들면 독일은 입법론적으로 최근 18차 형법개정을 통해 독일형법 제326조의 폐기물 불법처리의 구성요건에 구체적 행정법규가 반영되는 등, 형법외적 규제가 핵심형법의 영역과 연계되는 경향을 보이고 있다.[48] 사건을 고찰하는 첫 단계로서의 행위자의 특정의 영역에서 대형사고와 관련된 영역, 예컨대 건축사고라면 각종 건축관련법규, 가스사고라면 각종 가스규제법규 등을 검토하여 그 영역의 전문적 관련자에게 우리 사회가 신뢰를 보낼 만한 지위를 주는 것과 동시에 어느 정도의 책임을 묻고 있는지를 검토하여 대형사고의 행위자를 특정하는 데 의무범이론의 고찰방식을 활용하는 것이 바람직할 것이다. 비록 의무범이론의 논증이 정범과 공범의 구별의 영역으로부터 행위자의 특정의 영역에 차용한다고 다소 비판받더라도, 또는 의무범이론에 대한 '형법의 윤리화'라는 비판을 대체로 수용한다고 하더라도, 의무범이론의 근저에 깔려있는 보편적인 사회적 합의의 시각, 즉 규범적 고찰방법을 판례가 행위자가 복잡하고 원청과 하청의 구조 속에 있는 대형사고에 적용한다면 장점이 훨씬 크다고 보여진다. 다만 행정법규의 정치한 규정으로 사회일반인이 신뢰할 수 있는 정도의 제도적 관할을 – 평범한 용어로는 예컨대 정부와 국민이 모두 합의한 기업문화 형성에 기여하는 제도를 – 최소한의 전제로 두면 될 것이다.

능성을 시사한다고 할 것이다.

47) Müller-Gutenberger/Bienek, Wirtschaftsstrafrecht, 5. Auf.l, 2011, §22 Rdnr. 11; Heine/Weißer in Schönke/Schröder, Vorbem. §25 ff. Rdnr. 83.

48) Heine/Hecker in Schönke/Schröder, §326 Rdnr. 21.

[주 제 어]

주의의무위반, 의무범, 신분범, 행위자의 특정, 정범과 공범

[Key Words]

Duty Crime Theory, Special Crime, Attentional Duty, Identification of Perpetrator, Perpetrator and Participation

접수일자: 2016. 5. 1. 심사일자: 2016. 5. 30. 게재확정일자: 2016. 6. 3.

[참고문헌]

김대휘, “양벌규정의 해석”, 형사판례연구 [10], 2002, 15.

김성돈, “이른바 의무범에 있어서 정범과 공범 - 록신의 이론을 중심으로 -” 정성근교수화갑기념논문집 상, 1997, 11.

김성돈, 형법총론, 2006.

김성룡, “부진정부작위범의 한국적 해석으로서 단일정범개념” 비교형사법연구 제5권 1호, 2003.

______, “부진정부작위범의 정범표지” 형사판례연구 [12], 2004.

김일수, 형법학원론, 초판 1988.

______/서보학, 새로쓴 형법총론, 제11판, 2006.

박상기, 형법총론, 9판, 2012.

선우영, “환경보전법 제70조의 행위자” 형사판례연구 [1], 1993.

신동운, “자수범” 김종원교수화갑기념논문집, 1991.

______, 형법총론, 2001.

이상돈, 형법강의, 2010.

이용식, “부작위 상호간에 있어서 정범과 공범의 구별 및 공동정범의 성립 가능성” 서울대학교 법학 제52권 1호, 2003.

______, “과실의 공동정범” 형사판례연구 [7], 1999.

이정원, “과실범에서의 정범과 공범” 형사법연구 제16호, 2001.

전지연, “과실범의 공동정범” 형사법연구 제13호, 2000.

조병선, “환경형사판례에 대한 비판적 검토 - 특히 양벌규정과 감독책임에 관하여” 형사판례연구 [1], 1993.

______, “양벌규정과 법인의 형사책임 - 대판 1992. 10. 11 82도2324의 판례 평석” 형사판례연구 [3], 1995.

______, “국가권력을 이용한 살상행위의 배후자 : 간접정범, 공동정범 또는 교사범?” - 5 · 18(광주시위유혈진압)판례와 월경자사살(BGHSt 40, 218) 판례의 비교고찰 -, 공범론과 형사법의 제문제(정성근교수화갑기념논문집) 상, 1997.

_____, "대형사고사례에서의 작위사안·부작위사안의 구별 - 과실범인가 부진정부작위범인가" 고시계 2009년 5월호.

_____, "형법에서의 행위자의 특정: 개인책임과 단체책임" 서울대학교 법학 제50권 2호, 2009.

허일태, 과실의 공동정범에 대한 판례연구, 인권과 정의 제275호, 1999.

趙炳宣, "両罰規定と法人の刑事責任" 札幌學院法學(札幌學院大學法學部), 17권1호, 2000.

_____, "大規模事故判例の韓日比較 - 日本の明石歩道橋事件と韓國の尙州市コンサート壓死事故を契機として" Nomos(ノモス) (關西大學 法學研究所), 2013.

平山幹子, 不作爲犯と正犯原理, 2005.

Bloy, Die Beteiligungsform als Zurechnungstypus im Strafrecht, 1985.

Dencker, Friedrich, Kausalität und Gesamttat, 1996.

Herzberg, Mittelbare Täterschaft und Anstiftung in formalen Organisationen, in: Kurt Amelung(Hrsg.), Individuelle Verantwortung und Beteiligungsverhältnisse bei Straftaten in bürokraftischen Organisationen des Staates, der Wirtschaft und der Gesellschaft, 2000.

Jakobs, Die strafrechtliche Zurechnung von Tun und Unterlassen, 1996.

_____, Günter, Strafrecht AT Die Grundlagen und die Zurechnungslehre, 2. Aufl., 1991.

Kraatz, Erik, Die fahrlässige Mittäterschaft, 2006

Lesch, Heiko H., Täterschaft und Gestaltungsherrschaft - Überlegung zu der gleichnamigen Monographie von Winfried Bottke, GA 1994, 112.

Leipziger Kommentar(LK), 11. Aufl., 1993, §25 Rdnr. 37(Roxin).

Müller-Gutenberger/Bienek, Wirtschaftsstrafrecht, 5. Aufl., 2011, §22 Rdnr. 11.

Perron, Walter, 조병선(역) "1990 년 7월 6일 독일연방최고법원의 형법적 제조물책임에 대한 피혁보호분무기-판결" 법학논집(청주대학교 법학연구소) 제8권 1호, 1994.

Schönke/Schröder, 29. Aufl., 2014, Vorbem. §25 ff. Rdnr. 83(Heine/Weißer); §326

Rdnr. 21(Heine/Hecker).

Schünemann, Bernd, Zum gegenwärtigen Stand der Dogmatik der Unterlassungsdelikte in Deutschland, in: Internationale Dogmatik der objektiven Zurechnung und der Unterlassungsdelikte - Ein spanisch-deutsche Symposium zu Ehren von Claus Roxin, hrsg. von Enrique Gimbernat u.a. 1995.

Philipps, Lothar, Der Handlungsspielraum. Untersuchungen über das Verhältnis von Norm und Handlung im Strafrecht, 1974.

Pawlik, Michael, Unterlassene Hilfsleistung : Zuständingkeitsbegründung und systematische Struktur, GA 1995.

Ranft, Garantenpflichtwidriges Unterlassen der Deliktshinderung, ZStW 94 (1982).

Roxin, Claus, Täterschaft und Tatherrschaft, 7. Aufl., 1999.

Samson, Erich, Begehung und Unterlassung, FS für Welzel, 1974.

Sánchez-Vera, Javier, Pflichtdelikt und Beteiligung. Zugleich ein Beitrag zur Einheitlichkeit der Zurechnung bei Tun und Unterlassen 1999 (Duncker & Humblot, zugleich Diss. Bonn 1998).

Seelmann, Kurt, Recht und Ethik im Strafrecht, 2000.

van Weezel, Alex, Beteiligung bei Fahrlässigkeit. Ein Beitrag zur Verhaltenszurechnung bei gemeinsamem Handeln, 2006.

[Abstract]

Duty Crime and Identification of Perpetrator - Focused on the Identification of Perpetrator in Big Accidents Cases in Korea -

Cho, Byung-Sun*

The goal of this article is to apply the argumentation of so-called duty crime theory that has been discussed in the field of criminal participation, to the field of the identification of perpertrator. In chapter II, the theory of duty crime that has been developed in Germany, has been introduced and the critics against that theory have been also presented. Then, in chapter III, with regard to the identification of perpetrator, big accidents cases in Korea as negligence crime have been analysed and their characteristic features have been adduced. In conclusion (chapter IV) the author has tried to contribute to the advance of the in Korean cases based argumentation by virtue of the application of duty crime theory to the Korean cases as well as the clear identification of perpetrators in such cases.

* Professor, Chongju University Department of Law.

사후적 경합범에 대한 고찰*

최 병 각**

[대상판결] 대법원 2014. 3. 27. 선고 2014도469 판결

1. 사실관계

피고인은 2012. 12.하순 필로폰을 매매(E1)하고, 2013. 1. 5. 필로폰을 투약(E2)하고, 2013. 1. 31. 필로폰을 투약(E3)하고, 2013. 2. 1. 필로폰을 소지(E4)한 혐의로 기소되었는데(2013고단875), 추가로 2012. 1. 5. 필로폰을 매매(A)하고, 2012. 1. 17. 필로폰을 매매(B)하고, 2012. 3. 23. 필로폰을 매매(C)하고, 2012. 4. 6. 필로폰을 매매(D)한 혐의로 기소되었다(2013고단1686). 피고인은 마약류 관리에 관한 법률 위반(향정)죄로 2011. 11. 26. 징역 1년 집행유예 2년의 판결이 확정된 전과(甲)와 2010. 6. 27.범행으로 2012. 2. 29. 징역 8월 집행유예 2년의 판결이 확정된 전과(乙)가 있다. 각각의 범행과 판결확정의 시기를 순서에 따라 열거하면 다음과 같다.

甲죄 - 乙죄 - 甲 판결 - A죄 - B죄 - 乙 판결 - C죄 - D죄 - E1~E4죄

* 이 논문은 동아대학교 학술연구비 지원에 의하여 연구되었음.

** 동아대학교 법학전문대학원 교수, 법학박사.

2. 사건의 경과

제1심 법원은 A죄와 B죄가 乙죄와는 형법 제37조 후단의 경합범 관계에 있지만 甲죄의 전과(확정판결)가 있어서 동시에 판결을 선고할 수 없었던 경우에 해당한다는 이유로 형법 제39조 제1항을 적용하지 않는다고 판단하고, A죄와 B죄에 대하여 징역 4월, C죄와 D죄 및 2013고단875의 죄(E1~E4죄)에 대하여 징역 2년을 선고하면서 1,705만원을 추징하는 판결을 내렸다.[1] 이에 피고인이 항소하였다.

항소심 법원은 乙죄와 A죄 및 B죄는 甲죄의 판결확정 전후의 범죄로서 동시에 판결하더라도 별도로 형을 정해야 하므로 형법 제37조 후단의 경합범 관계에 있다고 볼 수 없다고 판단하고, 따로 형을 정한 제1심 판결을 직권파기하고 형법 제37조 전단과 형법 제38조 제1항 제2호를 적용하여 징역 2년 2월을 선고하면서 1,705만원을 추징하는 판결을 내렸다.[2] 이에 피고인과 검사가 상고하였다.

3. 판결요지

형법 제37조 후단 및 제39조 제1항의 문언, 입법 취지 등에 비추어 보면, 아직 판결을 받지 아니한 죄가 이미 판결이 확정된 죄와 동시에 판결할 수 없었던 경우에는 형법 제37조 후단의 경합범 관계가 성립할 수 없고 형법 제39조 제1항에 따라 동시에 판결할 경우와 형평을 고려하여 형을 선고하거나 그 형을 감경 또는 면제할 수도 없다고 해석함이 상당하다(대법원 2011. 10. 27. 선고 2009도9948 판결, 대법원 2012. 9. 27. 선고 2012도9295 판결 등 참조). 한편 아직 판결을 받지 아니한 수개의 죄가 판결 확정을 전후하여 저질러진 경우 판결 확정 전에 범한 죄를 이미 판결이 확정된 죄와 동시에 판결할 수 없었던 경우라고 하여 마치 확정된 판결이 존재하지 않는 것처럼 그 수개의 죄 사이에 형법 제37조 전단의 경합범 관계가 인정되어 형법 제38조가 적용된다고

1) 서울중앙지법 2013. 7. 25. 2013고단875, 2013고단1686(병합).

2) 서울중앙지법 2013. 12. 19. 2013노2692.

볼 수도 없으므로, 판결 확정을 전후한 각각의 범죄에 대하여 별도로 형을 정하여 선고할 수밖에 없다(대법원 2011. 6. 10. 선고 2011도2351 판결 참조).

이 사건 2012. 1. 5.자 및 2012. 1. 17.자 마약류 관리에 관한 법률 위반(향정)죄는 피고인이 서울중앙지방법원에서 같은 죄로 징역 8월에 집행유예 2년을 선고받은 판결이 2012. 2. 29. 확정되기 전에 범한 것이기는 하나, 피고인에게는 위 전과와 별도로 서울중앙지방법원에서 같은 죄 등으로 징역 1년에 집행유예 2년을 선고받아 2011. 11. 26. 판결이 확정된 전과가 있고, 2012. 2 29. 판결이 확정된 죄는 위 2011. 11. 26. 판결 확정 전에 범한 것이어서 2012. 2. 29. 판결이 확정된 죄와 이 사건 2012. 1. 5.자 및 2012. 1. 17.자 범죄는 처음부터 동시에 판결할 수 없었음을 알 수 있다.

따라서 2012. 2. 29. 판결이 확정된 죄와 이 사건 2012. 1. 5.자 및 2012. 1. 17.자 범죄 사이에 형법 제37조 후단의 경합범 관계가 성립할 수 없고, 경합범 중 판결을 받지 아니한 죄에 대하여 형을 선고할 때는 그 죄와 판결이 확정된 죄를 동시에 판결할 경우와 형평을 고려하도록 한 형법 제39조 제1항은 여기에 적용될 여지가 없다고 할 것이다. 그렇다고 하여 마치 2012. 2. 29. 확정된 판결이 존재하지 않는 것처럼 이 사건 범죄 중 위 판결 확정 전에 범한 2012. 1. 5.자 및 2012. 1. 17.자 범죄와 위 판결 확정 후에 범한 나머지 범죄 사이에 형법 제37조 전단의 경합범 관계가 인정되어 형법 제38조가 적용된다고 볼 수도 없다. 따라서 이 사건 범죄 중 2012. 1. 5.자 및 2012. 1. 17.자 범죄와 나머지 범죄에 대하여 별도로 형을 정하여 선고할 수밖에 없다.

그렇다면 원심이 2012. 2. 29. 판결이 확정된 죄와 이 사건 2012. 1. 5.자 및 2012. 1. 17.자 범죄 사이에 형법 제37조 후단의 경합범 관계가 성립할 수 없다고 판단한 것은 정당하다. 그러나 원심이 이 사건 범죄 중 위 판결 확정 전에 범한 2012. 1. 5.자 및 2012. 1. 17.자 범죄와 위 판결 확정 후에 범한 나머지 범죄 사이에 형법 제37조 전단의 경합범 관계가 인정됨을 전제로 이 사건 범죄 모두에 대하여 하나의 형을 정하여 선고한 것은 형법 제37조 전단의 경합범에 관한 법리를 오해하여 판결 결과에 영향을 미친 위법이 있다.

그러므로 원심판결을 파기하고 사건을 원심법원으로 환송하기로 한다.

4. 최종 결과

환송심 법원은 A죄와 B죄에 대하여 징역 3월, C죄와 D죄 및 2013고단875의 죄에 대하여 징역 1년 10월을 선고하면서 1,705만원을 추징하는 판결을 내렸다.[3]

[연 구]

I. 들어가는 말

법 없이도 살아갈 사람이 숱하지만, 혼자 여러 죄를 짓는 사람도 없지는 않다. 그런 경합범을 어떻게 처벌하느냐는 나라나 시대에 따라 다르다. 그런데 우리 현행 형법의 경합범 제도를 두고 다양한 논의가 경합하고 있다.

이 글에서는 먼저 형법 제37조에 따른 경합범의 성립범위와 형법 제38조와 제39조 제1항에 의한 경합범의 양형과 형법 제39조 제3항과 제4항에 정해진 경합범의 형집행을 둘러싼 해석론을 살핀 다음(II), 경합범 사건의 처리 과정에서 발생하는 병합심리, 심리범위, 양형재량, 형기통산, 선고·집행유예 등의 문제를 고찰하고(III), 확정판결 전에 범한 죄라도 동시에 판결할 수 없었다면 임의적 형감면을 할 수 없고, 확정판결 전과 후에 범한 죄에 대하여 하나의 형이 아닌 분리된 형을 선고해야 한다는 대상판결의 논리를 비판적으로 분석하여(IV), 경합범 처벌례의 해석·적용에 관한 명쾌한 지침을 제시하고자 한다.

3) 서울중앙지법 2014. 7. 3. 2014노1154.

Ⅱ. 경합범제도와 사후적 경합범

1. 상상적 경합범과 실체적 경합범의 구별

우리 형법은 "1개의 행위가 수개의 죄에 해당하는 경우에는 가장 중한 죄에 정한 형으로 처벌한다."(제40조)고 하여 상상적 경합의 개념과 그 처벌방식을 함께 규정하고 있다. 이와 달리 "판결이 확정되지 아니한 수개의 죄" 또는 "금고 이상의 형에 처한 판결이 확정된 죄와 그 판결확정전에 범한 죄"를 경합범이라 명명하고(제37조), 경합범에 대한 처벌과 관련하여 제38조와 제39조에 다소 복잡한 내용의 규정을 두고 있다. 상상적 경합범과 실체적 경합범의 구별이 중요하지만,[4] 이 둘을 수개의 행위가 하나의 죄로 되는 포괄일죄와도 구별해야 한다.[5]

2. 동시적 경합범과 사후적 경합범의 구별

통상적으로 형법 제37조 전단의 경합범을 동시적 경합범이라 하고, 후단의 경합범을 사후적 경합범이라 한다. 1953년 제정형법부터 동시적 경합범은 "판결이 확정되지 아니한 수개의 죄"이고, 사후적 경합범은 "판결이 확정된 죄와 그 판결확정 전에 범한 죄"이었는데,

---

4) 실체적 경합범은 "수개의 행위"를 전제하는 반면, 상상적 경합범이 되는 "1개의 행위"란 수죄를 구성하는 각각의 구성요건 실행행위가 전부 또는 일부 중첩되는 경우, 즉 어떠한 구성요건의 실행행위를 이루는 자연적 행위가 다른 구성요건 실현에도 전적으로 혹은 부분적으로 기여한 경우라는 견해는 이기헌, "경합범과 상상적 경합", 형사판례연구, 제7권, 1999, 174면.

5) 폭력행위 등 처벌에 관한 법률 제2조 제1항에서 말하는 상습이란 같은 항 각 호에 열거된 각 범죄행위 상호 간의 상습성만을 의미하는 것이 아니라 같은 항 각 호에 열거된 모든 범죄행위를 포괄한 폭력행위의 습벽을 의미하는 것이고, 따라서 위와 같은 습벽을 가진 자가 폭처법 제2조 제1항 각 호에 열거된 형법 각 조에서 정하는 다른 수종의 죄를 범하였다면 그 각 행위는 그 각 호 중 가장 중한 법정형의 상습폭력범죄의 포괄일죄에 해당한다. 대법원 2008. 8. 21. 2008도3657; 대법원 2012. 8. 17. 2012도6815. 포괄일죄 성립의 핵심인 상습성의 인정에 구성요건, 죄질, 입법체계, 법적 효과 등을 고려한다는 견해는 최병각, "상습범과 공소권행사", 형사법연구, 제17호, 2002, 217면.

2004년 형법개정으로 사후적 경합범이 "금고 이상의 형에 처한 판결이 확정된 죄와 그 판결확정 전에 범한 죄"로 변경되었다. 그런데 그 동안 동시적 경합범은 "하나의 재판에서 동시에 형을 정할 수 있는 수개의 죄"로서 형법 제38조에 따른 양형을 하고, 사후적 경합범은 "실제로는 동시에 형을 정할 수 없는, 판결이 확정된 죄와 그 판결이 확정되기 전에 범한 죄"로서 형법 제39조 제1항에 따른 양형을 하는 것이라는 해석이 꾸준히 이어지고 있다. 이는 2005년 형법개정으로 형법 제39조 제1항이 수정되고 제2항이 삭제된 다음에도 마찬가지이다.

3. 사후적 경합범의 성립범위와 양형

2005년 형법개정이 있고 난 다음 대법원은 새로운 형법 제39조의 적용과 관련하여 다음과 같은 판결을 내놓았다.

2006년의 2005도9678 판결에 따르면 피고인이 이 사건 범죄를 저지른 이후인 2001. 5. 3. 확정된 징역 2년 집행유예 3년의 전과와 2005. 4. 8. 확정된 징역 8월의 전과가 있는 경우, 두 전과가 모두 형법 제39조 제1항의 규정에 따라 동시에 판결할 경우와의 형평을 고려하여야 할 대상이 되는 "판결이 확정된 죄"에 해당한다고 한다.[6]

2008년의 2008도209 판결에 따르면 피고인이 이 사건 범죄를 저지른 이후인 2003. 1. 10. 확정된 징역 1년 6월의 전과(①)와 2004. 9. 3. 확정된 징역 5년의 전과(②)가 있고, 더하여 2006. 6. 9. 확정된 징역 10월의 전과(③)가 있는 경우, ③전과가 ①전과의 판결확정일 이후인 2003. 10. 14. 저지른 범죄에 대한 것이기 때문에 ③전과의 범죄사실은 어차피 ①전과의 범죄사실과 동시에 판결할 수 없었다고 할 것이므로, ③전과를 고려하지 않고 이 사건 범죄에 대하여 형을 선고하였더라도 형법 제39조 제1항을 위반하였다고는 볼 수 없다고 한다.[7]

2008도209 판결과 관련하여 형법 제39조 제1항에서 '동시에 판결'

---

6) 대법원 2006. 3. 23. 2005도9678.

7) 대법원 2008. 10. 23. 2008도209.

한다는 것을 '하나의 재판절차에서 판결한다'는 의미가 아니라 '동시에 기소되었을 때 하나의 형을 선고'하는 경우, 즉 '동시적 경합범으로 처리하는 경우'를 의미하는 것으로 보는 것인바, '금고 이상의 형에 처한 판결이 확정된 죄와 그 판결 확정 전에 범한 죄'를 형법 제37조 후단의 경합범으로 다루는 취지나 형법 제39조 제1항의 개정취지에 비추어 보면 당연한 논리적 귀결이라고 할 수 있다는 견해[8]가 있다. 이러한 견해에 따르면 만약 형법 제39조 제1항을 적용하면서 ③전과를 고려한다면 오히려 형법 제39조 제1항의 적용을 그르쳐 피고인에게 부당하게 가벼운 형을 선고한 것이라고 볼 여지도 있다고 한다.[9]

이러한 대법원의 판결이 있고나서 재판 실무에서는 형법 제37조 후단 경합범은 금고 이상의 형에 처한 판결이 확정된 죄와 그 판결 확정 전에 범한 죄에 대하여 "동시에 판결할 수 있는 경우"로 한정된다고 해석함이 상당하다는 명제를 당연한 듯 받아들이면서, 다음과 같은 논거를 제시하고 있다.[10]

첫째, 형법 제37조 전단에서는 하나의 재판에서 동시에 형을 정할 수 있는 수개의 죄를 경합범(이른바 '동시적 경합범')으로 규정하면서, 이와 별도로 이미 판결이 확정되어 실제로는 동시에 형을 정할 수는 없지만 판결이 확정된 죄와 그 판결이 확정되기 전에 범한 죄 역시 그 후단에서 경합범(이른바 '사후적 경합범')으로 규정하고 있고, 형법 제37조 전단 경합범에 대하여는 형법 제38조에서, 형법 제37조 후단 경합범에 대하여는 형법 제39조 제1항에서 형을 정하는 방법을 규정하고 있다.

둘째, 형법 제37조 후단 경합범을 규정한 취지는 원래 하나의 재

8) 김종호, "형법 제37조 후단 경합범에 대한 제39조 제1항의 적용", 대법원판례해설, 제78호(2008 하반기), 2009, 535-537면; 김종수, "형법 제39조 제1항에 대한 제문제", 판례연구, 제26집, 부산판례연구회, 2015, 565-566면.

9) 김종호, 앞의 글, 537면.

10) 서울고등법원 2011. 3. 31. 2011노176 판결은 첫째부터 넷째의 논거를 제시하였고, 이에 더하여 서울중앙지방법원 2013. 12. 19. 2013노2692 판결은 다섯째의 논거를 제시하였다.

판절차를 통하여 1개의 형을 선고받을 수 있었음에도 그 중 일부 범죄가 기소되지 않는 등의 사정으로 사후에 별개의 재판을 받음으로써 피고인이 불이익한 취급을 받는 것을 방지하고자 함에 있다.

셋째, 종래 우리 형법은 형법 제37조 후단 경합범의 요건으로 "판결이 확정된 죄"라고만 규정할 뿐 그 범위를 제한하지 않았고, 이로 인하여 판례는 "판결이 확정된 죄"에는 "벌금형을 선고한 판결이 확정된 죄", 나아가 "약식명령이 확정된 죄"도 포함된다고 해석하였으나, 피고인이 수개의 형을 선고받는 불이익의 최소화 등을 위해서 2004년 1월 20일 법률 제7077호로 형법을 개정하면서 "금고 이상의 형에 처한 판결이 확정된 죄"로 그 범위를 제한하였다.

넷째, 형법 제37조 후단 경합범에 대한 형 선고에 관하여도, 종래 "경합범 중 판결을 받지 아니한 죄가 있는 때에는 그 죄에 대하여 형을 선고한다."고만 규정하였으나, 2005년 7월 29일 법률 제7623호로 형법을 개정하면서 "경합범 중 판결을 받지 아니한 죄가 있는 때에는 그 죄와 판결이 확정된 죄를 동시에 판결할 경우와 형평을 고려하여 그 죄에 대하여 형을 선고한다. 이 경우 그 형을 감경 또는 면제할 수 있다."고 규정함으로써 형법 제37조 후단 경합범의 선고형을 정할 때에는 판결이 확정된 죄와 동시에 판결하는 경우와의 형평을 반드시 고려하도록 하였다.

다섯째, 형법 제37조 후단 경합범 관계에 있다고 보아 별도의 형을 정하면서 제39조 제1항을 적용할 수 없다면 오히려 경합범 가중을 한 범위 내에서 형을 정하는 것보다 피고인에게 불이익한 양형의 결과를 초래할 수 있다.

그러나 생각건대 동시적 경합범과 사후적 경합범의 상호 관계를 어떻게 이해할 것인지부터 문제이다. 형법 제37조 전단의 "판결이 확정되지 아니한 수개의 죄"를 "동시적 경합범"이라 하더라도 그 수개의 죄를 형법 제38조 제1항에서 말하는 "동시에 판결할 때"라야 그 "처벌례"에 따라 양형을 할 수 있다. 다시 말해서 수개의 죄를 저질렀어도 어느 하나 판결이 확정되었거나 현재 동일한 재판에서 함께 심판받고 있지 않다면 아예 동시에 판결할 수 없기 때문에 경합범 처벌례에 따른 양형 자체가 이루어질 수 없다.

예를 들어 경합범 관계에 있는 수개의 죄 중 일부에 대하여 기소유예를 한 경우 법원으로서는 기소된 사건만을 심판할 수 있고, 그 일부에 대한 소송이 계속 중에 나머지 사건에 대한 기소가 있더라도 먼저 기소된 사건과 병합하지 않는다면 각각 따로 재판을 하여 별도의 형을 선고할 수밖에 없다.[11] 또한 경합범에 대한 예비적 기소의 경우[12]에도 법원은 주위적 사건을 먼저 심판하여야 하고, 공소장변경 없이는 주위적 사건과 예비적 사건을 함께 심리하여 모두 유죄로 인정하여 하나의 형을 선고할 수는 없다.[13] 심지어 경합범에 대한 일부 상소에 있어서는 하나의 단일형이 선고된 경합범의 일부 범죄사실에 대하여 상소한 경우 모든 범죄사실에 상소의 효력이 미치지만,[14] 경합범

11) 법원은 필요하다고 인정한 때에는 직권 또는 검사, 피고인이나 변호인의 신청에 의하여 변론을 분리하거나 병합할 수 있다(형사소송법 제300조). 그러나 동일한 피고인에 대하여 각각 별도로 2개 이상의 사건이 공소제기되었을 경우 반드시 병합심리하여 동시에 판결을 선고하여야만 되는 것은 아니다. 대법원 1994. 11. 4. 94도2354.

12) 실체적 경합관계에 있는 수개의 범죄사실에 대하여도 예비적·택일적 기재가 허용된다는 것이 대법원 1966. 3. 24. 64도114 전원합의체 판결의 다수의견의 입장이다.

13) 신동운, 신형사소송법, 제5판, 법문사, 2014, 585-586면.

14) 상소는 재판의 일부에 대하여 할 수 있지만(형사소송법 제342조 제1항), 일부에 대한 상소는 그 일부와 불가분의 관계에 있는 부분에 대하여도 효력이 미친다(형사소송법 제342조 제2항). 대법원 2009. 4. 23. 2008도11921(업무상과실선박파괴죄와 해양오염방지법 위반 및 선원법 위반(일부)을 유죄로 인정한 다음, 이들을 실체적 경합범으로 보아 업무상과실선박파괴죄와 해양오염방지법 위반에 대하여는 하나의 징역형을 선고하고, 선원법 위반에 대하여는 이와 별개로 벌금형을 병과한 판결에 대하여 상소가 있는 경우 하나의 징역형이 선고된 업무상과실선박파괴죄와 해양오염방지법 위반은 소송상 일체로 취급되어야 하므로 업무상과실선박파괴죄에 관한 원심판단에 위법이 있는 이상 해양오염방지법 위반 부분까지 함께 파기를 면할 수 없고, 다만, 별개의 벌금형이 병과된 선원법 위반 부분은 소송상 별개로 분리 취급되어야 하므로 이 부분은 파기 범위에 속하지 아니한다).

의 각 부분별로 수개의 주문이 선고된 경우라면 상소불가분이 적용되지 않는 것이 원칙이다. 이와 관련하여 경합범 사안에 하나의 주문이 선고될 가능성이 있었다면 일부 상소에 대하여 상소불가분을 확대 적용하여 전부의 이심·파기를 인정해야 한다는 견해[15]가 있지만, 당사자 쌍방이 상소하지 아니한 부분은 분리 확정된다고 보아 일부의 이심·파기를 인정해야 할 것이다.[16] 따라서 경합범의 관계에 있는 수개의 죄에 대하여 동시에 판결할 때조차도 별개의 주문을 선고할 수 있고, 그 일부 각개의 주문에 대한 상소는 상소하지 아니한 다른 일부 각개의 사건과 분리하는 효과를 가져와 결과적으로 확정시기마저 달라지는 별개의 판결이 존재하게끔 한다. 즉, 아무리 경합범이라도 법원이 "동시에 판결"하면서 주문을 분리하여 재판할 수도 있고, 그럴 경우 검사나 피고인이 그 일부에 대한 상소를 통하여 확정시기가 다른 별개의 판결을 받을 수도 있다. 때문에 오직 판결이 확정되지 아니한 수개의 죄를 마침 동시에 판결하는 경우에만 경합범 처벌례에 따라 양형을 하여 하나의 형을 선고할 수 있을 뿐이다. 결국 형법 제37

15) 신현주, 형사소송법, 신정2판, 박영사, 2002, 747면. 대법원 1992. 1. 21. 91도1402 전원합의체 판결의 반대의견의 입장이다.

16) 법률의 근거 없이 단순히 하나의 형이 하나의 주문으로 선고될 '가능성'이 있었다는 사실만 가지고 과형상 불가분의 원칙이 적용된다거나 상소불가분의 원칙이 적용된다고 말할 수는 없다는 견해는 신동운, 주 13)의 책, 1563면. 대법원 1992. 1. 21. 91도1402; 대법원 2000. 2. 11. 99도4840; 대법원 2010. 11. 25. 2010도10985(경합범으로 동시에 기소된 사건에 대하여 일부 유죄, 일부 무죄를 선고하는 등 판결주문이 수개일 때에는 그 1개의 주문에 포함된 부분을 다른 부분과 분리하여 일부상소를 할 수 있고 당사자 쌍방이 상소하지 아니한 부분은 분리 확정되므로, 경합범 중 일부에 대하여 무죄, 일부에 대하여 유죄를 선고한 제1심판결에 대하여 검사만이 무죄 부분에 대하여 항소를 한 경우, 피고인과 검사가 항소하지 아니한 유죄판결 부분은 항소기간이 지남으로써 확정되어 항소심에 계속된 사건은 무죄판결 부분에 대한 공소뿐이며, 그에 따라 항소심에서 이를 파기할 때에는 무죄 부분만을 파기하여야 한다); 대법원 2013. 6. 20. 2010도14328. 수개의 범죄가 경합범의 관계에 있고 판결주문이 분할가능하면 일부상소와 일부파기가 허용된다는 견해는 문채규, "경합범의 일부상소와 관련한 미결구금일수의 통산 방법에 관한 일고찰", 비교형사법연구, 제9권 제2호, 2007, 381-382면.

조 전단의 경합범이라도 모두 형법 제38조에 따른 양형이 가능한 것이 아니고, 동시에 판결할 때에만 그 적용을 받는다.

여기에서 수개의 죄를 저질렀는데 각각의 사건처리가 달라져 따로 재판을 받는 경우 각 사건마다 양형을 할 수밖에 없고, 선고형이 다수 존재하게 된다. 그렇게 되면 한꺼번에 재판을 받느냐 나누어서 재판을 받느냐에 따라 실제 처벌의 양이 달라질 수 있는데, 이를 굳이 문제삼지 않고 그냥 내버려 둘 수도 있다. 그렇지만 우리 입법자는 이미 그럴 경우를 대비하여 다른 조치를 마련해두고 있다. 형법 제37조 후단과 형법 제39조가 바로 그것이다.

생각건대 "경합범을 동시에 판결할 때"가 아니라도, 될 수 있다면 형법 제38조의 경합범 처벌례에 가깝게 처벌이 이루어질 수 있도록 하기 위하여 형법 제37조 후단에 "금고 이상의 형에 처한 판결이 확정된 죄와 그 판결확정 전에 범한 죄"를 "경합범"으로 규정한 것이라 하겠다. 왜냐하면 형법 제37조 전단의 경합범 관계가 인정되어도 동시에 판결할 수 없게 된 죄에 대하여는, 앞서 살핀 바와 같이, 형법 제38조의 처벌례가 무의미하고, 나중에 그 죄에 대한 별개의 재판이 있는 경우에도 한때 경합범으로 동시에 판결할 수도 있었다는 사실만으로는 달리 어떻게 할 수가 없기 때문이다. 이에 "판결이 확정되지 아니한" 수개의 죄 상호간에 경합범을 인정할 뿐만 아니라 적어도 "금고 이상의 형에 처한 판결이 확정된" 죄와 "그 판결이 확정되기 전에 범한" 죄인데 아직 "판결이 확정되지 아니한" 죄 상호간에도 경합범을 인정한 것이다.

다시 말해서 "판결이 확정되지 아니한 수개의 죄"라고 해서 모두 "동시에 판결"할 수 있는 것이 아니고, 게다가 동시에 판결하는 때에도 주문을 따로 할 수도 있기 때문에 실제로 형법 제38조를 적용하는 범위는 매우 제한된다. 그렇다고 하여 "동시에 판결"할 수 있었던 모든 "판결이 확정되지 아니한 수개의 죄"에 대하여 경합범 처벌례의 혜택을 부여할 수는 없고, 그리하여 "금고 이상의 형에 처한 판결이 확정"되기 전에 범한 죄에 대한 재판에서만이라도 경합범 처벌례의 혜택을 부여할 수 있도록 한 것이다.

결국 형법 제37조 전단의 범위에서 경합범을 인정하다가 그 성립 범위를 형법 제37조 후단의 범위까지 확장한 것이지, 전단과 전혀 별도의 경합범을 후단에 새로이 창설한 것은 아니다. 다시 말해서 판결이 확정된 죄는 본디 경합범으로 고려할 바 아니지만 그 판결이 확정되기 전에 범한 죄와 관련하여서만 특별히 경합범으로 고려할 수 있도록 했을 뿐이다. 즉, 형법 제37조 후단에 '사후적 경합범' 규정을 두었다고 하여 형법 제37조 전단의 "판결이 확정되지 아니한 수개의 죄"인 '(동시적) 경합범'에서 "금고 이상의 형에 처한 판결이 확정된 죄(전과)에 대한 판결이 확정되기 전에 범한, 아직 판결이 확정되지 아니한 죄(여죄)"를 배제해야 할 이유는 없다. 왜냐하면 "금고 이상의 형에 처한 판결이 확정된 죄와 그 판결확정 전에 범한 죄"를 '(사후적) 경합범'으로 한다는 명제에서 "금고 이상의 형에 처한 판결이 확정된 죄에 대한 판결이 확정된 후에 범한, (아직) 판결이 확정되지 아니한 죄"를 "금고 이상의 형에 처한 판결이 확정된 죄에 대한 판결이 확정되기 전에 범한, (아직) 판결이 확정되지 아니한 죄"와 '(동시적) 경합범'으로 할 수 없다는 명제를 자동적으로 이끌어낼 수 없기 때문이다. 오히려 "(아직) 판결이 확정되지 아니한 죄"이면, 그 범행시기가 "금고 이상의 형에 처한 판결이 확정된 죄"에 대한 판결이 확정되기 전이든 후이든 상관없이, 모두 '경합범'으로 한다는 명제가 형법 제37조의 '전단' 또는 '후단'을 경합범으로 한다는 규정의 문언과 취지에 부합한다. 이러한 맥락에서 "금고 이상의 형에 처한, 확정판결"이 그 판결확정 전의 범행과 후의 범행 사이에 경합범 관계가 성립하는 것을 차단하는 것도 아니고, 그 둘에 대하여 따로 분리된 형을 선고하게끔 하는 것도 아니라 하겠다.[17]

17) 그러나 사후적 경합범 규정이 확정판결에 의한 차단효과를 부여하고 있다는 견해는 김태명, "개정형법상 사후적 경합범의 요건과 처벌", 비교형사법연구,

4. 사후적 경합범의 성립범위와 형집행

2004년과 2005년의 형법개정이 있기 전에는 대체로 판결이 확정되지 아니한 수개의 죄 사이에 확정판결이 존재하면 범행시기가 그 판결 확정 전인가 후인가에 따라 별도로 경합범 성립 여부를 판단하였다. 예를 들어 순차적으로 범한 A · B · C · D · E죄 가운데 C죄에 대하여 판결이 확정된 때에는 A · B · C가 사후적 경합범이 되고 판결확정 후에 범한 D · E죄는 별도의 동시적 경합범이 되는데, 이 둘이 서로 경합범이 되지는 않는다고 하였다.[18] 그러나 경합범에 관한 형법개정의 결과, 앞서 살핀 바와 같이, A · B죄가 C죄와는 사후적 경합범의 관계에 있고, 동시에 D · E죄와도 동시적 경합범의 관계에 있는 것이라고 해석할 여지가 생긴 것이다.

그런데 형법개정에도 불구하고 "경합범 중 판결을 받지 아니한 죄가 있는 때"에는 "그 죄에 대하여 형을 선고"해야 함은 불변이다. 달라진 것은 개정전에는 경합범 관계에 있는 죄에 대하여 "수개의 판결"이 있는 때에는 경합범 처벌례에 의하여 형을 집행하도록 하였지만,[19] 현행 형법에 따르면 경합범에 대한 수개의 판결이 있더라도 경합범 처벌례에 의한 형집행은 할 수 없다. 다만 형법개정으로 경합범의 양형에 있어 "경합범 중 판결을 받지 아니한 죄"와 경합범 중 "판결이 확정된 죄"를 "동시에 판결할 경우와 형평을 고려하여" 판결을 받지 아니한 죄에 대하여 형을 선고하도록 규정하고, 이에 더하여 "그

제7권 제2호, 2005, 5-6면; 이경렬, "사후적 경합범에 대한 형의 집행과 남은 문제점", 비교형사법연구, 제8권 제2호, 2006, 324면.

18) 만약 D죄의 범행이 C죄에 대한 판결확정에 앞서 이루어졌다면 C죄와 A · B · D죄가 사후적 경합범이 될 것이다.

19) 2005년 형법개정 전에는 형법 제39조 제2항에서 "전항에 의한 수개의 판결이 있는 때에는 전조의 예에 의하여 집행한다."고 규정하고 있었다. 실무에서는 대법원 1967. 3. 6. 67초6 결정의 취지에 따라 각 판결의 선고형을 합산한 형기를 법정형을 흡수 · 가중한 범위내에서 집행하였다. 그러나 각 판결의 선고형을 기준으로 흡수 · 가중한 형기를 집행하여야 한다는 견해는 최병각, "형법개정에 따른 경합범의 양형", 형사판례연구, 제13권, 2005, 210면.

형을 감경 또는 면제할 수 있다."는 규정을 따로 마련함으로써 경합범 처벌례를 최대한 존중하는 양형을 할 수 있도록 배려하고 있다. 이를 두고 "사후적 경합범에 있어서 종래 집행의 문제로 미루어졌던 부분이 양형의 영역으로 편입되었다."고 파악하는 견해[20]도 있다.

그러나 생각건대 경합범의 형집행과 관련하여 형법 제39조 제3항에서 "경합범에 의한 판결의 선고를 받은 자가 경합범 중의 어떤 죄에 대하여 사면 또는 형의 집행이 면제된 때에는 다시 형을 정한다."고 규정하면서 제4항에서 "전3항의 형의 집행에 있어서는 이미 집행한 형기를 통산한다."는 규정을 두고 있는바, 그 의미는 다음과 같다.

첫째, 형법 제39조 제4항에서 말하는 "전3항"이 "제39조 제3항"만을 의미하는 것이 아니라 분명 "제39조 제1항부터 제3항까지의 조항"을 뜻한다.

둘째, "경합범에 의한 판결"에는 수개의 죄에 대하여 하나의 형이 선고된 경우와 둘 이상의 형이 선고된 경우가 있을 수 있다. 유죄가 인정되는 수죄가 서로 경합범 관계에 있을 경우[21] 동일한 재판에서 그 수죄를 동시에 판결하여 하나의 형을 선고할 수 있음은 물론이지만, 경합범의 수죄 가운데 일부는 형의 선고를, 나머지는 형의 면제나 형의 선고유예를 하는 경우나 일부는 징역형을, 나머지는 벌금형을 선고하는 경우[22]도 있을 수 있다. 뿐만 아니라 경합범 관계에 있는 사건이 함께 기소되지 않거나 병합되지 않거나 상소되지 않는 등의 사유로 따로 따로 재판을 받게 된 경우에도 둘 이상의 형이 선고될 수 있다.[23] 이와 달리 형법 제37조 후단과 제39조 제1항이 적용되는 경우는

20) 김종호, 주 8)의 글, 533면; 김종수, 주 8)의 글, 563면.

21) 경합범 관계에 있는 수죄 중 일부에 대하여만 유죄판결을 하고, 나머지 다른 부분에 대하여는 무죄·면소·공소기각·관할위반 등으로 처리할 경우에는 경합범의 양형이나 형집행이 문제되지 아니한다.

22) 대법원 2009. 4. 23. 2008도11921. 이는 하나의 주문으로 징역과 벌금의 병과형을 선고하는 경우와 구별된다.

23) 법원이 당해 사건의 피고인이 다른 사건으로 수사를 받고 있거나 다른 법원에 소송이 계속 중이라는 사실 또는 다른 사건으로 확정판결을 받았다는 사

둘 이상의 형이 선고되는 전형적인 사례이다.

셋째, 형법 제39조 제1항을 적용하여 내려진 판결의 형과 그 전제가 된 이미 확정된 판결의 형이 있는 경우이든 형법 제39조 제3항을 적용하여 기존의 형이 아닌 다시 정한 형을 집행하는 경우이든 "이미 집행한 형기를 통산"하여야 한다.[24] 이와 달리 확정판결에 따른 형과 별도로 그 판결확정된 죄와 아무런 경합범 관계가 없는 죄에 대한 판결의 형이 있는 경우에는 각각의 형을 형사소송법 제462조에 따라 원칙적으로 중한 형을 먼저 집행하면 충분하고, 따로 "이미 집행한 형기를 통산"할 수는 없다.

이러한 맥락에서 형법 제39조 제1항을 두고, "경합범 중 판결을 받지 아니한 죄가 있는 때"를 형법 제37조 후단의 사후적 경합범의 관계가 인정되는 경우로 막 바로 치환하고, 거기에 "그 죄와 판결이 확정된 죄를 동시에 판결할 경우와 형평을 고려하여"야 한다는 것을 "그 죄와 판결이 확정된 죄를 동시에 판결할 수 있는 경우"라야 비로소 형평을 고려한 양형, 나아가 형의 임의적 감면이 허용되는 것이라고 파악[25]하여 사후적 경합범의 성립범위를 더욱더 제한하는 해석[26]

실을 알 수 없을 경우에는 처음부터 경합범의 양형을 문제삼을 수도 없다.

24) 유사한 제도를 살피자면, 형법 제57조 제1항은 판결선고전의 구금일수는 그 전부를 유기징역, 유기금고, 벌금이나 과료에 관한 유치 또는 구류에 산입하도록 규정하고 있는데, 재심의 종국판결이 확정된 때에는 재심대상판결은 당연히 효력을 상실하나 그때까지 재심대상판결에 의하여 이루어진 형의 집행은 적법하게 이루어진 것으로서 그 효력을 잃지 아니하므로, 피고인에 대하여 집행된 재심대상판결의 징역형은 판결선고전의 구금일수와 마찬가지로 원심이 선고한 벌금형의 노역장유치기간에 산입되어야 할 것이다. 대법원 2014. 11. 13. 2014도10193.

25) 형법 제39조 제1항에서 "동시에 판결"한다는 것은 '하나의 재판절차에서 판결한다'는 의미가 아니라 '동시에 기소되었을 때 하나의 형을 선고'하는 경우, 즉 '동시적 경합범으로 처벌하는 경우'를 의미한다는 견해는 김종호, 주 8)의 글, 537면; 김종수, 주 8)의 글, 566면.

26) 동시심판의 가능성이 없었던 사건이기에 형법 제39조 제1항을 적용할 수 없는 경우에는 사후적 경합범에 해당하지 않는다는 견해는 김종수, 주 8)의 글, 568면.

은 적절하지 못하다. 왜냐하면 금고 이상의 형에 처한 확정판결(을죄 판결)이 있고, 그 판결확정 전에 범한 죄(갑죄)와 그 판결확정 후에 범한 죄(병죄)가 동일한 재판에서 심판의 대상이 된 경우라면 갑죄와 병죄를 동시에 판결하는 때에 해당하기 때문에 갑죄에 대한 제1차 처단형[27]과 병죄에 대한 제1차 처단형을 비교하여 경합범 처벌례에 따라 흡수·가중·병과하여 제2차 처단형을 정한 다음 작량감경을 거쳐 선고형을 정하는 방식으로 양형을 해야 할 것이기 때문이다. 이 경우 갑죄의 제1차 처단형을 정함에 있어서는 형법 제39조 제1문에 따라 갑죄와 을죄를 동시에 판결할 경우의 양형결과와 형평을 이룰 수 있도록 하되 형법 제39조 제2문에 따라 갑죄에 대한 임의적 형의 감면을 할 수 있다고 보아야 할 것이다. 종합하면 갑죄와 병죄를 동시에 판결하는데 그 범행 사이에 을죄의 판결이 확정된 경우에는 을죄에 대한 확정형을 고려하여 갑죄와 병죄에 대하여 하나의 선고형을 산정해야 할 것이고,[28] 나아가 갑·병죄 판결의 형과 을죄 판결의 형을 집행함에 있어서는 형기를 통산해야 할 것이다.

이러한 해석은 형법 제39조 제3항과 제4항에 따라 경합범 중의 어떤 죄에 대하여 사면 또는 형집행면제가 있는 경우 나머지 경합범에 대하여 다시 형을 정하여 이미 집행한 형기를 통산하여 형집행을 하여야 하는 것과도 그 논리적 일관성을 가진다. 왜냐하면 "경합범 중의 어떤 죄"에 대하여 사면 또는 형의 집행이 면제되어 경합범 중의 "다른 죄"에 대하여 다시 형을 정할 때에도 동일한 문제가 발생하기 때문이다. 경합범 관계에 있는 "어떤 죄"와 "다른 죄"에 대하여 처음부터 하나의 형이 선고되었던 경우라면 새로이 형을 정하여 그 형을 집행하면 될 것이다. 그러나 만약 둘 이상의 형이 선고되었던 경우라

27) 제1차 처단형은 각죄에 정한 법정형에서 출발하여 특수교사·방조가중(형법 제34조 제2항)과 누범가중(형법 제35조)을 한 다음 법률상 (필요적·임의적) 감경을 하여 산정한 범위를 말한다. 최병각, 주 19)의 글, 207-208면.

28) 그러나 갑죄에 대한 형과 병죄에 대한 형을 분리하여 선고해야 한다는 견해는 김종수, 주 8)의 글, 570면.

면 ① “어떤 죄”에 대한 형과 “다른 죄”에 대한 형이 있는지, 아니면 ② “어떤 죄”와 “다른 죄”의 일부에 대한 형과 나머지 “다른 죄”에 대한 형이 있는지에 따라 “다시 형을 정”하는 방법이 달라질 수 있겠지만, 어쨌든 “다른 죄”에 대하여 새롭게 정한 형을 집행하면 된다. 어느 경우이든 사면 또는 형집행면제가 있기 전에 복역한 형기를 다시 정한 형에 통산하여 집행해야 할 것이다.

동일한 맥락에서 대법원도 2014년 2014도10193 판결에서, 경합범 관계에 있는 수 개의 범죄사실을 유죄로 인정하여 한 개의 형을 선고한 불가분의 확정판결에서 그 중 일부의 범죄사실에 대하여만 재심청구의 이유가 있는 것으로 인정되었으나 형식적으로는 1개의 형이 선고된 판결에 대한 것이어서 그 판결 전부에 대하여 재심개시의 결정을 한 경우, 재심법원은 재심사유가 없는 범죄에 대하여는 새로이 양형을 하여야 하는 것이므로 이를 헌법상 이중처벌금지의 원칙을 위반한 것이라고 할 수 없고, 다만, 재심사건에는 불이익변경의 금지 원칙이 적용되어 원판결의 형보다 중한 형을 선고하지 못하는 것이라고 판시하였다.[29]

Ⅲ. 사후적 경합범의 사건처리

1. 경합범 사건의 일괄 처리

판례에 따르면 같은 피고인에 대한 여러 형사사건을 병합심리할 것인지 여부는 각 사건의 관련성과 심리의 정도 등을 고려하여 법원이 재량에 의하여 정하는 것이므로, 피고인에 대한 별개의 형사사건이 계속 중임에도 이와 별도로 이 사건 범죄사실에 대해 판결을 선고하였다는 사정만으로 어떠한 위법이 있다고 할 수 없다고 한다.[30] 이는 경합범을 동시에 처리하여 하나의 형을 선고하는 것이 절대적인 목표

29) 대법원 2014. 11. 13. 2014도10193.

30) 대법원 2008. 10. 23. 2008도209.

는 아니라는 취지이다.

2. 경합범 사건의 심리 범위

대법원은 2005도9678 판결에서 기록에 의하면 사기죄의 판결문과 확정일에 관한 자료가 검찰 추송서에 첨부되어 제출되어 있고 원심의 공판과정에서도 그와 관련한 변론이 이루어졌음이 명백히 나타나므로, 원심판결이 형법 제39조 제1항의 법령적용을 설시함에 있어서 단지 판결서에 사기죄 전과의 기재를 누락하였다는 사정만으로, 원심이 위 규정에 정한 형평의 고려를 다하지 아니한 것으로 위법하다고는 할 수 없고, 따라서 원심판결에 형법 제39조 제1항의 법리를 오해한 위법이 있다는 상고이유의 주장도 이유 없다고 판시하였다.[31] 따라서 사후적 경합범의 전과를 양형에 고려했다면 굳이 판결문에 기재하지 않더라도 무방하다.

그러나 대법원은 2008도209 판결에서 피고인이 갑, 을, 병의 확정판결을 받았고, 갑·을의 전과는 병 전과의 판결확정일 이전에 저지른 범행임이 명백하므로, 이 사건 범죄와 위 판결이 확정된 각 범죄는 모두 형법 제37조 후단의 경합범의 관계에 있어 형법 제39조 제1항에 의하여 이 사건 범죄와 위 각 판결이 확정된 죄를 동시에 판결할 경우와 형평을 고려하여 이 사건 범죄에 대하여 형을 선고하여야 할 것인데, 형법 제39조 제1항의 법령 적용을 설시함에 있어서 병 전과만을 기재하고 갑·을의 전과를 기재하지 않았을 뿐 아니라, 기록상 갑·을의 전과에 대해서는 처분결과만을 알 수 있는 범죄경력조회, 각 처분미상전과 확인결과보고만이 제출되어 있을 뿐이고, 나아가 갑·을의 전과의 구체적인 내용이 무엇이었는지를 판결문이나 관련자들의 진술 등을 통하여 심리한 흔적을 전혀 찾아볼 수 없다면, 형법 제39조 제1항에 의하여 위 각 판결이 확정된 죄를 동시에 판결할 경우와 형평을 고려하여 이 사건 범죄에 대하여 형을 선고하였다고 볼 수 없고, 이러

31) 대법원 2006. 3. 23. 2005도9678.

한 조치에는 형법 제37조 후단의 경합범에 관한 법리를 오해하였거나 필요한 심리를 다하지 아니하여 판결에 영향을 미친 위법이 있다고 판시하고 있다.[32] 또한 피고인의 전과인 확정판결에 대하여 재심절차가 진행 중이라는 것만으로는 그 확정판결의 존재 내지 효력을 부정할 수 없다고 한다.[33] 이는 심판 대상인 범죄와 경합범 관계에 있는 확정판결의 전과를 빼먹지 말고 모두 반드시 심리하여 양형에 반영하여야 함을 확인한 것이라 할 수 있다.[34]

3. 형법 제39조 제1항의 형평 고려와 임의적 형감면

형법 제39조 제1항은 사후적 경합범과 동시적 경합범 사이에 처벌의 불균형이 없도록 하고자 하는 취지에서 "형평을 고려"할 것과 임의적 형감면을 규정하고 있다. 하지만 판결이 확정된 죄와 사후적 경합범에 대한 선고형의 총합이 두 죄에 대하여 형법 제38조를 적용하여 산출한 처단형의 범위 내에 속하도록 사후적 경합범에 대한 형을 정하여야 하는 제한을 받는 것[35]은 아니다. 또한 사후적 경합범에 대한 형을 감경 또는 면제할 것인지는 원칙적으로 그 죄에 대하여 심판하는 법원이 재량에 따라 판단할 수 있다.[36] 따라서 형법 제39조 제

32) 대법원 2008. 10. 23. 2008도209.

33) 대법원 2008. 10. 23. 2008도209.

34) 사후적 경합범의 전과는 필요적 양형조건이라는 견해는 김종수, 주 8)의 글, 563면.

35) 입법취지에 비추어 필요적 형감면을 해야 한다는 견해는 조자룡, "개정형법 제39조 해석에 관한 소고", 법률신문, 2005. 7. 14.; 오영근, "형법 제39조 제1항의 의미", 한국고시, 2008. 11. 6.; 이경렬, "개정형법 제39조 적용상의 문제", 형사정책연구, 제18권 제3호, 2007, 337-338면; 이천현, "형법 제39조 제1항의 의미", 형사판례연구, 제17권, 2009, 106-113면; 정준섭, "사후적 경합범과 법원의 양형재량권", 형사법연구, 제22권 제3호, 2010, 307-310면, 317-318면. 한편 소극적 형평을 위한 감면은 강제적인 성격을 띤다는 견해는 문채규, "사후적 경합범의 처단에 관한 형법 제39조의 비교법적 차별성과 그 해석론", 형사법연구, 제25권 제4호, 2013, 119면.

36) 대법원 2008. 9. 11. 2006도8376(무기징역에 처하는 판결이 확정된 죄와 사후적 경합범의 관계에 있는 죄에 대하여 공소가 제기된 경우 형을 필요적으로 면

1항을 적용하면서 형을 감경 또는 면제하지 않았다고 하더라도 거기에 법령위반이 있다고 할 수 없다.[37)]

그렇지만 법원의 재량이 무제한은 아니고, 동시에 판결할 경우와 형평에 맞는 정당한 것인지 여부는 판결이 확정된 죄의 선고형과 사후적 경합범에 대하여 선고할 형의 각 본형을 기준으로 판단하되, 사후적 경합범에 대한 형의 집행을 유예하는 등 다른 처분을 부과할 경우에는 그 처분을 비롯한 관련 제반 사정을 종합하여 전체적, 실질적으로 판단하여야 한다.[38)]

형법 제39조 제1항에 따른 감경을 하여 사후적 경합범의 처단형을 정할 때에 그 처단형의 상한은 형법 제55조 제1항에 따라야 함은 각 죄를 동시에 판결할 경우와의 형평의 면에서도 당연하다. 그런데 그 처단형의 하한은 형의 면제가 가능한 마당에 굳이 그 사이에 공백을 둘 합리적 이유도 없으므로 형기의 1/2 이하로도 감경할 수 있다는 주장[39)]이 있다.

그러나 생각건대 형감경의 방식에 관한 형법 제55조의 규정은 법률상의 감경[40)]뿐만 아니라 작량감경(형법 제53조)에도 적용된다는 점[41)]과 "감경 또는 면제"를 인정한 것이 법정형의 하한을 둔 취지까지 무시한 무제한의 하한 감경을 허용한 것은 아니라는 점에서 상·

제하여야 하는 것은 아니다). 나아가 만약 필요적 형면제로 해석하면 여죄에 대한 수사와 기소를 아예 할 수 없게 되는 문제가 발생한다는 견해는 김종수, 주 8)의 글, 597-598면.

37) 대법원 2007. 10. 25. 2007도6868; 대법원 2008. 10. 23. 2008도209. 이와 달리 필요적 형감면을 하지 아니하면 법령위반에 해당한다는 견해는 신동운, 주 13)의 책, 1614-1615면; 최병각, "양형의 과정과 통제", 형사정책연구, 제11권 제3호, 2000, 176면.

38) 대법원 2011. 9. 29. 2008도9109.

39) 서울고등법원 2009. 5. 20. 2009노693.

40) 형법 제39조 제1항 후단의 감경은 법률상 감경이며, 법률상 감경은 모두 형법 제55조 제1항의 적용을 받는다는 견해는 문채규, 주 35)의 글, 121면.

41) 정상참작사유가 수개 있더라도 작량감경은 오직 1회만 가능한데(대법원 1964. 4. 7. 63도10), 작량감경을 할 경우 상하한의 변경은 법률상 감경과 동일한 방법으로 한다(대법원 1964. 10. 28. 64도454).

하한 감경 모두 형법 제55조가 정하고 있는 방식을 동일하게 적용해야 한다.[42]

4. 형법 제39조 제4항의 형기통산

2005년의 형법개정 전의 구법 제39조 제2항에 따르면 경합범관계에 있는 수개의 형이 선고 확정된 경우에는 경합범의 처벌례에 따라 집행하도록 되어 있었다. 따라서 그 중 중한 형이 사형 또는 무기징역이나 무기금고인 때에는 그 형만을 집행할 수 있을 뿐 몰수나 벌금, 과태료 이외의 다른 형은 집행하지 아니한다는 것이 분명하다.[43] 이에 무기징역형과 5년 형이 경합범관계에 있는데 무기징역형이 사후에 20년 형으로 감형된 경우 그 감형된 형만을 집행할 수 있을 뿐[44] 5년 형은 집행할 수 없다.[45]

또한 구법 제39조 제4항에 따르면 수개의 형을 합산하여 집행하는 경우에 이미 집행한 형기는 수개의 형 중 일부에 해당하는 것이어서 이를 통산하라는 취지이다. 따라서 무기징역형만을 집행할 뿐 다른 형을 더 이상 집행하지 아니하는 경우에는 적용될 여지가 없다. 이에 경합범관계에 있는 2년 6월의 형과 무기징역형이 별도로 선고·확정되어 무기징역형이 확정된 날로부터 형기의 통산 없이 무기징역형을 집행하라는 내용으로 한 검사의 형집행지휘 처분에는 아무런 잘못이 없고, 무기징역형이 사후에 20년 형으로 감형되었어도 2년 6월의 형

42) 대법원 2006. 12. 21. 2006도6627. 하한과 면제 사이의 공백은 향후 법률 개정으로 해결하여야 한다는 견해는 김종수, 주 8)의 글, 582면.

43) 형법 제39조 제1항에 의하여 하나의 판결로 무기징역형과 징역 5년의 유기징역형이 선고된 경우 검사가 무기징역형에 앞서 유기징역형을 먼저 집행하도록 형집행순서변경지휘를 한 것은 그 주의의무를 위반한 과실에 기인한 것이 아니라고 할 수 없다. 대법원 1994. 1. 14. 93다28515.

44) 사면법 제5조에 따르면 형선고의 효력을 상실시키는 일반사면이나 형집행을 면제시키는 특별사면과는 달리 감형은 형을 변경하거나 형의 집행을 경감하는 효과를 가질 뿐이다.

45) 대법원 1991. 8. 9. 91모54.

집행으로 복역한 형기를 감형된 20년의 형기에 통산할 수 없다.[46)]

그러나 생각건대 형법 제39조 제4항의 "이미 집행한 형기를 통산"한다는 것은 형법 제39조 제1항에 따라 이미 "판결이 확정된 죄"에 대한 형과 그 죄와 사후적 경합범 관계에 있는 죄에 대한 형을 집행하는 경우와 제39조 제3항에 따라 경합범 중 사면 또는 형집행면제의 대상이 된 죄를 제외한 나머지의 "다른 죄"에 대하여 다시 정한 형[47)]을 집행하는 경우에 똑같이 적용되는 원칙이다. 그런데 전자의 경우는 경합범으로 선고받은 형이 둘 이상일 때 형법 제39조 제2항을 삭제한 취지에 비추어 각각의 형을 누적·합산하여 집행해야 할 것이다. 그리고 후자의 경우는 사면·형집행면제에 따라 새로이 정한 형만을 집행해야 할 것이다. 어느 경우이든 이전의 형으로 이미 집행한 형기를 통산하여 남은 형기만을 집행해야 할 것이다. 결국 2005년 형법 제39조를 개정하면서 제1항을 수정하고 제2항을 삭제하면서도 제3항과 제4항을 그대로 유지한 것은 경합범 관계에 있는 죄의 일부에 대하여 확정판결이 있거나 사면·형집행면제가 있으면 나머지 죄에 대하여 선고형이나 경정형을 정하되 그 집행에는 "이미 집행한 형기를 통산"하도록 함으로써 거꾸로 형기통산을 고려한 선고형·경정형의 양정을 가능하게 하고, 아울러 경합범에 대한 처벌의 일관성을 확보하고 있다고 하겠다.

5. 경합범과 선고유예·집행유예

판례에 따르면 형법 제39조 제1항에 따라 경합범 중 판결을 받지 아니한 죄에 대하여 형을 선고하는 경우 형법 제37조 후단의 "금고

46) 대법원 2006. 5. 29. 2006모135. 그러나 형법 부칙 제2조에 착안하여 무기징역형의 확정일인 형기기산일까지 앞서 확정된 2년 6월 형으로 집행한 2년 8일의 기간을 나중에 감형된 20년 형의 형기에 통산하여야 한다는 견해는 이경렬, 주 17)의 글, 333면.

47) 형사소송법 제336조와 자유형 등에 관한 검찰집행사무규칙 제26조에 따라 검사가 형경정청구를 하면 법원이 형경정결정을 한다.

이상의 형에 처한 판결이 확정된 죄"의 형도 형법 제59조 제1항 단서에서 정한 "자격정지 이상의 형을 받은 전과"에 포함되기 때문에 형의 선고를 유예할 수는 없다고 한다.[48)]

그러나 생각건대 사후적 경합범은 피고인이 아닌 형사사법기관에 책임을 돌릴 사유에 의하여 두 개의 판결을 선고받는 것이기 때문에 순차로 재판을 받을 경우나 동시적 경합범으로 재판받을 경우에 비하여 불리하지 않도록 해야 한다는 점[49)]과 사후적 경합범에 형면제까지 인정하였다면 그보다 중한 선고유예는 당연히 허용해야 한다는 점[50)]에 비추어 범행 당시의 전과 유무를 기준으로 선고유예의 가부를 결정해야 할 것이다.

한편 동시적 경합범으로 재판을 하였다면 집행유예를 할 수 없었을 사안을 사후적 경합범으로 재판할 때 임의적 형감경으로 처단형을 낮추어 집행유예를 한다고 하더라도 그 자체가 형법 제39조 제1항과 제62조 제1항에 위반하는 것은 아니며, 이 경우 형감경을 하거나 집행유예를 하는 것은 제반 사정을 종합하여 전체적·실질적으로 판단해야 할 양형재량의 문제이다.[51)]

Ⅳ. 대상판결의 분석

대상판결에서 심판의 대상은 피고인이 저지른 A·B·C·D·E의 죄이다. 그런데 피고인은 이들 범행에 앞서 저지른 갑죄와 을죄로 각각 확정판결을 받았다. 갑죄의 판결은 A죄 등의 범행 전에 확정되었고, 을죄의 판결은 A·B죄 범행 이후 C·D·E죄 범행 이전에 확정되

48) 대법원 2010. 7. 8. 2010도931. 선고유예의 결격사유인 전과 유무는 선고시를 기준으로 해야 한다는 견해는 김종수, 주 8)의 글, 587면.
49) 오영근, "2010년도 형법판례 회고", 형사판례연구, 제19권, 2011, 658면.
50) 신동운, "2010년 분야별 중요판례분석: (8) 형법총칙", 법률신문 2011. 4. 28.
51) 대법원 2011. 9. 29. 2008도9109. 오영근, "2011년도 대법원 형법판례 회고", 형사판례연구, 제20권, 2012, 642면; 김종수, 주 8)의 글, 584면.

었다. E죄가 먼저 기소되고 나중에 A·B·C·D죄가 추가 기소되어 이들 모두를 병합하여 심판하게 되었다.

제1심에서 A·B죄와 C·D·E죄에 대하여 따로 형을 선고한 반면, 항소심은 A·B·C·D·E죄 모두에 대하여 하나의 형을 선고하였다. 대법원은 A·B죄와 C·D·E죄 중간에 을죄의 확정판결이 있다는 이유로 별도로 형을 정해야 한다고 판시하였고, 이에 따라 환송심은 다시 따로 정한 형을 선고하였다.

가장 중요한 문제는 A·B죄가 을죄와 형법 제37조 후단의 사후적 경합범의 관계에 있는지 여부이고, 이는 곧 A·B죄의 양형에 있어 형법 제39조 제1항에 따라 형평을 고려하여야 하는지, 그리고 형의 임의적 감면을 적용하여야 하는지 여부의 문제로 이어진다. 아울러 A·B죄와 C·D·E죄가 형법 제37조 전단의 동시적 경합범의 관계에 있는지, 이에 따라 형법 제38조에 따른 양형을 하여야 하는지 여부가 또다른 중요한 문제이다.

사안에서 A·B죄의 범행은 을죄에 대한 징역 8월에 집행유예 2년의 판결이 확정되기 전에 이루어졌고, 이러한 사실만 보면 제1심 판결에서 보듯 얼추 A·B죄와 을죄 사이에 형법 제37조 후단의 사후적 경합범의 관계를 인정할 수 있다고 하겠다. 그런데 항소심과 대법원은 을죄의 범행이 A·B죄의 범행에 앞서 이루어졌고, 그 중간에 갑죄의 확정판결이 존재한다는 사실로 말미암아 A·B죄와 을죄가 "동시에 판결할 수 있는 경우"에 해당하지 않아 형법 제39조 제1항을 적용할 수 없다는 논리에 바탕하여 양자가 사후적 경합범 관계에 있다고 볼 수 없다고 판시하고 있다. 여기에서 경합범의 양형에 있어 형법 제37조 전단의 동시적 경합범이면 형법 제38조를 적용하고, 형법 제37조 후단의 사후적 경합범이면 형법 제39조 제1항을 적용한다는 점에서 곧바로 형법 제39조 제1항을 적용할 수 없다면 처음부터 아예 형법 제37조 하단의 사후적 경합범으로 인정할 수 없다는 논리가 성립할 수 있는지가 문제이다.

생각건대 우리 입법자가 "판결이 확정되지 아니한 수개의 죄"를 경합범(동시적 경합범)으로 규정하면서 굳이 "금고 이상의 형에 처한 판결이 확정된 죄와 그 판결확정전에 범한 죄"까지 또다시 경합범(사후적 경합범)으로 규정한 것은 수개의 죄가 유죄로 인정되더라도 그 각각의 죄마다 따로 형을 정하여 다수의 형을 선고하거나 단순 합산한 형을 선고할 것이 아니라 가장 중한 죄에 정한 형을 기준으로 다른 죄에 정한 형을 흡수·가중하여 하나의 형을 선고하도록 함으로써 좀더 피고인에게 유리한 양형을 할 수 있도록 한 것에 더하여 그러한 혜택을 더욱 확대하고자 한 것이다. 다시 말해서 아직 판결이 확정되지 아니한 죄에 대한 양형을 함에 있어 그 죄와 이미 확정된 판결로 처벌받은 죄를 동시에 판결할 경우를 상정하여 그 경우에 가능한 양형결과와의 형평을 고려하여 양형을 하도록 한 것과 그럴 경우 임의적 형감면을 할 수 있도록 한 것은 분명 피고인에게 보다 유리한 양형을 목표하고 있다. 따라서 동시적 경합범과 구별하여 따로 규정한 사후적 경합범의 성립범위를 사후적 경합범의 양형방법에 대한 규정의 해석을 통하여 구태여 제한하는 것은 적절하지 못하다.

그런데 형법 제39조 제1항의 "경합범 중 판결을 받지 아니한 죄가 있는 때"를 형법 제37조 하단의 "금고 이상의 형에 처한 판결이 확정된 죄와 그 판결확정전에 범한 죄가 있는 때"만을 전제하여 "금고 이상의 형판결이 확정되기 전에 범한 죄만 심판하는 경우"에만 형법 제39조 제1항에 따른 형평과 형감면을 적용할 수 있는지도 문제이다. 왜냐하면 "금고 이상의 형판결이 확정되기 전에 범한 죄와 그 판결확정후에 범한 죄를 함께 심판하는 경우"에도 형법 제39조 제1항을 적용할 수 있는지, 아니면 그러한 경우는 형법 제37조 전단의 "판결이 확정되지 아니한 수개의 죄"인 경합범을 "동시에 판결할 때"로 보아 형법 제38조를 적용해야 하는지가 분명하지 않기 때문이다. 나아가 만약 "금고 이상의 형판결이 확정되기 전에 범한 죄만 심판하는 경우" 뿐만 아니라 "금고 이상의 형판결이 확정되기 전에 범한 죄와 그 판결확정후에 범한 죄를 함께 심판하는 경우"에도 형법 제39조 제1항을 적용한다고 해석할 경우에는 "그 판결확정 전·후의 죄와 판결이 확정된 죄를 동시에 판결할 경우와 형평을 고려"하려면 어떻게 하여야 하는지, "그 죄"에 대한 형선고와 "그 형"에 대한 감면을 "확정판결 전의 죄"와 "확정판결 후의 죄"로 분리하여 할 것인지, 아니면 통합하여 할 것인지가 또다시 문제될 수 있다.

제1심은 A·B죄가 을죄와 사후적 경합범임을 인정하면서도 갑죄의 확정판결 때문에 어차피 동시에 판결할 수가 없었다는 이유로 형평을 고려할 수도 임의적 형감면을 할 수도 없다고 판시하면서, A·B죄와 C·D·E죄는 을죄의 확정판결 때문에 서로 분리된다는 전제 아래 따로 형을 선고하였다. 반면 항소심은 A·B죄와 을죄는 갑죄의 확정판결 때문에 동시에 판결하더라도 별도로 형을 정해야 한다는 이유로 사후적 경합범으로 인정할 수 없다고 판시하면서, 을죄의 확정판결이 존재함에도 불구하고 A·B죄와 C·D·E죄를 동시적 경합범으로 인정하여 형법 제38조 제1항을 적용하여 하나의 형을 선고하였다. 그런데 대법원은 A·B죄와 을죄는 갑죄의 확정판결 때문에 처음부터 동시에 판결할 수 없었다는 이유로 사후적 경합범이 성립할 수 없다고 판시하면서, A·B죄와 C·D·E죄 사이에 을죄의 확정판결이 존재하지 않는 것처럼 취급하여 동시적 경합범으로 인정하여 하나의 형을 정할 수는 없고, 별도로 형을 정하여 선고할 수밖에 없다는 결론을 별다른 논거 없이 제시하고 있다.

생각건대 2004년의 형법개정으로 사후적 경합범의 성립범위를 제한하고, 2005년의 형법개정으로 사후적 경합범의 양형과 형집행의 방법을 변경한 것이 과연 어떠한 의미를 가지는지는 형벌제도 전체의 통합적 관점에서 구명해야 할 것이다. 경합범과 관련한 두 차례의 형법개정이 사후적 경합범의 성립범위를 축소하고 그만큼 동시적 경합범의 범위를 확대하는 결과를 가져왔다는 점은 분명하다.[52] 그러나 경

52) 대법원 2004. 1. 27. 2001도3178. 최병각, 주 19)의 글, 199-200면.

합범을 동시에 판결할 때에는 형법 제38조의 처벌례를 적용하여 양형을 하여야 하는데, 이 경우 상호 비교되는 형이 각 죄에 정한 법정형이 아니라 각 죄별로 형법 제56조에서 정한 순서에 따라 각칙본조·제34조 제2항·누범 가중과 법률상 감경을 거친 형벌범위(제1차 처단형)라는 점[53]과 사후적 경합범으로 수개의 판결이 있는 때에는 형법 제38조의 처벌례에 의하여 형집행을 하도록 한 종전의 규정을 삭제하고 사후적 경합범의 관계에 있는 형의 집행에 있어서는 이미 집행한 형기를 통산한다는 규정은 존속시킨 것이 결과적으로 각 선고형을 기준으로 형법 제38조를 적용하여 형집행을 하는 방식(선고형 가중설)[54]에서 벗어나 각 선고형을 형사소송법 제462조에서 정한 순서에 따라 원칙적으로 중한 형을 먼저 집행하는 방식(선고형 합산설)으로 바뀌되 여전히 형법 제39조 제4항에 따라 이미 집행한 형기는 통산한다는 점에 비추어 동시적 경합범의 양형 및 형집행에 의한 처벌과 비교할 경우 사후적 경합범의 양형과 형집행을 통한 처벌이 예전보다 오히려 불리해진 측면이 있다. 왜냐하면 비록 형법 제39조 제1항에 따른 형평고려와 임의적 형감면에 힘입어 판결확정 전에 범한 죄에 대한 양형이 그러한 규정이 없던 때보다는 아무래도 완화된 방향으로 이루어지겠지만,[55] 어쨌거나 이미 확정된 판결의 선고형과 새로운 판결의 선고형을 합산하여 형집행을 하는 것이 보다 중한 선고형에 그 1/2을 가중하여 형집행을 하는 것보다 언제나 유리할 수는 없기 때문이다.[56] 이러한 맥락에서 사후적 경합범의 성립에 기여하지 못하는 확정판결이 심판의 대상인 수개의 죄 사이에 존재하는 경우 굳이 그 전·후로 나누어 별도의 형을 정할 것이 아니라 그 모두에 하나의 형을 정하여야 한다고 해석하는 것이 2004년과 2005년의 형법개정이 궁극적으로

53) 최병각, 주 19)의 글, 207-208면.

54) 최병각, 주 19)의 글, 208-210면.

55) 법무부, 형법개정법률안 제안이유서, 1992, 72-73면.

56) 다만 사후적 경합범에 대한 새로운 판결에서 형면제를 선고하는 경우에는 예전보다 확실하게 피고인에게 유리하다.

경합범에 대한 형벌의 완화를 추구하고 있다는 사실에 가장 잘 부응할 것이다.

Ⅴ. 맺음말

경합범은 오로지 죄수가 문제이기보다는 오히려 양형과 형집행이 중요하고, 아울러 소추와 심판, 나아가 상소가 결정적인 경우가 많다. 관련 제도와 연계하여 경합범 제도를 운용하되, 되도록 간단 명료하면서도 피고인에게 유리한 방향이면 좀더 바람직할 것이다.

[주 제 어]

경합범, 사후적 경합범, 양형, 형집행, 형벌완화

[Key Words]

multiple convictions, sentencing, execution, discretionary mitigation, pro reo

접수일자: 2016. 5. 9. 심사일자: 2016. 5. 31. 게재확정일자: 2016. 6. 3.

[참고문헌]

김종수, "형법 제39조 제1항에 대한 제문제", 판례연구, 제26집, 부산판례연구회, 2015.

김종호, "형법 제37조 후단 경합범에 대한 제39조 제1항의 적용", 대법원판례해설, 제78호(2008 하반기), 2009.

김태명, "개정형법상 사후적 경합범의 요건과 처벌", 비교형사법연구, 제7권 제2호, 2005.

문채규, "경합범의 일부상소와 관련한 미결구금일수의 통산 방법에 관한 일고찰", 비교형사법연구, 제9권 제2호, 2007.

______, "사후적 경합범의 처단에 관한 형법 제39조의 비교법적 차별성과 그 해석론", 형사법연구, 제25권 제4호, 2013.

법무부, 형법개정법률안 제안이유서, 1992.

신동운, "2010년 분야별 중요판례분석: (8) 형법총칙", 법률신문 2011. 4. 28.

______, 신형사소송법, 제5판, 법문사, 2014.

신현주, 형사소송법, 신정2판, 박영사, 2002.

오영근, "2010년도 형법판례 회고", 형사판례연구, 제19권, 2011.

______, "2011년도 대법원 형법판례 회고", 형사판례연구, 제20권, 2012.

______, "형법 제39조 제1항의 의미", 한국고시, 2008. 11. 6.

이경렬, "개정형법 제39조 적용상의 문제", 형사정책연구, 제18권 제3호, 2007.

______, "사후적 경합범에 대한 형의 집행과 남은 문제점", 비교형사법연구, 제8권 제2호, 2006.

이기헌, "경합범과 상상적 경합", 형사판례연구, 제7권, 1999.

이천현, "형법 제39조 제1항의 의미", 형사판례연구, 제17권, 2009.

정준섭, "사후적 경합범과 법원의 양형재량권", 형사법연구, 제22권 제3호, 2010.

조자룡, "개정형법 제39조 해석에 관한 소고", 법률신문, 2005. 7. 14.

최병각, "상습범과 공소권행사", 형사법연구, 제17호, 2002.

______, “양형의 과정과 통제”, 형사정책연구, 제11권 제3호, 2000.
______, “형법개정에 따른 경합범의 양형”, 형사판례연구, 제13권, 2005.

[Abstract]

Sentencing on Multiple Convictions and Related Problems

Choi, Byung-Gak*

When a single act constitutes two or more crimes, the penalty for the most serious crime shall be imposed(the Criminal Act §40).

But when it comes to sentencing a defendant with multiple convictions at the same trial, the sentence on each conviction shall be merged to the most severe sentence(death, life imprisonment) or the aggravated sentence by one half of the maximum term/amount(determinate imprisonment, deprivation of qualification, suspension of qualification, fine, confiscation), or the sentences for each crime(different penalty) shall be imposed separately(the Criminal Act §37, §38).

And when the defendant is adjudicated as committing multiple convictions spilt by an earlier final judgment with imprisonment at the following trial, the sentence on remaining convictions shall be imposed by considering equity with sentencing all convictions at the same trial, and the sentence may be mitigated or exempted(the Criminal Act §37, §39 ①).

If amnesty or remittal is granted to any crime of multiple convictions, the sentence on remaining convictions shall be determined de novo(the Criminal Act §39 ③).

In the execution of punishment for multiple convictions, the period of sentence already served shall be taken into account(the Criminal Act §39 ④).

* Professor, School of Law, Donga University, Ph. D. in Law.

Recently the supreme court delivered a judgment that the defendant may be benefited by sentencing on multiple convictions only when she or he is adjudicated at the same trial or there is a possibility of adjudicating at the same trial. But when the defendant committed crimes before and after a judgment with imprisonment is finalized, she or he should be sentenced according to the equity and by the discretionary mitigation or exemption because the sentencing on multiple convictions and its execution is based on the principle of pro reo.

입찰방해와 컴퓨터등사용사기죄, 사기죄의 직접성*

한 상 훈**

I. 대상 판결

대법원 2014. 3. 13. 선고 2013도16099 판결(컴퓨터등사용사기 · 정보통신망이용촉진및정보보호등에관한법률위반 · 입찰방해 · 컴퓨터등사용사기미수)

【판시사항】

형법 제347조의2의 규정 취지 및 컴퓨터등사용사기죄에서 '정보처리', '재산상 이익 취득'의 의미

【판결요지】

형법 제347조의2는 컴퓨터 등 정보처리장치에 허위의 정보 또는 부정한 명령을 입력하거나 권한 없이 정보를 입력 · 변경하여 정보처리를 하게 함으로써 재산상의 이익을 취득하거나 제3자로 하여금 취득하게 하는 행위를 처벌하고 있다. 이는 재산변동에 관한 사무가 사

* 본 논문은 담당 변호인의 의뢰로 제출한 의견서를 기초로 수정, 보완한 것입니다

** 연세대학교 법학전문대학원 교수, 법학박사.

람의 개입 없이 컴퓨터 등에 의하여 기계적 · 자동적으로 처리되는 경우가 증가함에 따라 이를 악용하여 불법적인 이익을 취하는 행위도 증가하였으나 이들 새로운 유형의 행위는 사람에 대한 기망행위나 상대방의 처분행위 등을 수반하지 않아 기존 사기죄로는 처벌할 수 없다는 점 등을 고려하여 신설한 규정이다. 여기서 '정보처리'는 사기죄에서 피해자의 처분행위에 상응하므로 입력된 허위의 정보 등에 의하여 계산이나 데이터의 처리가 이루어짐으로써 직접적으로 재산처분의 결과를 초래하여야 하고, 행위자나 제3자의 '재산상 이익 취득'은 사람의 처분행위가 개재됨이 없이 컴퓨터 등에 의한 정보처리 과정에서 이루어져야 한다.

적격심사를 거치게 되어 있는 이 사건 각 시설공사의 전자입찰에 있어서 특정 건설사가 낙찰하한가에 대한 정보를 사전에 알고 투찰할 경우 그 건설사가 낙찰자로 결정될 가능성이 높은 것은 사실이나, 낙찰하한가에 가장 근접한 금액으로 투찰한 건설사라고 하더라도 적격심사를 거쳐 일정 기준 이상이 되어야만 낙찰자로 결정될 수 있는 점 등을 감안할 때, 피고인 1 등이 조달청의 국가종합전자조달시스템에 입찰자들이 선택한 추첨번호가 변경되어 저장되도록 하는 등 권한 없이 정보를 변경하여 정보처리를 하게 함으로써 직접적으로 얻은 것은 낙찰하한가에 대한 정보일 뿐, 위와 같은 정보처리의 직접적인 결과 특정 건설사가 낙찰자로 결정되어 낙찰금액 상당의 재산상 이익을 얻게 되었다거나 그 낙찰자 결정이 사람의 처분행위가 개재됨이 없이 컴퓨터 등의 정보처리과정에서 이루어졌다고 보기 어렵다.

그럼에도 이 부분 공소사실이 컴퓨터등사용사기죄 또는 그 미수죄의 구성요건에 해당된다고 보아 이를 유죄로 인정한 원심판결에는 컴퓨터등사용사기죄의 구성요건에 관한 법리를 오해하여 판결 결과에 영향을 미친 위법이 있다.

【사실관계】

원심은, 시설공사 발주처인 지방자치단체 등의 재무관 컴퓨터에는 암호화되기 직전 15개의 예비가격과 그 추첨번호를 해킹하여 볼 수 있는 악성프로그램을, 입찰자의 컴퓨터에는 입찰금액을 입력하면서 선택하는 2개의 예비가격 추첨번호가 미리 지정된 추첨번호 4개 중에서 선택되어 조달청 서버로 전송되도록 하는 악성프로그램을 각각 설치하여 낙찰하한가를 미리 알아낸 다음 특정 건설사에 낙찰이 가능한 입찰금액을 알려주어 그 건설사가 낙찰 받게 함으로써 낙찰금액 상당의 재산상 이익을 취득하게 하거나 미수에 그쳤다는 위 피고인들에 대한 컴퓨터등사용사기 또는 그 미수의 공소사실(무죄로 판단한 부분 제외)에 대하여, 사기죄의 기망행위와 피해자의 재산적 처분행위 사이에는 상당인과관계가 있는 것으로 족하고, 이는 컴퓨터등사용사기나 그 미수의 경우에도 마찬가지라고 전제한 다음, 비록 지방자치단체의 최종적 선정절차가 남아있더라도 상당인과관계가 부정되는 것은 아니라는 이유로 이 부분 공소사실을 유죄로 인정하였다.

원심판결 이유 및 기록에 의하면, 피고인 1, 2, 3, 4, 7이 관여한 각 시설공사의 전자입찰은 모두 적격심사를 거치게 되어 있는 사실, 적격심사 대상공사에 대한 전자입찰은 입찰공고, 예비가격 작성, 투찰, 개찰, 적격심사, 낙찰자 선정, 계약의 순서로 이루어지는데, ① 먼저 발주처의 재무관이 입찰공고를 한 다음, ② 개찰 전까지 인증된 재무관용 컴퓨터를 통하여 조달청 서버에서 공사기초금액의 ±3% 범위 내에서 15개의 예비가격을 생성하되, 각 예비가격과 이에 대응하는 추첨번호는 임의로 섞여 재무관의 인증서와 함께 암호화되어 조달청 서버에 전송·저장되고, ③ 입찰자는 입찰기간 중 인증된 입찰자용 컴퓨터를 이용하여 입찰금액을 입력한 다음 예비가격이 표시되지 않는 15개의 추첨번호 중 임의로 2개를 선택하여 조달청 서버에 그 값을 전송·저장하며, ④ 개찰시 시스템에서 자동으로 입찰자들이 선택한 예비가격 추첨번호 중 가장 많이 선택된 상위 4개의 번호에 대응하는 예비가격을 평균하여 공사예정금액을, 여기에 투찰율을 곱한 낙찰하한가를 산정하게 되고, ⑤ 재무관은 낙찰하한가 이상 공사예정가격 이하로서 낙찰하한가에 가장 근접한 입찰금액으로 투찰한 입찰자 순서대로 계약이행경험, 기술능력, 재무상태, 신인도 등을 종합적으로 심사하는 적격심사를 거쳐 일정 점수 이상인 자를 낙찰자로 결정하는 사실, 피고인 1 등은 공소사실 기재와 같은 악성프로그램을 운용하여 15개의 예비가격과 그 추첨번호를 미리 알아내고, 입찰자가 선택한 2개의 추첨번호가 미리 지정한 4개의 추첨번호 중에서 선택되어 저장되도록 함으로써 사전에 낙찰하한가를 알아내어 이를 토대로 특정 건설사에 낙찰가능성이 높은 입찰금액을 알려준 사실 등을 알 수 있다.

Ⅱ. 문제의 소재

국가나 지방자치단체를 당사자로 하는 입찰 및 경매에 대하여는 「국가를 당사자로 하는 계약에 관한 법률」 및 동시행령, 그리고 「지방자치단체를 당사자로 하는 계약에 관한 법률」 및 동시행령 등에 상세한 규정이 있다. 거의 모든 관급공사는 입찰을 거치게 되어 있으므로, 정부에 물품이나 용역을 제공하고자 하는 업자들은 입찰을 거쳐야 하고, 불경기에 낙찰은 회사의 사활에 관계되기도 하므로 어떻게 해서든 낙찰을 받으려고 하는 유혹에 노출되기가 십상이다.

이에 대응하기 위하여 형법은 제315조에서 입찰방해죄를 규정하여 처벌하고 있다. 이외에도 국가 또는 사인이 시행하는 경매, 입찰에 있어서 담합, 가장입찰 등의 방법으로 입찰의 공정을 방해하려는 행위에 대하여 「독점규제 및 공정거래에 관한 법률」 제19조 제1항 8호[1)]

1) 독점규제 및 공정거래에 관한 법률 제19조(부당한 공동행위의 금지) ① 사업자는 계약·협정·결의 기타 어떠한 방법으로도 다른 사업자와 공동으로 부당하게 경쟁을 제한하는 다음 각 호의 어느 하나에 해당하는 행위를 할 것을 합의(이하 "부당한 공동행위"라 한다)하거나 다른 사업자로 하여금 이를 행하도록 하여서는 아니된다. <개정 1992. 12. 8., 1994. 12. 22., 1996. 12. 30.,

및 제66조[2]에 의하여 행위자가 처벌되고 제70조의 양벌규정이 적용되며, 별도로 과징금도 부과될 수 있다.[3] 건설산업기본법 제95조에 의하면, 부당한 이익을 취득하거나 공정한 가격 결정을 방해할 목적으로 입찰자가 서로 공모하여 미리 조작한 가격으로 입찰한 행위를 처벌하는 규정도 있다.[4] 국가를 당사자로 하거나 지방자치단체를 당사자로 하는 입찰 등에 있어서 담합입찰 등을 한 경우에는 2년 간 입찰참가자격이 제한되기도 한다.[5]

본 사안에서는 입찰방해죄 이외에 컴퓨터사용사기죄의 성부가 문제되고 있다.[6] 1심[7]과 2심[8]은 컴퓨터를 무단으로 조작하여 낙찰예정가를 알아내고, 이를 이용하여 낙찰을 받은 것에 대하여 입찰방해죄와 컴퓨터사용사기죄를 적용하여 처벌하면서, 양자를 상상적 경합으로 보았다.

이는 보다 넓게 보면, 컴퓨터를 사용하지 않고, 담합으로 인하여

1999. 2. 5., 2004. 12. 31., 2007. 8. 3.>

8. 입찰 또는 경매에 있어 낙찰자, 경락자(競落者), 투찰(投札)가격, 낙찰가격 또는 경락가격, 그 밖에 대통령령으로 정하는 사항을 결정하는 행위

2) 독점규제 및 공정거래에 관한 법률 제66조(벌칙) ① 다음 각 호의 어느 하나에 해당하는 자는 3년 이하의 징역 또는 2억원 이하의 벌금에 처한다.

9. 제19조(부당한 공동행위의 금지)제1항의 규정을 위반하여 부당한 공동행위를 한 자 또는 이를 행하도록 한 자

3) 독점규제 및 공정거래에 관한 법률 제22조 참조. 이러한 과징금은 부당이득의 환수와 행정제재벌적 성격을 동시에 갖고 있다고 한다. 대법원 2004. 10. 27. 선고 2002두6842 판결; 권오승, 경제법, 12판, 2015, 298쪽 참조.

4) 건설산업기본법 제95조(벌칙) 건설공사의 입찰에서 다음 각 호의 어느 하나에 해당하는 행위를 한 자는 5년 이하의 징역 또는 2억원 이하의 벌금에 처한다. <개정 2016. 2. 3.>

1. 부당한 이익을 취득하거나 공정한 가격 결정을 방해할 목적으로 입찰자가 서로 공모하여 미리 조작한 가격으로 입찰한 자

2. 다른 건설업자의 견적을 제출한 자

3. 위계 또는 위력, 그 밖의 방법으로 다른 건설업자의 입찰행위를 방해한 자 [전문개정 2011. 5. 24.]

5) 국가를 당사자로 하는 계약에 관한 법률 제27조 제1항 2호 참조.

6) 피고인이 다른 입찰자와 담합한 것이 아니므로, 독점규제법상 입찰담합의 처벌규정은 적용되지 않는다.

7) 서울중앙지방법원 2013. 6. 28. 선고 2013고단834, 1236(병합), 1633(병합) 판결

8) 서울중앙지방법원 2013. 12. 5. 선고 2013노2402 판결.

낙찰을 받은 경우 사기죄가 성립하는가 하는 문제도 될 수 있다. 만약 사기죄나 컴퓨터사용사기죄가 동시에 성립한다고 한다면, 상당히 큰 문제가 될 수 있다. 대규모공사의 경우에는 그 예정금액이 수십억, 수백억이 되거나 그 이상일 수도 있으므로 무모한 출혈경쟁과 부실공사, 하청업체 후려치기를 방지하기 위하여 적은 액수의 담합이 있어도 사기죄, 나아가 특정경제범죄가중처벌법이 적용되어 형량이 과도하게 상향될 수 있기 때문이다.[9)]

본고는 이 점에 대하여 집중적으로 그 당부를 검토하고자 한다. 먼저 논란의 여지가 적은 입찰방해죄를 살펴보고, 컴퓨터등사용사기죄, 나아가 사기죄가 성립하는지 고찰한다.

Ⅲ. 입찰방해죄의 성부

1. 입찰방해죄의 의의

형법 제315조[10)]의 입찰방해죄는 위계 또는 위력 기타 방법으로 경매 또는 입찰의 공정을 해한 때에 성립한다. 보호법익은 경매와 입찰의 공정이라고 한다.[11)] 본래 일본의 1907년 형법에는 입찰방해죄가 존재하지 않았으나, 1941년 개정하여 공무집행방해의 장에 제96조의3 (경매 등 방해)을 신설한 것이다.[12)] 여기에서는 공공의 경매 또는 입찰에 대한 방해만이 성립되므로, 공무집행방해죄의 특수형태로 규정되어 있었다. 1953년 우리형법은 신용, 업무, 경매에 관한 죄에 입찰방

9) 이에 관하여는 한상훈, 형법 및 형사특별법상 재산범죄가중처벌규정의 문제점과 개선방안, 형사법연구, 26호, 2006, 139쪽 이하 참조.

10) 형법 제315조(경매, 입찰의 방해) 위계 또는 위력 기타 방법으로 경매 또는 입찰의 공정을 해한 자는 2년 이하의 징역 또는 700만원 이하의 벌금에 처한다. <개정 1995. 12. 29>

11) 박재윤 대표집필, 주석형법, 각칙 5, 117면 참조.

12) 일본형법 제96조의3 ① 위계 또는 위력으로써 공공의 경매 또는 입찰의 공정을 해하는 행위를 한 자는 2년 이하의 징역 또는 250 만엔 이하의 벌금에 처한다.

해죄를 규정하면서, 단지 경매나 입찰이라고만 함으로써, 국가나 지방자치단체가 실시하는 공적 경매나 입찰뿐 아니라, 사인이 행하는 경매나 입찰에 대하여 모두 경매입찰방해죄가 성립하도록 하였다.[13)]

따라서 우리형법의 해석상 입찰방해죄는 입찰, 경매의 공정을 주된 보호법익으로 하지만, 재산죄의 성질이 강하고, 위력도 포함되므로 신체의 자유도 보충적으로 보호한다고 해석할 수 있다(竝有說).[14)]

보호의 정도는 추상적 위험범이라는 것이 통설, 판례이나,[15)] 구체적 위험범이라는 견해[16)]도 있고, 판례 중에 유사한 입장의 것도 있다.[17)] 즉, 일정하게 정형화된 행위를 하면 그 즉시 기수가 성립되는 것이 아니고, 입찰의 공정을 방해할 염려가 있는 상태를 발생시켜야 성립한다는 입장은 구체적 위험범으로 해석될 소지가 큰 것이다.

2. 위계에 의한 입찰방해의 유형

1) 담합입찰

본 사건에서는 위력에 의한 것이 아니고, 위계에 의한 입찰방해가 문제되고 있다. 따라서 위계에 의한 입찰방해를 중심으로 볼 때, 대표적인 유형이 담합입찰이다.[18)] 담합(談合)행위란 "경매 · 입찰의 경쟁에

13) 이재상, 형법각론, 217면 등 참조.
14) 주석형법, 각칙 5, 117면 등 참조.
15) 주석형법, 각칙 5, 118면; 이재상, 형법총론, 218면; 박상기, 형법총론, 211면; 대법원 1988. 3. 8. 선고 87도2646 판결: "입찰방해죄는 위태범으로서 결과의 불공정이 현실적으로 나타나는 것을 요하는 것이 아님"
16) 배종대, 형법총론, 251면.
17) 대법원 2007. 5. 31. 선고 2006도8070 판결: "입찰방해죄는 위계 또는 위력 기타의 방법으로 입찰의 공정을 해하는 경우에 성립하는 위태범으로서 결과의 불공정이 현실적으로 나타나는 것을 필요로 하지 않고, 여기서 '입찰의 공정을 해하는 행위'란 공정한 자유경쟁을 방해할 염려가 있는 상태를 발생시키는 것, 즉 공정한 자유경쟁을 통한 적정한 가격형성에 부당한 영향을 주는 상태를 발생시키는 것으로, 그 행위에는 가격결정뿐 아니라 '적법하고 공정한 경쟁방법'을 해하는 행위도 포함됨."
18) "담합입찰"과 유사하게 "입찰담합"이라는 표현도 사용된다. 하지만 엄밀하게 보면 양자는 구별되어야 한다. 담합입찰은 담합하여 입찰하였다고 하는 입찰

참가하는 자가 서로 모의하여 그 중의 특정한 자를 경락자 내지 낙찰자로 하기 위해 나머지 참가자는 일정한 가격 이상 또는 그 이하로 호가 또는 응찰하지 않을 것을 협약하는 행위"를 말한다.[19)]

대법원 1991. 10. 22. 선고 91도1961 판결은 한국전력공사에서 발주하는 일정 공사금액 이하의 부산시내 전기공사를 자유경쟁에 기하여 입찰할 경우 예정가에 훨씬 못미치는 가격으로 수주를 하게 되는 결과를 방지하고 이를 개개 회사의 이익으로 돌리고자, 각 회원사들의 동의를 얻어 회원사들이 추첨에 기하여 순번제로 단독응찰하고 나머지 일부 회원사는 이에 들러리를 서는 방식으로 사실상 단독으로 입찰하는 한편, 낙찰한 회사는 도급액의 10%를 협력회기금으로 납부하여 연말에 분배하는 방법으로 떡값을 주어 각 회원사들이 순번에 기하여 사실상 단독낙찰하게 하였다면, 피고인들의 행위는 위계로써 입찰의 공정을 해한 경우에 해당한다고 하여 입찰방해죄를 인정하였다.

담합이 있는 경우, 입찰자들이 공모, 담합하여 발주자(입찰시행자)에게는 그러한 사실을 알리지 않은 채 공정한 자유경쟁인 것처럼 입찰하였으므로 위계에 의한 입찰방해가 성립함에는 의문의 여지가 없다.

2) 가장입찰

가장입찰은 본래 입찰자가 1인이어서 사실상 단독입찰임에도 유찰을 방지하고자 입찰의사가 없는 사람을 내세워서 가장입찰을 하게 하는 경우이다. 담합입찰의 일종으로 볼 수도 있다.

대법원 1988. 3. 8. 선고 87도2646 판결은 입찰방해죄는 위태범으로서 결과의 불공정이 현실적으로 나타나는 것을 요하는 것이 아니며 그 행위에는 가격을 결정하는 데 있어서뿐 아니라 적법하고 공정한

행위의 불법이 문제되고, 입찰담합은 입찰을 위한 담합이므로 담합행위의 불법이 부각되기 때문이다. 즉, 담합입찰은 입찰행위가 있어야 성립되지만, 입찰담합은 입찰에 이르지 않은 상태에서 담합만이 있어도 인정될 수 있을 것이다.

19) 김영천, 입찰에서의 담합행위와 입찰방해죄의 성부, 대법원판례해설, 제37호, 2001, 401면.

경쟁방법을 해하는 행위도 포함되므로 그 행위가 설사 유찰방지를 위한 수단에 불과하여 입찰가격에 있어 입찰실시자의 이익을 해하거나 입찰자에게 부당한 이익을 얻게 하는 것이 아니었다 하더라도 실질적으로는 단독입찰을 하면서 경쟁입찰인 것 같이 가장하였다면 그 입찰가격으로서 낙찰하게 한 점에서 경쟁입찰의 방법을 해한 것이 되어 입찰의 공정을 해한 것으로 된다고 하여 유출을 방지하기 위한 가장입찰도 입찰방해죄가 성립한다고 판시하였다.[20]

가장입찰의 경우에는 사실상 입찰실시자의 경제적 손해라는 실질적 피해나 손해가 없음에도 불구하고, "경쟁입찰의 방법"을 해하였다고 하여 입찰방해죄를 긍정한다. 입찰방해죄는 침해범이 아니라 위태범이라고 하는 이유도 이러한 점에 있다.

3) 낙찰예정가 입수

낙찰예정가를 누설하거나 사전에 입수하는 방식은 최근에서야 법적으로 문제되기 시작하였다. 대법원 2007. 5. 31. 선고 2006도8070 판결은 입찰방해죄는 위계 또는 위력 기타의 방법으로 입찰의 공정을 해하는 경우에 성립하는 위태범으로서 결과의 불공정이 현실적으로 나타나는 것을 필요로 하지 않고, 여기서 '입찰의 공정을 해하는 행위'란 공정한 자유경쟁을 방해할 염려가 있는 상태를 발생시키는 것, 즉 공정한 자유경쟁을 통한 적정한 가격형성에 부당한 영향을 주는 상태를 발생시키는 것으로, 그 행위에는 가격결정뿐 아니라 '적법하고 공정한 경쟁방법'을 해하는 행위도 포함되고, 지명경쟁입찰의 시행자인 법인의 대표자가 특정인과 공모하여 그 특정인이 낙찰자로 선정될 수 있도록 예정가격을 알려 주고 그 특정인은 나머지 입찰참가인들과 담합하여 입찰에 응하였다면 입찰의 실시 없이 서류상으로만 입찰의 근거를 조작한 경우와는 달리 현실로 실시된 입찰의 공정을 해하는 것으로 평가되어 입찰방해죄가 성립한다고 판시하였다.

20) 대법원 1971. 4. 30. 선고 71도519 판결; 대법원 1976. 7. 13. 선고 74도717 판결도 유사한 취지이다.

이 판결에서는 발주자(입찰시행자)가 일부 입찰인과 공모하여 예정가격을 알려준 경우로서, 입찰방해죄가 성립한다고 판시하였다. 이 경우에도 입찰의 공정을 해할 수 있으므로 입찰방해죄가 성립된다고 할 수 있으나, 문제는 피해자가 누구인가 하는 점이다. 입찰실시자는 범인(공범)이므로 스스로 피해자가 될 수는 없고, 그렇다면 다른 입찰참가자라고 보아야 하는가 하는 점이다. 입찰방해죄의 보호법익을 순수히 입찰의 공정이라는 사회적 법익으로만 이해한다면 이러한 경우도 쉽게 인정될 수 있겠지만, 본죄는 개인적 법익에 대한 범죄이므로 피해자가 존재하여야 한다. 그렇다면, 다른 입찰참가자라고 할 수밖에 없을 것이다. 즉, 입찰의 공정을 해하여 다른 입찰참가자의 재산상의 손해를 가져온 경우라고 할 것이다.

3. 입찰방해의 본질과 낙찰예정가의 입수 문제

경매·입찰의 공정을 해한다고 하는 것은 적정한 가격을 형성하는 공정한 자유경쟁이 방해될 우려가 있는 상태를 발생시키는 것으로, 경매·입찰의 가격을 결정하는 데 있어서뿐 아니라 공정하고 적정한 경쟁방법을 해하는 행위도 포함한다(대법원 1994. 11. 8. 선고 94도2142 판결 등 다수).

판례는 입찰방해죄는 위계 또는 위력 기타의 방법으로 입찰의 공정을 해하는 경우에 성립하는 위태범으로서, 입찰의 공정을 해할 상태를 야기하면 그것으로 족한 것이지 현실적으로 입찰의 공정을 해한 결과가 발생할 필요는 없다고 한다(대법원 1994. 5. 24. 선고 94도600 판결 등 다수).

예전에는 출혈경쟁을 방지하거나 유출을 막고 낙찰받기 위하여 담합, 가장입찰 등을 많이 활용하였으나, 최근에는 낙찰예정가를 알고자 하는 입찰자의 필요가 커지고 있다. 그 이유는 제한적 최저가격낙찰제의 시행 때문으로 분석된다.

전술한 대법원 1991. 10. 22. 선고 91도1961 판결에서 입찰방식은 제한적 최저가 낙찰제였다. 이른바 제한적 최저가낙찰제는 "각 지역마다 가상의 전기공사를 설정하여 그 가상의 전기공사를 입찰에 부쳐 입찰에서 낙찰되는 업체를 그 지역에서 향후 2년간 공사대금 5,000만원 미만의 각종 전기공사를 독점하게 하는 것이고, 그 입찰방법은 한국전력공사가 통상의 공사비를 기준으로 산정한 가상설계사정금액의 ± 각 2% 범위 내에서 10개의 복수예비가격을 임의로 정하여 입찰공고시 그 10개의 복수예비가격을 공개하고, 입찰 당일 입찰이 끝난 다음 입찰참가자 3인으로 하여금 각자 10개의 복수예비가격 중 1개씩을 추첨하게 하여 그 추첨된 3개의 예비가격을 평균하여 예정가격을 산출하고 그 예정가격의 90%를 입찰기준금액으로 정한 후 그 입찰기준금액 이상으로서 그에 가장 근접한 금액으로 입찰한 입찰참가자를 낙찰자로 결정하는 방식이다."[21]

최저낙찰가를 사전에 결정할 경우 비리, 유착의혹을 우려하여 먼저 입찰을 실시하고 복수의 예정가 중에서 일부를 추첨하여 그 평균가를 입찰기준금액으로 정하고, 그 입찰기준금액에 낙찰하한율을 곱하여 그 이상으로서 이에 가장 근접한 금액을 써넣은 입찰자가 낙찰되는 것이다.

이러한 방식은 덤핑이나 무리한 출혈입찰을 방지하기 위하여 낙찰하한가를 정하고, 낙찰최저가 이상의 입찰가 중에서 최저입찰자를 낙찰하기 때문에, 단순히 최저가를 입찰하면 안되고, 입찰기준금액 이상으로서 최저가여야 한다는 점이다. 그런데 입찰기준금액은 복수의 예정가격 중에서 추첨을 통하여 결정하므로 사실상 로또에 가깝고, 실제 낙찰은 운에 좌우된다는 문제점이 있다. 입찰기준금액보다 10만원을 낮게 써넣으면 입찰기준금액 이하이므로 탈락하고, 입찰기준금액보다 단 1원이라도 높아야만 낙찰될 수 있는 것이다. 이러한 제도상의

21) 김영천, 입찰에서의 담합행위와 입찰방해죄의 성부, 대법원판례해설, 제37호, 2001, 397면 이하 참조. (강조는 인용자)

허점으로 인하여 입찰기준금액을 사전에 알고자 하는 유혹이 커질 수 밖에 없다. 이에 대하여 대법원은 1991년 예정가격을 미리 부당하게 입수한 입찰자에 대하여 입찰방해죄의 성립을 긍정한 것이다.

4. 본 사안의 경우

본 사안에서 피고인들은 컴퓨터프로그램을 조작하여 악성프로그램을 설치하고, 악성프로그램을 통하여 알아내거나 자신들이 사전에 입력한 낙찰예정가로 결정되도록 하였다. 피고인들이 사전에 악성프로그램을 사용하였지만, 그 본질은 낙찰예정가를 알아내기 위하여 사전에 일정한 경로로 정보처리하도록 프로그램한 것으로서, 그 예정가를 낮추거나 높이려고 하는 낙찰가격을 부당하게 결정하려는 의도는 없었고, 오히려 낙찰예정가를 사전에 알아내기 위한 의도였다고 할 수 있다.

그렇다면 피고인들은 컴퓨터프로그램을 이용하여 낙찰예정가를 알아내어, 다른 입찰자에게 알려줌으로써 입찰자들은 알게 된 예정가에 맞추어 투찰함으로써, 낙찰될 수 있었다. 따라서 피고인들은 위계로서 입찰의 공정을 해하는 상태를 야기하였기 때문에 형법상 입찰방해죄에 해당한다고 볼 수 있다.

Ⅳ. 컴퓨터사용사기죄의 성부

1. 문제의 소재

문제는 이러한 피고인들의 행위가 형법 제347조의2 컴퓨터등사용사기죄[22]에 해당하는가 하는 점이다. 본 사건에서 피고인들의 행위의 특수한 점은 악성프로그램을 사용하여 낙찰예정가를 알아냈다는 것이

22) 제347조의2(컴퓨터등 사용사기) 컴퓨터등 정보처리장치에 허위의 정보 또는 부정한 명령을 입력하거나 권한 없이 정보를 입력·변경하여 정보처리를 하게 함으로써 재산상의 이익을 취득하거나 제3자로 하여금 취득하게 한 자는 10년 이하의 징역 또는 2천만원 이하의 벌금에 처한다. [전문개정 2001. 12. 29]

지만, 그로 인하여 직접 재산상 권리의무의 변동이 발생한 것은 아니고, 입찰자들의 투찰행위를 통하여 낙찰받게 됨으로써 비로소 재산산의 이익을 취득하였다는 점이다. 그렇다면, 피고인들이 컴퓨터등 정보처리장치에 허위의 정보 또는 부정한 명령을 입력하거나 권한 없이 정보를 입력·변경하여 정보처리를 하게 함으로써 재산상의 이익을 취득하거나 제3자로 하여금 취득하게 한 것은 아니므로, 컴퓨터등사용사기죄는 성립하지 않는다는 주장은 충분히 설득력이 있다.

그런데, 1심과 2심은 이러한 피고인들의 주장을 배척하면서, 컴퓨터등사용사기죄를 유죄로 인정하였는바, 그러한 논거가 법리적으로 타당한지 검토할 필요가 있다.

2. 1심의 판결이유

1심은 컴퓨터등사용사기죄는 "컴퓨터등 정보처리장치에 권한 없이 정보를 입력하는 등의 방법으로 정보처리를 하게 한 행위와 재산상 이익의 취득 사이에는 상당인과관계가 존재하는 것으로 충분하고, 컴퓨터등 정보처리장치에 권한 없는 명령을 입력하는 등의 방법으로 정보처리를 하게 한 행위와 재산상 이익의 취득 사이에 직접적인 인과관계가 있을 것에 한정된다는 것은 아니다. (중략) 악성프로그램의 설치 및 실행을 통하여 권한 없이 정보를 입력한 것과 공모한 피고인들이 얻은 재산상 이익 사이에는 상당인과관계가 존재한다고 할 것이고, 비록 지방자치단체가 그 낙찰자 결정기준에 따라 위 입찰프로그램을 통해 낙찰자로 결정된 건설사를 최종적으로 선정하지 않을 수 있는 절차가 남아 있다고 하더라도, 상당인과관계가 부정되는 것은 아니다."(1심 판결문 38쪽)고 하면서, 변호인들의 주장, 즉 컴퓨터등 사용사기죄는 "권한 없이 정보를 입력, 변경하여 정보처리를 하게 함으로써 '곧바로' 재산상의 이익을 취득하는 경우에 성립하고, 정보처리와 이익취득 사이에 정보처리자의 독립적인 행위와 상대방의 처분이 개입하는 경우에는 성립하지 않는다."는 변호인의 주장을 배척하였다.

이렇게 볼 때, 1심은 변호인의 처분행위의 직접성 주장을 상당인과관계의 문제로 바로 보면서, 직접적 인과관계가 아니라고 하여도 상당인과관계는 긍정된다고 판시한 것으로 분석된다. 2심도 같은 취지에서 유죄를 인정하였다.

3. 사기죄의 처분행위의 직접성

그러나, 사기죄나 컴퓨터사용사기죄에서 요구되는 직접성은 인과관계의 문제가 아니라 처분행위의 직접성으로서 별개의 요건이다. 1심과 2심은 이 점을 오인함으로써 사기죄와 컴퓨터사용사기죄의 법리를 잘못 적용한 것으로 보인다.

사기죄에서 처분행위란 "직접 재산상의 손해를 초래하는 행위, 수인 또는 부작위"를 말한다.[23] 여기에서 사기죄가 성립하기 위한 처분행위는 '직접' 재산상의 손해를 초래해야 한다는 점에서 처분행위의 직접성이 나온다. 판례도 "사기죄에서 처분행위란 재산적 처분행위로서 피기망자가 자유의사로 직접 재산상 손해를 초래하는 작위에 나아가거나 또는 부작위에 이른 것"을 말한다고 하여[24] 처분행위를 통하여 "직접" 재산상의 손해를 초래하여야 한다고 명시하고 있다.

컴퓨터사용사기죄도 사기죄와 동일한 구조이며, 다만 기망의 대상이 사람이 아니고, 컴퓨터 등이며, 사람의 처분행위가 아니라 컴퓨터등의 처리행위가 요구된다는 점을 제외하면 유사한 범죄이므로 처리행위의 직접성이 요구된다. 즉, 기망적 요소가 존재한다고 하여 곧바로 사기죄가 성립되는 것은 아니고, 기망으로 인하여 직접 손해를 야기하는 재산적 처분행위가 입증되어야 사기죄가 성립한다는 것이다. 따라서, 컴퓨터등사용사기죄가 성립하기 위하여는 허위정보 또는

23) 주석형법, 각칙 6, 99면; 김성천/김형준, 형법각론, 444면; 김일수/서보학, 형법각론, 425면; 이재상, 형법각론, 337면 등 통설.

24) 대법원 2007. 7. 12. 선고 2005도9221; 2009. 3. 26. 선고 2008도6641 판결 등.

부정한 명령을 입력하여 그 결과로 컴퓨터가 정보처리를 하고 그 '직접적 결과'로 재산상의 손해가 발생하여야 한다. 우리와 유사한 독일 형법 제263조의a의 해석에 있어서도 이는 분명히 긍정된다.[25]

이러한 처분행위의 직접성은 착오와 처분행위의 인과관계와는 구별되는 요건이다.[26] 그럼에도 불구하고, 1심과 2심은 이 점을 간과하여 컴퓨터등사용사기죄의 법리를 오해한 것이다.

그렇다면, 왜 처분행위의 직접성이 인과관계 이외에 별도로 요구되는 것인가? 이는 항목을 바꾸어 검토한다.

4. 처분행위의 '직접성'과 "책략절도"

사기죄와 컴퓨터사용사기죄에서 처분행위의 직접성 또는 정보처리의 직접성은 "책략절도"(theft by trick)와 같이 기망이 개입된 사건에서 사기와 절도를 구별하는 결정적 요소이다. "책략절도"란, 범죄자가 기망으로 피해자로부터 피해물건의 '외관상 점유'를 취득하였지만, 피해자가 범죄자에게 완전히 점유와 소유권을 이전하지는 않은 상태에서 피해자의 의사에 반하여 절취하는 것을 말한다. 예를 들면, 금은방에서 범인이 주인에게 금반지를 좀 구경하겠다고 요청하여 금반지를 받아서 보는 척하다가 주인이 한눈을 파는 사이에 그 금반지를 가지고 도주한 경우, 이는 책략절도로 보는 것이 지배적이다. 독일, 미국, 우리나라에서도 이는 사기가 아니라 절도에 해당한다는 것이다.[27] 책략절도가 사기가 되지 않는 것은 아직 피해자의 처분행위가 없기 때문이다. 금반지를 보도록 건네주는 것은 직접 손해를 발생시키는 재산적 처분행위가 아니므로 사기죄의 성립요소인 직접처분성을 만족시키지 못한다.

---

25) Schönke/Schröder, StGB, §263a Rn. 21; Fischer, StGB, §263a Rn. 20; Kindhaüser, NK, §263a Rn. 33; Tiedemann, Leipziger Kommentar, §263a Rn. 65 참조. 다만, 우리나라 교과서에는 이 점이 명확히 서술되어 있지는 않다.

26) 주석형법, 각칙 6, 103면 이하도 이를 구별하여 별도의 항목에서 서술하고 있다.

27) 미국의 경우 다음을 참조.
http://www.justia.com/criminal/docs/calcrim/1800/1805.html

5. 본 사안의 경우

본 사안에서 피고인들은 입찰사행자의 컴퓨터에 악성프로그램을 무단으로 설치하여 허위의 명령을 실행하였고, 예정가격을 알아내어 그에 근거하여 낙찰을 받도록 하였으므로 일견 컴퓨터사용사기죄가 성립하는 것처럼 보일 수도 있다. 나아가 상당인과관계가 존재하는 것과 같은 외양을 띠고 있다.

하지만, 피고인들은 그러한 허위명령 또는 악성프로그램으로 직접 재산상 손해를 야기하는 처분행위, 정보처리를 하도록 하지 않았다. 오히려 이들은 예정가격 및 낙찰하한가를 알아내고자 하였을 뿐이다. 부정한 방법으로 낙찰예정자를 알아낸 행위는 비난받아 마땅하지만, 그러한 허위의 정보처리를 통하여 직접 피해자에게 재산상의 손해를 야기하였다고는 볼 수 없다. 입찰방해의 한 유형인 낙찰가 입수라는 예비행위에 불과하다고 할 것이다. 그렇다면, 죄형법정주의의 관점에서 피고인들에게 컴퓨터사용사기죄가 인정되지는 않는다.

다른 범죄가 성립할 수 있음은 별론으로 하고, 피고인에게 컴퓨터사용사기죄를 인정함은 사기죄와 컴퓨터사용사기죄의 법리와 판례에 맞지 않고, 죄형법정주의에 반한다고 할 것이다.

평석대상인 대법원판결은 "형법 제347조의2는 컴퓨터 등 정보처리장치에 허위의 정보 또는 부정한 명령을 입력하거나 권한 없이 정보를 입력 · 변경하여 정보처리를 하게 함으로써 재산상의 이익을 취득하거나 제3자로 하여금 취득하게 하는 행위를 처벌하고 있다. 이는 재산변동에 관한 사무가 사람의 개입 없이 컴퓨터 등에 의하여 기계적 · 자동적으로 처리되는 경우가 증가함에 따라 이를 악용하여 불법적인 이익을 취하는 행위도 증가하였으나 이들 새로운 유형의 행위는 사람에 대한 기망행위나 상대방의 처분행위 등을 수반하지 않아 기존 사기죄로는 처벌할 수 없다는 점 등을 고려하여 신설한 규정이다. 여기서 '정보처리'는 사기죄에서 피해자의 처분행위에 상응하므로 입력된 허위의 정보 등에 의하여 계산이나 데이터의 처리가 이루어짐으로써 직접적으로 재산처분의 결과를 초래하여야 하고, 행위자나 제3자의 '재산상 이익 취득'은 사람의 처분행위가 개재됨이 없이 컴퓨터 등에 의한 정보처리 과정에서 이루어져야 한다."고 판시하여, 컴퓨터등사기죄에서도 "정보처리의 직접성"을 명시적으로 인정하였다. 이는 종래의 우리 학설이나 판례가 명시적으로 언급한 경우가 적었으나 그 필요성을 인정한 최초의 판결로서 그 의미가 있다고 할 것이다.

Ⅴ. 낙찰예정가의 사전입수와 사기죄 성부

1. 문제의 소재

만약 1심이나 2심과 같이 컴퓨터에 허위의 명령을 입력하여 낙찰예정가를 사전에 입수하여 낙찰받은 사안에 대하여 컴퓨터등사용사기죄를 인정한다면, 컴퓨터를 사용하지 않은 낙찰예정가의 사전 입수나 심지어 담합입찰, 가장입찰의 경우에도 모두 위계적 요소, 기망적 요소가 존재하므로 사기죄의 성립을 긍정해야만 할 것이다. 이러한 결론은 입찰방해죄를 별개의 범죄로 규정하고 있는 우리 형법의 체계에 불합치하고 형사정책적으로 정당하지 않다고 할 것이다.

만약 사기죄나 컴퓨터사용사기죄가 동시에 성립한다고 한다면, 대규모공사의 경우에는 낙찰가가 수십억, 수백억이 되거나 그 이상일 수도 있으므로 무모한 출혈경쟁과 부실공사, 하청업체 후려치기를 방지하기 위하여 적은 액수의 담합과 가격조작이 있어도 수주액 전체에 대하여 사기죄가 성립하고, 나아가 특정경제범죄 가중처벌 등에 관한 법률이 적용되어 형량이 과도하게 상향될 수 있기 때문이다. 그렇다면, 대법원과 같이 컴퓨터사용사기죄를 부정한다고 하여도, 사기죄는 인정할 여지가 있을 것이가. 이에 대하여 검토해보고자 한다.

2. 담합입찰의 기망적 요소

전술한 바와 같이, 담합이라 함은 경매·입찰에 참가하는 자가 서로 모의하여 그 중의 한 입찰자를 경락자 또는 낙찰자로 하기 위해 기타의 자는 일정한 가격이하 또는 이상으로 입찰 또는 호가하지 않을 것을 협정하는 것이다. 이러한 담합은 발주자(입찰실시자)에게 알리지 않고 입찰자들 사이에서만 은밀하게 이루어지므로, 기망적 요소가 있다. 입찰실시자는 입찰자들이 자유롭게 공정한 입찰을 할 것이라고 기대하고 있지만 실상은 그렇지 않기 때문이다. 그렇다면 입찰실시자가 담합이 있었다는 사실을 모른 채 낙찰자를 결정하고 계약을 체결한 경우 언제나 사기죄가 성립하게 되는가.

물론 이에 대하여 입찰방해죄의 행위유형 중에서 가격결정에 영향을 미친 경우와 공정한 방법만 위반한 경우를 구별할 수도 있다. 하지만, 어느 경우든 입찰실시자인 피해자가 그러한 사실을 알았다면 계약을 체결하지 않았을 것이고, 또 그러한 입찰은 민사적으로 무효일 가능성이 크므로[28] 구별의 이익은 없고 사기죄가 성립한다고 볼 수도

28) 대법원 1997. 7. 25. 선고 97다15852 판결: 건설회사 임직원과 관계 공무원 간의 공모로 최종 낙찰 예정가를 사전에 알아내어 그에 근접한 금액으로 낙찰을 받은 경우, 그 입찰은 구 예산회계법시행령(1995. 7. 6. 대통령령 제14710호로 개정되기 전의 것) 제97조 제3항, 구 계약사무처리규칙(1995. 7. 6. 폐지) 제25조 제9호에 의하여 적용되는 입찰유의서(회계예규) 제10조 제8호 소정의 '담합하거나 타인의 경쟁참가를 방해 또는 관계 공무원의 공무집행을 방해한 자의 입찰'에 해당하여 무효이고, 이에 터잡아 이루어진 공사도급계약 역시 무효이다. 다만, 다른 판례도 있다. 대법원 1994. 12. 2. 선고 94다41454 판결: 계약사무처리규칙 제25조 제9호와 이에 근거하여 재무부장관이 정한 입찰유의서(1993. 5. 20. 회계예규 2200.04-102-12) 제10조 제8호에서 입찰무효의 사유로 규정한 담합이라 함은, 입찰자가 입찰을 함에 즈음하여 실질적으로는 단독입찰인 것을 그로 인한 유찰을 방지하기 위하여 경쟁자가 있는 것처럼 제3자를 시켜 형식상 입찰을 하게 하는 소위 들러리를 세운다거나 입찰자들끼리 특정한 입찰자로 하여금 낙찰받게 하거나 당해 입찰에 있어서 입찰자들 상호 간에 가격경쟁을 하는 경우 당연히 예상되는 적정한 가격을 저지하고 특정입찰자에게 부당한 이익을 주고 입찰실시자에게 그 상당의 손해를 입히는 결과를 가져올 정도로 싼 값으로 낙찰되도록 하기 위한 사전협정으로서 그 어느 경우이건 최저가입찰자가 된 입찰자에게 책임을 돌릴 수 있는 경우

있을 것이다.

이같은 담합행위는 위계에 해당하기 때문에 구법시대의 판례 및 학설은 이를 사기죄로 볼 것인가에 관해 논란이 있었으나, 현행법의 해석으로는 경매 · 입찰방해죄의 구성요건(제315조)이 별도로 규정되어 있으므로, 위법성조각사유가 없는 한 제315조의 구성요건에 해당될 뿐이라는 부정설이 다수의 입장이다.[29)]

이처럼 담합입찰에는 그 자체로 기망적 요소가 있어서 사기죄가 성립할 수도 있을 것 같지만, 학설은 이를 부정하고 있는바 이는 타당하다. 그 이유는, 일반적인 사기행위와 달리 입찰에서는 입찰실시자가 예정가격을 정하고, 그 범위 내에서 입찰을 실시하며 낙찰자에 대하여 이행능력이나 기술능력, 입찰가격의 적정성 등을 별도로 심사하여 낙찰자를 최종적으로 결정하므로[30)] 일부 조작이 있다고 하여도 낙찰가 전체에 대하여 사기죄를 인정하는 것은 과도한 처벌이라고 할 것이기 때문이다.

또한 재산상의 손해가 발생하였는지도 입증이 곤란하다. 입찰방해죄에서 공정하고 적법한 가격이라는 것이 무엇인지 논란의 여지가 있다. 학설은 다음과 같다.[31)]

(1) **경쟁가격설**: 전적으로 자유경쟁에 의하여 경락자나 낙찰자를 결정하는 경우에 형성되는 가격이라는 설.

(2) **이윤가격설**: 경락자나 입찰자 각자의 개별사정을 고려하면서 적정이윤을 가산하여 얻어지는 가격이라는 설.

(3) **시장가격설**: 평균적인 시장가격이라는 설.

를 말하고, 단지 기업이윤을 고려한 적정선에서 무모한 출혈경쟁을 방지하기 위하여 일반거래 통념상 인정되는 범위 내에서 입찰자 상호 간에 의사의 타진과 절충을 한 것에 불과한 경우는 위의 담합에 포함되지 않는다.

29) 김일수, 사기죄해석론에서 몇 가지 문제점, 법학논집, 고려대학교 출판부, 29집(1993년), 258면 참조.

30) 국가를 당사자로 하는 계약에 관한 법률 시행령 제42조 참조

31) 한국사법행정학회, 주석형법(IV) [각칙(2)], 640, 641면; 김용빈, 建設産業基本法 제95조 제3호 소정의 '入札行爲'의 意味(=刑法上 入札妨害罪에 있어 入札과 같음), 대법원판례해설, 통권 제39호(2001년 하반기), 2002년, 422면 이하 참조.

우리나라 다수설과 판례는 경쟁가격설 입장을 취하고 있는 것으로 해석된다.[32] 그런데 경쟁가격이라는 것은 가설적 판단이기 때문에 명확히 확정하기기 어렵다.

입찰방해죄가 의미하는 공정하고 적법한 경쟁이 "경쟁가격"을 의미하고, 입찰자의 담합을 통하여 이러한 경쟁가격보다 입찰실시자에게 조금이라 불리하게 낙찰된 경우를 모두 기망으로 보아 사기죄로 의율한다면 문제가 발생한다. 경쟁가격이 얼마여야 하는지, 그리고 실제 낙찰가격은 얼마인지를 비교하여 담합을 통한 낙찰가가 경쟁가격보다 피해자에게 불리함을 입증하여야 하는데, 이러한 경쟁가격의 결정은 가정적, 가설적 판단에 기초할 수밖에 없어서 입증이 어려울 뿐 아니라 피고인에게 지나치게 불리하게 결론이 날 가능성이 있다.

입찰방해죄의 행위유형을 ① 경쟁가격의 결정을 해한 경우와 ② 단순히 공정한 경쟁방법을 해하는 경우로 구별하여, 전자의 경우에는 언제나 사기죄가 성립한다고 보아야 하게 될 것이다. 그러나, 이전의 대법원판례를 보아도 이 두 유형을 구별하여 사기죄를 별도로 인정하게 되면 입찰방해죄의 법리가 무척 혼란스러워 질 수 있다. 따라서 양 유형은 전체적으로 입찰방해행위로 파악하는 것이 적절하다고 본다.

뿐만 아니라 수주액이 고액일 경우에는 입찰자들이 출혈경쟁을 방지하기 위하여 일부 낙찰가를 통제하였다고 했을 때, 수주액 전체가 사기의 이득액이 되어 수십억, 수백억 짜리 공사에서는 실제 행위자의 이득액 또는 피해액보다도 과도한 처벌이 부과될 우려가 있다. 이는 입찰참여자의 현실이나 관행에도 어긋날 뿐 아니라 입찰의 경우에 과도한 불이익을 주어, 실질적 죄형법정주의, 과잉금지원칙, 책임원칙 등에 위배될 수 있다. 따라서, 낙찰예정가의 범위 내에서 일부 담합이 있다고 하여도 입찰방해죄의 형으로 처벌하면 족하다고 생각한다.

---

32) 한국사법행정학회, 주석형법(IV) [각칙(2)], 640면; 김용빈, 建設産業基本法 제95조 제3호 소정의 '入札行爲'의 意味(=刑法上 入札妨害罪에 있어 入札과 같음), 대법원판례해설, 통권 제39호(2001년 하반기), 2002년, 422면 이하 참조.

3. 낙찰예정가의 사전 입수와 사기죄의 성부

나아가 낙찰예정가를 사전에 입수하는 유형의 입찰방해의 경우에는 더욱더 사기죄나 컴퓨터사용사기죄를 인정하기 어렵다. 왜냐하면 이 유형은 입찰의 공정한 방법을 해하기는 하였으나, 낙찰가격을 입찰실시자에게 불리하게 변경한 것은 아니므로 재산상 손해가 존재하는지 의문이 들기 때문이다. 전술한 바와 같이, 낙찰예정가를 사전에 입수하려는 의도는 낙찰가를 인상시켜서 입찰실시자에게 재산상의 손해를 가하고자 함이 아니고, 낙찰하한가를 알아내어 그 이상으로 입찰함으로써 입찰에서 탈락하는 것을 피하고자 함이다. 따라서 실제상 낙찰예정가를 알아내는 경우에 입찰실시자에게는 재산상의 손해가 발생하지 않는다.

입찰실시자는 계약금 기타 계약대금을 지급하였지만, 이러한 처분행위의 대가인 반대급부를 낙찰자는 완벽하게 제공하였으므로 처분행위의 직접적 결과로서 재산상의 손해가 야기되었다고 볼 수 없다. 따라서 사기죄의 처분행위에서 요구되는 직접성이 결여되어 사기죄가 성립한다고 할 수 없게 된다. 그러므로 사기죄는 성립하지 않는다고 보는 것이 합당하다.

이러한 점을 종합하여 볼 때, 위계에 의한 입찰방해죄에서는 설사 기망적 요소가 일부 개입되어 있다고 하여도 별도로 사기죄는 성립하지 않고, 입찰방해죄만 성립한다고 보는 것이 타당하다. 학설도 이러한 점을 고려하여 입찰방해죄만 성립한다는 입장으로 이해된다.

이와 가장 유사한 사례는 학력위조로 인한 취업이라고 생각된다. 예를 들어, 명문대학을 나온 졸업생이 취업이 어려워서 고졸자를 모집하는 직장에 지원하면서, 이력서에 대졸학력을 기재하지 않고 고졸로 지원서에 기재하여 회사를 속이고 취업에 성공하였다고 하자. 이 신입사원이 몇 년간 회사에 근무하면서 월급을 받던 중 학력위조가 들통난 경우, 이 사원은 위계로서 회사의 채용업무를 방해하였다고 하여 위계에 의한 업무방해죄로 처벌될 수도 있을 것이다.[33)]

---

33) 8~90년대 위장취업에 대하여 업무방해죄를 인정한 판결로는 대법원 1992. 6.

그런데, 이 사원을 사기죄로도 처벌할 수 있을 것인가? 이 사원은 최종학력을 기재하지 않은 기망이 있고, 이를 회사에 불고지하였으며, 그로 인하여 회사에 채용되어 월급을 받았으므로, 수령한 월급액만큼의 사기죄가 성립된다고 볼 여지가 있는가? 아마도 많은 경우에는 사기죄를 부정할 것이다. 왜냐하면 회사가 근로자에게 지급한 월급은 근로의 대가였을 뿐이고 적어도 사원의 근무와 그 대가의 지급에는 아무런 기망이나 착오가 없었기 때문이라고 할 것이다.

이와 동일한 논리가 낙찰예정가의 사전 입수나 담합입찰의 경우에도 적용된다고 할 것이다. 마치 신입사원을 채용하는 과정이나 절차상에는 위계나 기망이 있었지만, 근로계약 자체와 근로 및 임금의 지급에는 아무런 문제가 없었던 것과 같이, 입찰의 과정이나 절차에서는 담합이나 낙찰 하한가의 사전 입수와 같은 위계나 기망이 개입하였지만, 용역이나 공사와 같은 본 계약의 체결과 용역의 제공, 그리고 반대급부의 지불에 대하여는 아무런 착오나 기망이 발견되지 않기 때문이다.

4. 입찰방해를 사기죄라고 할 경우의 정책적, 추가적 문제점

(1) 입찰방해죄의 사문화

그럼에도 만약 입찰담합을 사기죄로 본다면, 추가적으로 다음과 같은 문제가 발생할 수 있다. 입찰방해죄는 추상적 위험범이므로 담합에 의하여 입찰에 참여하였을 때에 기수에 이른다고 볼 것이다. 그렇다면 사기죄의 측면에서 보면, 입찰에 참여한 때에 사기의 미수에 해당한다고 볼 수 있다. 계약이 체결되어 입찰금의 지급이 있으면 사기죄의 기수가 될 것이다.

9. 선고 91도2221 판결 : "위계에 의한 업무방해죄에 있어서 위계라 함은 행위자의 행위목적을 달성하기 위하여 상대방에게 오인, 착각 또는 부지를 일으키게 하여 이를 이용하는 것을 말하며, 상대방이 이에 따라 그릇된 행위나 처분을 하였다면 위계에 의한 업무방해죄가 성립된다." 이에 대한 평석으로는 박상기, "소위 「위장취업」과 업무방해죄, 법률신문, 제2269호, 1993 참조.

담합에 의하여 입찰에 참여하는 때부터 사기죄의 미수 또는 기수가 성립된다. 입찰에 참여하기 이전 단계는 사기의 예비단계에 불과하므로 사기죄는 성립하지 않지만, 동시에 입찰방해죄는 미수범의 처벌규정이 없으므로 입찰방해죄도 성립하지 않는다. 따라서 입찰방해죄와 사기죄의 처벌범위는 완전히 동일해지고, 차별성이 없다.

그렇다고 입찰방해죄와 사기죄의 규정체계나 보호법익을 고려한 범죄의 성질상 양자는 모두 개인적 법익에 대한 범죄로서 근본적으로 구별되는 것도 아니다. 따라서 법정형이 훨씬 높은 사기죄의 기수나 미수가 성립되어 입찰방해죄는 이론적, 실무적으로 무의미한 조항이 되어 버린다. 입법자가 입찰방해죄의 가장 전형적인 유형인 담합입찰에까지 이런 정도로 사기죄의 성립범위를 확대하려고 하지는 않았을 것으로 생각되는 이유이다.

형법적 관점에서는 입찰방해의 경우에는 대부분 사기죄가 성립할 수 있으므로 입찰방해죄와 동시에 사기죄로도 기소, 처벌해야 하는 문제가 발생할 수 있다. 양죄의 관계는 상상적 경합이 되겠으나, 사기죄의 형량이 훨씬 높고, 입찰가액에 따라서 특경가법이 적용될 수 있으므로 사기죄가 우선시되는 결과가 발생할 것이다. 이는 입찰방해죄를 별도의 범죄로 규정한 입법취지에도 부합하지 않는 부작용이 될 수 있다.

만약 입찰예정자가 낙찰하한가를 지인을 통하여 알게 되었다고 하자. 그렇다면 이 낙찰하한가를 알고 있다는 사실을 입찰실시자에게 고지해야 할 의무가 발생하였다고 할 수 있을 것인가. 만약 이러한 사실을 고지하지 않고 입찰하여 낙찰을 받았다면 이 입찰자를 입찰방해죄와 사기죄로 처벌해야 하는가. 원래 낙찰하한가라 함은 특별한 의미가 없고 단지 부패와 비리를 방지하기 위하여 무작위로 결정되도록 한 것에 불과하다. 그러므로 아마도 사회통념과 신의칙상 사기죄는 부정되어야 할 것이다.

이러한 점을 종합하여 볼 때, 위계에 의한 입찰방해죄에서는 설사 기망적 요소가 일부 개입되어 있다고 하여도 별도로 사기죄는 성립하지 않고, 입찰방해죄만 성립한다고 보는 것이 타당하다.

(2) 검찰의 과도한 기소재량

다음으로, 담합입찰 등의 입찰방해행위를 사기죄로 규율할 경우, 검찰의 재량범위가 너무 커진다. 불고불리원칙에 의하여 검사가 기소하지 않은 죄로는 처벌할 수 없는바, 담합입찰에 대하여 사기죄로 처벌할 것인지 여부는 오로지 검사의 기소재량에만 맡기게 되어, 법집행기관 스스로도 혼란을 겪을 수 있다. 더군다나 사기죄는 특정경제범죄 가중처벌 등에 관한 법률에 의하여 가중처벌이 가능하므로, 검사가 입찰방해죄 이외에 형법상 사기죄 또는 특경가법상 사기죄로 기소하는지 여부에 따라서 법정형과 선고형에 있어서 심각한 형의 불균형이 초래되어 법적 안정성과 양형에 대한 예측가능성은 상실될 것이다. 이는 특별형법의 단순 가중처벌을 인간의 존엄성과 평등원칙에 반하여 위헌이라고 결정하고 있는 헌법재판소의 판례[34]와도 배치되는 결과가 된다.

나아가 검사의 자의적 기소를 통제하기는 더욱 어렵게 되고, 수사과정에서 피의자의 자백을 강요하는 수단이 되거나, 별건수사를 위한 강압적 수사로 악용될 소지도 크다.

5. 본 사안의 경우

다시 본 사안으로 돌아와서 살펴보면, 피고인들은 악성프로그램을 공무원의 PC에 무단으로 설치하여 입찰예정가를 알아냄으로써 공정한 입찰을 방해한 죄책이 있다. 하지만, 그 본질은 결국 낙찰예정가를 사전에 입수하기 위하여 컴퓨터 프로그램을 사용한 것에 불과하다. 전술한 바와 같이, 이러한 사전입수를 통하여 입찰실시자에게 재산상의 손해가 발생하지 않았음은 일반적인 입찰방해의 경우와 동일하다. 일견 죄질이 중하여 보이지만 실제로는 낙찰하한가를 알아내어 이를

34) 헌법재판소 2014. 11. 27. 선고 2014헌바224, 2014헌가11(병합); 2015. 2. 26. 선고 2014헌가16, 19, 23(병합) 결정 등 참조.

회피하고자 하는 간절한 소망의 발현에 불과한 것이다.

담합을 통하여 입찰가격을 조작하는 경우도 사기죄의 성립을 부정하고 입찰방해죄만 긍정해야 한다는 견해도 있는바, 본 사안과 같은 낙찰예정가의 사전입수 사례는 그 불법성은 훨씬 감경되고, 또한 입찰실시자에 대한 재산상의 손해 또는 직접성이 부정되어 사기죄나 컴퓨터사용사기죄로 처벌하는 것은 적절하지 않다고 생각된다.

Ⅵ. 결론

위계에 의한 입찰방해 중에서 담합입찰이나 가장입찰 같은 경우는 기망적 요소가 있어서 사기죄가 성립하는지 논란이 될 수 있다. 그러나 입찰방해죄를 별도로 규정하여 처벌하고 있는 우리형법의 해석과 사기죄, 나아가 특경가법상 사기죄와의 법정형을 비교하여 볼 때에 담합입찰, 낙찰예정가의 사전 입수와 같은 유형의 입찰방해는 일부 기망적 요소가 있다고 하여도 입찰제도의 특성상 입찰방해죄만 성립한다고 보면 족하다고 할 것이다.

본 사안에서 피고인들은 컴퓨터에 악성프로그램을 설치하여 낙찰예정가를 알아내었으나, 이때 컴퓨터에 정보처리를 하게 한 행위는 입찰방해죄의 예비행위에 불과하고 입수한 정보에 기초하여 실제 입찰절차에서 입찰할 때에 비로소 입찰방해죄가 성립한다고 할 것이다. 따라서 컴퓨터사용사기죄에서 요구되는 직접성을 부정하여 본죄의 성립을 인정하지 않은 대법원의 대상판결은 적절하다.

나아가 낙찰하한가를 사전에 입수하여 입찰하고 그 결과 낙찰을 받는다고 하여도 이에 대하여 입찰방해죄를 인정하는 이외에 사기죄로 처벌하는 것은 정당하다고 보기 어렵다. 왜냐하면 이러한 유형의 입찰방해는 먼저 입찰의 공정한 방법을 해하기는 하였으나, 낙찰가격을 입찰실시자에게 불리하게 변경한 것은 아니고, 오히려 낙찰가를 낮추는 효과를 가져왔으므로, 입찰실시자에게 재산상 손해나 손해의 위험조차 야기했다고 볼 수 없기 때문이다. 입찰자가 낙찰예정가를 사전에 입수하려는 의도는 낙찰가를 올려서 입찰실시자에게 재산상의 손해를 가하고, 자신은 부당한 이익을 얻고자 함이 아니고, 낙찰하한가를 알아내어 그 이상으로 입찰함으로써 입찰에서 탈락하는 것을 피하고자 함이다. 따라서 실제상 낙찰예정가를 알아내는 경우에 입찰실시자에게는 재산상의 손해가 전혀 발생하지 않으며, 오히려 경우에 따라서는 이익이 발생한다. 더구나 입찰계약에 따르는 의무도 성실하게 이행한 경우에는 마치 위장취업과 같이 취업에 있어서는 위계가 있었으나, 월급을 수령함에는 기망이 없었던 것과 같이 사기죄는 성립하지 않는다고 보는 것이 타당하다.

사기죄나 컴퓨터등사용사기죄는 인과관계와 별개로 처분행위나 정보처리의 직접성이 요구되며, 이러한 직접성이 결여되면 사기죄나 컴퓨터등사용사기죄로 처벌할 수 없다는 것이 재산범죄의 법리라고 할 것이다. 따라서 컴퓨터의 무단조작부분은 별론으로 하고, 낙찰예정가를 알아내어 낙찰받은 본 사안과 같은 경우에는 입찰방해죄의 성립만 인정하는 것이 합당하다고 사료된다.

[주 제 어]

입찰방해, 사기, 컴퓨터사기, 담합, 낙찰예정가 사전입수

[Key Words]

interference with a bidding, fraud, computer fraud, collusion, unlawful obtaining of minimum bidding price

접수일자: 2016. 5. 10. 심사일자: 2016. 5. 31. 게재확정일자: 2016. 6. 3.

[참고문헌]

권오승, 경제법, 12판, 2015.

김성천/김형준, 형법각론, 2014.

김영천, 입찰에서의 담합행위와 입찰방해죄의 성부, 대법원판례해설, 제37호, 2001.

김용빈, 建設産業基本法 제95조 제3호 소정의 '入札行爲'의 意味(=刑法上 入札妨害罪에 있어 入札과 같음), 대법원판례해설, 통권 제39호(2001년 하반기), 2002년.

김일수, 사기죄해석론에서 몇 가지 문제점, 법학논집, 고려대학교 출판부, 29집(1993년).

김일수/서보학, 형법각론, 2007.

박상기, 형법총론, 2012.

______, 형법각론, 2011.

배종대, 형법총론, 2013.

신동운, 형법총론, 2015.

이재상, 형법각론, 2015.

이형국, 형법각론, 2007.

천진호, 형법총론, 2016.

최병천, 판례중심 형법각론, 2016.

한국사법행정학회, 주석형법, 4권/5권/6권.

한상훈, 형법 및 형사특별법상 재산범죄가중처벌규정의 문제점과 개선방안, 형사법연구, 26호, 2006.

Tröndle/Fischer, StGB, 49 Aufl., 1999.

Schönke/Schröder, StGB, 29. Aufl., 2014.

Tiedemann, Leipziger Kommentar, 12. Aufl., 2009.

[Abstract]

Interference with bidding, fraud by use of computer, and the directness in fraud

HAN, Sang Hoon*

Korea Criminal Act(KCA) Art. 315(Interference with Auction or Bidding) reads as follows: "A person who interferes with the impartial conduct of an auction or a bid through fraudulent means or by the threat of force or by other means, shall be punished by imprisonment for not more than two years or by a fine not exceeding seven million won." So when a person(or a bidder) unlawfully manipulates computer programs of the agency calling for bids in order to obtain information about a minimum bidding price so that he can win the contract for sure. In the present case handed down by the Suprem Court of Korea, the defendants(bidder and manipulators) are found not guilty of Fraud by Use of Computer, etc(Art. 347-2 KCA) because a directness between a data processing and a property taking.

The present paper agrees with the opinion of the Court, and moreover denies the violation of Fraud(Art. 347 KCA) in that the conduct does not make pecuniary loss to the agency. A bid-rigging is punishable by the Art. 315, and a violation of the Korean Anti-monopoly law and Construction law as well.

* Professor, Law School, Yonsei University.

위임범위를 초과하여 예금을 인출한 경우의 죄책

이 승 호*

Ⅰ. 서로 다른 3개의 판결

은행에서 일정 금액의 예금을 인출하도록 부탁받은 수임인이 위임범위를 초과한 액수의 예금을 인출하여 임의로 소비한 경우에 형법적으로 어떤 죄책에 해당되는가? 문제에 답하기 위해 판례를 검색해 보면 우선 10년 전에 선고된 <PC방 종업원 사건(2005도3516)>이 눈에 띈다. 손님으로부터 2만원을 인출해 달라는 부탁과 함께 현금카드를 넘겨받은 종업원이 현금자동인출기에서 5만원을 인출한 후 3만원을 임의 소비한 사안이다. 대법원은 종업원의 죄책이 컴퓨터 등 사용사기죄에 해당된다고 판시하였다. 그런가 하면 40여년이 넘은 1970년대 초반의 오래된 판결도 발견된다. <양복 심부름 사건(72도297)>이 그것이다. 양복 구매의 심부름을 하면서 양복 대금의 변제를 위해 예금통장을 넘겨받은 피고인이 은행창구에서 위임된 600원을 초과하여 9,000원을 인출한 후 임의 소비한 사안인데, 여기서는 대법원이 초과인출을 배임죄로 논책하였다. 그것도 원심 판결의 횡령죄 판단을 배척하면서 적극적으로 배임죄의 법리를 판시하였음이 확인된다. 하지만 그러한 대법원의 오래된 판단은 또 다른 판결에 의해 주춤거려진다. 1990년대

* 건국대학교 법학전문대학원 교수.

중반에 선고된 <운전기사 사건(95도2753)>이 그것이다. 사장의 처로부터 200만원을 인출해 달라는 부탁과 함께 예금통장을 넘겨받은 운전기사가 은행창구에서 700만원을 인출하여 임의 소비한 사안이다. 양복심부름 사건과 동일한 구조인데, 그럼에도 불구하고 여기서는 초과인출 및 소비를 횡령죄로 논책한 원심 법원의 판단이 대법원에서도 그대로 유지되었다. 경위야 어떻든 결과에 있어서 상호 모순되는 판단에 아무런 답이 판시되지 않은 채 두 판결은 각기 효력을 지니고 있는 셈이다. 이 글은 이러한 대법원의 판결들을 비교 평가할 목적으로 쓰여 졌다. '위임범위를 초과한 예금인출'이라는 동일 논제의 해결을 위해 지금까지 대법원은 배임죄와 횡령죄 및 컴퓨터 등 사용사기죄를 모두 동원하고 있는 셈이다. 이를 어떻게 이해해야 할까? 그리고 올바른 해법은 무엇일까? 우선 위 3개의 판결을 하나씩 검토한 후에 종합평가를 수행하기로 한다.

Ⅱ. 〈PC방 종업원 사건(대상판결 A)〉에 대한 검토

1. 판결내용

(1) 사실관계

PC방의 종업원인 피고인은 손님인 피해자로부터 2만원을 인출해오라는 부탁과 함께 현금카드를 건네받았다. 그런데 피고인은 현금자동인출기에서 5만원을 인출한 후 2만원만 피해자에게 건네주고 3만원을 취득하였다.

(2) 사건의 경과

검사는 피고인을 컴퓨터 등 사용사기죄로 기소하였고, 제1심 법원은 무죄를 선고하였다. 무죄의 주된 논거는 피고인이 취득한 현금 3만원이 재물이므로 컴퓨터 등 사용사기죄의 객체인 재산상 이익에 해당되지 않는다는 것이었다. 검사는 항소함과 동시에 피고인의 죄책을 절도죄로 구성하여 공소장변경 허가신청을 하였다. 항소심 법원은 공소장변경을 허가하였지만, 변경된 절도죄의 죄책에 대하여 다시 무죄를 선고하였다. 무죄의 주된 논거는 피고인이 피해자로부터 현금카드의 사용권한을 부여받았으므로 현금인출이 현금자동지급기 관리자의 의사에 반하여 예금을 절취한 경우에 해당되지 않는다는 것이었다. 이에 검사는 다시 상고하였다.

(3) 쟁점과 대법원의 판단

이 사안에서 검사는 피고인의 행위를 제1심에서는 컴퓨터 등 사용사기죄로 제2심에서는 절도죄로 각기 논책하였으나, 모두 받아들여지지 않았다. 따라서 그러한 하급심의 판단이 합당한지 여부가 대법원이 검토해야 할 쟁점이 될 터인데, 먼저 절도죄의 점에 대해서는 검사의 상고이유를 배척하고 절도죄에 해당되지 않는다는 항소심 법원의 판단을 수긍하였다. 하지만 그러면서도 항소심의 판결을 파기하였는데, 그 이유는 컴퓨터 등 사기죄에 해당됨에도 불구하고 절도죄로의 공소장변경을 허용했을 뿐 아니라 석명권 행사 등을 통해 심리를 바로 잡지 않은 항소심 법원의 조치가 위법하다는 것이었다. 따라서 대법원의 판시내용 중 핵심사항은 피고인의 행위가 컴퓨터 등 사용사기죄에 해당된다는 점에 대한 설명이다. 논리구조는 다음과 같다. ① 2만원의 인출을 부탁받았을 뿐인데 현금자동지급기에 5만원의 인출정보를 입력한 것은 차액인 3만원의 부분에 대해서 '권한 없이 정보를 입력'한 행위에 해당된다. ② 현금자동지급기에서 인출한 현금 5만원의 점유를 취득한 것은 차액인 3만원 부분의 비율에 상당하는 재산상 이익을 취득한 것으로 볼 수 있다. ③ 따라서 피고인의 행위는 컴퓨터 등 사용사기죄의 구성요건(형법 제347조의2)인 '컴퓨터 등 정보처리장치에 권한 없이 정보를 입력하여 정보처리를 하게 함으로써 재산상의 이익을 취득'한 것에 해당된다.

2. 검토

(1) 검토사항

컴퓨터 등 사용사기죄는 '컴퓨터 등 정보처리장치에 허위의 정보 또는 부정한 명령을 입력하거나 권한 없이 정보를 입력·변경하여 정보처리를 하게 함으로써 재산상 이익을 취득하는' 범죄이다(형법 제347조의2). <대상판결 A>는 초과인출을 동 죄로 논책하는바, 우선 현금자동지급기가 컴퓨터 등 정보처리장치에 해당됨은 분명하다. 따라서 <대상판결 A>의 타당성 여부를 진단하기 위해서는 ① 초과인출을 위한 정보입력이 '허위의 정보 또는 부정한 명령의 입력이나 권한 없는 정보의 입력·변경'에 해당되는지와 ② 초과인출로 피고인이 취득한 대상을 재산상 이익으로 볼 수 있는지를 검토할 필요가 있다. 항을 바꾸어 살펴본다.

(2) 행위방법

주지하는 바와 같이, 컴퓨터 등 사용사기죄의 행위방법은 3가지이다. 즉, ① 허위 정보의 입력, ② 부정한 명령의 입력, ③ 권한 없는 정보의 입력·변경이 그것이다. 이러한 방법으로 컴퓨터 등 정보처리장치를 작동시켜서 재산상 이익을 취득하는 것이 컴퓨터 등 사용사기죄이다.

그런데 이 중에서 <대상판결 A>의 검토를 위해 문제되는 행위방법은 세 번째 유형에 속하는 '권한 없는 정보의 입력'이다. 현금인출을 위해 입력한 카드의 번호는 올바른 것이므로 허위 정보의 입력이 아니고,[1] 현금카드를 사용하여 현금을 인출한 것이기 때문에 부정한 명령을 입력했다고도 볼 수 없기 때문이다.[2] 항소심 법원과 대법원 역시 초과인출의 정보입력이 권한 없는 행위인지 여부에 대해 검토하였고, 판단을 달리하였다.

---

1) 허위의 정보를 입력하는 대표적인 예로는 은행컴퓨터에 허위로 입출금 데이터를 입력하여 예금 잔고를 증액 혹은 감소시키는 행위를 들 수 있다.

2) 부정한 명령을 입력하는 대표적인 예로는 예금을 인출하여도 잔고가 감소되지 않도록 명령을 입력하는 행위를 들 수 있다.

우선, 항소심 법원은 피고인의 현금카드 사용권한을 긍정하였다. 긍정의 논거는 피해자로부터 인출의 부탁이 있었으므로 피고인은 현금카드의 사용권한을 부여받은 것이라는 내용이다. 따라서 피고인이 피해자의 현금카드를 사용하여 현금자동지급기에 예금인출의 정보를 입력한 것은 절도죄의 행위수단이 아닐 뿐 아니라 컴퓨터 등 사용사기죄의 행위방법으로도 취급할 수 없게 된다.[3]

하지만 대법원은 피고인의 권한을 부정하였다. 구체적으로는, 초과인출 부분에 대해서 피고인이 현금카드의 사용권한을 가지고 있지 않다는 주장이다. 즉, 위임받은 2만원에 대해서는 피고인이 현금카드의 사용권한을 갖지만, 위임받지 않은 3만원의 초과금액에 대해서는 현금카드 사용권한이 피고인에게 없다는 설명이다. 따라서 초과인출을 위한 현금자동지급기의 조작은 권한 없는 정보의 입력에 해당된다는 것이 대법원의 판시이다.

이러한 대법원의 설명에는 피고인이 실제로 행한 한 번의 정보입력을 논리상 두 번의 정보입력으로 나누어 판단하는 관점이 개재되어 있다. 먼저 위임받은 2만원을 인출하고, 그 다음에 위임받지 않은 3만원을 또 인출한 사안과 동일하게 파악하여, 후자의 행위를 권한 없는 정보입력으로 판단하는 것이다. 따라서 형식논리로만 접근하면 사실과 맞지 않다는 지적도 제시될 수 있다. 피고인의 정보입력은 한 번의 행위이고 그 바탕에는 피해자의 위임이 있다. 이를 두 번의 행위로 구분하여 위임범위 초과의 부분을 독자적인 정보입력으로 설정하는 것은 피고인에게 불리한 사실조작이라는 지적이다. 항소심 법원은 아마도 이러한 관찰을 전제로 판단했을 수도 있다. 그러면서 피고인이 행한 한 번의 정보입력을 인출의 부탁에 의한 것으로 이해했기 때문에 피고인의 권한을 인정했다는 추정도 가능하다.

---

3) 그럼으로써 절도죄의 성립을 부정한 것이지만, 그 논거는 컴퓨터 등 사용사기죄의 행위방법인 '권한 없는 정보의 입력'의 해당여부에도 그대로 적용될 수 있다.

그러나 문제의 핵심은 행위의 개수에만 있는 것이 아니다. 피고인의 정보입력 행위를 관찰된 대로 하나의 행위로 처리할 것인지 위임범위에 속하는 부분과 초과하는 부분으로 나누어 두 개의 행위로 취급할 것인지는 피고인의 행위에 깃든 범죄성을 판단하는 중심대상이 아니다. 그것보다 중요한 문제성의 본질은 피고인의 정보입력이 ① 피해자의 위임에 근거를 두면서도 ② 위임범위를 초과하였다는 양면성에 있다. 따라서 전자의 '위임'에 중점을 두면 정보입력이 권한 내의 행위가 되고, 후자의 '초과'에 눈을 돌리면 권한 없는 정보입력이라는 논책이 가능해진다. 항소심 법원과 대법원의 판단이 갈라지는 것은 이렇게 각기 중시한 지점이 다르기 때문인 것으로 파악된다.[4)]

과연 어느 쪽이 타당한가? 이를 판단하기 위해서는 피해자의 위임(인출부탁)이 피고인에게 어떤 권한을 부여한 것인지 확정할 필요가 있다. 현금카드를 건네주면서 인출을 부탁하였다면 이는 일단 현금카드의 사용권한이 부여된 것으로 이해해야 하지 않을까! 따라서 피고인의 현금인출은 그 자체만으로 평가할 때 당당한 행위가 된다. 소위 절취한 현금카드의 사용과는 전혀 다른 사안인 것이다. 현금카드를 절취한 자에게는 현금카드의 사용권한이 없다. 따라서 절취한 현금카드를 현금자동지급기에 넣고 정보를 입력하는 것은 권한 없는 정보입력이 된다.[5)] 하지만 권리자로부터 현금카드를 건네받으면서 인출의 부탁까지 받았다면 현금자동지급기 앞에서의 입장이 달라질 것이다. 인출하

4) 같은 맥락에서 대법원은 금융기관 직원이 범죄의 목적으로 전산단말기를 이용하여 다른 공범들이 지정한 특정계좌에 무자원 송금의 방식으로 거액을 입금한 것이 컴퓨터 등 사용사기죄에서의 '권한 없이 정보를 입력하여 정보처리를 하게 한 경우'에 해당한다고 판시한 바 있다(2005도8507). <PC방 종업원 사건(대상판결 A)> 역시 그러한 입장의 연장인 것으로 보인다. 하지만 2005도8057의 사안에서도 금융기관 직원은 전산단말기 사용의 권한을 가지고 있으므로 '권한 없는 정보의 입력'이라고 볼 수는 없으며 그것보다는 '허위 정보의 입력'으로 해결하는 것이 타당해 보인다.

5) 물론 그렇더라도 컴퓨터 등 사용사기죄가 성립하는지 여부는 현금을 재산상 이익으로 볼 수 있는지 여부에 따라 달라질 것이고, 판례는 부정한다(2003도1178).

는 자는 모자로 얼굴을 가릴 필요가 없으며 불안하게 주위를 둘러보아야 할 이유도 없는데, 이는 적어도 인출에 관한 한 권리자로부터 권한을 부여받았기 때문이다. 이렇게 보면 인출을 위한 정보입력은 권한 내의 정보입력이라고 하는 것이 자연스럽다.

기실 피고인의 행위에서 발견되는 범죄성은 피해자의 현금카드를 사용했다는 사실이 아니라 위임범위를 초과하여 인출한 현금을 자신이 취득했다는 점에 있다. 즉, 현금자동지급기에 대한 정보입력이 문제되는 것이 아니고, 3만원을 초과 인출하여 불법하게 취득했다는 부분이 범죄로 평가되는 것이다. 그렇다면 정보입력 자체는 권한 내의 행위가 되고, 피고인의 행위를 컴퓨터 등 사용사기죄로 논책하는 것은 어울리지 않는다. 그것보다 초과 인출한 현금의 불법취득을 논책하는 방안이 강구되어야 할 것인 바, 그것은 횡령죄나 배임죄의 영역에 속한다.

(3) 재산상 이익

피고인의 행위가 컴퓨터 등 사용사기죄에 해당되는지를 검토함에 있어서 제기되는 또 다른 쟁점은 피고인이 취득한 초과인출의 금원이 컴퓨터 등 사용사기죄의 객체인 '재산상 이익'으로 취급될 수 있는지 여부이다. 이에 대한 명시적인 판단은 제1심 법원과 대법원에서 내려졌는데 결과가 상반된다. 먼저, 제1심 법원은 피고인이 불법하게 취득한 금원이 3만원의 현금으로서 이는 재물이므로 컴퓨터 등 사용사기죄의 재산상 이익에 해당되지 않는다고 판시하였다. 이는 재물과 재산상 이익을 구별하는 전제 하에, 현금을 재물이라고 판단한 것이다. 반면에, 대법원의 판시는 피고인이 차액인 3만원 부분의 비율에 상당하는 재산상 이익을 취득하였다는 내용이다. 따라서 피고인이 불법으로 취득한 금원은 컴퓨터 등 사용사기죄의 객체에 해당된다는 것이 대법원의 판단이다.

이러한 대법원의 판시에 대해서는 2가지의 독해방법이 제시될 수 있을 것으로 생각된다. 첫째, 재물을 재산상 이익에 포함시키는 관점이다. 양자를 구별하지 않고 재물을 재산상 이익의 한 유형으로 파악하면,

3만원의 금원이 현금으로서 재물이더라도 재산상 이익의 범주에 속하게 된다. 둘째, 재물과 재산상 이익을 구별하면서도 피고인이 취득한 금원을 현금과는 다른 형태의 재산상 이익으로 취급하는 관점이다. 대법원의 판시가 피고인이 불법 취득한 대상을 표현함에 있어서 굳이 '~비율'이라는 용어를 사용한 것에서 이러한 독해의 가능성도 발견된다.

우선, 첫 번째의 독해방법은 현금을 컴퓨터 등 사용사기죄의 객체에 포함시키자는 일부 학설(포함설)에 의해 지지받을 수 있을 것으로 생각된다. 주지하는 바와 같이 포함설은 재물이 재산상 이익의 특수유형이므로 재물을 불법취득한 경우에는 당연히 재산상 이익의 불법취득도 인정된다고 주장한다.[6] 하지만 포함설은 형법이 재산범죄의 행위객체를 규정함에 있어서 재물과 재산상 이익의 양자를 같이 명시한 취지가 무엇인지 설명하지 못한다. 대표적으로 강도죄가 그러한데, 재물이 재산상 이익에 포함된다면 재산상 이익을 객체로 규정하면서 굳이 재물을 따로 명시할 필요가 없을 것이기 때문이다. 사기죄도 그렇고 공갈죄도 마찬가지이다. 따라서 적어도 형법의 '해석'에 있어서는 재물과 재산상 이익은 구별하는 것이 타당하다.[7] 판례 역시 재물과 재산상 이익의 구별을 전제하면서, <대상판결 A>의 선고 이전에 이미 컴퓨터 등 사용사기죄의 객체에 재물이 포함되지 않음을 판시한 바 있다.[8] 따라서 <대상판결 A>가 판례변경의 결과가 아닌 한 포함설에 입각한 독해는 오독(誤讀)일 수밖에 없다.

그렇다면 대법원 판시의 내용을 해석하는 방안으로는 두 번째 독

6) 오영근, "신용카드 관련 재산범죄에 대한 판례이론의 비판적 검토", 한양대학교 법학연구소, 법학논총 제26집 3호, 2009년 9월, 111면 참조.

7) 같은 취지의 문헌으로는 한영수, "절도죄와 강도죄의 경합", 형사판례연구 제16집, 2008년 6월, 144면 참조.

8) 대법원은 절취한 타인의 신용카드로 현금자동지급기에서 현금을 인출하는 행위(2003도1178)와 타인의 명의를 모용하여 발급받은 신용카드로 현금자동지급기에서 현금을 인출하는 행위(2002도2134)의 경우 모두 취득한 현금이 재산상 이익에 해당되지 않는다는 이유로 컴퓨터 등 사용사기죄의 성립을 부정하고 절도죄로 논책하였다.

해방법이 더 자연스러워 보인다. 피고인이 불법으로 취득한 것은 현금이 아니라 초과로 인출된 금액에 상당한 재산상 이익이라는 것이다. 판시의 표현을 그대로 옮긴다면, "인출한 현금 총액 중 인출을 위임받은 금액을 넘는 부분의 비율에 상당하는 재산상 이익"이 불법 취득의 대상이다.[9] 그런데 현금이 아니라 현금에 상당하는 재산상 이익이 불법 취득의 대상이라고 설명하기 위해서는 ① 인출된 현금이 피고인의 소유로 처리되면서 ② 피고인에게는 인출한 금원을 피해자에게 지급할 의무만을 부여하는 법리가 구성되어야 한다. 그래야 현금 자체의 취득은 문제되지 않으면서 피고인이 지급의무의 불이행으로 말미암아 재산상 이익을 불법 취득했을 뿐이라는 설명이 가능해질 것이기 때문이다. 하지만 그러한 법리는 타당하지 못하다. 피해자는 피고인에게 현금카드의 사용권한만을 넘겨주었을 뿐 인출한 현금의 소유권까지 이전한 것은 아니다. 더욱이 초과인출의 현금은 피해자의 위임에 의한 것도 아니어서 소유권이 피고인에게 이전될 하등의 근거가 없다.[10] 따라서 피고인이 불법으로 취득한 대상은 인출한 현금 자체가 되는 것이고, 이는 컴퓨터 등 사용사기죄의 객체인 재산상 이익에 해당되지 않는다.[11]

9) 덧붙여서, 인출한 5만원 중 위임받은 2만원과 초과인출 3만원이 특정되지 않았으므로 '~비율에 상당하는 재산상 이익'이라는 개념이 가능하다는 설명도 제시된다(이동신, "예금주인 현금카드 소유자로부터 일정액의 현금을 인출해 오라는 부탁과 함께 현금카드를 건네받아 그 위임받은 금액을 초과한 현금을 인출한 행위가 컴퓨터 등 사용사기죄를 구성하는지 여부", 대법원판례해설 제62호, 2006년 상반기, 410-411면). 하지만 이러한 설명은 곧 다음의 질문에 답을 하기 어려워진다. 위임받은 2만원을 먼저 인출하고 나중에 3만원을 초과로 인출하였다면 어떻게 되는가? 그 때는 초과 인출의 3만원이 특정된 현금이므로 재물로 취급되어 컴퓨터 등 사용사기죄가 성립될 수 없을 것이기 때문이다.

10) 초과인출의 현금이 피고인의 소유로 취급될 수 없다는 점에 대해서는 <대상판결 C>를 검토하면서 보다 상세히 설명하기로 한다. 참고로, <대상판결 A>의 사안을 컴퓨터 등 사용사기죄로 논책한 대법원의 판단을 수긍하면서도, 초과인출의 현금에 대한 소유권은 피고인에게 있지 않다는 문헌도 발견된다. 이 문헌은 피고인이 3만원의 '잠재적 이익'을 취득한 것이라고 설명하는데(안성조·서상문, "위임금액을 초과한 현금인출의 형사책임", 경찰법연구 제7권 제1호, 2009년, 180면), 과연 '잠재적 이익'이라는 재산상 이익이 인정될 수 있는 것인지 의문이다.

(4) 소결

초과인출을 컴퓨터 등 사용사기죄로 논책한 <대상판결 A>의 논증은 행위방법과 행위객체의 양면에서 모두 수긍하기 힘들다. 피고인의 현금카드 사용이 권한 없는 정보입력에 해당되는지 여부에 관해서는 항소심 법원의 판단이 더 설득력 있고, 피고인이 불법으로 취득한 대상이 재산상 이익에 해당되는지 여부에 관해서는 제1심 법원의 판단이 사리에 맞다. 대법원은 현금자동지급기에서 정보처리가 이루어졌다는 점 때문에 컴퓨터 등 사용사기죄에 집착하였고, 그러다 보니 동 죄의 행위방법과 행위객체를 지나치게 확대한 것으로 평가된다. 초과인출의 범죄성은 컴퓨터에 대한 기망이 아니라 피해자의 위임범위를 벗어났다는 점에서 찾아져야 하고, 그렇다면 예금인출의 수단이 현금자동지급기인가 창구의 직원인가 하는 점은 중요한 요소가 아니다. 이 글이 창구의 직원을 통한 초과인출의 판결들을 함께 살펴보는 취지도 바로 그 점에 있다. 장을 바꾸어 <대상판결 B(양복 심부름 사건)>를 검토하기로 하자.

Ⅲ. 〈양복 심부름 사건(대상판결 B)〉에 대한 검토

1. 판결내용

(1) 사실관계

피고인은 피해자로부터 현금 1,400원과 함께 피해자 명의의 저금

11) 피고인이 현금자동지급기에 50,000원의 인출금액을 입력함으로써 피해자의 통장에서 30,000원의 재산상 손해가 발생하였는바, 그것의 반대급부가 곧 피고인이 취득한 재산상 이익이라고 설명하는 문헌이 있다(조국, "위임범위를 초과한 타인의 현금카드 사용 현금인출의 형사적 죄책", 형사판례연구 16집, 2008년 6월, 168면 참조). 하지만 피해자의 통장에서 30,000원이 초과로 빠져나간 것은 피해자에게 끼쳐진 재산상 손해일 뿐이고, 피고인이 취득한 것은 현금자동지급기에서 인출된 30,000원의 현금이지 피해자가 입은 손해의 반대급부가 아니다.

통장(10,000원이 저금되어 있음)을 건네받았다. 피해자의 부탁인즉, 저금통장에서 600원을 인출하여 현금 1,400원과 함께 양복점에 가지고 가서 자신의 양복을 찾아달라는 것이었다. 그런데 피고인은 피해자의 저금통장에서 9,000원을 인출한 후, 현금 1,400원을 합한 총 10,400원을 보관 중에 임의로 소비하였다.

(2) 사건의 경과

제1심 판결과 항소심 판결은 피고인을 횡령죄로 논책하였다. 피해자로부터 건네받은 1,400원과 인출이 위임된 600원을 임의 소비한 부분만이 아니라 8,400원을 초과로 인출하고 임의 소비한 부분까지 모두 합하여 하나의 횡령죄에 해당한다는 것이다. 피고인이 상고하였다.

(3) 쟁점과 대법원의 판단

피고인이 상고한 것으로 보아 피고인은 횡령죄의 성립을 부인한 것으로 추정된다. 따라서 다툼의 시작은 횡령죄의 성부였는데, 대법원은 피고인이 초과로 인출하여 임의 소비한 8,400원에 초점을 맞추었다. 그러면서 8,400원에 관한 한 횡령죄는 부정된다고 판시하였다. 그 이유는 초과로 인출한 8,400원은 피고인이 피해자를 위하여 인출·보관한 금원이 아니기 때문이라는 것이다. 하지만 대법원이 8,400원의 부분에 대해 무죄의 판단을 한 것은 아니다. 대법원은 다툼의 전선을 배임죄의 성부로 돌렸고, 초과인출을 배임죄에 해당하는 것으로 판시하였다. 그러면서, 피고인은 ① 인출이라는 사무처리에 당하여 ② 사리를 도모할 목적으로 본래의 임무에 반하여 인출하였음을 지적하였다. 즉, 배임죄의 성립요건 중 '타인사무의 처리'라는 행위주체의 요건과 '임무위배 행위'라는 행위태양의 요건이 충족된다는 것이다. 하지만 그 이외의 요건, 특히 배임죄의 행위객체인 '재산상 이익'의 요건에 대해서는 충족 여부에 대한 설명이 발견되지 않는다. 어쨌든 대법원의 최종적 판단은 초과인출이 횡령죄가 아니라 배임죄에 해당한다는 것이고, 그에 따라 대법원은 원심판결을 파기하고 사건을 원심법원에 환송하였다.

덧붙여서, 현금 1,400원과 인출이 위임된 600원을 임의·소비한 부분에 대하여 대법원이 어떤 판단을 하였는지 궁금해지는데, "8,400원에 대하여까지 법률적 평가를 함에 있어 횡령으로 판단한 것은" 문제가 있다고 판시하는 것으로 보아 나머지 부분에 대한 횡령죄는 인정한 것으로 독해된다. 하지만 그러면서도 횡령죄(현금 1,400원과 인출이 위임된 600원)와 배임죄(초과로 인출한 8,400원)의 죄수 관계가 어떻게 되는지에 대해서는 별도의 판시내용이 발견되지 않는다.

2. 검토

(1) 검토사항

<대상판결 B>는 초과인출을 배임죄로 논책한 판결이다. 그런데 배임죄는 "타인의 사무를 처리하는 자가 임무에 위배되는 행위를 하여 재산상 이익을 취득하고 본인에게 손해를 가하는" 범죄이다. 즉, 주체인 '타인의 사무를 처리하는 자'가 '임무에 위배되는 행위'를 통해 객체인 '재산상 이익'을 취득하고 그 결과 '본인에게 손해를 가하는' 범죄인 것이다. 이 중에서 '본인에게 손해를 가함'이라는 마지막 요건의 충족은 쉽게 인정된다. 초과인출은 당연히 본인(피해자)에게 재산상 손실을 끼치는 것이기 때문이다. 따라서 검토할 사항은 ① '타인의 사무를 처리하는 자'라는 주체의 요건과 ② '임무에 위배되는 행위'라는 행위의 요건 및 ③ '재산상 이익'이라는 객체의 요건이 충족되는지 여부이다. 하나씩 검토한 후에, 대상판결이 판시하지 않은 죄수관계의 문제도 덧붙여서 살펴보기로 한다.

(2) 타인의 사무

배임죄의 행위주체인 '타인의 사무를 처리하는 자'란 타인으로부터 일정한 신임관계를 기초로 맡겨진 재산상 사무를 그 타인을 위해 수행하는 자를 말한다. ① 사무처리의 근거로서 타인과의 관계에서 일정한 신임관계가 있어야 하고 ② 사무의 내용이 재산상 사무여야 하며 ③ 궁극적으로 사무의 성격이 자신의 사무가 아니라 타인의 사무여야 한다는 점이 핵심적인 개념요소이다. 우선, 신임관계의 존재는 대상판결의 사안에서 어렵지 않게 확인된다. 피고인은 피해자로부터 예금인출을 위임받았으므로 양자 간에는 위임에 기초한 신임관계가 설정되었기 때문이다. 또한 피고인에게 맡겨진 예금인출의 사무가 재산상 사무라는 점도 이견 없이 인정된다. 따라서 사무의 '타인성'이라는 마지막 요소만 인정되면 행위주체의 요건이 충족되는데, 이는 피고인의 예금인출이 자신(피고인)을 위한 것인지 타인(피해자)을 위한 것인지 판단함으로써 해결될 수 있다. 검토하건대, 피해자의 위임을 받고 피해자의 예금통장에서 예금을 인출하는 사무는 당연히 피해자를 위한 사무이고, 피고인은 심부름을 하는 위치에 있을 뿐이라고 설명하는 것이 사리에 맞다. 따라서 <대상판결 B>가 "인출이라는 사무처리에 당한" 피고인을 배임죄의 행위주체로 인정한 것은 수긍할 만하다.

(3) 임무위배행위

배임죄의 행위태양은 '임무위배'이다. 여러 경우를 포함하는 바, 법률의 규정이나 계약의 내용 혹은 신의칙상의 요청 등을 위반하는 것이 모두 임무위배에 해당될 수 있다고 일반적으로 설명한다. 판례 역시 마찬가지이다.[12] 따라서 초과인출이 임무위배에 해당됨은 당연하다. 더욱이 <대상판결 B>의 사안에서처럼 임의 소비로까지 연결된 경우라면 심부름이라는 본래의 임무에서 벗어났음은 보다 확실해진다. 따라서 <대상판결 B>가 "사리를 도모할 목적으로 그 본래의 임무

12) 대법원의 판시에 의하면 "임무에 위배하는 행위라 함은 처리하는 사무의 내용, 성질 등 구체적 상황에 비추어 법률의 규정, 계약의 내용 혹은 신의칙상 당연히 할 것으로 기대되는 행위를 하지 않거나 당연히 하지 않아야 할 것으로 기대하는 행위를 함으로써 본인과 사이의 신임관계를 저버리는 일체의 행위를 포함하는 것"이라고 한다(2002도1696).

에 반해 8,400원을 더 인출함으로써 위 공소외인에 대한 배임적 행위를 감행하였다."고 판시한 것 역시 충분히 수긍할 만하다.

(4) 재산상 이익

배임죄가 성립하기 위해서는 취득한 대상이 '재산상 이익'이어야 한다. 이 점이 재물을 행위개체로 하는 횡령죄와 구별되는 가장 중요한 지표임은 주지의 사실이다. 횡령죄와 배임죄의 관계에 대한 논의는 별개로 하고, 무엇보다 형법이 횡령죄의 객체를 재물로 명시하는 반면(형법 제355조 ①항) 배임죄의 객체는 재산상 이익으로 규정하고(형법 제355조 ②항) 있기 때문이다. 그런데 <대상판결 B>에서 피고인이 취득한 대상은 예금계좌에서 인출된 금원이다. 일반적으로는 현금일 것으로 생각된다. 따라서 그러한 금원을 배임죄의 객체인 재산상 이익으로 볼 수 있느냐의 문제가 제기된다. 이에 대해 <대상판결 B>는 별다른 설명을 하지 않는다. 결론에 있어서 피고인의 초과인출이 배임죄에 해당한다고 판시하였을 뿐, 취득한 금원이 어떤 법리로 재산상 이익에 해당되는지에 대한 설명이 없는 것이다.

여기서 추정해 볼 수 있는 법리는 재산상 이익이 재물을 포함한다고 보는 소위 포함설의 입장이다. 그렇다면 금원은 재물이면서 역시 재산상 이익의 범주에 포함될 수 있다. 하지만 포함설은 그 자체의 타당성 여부를 별개로 하고라도, 배임죄의 객체를 설명함에는 적합하지 않은 이론이다.[13)] 배임죄는 횡령죄와 쌍을 이루는 범죄유형으로서 각기 재산상 이익과 재물을 나누어 객체로 규정하고 있기 때문이다. 따라서 배임죄의 객체인 재산상 이익에 굳이 재물이 포함되는 것으로 이해할 필요가 없을 뿐 아니라, 만약 그렇게 한다면 횡령죄의 독자성이 상실된다. 나아가 앞에서 적시한 바 있듯이 현재 판례는 재물과 재

13) 앞의 논의에서 잠깐 소개한 바와 같이, 포함설은 컴퓨터 등 사용사기죄의 객체범주를 설명하는 견해로는 의미를 지닐 수 있다. 컴퓨터 등 사용사기죄는 '재산상 이익'만을 객체로 명시하고 있으면서, '재물'의 취득을 따로 논책하는 파트너 범죄가 없기 때문이다.

산상 이익을 분리하는 구별설의 입장을 취하고 있다.[14] 따라서 그러한 판례가 성립되기 전에 판시된 <대상판결 B>가 혹여 포함설을 전제로 하고 있었더라도, 이는 현재의 판례 체계에서 받아들여지기 힘들다. 결국 초과인출을 배임죄로 논책하는 작업은 객체인 재산상 이익의 요건에서 장애에 부딪히고 마는 것이다.

(5) 죄수관계

<대상판결 B>는 초과인출의 죄책을 배임죄로 변경하면서도, 위임받은 금액의 임의 소비에 대해서는 횡령죄에 해당한다는 원심판결을 문제 삼지 않고 있다. 따라서 피고인에게는 횡령죄와 배임죄의 죄책이 모두 부과될 수 있고, 그렇다면 양 죄의 죄수관계가 설명되어야 할 것이다. 임의 소비한 10,400원을 하나의 묶음으로 보아 상상적 경합으로 처리할 것인지, 위임된 2,000원과 초과로 인출한 8,400원을 나누어 실체적 경합으로 처리할 것인지 판단해야 한다. 이에 대해 <대상판결 B>는 판시하고 있지 않으나, 양 죄를 모두 인정한다면 실체적 경합으로 처리하는 것이 합리적이라고 생각한다.

(6) 소결

<대상판결 B>는 피고인의 초과인출이 타인의 사무를 임무에 위배하여 처리한 행위라는 점에만 초점을 맞추어서 배임죄로 판단하였다. 하지만 인출한 금원의 성격에 대한 설명 없이 배임죄로 논책하는 것은 무리가 있다. 그리하여 제1심 판결과 항소심 판결은 위임받은 금액의 임의 소비 뿐 아니라 초과로 인출한 금액의 임의 소비까지를 모두 횡령죄로 판시한 것으로 판단된다. 그런데 그러한 하급심 법원의 판단은 20여년이 지난 후 나온 <대상판결 C(운전기사 사건)>에서도 그대로 유지된다. 이미 대법원이 횡령죄를 배척했었음에도 말이다. 장을 바꾸어 <대상판결 C>를 검토해 보기로 하자.

14) 각주 8)에서 적시한 2003도1178과 2002도2134 참조.

Ⅳ. 〈운전기사 사건(대상판결 C)〉에 대한 검토

1. 판결내용

(1) 사실관계

공장의 운전기사인 피고인은 공장 운영주의 처로부터 200만원을 인출해 달라는 부탁을 받고 예금통장과 인장을 교부받았다. 그런데 피고인은 운영주의 차량을 몰고 은행에 가서 700만원을 인출한 후 소비하였고, 몰고 간 차량을 인근 주차장에 주차시킨 후 예금통장과 인장만 차량 안에 넣어두고 도주하였다.

(2) 죄책 판단의 대상과 다투어진 부분

피고인의 죄책은 두 가지 점에서 문제된다. 첫째, 위임을 초과하여 현금을 인출한 후 이를 모두 소비하였다는 점이다. 둘째, 운영주의 차량을 몰고 가서 인근 주차장에 주차시킨 후 도주하였다는 점이다. 그런데 당사자들이 상소를 통해 다툰 부분은 후자의 죄책에 관해서였다. 즉, 차량의 이동주차 후 도주가 절도죄에 해당되는지 여부가 다투어졌는데, 제1심 법원은 절도죄의 성립을 긍정하였으나, 항소심 법원은 차량에 대한 피고인의 불법영득의사를 부정하여 무죄를 선고하였다. 이에 검사가 상고하였고, 대법원은 항소심 법원의 판결을 채증법칙 위반과 심리 미진 등의 이유로 파기하고 사건을 원심법원에 환송하였다.

(3) 초과인출에 대한 법원의 판단

대법원에서 다투어진 사항은 차량 절도에 관한 것이었으나, 이 글의 관심대상은 초과인출의 죄책이다. 200만원의 인출을 부탁받고 예금통장과 인장을 교부받은 피고인이 은행에서 700만원을 인출한 후 소비하였는바, 그에 대한 죄책의 검토가 이 글의 논제인 것이다. 이에 대해 검사는 위임된 금액의 소비와 초과로 인출한 금액의 소비를 모두 합하여 횡령죄로 기소하였고, 제1심 법원 뿐 아니라 항소심 법원까지도 공히 횡령죄의 성립을 인정하였다. 그리고 이러한 원심법원의 판단은 대법원에서도 다투어지지 않았다. 당사자의 상고가 없었으며, 따라서 초과인출의 죄책에 관해서는 원심법원의 판단을 확인하는 수준에서만 대법원의 판결문이 작성되어 있다.

2. 검토

(1) 검토사항

횡령죄는 “타인의 재물을 보관하는 자가 그 재물을 횡령”하는 범죄이다. 행위태양인 ‘횡령’은 불법영득을 의미하는 바, 피고인이 700만원을 인출하여 소비한 행위가 불법영득으로서 횡령에 해당함은 당연하다. 따라서 피고인의 초과인출과 소비가 횡령죄로 논책되기 위해서는 인출한 700만원이 횡령죄의 객체인 ‘자기가 보관하는 타인의(타인 소유의) 재물’에 해당하면 된다. 즉, ① 인출한 700만원이 재물이고 ② 위임받은 예금통장과 인장을 사용하여 인출한 금원의 소유가 타인에게 속하며 ③ 인출한 금원에 대하여 피고인의 자기 보관이 인정되면 횡령죄의 성립이 가능해지는 것이다. 항을 나누어 검토하기로 한다.

(2) 재물

피고인이 은행에서 인출한 700만원의 금원은 당연히 재물이다. 그것이 현금인지 수표인지는 명시되어 있지 않으나, 어느 쪽이든 재물에 해당된다. 참고로, 재물과 재산상 이익의 관계에 관한 견해의 대립도 여기서는 의미가 없다. 재산상 이익의 범주를 재물로까지 확장하든 안하든 재물의 개념이 달라지는 것은 아니기 때문이다. 700만원의 금원이 ‘경제적 가치를 지닌 유체물’인 한 재물에 해당됨은 당연하다.

(3) 타인 소유

피고인이 피해자로부터 받은 예금통장과 인장을 사용하여 은행에서 인출한 금원이 누구의 소유로 처리되어야 하는지 문제된다. 이에 관해서는 <대상판결 A>를 검토하면서도 잠깐 살펴본 바 있다. 현금카드로 현금자동지급에서 예금을 인출한 사안이어서 당해 판결의 사안과 일치하는 것은 아니지만, 인출한 금원의 소유관계를 밝힘에 있어서는 당연히 유사성을 갖는다. 양 사안은 인출의 수단이 다를 뿐이지 위임의 내용이 동일하기 때문이다. 피해자는 피고인에게 지정된 금액의 예금을 인출해 달라고 부탁하면서 인출의 수단(현금카드 혹은 예금통장과 인장)을 넘겨주었다. 따라서 ① 예금인출의 권한을 부여하였을 뿐이지 ② 인출한 금원의 소유권까지 이전하지는 않았음이 양 사안의 위임내용에서 모두 확인되는 것이다.

인출의 부탁이 소유권의 이전으로 해석될 수 없다는 점은 사안의 내용을 조금 변형해보면 쉽게 드러난다. 금원이 은행에 예치된 상태가 아니라 특정 시설의 사물함에 보관된 경우라면 어떨까? 사물함에 보관된 금원을 꺼내서 갖다 달라고 사물함의 열쇠를 넘겨 준 경우에 금원의 소유권이 이전되는가? 그렇지 않음은 자명하다. 열쇠를 받은 자는 단지 심부름을 수행할 뿐이며, 금원은 사물함에 보관된 상태이든 꺼내진 상태이든 여전히 원소유자의 소유에 속할 것이기 때문이다.

비교사안의 내용을 대상판결의 사안에 보다 근접시키기 위해서는 사물함이 제3자에 의해 관리되는 상황으로 설정해도 좋다. 즉, 관리자가 열쇠를 받아 사물함을 열고 금원을 꺼내 주는 구도이다. 이러한 구도는 관리자의 판단과 행위가 개재된다는 점에서 창구직원을 통한 예금인출의 사안과 매치된다. 그리고 이왕 비교사안을 구성하는 김에 열쇠를 상환증으로까지 바꾼다면 대상판결의 사안과 구조가 더욱 유사해진다. 그러한 경우에 관리자가 상환증을 확인하고 꺼내준 금원은 은행의 창구직원이 예금통장과 인장을 확인하고 지급한 예금과 비교할 때, 소유관계를 검토하기 위해 고려해야 할 요소들이 다르지 않다. 가장 먼저 주목해야 할 요소는 관리자가 수령인에게 금원을 넘겨주는 행위의 법적 의미인데, 그것은 일종의 채무이행에 불과할 뿐 소유권을 이전하는 행위가 아니다. 관리자에게는 보관하는 금원의 소유권을 변경시킬 권한이 없으며, 그것은 오로지 금원의 원소유자인 위임인이 관장하는 사항이다. 따라서 위임인 자신이 금원의 소유권을 수임인에게 이전한 것이 아닌 한, 수임인은 관리자로부터 수령한 금원의 소유자가 될 수 없는 것이다.[15] 마찬가지의 논리로 <대상판결 C>의 사안에서도 피고인이 인출한 예금은 피고인의 소유로 처리될 수 없으리라 생각된다.

덧붙여서, 소위 위탁매매의 경우에도 위탁물과 매매대금은 모두 위탁인의 소유로 취급된다는 점이 상기될 필요가 있다. 특히 매매대금까지 위탁인의 소유라는 점, 따라서 수탁인이 매매대금을 임의로 처분하면 횡령죄에 해당된다는 법리는 대상판결의 사안과 관련하여 제기될 수 있는 마지막 시비에 대한 답변이 된다. 즉, <대상판결 C>의 사안에서는 은행직원이 지급한 예금의 원소유자가 은행이어서 사물함에 보관된 금원의 경우와 다르지 않느냐는 시비인데, 위탁매매의 사안 역시 매매대금의 원소유자가 매수인이므로, 제3자 소유의 금원이 지급된 경우에도 막 바로 수령인에게 소유권이 이전되는 것은 아니라는 법리가 가능해진다. 결국 중요한 것은 위탁인과 수탁인 간의 합의내용이고[16] 이를 바탕으로 제3자인 매수인으로부터 수령한 금원이 위탁인의 소유로 되는 것인데, 그렇다면 <대상판결 C>의 사안에서도 예금인출의 위임인과 수임인이 합의한 내용은 인출금원의 소유권 귀속에 관한 한 위탁매매의 사안과 전혀 다르지 않으므로 수임인이 은행직원으로부터 수령한 금원은 위임인의 소유에 속하게 되는 것이다.

(4) 자기 보관

피고인의 초과인출과 소비를 횡령죄로 논책하기 위해서는 '자기 보관'이라는 또 다른 성립요건이 충족되어야 한다. 그런데 여기서의 '보관'은 '위탁관계에 의한 점유'를 의미한다는 것이 일반적인 해석이

15) 유사한 참고 사례로서 위탁매매를 들 수 있다. 주지하는 바와 같이 위탁매매에서도 위탁한 목적물과 수탁자가 판매한 대금은 모두 위탁자의 소유로 처리된다. 판례 역시 마찬가지이다(86도1000).

16) 위탁매매에서 위탁인과 수탁인은 매매대금이 위탁인의 소유에 속한다는 점을 당연히 합의한다.

다. 즉, ① 타인의 재물을 점유하면서 ② 그것의 원천에 위탁관계가 있어야 한다는 것이다. 여기서 전자의 '점유'는 쉽게 확인된다. 피고인은 인출한 금원을 직접점유의 형태로 사실상 지배하게 되는 바, 이는 횡령죄의 전형적인 점유 유형에 해당되기 때문이다. 문제는 후자의 '위탁관계'이다. 피고인이 인출·점유한 700만원에 어떤 위탁관계가 인정될 수 있는지 검토가 필요하다.

우선 인출·인도가 부탁된 200만원의 위탁관계는 논란 없이 위임으로 설명된다. 피해자가 피고인에게 200만원의 인출·인도라는 사무처리를 부탁하였고 피고인이 이를 승낙하였기 때문이다. 따라서 피고인은 선량한 관리자의 주의의무로 위임사무를 처리해야 하는 바, 이러한 위임의 법률관계가 횡령죄의 성립요건인 보관의 원천이 됨은 물론이다.

하지만 초과로 인출된 500만원에 대해서는 부탁된 사무처리의 범위를 벗어났기 때문에 위임으로 설명하는 것이 힘들어진다.[17] 여기서 초과인출 부분에 대한 위탁관계의 법리가 요구되는데, 결론적으로 말하면 조리에 의한 보관의무가 인정될 수 있으리라 생각된다. 주지하는 바와 같이 횡령죄의 위탁관계는 위임 등의 계약에만 한정되지 않고 사무관리 등의 법률규정이나 관습, 조리, 신의칙에 의해서도 발생될 수 있다는 것이 일반적인 견해이며 판례 역시 마찬가지이다.[18] 그런데 사무관리는 '의무 없이 타인을 위하여 그의 사무를 관리하는 것'이므로 위임을 받은 후 권한을 넘어서 초과로 인출한 <대상판결 C>의 사안에는 어울리지 않는다. 관습이라는 규범 역시 초과인출과 관련하여

17) 인출을 부탁하면서 예금통장과 도장을 교부하면 예금계좌의 전 금액에 대한 보관의 위임이 있는 것으로 설명해 볼 수도 있겠으나, 이는 위임자의 의사에 반하는 해석이다.

18) 대법원의 판시에 의하면 "횡령죄에 있어서의 재물의 보관이라 함은 재물에 대한 사실상 또는 법률상 지배력이 있는 상태를 의미하므로 그 보관이 위탁관계에 기인하여야 할 것임은 물론이나 그것이 반드시 사용대차, 임대차, 위임 등의 계약에 의하여 설정되는 것임을 요하지 아니하고 사무관리, 관습, 조리, 신의칙에 의해서도 성립된다."고 한다(87도1778).

제시될만한 내용이 발견되지 않으며, 신의칙은 거래관계에서 지켜져야 할 자제와 배려의 규범이므로 초과인출이라는 위법행위를 행한 이후의 보관의무를 설명하기에는 다소 무리가 따른다. 따라서 초과로 인출된 500만원에 대해 피고인에게 보관의무를 부과하는 원천은 조리에서 찾는 것이 무난하리라 생각된다. 피고인에게 초과인출의 권한은 없지만 일단 초과로 인출한 후에는 선량한 관리자의 주의의무로 보관해야 할 의무가 조리의 한 내용으로 부과된다는 것이다.[19)]

(5) 소결

<대상판결 C>에는 초과인출을 횡령죄로 논책한 원심법원의 판단이 적시되어 있지만, 그에 관한 법리가 적극적으로 개진되어 있지는 않다. 이에 이 글은 '자기가 보관하는 타인 소유의 재물'이라는 횡령죄의 성립요건이 초과인출의 사안에서 어떻게 충족될 수 있는지 논증하여 보았다. 그럼으로써 초과인출의 죄책에 관한 <대상판결 C>의 판시를 지원하고자 하는 것인데, 조금 더 힘을 보태는 설명을 위해 장을 바꾸어 3가지 판결에 대한 종합적 평가를 수행해 보고자 한다.

Ⅴ. 종합평가

1. 판례 읽기-사안별 논책-

종합적인 평가를 위해서는 우선 위의 3가지 판결이 현재의 판례체계 내에서 어떻게 이해되어야 할지 정리하는 작업이 필요할 것 같다. 3개의 판결은 현재 모두 효력을 지니고 있다. 따라서 각기 다른

19) 조리에 의한 위탁관계의 발생은 단순한 명제로서만이 아니라 구체적인 사안에서도 판례가 인정하고 있다. 대표적인 사례로서 대법원은 "채무자가 채무총액에 관한 지불각서를 써 줄 것으로 믿고, 채권자가 채무자에게 그 액면금 등을 확인할 수 있도록 가계수표들을 교부하였다면, 채권자와 채무자 사이에는 만약 합의가 결렬되어 채무자가 채권자에게 지불각서를 써주지 아니하는 경우에는 곧바로 그 가계수표들을 채권자에게 반환하기로 하는, 횡령죄에 있어서 조리에 의한 위탁관계가 발생하였다."고 판시한 바 있다(96도410).

결론의 병립은 적용 사안의 구분이라는 방법으로 정리될 수밖에 없을 것이다. 충돌을 피하기 위해서는 다음과 같은 궁여지책(?)의 독해가 불가피하리라 생각된다.

첫째, <PC방 종업원 사건(대상판결 A)>은 현금자동지급기에서 초과인출이 행해지는 사안만을 대상으로 한다. 그래야 컴퓨터 등 사용사기죄의 성립이 가능할 것이기 때문이다. 현금자동지급기에서의 인출이라면 현금카드를 사용하는 경우 뿐 아니라 예금통장의 바코드를 통해 인출하는 경우도 당연히 포함될 수 있음은 물론이다.

둘째, <양복심부름 사건(대상판결 B)>에서 초과인출을 배임죄로 논책하는 법리는 은행창구의 직원으로부터 예금을 인출하는 사안에 적용하면 된다. 그런데 주의할 사항은 초과인출의 부분에 대해서만 배임죄의 죄책이 주어진다는 점이다. 위임받은 금액의 임의 소비는 별개의 문제이다. 동 판결 자체에서도 위임 금액의 임의 소비는 횡령죄에 해당된다는 원심법원의 판단을 묵인하고 있다.

셋째, <운전기사 사건(대상판결 C)>은 초과인출의 죄책 보다 위임받은 금액의 임의 소비를 논책한 판결이라고 이해하는 것이 불가피하다. 그래야 <대상판결 B>와의 충돌이 해소된다. 문제는 이러한 독해가 초과인출의 죄책에 관한 한 운전기사 사건의 의미를 의도적으로 배제한다는 점이다. 그리고 그러한 배제가 동 판결이 명시적으로 논책한 범위와 일치하지 않음은 물론이다. 동 판결은 위임된 200만원 뿐 아니라 초과로 인출된 500만원의 임의 소비까지를 모두 포함하여 횡령죄로 논책하고 있다. 그럼에도 불구하고 동 판결의 적용범위를 의도적으로 축소할 수밖에 없음은 초과인출의 죄책에 관한 한 <대상판결 B>가 너무나 적극적으로 배임죄 논책의 법리를 판시하고 있기 때문이다. 따라서 <대상판결 C>는 위임받은 금액의 임의소비가 횡령죄에 해당된다는 기존의 입장(특히 양복심부름 사건에서의 묵인의 입장)을 다시 한 번 확인한 판결로 그 의미를 축소시킬 수밖에 없는 실정이다.

2. 횡령죄로의 통합

(1) 범죄성의 동일

이 글은 앞에서 3가지 판결의 서로 다른 결론의 조정 방안을 제시해 보았다. 하지만 그러한 대법원의 판시에 매이지 않고 위 3개의 사건을 평가해 본다면, 그것들의 범죄성은 동일하다는 것이 이 글의 판단이다.

우선 가장 중요한 비교인 인출방법의 차이는 범죄의 수단이 달라지는 것일 뿐 범죄성의 평가를 달라지게 하는 요소가 아니다. 예금의 인출이 현금자동지급기에서 이루어졌는지 창구의 직원을 통하였는지가 범죄성의 평가에 어떤 영향을 미치는가? 만약에 예금통장을 받은 피고인이 창구의 직원을 통해 인출하지 않고 현금자동지급기에서 인출하였다면 범죄성이 더 중해지는가? 반대로 현금카드를 받은 피고인이 직접 현금자동지급기에서 인출하지 않고 창구직원에게 인출을 의뢰하였다면 범죄성이 경해지는가? 앞의 사안이든 뒤의 사안이든 범죄성의 평가에서 차이를 두는 것은 설득력이 없다. 그렇다면, 현금카드로 현금자동지급기에서 인출하였든 예금통장으로 창구직원에게서 인출하였든 역시 범죄성이 질적으로 달라져서는 안 된다는 것이 이 글의 판단이다. 결국 초과인출의 범죄성은 '위임범위를 넘은 인출'에서 찾아져야지 인출의 방법에 좌우될 일은 아닌 것이다.

덧붙여서, 예금을 초과로 인출한 후에 위임받은 금액과 초과인출의 금액을 모두 임의 소비하였다면, 전자(위임 금액의 소비)와 후자(초과 금액의 소비)의 범죄성 평가가 달라지는지에 대해서도 따져볼 필요가 있다. 이 논제에 관해서는 <대상판결 B>와 <대상판결 C>가 다른 해법을 판시하고 있다. 전자는 초과 금액의 소비를 배임죄로 논책하면서 위임 금액의 소비에 대해서는 횡령죄에 해당된다는 원심 법원의 판단을 수용한다. 따라서 양자의 죄책을 달리하는 것이다. 반면에 후자는 위임 금액의 소비와 초과 금액의 소비를 모두 합하여 횡령죄로 논책한 원심 법원의 판단을 묵인하였다. 따라서 의미를 인위적으로 축소하지 않고[20] 판시 그대로 읽어낸다면 양자는 배치되는 셈이다. 여기서 양 판결에 대한 시비가 요구되는데, 이 글은 <대상판결 B>의 기교보다는 행위의 범죄성을 통합적으로 평가하는 <대상판결 C>의 관점이 더 설득력을 갖춘 것으로 판단한다. 위임 금액의 취득이든 초과 금액의 취득이든 인출을 의뢰받은 자가 불법으로 취득하였다는 범죄성은 동일하므로 양자를 통합하여 평가하는 것이 타당하다는 판단이다.

(2) 컴퓨터 등 사용 사기죄의 부적합성

3가지 판결의 사안이 동일한 범죄성을 지니고 있다면 어떤 죄명으로 논책하는 것이 가장 적합할까? 앞에서 적시한 바와 같이 3가지 판결은 제각기 컴퓨터 등 사용사기죄와 배임죄 및 횡령죄를 제시한다. 그런데 이 중에서 전 1자(컴퓨터 등 사용사기죄)와 후 2자(배임죄와 횡령죄)의 범죄성은 질적으로 명백히 다르다. 컴퓨터 등 사용사기죄는 기망을 범죄성의 핵심으로 하는 사기죄의 일종인 반면, 배임죄와 횡령죄는 배신이나 월권 혹은 불법취득 등에서 범죄성이 찾아지는 범죄이다.

따라서 전 1자와 후 2자 중에서 어느 쪽을 택할 것인지 먼저 결정해야 하는데, 적어도 컴퓨터 등 사용사기죄는 해답이 될 수 없다는 것이 이 글의 판단이다. 초과인출은 위임을 바탕으로 하는 행위이므로 기망과는 거리가 멀다. 그래서 <대상판결 A>의 검토에서 적시한 바와 같이, 컴퓨터 등 사용사기죄의 행위요건인 권한 없는 정보입력을 인정함에 무리가 따르는 것이다. 나아가 <대상판결 A>의 사안을 컴퓨터 등 사용사기죄로 논책한다면 다른 대상판결의 사안들에서도 사기죄가 죄책으로 거론되어야 한다. 하지만 <대상판결 B>와 <대상판결 C>의 사안에서는 사기죄의 요소가 발견되지 않는다. 피고인은 인출의 권한을 부여받았으므로 창구직원에 대한 기망이 인정될 수 없을

20) 앞에서 <운전기사 사건(대상판결 C)>의 적용범위를 위임받은 금액의 임의 소비에만 한정하여 읽은 것은 <양복 심부름 사건(대상판결 B)>과의 충돌을 피하기 위한 의도적 축소이다.

것이기 때문이다. 그리하여 결론적으로 3가지 판결의 사안을 하나로 엮어 줄 죄책은 적어도 사기죄의 계열에서는 찾아질 수 없다는 판단이 나오게 된다.

(3) 배임죄인가? 횡령죄인가?

사기죄가 해답이 아니라면 3가지 판결의 사안을 논책할 공통의 죄명은 배임죄나 횡령죄가 되어야 한다. 앞에서 살펴본 바와 같이, <대상판결 B>는 배임죄로 판단하고 <대상판결 C>는 횡령죄의 편을 든다. 어느 쪽이 타당한가?

우선 초과인출의 행위구조에 배임죄의 행위요소가 들어가 있다는 점은 분명해 보인다. 위임범위를 넘어선 인출이 지니는 문제성의 본질은 소위 '임무위배'에서 찾아질 것이기 때문이다. <대상판결 B>가 초과인출을 배임죄로 논책한 배경에는 사안의 본질에 대한 이런 식의 관찰이 있는 것으로 이해된다. 그러면서 피고인의 인출은 피해자로부터 의뢰된 사무이므로 '타인의 사무를 처리하는 자'라는 배임죄의 주체 요건도 인정되고, 초과인출을 통해 피해자 본인에게 손해를 끼친 점도 충분히 확인된다.[21] 배임죄의 객체 요건인 '재산상 이익'의 항목만 설명해 낼 수 있으면 배임죄의 성립요건이 모두 충족되는 셈이다.

하지만 배임죄의 핵심요소인 '임무위배'는 횡령죄에서도 범죄성의 본질로 전제된다는 점을 환기할 필요가 있다. 주지하는 바와 같이 횡령죄는 배임죄와 계열을 같이하는 범죄이다. 횡령죄의 성립요건에 '임무위배'가 명시되지 않은 이유는 횡령죄의 객체가 재물이기 때문이다. 취득대상이 재물인 한, 보관이 위임된 타인의 재물을 횡령하는 행위는 그 자체가 '임무위배'에 해당된다. 따라서 횡령죄의 법문에는 굳이 '임

21) 이러한 점들에 착안하여 초과인출이 배임죄에 해당한다고 논증한 문헌도 있다(김성룡, "위임을 초과한 현금인출행위의 형사법적 죄책", 형사판례연구 제16집, 2008년 6월, 202-205면 참조). 그러면서 동 문헌은 "초과 지급 요청된 금액만큼의 재산상 이익"을 피고인이 취득했다고 설명하는 바, 그것은 피해자가 입은 손해의 반면이지 피고인이 취득한 대상이라고 할 수는 없다. 피고인이 취득한 것은 분명 초과로 인출한 '금원'이다.

무위배'가 명시되지 않는다. 반면에 배임죄는 재산상 이익이 객체로 설정된 범죄이므로 그것의 불법취득이 문제되기 위해서는 행위자의 '임무위배'가 확인되어야 한다. '본인에게 손해가 발생'해야 한다는 배임죄의 성립요건 역시 마찬가지이다. 재물의 횡령은 그 자체로 본인에게 손해를 발생시키는 것이기 때문에 따로 문제 삼아지지 않지만, 재산상 이익의 취득을 논책해야 하는 배임죄에서는 본인에 대한 손해발생까지 확인될 필요가 있는 것이다. 이렇게 볼 때 배임죄와 횡령죄는 범죄성의 측면에서 같은 계열의 범죄이고, 양자의 차이는 단지 객체의 항목에서만 찾아진다. 즉, 배임죄가 재산상 이익을 취득하는 범죄임에 반하여 횡령죄는 재물을 객체로 하는 범죄인 것이다.[22)]

그렇다면 초과인출의 죄책을 배임죄와 횡령죄 중 어느 쪽으로 할 것인지에 대한 답은 취득한 대상이 무엇인가에 따라 좌우되는 셈이다. 따라서 답은 명확해진다. 초과로 인출한 금원은 그것이 현금이든 수표이든 재물임이 명백하다. 재물을 불법 취득한 사안이라면 횡령죄로 논책하면 되고 굳이 배임죄를 거론할 필요가 없다. 금원을 재산상 이익으로 둔갑시키는 기교까지 부려가면서 배임죄에 집착하는 것은 양 죄가 형제지간임을 몰각한 논변이다. 그런 노고보다는 횡령죄의 중심요건인 '타인소유/자기보관'의 법리를 발전시키는 작업이 훨씬 더 유용하다. 초과인출로 취득한 금원이 피고인의 입장에서 볼 때 어떻게 '타인소유/자기보관'의 재물에 해당되는지 설명해 내는 일이다. 이에 관하여 이 글은 이미 <운전기사 사건(대상판결 C)>을 검토하면서 나름의 법리를 제시한 바 있다. 첨언하면, 거기서의 횡령죄 법리는 나머지 대상판결의 사안들에도 그대로 적용될 수 있다는 것이 이 글의 판단

---

22) 횡령죄와 배임죄의 차이를 전자는 '타인의 재물을 보관하는 자'의 범죄임에 반하여 후자는 '타인의 사무를 처리하는 자'의 범죄라는 점에서 찾아야 한다는 견해도 제시된다(김태명, "재물과 재산상 이익의 개념과 양자의 교착", 형사법연구 제26권 2호, 2014년 6월, 89면). 하지만 '타인의 재물을 보관하는' 것이 곧 '타인의 사무 처리'라는 점을 고려하면, 양 죄의 차이는 객체 이외의 부분에서 발견되지 않는다.

이다. <양복 심부름 사건(대상판결 B)>은 물론이고, <PC방 종업원 사건(대상판결 A)>에서도 현금자동지급기라는 인출수단의 차이가 횡령죄 법리의 적용에 지장을 초래하지는 않는다는 점을 명기하고자 한다.[23]

3. 기타 논제

(1) 기수 시기

초과인출을 횡령죄로 논책한다면 기수의 시기가 어떻게 되는지 의문이 제기될 수 있다. 왜냐하면 횡령죄가 성립하기 위해서는 타인 소유의 재물이 자기 보관의 상태에 있어야 하는데, 자기 보관은 시기적으로 인출 이후의 단계에서 마련되는 여건이기 때문이다. 따라서 인출 자체만으로는 횡령죄의 기수를 인정하기 어렵다는 문제가 제기된다. 적어도 이론적으로는 인출과 기수 사이에 일정한 시간적 간격이 요구되는 것이다.[24]

하지만 그렇다고 해서 인출한 금원을 소비하는 단계까지 가야만 기수가 성립하는 것은 아니다. 주지하는 바와 같이 판례는 횡령죄의 기수시기를 소위 표현설의 관점에서 설정한다.[25] 따라서 불법영득의사가 객관적으로 표현되기만 하면 횡령죄의 기수 논책이 가능해진다. 표현설은 일반적으로 미수의 성립범위를 좁히는 바, 이는 초과인출의 경우에도 마찬가지이다. 더욱이 초과인출은 그 자체가 불법영득의사에서 비롯되는 행위이므로 그것의 객관적 표현을 확인하기 위해 결정

23) PC방 종업원 사건(대상판결 A)을 횡령죄로 논책해야 한다고 주장하는 문헌으로는 조현욱, "위임받은 금액을 초과한 현금인출과 컴퓨터 등 사용사기죄", 비교형사법연구 제8권 1호, 2006년 6월, 407면 참조

24) 이런 문제는 초과인출을 컴퓨터 등 사용사기죄나 배임죄로 논책한다면 발생되지 않는다. 양 죄는 인출에 의해 비로소 창출되는 범죄성립의 여건이 요구되지 않기 때문이다. 따라서 컴퓨터 등 사용사기죄나 배임죄의 경우에는 모두 인출과 동시에 기수로 논책하는 것이 가능해진다.

25) 대법원은 "불법영득의사가 외부에 인식될 수 있는 객관적 행위가 있을 때 횡령죄가 성립한다."고 판시한다(2004도5904).

적인 또 다른 행위가 필수적으로 필요한 것은 아니다. 그리하여 실제에 있어서는 초과인출과 기수 사이의 시간적 간격이 이론적으로 요구되는 만큼의 의미 있는 기간까지 가지 않으리라 생각된다. 초과인출과 동시에 마음을 바꾸어 인출한 금액을 모두 피해자에게 갖다 준 경우 정도를 제외하고는 초과인출의 사안은 대부분 횡령죄 기수로 논책될 수 있다는 이야기이다.

(2) 죄수

<대상판결 A>에서는 피고인이 초과로 인출한 금원만을 임의 소비하였지만, <대상판결 B>와 <대상판결 C>는 위임받은 금원과 초과로 인출한 금원을 피고인이 모두 임의 소비한 사안들이다. 따라서 후 2자의 경우에는 위임받은 금원의 임의소비와 초과로 인출한 금원의 임의소비가 모두 논책되어야 하는 바, 양자를 합하여 횡령죄의 포괄일죄로 처리하면 충분하리라 생각된다. <대상판결 C> 역시 같은 처리 방법을 취하고 있다.

Ⅵ. 맺는 말

이 글은 초과인출의 죄책을 각기 컴퓨터 등 사용사기죄와 배임죄 및 횡령죄로 판단한 3개의 대법원 판결을 검토한 후, 횡령죄 판단의 타당성을 논증하였다. 그러면서 횡령죄 판결인 <운전기사 사건(대상판결 C)>에 판시되지 않은 횡령죄의 근거 법리를 구성해 보았고, 이에 입각하여 <양복 심부름 사건(대상판결 B)>과 <PC방 종업원 사건(대상판결 A)>의 사안도 횡령죄로 판단하도록 제안하고 있다. 결론적으로 <운전기사 사건(대상판결 C)>이 초과인출의 죄책에 관한 모범판결이라는 것이 이 글의 판단이다. 향후 대법원의 판례 정리를 기대한다.

[주 제 어]

초과인출, 컴퓨터 등 사용사기죄, 배임죄, 횡령죄, 재물과 재산상 이익

[Key Words]

Exceed Withdrawal, Fraud by Electronic Instrument, The Breach of Trust, Embezzlement, Property

접수일자: 2016. 5. 2. 심사일자: 2016. 5. 31. 게재확정일자: 2016. 6. 3.

[참고문헌]

김성룡, “위임을 초과한 현금인출행위의 형사법적 죄책”, 형사판례연구 제16집, 2008년 6월.

김태명, “재물과 재산상 이익의 개념과 양자의 교착”, 형사법연구 제26권 2호, 2014년 6월.

오영근, “신용카드 관련 재산범죄에 대한 판례이론의 비판적 검토”, 한양대학교 법학연구소, 법학논총 제26집 3호, 2009년 9월.

안성조 · 서상문, “위임금액을 초과한 현금인출의 형사책임”, 경찰법연구 제7권 제1호, 2009년.

이동신, “예금주인 현금카드 소유자로부터 일정액의 현금을 인출해 오라는 부탁과 함께 현금카드를 건네받아 그 위임받은 금액을 초과한 현금을 인출한 행위가 컴퓨터 등 사용사기죄를 구성하는지 여부”, 대법원판례해설 제62호, 2006년 상반기.

조국, “위임범위를 초과한 타인의 현금카드 사용 현금인출의 형사적 죄책”, 형사판례연구 16집, 2008년 6월.

조현욱, “위임받은 금액을 초과한 현금인출과 컴퓨터 등 사용사기죄”, 비교형사법연구 제8권 1호, 2006년 6월.

한영수, “절도죄와 강도죄의 경합”, 형사판례연구 제16집, 2008년 6월.

[Abstracts]

A Study on the Criminal Liability of the Delegated Person's Excess Withdrawal

Seung Ho Lee*

Three Supreme Court's rulings are reviewed in this paper. They are all about the similar cases. Someone asked the other person to withdraw a specific sum of money from his account, but the latter(the delegated person) withdrew an excess and took it. What sort of crime should be assigned to him? The ruling A presents the view of fraud by electronic instrument. It says that defendant took illegal gain through inputting unauthorized data into ATM. Another judgement, the ruling B, sets forth the different view. It declares the breach of trust, saying that defendant violated his duty. The final judgement, the ruling C, also deals with the case alike. However it supports the decision of the lower court to give defendant the embezzlement verdict. To sum up, there are contradicted rulings on the same case! What solution could be made to handle such confusion. It is the task of this paper. The conclusion is the crime of embezzlement, it means that the ruling C is appropriate. This paper presents its grounds and arguments and hopes for readjusting The Supreme Court's ruling forward.

---

* Professor, Law School, Konkuk University.

명의신탁 부동산의 처분과 재산범죄의 성립 여부

우 인 성*

I. 서론

부동산 실권리자 명의등기에 관한 법률(이하 '부동산실명법'이라 함)이 1995. 3. 30. 제정되어 같은 해 7. 1. 시행된 지 20년이 되었다. 제정 부동산실명법[1] 제1조는 "이 法은 不動産에 관한 所有權 기타 物權을 實體的 權利關係에 부합하도록 實權利者 名義로 登記하게 함으로써 不動産登記制度를 악용한 投機·脫稅·脫法行爲 등 反社會的 행위를 방지하고 不動産去來의 正常化와 不動産價格의 안정을 도모하여 國民經濟의 건전한 발전에 이바지함을 目的으로 한다."라고 규정하고 있었고, 현행 부동산실명법도 일부 자구의 수정을 거쳤을 뿐 조문의 내용에 변함이 없다.

즉 부동산실명법은 부동산등기제도를 악용하는 행위를 방지하고 부동산거래의 투명성 및 가격 안정을 도모할 목적으로 제정된 것이다. 그리고 이러한 제도를 악용하는 방편으로 부동산실명법이 주목한 것이 명의신탁이었다. 그리하여 제4조에서는 원칙적으로 명의신탁 약정

---

* 청주지방법원 부장판사.

1) 1995. 3. 30. 법률 제4944호로 제정되어 1995. 7. 1. 시행된 것.

을 민사적으로 무효로 한다고 규정하였다. 명의신탁 약정을 무효화시킴으로써 명의신탁 약정을 하는 동기를 일소하려는 것이 부동산실명법의 목적이었다[2].

등기의 공신력에 관한 다수의 입법례를 보면, 형식주의를 취하는 국가에서는 대부분 등기의 공신력을 인정하고 있다.[3] 즉 등기가 있는 곳에 소유권이 있게 된다. 따라서 등기에 공신력이 인정될 경우, 등기의 원인행위에 무효사유가 있다고 하더라도, 등기 명의자로부터 소유권이전등기를 경료받게 되면 소유권을 유효하게 취득하게 된다. 그런데 우리나라의 경우 공신력이 부정되기 때문에 등기명의인에게 반드시 소유권이 있다고 보지 않는다. 이 점이 명의신탁의 유인이 될 수 있었을 것이다.[4] 등기가 명의자에게 경료되어 있더라도 그 원인행위를 무효화시키면 그 등기는 원인없는 등기가 되고, 따라서 원래 등기명의자에게 회복되어야 할 운명에 이르게 되기 때문이다. 따라서 명의신탁 약정을 해지할 경우 등기원인은 없는 것으로 되기 때문에 그 등기에 대하여 말소를 구할 수 있었다.

부동산 명의신탁이 이루어지는 주된 이유는, 법제도에 존재하는 규제를 피하기 위함으로 생각된다.[5] 실증적인 통계를 내세우기는 어렵지만, 탈세 · 부동산투기 · 강제집행의 면탈 등을 목적으로 행하여지는 경우가 대부분일 것이다.[6]

2) 부동산실명법 해설, 재정경제원(1995. 4.), 7.

3) 권영준, "등기의 공신력", 법조 통권 661호(2011. 10.), 35.

4) 부동산실명법 제정 당시 공청회에 참석한 토론자들 중 최명근 교수와 이동명 판사는 부동산실명제 실시에 찬성하면서, 이와 함께 장기적으로는 등기에 공신력을 부여하는 계획이 함께 수립되어야 한다는 의견을 밝혔다. 부동산실명법 해설, 103.

5) 곽윤직 · 김재형, 물권법, 박영사(2015), 126~7.

6) 박종원, "부동산명의신탁에 관한 판례의 동향", 민사법학 28호, 한국사법행정학회(2005. 6.), 246; 필자의 개인적인 경험, 즉 주변에서 필자에게 상담하거나 필자가 듣거나 보게 되는 명의신탁 사례를 보면, 채권자 때문에(책임재산 은닉), 조세문제 때문에(조세 회피), 부동산 취득 자격이 없어서(부동산 취득의 원시적 불능) 명의신탁이 이루어지는 경우가 대부분이고, 그 외의 동기로 이루어지는 경우는 보지 못하였다. 명의신탁자가 자신의 명의로 등기하는데 아

또한 부동산실명법은 명의신탁 약정에 관하여 일부 예외[7]를 제외하고는 민사상 무효라고 규정하고 있을 뿐만 아니라, 허용되지 아니하는 명의신탁 약정을 한 신탁자는 5년 이하의 징역 또는 2억원 이하의 벌금에 처하도록 규정하고 있다.[8] 그리고 이러한 법정형은 형법상 수뢰죄[9]의 그것과 대동소이하다. 즉 부동산실명법에서 금지하는 명의신탁 약정의 불법성은 입법자에 의해 높게 평가되고 있는 것이다. 문제는, 부동산실명법이 금지하는 명의신탁 약정에 있어서, 명의수탁자가 그 약정에 위반하여 명의신탁자가 신탁한 부동산을 처분하였을 경우이다. 원칙적으로 명의신탁 약정 자체는 불법이므로, 그러한 불법적인 약정을 원인으로 소유권이전등기가 행하여질 경우, 이를 불법원인급여로 보아야 하는 것 아닌지 문제된다. 가사 불법원인급여는 아니라고 하더라도, 이러한 불법적인 신탁행위를 기초로 한 신뢰관계를 위반행위에 형법이 개입하여 명의수탁자를 재산범으로 처벌하는 것이 필요한지 문제가 제기된다.

이하에서는 부동산실명법에서 금지하는 명의신탁의 유형에 관하여 간단하게 살펴본 후, 각 명의신탁 유형에 따라 명의신탁 약정에 위반하여 부동산을 처분한 명의수탁자가 어떻게 처벌되는지에 관하여 학설과 판례를 개관한다. 명의신탁 약정에 위반한 명의수탁자가 처벌된다는 것은, 그러한 명의신탁 약정에 기초한, 명의신탁자와 명의수탁자 사이의 신뢰관계가 형법상 보호할 가치가 있다는 전제에서일 터인데, 과연 그러한지에 관하여 살펴본다.

무런 장애나 거리낌이 없는 상황이라면 굳이 타인의 이름으로 등기를 경료할 이유가 없기 때문이다.

7) 종중, 부부간, 상호명의신탁은 예외로 허용된다.

8) 부동산실명법 제7조 제1항 제1호.

9) 제129조(수뢰, 사전수뢰) ① 공무원 또는 중재인이 그 직무에 관하여 뇌물을 수수, 요구 또는 약속한 때에는 5년 이하의 징역 또는 10년 이하의 자격정지에 처한다.

Ⅱ. 부동산 명의신탁의 법률관계

명의신탁이 판례에 의하여 형성된 제도라는 점에서 판례의 태도를 중심으로 부동산실명법 제정 이전 및 이후로 나누고, 민사 법률관계와 형사 법률관계를 순차로 살펴본다.

1. 부동산실명법 제정 이전

가. 민사 법률관계

부동산실명법 제정 이전에, 명의신탁 약정이 법률상 유효한 것인지에 관하여는 유효설과 무효설, 한정적 유효설로 견해가 대립되었다. 유효설은 명의수탁자가 명의신탁 약정에 반하여 소유권을 행사하지 아니할 의무를 부담하는 것을 내용으로 하는 것으로 허위표시가 아니라고 보는 입장으로,[10] 소유권이 대내외적으로 모두 수탁자에게 이전하는가, 아니면 대내적으로만 수탁자에게 이전하는가에 따라서 상대적 권리이전설과 절대적 권리이전설[11]로 입장이 나뉘었다. 판례는 상대적 권리이전설의 입장을 취하였다.[12]

이에 대하여 무효설은 명의신탁은 당사자 사이에서 외관을 가장하고 그 외관의 법적 효력을 부인하기로 합의하고 있으므로 이는 허위표시이며 그 효과는 무효라는 입장이다.[13]

---

10) 김형수, "부동산실명등기법률에 대한 연구", 덕암 김병대교수 화갑 기념논문, 대흥기획(1998), 134~5; 박혜영, "부동산명의신탁의 형사적 문제점", 검찰 117호, 대검찰청(2006. 12.), 276.

11) 권오창, "명의신탁이론의 재검토", 민사판례연구 [23], 민사판례연구회(2001), 162~4; 유성준, "부동산실명제에 관한 연구", 건국대학교 행정대학원 석사학위논문(1995), 8~9.

12) 대법원 1966. 2. 15. 선고 65다2531 판결, 대법원 1981. 7. 28. 선고 80다1819 판결, 대법원 1987. 3. 10. 선고 85다카2508 판결, 대법원 1988. 2. 9. 선고 87다424 판결, 대법원 1991. 4. 23. 선고 91다6221 판결, 대법원 1993. 6. 8. 선고 92다18634 판결, 대법원 1997. 10. 10. 선고 96다38896 판결, 대법원 2000. 10. 6. 선고 2000다32147 판결.

13) 곽윤직, "명의신탁에 관한 판례이론의 연구", 서울대학교 법학 15권 2호(1974),

한정적 유효설은, 명의수탁자와 제3자 사이의 법률관계에 있어서 제3자가 무조건적으로 보호되는 것이 아니라 선의의 제3자만 보호되어야 한다는 전제에서 나온 견해[14]이다.

판례의 입장인 상대적 권리이전설에 따르면, 소유권은 대내적인 것과 대외적인 것으로 나뉘어져, 명의신탁자와 명의수탁자 사이의 대내적 관계에서는 소유권이 명의신탁자에게 유보되지만,[15] 그 이외의 관계인 대외적 관계에서는 소유권이 명의수탁자에게 있는 것으로 취급된다.[16] 명의신탁 약정이 있다는 사실을 알면서도, 명의수탁자로부터 부동산을 취득한 제3자라고 하더라도, 제3자는 유효하게 소유권을 취득하게 된다.[17]

나. 형사 법률관계

이 때 명의수탁자가 명의신탁 부동산을 처분하였을 경우 재산범죄가 성립하는지 여부에 관하여 판례에 변동이 있었다. 처음 이를 다룬 판례[18]는 횡령죄는 성립하지 않고 배임죄는 성립할 수 있다는 취지로 판시하였으나, 그 이후 전원합의체 판결[19]을 통하여 횡령죄가 성립된다고 판시하였고, 이는 부동산실명법이 제정되기 전까지 계속 유지되었다.

또한 부동산실명법 제정 이전의 구 부동산등기특별조치법[20] 제7조, 제8조는 명의신탁을 금지하면서 이를 위반할 경우 3년 이하의 징

19; 고상룡, “명의신탁과 허위표시”, 고시계 통권 310호(1982. 12.), 68~70.

14) 고상룡, “명의신탁론의 재검토 소고”, 민법학논총(곽윤직 교수 화갑기념논문집), 박영사(1985), 196; 권오승, 민법특강, 홍문사(1994), 210; 김상용, “영미신탁법상의 수동신탁법리에 의한 명의신탁이론의 재구성”, 판례월보 201호, 판례월보사(1987. 6.), 27.

15) 대법원 1965. 5. 18. 선고 65다312 판결.

16) 위 65다312 판결, 대법원 1977. 11. 8. 선고 77다1162 판결.

17) 朝高判 1917(大正 6年 民上 第234號). 11. 13.(조선고등법원민사판결록 4卷 956), 대법원 1969. 10. 23. 선고 69다1338 판결.

18) 대법원 1970. 8. 31. 선고 70도1434 판결.

19) 대법원 1971. 6. 22. 선고 71도740 전원합의체 판결.

20) 1990. 8. 1. 법률 제4244호로 제정된 것.

역이나 1억원 이하의 벌금에 처하였다.

2. 부동산실명법 제정 이후

가. 민사 법률관계

부동산실명법상 채무 변제 담보를 위한 경우, 종중 부동산의 종원에의 명의신탁, 부부 사이의 명의신탁, 상호명의신탁 등의 경우 명의신탁이 허용되고 있기 때문에 이에 관하여는 부동산실명법 제정 이전의 민사 법률관계와 같다.[21)] 그러나 부동산실명법상 허용되지 않는 유형의 명의신탁에 관하여는 민사 법률관계의 해석에 변동이 생겼다. 허용되지 않는 명의신탁 유형은, 양자간 명의신탁, 중간생략등기형 명의신탁(제3자간 등기명의신탁), 계약명의신탁으로 일반적으로 분류된다.

(1) 양자간 명의신탁

명의신탁자 명의로 된 등기를 명의수탁자에게 이전하는 형태이다[22)]. 신탁자와 수탁자 사이의 명의신탁 약정은 부동산실명법 제4조 제1항에 따라 무효가 되기 때문에, 명의수탁자에게 이전된 등기는 원인무효가 된다. 명의신탁자는 말소등기나 진정명의회복을 원인으로 한 이전등기를 구할 수 있다.[23)]

다만 이 경우에도 부동산실명법 제4조 제3항은 그 무효를 제3자에게 대항하지 못한다고 규정하고 있기 때문에, 명의수탁자가 제3자에게 부동산을 매도하거나 제3자를 위하여 저당권을 설정할 경우 이러한 법률행위는 원칙적으로 유효하게 취급되며, 제3자의 선의·악의는 묻지 아니한다.[24)]

---

21) 이상태, "부동산 명의신탁에 관한 민·형법의 통합적 연구", 일감법학 30권 (2015. 2.), 147.

22) 이은혜, "부동산 명의신탁을 둘러싼 몇 가지 법률적 쟁점에 관한 검토 -부동산 실권리자 명의 등기에 관한 법률 시행 이후의 판례를 중심으로-", 재판실무연구, 광주지방법원(2009), 131.

23) 대법원 2002. 9. 6. 선고 2002다35157 판결, 대법원 2009. 1. 15. 선고 2007다51703 판결.

(2) 중간생략등기형 명의신탁

명의신탁자가 부동산을 소유자로부터 매수한 후 자신의 명의로 등기를 하지 아니하고 수탁자 앞으로 소유권이전등기를 경료하는 형식의 명의신탁이다.[25] 부동산의 소유자와 매매계약을 체결하는 당사자는 명의신탁자인데, 부동산의 등기는 명의수탁자에게 이전되는 것이다. 중간생략등기의 유효성에 관하여는 많은 논란이 있었으나,[26] 다수설[27]과 판례는 이를 유효하다고 보아 왔다. 그런데 명의신탁 약정이 무효일 경우, 소유권이전등기의 원인행위를 구성하는 행위가 무효로 되기 때문에 소유권은 매도인에게 남게 된다. 이 경우 매수인인 명의신탁자는 매도인에 대한 소유권이전등기청구권을 피보전채권으로 하여, 매도인이 명의수탁자에 대하여 갖는 소유권이전등기말소등기청구

---

24) 대법원 2000. 3. 28. 선고 99다56529 판결, 대법원 2009. 3. 12. 선고 2008다36022 판결.

25) 대법원 2010. 9. 30. 선고 2010도8556 판결; 이동명, “不動産實權利者名義登記에 관한法律의 立法過程에서의 爭點”, 판례연구 1집, 제주판례연구회(1997. 1.), 252 제2유형: 병(전소유자)으로부터 갑이 계약하고 병의 협조 하에 을에게 명의신탁하여 을 명의로 등기하는 경우.

26) 가령 김기선, 한국물권법, 법문사(1990), 94~5; 장경학, 물권법총론, 한국도서출판사(1959), 231은 무효라고 본다; 특히 장경학, 물권법, 법문사(1987), 231은 중간생략등기는 등기제도의 이상과 현실관행의 타협의 소산으로 일종의 필요악인데 관행의 사회적 기반을 개선하지 않고서는 그것을 막을 수 없다고 하면서, 부동산 투기를 유치·용인하는 중간생략등기 관행을 근절시킬 수 있는 방법은 이것을 특별한 사정이 없는 한 무효로 보는 것뿐이라고 한다.

27) 논리구성에 차이가 있기는 하지만 다수설은 유효하다고 보았다. 권용우, 물권법, 법문사(1993), 170; 김증한·이희봉, 민사사례연구(상), 동아학연사(1982), 398; 김현태, 신물권법(상), 일조각(1963), 89; 방순원, 신물권법, 일한도서출판사(1960), 41~2; 이영준, 물권법, 박영사(1990), 130; 최식, 신물권·담보물권법, 박영사(1962), 88; 김용한, 물권법론, 박영사(1993), 132; 김증한, 물권법, 박영사(1983), 88~9; 최종길, “물권적 기대권 (I)-독일민법에 있어서의 새로운 법리론-”, 사법행정 49호(6권 2호), 한국사법행정학회(1965. 2.), 60; 황적인, 현대민법론 II [물권], 박영사(1988), 103; 황적인, 주석민법(II) 물권법, 법원사(1990), 218 (김용한 집필); 곽윤직, 물권법, 박영사(1992), 170; 이영준, 물권법, 박영사(2009), 135~6; 이호정, “부동산의 최종매수인(전득자)의 최초매도인에 대한 등기청구권”, 고시계(1981. 7.), 22~24; 홍성재, 부동산물권변동이론, 법문사(1992), 341~2; 이태재, 물권법, 진명문화사(1985), 95 등.

권을 대위행사할 수 있게 된다.[28]).

(3) 계약명의신탁

계약명의신탁은 명의신탁자와 명의수탁자의 약정에 의하여 명의수탁자가 부동산 매매계약에 있어서 당사자가 되는 경우이다. 매도인이 그러한 사실을 아는가, 모르는가에 따라서 악의의 계약명의신탁과 선의의 계약명의신탁으로 나뉜다. 매도인이 그러한 사실을 모르는 경우, 즉 명의수탁자를 진실한 매매계약의 당사자라고 인식하는 경우, 명의수탁자 명의의 소유권이전등기는 유효하게 된다.[29] 따라서 명의수탁자는 매도인으로부터 부동산의 소유권을 온전하게[30] 취득하게 되고, 매도인과 신탁자 사이에는 아무런 권리관계도 존재하지 않게 되며, 신탁자와 수탁자 사이에서도, 신탁자가 수탁자에 대하여 매수자금 등을 부당이득으로 반환청구할 수 있는 지위에 서게 될 뿐 부동산 자체에 대하여 권리를 주장할 수 없게 된다.[31]

매도인이 명의신탁 약정의 존재를 아는 경우, 즉 계약당사자는 명의수탁자이지만 실질적인 귀속(협의)자로 명의신탁자가 있음을 아는 경우에는 부동산실명법 제4조 제2항의 규정에 따라 명의신탁 약정 및 이에 따른 소유권이전등기는 무효이기 때문에 소유권은 매도인에게

28) 대법원 1999. 9. 17. 선고 99다21738 판결, 대법원 2002. 3. 15. 선고 2001다61654 판결.

29) 부동산실명법 제2조 제1호, 제4조.

30) 유효하게 확정적으로 취득한다는 의미이다.

31) 다만 부동산실명법 시행 전에 계약명의신탁 약정을 하고 등기가 경료되었는데, 그 상태에서 유예기간이 경과되었다면, 유예기간 경과 전에는 언제든 부동산 자체를 반환청구할 수 있었기 때문에, 이러한 경우에는 부동산 자체가 부당이득의 대상이 된다는 것이 판례의 입장이다. 대법원 2002. 12. 26. 선고 2000다21123 판결. 그 외의 경우, 즉 부동산실명법 시행 후에 계약명의신탁 약정이 있고 등기가 경료된 경우(대법원 2010. 10. 14. 선고 2007다90432 판결, 대법원 2007. 6. 14. 선고 2007다17284 판결, 대법원 2005. 1. 28. 선고 2002다66922 판결)나 부동산실명법 시행 전에 계약명의신탁 약정이 있고 등기는 시행 후에 경료된 경우(대법원 2012. 11. 15. 선고 2012다69197 판결)에는, 매수자금, 등기비용 등 명의신탁자가 명의수탁자에게 제공한 금원이 부당이득의 대상이 된다.

남게 된다.[32] 따라서 매도인은 명의수탁자에 대하여 소유권이전등기의 말소(혹은 진정명의회복)를 구할 수 있을 것이지만, 명의수탁자가 매도인에게 지급한 매매대금이 매도인에게 원인 없이 급부된 것이라서 부당이득이 되기 때문에, 이러한 상호간의 반환의무는 동시이행의 관계에 있게 되나, 실질적으로 매도인 입장에서는 매수인이 명의신탁자인지, 명의수탁자인지 여부가 특별한 의미를 갖지 않으므로 명의신탁 약정이 있음을 이유로 매도인이 이전등기의 말소를 구하는 경우를 상정한다는 것은 쉽지 않고,[33] 명의수탁자가 부동산을 제3자에게 매도하더라도 매도인에 대하여 아무런 책임을 부담하지 않는다고 볼 것이다.[34] 또한 매도인과 명의신탁자 사이에는 아무런 법률관계도 없으나, 명의신탁자가 자신의 명의수탁자에 대한 매수자금 상당의 부당이득반환청구권[35]을 피보전채권으로 하여 명의수탁자가 매도인에 대하여 갖는 매매대금의 부당이득반환청구권을 대위행사할 수도 있을 것이다.

---

32) 대법원 2009. 5. 14. 선고 2007도2168 판결 (명의신탁자와 명의수탁자가 이른바 계약명의신탁 약정을 맺고 명의수탁자가 당사자가 되어 명의신탁 약정이 있다는 사실을 알지 못하는 소유자와 부동산에 관한 매매계약을 체결한 후 그 매매계약에 따라 당해 부동산의 소유권이전등기를 명의수탁자 명의로 마친 경우에는, 명의신탁자와 명의수탁자 사이의 명의신탁 약정의 무효에도 불구하고 부동산 실권리자명의 등기에 관한 법률 제4조 제2항 단서에 의하여 그 명의수탁자는 당해 부동산의 완전한 소유권을 취득한다. 이와 달리 소유자가 계약명의신탁 약정이 있다는 사실을 안 경우에는 수탁자 명의의 소유권이전등기는 무효이고 당해 부동산의 소유권은 매도인이 그대로 보유하게 된다. 어느 경우든지 명의신탁자는 그 매매계약에 의해서는 당해 부동산의 소유권을 취득하지 못하게 되어, 결국 그 부동산은 명의신탁자에 대한 강제집행이나 보전처분의 대상이 될 수 없다). 따름 판결 대법원 2011. 12. 8. 선고 2010도4129 판결.

33) 물론 단기간에 부동산 가격이 앙등한다면, 매도인으로서는 매매대금을 반환하고 등기를 넘겨받으려 할 것이다.

34) 대법원 2013. 9. 12. 선고 2010다95185 판결.

35) 목영준, "부동산실권리자명의등기에관한법률상 법률관계의 효력", 인권과 정의 261호, 대한변호사협회(1998. 5.), 103. 다만 이 경우 그 매수자금 지급이 불법원인급여에 해당하는지에 관하여는 논란이 있다. 김문관, "부동산실명법 시행 이후 명의신탁관계에서의 부당이득반환청구", 판례연구 15집, 부산판례연구회(2003), 83.

이 경우에도 채권자대위권의 일반적 요건을 충족해야 함은 물론이다.

나. 형사 법률관계

부동산실명법에서 허용하는 명의신탁에 관하여는 기존의 판례 이론이 그대로 적용된다.[36)]

문제는 부동산실명법이 금지하는 명의신탁의 경우에, 명의수탁자가 명의신탁 부동산을 임의로 처분한 경우 어떠한 형사죄책을 부담하는가이다.

(1) 양자간 명의신탁

학설의 대체적인 입장은, 명의신탁 약정이 무효이므로, 명의신탁자로부터 명의수탁자로의 소유권이전등기는 무효이고, 따라서 소유권이 여전히 명의신탁자에게 있기 때문에, 명의수탁자가 부동산을 처분할 경우 그러한 처분행위는 유효하고 따라서 이는 명의신탁자의 소유권을 침해하는 행위이므로,[37)] 명의신탁자에게 횡령죄가 성립할 수 있다고 본다.[38)]

---

36) 이상태, "부동산 명의신탁에 관한 민·형법의 통합적 연구", 147.

37) 물론 유효하지 않다고 하더라도 이는 명의신탁자의 소유권을 침해할 수 있다. 소송이라는 것이 반드시 실체관계와 부합되는 결론을 가져오는 것은 아니기 때문이다.

38) 권오창, "계약명의신탁의 법률관계에 관한 고찰(하)", -부동산실권리자명의등기에관한법률 제4조 제2항 단서의 해석을 중심으로-", 법조 48권 6호(1999. 6.), 135; 김성돈, 형법각론, SKKUP(2013), 418; 김일수·서보학, 형법각론, 박영사(2015), 297; 박달현, "부동산실명법의 시행과 부동산명의신탁의 형사법적 문제점 검토", 비교형사법연구 6권 2호, 한국비교형사법학회(2004), 152; 배종대, 형법각론, 홍문사(2015), 539; 손동권·김재윤, 형법각론, 율곡출판사(2015), 438~9; 백재명, "부동산명의신탁과 횡령죄", 형사판례연구 (7), 박영사(1999), 376; 서보학, "부동산명의신탁과 형법상 재산죄의 성부에 대한 검토", 경희법학 제50권 제2호, 경희대학교 법학연구소(2015), 102; 이보영, "부동산 명의신탁과 형사책임", 법학연구 33집, 한국법학회(2009. 2.), 320; 이상철, "명의신탁부동산의 처분행위와 횡령죄 -3자간명의신탁에 관한 대법원 2010. 6. 24. 선고 2009도9242 판결을 중심으로-", 일감법학 24호(2013. 2.), 88; 이재상, 형법각론, 박영사(2013), 400; 이창섭, "부동산명의수탁자의 횡령죄 주체성", 형사판례연구 (19), 박영사(2011), 254; 이형국, 형법각론, 법문사(2007), 417; 임웅, 형법각론, 법문사(2013), 453~4; 장영민, "명의신탁된 부동산영득행위의 죄책", 법학논집(제3

판례도 명의신탁된 부동산이 명의신탁자의 소유임을 전제로, 명의수탁자가 그 부동산을 처불할 경우 횡령죄가 성립된다고 본다.[39]

물론 이러한 입장은, 명의신탁자의 명의수탁자에 대한 등기명의 이전의 전제가 된 명의신탁 약정에 기한, 명의신탁자와 명의수탁자 사이의 신뢰관계가 보호할 가치가 있는 것임을 전제로 하는 것인데, 그렇게 보는 것이 타당한 것인지[40]는 후술한다.

(2) **중간생략등기형 명의신탁**

명의신탁자가 매도인과 계약을 체결한 후 명의수탁자에게 소유권 이전등기를 경료하게 한 경우, 앞서 살펴본 것과 같이 민사 법률관계에 의하면, 소유권은 여전히 매도인에게 남기 때문에, 명의수탁자가 부동산을 처분하게 될 경우, 명의수탁자는 타인의 부동산을 처분하게 되는 것으로 그러한 처분행위가 유효하여 소유권자의 소유권 배제가 확정적으로 이루어지기 때문에, 이러한 행위를 횡령죄로 의율할 것인지 여부가 문제된다.

명의신탁자와 명의수탁자 사이의 법률관계에 관하여 살펴보면, 명의신탁자는 명의수탁자에 대하여 자신이 부동산에 관하여 소유권자임을 주장할 수는 없기 때문에, 명의수탁자는 명의신탁자에 대하여 횡령죄의 죄책을 부담한다고 보기는 어렵다.[41] 물론 이에 대하여는 민법

권 제1호), 이화여자대학교(1998), 62; 정성근·박광민, 형법각론, SKKUP(2015), 448~9; 정영일, 형법강의 [각론], 도서출판 학림(2013), 265; 다만 김일수, "미수의 불법귀속에 관한 연구", 고려법학 제40호, 고려대학교 법학연구원(2003), 26~7는 신뢰관계는 보호할 가치가 없기 때문에 기수는 아니지만 횡령죄의 불법에 필요한 행위반가치는 존재하고 최소한의 법익평온상태를 교란시킬 정도의 결과반가치는 있다고 보아 횡령죄의 불능미수설을 취한다.

39) 대법원 2000. 2. 22. 선고 99도5227 판결, 대법원 1999. 10. 12. 선고 99도3170 판결 등.

40) 형사처벌에 반대하는 견해로 박상기, 형법각론, 박영사(2011), 381; 박상기, 총론·각론 강의 형법학, 집현재(2015), 673; 박상기, "부동산명의신탁과 횡령죄", 법률신문 제2642호(1997. 10. 27.), 14; 양천수, 부동산 명의신탁, 영남대학교 출판부(2010), 137~8; 오영근, 형법각론, 박영사(2014), 363; 이주일, "명의신탁과 형사처벌에 대한 비판적 재검토", 한국법학회 법학연구 29집(2008. 2.), 268, 284; 정도영, "부동산실명법에 위반한 부동산명의신탁과 횡령죄", 광주지방법원 재판실무연구(1998), 360~1 등.

에 대한 형법의 독자성 입장에서 명의수탁자가 명의신탁자에 대하여 '타인의 재물'을 보관하는 지위에 있다고 보아 명의수탁자의 명의신탁자에 대한 횡령죄 성립을 긍정하는 입장[42]도 있다. 또한 매도인이 소유권이기 때문에 명의수탁자가 매도인에 대하여 횡령죄의 죄책을 부담한다는 입장[43]도 있고, 전체적인 구도에서 매도인과 명의신탁자 모두에 대하여 횡령죄가 성립한다는 입장,[44] 신탁자에 대한 횡령죄는 성립할 수 없고 신탁자에 대한 배임죄나 매도인에 대한 점유이탈물횡령죄가 성립한다는 견해(신탁자는 소유권자가 아니라 수탁자에 대하여 매도인을 대위하여 소유권이전등기를 청구할 수 있는, 단지 채권적 권리를 가질 뿐이고 수탁자는 신탁자에 대하여 소유권이전등기를 간접적으로 경료할 의무를 부담하기 때문에 수탁자는 신탁자에 대한 등기협력의무 위배시 배임죄가 성립하고, 수탁자는 소유권자인 매도인에 대하여는 그와의 사이에 신뢰관계를 인정할 수 없기 때문에 신뢰관계의 존재를 전제로 하는 횡령죄는 성립할 수 없고 다만 부동산을 제3자에게 유효하게 처분할 수 있는 권한이 수탁자에게 있기 때문에 부동산에 대한 매도인의 점유는 상실된 것으로 보아 수탁자의 처분시 점유이탈물횡령죄만 성립할 수 있다는 입장)[45]도 있다. 일반적인 매매

41) 김일수 · 서보학, 형법각론, 298; 서보학, 위 논문, 105~106; 서요한, "명의신탁된 부동산 영득행위의 죄책", 재판실무 2집, 창원지방법원(2005), 406. 신탁자의 신탁부동산에 대한 소유권을 확보할 수 있는 기대를 상실케 하기 때문이라 한다.

42) 김성돈, 형법각론, 419; 배종대, 형법각론, 540; 이창섭, "부동산명의수탁자의 횡령죄 주체성", 255; 장영민, "명의신탁된 부동산영득행위의 죄책", 65; 정영일, 형법강의 [각론], 265; 조준현, 형법각론, 법원사(2012), 474; 김일수, "미수의 불법귀속에 관한 연구", 28은 양자간 명의신탁에서와 마찬가지로 횡령죄의 불능미수라고 본다.

43) 권오창, "계약명의신탁의 법률관계에 관한 고찰(하)", 135; 백재명, "부동산명의신탁과 횡령죄", 377; 이재상, 형법각론, 401; 이형국, 형법각론, 417; 임웅, 형법각론, 455; 장영민, "명의신탁된 부동산영득행위의 죄책", 고시계 490호(1997. 12.), 38; 정성근 · 박광민, 형법각론, 450; 조준현, 형법각론, 473.

44) 손동권 · 김재윤, 형법각론, 440; 이창섭, "부동산 명의수탁자의 횡령죄 주체성", 251~2.

에 있어서 매매계약이 해제되었다고 하여, 매수인이 매도인에 대하여 재물을 보관하는 지위에 있다고 단정할 것은 아니고, 이러한 관계는 민사적 원상회복의무에 관한 것으로 민사적인 문제에 불과하다고 보는 것이 타당한 것 아닌가 생각되고, 매수인과 매도인 사이에 횡령죄의 신뢰관계가 인정된다고 보기도 어려운 것 아닌가 생각된다. 또한 명의신탁자와 명의수탁자 사이에는 명의신탁 약정이 존재하기는 하지만, 이는 민사상 무효이기 때문에 이러한 신뢰관계의 존재를 횡령죄에서 말하는 신뢰관계와 같게 평가할 것인지도 의문이다[46]. 사실상의 신뢰관계가 존재함을 전제로 하여 횡령죄의 성립을 긍정하는 입장도 있지만, 과연 이러한 신뢰관계가 일반적으로 이야기하는 사실상의 신뢰관계의 범주에 속하는 것인지 의문이다.

민사 법률관계를 전제하여 검토할 경우, 명의신탁자는 매도인을 대위하여 명의수탁자에 대하여 소유권이전등기의 말소등기청구권을 행사할 수 있는데, 명의신탁자는 매도인에 대하여 소유권이전등기청구권을 행사할 수 있는 채권자의 지위에 있을 뿐이고, 소유권이전등기의 말소등기청구권을 행사할 수 있다고 하더라도 이는 매도인의 명의수탁자에 대한 권리를 대위행사하는 것일 뿐이므로, 명의신탁자를 부동산에 대하여 물권자의 지위에 있다고 단정할 수는 없기 때문에, 명의신탁자는 명의수탁자에 대하여 소유권이전등기청구권을 대위행사할 수 있는 채권자적 지위에 있음에 불과하므로, 가사 명의신탁자와 명의수탁자 사이에 횡령죄나 배임죄에서 말하는 신뢰관계가 존재한다고

---

45) 김일수 · 서보학, 형법각론, 298; 서보학, 위 논문, 105~106; 서요한, "명의신탁된 부동산 영득행위의 죄책", 406. 신탁자의 신탁부동산에 대한 소유권을 확보할 수 있는 기대를 상실케 하기 때문이라 한다.

46) 강동범 · 이강민, "등기명의신탁과 수탁자의 형사책임", 법학논고 41집, 경북대 법학연구원(2013. 2.), 18; 양천수, 부동산 명의신탁, 138~140; 천진호, "명의신탁 부동산 처분행위와 형사책임", 비교형사법연구 4권 1호, 한국비교형사법학회(2002), 488; 천진호, "부동산실명법상 부동산명의수탁자의 형사책임", 형사재판의 제문제 제5권, 박영사(2005. 10.), 284~5; 조기영, "재산범죄와 '보호할 가치 있는 신뢰관계'", 형사법연구 26권 1호, 한국형사법학회(2014), 115 이하.

하더라도, 이러한 신뢰관계의 침해로 성립하는 범죄는 배임죄라고 볼 것이다. 물론 명의신탁자와 명의수탁자 사이의 신뢰관계는 보호할 성질의 것이 아니라고 볼 경우에는, 배임죄나 횡령죄와 같은 신뢰관계 보호범죄에 있어서 보호법익의 침해가 있다고 볼 수 없기 때문에 범죄성립이 부정된다고 보는 것이 논리적인 결론이다.[47)]

판례는, 명의수탁자는 신탁자의 재물을 보관하는 지위에 있다고 보아 수탁자가 명의신탁 부동산을 임의로 처분하면 신탁자에 대하여 횡령죄가 성립한다고 본다.[48)]

---

47) 졸고, "악의의 계약명의신탁에 있어 명의수탁자의 보관물 임의처분시 범죄성립 여부", 대법원판례해설 제94호(2012년 하), 법원도서관(2013), 703.

48) 대법원 2010. 1. 28. 선고 2009도1884 판결 [부동산을 그 소유자로부터 매수한 자가 그의 명의로 소유권이전등기를 하지 아니하고 제3자와 맺은 명의신탁 약정에 따라 매도인으로부터 바로 그 제3자에게 중간생략의 소유권이전등기를 경료한 경우, 그 제3자가 그와 같은 명의신탁 약정에 따라 그 명의로 신탁된 부동산을 임의로 처분하였다면 신탁자에 대한 횡령죄가 성립하고, 그 명의신탁이 부동산 실권리자명의 등기에 관한 법률 시행 전에 이루어졌고 같은 법이 정한 유예기간 이내에 실명등기를 하지 아니함으로써 그 명의신탁 약정 및 이에 따라 행하여진 등기에 의한 물권변동이 무효로 된 후에 처분이 이루어졌다고 하여 달리 볼 것은 아니다(대법원 2001. 11. 27. 선고 2000도3463 판결 등 참조)]. 그 외 대법원 2008. 4. 10. 선고 2008도1033 판결, 대법원 2002. 8. 27. 선고 2002도2926 판결, 대법원 2002. 2. 22. 선고 2001도6209 판결 등. 중간생략등기형 명의신탁에 관한 최초의 판례는 2001. 11. 27. 선고 2000도3463 판결이고, 이 판결에 대하여는 정형식, "이른바 중간생략등기형 명의신탁에 있어서 수탁자가 부동산을 임의로 처분한 경우 횡령죄의 성립 여부(적극) -대법원 2001. 11. 27. 선고 2000도3463 판결-", 대법원판례해설 제39호(2001 하반기), 법원도서관(2002) 논문에 그 해설이 실려 있다. 이 논문에서는 수탁자를 신탁자에 대한 횡령죄로 인정하였다(위 논문, 452~3). 먼저 횡령죄의 핵심징표 중 하나인 "재물의 타인성"에 관하여 "신탁자와 수탁자 간의 명의신탁 약정은 부동산실명법 제4조 제1항에 따라 무효이다. 또한, 수탁자 명의의 소유권이전등기도 명의신탁 약정에 따라 이루어진 것이므로 부동산실명법 제4조 제2항 본문에 의하여 무효이다. 따라서 당해 부동산의 소유권은 여전히 매도인에게 있으며, 매도인은 그 소유권에 기하여 수탁자에게 그 명의 소유권이전등기의 말소를 청구할 수 있고, 진정명의회복청구권에 기하여 수탁자에게 소유권이전등기를 구할 수도 있다. 한편 매도인과 신탁자 간의 매매계약은 유효하므로, 신탁자는 매도인에 대한 소유권이전등기청구권을 보전하기 위하여 위 매도인을 대위하여 수탁자에 대하여 그 명의의 소유권이전등기의

(3) 계약명의신탁

계약명의신탁에 관하여 일반적으로, 매도인이 계약당사자를 실질적인 당사자로 인식하였는지 여부, 즉 매도인이 명의신탁 약정의 존재를 알고 있었는가 여부에 따라, 매도인이 명의신탁 약정의 존재를 모르고 있는 명의신탁(매도인 선의의 명의신탁)과 매도인이 명의신탁 약정의 존재를 알고 있는 명의신탁(매도인 악의의 명의신탁)으로 나뉜다.

1) 매도인 선의의 계약명의신탁

먼저 매도인 선의의 계약명의신탁에 있어서, 매도인과 명의수탁자 사이의 매매계약 및 이에 기한 소유권이전등기는 유효하고 확정적이기 때문에, 명의수탁자는 부동산의 소유권자이므로, 명의수탁자가 부동산을 제3자에게 처분하였다고 하더라도, 이는 자신의 부동산을 처분한 것이기 때문에, 타인의 재물 처분을 전제하는 횡령죄는 성립할 수 없게 된다.[49] 물론 이에 대하여 사실상의 신뢰관계의 존재를 전제

말소 또는 매도인 앞으로의 이전등기를 구할 수 있고, 매도인에게는 위 매매계약을 원인으로 한 소유권이전등기를 구할 수 있다."라고 한다(위 논문, 449). 다음으로 위탁관계에 관하여 "횡령죄를 판단함에 있어서의 보관위탁관계의 설정은 반드시 소유자와 사이에서 이루어져야만 되는 것은 아니다. 제3자의 소유물을 보관 위탁할 수 있는 것이고, 따라서 명의신탁 약정이 무효로 됨으로써 여전히 소유권을 보유하고 있는 매도인과 사이에 위탁관계를 인정할 수 없으므로 수탁자를 횡령죄에 있어서 보관자로 볼 수 없다는 부정설의 입장은 타당치 않다고 생각된다. 횡령죄의 보관관계는 사실상의 위탁관계이면 족한 것이고, 그것이 유효할 것임을 요하는 것은 아니라 할 것이며(양자간 명의신탁에 관한 앞에서 본 두 개의 대법원 판결도 명의신탁 약정이 무효라고 할지라도 위탁관계를 인정할 수 있다는 취지라 할 것이다), 또한 반드시 소유자의 위탁행위에 의할 필요는 없는 것이다. 신탁자와의 관계에서 위탁관계를 인정할 수 있다고 봄이 타당하다고 본다.(긍정설)"라고 한다(위 논문, 450 이하). 위탁관계의 설정을 제3자가 할 수 있다는 것은 대법원 1985. 9. 10. 선고 84도2644 판결을 전제로 한 것으로 보인다.

49) 대법원 2000. 3. 24. 선고 98도4347 판결, 대법원 2000. 9. 8. 선고 2000도258 판결, 대법원 2006. 9. 8. 선고 2005도9733 판결. 배임죄도 성립한다고 볼 수 없다. 대법원 2001. 9. 25. 선고 2001도2722 판결; 권오창, "계약명의신탁의 법률관계에 관한 고찰(하)", 135~6; 김성천 · 김형준, 형법각론, 소진(2015), 463; 김일수 · 서보학, 형법각론, 301; 박상기, 형법각론, 380~1; 손동권, "명의신탁 부동산을 임의처분한 경우의 형사책임", 형사법연구 15호, 한국형사법학회(2001),

로 횡령죄[50]나 배임죄[51]가 성립한다는 견해도 있다.

2) 매도인 악의의 계약명의신탁

다음으로 매도인 악의의 계약명의신탁에 있어서, 견해 중에는 매도인 선의의 명의신탁과 민사 법률관계 및 형사 법률관계가 동일하다는 전제에 서서 명의수탁자로의 소유권이전은 유효하기 때문에 명의수탁자의 부동산 처분행위는 유효하므로 명의수탁자의 처분행위는 횡령죄나 배임죄가 성립할 수 없다는 입장[52]이 있으나 소수설이다. 다수설의 입장은, 명의수탁자는 유효하게 소유권을 취득하지 못하므로, 부동산의 소유권은 여전히 매도인에게 남아 있게 되고, 그러한 상황에서 명의수탁자가 부동산을 제3자에게 처분할 경우, 이는 매도인의 소유권을 침해하기 때문에 매도인에 대하여 횡령죄가 성립한다거나[53] 명의신탁자가 취득할 소유권을 침해하므로 명의신탁자에 대하여 배임죄가 성립한다[54]고 보는 입장이 있다.

178~9; 신동운, "횡령죄와 배임죄의 관계", 한국형사법학의 새로운 지평: 유일당 오선주 교수 정년기념논문집(2001), 333; 오영근, 형법각론, 364; 정영일, 형법강의 [각론], 266; 조준현, 형법각론, 483; 허성희, "부동산의 명의신탁과 횡령죄의 성부", 대전지방법원 실무연구자료 6권(조용무법원장 정년퇴임기념), 대전지방법원(2005), 333.

50) 백재명, "부동산명의신탁과 횡령죄", 378~383; 강해룡, "명의신탁과 부동산실명법의 법리", 법률신문 4091호(2012. 12. 27.), 12.

51) 김성돈, 형법각론, 420; 배종대, 형법각론, 543; 이보영, "부동산 명의신탁과 형사책임", 326; 이재상, 형법각론, 402; 이형국, 형법각론, 417; 임웅, 형법각론, 455; 장영민, "명의신탁된 부동산영득행위의 죄책", 고시계 490호(1997. 12.), 39; 정성근 · 박광민, 형법각론, 452; 최상욱, "명의신탁부동산의 처분과 형사책임", 형사법연구 13권, 한국형사법학회(2000), 201.

52) 양창수, "부동산실명법의 사법적 규정에 의한 명의신탁의 규율", 민법연구 제5권, 박영사(2006), 179.

53) 권오창, "계약명의신탁의 법률관계에 관한 고찰(하)", 136; 박상기, "부동산명의신탁과 횡령죄", 형사판례연구 (7), 박영사(1999), 280; 백재명, "부동산명의신탁과 횡령죄", 384; 조준현, 형법각론, 482; 이호중, "계약명의신탁과 횡령 · 배임죄", 고시계 47권 12호(2002. 12.), 83은 매도인 악의의 계약명의신탁과 중간생략등기형 명의신탁은 '질적으로' 동일하다고 본다. 김일수, "미수의 불법귀속에 관한 연구", 28은 양자간 명의신탁과 마찬가지로 횡령죄의 불능미수로 본다.

이에 관하여 최근 판례[55]는 매우 고무적인 입장을 취하였는바, "명의신탁자와 명의수탁자가 이른바 계약명의신탁 약정을 맺고 명의수탁자가 당사자가 되어 명의신탁 약정이 있다는 사실을 알고 있는 소유자와 부동산에 관한 매매계약을 체결한 후 매매계약에 따라 부동산의 소유권이전등기를 명의수탁자 명의로 마친 경우에는 부동산 실권리자명의 등기에 관한 법률(이하 '부동산실명법'이라 한다) 제4조 제2항 본문에 의하여 수탁자 명의의 소유권이전등기는 무효이고 부동산의 소유권은 매도인이 그대로 보유하게 되므로, 명의수탁자는 부동산 취득을 위한 계약의 당사자도 아닌 명의신탁자에 대한 관계에서 횡령죄에서 '타인의 재물을 보관하는 자'의 지위에 있다고 볼 수 없고, 또한 명의수탁자가 명의신탁자에 대하여 매매대금 등을 부당이득으로 반환할 의무를 부담한다고 하더라도 이를 두고 배임죄에서 '타인의 사무를 처리하는 자'의 지위에 있다고 보기도 어렵다. 한편 위 경우 명의수탁자는 매도인에 대하여 소유권이전등기말소의무를 부담하게 되나, 위 소유권이전등기는 처음부터 원인무효여서 명의수탁자는 매도인이 소유권에 기한 방해배제청구로 말소를 구하는 것에 대하여 상대방으로서 응할 처지에 있음에 불과하고, 그가 제3자와 한 처분행위가 부동산실명법 제4조 제3항에 따라 유효하게 될 가능성이 있다고 하더라도 이는 거래 상대방인 제3자를 보호하기 위하여 명의신탁 약정의 무효에 대한 예외를 설정한 취지일 뿐 매도인과 명의수탁자 사이에

---

54) 김일수 · 서보학, 형법각론, 299; 배종대, 형법각론, 541~2; 서보학, 위 논문, 111; 장영민, "명의신탁된 부동산영득행위의 죄책", 고시계 490호(1997. 12.), 38; 정성근 · 박광민, 형법각론, 451.

55) 대법원 2012. 11. 29. 선고 2011도7361 판결. 이 판결에 대하여 대법원 공보관실은 "이번 판결은 부동산실명법이 금지하고 있는 명의신탁을 일반 형법에 의해 보호하는 것은 바람직하지 않고, 부동산실명법 자체에 명의신탁 행위를 처벌하는 규정을 두고 있으므로 명의신탁자를 형법적으로 보호할 필요성이 없다는 의미"라고 설명했다. 좌영길 기자, 「'계약명의신탁'서 수탁자의 부동산 임의처분 "횡령죄 안돼"」, 법률신문 4086호(2012. 12. 10.), 5. https://www.lawtimes.co.kr/Legal-News/Print-News?serial=69988 참조(2015. 6. 15. 방문).

위 처분행위를 유효하게 만드는 어떠한 신임관계가 존재함을 전제한 것이라고는 볼 수 없으므로, 말소등기의무의 존재나 명의수탁자에 의한 유효한 처분가능성을 들어 명의수탁자가 매도인에 대한 관계에서 횡령죄에서 '타인의 재물을 보관하는 자' 또는 배임죄에서 '타인의 사무를 '처리하는 자'의 지위에 있다고 볼 수도 없다."라고 하여 횡령죄나 배임죄의 성립을 모두 부정하였다.[56)]

(4) 소결

이상의 형사처벌에 관한 대체적인 논의는, 명의수탁자가 명의신탁자 또는 매도인에 대하여 횡령죄나 배임죄에서 요구하는 신뢰관계의 존재를 전제로 한 것이다. 그런데 모두에서 언급한 것처럼, 명의신탁 약정 자체를 사법상 무효라고 규정하고, 명의신탁 행위 자체를 형사처벌의 대상으로 삼고 그 법정형도 가볍지 아니한 상황에서, 명의수탁자의 명의신탁자나 매도인에 대한 신뢰관계의 존재를 긍정하는 것이 과연 타당한 해석인가에 관한 물음이 생긴다. 이에 관하여 살펴본다.

Ⅲ. 부동산 명의신탁 약정에 의한 신뢰관계가 형사상 보호할 가치가 있는지 여부

1. 서설

형법의 임무는 법의 창조가 아니라 법의 보호이며, 다만 형법은 법익이라는 개념을 창조할 수 있는바,[57)] 그러한 법익 보호의 필요가 없는 행위에 대하여는 민사적 구제 외에, 형법의 적용은 배제될 수 있다.[58)]

---

56) 이 판결에 관한 해설로 졸고, "악의의 계약명의신탁에 있어 명의수탁자의 보관물 임의처분시 범죄성립 여부", 686 이하 참조.

57) Ingeborg Puppe, "Anmerkungen zur Befreiung des Strafrechts vom ökonomistischen Denken", ZIS(2010. 3.), 216 (www.zis-online.com 참조. 2015. 5. 5. 방문).

58) 가령 단순한 채무불이행에 대한 형법의 적용 배제 등.

부동산실명법이 금지하는 명의신탁 약정에 의한 신뢰관계가, 형사상 보호할 가치 있는 것인지 여부를 검토할 필요성이 있다. 횡령죄의 보호법익은 소유권[59]인바, 여기서 법익침해로서의 소유권의 침해는, 무조건적인 소유권의 침해를 의미하는 것이 아니라, 형사상 보호할 가치 있는 신뢰관계가 전제되는 소유권의 침해를 전제하는 것이다. 배임죄의 보호법익은 전체로서의 재산권이나, 여기서의 재산권도 무조건적인 것이 아니라, 보호할 가치 있는 신뢰관계가 전제되는 재산권의 침해를 의미한다고 보아야 한다.

불법적인 신뢰관계를 보호할 것인지 여부에 관하여 각국의 태도는 동일하지 아니하다. 대표적인 예로 들어지는 것이 불법원인급여인바, 이 경우 물건을 받은 자를 횡령죄에서 말하는 '타인의 재물을 보관하는 자'라고 볼 수 있겠는가, 물건을 급여한 자와 물건을 받은 자 사이에 신뢰관계를 인정할 수 있겠는가의 문제가 있다.

먼저 재물의 소유권 귀속과 관련하여 '타인의 재물을 보관하는 자'라고 볼 수 있을 것인지에 관해 살펴본다. 불법원인급여에 관하여 민법 제746조는 "불법의 원인으로 인하여 재산을 급여하거나 노무를 제공한 때에는 그 이익의 반환을 청구하지 못한다. 그러나 그 불법원인이 수익자에게만 있는 때에는 그러하지 아니하다."라고 규정하고 있다. 이 규정에 의하여 불법의 원인이 급여자에게만 있거나 급여자에게 다대한 경우, 급여물의 소유권은 상대방에게 귀속하고 급여자에게 소유권이 존재하지 않게 되므로, 급여를 받은 자는 급여자의 재물을 보관하는 자가 아니라고 보는 것이 타당하다[60]. 물론 횡령죄의 성립을

59) 김일수, 한국형법 III, 박영사(1997), 620; 유기천, 형법학 [각론강의 상], 일조각(1982), 269; 이영란, 형법학 각론강의, 형설출판사(2013), 380; 이재상, 형법각론, 387~8.

60) 김종원, 형법각론(상), 법문사(1973), 229; 박상기, 형법각론, 381~4; 박상기, 총론·각론 강의 형법학, 678; 박장우, "불법원인급여와 횡령죄의 성부", 법조 제38권 제5호, 법조협회(1989), 128; 배종대, 형법각론, 531; 서일교, 형법각론, 박영사(1974), 179~180; 손동권·김재윤, 형법각론, 429~30; 이건호, 형법각론, 일신사(1976), 356; 이정원, 형법각론, 421~2; 이형국, 형법각론연구(I), 법문사

긍정하는 입장[61]에서는 급여를 받은 자가 급여자에 대하여 물건반환에 관한 자연채무를 부담하고, 민법상의 법률관계를 기초로 하여 '재물의 타인성'을 판단할 필요성이 있는 것은 아니라는 논리를 편다. 또한 급여된 물건의 소유권이 확정적으로 상대방에게 이전하는가, 아니면 급여자에게 그대로 유보되는가에 따라 불법원인급여와 불법원인위탁을 구별하여 전자의 경우에는 횡령죄가 성립되지 아니하나 후자의 경우에는 횡령죄가 성립한다거나,[62] 횡령죄의 불능미수가 성립된다거나,[63] 점유이탈물횡령죄가 성립한다[64]는 견해 등이 있다.

다음으로 불법원인급여에 의한 신뢰관계를 보호할 가치가 있는 것인지에 관하여는, 횡령죄의 성립을 부정하는 입장에서는 보호할 가치가 없다고 보고,[65] 횡령죄의 성립을 긍정하는 입장에서는 사실상의 위탁관계는 인정될 수 있기 때문에 보호할 가치가 있다고 본다.[66] 독

(1997), 489; 이형국, 형법각론, 414; 장영민, "불법원인급여와 횡령죄", 형사판례연구 (8), 박영사(2001), 279~80; 정성근 · 박광민, 형법각론, 435; 이영란, 형법학 각론강의, 386; 조현욱, "불법원인급여와 횡령죄의 성립여부", 형사법연구 제18호, 한국형사법학회(2002), 280~283, 289; 진계호 · 이존걸, 형법각론, 대왕사(2008), 456~7; 황산덕, 형법각론, 방문사(1989), 308, 317.

61) 강구진, "불법원인급여와 횡령죄", 새법정 1권 10호, 한국사법행정학회(1971), 67; 강구진, 형법강의 각론 [I], 박영사(1983), 354; 김종원 공저, 형법각론, 한국사법행정학회(1986), 387(오도기 집필); 박정헌, "불법원인급여와 횡령", 형사법에 관한 제문제(하), 재판자료 제50집, 법원행정처(1990), 328~9; 백형구, 형법각론, 청림출판(2002), 208; 유기천, 형법학 [각론강의 상], 271; 이상윤, "불법원인급여와 횡령죄", 외국논집 제15집, 한국외국어대학교 외국학종합연구센터 법학연구소(2003), 294~5; 임웅, 형법각론, 468~9; 정영석, 형법각론, 354; 홍함표, "불법원인급여와 재산죄의 성부문제", 검찰 제28호, 대검찰청(1970), 138.

62) 김성천 · 김형준, 형법각론, 471; 유지민, "불법원인급여와 횡령죄", 검찰 제37호, 대검찰청(1971. 5.), 99~100; 장승일, "불법원인위탁과 횡령죄 성부의 재검토", 형사법연구 제25권 제3호, 한국형사법학회(2013 가을), 142.

63) 김일수, 한국형법 III, 631; 김일수 · 서보학, 형법각론, 288.

64) 江家義男, 刑法各論, 青林書院(1963), 324~5.

65) 장영민, "불법원인급여와 횡령죄", 271, 279~280; 남상근, "불법원인 급여물의 횡령죄 성부", 형사정책 제21권 제1호, 한국형사정책학회(2009), 73; 원혜욱, "횡령죄에 있어서의 위탁관계", 형사판례연구 (14), 박영사(2006. 9.), 164.

66) 강구진, 형법강의 각론 [I], 354.

일[67]이나 미국[68]의 경우, 다수설과 판례는 위탁자와 수탁자 사이의 신뢰관계의 원인이 법이나 공서양속에 반한다고 하더라도 사실상의 신뢰관계의 존재는 긍정된다고 보아, 이러한 경우에도 횡령죄(또는 배임죄)가 성립될 수 있다고 본다. 일본의 경우, 불법원인급여라고 하더라도 그 급여물의 소유권은 급여자에게 있다고 보아 횡령죄의 성립을 긍정하는 것이 형사판례의 입장이었으나,[69] 민사 판결[70]에서는 불법원인급부자가 급부한 물건의 반환을 청구할 수 없게 된다고 하는 '반사적 효과'로, 목적물의 소유권은 급부자의 손을 떠나서 수급부자에게 귀속된다고 판시했다. 우리나라 판례[71]는 불법원인급여에 있어 소유권이 급여자로부터 급여를 받은 자에게 이전하기 때문에 횡령죄에 있어 '타인의 재물성' 요건이 결여된다는 측면에서 횡령죄의 성립을 부정하지만, 이 경우 신뢰관계를 보호할 필요가 있는지의 관점에서 명시적 언급은 없으나 무죄라는 취지에서 보면 신뢰관계를 부정한 것으로

67) Schönke/Schröder, Strafgesetzbuch Kommentar, 29. Aufl. München: C.H.Beck, 2014, §246 Rn. 30; BGH NJW 1954, 889(이상 횡령죄에 관하여); Fischer, Strafgesetzbuch und Nebengesetze, 60. Aufl., München: C.H.Beck, 2013, §266 Rn. 44; Schünemann, LK StGB, 12. Aufl. 2008, §266 Rn. 64; BGH NJW 1956, 151; BGH NJW 1965, 770(이상 배임죄에 관하여).

68) Commonwealth v. Cooper, 130 Mass. 285, 288 (1881) (매사추세츠주 대법원 판결); People v. Woollacott, 80 Cal. App. 275 (1926) (캘리포니아주 항소법원 판결)

69) 大審院 1910(明治 43). 7. 5. 判決, 1910(明治 43). 9. 22. 判決, 1913(大正 2). 12. 9. 判決, 最高裁 1948(昭和 23). 6. 5. 判決.

70) 最高裁 1970(昭和 45). 10. 21. 判決.

71) 대법원 1988. 9. 20. 선고 86도628 판결(뇌물로 지급하라고 교부받은 금원을 횡령한 것은 횡령죄가 성립되지 않는다)은 이를 부정하였다고 평가하고 있다. 대법원 1999. 6. 11. 선고 99도275 판결(피고인 1이 피고인 2로부터 공소외 2에 대한 뇌물공여 또는 배임증재의 목적으로 전달하여 달라고 교부받은 금전은 불법원인급여물에 해당하여 그 소유권은 피고인 1에게 귀속되는 것으로서 피고인 1이 위 금전을 공소외 2에게 전달하지 않고 임의로 소비하였다고 하더라도 횡령죄가 성립하지 않는다); 대법원 1999. 9. 17. 선고 98도2036 판결(포주가 윤락녀와 사이에 윤락녀가 받은 화대를 포주가 보관하였다가 분배하기로 약정하고도 보관중인 화대를 임의로 소비한 경우, 제반 사정에 비추어 포주의 불법성이 윤락녀의 불법성보다 현저히 크다는 이유로 횡령죄를 구성한다고 본 사례).

보인다.[72)]

그렇다면 명의신탁 약정에 기하여 소유권이 이전되는 경우에는 어떻게 볼 것인가? 앞서 부동산실명법에서 명의신탁 약정을 무효라고 규정하고, 그에 기초한 민사 법률관계에 따르면, 양자간 명의신탁 이외의 경우에는 명의신탁자에게 부동산의 소유권을 인정할 여지가 없다는 점에서, 양자간 명의신탁의 경우 수탁자에게 '타인의 재물을 보관하는 자'의 지위를 인정할 여지는 있겠지만, 그 이외의 명의신탁 유형에 있어서는 수탁자에게 '타인의 재물을 보관하는 자'의 지위를 인정할 수는 없다고 할 것이다.

그렇다면 부동산실명법이 금지하는 명의신탁 약정에 의한 신뢰관계가, 형사상 보호할 가치 있는 것인가? 이는 앞서 부동산실명법 제1조와 관련하여 살펴볼 필요성이 있다.

2. 부동산실명법 제1조의 해석

부동산실명법 제1조는 "이 법은 부동산에 관한 소유권과 그 밖의 물권을 실체적 권리관계와 일치하도록 실권리자 명의로 등기하게 함으로써 부동산등기제도를 악용한 투기 · 탈세 · 탈법행위 등 반사회적 행위를 방지하고 부동산 거래의 정상화와 부동산 가격의 안정을 도모하여 국민경제의 건전한 발전에 이바지함을 목적으로 한다."라고 규정하는바, 부동산실명법의 전반적인 입법취지가 부정한 목적으로 이용되는 명의신탁의 근절이라는 점에서 '반사회적 행위'라 함은 명의신탁 약정에 기한 등기이전행위를 의미한다고 보인다. 민법 제746조와 표리관계에 있다[73)]고 하는 민법 제103조는 '반사회질서의 법률행위'라는

---

72) 강동범, "소위 불법원인급여와 횡령죄의 성부", 형사재판연구 (1), 박영사 (1993), 194~5는 위 각주의 판결들에 관하여, 불법원인에 기한 신뢰관계를 전제로 하였으므로, 그에 기하여 물건을 보관하게 된 자가 이를 처분하였다고 하더라도, 이는 보호할 가치 없는 신뢰관계의 파괴에 불과하기 때문에 횡령죄가 성립하지 않는다고 한다.

73) 민법주해 [II] 총칙 (2), 박영사(2006), 226(민일영 집필); 민법주해 [XVII] 채권

표제 하에 "선량한 풍속 기타 사회질서에 위반한 사항을 내용으로 하는 법률행위는 무효로 한다."라고 규정하고 있다. 즉 민법 제103조에 반하여 교부되거나 위탁된 물건은 민법 제746조의 불법원인급여물에 해당하기 때문에, 횡령죄가 성립할 여지는 없게 된다.

부동산실명법 제1조의 '반사회적 행위'를 민법 제103조의 '반사회질서'와 같게 본다면, 명의신탁 약정에 기한 등기이전행위도 불법원인급여로 볼 수 있게 되고, 따라서 명의신탁 약정에 기하여 수탁받은 부동산을 명의수탁자가 처분하더라도 이에 관하여는 아무런 범죄행위가 되지 않는다고 볼 수 있게 된다. 그렇다면 '반사회적 행위'와 '반사회질서'는 같은 의미인가?

같다고 보는 입장은 입법자가 '반사회적 행위'라고 표현한 것은, 부정한 목적으로 이용되는 명의신탁이 '사회질서 내지 사회상규에 반하는 행위'라고 본 것으로 이해할 것이다.[74] 탈세나 부동산투기의 목적으로 명의신탁을 이용하는 것을 금지하였던 부동산등기특별조치법 제7조 제1항을 효력규정이 아닌 단속규정으로 해석한 대법원 판결[75]을 변경하기 위하여 제4조에서 명의신탁 약정의 효력을 부정한다고 규정한 것이다.[76] 따라서 명의신탁 약정이 유효함을 전제로 하여 불법

---

(10), 박영사(2005), 453, 473(박병대 집필); 물론 법률행위가 전제되지 아니한 급부에 대하여도 제746조는 적용될 수 있다는 점에서 반드시 표리관계에 있다고 볼 수는 없다는 견해도 우세하다. 민법주해 [XVII] 채권 (10), 453~4, 473~4(박병대 집필); 難波讓治, "公序良俗と不法原因給與", 椿 壽夫 · 伊藤 進 編 公序良俗違反の硏究, 日本評論社(1995), 351.

74) 판례 중에도 민법 제103조의 해석에 관하여 '반사회적 법률행위'라는 표현을 사용한 판례가 있다. 대법원 1991. 9. 13. 선고 91다16334(본소), 16341(반소) 판결, 대법원 1992. 12. 22. 선고 91다35540, 35557 판결.

75) 대법원 1993. 8. 13. 선고 92다42651 판결 (부동산등기특별조치법 제7조 제1항, 제8조의 규정 자체에 의하더라도 등기신청의 원인행위인 같은 법 제7조 제1항 소정의 목적에 의한 계약명의의 신탁약정 자체가 금지된다고는 해석할 수 없으므로 그와 같은 명의신탁 약정이 그 사법적 법률행위의 효력까지 부인되는 것은 아니다).

76) 김상용, "부동산거래실명법률에 대한 평가와 실명제 실시의 전제요건", 민사재판의 제문제: 송천이시윤박사화갑기념 (상), 민사실무연구회 · 한국민사소송

원인급여임을 부정하는 기존의 판례의 입장은 그대로 유지될 수 없다고 볼 것이다.

이에 대하여 같지 않다고 보는 입장은, 입법자가 부동산실명법에 '반사회적 행위'라는 용어를 사용하였을 뿐 '반사회질서 내지 반사회상규'라는 용어를 사용하지 않았음을 강조할 것이다. 즉 '반사회질서'의 행위가 '반사회적 행위'에 포섭될 것임은 분명하지만, 그 역의 관계가 성립한다고 단정할 수는 없다는 것이다.[77] 입법자가 '반사회적 행위'를 불법원인급여라고 보았다면, 이에 관하여 명시적인 규정을 두었을 것이다. 부동산실명법 입법 당시 공청회에 참석한 다수인의 입장은 수탁자에게 소유권을 확정적으로 귀속시키는 것은 위헌의 소지가 있다고 보았다.[78]

대법원 판례는 부동산실명법에서 말하는 '반사회적 행위'가 '반사회질서' 행위와 같다고 보지 않는다.[79] 명의신탁 약정이 민사상 무효라

법학회 · 한국민사법학회(1995), 146. 위 92다42651 판결에서 '신탁약정 자체가 금지된다고 해석할 수 없으므로'라고 판시하면서 단속규정으로 보고 있으므로, '신탁약정 자체가 금지된다'고 해석할 수 있다면 명의신탁은 사법적 효력이 부인되는 행위로 단속규정이 아닌 효력규정 위반이어서 불법원인급여에 해당할 여지가 커지게 된다.

77) 권오창, "부동산명의신탁의 법률관계에 관한 시론", 인권과 정의 243호, 대한변호사협회(1996. 11.), 68; 목영준, "부동산실권리자명의등기에 관한 법률상 법률관계의 효력", 98; 박동진, "부동산실명법 제4조에 의한 부동산명의신탁의 효력", 저스티스 32권 3호, 한국법학원(1999), 72~3; 박동진, "'부동산실권리자명의등기에 관한 법률'에 의거한 부동산명의신탁제도의 검토와 동 법률의 해석", 연세법학연구 6집 1권, 연세법학연구회(1999), 295; 문성제, "부동산명의신탁과 재산권의 인정", 재산법연구 제21권 제1호, 한국재산법학회(2004), 70; 양창수, "부동산실명법 제4조에 의한 명의신탁의 효력", 81~3; 최창열, "명의신탁부동산의 소유권귀속", 성균관법학 17권 3호, 성균관대학교 비교법연구소(2005. 12.), 304; 양창수, "부동산실명법 제4조에 의한 명의신탁의 효력", 83{양창수, "부동산실명법 제4조에 의한 명의신탁의 효력 -소위 등기명의신탁을 중심으로-", 민법연구 5권, 박영사(2005), 117}은 명의신탁은 다양한 이유에 기하여 다양한 목적을 위하여 행하여지는데 여기에서 비윤리성을 읽는 것은 윤리의 내면성이라는 본질을 왜곡하는 것이거나 아니면 그 사람의 경험미숙 또는 실제 생활에 대한 관찰이 적절하지 아니함을 의미할 뿐이라고 한다.

78) 부동산실명법 해설, 104.

고 하더라도, 무효인 명의신탁 약정에 기초한 법률관계를 전제로 하여 명의신탁자의 권리행사를 인정한다.[80] 나아가 이러한 법률관계를 기초로 형성된 신뢰관계를 침해한 수탁자의 소유권 침해 행위는 횡령죄를 구성할 수 있다고 판단하여 왔다.[81] 그리고 범죄성립의 주된 기준은, 주로 소유권 침해가 있는지 여부로 판단하였던 것으로 보인다. 따라서 양자간 명의신탁과 중간생략등기형 명의신탁에 있어서는 범죄가 성립한다고 보았고, 매도인 선의의 계약명의신탁에 있어서, 명의수탁자가 부동산의 소유권을 유효하게 취득하기 때문에, 명의수탁자의 처분행위는 아무런 범죄행위를 구성하지 아니한다고 보았다. 그러나 이와 달리 매도인 악의의 계약명의신탁에 있어서는, 명의수탁자로의 소유권이전등기는 무효이지만, 명의신탁자와 명의수탁자 사이에서는 매매대금 등의 부당이득 반환 여부가 문제될 뿐 부동산 자체에 관하여는 법률관계가 존재할 수 없고, 명의수탁자와 매도인 사이에서는 신뢰관계가 존재

79) 대법원 2010. 9. 30. 선고 2010도8556 판결은 "부동산 실권리자명의 등기에 관한 법률이 규정하는 명의신탁 약정은 부동산에 관한 물권의 실권리자가 타인과의 사이에서 대내적으로는 실권리자가 부동산에 관한 물권을 보유하되 다만 그에 관한 등기를 타인의 명의로 하기로 하는 약정을 말하는 것일 뿐이므로, 그 자체로 선량한 풍속 기타 사회질서에 반한다고 단정할 수 없을 뿐만 아니라, 위 법률이 비록 부동산등기제도를 악용한 투기·탈세·탈법행위 등 반사회적 행위를 방지하는 것 등을 목적으로 제정되었다고 하더라도, 무효인 명의신탁 약정에 기하여 타인 명의의 등기가 마쳐졌다는 이유만으로 그것이 당연히 불법원인급여에 해당한다고 볼 수 없고(대법원 2003. 11. 27. 선고 2003다41722 판결 참조), 이는 탈세의 목적으로 한 명의신탁 약정에 기하여 타인 명의의 등기가 마쳐진 경우라도 마찬가지이다."라고 판단하였다. 이는 부동산실명법 이전의 사안으로, 세금회피목적으로 이루어진 미등기전매행위에 대하여 민법 제103조를 적용하지 아니한 대법원 1993. 5. 25. 선고 93다296 판결과 맥을 같이 한다.

80) 대법원 2002. 9. 6. 선고 2002다35157 판결과 2002. 9. 24. 선고 2001다33017 판결('양자간 명의신탁'), 대법원 2002. 11. 22. 선고 2002다11496 판결('3자간 명의신탁'), 대법원 2002. 12. 26. 선고 2000다21123 판결('계약명의신탁')의 경우 대법원은 각 유형별 명의신탁 모두에 대하여 명의신탁자의 권리행사를 인정하고 있다.

81) 앞서 양자간 명의신탁, 중간생략등기형 명의신탁의 경우, 대법원은 명의수탁자에 대하여 횡령죄가 성립될 수 있다고 판단하였다. 각주 38, 44번.

한다고 볼 수 없기 때문에, 결국 명의수탁자가 부동산을 처분하더라도 횡령죄나 배임죄의 죄책을 부담한다고 볼 수 없다고 보았다.[82]

위 악의의 계약명의신탁에 관한 판례의 연장선에서, 양자간 명의신탁과 중간생략등기형 명의신탁에 있어서, 명의신탁 약정에 기한 등기가 불법원인급여인지, 그 신뢰관계가 형사상 보호할 가치가 있는 것인지가 문제된다.

3. 명의신탁 약정 위반행위에 대한 형사제재 개입 필요성 여부

가. 불법원인급여 해당 여부

부동산가격의 상승으로 자살하는 사람이 수십명에 이르는 현실을 경험하였던 우리나라에서 명의신탁은 단순히 행정법적 불법이나 경제정책에 반하는 행위에 불과한 것이 아니라 반사회성이 매우 큰 행위라고 할 수 있으며, 이런 의미에서 명의신탁에 의한 수탁자로의 소유권이전등기는 불법원인급여라고 할 수 있고, 불법원인급여에 대해 횡령죄는 성립할 수 없으며, 명의신탁에 대하여 과징금과 형벌이 처해지는데 범죄행위인 명의신탁에 의한 법률관계를 형법이 보호해야 할 이유가 없다.[83] 사적 자치의 한계기준으로서의 선량한 풍속 기타 사회질서는 그 내용이 선험적으로 결정되는 것이 아니고 수범자들의 윤리의식이나 질서의식에 의하여 구체화되어 가야 할 불특정 개념이자 시대와 사회에 따라 그 모습을 달리하는 유동적 개념으로, 명의신탁의 악용방지를 통해 행위자들 스스로 명의신탁을 꺼리게 만들어야 하는 정책적 이유에서도 불법원인급여로 보아야 한다.[84] 부동산을 법적으로 다른 사람의 소유로 하는 것이 각자의 자유에 속하는 문제로 명의신탁

82) 위 2011도7361 판결. 이는 신뢰관계의 존재를 판단에서 고려한 것으로 볼 수 있다.

83) 오영근, 형법각론, 363.

84) 서정, "명의신탁자가 명의수탁자를 상대로 부동산 자체를 부당이득반환으로 구하는 청구의 가부", 민사판례연구 [26], 박영사(2004), 244~5.

자체가 그 성질상 당연히 위법하다고 할 수 없다는 견해[85]도 있으나, 입법자에 의하여 명의신탁 약정이 범죄행위로 규율되고 있는 이상 이를 위법하지 않다고 보는 것은 법에 정면으로 반하는 해석이다.[86]

도박 채무나 2중매매의 경우 반사회질서 행위로 본다.[87] 그렇다면 사회질서위반의 정도에 비추어 명의신탁이 이보다 경한 행위인가? 서울중앙지방법원 2003. 11. 28. 선고 2003가합49028 판결은 "부동산실명법은 채무의 변제를 담보하기 위한 경우(제3조 제2항), 종중이나 배우자간의 명의신탁에 관한 특례를 두고 있고(제8조), 그 밖에 신탁제도가 필요한 사람은 신탁법을 이용하면 된다. 그렇게 하지 않고 부동산실명법이 금지하는 명의신탁을 감행하는 것은 온갖 탈법행위 또는 위법행위를 부추기는 것이므로 단순히 사적인 법률행위의 영역에 그치는 것이 아니다. 따라서 이러한 경우 명의신탁을 반사회질서의 법률행위로 보아 사법상의 보호를 차단하는 것은 바람직하며 사적자치의 본질을 침해하는 것도 아니다. 나아가 부동산실명법이 시행된 지도 어언 8년이 넘었고, 대부분의 국민도 그 취지에 공감하고 있어, 부동산실명제는 하나의 사회질서로 자리잡은 것으로 보인다. 그렇다면 부동산실명법에 위반된 명의신탁은 반사회질서의 법률행위라고 해야 마땅하

---

85) 양창수, "명의신탁에 관한 규율 재고", 법조 제49권 제11호, 법조협회(2000), 233~4; 최병각, "부동산 명의신탁과 형사처벌", 형사법연구 27권 2호, 한국형사법학회(2015. 6.), 58; 나아가 부동산 투기가 잠잠해진다면 부동산실명법을 유지해야 할 것인가에 대하여 회의를 품는 견해가 제기될 수 있을 것이다. 그러나 과연 부동산 투기가 잠잠해질 수 있을까?

86) 입법자도 명의신탁 약정에 기한 등기이전행위가 불법원인급여에 해당할 수 있다고 보았으나, 그 판단은 법원에 맡겼던 것으로 보인다. 부동산실명법 해설, 77~78을 보면 "법원이 명의신탁의 위법성이 크다고 인정하여 불법원인급여로 판결하는 경우"라고 언급하고 있기 때문이다.

87) 최근 대물변제 예약 관련 대법원 2014. 8. 21. 선고 2014도3363 전원합의체 판결의 태도에 비추어 2중매매의 경우 대법원이 입장을 변경할 가능성도 없지는 않을 것으로 생각되지만, 배임죄의 기능과 2중매매를 불법으로 보는 사회통념을 고려할 때 태도 변경은 어려울 뿐만 아니라 타당하지도 않다고 생각된다. 이용식, "배임죄에 대한 지나친 제한해석의 우려 –확대해석의 경계와 함께–", 대법원 형사실무연구회 2014년 심포지움 지정토론문 참조.

다. 명의신탁을 이처럼 반사회질서의 법률행위로 보아야 하는 이유는 판례가 인정하는 도박에 관련된 금전의 대여나 채무부담 또는 이중매도의 경우와 비교해 보아도 분명하다. 먼저, 도박에 관하여는 그 법정형이 부동산실명법위반에 관하여 정한 그것보다 가벼울 뿐만 아니라 최근 각종 복권이나 경마, 전자도박 등이 성행하면서 반사회질서의 법률행위로까지 규제해야 할 필요성이 떨어지고 있다. 다음, 명의신탁은 이중매도의 경우보다 훨씬 국가·사회의 공공적 질서 내지 일반적 이익과 직결되어 있다. 그러므로 부동산실명제는 투명한 부동산거래질서를 확보하고 선진사회로 나아가기 위하여 필요할 뿐만 아니라 갈수록 중요성이 커지는 새로운 사회질서로서 반드시 확립되어야 한다. 그렇게 하기 위하여 부동산실명법은 과징금이나 형사처벌 조항을 두고 있으나 이것만으로는 한계가 있으며 명의신탁자에게 민사상의 구제를 허용하게 되면 부동산실명제의 근간에 심각한 훼손을 초래할 우려가 있다. 따라서 법원은 명의신탁자가 부동산실명법에 위반된 명의신탁 약정이나 그에 따른 등기의 무효를 원인으로 구하는 어떤 민사상의 청구에도 협력을 거부하여야 한다. 이렇게 할 경우 매도인이나 명의수탁자에게 부당이득을 주게 될 수도 있으나 이는 보다 중요한 사회질서의 확립을 위해 불가피한 결과이다."라고 판단하였다.88)

위 2003가합49028 판결은 항소장 각하되어 확정되었기 때문에 대법원의 판단까지는 받지 아니하였으나 위 하급심 판결이 시사하는 바는 적지 않다. 명의신탁의 법정형은 도박죄보다 중하고, 징역형은 형법상 수뢰죄의 그것과 같다. 결국 입법자가 평가하는 불법성의 정도는 반사회질서 행위로 일반적으로 보는 도박행위나 수뢰행위의 그것보다 많거나 같다. 그렇다면 도박이나 수뢰를 목적으로 한 금원 교부가 불법원인급여로 평가되어야 한다면, 명의신탁 약정에 기인하여 이루어지는 소유권이전등기행위의 불법성도 마찬가지로 평가되어야 할 것이다. 즉 불법원인급여와 같게 평가함이 상당하다.

---

88) 위 판결의 재판장은 조희대 대법관이다.

깨끗한 손(clean hands)을 갖지 아니한 자에 대한 사법적 보호는, 사법기관이 제공하는 정의에 대하여 의문을 야기할 수 있다.[89] 쉽게 말해 명의신탁자에 대한 필요 이상의 보호는 사법부를 명의신탁자와 같은 지위에 있는 것으로 생각하게끔 할 수 있다. 다시 말해, 명의신탁자에 대한 보호는, 일반인으로 하여금 사법부를 명의신탁자와 동종부류로 생각하게 할 수 있다.[90]

나. 보호할 가치 있는 신뢰관계 여부

원칙적으로 명의신탁 약정에 기한 급부행위가 불법원인급여라고 하더라도, 불법원인급여가 되기 위하여는 명의신탁 약정 당사자 사이에서 급부행위가 이루어져야 하는바, 양자간 명의신탁의 경우에는 그것이 긍정될 수 있으나, 중간생략등기형 명의신탁의 경우에는 반드시 그렇게 단정할 수 없다. 중간생략등기형 명의신탁에 있어서 급부행위는 명의신탁 약정의 당사자가 아닌 매도인에 의하여 명의수탁자에게 이루어지기 때문이다. 계약명의신탁에 있어서도 마찬가지이다.

더욱이 불법원인급여라고 볼 경우에는 형사적 보호 외에 민사적 구제까지 박탈될 수 있는데, 일반인의 정서상 그렇게까지 하는 것은 받아들여지기 어려울 수 있다. 명의신탁 약정에 기한 등기행위가 형사적으로 처벌되는 행위이기 때문에, 그러한 범죄행위에 기초한 신뢰관계 위반행위에 대하여 일반형법상의 재산죄의 적용을 거부한다고 하

89) 영미에서 clean hands doctrine은 3가지 기본적인 원리, 사법의 염결성(judicial integrity), 정의(justice), 그리고 공익(public interest)으로 구성되는바, 깨끗하지 아니한 자에 대한 보호는 그자로 하여금 그러한 부정한 행위(inequitable conduct)를 하도록 할 뿐만 아니라 사법제도로 제공되는 정의에 대한 의문을 야기하기 때문에 법원은 그자에 대하여 문을 열어서는 안되고 "그자의 이익을 위해 관여하는 것을 거부해야" 한다고 한다. William J. Lawrence, "Application of the Clean Hands Doctrine in Damage Actions", 57 Notre Dame L. Rev. 674~5 (1982).

90) 필자도 명의신탁에 관한 형사재판을 할 때 대법원 판례를 통해 받은 감각적인 첫인상은, 대법원에서 명의신탁자를 그 불법성에도 불구하고 명의수탁자의 처벌을 통해 명의신탁 약정에 기한 신뢰관계를 보호하는 이유는, 혹 재판기관이 명의신탁자의 지위와 유관하기 때문이 아닐까라는, 근거 없는 추측이었다.

더라도, 일반인들이 수긍을 할 수 있을 것이지만, 불법원인급여로 보아 민사적으로까지 명의신탁자의 급부행위에 대하여 아무런 권리구제도 허용되지 않는다고 한다면 수긍할 수 없는 결과가 생길 수 있을 것으로 생각된다. 왜냐하면 현실에는 천태만상의 명의신탁 약정이 존재할 수 있고, 명의신탁 약정 자체를 불법이라 보더라도, 구체적인 사안에서는 민사적 권리구제를 허용해야 할 경우도 있을 수 있기 때문이다. 따라서 불법원인급여라고 보는 것은 현실성이 떨어질 수 있다.

형법은 항상 최후수단(ultima ratio)으로 사용되어야 한다는 형법의 보충성 원칙상,[91] 명의신탁 약정에 기초한 신뢰관계 파괴행위에 대하여, 형법 적용이 절대적으로 필요하다고 판단되지 않는 이상 형사 제재는 후퇴되어야 한다. 명의신탁자에 대한 민사상 구제수단 허용 및 부동산실명법에 규정되어 있는 명의신탁자와 명의수탁자에 대한 형사제재만으로 족하고, 명의수탁자에 대하여 일반 형법상의 배임죄나 횡령죄로 의율하는 것은 명의신탁 약정이라는 범죄행위를 형법이 우회적으로 보호하는 셈이 된다.

또한 자기책임의 원칙(Prinzip der Selbstverantwortung)[92]상 재산범

91) 이용식, "비례성 원칙을 통해서 본 형법과 헌법의 관계", 형사법연구 25호, 한국형사법학회(2006. 6.), 36; 조국, 절제의 형법학, 박영사(2014), '책머리에 부쳐' iii "요컨대, 형법은 칼이다. 이 칼은 의사의 메스처럼 조심스럽고 섬세하게 사용되어야지 망나니의 칼처럼 휘둘러져서는 안 된다. 칼은 '사회적 유해성'이 명백·현존한 행위에 대하여 다른 제재수단이 없는 경우에만 가해져야 한다."; Roxin, Strafrecht Allgemeiner Teil Band I, 4. Aufl., München: C. H. Beck, 2006, §2 Rn. 28; 박달현, "사법방해죄 도입가능성과 그 필요성 검토", 형사정책연구 23권 3호, 한국형사정책연구원(2012), 23~4; 이보영·송경석, "형벌의 의미와 정당성 -언제나 형벌은 필요한가?-", 법조 통권 656호, 법조협회(2011), 61; Klaus Lüderssen, "Die Wiederkehr der Befreiung des Strafrechts vom zivilistischen Denken - eine Warnung", FS-Ernst Walter Hanack zum 70. Geburtstag(Part 2), de Gruyter(1999), S. 487.

92) 헌법재판소 2004. 6. 24. 선고 2002헌가27 결정 (자기책임의 원리는 헌법 제10조로부터 파생되는 자기결정권의 한계논리로서 책임부담의 근거로 기능하는 동시에 자기가 결정하지 않은 것이나 결정할 수 없는 것에 대하여는 책임을 지지 않고 책임부담의 범위도 스스로 결정한 결과 내지 그와 상관관계가 있는 부분에 국한됨을 의미하는 책임의 한정원리로 기능한다. 이러한 자기책임의 원리는 인간의 자유와 유책성, 그리고 인간의 존엄성을 진지하게 반영한 원리

죄와 관련하여 법익의 주체는 자신의 법익보호에 대하여 스스로 책임이 있으며 국가의 원조 없이 가능하고 기대되는 자기보호를 위한 조치를 취하여 손해로부터 자신의 법익을 보호하여야 한다는 것을 말하는 바,[93] 피해자가 자신의 방어수단을 가지고 있으며 이 수단으로 스스로 자신의 법익을 보호할 수 있을 때에는 형법은 최후수단으로 남아있어야 한다.[94] 따라서 개인이 스스로 인식하면서 자신의 재화를 위태롭게 하여 자기보호를 소홀히 한 때에는 형법적 보호가 감소되거나 전적으로 부인될 수 있다.[95] 명의신탁자가 스스로 명의신탁 약정을 하고 명의수탁자가 부동산을 임의로 처분하더라도 그것이 제3자에 대하여 유효한 처분행위가 되어 종국적으로 소유권 회복이 불가능하게 될 수도 있다는 점을 알면서도 그러한 행위로 나아갔다면, 이에 대하여는 자기책임의 원칙에 따라 형법상 보호가 부인될 수 있는 경우라고 보아야 한다. 부동산실명법은 명의신탁행위 자체에 형사제재를 가하면서, 명의신탁자를 명의수탁자보다 무겁게 처벌하고 있고,[96] 명의신탁자에 대

로서 그것이 비단 민사법이나 형사법에 국한된 원리라기보다는 근대법의 기본이념으로서 법치주의에 당연히 내재하는 원리로 볼 것이고 헌법 제13조 제3항은 그 한 표현에 해당하는 것으로서 자기책임의 원리에 반하는 제재는 그 자체로서 헌법에 위반된다). 헌법재판소 2009. 6. 25. 선고 2007헌마40 결정, 헌법재판소 2011. 9. 29. 선고 2010헌마68 결정; Uwe Murmann, Die Selbstverantwortung des Opfers im Strafrecht, Heidelberg: Springer, 2005, S. 147 ff.

93) Lothar Kaiser, Opferverantwortung und Täter (Sonder) Pflichten im Bereich der Vermögensdelikte - Untersuchung über den Einfluß der Täter-Opfer-Interaktion auf die Einschränkung der Strafbarkeit im Bereich der Vermögensdelikte unter besonderer Berücksichtigung der Massenkriminalität, Münster, 1991, S. 15~7.

94) Lothar Kaiser, a.a.O., S. 16; Theo Vogler, "Möglichkeiten und Wege einer Entkriminalisierung", ZStW 90, 1978, S. 145 ff.

95) 조기영, "재산범죄와 '보호할 가치 있는 신뢰관계'", 104; vgl. Uwe Murmann, 위책, S. 248.

96) 부동산실명법 제7조 제1항, 제2항. 나아가 부동산실명법 제7조 제3항은 명의신탁 행위에 대한 방조범 처벌규정을 두고 있다. 여기의 방조범에 매도인도 포함된다고 볼 수 있을 것인지(특히 중간생략등기형 명의신탁이나 매도인 악의의 계약명의신탁의 경우)에 관하여는 견해대립이 있을 것으로 보인다. 실무상 부동산실명법 제7조 제3항 위반으로 처벌된 예로, 대법원 2007. 11. 15. 선고 2007도6025 판결, 서울중앙지방법원 2010. 6. 1. 선고 2010고정731 판결이

하여 과징금이나 이행강제금을 부과할 수 있도록 규정하고 있는바,[97] 이는 입법자가 명의신탁자의 불법성을 명의수탁자의 그것보다 중하게 평가한 것으로 볼 수 있다. 즉 명의신탁행위를 범죄화하면서도 신탁자와 수탁자 사이에 이루어진 범죄행위 자체에 대하여 신뢰관계를 인정한다는 것은 논리모순일 뿐만 아니라 입법취지에도 부합되지 않는다.[98] 부동산실명법은 명의신탁행위를 범죄행위로 규정하고 있는데, 이러한 범죄행위에 기초한 신뢰관계 침해에 대하여 일반형법으로 제재를 가함으로써 우회적으로 명의신탁 약정이 형법상 보호되도록 할 경우, 명의신탁 약정의 노출은 더 억제될 수 있고, 이는 결국 명의신탁 금지라는 일반예방적 기능의 달성이 곤란해지게 됨을 의미할 것이다. 이에 대하여 명의수탁자의 임의처분을 형사처벌하지 않게 된다면 명의수탁자가 부동산을 '먼저 맡아주는 것은 더욱 쉬운 노릇일 것이고 명의신탁이 쉽사리 이루어지는 원인으로 작용할 수 있다'는 견해[99]도 있고, 이는 명의신탁은 사회에서 일소되어야 한다는 전제, 즉 명의수탁자의 임의처분에 대한 신뢰관계 침해범죄로의 형사처벌이 없더라도

있으나 방조범으로 처벌된 피고인들은 매도인이 아니라 중개한 자였다. 그 외에 약식명령에 의하여 매도인이 처벌된 사례가 있는지에 관하여는 검색을 할 수는 없었다. 중간생략등기형 명의신탁이나 매도인 악의의 계약명의신탁의 경우 대향적 상대방인 매도인은 항상 존재할 수밖에 없는데, 제7조 제1항과 제2항에서 신탁자와 수탁자에 대한 처벌규정을 따로 두고 있으면서 매도인에 대하여는 따로 규정을 두고 있지 않다는 점, 매도인은 누구 명의로 등기가 경료되는지에 관하여 별다른 이해관계가 없다는 점, 계약명의신탁에 있어서 매도인이 명의신탁 사실을 알게 되었는지 여부는 우연적 사정에 기인하며 일반적으로 매도인 선의의 계약명의신탁과의 관계에서 불법의 정도에 차이가 있다고 평가하기 어렵다는 점, 매도인 악의의 계약명의신탁에서 매도인이 방조범으로 처벌되지 않는다고 본다면 중간생략등기형 명의신탁에서도 매도인을 방조범으로 처벌되지 않는다고 보는 것이 균형모순을 방지할 수 있다는 점 등에서, 원칙적으로 매도인은 제7조 제3항의 방조범의 범주에 포함되지 않는다고 보는 것이 타당하다고 생각된다.

97) 부동산실명법 제5조, 제6조.

98) 천진호, "명의신탁부동산 처분행위의 형사책임", 492; 수원지방법원 2009. 6. 18. 선고 2008노3160 판결.

99) 최병각, "부동산 명의신탁과 형사처벌", 67.

명의신탁이 이루어질 수 있음을 전제하고 있는 것이지만, 명의신탁 약정의 주도권(initiative)이 명의신탁자에게 있지 명의수탁자에게 있는 것이 아니고(명의수탁자가 명의신탁자를 섭외하는 것이 아니라, 명의신탁자가 명의수탁자를 암암리에 섭외한다), 명의수탁자에 대한 신뢰관계 침해범죄로의 형사처벌이 없을 경우 명의신탁을 하게 되는 비율이 과연 높아질 수 있을지에 관한 고려를 간과한 것으로 생각된다.

배임죄나 횡령죄와 같이 신뢰관계 침해범죄에 있어서, 신뢰관계는 보호법익의 한 요소로 보아야 한다.[100] 형법에 있어 법익은 구성요건해당성이 인정되더라도 범죄성립을 제한하는 원리로 작용하는바,[101] 법익론은 처벌의 정당성 검토의 도구로 인식된다.[102] 앞서 언급하였듯 횡령죄는 보호할 가치 있는 신뢰관계를 기초로 한 소유권을 보호하는 것이다. 즉 무조건적인 소유권 침해행위를 처벌하는 것이 아니라 보호할 가치 있는 신뢰관계가 전제되는 소유권 침해에 대하여 형사제재를 가하는 것으로 배임죄도 같게 보아야 한다.

어떤 것이 형사상 보호할 가치가 있는 것이고, 어떤 것이 형사상 보호할 가치가 없는 것인지 그 기준을 세운다는 것은 매우 어려운 일로, 결국에는 결단의 문제일 수도 있다. 그러나 입법부나 사법부가 명시적으로 금지하고 있는 행위를 위반하는 행위는 형사상 보호할 가치가 없는 행위로 볼 수 있다고 생각된다. 가령 업무방해죄의 경우에, 그 업무가 보호할 가치가 있는 업무가 아닐 경우 업무방해죄의 성립을 부정하는바, 보호할 가치가 있는 업무인지 여부에 관한 일응의 판단 기준은 그 업무의 반사회성 유무라고 할 것이지만,[103] 그 업무가 반사회

---

100) 독일 귀르트너 초안, 일본형법가안을 거쳐 우리 형법의 횡령죄와 배임죄 규정이 제정되게 된 경위 및 이러한 입법적 연혁에 비추어 신뢰관계는 보호법익으로 보아야 한다는 점에 관하여, 신동운, "횡령 후의 횡령의 성립 여부", 서울대학교 법학 54권 4호, 서울대학교 법학연구소(2013), 298 이하 참조.

101) 그리하여 형벌권의 자의적 운용으로부터 개인을 보호하는 것이 목표이다. 안동준, "법익론의 생성, 발전과 변환", 법학논총 28권 1호, 전남대학교 법학연구소(2008. 6.), 394.

102) 嘉門優, "法益論の現代的意義", 刑法雜誌 50巻 2号, 日本刑法學會(2011), 131.

성을 갖지 않는다고 하더라도 사법부에 의하여 금지 결정이 이루어진 행위가 보호할 가치가 있는 업무인지 여부를 평가할 때에는 반사회적 업무와 마찬가지로 보호할 가치가 없는 것으로 평가될 수 있다.[104]

마찬가지로, 사법부보다 우위에 있다고 볼 수도 있는 입법부[105]의 명시적 결단이 드러나 있는 법률 위반행위에 대하여도 형법적 보호를 거부하여야 한다. 부동산실명법은 명의신탁이 사회적으로 유해한 행위임을 제1조에서 명시적으로 밝히고 있다. 천태만상의 명의신탁행위에 대하여 일률적인 불법성 평가를 하는 것은 곤란한 일일 수도 있을 것이지만, 한편 전체적인 평가에 의하여 그러한 유형의 행위에 대한 처리는 일괄적이어야 한다는 점에서,[106] 이에 대하여는 형법적 보호를

---

103) 대법원 2013. 11. 28. 선고 2013도4430 판결, 대법원 2010. 5. 27. 선고 2008도2344 판결, 대법원 2008. 3. 14. 선고 2007도11181 판결, 대법원 2006. 3. 9. 선고 2006도382 판결, 대법원 2003. 4. 11. 선고 2002도1747 판결, 대법원 2002. 8. 23. 선고 2001도5592 판결, 대법원 2001. 11. 30. 선고 2001도2015 판결, 대법원 1996. 11. 12. 선고 96도2214 판결, 대법원 1991. 6. 28. 선고 91도944 판결 등.

104) 위 2001도5592 판결(법원의 직무집행정지 가처분결정에 의하여 그 직무집행이 정지된 자가 법원의 결정에 반하여 직무를 수행함으로써 업무를 계속 행하는 경우 그 업무는 국법질서와 재판의 존엄성을 무시하는 것으로서 사실상 평온하게 이루어지는 사회적 활동의 기반이 되는 것이라 할 수 없고, 비록 그 업무가 반사회성을 띠는 경우라고까지는 할 수 없다고 하더라도 법적 보호라는 측면에서는 그와 동등한 평가를 받을 수밖에 없으므로, 그 업무자체는 법의 보호를 받을 가치를 상실하였다고 하지 않을 수 없어 업무방해죄에서 말하는 업무에 해당하지 않는다).

105) 사법부는 입법부가 제정한 법률을 선언하는 작용을 한다. 즉 극단적으로 법관은 법률의 입에 불과하다(La bouche de la Loi)! Charles-Louis de Montesquieu, Vom Geist Der Gesetze, 1748, S. 225{André Brodocz, Die Macht der Judikative, Wiesbaden : VS Verlag für Sozialwissenschaften, 2009, S. 32 Fn. 50 및 윤재왕, "법관은 법률의 입? –몽테스키외에 관한 이해와 오해–", 안암법학 30호, 고려(2009), 130 각주 63에서 재인용; 'phonograph theory'. Morris R. Cohen, Law and Social Order : Essays in Legal Philosophy, Transaction Books(1982), 146}. 물론 몽테스키외가 위와 같이 표현한 것은 당시 영국의 형사재판에 있어 법관의 형벌선고가 배심원의 판단에 따라 지나치게 형식적이었던 점을 비판하려는 것이었다. 윤재왕, 위 논문, 135.

106) 과연 우리 사회에서 명의신탁자의 지위에 설 수 있는 사람과 명의수탁자의 지위에 설 수 있는 지위에 있는 사람의 수를 통계적으로 비교하여 본다면

거부함이 타당하다.

판례는 계약명의신탁에 있어서, 명의신탁자와 명의수탁자 사이에 횡령죄나 배임죄에서 요구되는 신뢰관계(사실상의 신뢰관계)가 존재하지 않는다는 전제에서 명의수탁자의 부동산 임의처분이 재산범죄를 구성하지 않는다고 본 것으로 파악된다. 그 논리를 연장하면, 양자간 명의신탁이나 중간생략등기형 명의신탁의 경우에도 명의신탁자와 명의수탁자 사이에 사실상의 신뢰관계가 인정될 수 없기 때문에, 계약명의신탁과 마찬가지의 결론을 내려야 할 것이다. 계약이 유효하여 계약상 신뢰관계가 존재하는 경우라도, 이를 모두 배임죄의 신뢰관계로 인정하는 것은 아니다. 민사상 단순한 채무불이행에 불과한 경우 형사상의 문제가 아니라 민사상의 문제로 해결되어야 한다. 그런데 명의신탁 약정이 범죄행위가 됨에도 불구하고, 이를 사실상의 신뢰관계로 구성하여 신뢰관계 침해범죄로 보호하려는 것은 균형모순이라고 생각된다.

중간생략등기형 명의신탁의 보호 필요성과 관련하여 수원지방법원 2009. 6. 18. 선고 2008노3160 판결은 "① 명의신탁자와 명의수탁자 사이의 명의신탁 약정은 부동산 실권리자명의 등기에 관한 법률(이하 '실명법'이라 한다) 제4조 제1항, 제12조 제1항에 의하여 무효이고, 명의신탁 약정에 따라 행하여진 등기에 의한 부동산에 관한 물권변동도 역시 무효이므로(실명법 제4조 제2항, 제12조 제2항), 명의신탁자와 명의수탁자 사이에 실명법상의 위탁관계는 존재하지 않고, 단지 사실상의 위탁관계가 존재할 뿐인 점, ② 실명법은 부동산에 관한 소유권 기타 물권을 실체적 권리관계에 부합하도록 실권리자 명의로 등기하게 함으로써 부동산등기제도를 악용한 투기, 탈세, 탈법행위 등 반사회적 행위를 방지할 목적으로 제정되었을 뿐만 아니라(제1조), 명의신탁금지 규정을 위반한 명의신탁자에 대하여 5년 이하의 징역 또는 2억원 이하의 벌금에 처하도록 규정하고 있어(제7조 제1항 제1호), 명의신탁자와 명의수탁자 사이에 사실상의 위탁관계가 존재하더라도 그와 같

누가 더 많을 것인지는 자명할 것으로 생각된다.

은 위탁관계는 범죄를 구성하는 불법적 관계일 뿐이므로, 명의신탁자의 위탁관계를 보호할 이유가 없을 뿐만 아니라, 명의신탁을 금지하고 이를 위반한 명의신탁자에게 형사적으로 제재를 가하면서도 명의신탁자의 위탁관계를 보호한다는 명목으로 명의수탁자를 횡령죄의 주체로 인정하는 것은 법해석상의 모순인 점, ③ 제3자간 등기명의신탁에서 명의신탁자는 매도인에 대하여 매매계약에 기한 소유권이전등기를 청구할 수 있고, 그 소유권이전등기청구권을 보전하기 위하여 매도인을 대위하여 명의수탁자에게 무효인 그 명의 등기의 말소를 구할 수 있으므로(대법원 1999. 9. 17. 선고 99다21738 판결 등), 명의신탁자가 신탁부동산에 대하여 전혀 권리가 없는 것은 아니나, 한편, 명의신탁자는 신탁부동산의 소유권을 취득한 적이 없고 단지 매도인에 대하여 채권적인 소유권이전등기청구권을 보유하고 있을 뿐이어서, 명의수탁자도 명의신탁자에게 직접적으로 신탁부동산의 소유권을 이전해 주어야 할 아무런 의무가 없다고 보아야 할 것이고, 명의신탁자에 대하여 직접적인 소유권이전 의무가 없는 명의수탁자를 명의신탁자의 재물을 보관하는 자로 보는 것은 논리의 비약이라고 보지 않을 수 없는 점, ④ 신탁자와 수탁자가 명의신탁 약정을 맺고, 이에 따라 수탁자가 당사자가 되어 명의신탁 약정이 있다는 사실을 알지 못하는 소유자와 사이에서 부동산에 관한 매매계약을 체결한 후 그 매매계약에 기하여 당해 부동산의 소유권이전등기를 수탁자 명의로 경료한 이른바 "계약명의신탁"의 경우에는 '명의수탁자'를 타인의 재물을 보관하는 자라고 볼 수 없다고 보고 있음(대법원 2009. 9. 10. 선고 2009도4501 판결)에 반해, "제3자간 명의신탁"의 경우에는 '명의수탁자'를 타인의 재물을 보관하고 있는 자라고 보아 서로 형사법적인 판단을 달리 하고 있는데, 물론 제3자간 등기명의신탁과 계약명의신탁은 계약의 형식, 명의수탁자의 가담 정도, 명의신탁된 대상 등 서로 달리 볼 여지가 없는 것은 아니나, 현실적으로 양 유형이 명확히 구별되지 않는 경우도 많고, 오히려 명의신탁자를 은닉하여 명의신탁 자체를 외부적으로 표출하지 않는 점에서 계약명의신탁의 위법성이나 비난가능성은 제3자간 등기명의신탁의 그것보다 결코 덜하지 않다고 할 것이며, 명의수탁자만을 두고 보면 매수인이 되어 매매계약을 체결하는 등 적극적·능동적으로 명의신탁에 가담한 계약명의신탁의 명의수탁자가 단순히 명의만 대여한 제3자간 등기명의신탁의 명의수탁자보다 더 비난받을 가능성도 있다고 할 것임에도, 제3자간 등기명의신탁과 계약명의신탁을 구분하여 그 각 명의수탁자의 형사적인 책임을 달리 취급할 이유가 없는 점, ⑤ 부동산등기제도를 악용한 투기, 탈세, 탈법행위 등 반사회적 행위의 방지를 위해 명의신탁을 금지하는 내용의 실명법이 제정된 이상, 위법한 명의신탁을 억제하고 적법한 실명등기를 유도하는 방향으로 실명법을 해석해야 함은 당연하고, 실명법이 명의신탁자에게 신탁부동산의 소유권이 귀속되는 것을 막는 취지는 아니더라도, 제3자간 등기명의신탁의 명의신탁자에게는 민사적으로 매도인을 대위하여 신탁부동산을 회복할 수 있는 기회를 주면 족하므로, 민사적인 구제방법 외에 형사적으로 명의수탁자를 횡령죄로 처벌하는 것은 부동산 회복 여부에 대한 불확실한 위험을 감수하는 한편 불법상태를 방치한 명의신탁자를 필요 이상으로 보호하는 것이라고 할 것이고, 이는 위법한 명의신탁의 억제라는 실명법의 제정취지나 규범목적과는 거리가 멀고 형법의 보충적 성격에도 맞지 않는 가벌성의 확대일 뿐인 점에 비추어 보면, 제3자간 등기명의신탁의 명의수탁자가 명의신탁자에게 신탁부동산의 반환을 거부한 행위를 횡령죄로 평가할 수 없다고 할 것이고, 결국 이 사건에서 피고인이 임수남에게 이 사건 토지를 매도한 매매대금 중 임수남의 지분에 해당하는 금원의 반환을 거부하였다고 하더라도 횡령죄는 성립하지 않는다고 할 것이다."라고 판단하였다.[107] 위 하급심 판결은 대법원에서 파기환송되었으나,[108] 그 의의가

107) 위 판결은 1심 판결(수원지방법원 평택지원 2008. 6. 26. 선고 2007고단797 판결. 재판장은 필자였음)의 결론(무죄)을 유지하여 항소기각하였다.

108) 대법원 2010. 7. 22. 선고 2009도6090 판결.

작지 않다고 생각된다.

다. 구성요건 해석에 있어서 이익형량109)

입법자는 법익을 제한 내지 보충하는 다른 여러 가지 법익까지도 고려하여 구성요건을 정하고 있는 것이므로, 반대이익이나 병행이익 등을 고려에 넣어야 하고, 바로 이러한 점에서 구성요건 해석에 관하여도 이익형량이 필요하게 된다.110) 그 반대이익이 헌법에 규정된 기본권이나 가치, 기본질서에 해당할 수 있는 경우에는 그것을 고려해야 함은 물론이다.111) 개별 형벌법규에 있어서 이러한 이익은 어떻게 결정되는가에 관하여 입법자의 의사에 의한다는 견해112)도 있으나 법규에서 목적론적 논리에 의하여 객관적으로 정해지는 것이 타당할 것이다.113)

우리 헌법은 사회적 시장경제질서(soziale Marktwirtschaftsordnung), 즉 사유재산제의 보장과 자유경쟁을 기본원리로 하는 시장경제질서를 근간으로 하되 사회복지 · 사회정의 · 경제민주화 등을 실현하기 위하여 부분적으로 수정을 가한 경제질서를 택하고 있다.114) 이는 국민 전

---

109) 졸고, "명의신탁 관련한 형사법적 연구", 서울대학교 박사학위논문(2015), 256 이하 참조.

110) 이용식, "형법에 있어서의 이익형량", 현대 형법이론 I, 박영사(2008), 321.

111) 이용식, 위 논문, 321.

112) Philipp Heck, Begriffsbildung und Interessenjurisprudenz, Tübingen: J.C.B. Mohr (Paul Siebeck), 1932, S. 156.

113) 이용식, 위 논문, 321; Erich Schwinge, Teleologische Begriffsbildung im Strafrecht, Bonn: Ludwig Rohrscheid, 1930, S. 59, 63.

114) 권영성, 헌법학원론, 법문사(2010), 163; 김철수, 헌법학신론, 박영사(2014), 256. 그 구체적인 규정이 헌법 제23조 제1항(모든 국민의 재산권은 보장한다. 그 내용과 한계는 법률로 정한다), 제2항(재산권의 행사는 공공복리에 적합하도록 하여야 한다), 제119조 제2항(국가는 균형있는 국민경제의 성장 및 안정과 적정한 소득의 분배를 유지하고, 시장의 지배와 경제력의 남용을 방지하며, 경제주체간의 조화를 통한 경제의 민주화를 위하여 경제에 관한 규제와 조정을 할 수 있다), 제121조 제1항(국가는 농지에 관하여 경자유전의 원칙이 달성될 수 있도록 노력하여야 하며, 농지의 소작제도는 금지된다), 제122조(국가는 국민 모두의 생산 및 생활의 기반이 되는 국토의 효율적이고 균형있는 이용 · 개발과 보전을 위하여 법률이 정하는 바에 의하여 그에 관한 필요한 제한과 의무를 과할 수 있다) 등이다.

체의 생존과 공동체의 유지를 위해 개개인의 이기적 행위를 적절히 규제하자는 것으로 공정한 거래, 독과점의 배제, 재화의 공정한 배분 등을 그 내용으로 한다.[115] 또한 토지에 대하여 '토지공개념', 곧 토지가 가지는 기능에 따라 공공복리를 위하여 가장 효율적으로 이용되지 않으면 아니되며 이를 위하여 국가에 의한 적절한 규제가 가해져야 한다는 관념 내지 원칙을 도입하였다.[116]

헌법의 최고규범성으로 인해 헌법에 규정된 목적과 그로부터 도출되어지는 원리 혹은 원칙은 모든 법을 구속하게 되는데, 여기서 형법은 헌법이 지향하는 목적을 달성하기 위해 고려되어지는 최후수단으로서의 성격을 갖는다.[117] 비례성 원칙은 이익형량을 통해 헌법상 보호되는 가치가 동시에 최적의 상태로 실현되도록 하여야 함을 말한다.[118] 명의신탁을 금지하는 이유는 우리 경제·사회에 잔존하는 음성 불로소득이 발붙이지 못하게 하고 부동산거래도 실수요자 중심으로 이루어져 부동산가격 안정에 기여함으로써,[119] 경제주체 사이에 부의 편중을 막고 자원을 합리적으로 배분하기 위함이며, 이는 폐해가 명백한 부동산 명의신탁이라는 계약자유원칙에 대한 합리적인 제한이다.[120] 결국 부동산실명법상의 명의신탁 금지는 계약자유라는 이익보다 우위에 있는 헌법 규정들에 내재한 가치나 기본질서를 실현하려는 수단으로 보아야 하는바, 그럼에도 명의신탁 약정을 어긴 명의수탁자에 대한 형벌 부과를 통해 우회적으로 명의신탁을 보호하는 것은 위와 같은 헌법 규정의 취지에 반하여 헌법이 보호하여야 하는 가치를 일반형법의 적용에 의하여 침해되게 만들 수 있다.

명의신탁 이론형성의 기원이 일제강점기 하에서 부동산의 권리관계 확인을 위한 토지조사사업에서 비롯된 사정명의인(査定名義人)과

115) 권영성, 헌법학원론, 164; 한수웅, 헌법학, 법문사(2011), 306.
116) 권영성, 헌법학원론, 168.
117) 이용식, "비례성 원칙을 통해 본 형법과 헌법의 관계", 28.
118) 계희열, 헌법학(상), 박영사(2005), 372.
119) 부동산실명법 해설, 발간사.
120) 부동산실명법 해설, 111.

실질적인 소유자의 불일치에서 기인하기 때문에,[121] 명의신탁 제도의 형성 자체에 불법이 있다고 볼 수는 없다. 그러나 "악화(惡貨)는 양화(良貨)를 구축(驅逐)한다."[122]라는 말이 시사하듯, 모두(각주 6)에 언급한 것처럼 명의신탁은 불미스러운 목적에 사용되는 경우가 더 많을 것이다.[123] 명의신탁 금지는 소유권 왜곡을 시정하여 건전한 투기자본을 조성하고자 함인바, 사회적 시장경제질서의 완성은 독과점을 배제하고 자원이 적절히 분배될 경우에 이루어질 것이다. 그런데 명의신탁 약정을 형사적으로 보호하여 자원 배분의 왜곡을 용인하게 될 경우, 국가 경제질서의 쇠락으로 연결될 수도 있다.

사법부의 권력이 오늘날 정치 및 정책결정 과정에서 핵심 요소라는 점은 의문의 여지가 없다.[124] 명의수탁자에 대한 재산범으로의 형사처벌에 관하여는 부동산실명법의 입법취지에 부합하는 정책적 결단이 요구된다.

---

121) 곽윤직 · 김재형, 물권법, 125 이하; 김상용, "신탁의 담보방법으로의 활용방안", 한국민법의 새로운 전개: 고상룡교수 고희기념논문집, 법문사(2012), 310 각주 1; 목영준, "부동산실권리자명의등기에관한법률상 법률관계의 효력", 90; 배병일, "대법원 판례에서의 유사 종중", 가족법연구 20권 2호, 한국가족법학회(2006. 9.), 248~9; 송오식, "계약명의신탁에서 명의수탁자의 처분행위와 불법행위 성립 여부", 法學論叢 34輯 1號, 전남대학교 법학연구소(2014), 295 각주 1; 양창수, "부동산실명법 제4조에 의한 명의신탁의 효력 -소위 등기명의신탁을 중심으로-", 서울대학교 법학 38권 1호, 서울대학교 법학연구소(1997), 83{양창수, "부동산실명법 제4조에 의한 명의신탁의 효력 -소위 등기명의신탁을 중심으로-", 민법연구 5권, 박영사(2005), 117}; 정기웅, "종중재산과 명의신탁", 현대민법의 과제와 전망: 남송 한봉희박사화갑기념논문집, 밀알(1994), 890; 주석 민법 [물권 (2)], 한국사법행정학회(2011), 414(권오창 집필).

122) Gresham's law "Bad money drives out good."

123) 곽윤직 · 김재형, 물권법, 126~7; 부동산실명법 해설, 재정경제원(1995. 4.) 책자의 겉표지를 보면 "재산은닉, 투기 · 탈세"라는 문구와 "부동산실명제"를 대비시켜 놓고 있다. 물론 전적으로 또는 거의 전적으로 위법한 목적을 달성하는 수단으로 사용되는 것은 아닐 것이지만{양창수, "명의신탁에 대한 규율 재고 -부동산실명법 시행 5년의 평가와 반성-", 민법연구 제6권, 박영사(2007), 175}, 상당히 높은 비율이 그러한 의도로 사용됨은 부정하기 어려울 것이다.

124) André Brodocz, Die Macht der Judikative, S. 13.

Ⅳ. 결론

명의신탁 약정에 위반하여 부동산을 처분한 명의수탁자를 처벌하여야 하는가의 문제는, 근본적으로 명의신탁 약정에 기인한 명의신탁자와 명의수탁자 사이의 신뢰관계도 보호될 필요가 있는지에서 그 결론이 나뉘는 것으로 생각된다. 그러한 신뢰관계도 보호될 필요가 있는 것이라고 보는 입장에서는 신뢰관계 침해범죄의 성립을 긍정하는 쪽으로, 그러한 필요를 부정하는 입장에서는 신뢰관계 침해범죄의 성립을 부정하는 쪽으로 결론을 내리게 된다.

명의신탁 약정을 일소하기 위하여 입법자는, 예외적으로 허용되는 경우 외에는, 그 명의신탁 약정을 형사처벌하는 것을 넘어서서, 명의신탁 약정이 민사적으로 무효라고 규정하였다. 이는 명의신탁 약정에 대한 형사처벌 규정이 단속규정이 아니라 효력규정임을 명확히 하려는 것으로, 명의신탁 약정 자체가 반사회적 행위에 가까운 것임을 결단한 것으로 볼 수 있다.

물론 사회 내에서 이루어지는 법현상은 다양하고, 명의신탁 약정 자체에 대하여 법적으로 아무런 보호도 주지 아니하는 것은 문제일 수도 있다. 따라서 불법원인급여라고 보아서 민, 형사상 명의신탁자에게 아무런 구제방법도 부여하지 않는 것은 타당하지 않을 수도 있다. 그렇기 때문에 일률적으로 명의신탁 약정을 불법원인급여라고 보는 것은 일반인의 법감정에 반할 수도 있다. 그러나 형사처벌이 되는 명의신탁 약정에 기인한 신뢰관계 침해행위에 대하여 재산범죄로 처벌하지 않는 것은 일반인의 법감정에 반하는 처사라고 생각되지 않는다. 명의신탁 약정이 형사적으로 금지되어야 할 행위라면, 일반예방적 차원에서 그러한 행위에 기인한 신뢰관계 침해를 형사처벌하지 않는 것이 필요하다고 생각되기 때문이다.

위에서 언급했듯, 이러한 신뢰관계 침해를 보호할 가치가 있는가는 그 보호 필요에 대한 결단의 문제일 수 있다. 사견으로는 이러한 신뢰관계 침해를 보호할 가치가 없다고 보는 것이 명의신탁 약정을 금지하려는 입법자의 의도에 부합하는 해석이 아닐지, 따라서 민사적인 구제를 긍정하는 것을 넘어서 형사적인 보호까지 부여하는 것은 불필요한 처사가 아닐까 생각된다.[125)]

[주 제 어]
명의신탁, 보호할 가치 있는 신뢰관계, 불법원인급여

[Key Words]
nominal trust, trust relationship worthy of being protected by Criminal Law, Kondiktio wegen verwerflichen Empfanges

접수일자: 2016. 5. 9. 심사일자: 2016. 5. 31. 게재확정일자: 2016. 6. 3.

125) 최근 선고된 대법원 2016. 5. 19. 선고 2014도6992 전원합의체 판결에서 이러한 취지가 확인되었다.

[참고문헌]

1. 국내문헌

강구진, “불법원인급여와 횡령죄”, 새법정 1권 10호, 한국사법행정학회(1971).
강구진, 형법강의 각론 [I], 박영사(1983).
강동범, “소위 불법원인급여와 횡령죄의 성부”, 형사재판연구 (1), 박영사(1993).
강동범 · 이강민, “등기명의신탁과 수탁자의 형사책임”, 법학논고 41집, 경북대 법학연구원(2013. 2.).
강해룡, “명의신탁과 부동산실명법의 법리”, 법률신문 4091호(2012. 12. 27.).
계희열, 헌법학(상), 박영사(2005).
고상룡, “명의신탁과 허위표시”, 고시계 통권 310호(1982. 12.).
고상룡, “명의신탁론의 재검토 소고”, 민법학논총(곽윤직 교수 화갑기념논문집), 박영사(1985).
곽윤직, “명의신탁에 관한 판례이론의 연구”, 서울대학교 법학 15권 2호(1974).
곽윤직, 물권법, 박영사(1992).
곽윤직 · 김재형, 물권법, 박영사(2015).
권영성, 헌법학원론, 법문사(2010).
권영준, “등기의 공신력”, 법조 통권 661호(2011. 10.).
권오승, 민법특강, 홍문사(1994).
권오창, “계약명의신탁의 법률관계에 관한 고찰(하)”, -부동산실권리자명의등기에관한법률 제4조 제2항 단서의 해석을 중심으로-”, 법조 48권 6호(1999. 6.).
권오창, “명의신탁이론의 재검토”, 민사판례연구 [23], 민사판례연구회(2001).
권오창, “부동산명의신탁의 법률관계에 관한 시론”, 인권과 정의 243호, 대한변호사협회(1996. 11.).
권용우, 물권법, 법문사(1993).
김기선, 한국물권법, 법문사(1990).

김문관, "부동산실명법 시행 이후 명의신탁관계에서의 부당이득반환청구", 판례연구 15집, 부산판례연구회(2003).
김상용, "부동산거래실명법률에 대한 평가와 실명제 실시의 전제요건", 민사재판의 제문제: 송천이시윤박사화갑기념 (상), 민사실무연구회 · 한국민사소송법학회 · 한국민사법학회(1995).
김상용, "신탁의 담보방법으로의 활용방안", 한국민법의 새로운 전개: 고상룡교수 고희기념논문집, 법문사(2012).
김상용, "영미신탁법상의 수동신탁법리에 의한 명의신탁이론의 재구성", 판례월보 201호, 판례월보사(1987. 6.).
김성돈, 형법각론, SKKUP(2013).
김성천 · 김형준, 형법각론, 소진(2015).
김용한, 물권법론, 박영사(1993).
김일수, "미수의 불법귀속에 관한 연구", 고려법학 제40호, 고려대학교 법학연구원(2003).
김일수, 한국형법 III, 박영사(1997).
김일수 · 서보학, 형법각론, 박영사(2015).
김종원, 형법각론(상), 법문사(1973).
김종원 공저, 형법각론, 한국사법행정학회(1986).
김증한, 물권법, 박영사(1983).
김증한 · 이희봉, 민사사례연구(상), 동아학연사(1982).
김철수, 헌법학신론, 박영사(2014).
김현태, 신물권법(상), 일조각(1963).
김형수, "부동산실명등기법률에 대한 연구", 덕암 김병대교수 화갑 기념논문, 대흥기획(1998).
남상근, "불법원인 급여물의 횡령죄 성부", 형사정책 제21권 제1호, 한국형사정책학회(2009).
목영준, "부동산실권리자명의등기에관한법률상 법률관계의 효력", 인권과 정의 261호, 대한변호사협회(1998. 5.).
문성제, "부동산명의신탁과 재산권의 인정", 재산법연구 제21권 제1호, 한국

재산법학회(2004).

민법주해 [II] 총칙 (2), 박영사(2006).

민법주해 [XVII] 채권 (10), 박영사(2005).

박달현, "부동산실명법의 시행과 부동산명의신탁의 형사법적 문제점 검토", 비교형사법연구 6권 2호, 한국비교형사법학회(2004).

박달현, "사법방해죄 도입가능성과 그 필요성 검토", 형사정책연구 23권 3호, 한국형사정책연구원(2012).

박동진, "'부동산실권리자명의등기에 관한 법률'에 의거한 부동산명의신탁제도의 검토와 동 법률의 해석", 연세법학연구 6집 1권, 연세법학연구회(1999).

박동진, "부동산실명법 제4조에 의한 부동산명의신탁의 효력", 저스티스 32권 3호, 한국법학원(1999).

박상기, "부동산명의신탁과 횡령죄", 법률신문 제2642호(1997. 10. 27.).

박상기, "부동산명의신탁과 횡령죄", 형사판례연구 (7), 박영사(1999).

박상기, 총론·각론 강의 형법학, 집현재(2015).

박상기, 형법각론, 박영사(2011).

박장우, "불법원인급여와 횡령죄의 성부", 법조 제38권 제5호, 법조협회(1989).

박정헌, "불법원인급여와 횡령", 형사법에 관한 제문제(하), 재판자료 제50집, 법원행정처(1990).

박종원, "부동산명의신탁에 관한 판례의 동향", 민사법학 28호, 한국사법행정학회(2005. 6.).

박혜영, "부동산명의신탁의 형사적 문제점", 검찰 117호, 대검찰청(2006. 12.).

방순원, 신물권법, 일한도서출판사(1960).

배병일, "대법원 판례에서의 유사 종중", 가족법연구 20권 2호, 한국가족법학회(2006. 9.).

배종대, 형법각론, 홍문사(2015).

백재명, "부동산명의신탁과 횡령죄", 형사판례연구 (7), 박영사(1999).

백형구, 형법각론, 청림출판(2002).

부동산실명법 해설, 재정경제원(1995. 4.).

서보학, “부동산명의신탁과 형법상 재산죄의 성부에 대한 검토”, 경희법학 제50권 제2호, 경희대학교 법학연구소(2015).

서요한, “명의신탁된 부동산 영득행위의 죄책”, 재판실무 2집, 창원지방법원(2005).

서일교, 형법각론, 박영사(1974).

서정, “명의신탁자가 명의수탁자를 상대로 부동산 자체를 부당이득반환으로 구하는 청구의 가부”, 민사판례연구 [26], 박영사(2004).

손동권, “명의신탁 부동산을 임의처분한 경우의 형사책임”, 형사법연구 15호, 한국형사법학회(2001).

손동권 · 김재윤, 형법각론, 율곡출판사(2015).

송오식, “계약명의신탁에서 명의수탁자의 처분행위와 불법행위 성립 여부”, 法學論叢 34輯 1號, 전남대학교 법학연구소(2014).

신동운, “횡령죄와 배임죄의 관계”, 한국형사법학의 새로운 지평: 유일당 오선주 교수 정년기념논문집(2001).

신동운, “횡령 후의 횡령의 성립 여부”, 서울대학교 법학 54권 4호, 서울대학교 법학연구소(2013).

안동준, “법익론의 생성, 발전과 변환”, 법학논총 28권 1호, 전남대학교 법학연구소(2008. 6.).

양창수, “명의신탁에 관한 규율 재고”, 법조 제49권 제11호, 법조협회(2000).

양창수, “명의신탁에 대한 규율 재고 -부동산실명법 시행 5년의 평가와 반성-”, 민법연구 제6권, 박영사(2007).

양창수, “부동산실명법의 사법적 규정에 의한 명의신탁의 규율”, 민법연구 제5권, 박영사(2006).

양창수, “부동산실명법 제4조에 의한 명의신탁의 효력 -소위 등기명의신탁을 중심으로-”, 서울대학교 법학 38권 1호, 서울대학교 법학연구소(1997).

양창수, “부동산실명법 제4조에 의한 명의신탁의 효력 -소위 등기명의신탁을 중심으로-”, 민법연구 5권, 박영사(2005).

양천수, 부동산 명의신탁, 영남대학교 출판부(2010).

오영근, 형법각론, 박영사(2014).

우인성, “악의의 계약명의신탁에 있어 명의수탁자의 보관물 임의처분시 범죄성립 여부”, 대법원판례해설 제94호(2012년 하), 법원도서관(2013).

원혜욱, “횡령죄에 있어서의 위탁관계”, 형사판례연구 (14), 박영사(2006. 9.).

유기천, 형법학 [각론강의 상], 일조각(1982).

유성준, “부동산실명제에 관한 연구”, 건국대학교 행정대학원 석사학위논문(1995).

유지민, “불법원인급여와 횡령죄”, 검찰 제37호, 대검찰청(1971. 5.).

윤재왕, “법관은 법률의 입? -몽테스키외에 관한 이해와 오해-”, 안암법학 30호, 고려(2009).

이건호, 형법각론, 일신사(1976).

이동명, “不動産實權利者名義登記에관한法律의 立法過程에서의 爭點”, 판례연구 1집, 제주판례연구회(1997. 1.).

이보영 · 송경석, “형벌의 의미와 정당성 -언제나 형벌은 필요한가?-”, 법조통권 656호, 법조협회(2011).

이보영, “부동산 명의신탁과 형사책임”, 법학연구 33집, 한국법학회(2009. 2.).

이상윤, “불법원인급여와 횡령죄”, 외국논집 제15집, 한국외국어대학교 외국학종합연구센터 법학연구소(2003).

이상철, “명의신탁부동산의 처분행위와 횡령죄 -3자간명의신탁에 관한 대법원 2010. 6. 24. 선고 2009도9242 판결을 중심으로-”, 일감법학 24호(2013. 2.).

이상태, “부동산 명의신탁에 관한 민 · 형법의 통합적 연구”, 일감법학 30권(2015. 2.).

이영란, 형법학 각론강의, 형설출판사(2013).

이영준, 물권법, 박영사(1990).

이영준, 물권법, 박영사(2009).

이용식, “배임죄에 대한 지나친 제한해석의 우려 -확대해석의 경계와 함께-”, 대법원 형사실무연구회 2014년 심포지움 지정토론문.

이용식, “비례성 원칙을 통해서 본 형법과 헌법의 관계”, 형사법연구 25호,

한국형사법학회(2006. 6.).
이용식, “형법에 있어서의 이익형량”, 현대 형법이론 I, 박영사(2008).
이은혜, “부동산 명의신탁을 둘러싼 몇 가지 법률적 쟁점에 관한 검토 -부동산 실권리자 명의 등기에 관한 법률 시행 이후의 판례를 중심으로-”, 재판실무연구, 광주지방법원(2009).
이재상, 형법각론, 박영사(2013).
이주일, “명의신탁과 형사처벌에 대한 비판적 재검토”, 한국법학회 법학연구 29집(2008. 2.).
이창섭, “부동산명의수탁자의 횡령죄 주체성”, 형사판례연구 (19), 박영사(2011).
이태재, 물권법, 진명문화사(1985).
이형국, 형법각론, 법문사(2007).
이형국, 형법각론연구(I), 법문사(1997).
이호정, “부동산의 최종매수인(전득자)의 최초매도인에 대한 등기청구권”, 고시계(1981. 7.).
이호중, “계약명의신탁과 횡령 · 배임죄”, 고시계 47권 12호(2002. 12.).
임웅, 형법각론, 법문사(2013).
장경학, 물권법, 법문사(1987).
장경학, 물권법총론, 한국도서출판사(1959).
장승일, “불법원인위탁과 횡령죄 성부의 재검토”, 형사법연구 제25권 제3호, 한국형사법학회(2013 가을).
장영민, “명의신탁된 부동산영득행위의 죄책”, 고시계 490호(1997. 12.).
장영민, “명의신탁된 부동산영득행위의 죄책”, 법학논집(제3권 제1호), 이화여자대학교(1998).
장영민, “불법원인급여와 횡령죄”, 형사판례연구 (8), 박영사(2001).
정기웅, “종중재산과 명의신탁”, 현대민법의 과제와 전망: 남송 한봉희박사 화갑기념논문집, 밀알(1994).
정도영, “부동산실명법에 위반한 부동산명의신탁과 횡령죄”, 광주지방법원 재판실무연구(1998).

정성근 · 박광민, 형법각론, SKKUP(2015).

정영일, 형법강의 [각론], 도서출판 학림(2013).

정형식, "이른바 중간생략등기형 명의신탁에 있어서 수탁자가 부동산을 임의로 처분한 경우 횡령죄의 성립 여부(적극) -대법원 2001. 11. 27. 선고 2000도3463 판결-", 대법원판례해설 제39호(2001 하반기), 법원도서관(2002).

조국, 절제의 형법학, 박영사(2014).

조기영, "재산범죄와 '보호할 가치 있는 신뢰관계'", 형사법연구 26권 1호, 한국형사법학회(2014).

조준현, 형법각론, 법원사(2012).

조현옥, "불법원인급여와 횡령죄의 성립여부", 형사법연구 제18호, 한국형사법학회(2002).

주석 민법 [물권 (2)], 한국사법행정학회(2011).

진계호 · 이존걸, 형법각론, 대왕사(2008).

천진호, "명의신탁부동산 처분행위와 형사책임", 비교형사법연구 4권 1호, 한국비교형사법학회(2002).

천진호, "부동산실명법상 부동산명의수탁자의 형사책임", 형사재판의 제문제 제5권, 박영사(2005. 10.).

최병각, "부동산 명의신탁과 형사처벌", 형사법연구 27권 2호, 한국형사법학회(2015. 6.).

최상욱, "명의신탁부동산의 처분과 형사책임", 형사법연구 13권, 한국형사법학회(2000).

최식, 신물권 · 담보물권법, 박영사(1962).

최종길, "물권적 기대권 (I)-독일민법에 있어서의 새로운 법리론-", 사법행정 49호(6권 2호), 한국사법행정학회(1965. 2.).

최창열, "명의신탁부동산의 소유권귀속", 성균관법학 17권 3호, 성균관대학교 비교법연구소(2005. 12.).

한수웅, 헌법학, 법문사(2011).

황산덕, 형법각론, 방문사(1989).

허성희, "부동산의 명의신탁과 횡령죄의 성부", 대전지방법원 실무연구자료 6권(조용무법원장 정년퇴임기념), 대전지방법원(2005).

홍성재, 부동산물권변동이론, 법문사(1992).

홍함표, "불법원인급여와 재산죄의 성부문제", 검찰 제28호, 대검찰청(1970).

황적인, 주석민법(II) 물권법, 법원사(1990).

황적인, 현대민법론 II [물권], 박영사(1988).

2. 독일문헌

André Brodocz, Die Macht der Judikative, Wiesbaden: VS Verlag für Sozialwissenschaften, 2009.

Erich Schwinge, Teleologische Begriffsbildung im Strafrecht, Bonn: Ludwig Rohrscheid, 1930.

Fischer, Strafgesetzbuch und Nebengesetze, 60. Aufl., München: C.H.Beck, 2013.

Ingeborg Puppe, "Anmerkungen zur Befreiung des Strafrechts vom ökonomistischen Denken", ZIS(2010. 3.).

Klaus Lüderssen, "Die Wiederkehr der Befreiung des Strafrechts vom zivilistischen Denken - eine Warnung", FS-Ernst Walter Hanack zum 70. Geburtstag (Part 2), de Gruyter, 1999.

Lothar Kaiser, Opferverantwortung und Täter (Sonder) Pflichten im Bereich der Vermögensdelikte - Untersuchung über den Einfluß der Täter-Opfer-Interaktion auf die Einschränkung der Strafbarkeit im Bereich der Vermögensdelikte unter besonderer Berücksichtigung der Massenkriminalität, Münster, 1991.

Philipp Heck, Begriffsbildung und Interessenjurisprudenz, Tübingen: J.C.B. Mohr (Paul Siebeck), 1932.

Roxin, Strafrecht Allgemeiner Teil Band I, 4. Aufl., München: C.H.Beck, 2006.

Theo Vogler, "Möglichkeiten und Wege einer Entkriminalisierung", ZStW 90, 1978

Uwe Murmann, Die Selbstverantwortung des Opfers im Strafrecht, Heidelberg: Springer, 2005.

Schünemann, LK StGB, 12. Aufl. 2008.

Schönke/Schröder, Strafgesetzbuch Kommentar, 29. Aufl. München: C.H.Beck, 2014.

3. 일본문헌

江家義男, 刑法各論, 青林書院(1963).

難波讓治, "公序良俗と不法原因給與", 椿 壽夫 · 伊藤 進 編 公序良俗違反の研究, 日本評論社(1995).

嘉門優, "法益論の現代的意義", 刑法雜誌 50卷 2号, 日本刑法學會(2011).

4. 영미문헌

Morris R. Cohen, Law and Social Order: Essays in Legal Philosophy, Transaction Books(1982).

William J. Lawrence, "Application of the Clean Hands Doctrine in Damage Actions", 57 Notre Dame L. Rev. 674~5 (1982).

[Abstract]

Disposal of the Nominal-Trusted Real Estate and its Constitution of Property Crime

Woo In-Sung*

In this thesis, I dealt whether the disposal of the Nominal-Trusted real estate constitutes property crime or not. Property crime such as Embezzlement or Breach of trust should protect the relationship worthy of being protected by Criminal Law. Even though the nominal trust agreement about the real estate is not Kondiktio wegen verwerflichen Empfanges, I think Act on the Registration of Real Estate under Actual Titleholder's name"(below abbreviated as 'Actual Name Law') makes the nominal trust agreement be not worthy of being protected by Criminal Law. So except some cases Actual Name Law allows, the disposal of the Nominal-Trusted real estate does not constitute property crime such as Embezzlement or Breach of trust.

* Cheongju District Court, Presiding Judge.

배임 경영자에게 적용되는 업무상 배임죄의 구성요건요소로서의 재산상 손해와 이익(이득액)

손 동 권*

[연구판례 (1)] 대법원 2012. 12. 27. 선고 2012도10822 판결

"배임죄는 타인의 사무를 처리하는 자가 그 임무에 위배하는 행위로써 재산상 이익을 취득하거나 제3자로 하여금 이를 취득하게 하여 본인에게 손해를 가함으로써 성립하는 범죄로, 여기에서 '재산상의 손해를 가한 때'라 함은 현실적인 손해를 가한 경우뿐만 아니라 재산상 실해 발생의 위험을 초래한 경우도 포함되고, 재산상 손해의 유무에 대한 판단은 본인의 전 재산 상태와의 관계에서 법률적 판단에 의하지 아니하고 경제적 관점에서 파악하여야 하므로, 법률적 판단에 의하여 당해 배임행위가 무효라 하더라도 경제적 관점에서 파악하여 배임행위로 인하여 본인에게 현실적인 손해를 가하였거나 재산상 실해 발생의 위험을 초래한 경우에는 재산상의 손해를 가한 때에 해당되어 배임죄를 구성한다.[1] 한편 회사의 대표이사가 개인 채무를 담보하기 위하여 회사 명의의 약속어음을 발행하는 것은 대표권 남용행위이고, 만일 상대방이 그 사실을 알고 있었거나 중대한 과실로 알지 못하였

* 건국대학교 법학전문대학원 교수, 법학박사.

1) 동지판례로는 대법원 2015. 11. 26. 선고 2014도17180 판결; 대법원 1995. 12. 22. 선고 94도3013 판결.

다면 대표이사가 회사 명의의 약속어음을 발행한 것은 회사에 대하여 무효이므로 회사는 상대방에 대하여 어음금 채무를 지지 아니할 뿐만 아니라 위와 같은 사정 하에서라면 회사는 상대방에 대하여 민법 제35조 제1항에 의한 손해배상책임 또는 민법 제756조 제1항에 의한 사용자책임도 지지 아니한다. 그러나 약속어음은 원칙적으로 배서에 의하여 양도할 수 있고(어음법 제11조 제1항, 제77조 제1항), 약속어음에 의하여 청구를 받은 자는 그 소지인이 채무자를 해할 것을 알고 어음을 취득한 경우가 아니라면 발행인 또는 종전의 소지인에 대한 인적 관계로 인한 항변으로써 소지인에게 대항하지 못하므로(어음법 제17조, 제77조 제1항), 대표이사가 대표권을 남용하여 회사 명의의 약속어음을 발행하였다면, 비록 상대방이 그 사실을 알고 있었거나 중대한 과실로 알지 못하여 회사가 상대방에 대하여는 채무를 부담하지 아니한다 하더라도 약속어음이 제3자에게 유통될 경우 회사가 소지인에 대하여 어음금 채무를 부담할 위험은 이미 발생하였다 할 것이므로, 그 약속어음이 제3자에게 유통되지 아니한다는 특별한 사정이 없는 한 경제적 관점에서는 회사에 대하여 배임죄에서의 재산상 실해 발생의 위험이 초래되었다고 봄이 상당하다."

[연구판례 (2)] 대법원 2000. 5. 26. 선고 99도2781 판결

"업무상배임죄가 성립하기 위하여는 주관적으로 배임행위의 결과 본인에게 재산상의 손해가 발생하거나 발생할 염려가 있다는 인식과 자기 또는 제3자가 재산상의 이득을 얻는다는 인식이 있으면 족하고 본인에게 재산상의 손해를 가한다는 의사나 자기 또는 제3자에게 재산상의 이득을 얻게 하려는 목적은 요하지 아니하며,[2] 주식회사의 이사가 타인 발행의 약속어음에 회사 명의로 배서할 경우 그 타인이 어

2) 동지판례로는 대법원 1983. 12. 13. 선고 83도2330 전원합의체 판결; 대법원 1989. 8. 8. 선고 89도25 판결.

음금의 지급능력이 없어 그 배서로 인하여 회사에 손해가 발생하리라는 점을 알면서 이에 나아갔다면, 이러한 약속어음의 배서행위는 타인에게 이익을 얻게 하고 회사에 손해를 가하는 행위로서 회사에 대하여 배임행위가 되고, 그것이 경영상의 판단이라는 이유만으로 배임죄의 죄책을 면할 수는 없으며, 한편 주식회사와 주주는 별개의 인격으로서 동일인이라고 볼 수 없으므로, 회사의 임원이 그 임무에 위배되는 행위로 재산상 이익을 취득하거나 제3자로 하여금 이를 취득하게 하여 회사에 손해를 가한 때에는 이로써 배임죄가 성립하고, 그 임무위배행위에 대하여 사실상 대주주의 양해를 얻었다고 하여 본인인 회사에 손해가 없다거나 또는 배임의 범의가 없다고도 볼 수 없고, 주식회사의 경영을 책임지는 이사는 이사회의 결의가 있더라도 그 결의내용이 주주 또는 회사 채권자를 해하는 불법한 목적이 있는 경우에는 이에 맹종할 것이 아니라 회사를 위하여 성실한 직무수행을 할 의무가 있으므로, 이사가 임무에 위배하여 주주 또는 회사 채권자에게 손해가 될 행위를 하였다면, 회사 이사회의 결의가 있었다고 하여 그 배임행위가 정당화될 수 없는 것이다."

[연 구]

I. 머리말

주지하는 바와 같이, 회사 경영자의 회사에 대한 배임행위는 상법 제622조의 특별배임죄에 해당하지만, 상법상 특별배임죄는 이득액수에 따라 가중 처벌하는 '특정경제범죄가중처벌등에관한법률(이하 특경법)' 적용의 대상으로 규정되어 있지는 않다. 그런데 우리나라 실무는 경영인 특별배임행위에 대해서도 형법상 업무상 배임죄로 의율 함으로써 가중처벌을 위한 '특경법'까지 적용하고 있다.[3] 상기한 양 판례

3) 이러한 법적용에 대한 문제점을 지적한 것으로는 손동권, "회사 경영자의 상법상 특별배임행위에 대한 현행법 적용의 문제점과 처벌정책을 둘러싼 입법

는 회사의 (대표)이사가 배임행위를 하여 자기 또는 제3자가 재산상 이익을 취득하고 본인(회사)에게 손해를 가하였다는 업무상 배임죄의 공소사실에 대해 판시한 것이다. [연구판례 (1)]에서는 회사의 대표이사가 회사 인수자금으로 사용함에 필요한 차용금 채무를 담보하기 위하여 회사 명의의 약속어음을 발행하여 채권자에게 교부한 행위가[4] 문제되었고, [연구판례 (2)]에서는 주식회사의 이사가 타 주식회사의 경영권을 인수할 목적으로 그 회사 발행의 주식을 매집하는 데 소요되는 자금을 마련하는 방편으로 어음금의 지급능력이 없는 타인 발행의 약속어음에 회사 명의로 배서한 행위가[5] 문제되었다. 그런데 [연구판례 (1)]은 업무상 배임죄의 객관적 구성요건요소인 손해의 발생(이익의 취득)에 대해 손해발생의 위험단계에서 이미 기수를 인정하여 업무상 배임죄를 소위 위험범인 것으로 명시적으로 판시하고 있고, [연구판례 (2)]는 "업무상 배임죄가 성립하기 위하여는 주관적으로 배임

논쟁", 형사정책 제25권 제3호(2013), 263면 이하.

4) 사례를 더 구체적으로 제시하면, 피고인은 공소외 4와 함께 공소외 3을 형식상 대표이사로 내세워 공소외 6으로부터 공소외 2 회사 발행 주식 620만주(지분 약 35%)를 인수하여 2010. 5. 19.부터 2010. 8.경까지 공소외 2 회사를 실질적으로 운영하였던 공소외 2 회사의 대주주로서, 공소외 4와 함께 2010. 5. 25.경 서울 중구에 있는 공소외 7 법무법인 사무실에서 공소외 3으로 하여금 공소외 2 회사 인수자금으로 사용함에 필요한 50억 원을 공소외 1 주식회사로부터 차용할 당시 「액면금 50억 원, 발행일 2010. 5. 11., 발행인 공소외 2 회사 대표이사 공소외 3」으로 된 약속어음 1장을 발행하고, '위 약속어음의 소지인에게 어음금의 지급을 지체할 때에는 즉시 강제집행을 받더라도 이의가 없음을 인낙한다'는 내용의 공정증서를 작성하여 공소외 1 회사의 대표이사인 공소외 5에게 교부하게 하였다.

5) 사례를 더 구체적으로 제시하면, 피고인은 항도종합금융 주식회사의 경영권을 인수할 목적으로 그 회사 발행의 주식을 매집하고자 이에 소요되는 자금을 마련하는 방편으로 10억 원을 투자하여 급조한 주식회사 1 및 공동피고인이 경영하던 회사로서 거래실적이나 자산이 거의 없는 주식회사 2 명의로 액면 합계 467억 원에 달하는 약속어음들을 발행하게 하고, 나아가 이를 금융기관에서 할인하기 위하여 피고인 자신이 대주주이고 이사 겸 부사장으로서 경영을 사실상 책임지고 있던 회사로서 금융권에서 신용이 있는 주식회사 3의 명의로 배서를 하였다.

행위의 결과 본인에게 재산상의 손해가 발생하거나 발생할 염려가 있다는 인식과 자기 또는 제3자가 재산상의 이득을 얻는다는 인식이 있으면 족하고 본인에게 재산상의 손해를 가한다는 의사나 자기 또는 제3자에게 재산상의 이득을 얻게 하려는 목적은 요하지 아니하며---" 라는 문언을 제시하여 업무상 배임죄의 주관적 구성요건요소인 고의의 내용으로서 손해발생에 대한 위험의 인식만으로 족한 것으로 명시적으로 판시하고 있다. 더 나아가 양 판례는 공통적으로 손해발생(이익취득)의 위험단계에서 산출되는 위험액수(5억원 이상)를 근거로 '특경법'에 의한 가중처벌까지 한 것이다. 그러나 -업무상 배임죄의 객관적 구성요건과 관련하여 기수시기를 현실적 손해발생의 시기가 아니라 그 이전의 위험발생의 시기로 앞당겨 인정하는 점, 주관적 구성요건과 관련하여 고의의 본질인 의사적 요소는 전혀 요구함이 없이 위험발생에 대한 '인식'만으로 족하다는 점, 특경법 적용을 위해 요구되는 5억 원 이상의 이득액수를 현실적 이득취득(손해발생) 액수가 아니라 위험액수로 파악하는 점 등의- 이러한 상기 [연구판례]와 같은 판시내용은 기업 경영자에 의한 경영판단행위에 대해 업무상 배임죄의 성립인정과 '특경법'에 의한 가중처벌을 너무 손쉽게 적용할 수 있어 과잉처벌의 폐해가 크다는 지적이 일어나고 있다.[6] 특히 이러한 판례태도에 의한 과잉처벌의 폐해를 근본적으로 해소시켜야 한다는 취지에서 (업무상) 배임죄 구성요건에 대해 단순한 손해의 발생이라는 현행의 문언 대신에 '현실적' 손해의 발생으로 명기하여 명확히 침해범으로 설정하면서 동시에 주관적 요건까지 목적범으로 강화하려는 입법론이 최근(2015년 19대 국회의원들에 의해) 제기되었다.[7] 그리고 독

6) 대표적으로 최준선, "상법상 특별배임죄규정의 개정방향", 경제법연구 제11권 제2호(2012), 107면.

7) 기업인의 경영판단행위가 업무상 배임죄로 과잉 처벌되는 것을 방지하여야 한다는 입법 취지를 전면에 내세우면서, 최근 새누리당 정갑윤의원이 대표 발의하여 (업무상) 배임죄를 목적범과 동시에 침해범으로 하는 입법안을 제기하였다. 법안의 내용은 다음과 같다: 형법 제355조 제2항 개정내용 : "② 타인의 사무를 처리하는 자가 자기 또는 제3자의 이익을 도모하거나 본인에

일 형법과는 달리 우리나라에는 미수범 처벌규정이 있는 것을 주된 근거로 삼아 (업무상) 배임죄를 침해범으로 해석하여야 한다는 견해도 대두되고 있다. 만약 (업무상) 배임죄를 침해범으로 해석하게 되면 단순히 회사명의의 약속어음을 교부하고 배서한 것만으로는 (업무상) 배임죄의 기수는 인정하기 어려울 것이고, 그렇다면 기수에 대해서만 적용되는 '특경법'에 의한 가중처벌도 불가능할 것이다. 그리고 침해범설에 따르면, 미수조차도 고의만큼은 기수의 고의(즉 현실적 손해발생에 대한 인식과 의사)를 가지고 실행에 착수한 경우에만 인정될 수 있을 것이다. 따라서 침해범 또는 위험범의 여부는 특히 -과잉형사처벌을 통제하려는 입법론까지 제기되고 있는- 소위 기업 경영자의 경영판단행위(기업인수 등)에 대한 처벌과 관련하여 매우 중요한 문제가 될 수 밖에 없다. 본 연구는 이러한 논쟁점을 중심으로 (업무상) 배임죄의 객관적 및 주관적 구성요건요소를 먼저 분석해 보고, 그에 상응하여 상기한 [연구판례]의 태도를 구체적으로 평석하기로 한다.

Ⅱ. 업무상 배임죄의 구성요건요소, 특히 기업 경영자의 경영판단행위에 대한 평가

1. 특히 상기한 [연구판례 (1)]과 관련된 객관적 구성요건요소

(1) 행위주체

형법상 업무상 배임죄(제356조)는 객관적으로 업무상의 임무에 위배하여 단순배임죄(제355조 제2항)의 죄를 범함으로써 성립한다. 그런데 단순 배임죄는 타인의 사무를 처리하는 자가 그 임무에 위배하는 배임행위가 있어야 성립될 수 있다. 따라서 단순배임죄는 타인의 사무를 처리하는 자(구성적 신분)를 행위주체로 하는 진정신분범이다. 여

게 손해를 가할 목적으로 [* 필자주: 목적범으로 규정] 그 임무에 위배하는 행위를 하여 본인에게 현실상의 손해를 [* 필자 주: 침해범으로 규정] 가한 때에도 전항의 형과 같다."

기서 '타인의 사무를 처리하는 자'란 양자 간의 신임관계에 기초를 두고 타인의 재산관리에 관한 사무를 대행하거나 타인 재산의 보전행위에 협력하는 자의 경우 등을 가리킨다. 타인의 사무를 처리하는 자이어야 하기 때문에 단순한 민사상 채무자에 불과한 사람은 배임죄의 주체가 될 수 없다. 채무자의 채무이행은 타인의 사무가 아니라 자기사무에 불과하기 때문이다. 그러나 단순한 채무자의 신분을 넘어 물권적 의무자가 되는 경우(예컨대, 변제기 이전에 양도담보물을 처분한 양도담보설정 채무자의 경우)에는 배임죄의 주체가 될 수 있다. 그런데 업무상 배임죄의 행위주체는 단순배임죄의 행위주체에 업무자의 신분이 추가된 것이다. 즉 업무상 배임죄는 타인의 사무를 처리하는 단순배임죄의 구성적 신분과 업무자라는 형벌 가중적 신분의 양자로 구성되기 때문에 소위 이중적 신분범에 해당한다. 상기한 [연구판례]의 사례와 같이 회사(법인)에서 (대표)이사의 지위를 가진 자가 여기에 해당함은 명백하다.

(2) 배임행위, 특히 경영판단행위에 대한 평가

(업무상) 배임죄가 성립하기 위해서는 '임무에 위배하는 행위', 배임행위가 있는 것으로 평가되어야 한다. 여기서 '임무에 위배하는 행위'라 함은 당해 사무의 내용·성질 등 구체적 상황에 비추어 법률의 규정, 계약의 내용 또는 신의성실의 원칙상 당연히 할 것으로 기대되는 행위를 하지 않거나 당연히 하지 않아야 할 것으로 기대되는 행위를 함으로써 본인에 대한 신임관계를 저버리는 일체의 행위를 포함한다.[8] 그런데 실무에서 가장 문제되는 이슈는 기업인의 경영판단행위에 대해서도 배임행위성을 인정할 수 있는가에 있다. 특히, 일정한 요건을 충족하는 정상적인 경영판단행위에 대해서는 형사책임을 면제시켜야 한다는 소위 경영판단원칙(The Business Judgment Rule)이 우리나라 형사사법에서 원용될 것인가에 있다.[9] 그런데 우리나라의 경우 소

8) 대법원 1994. 9. 9. 선고 94도902 판결.

9) 경영판단의 원칙에 대해서는 이규훈, "업무상 배임죄와 경영판단", 형사판례

위 경영판단원칙이 상법은 물론이고 기타의 법 영역에서도 정식으로 입법화되어 있지는 않다.10) 다만 우리나라 판례는 이 원리를 구체적 분쟁사례에서 실제로 적용하고 있는 것으로 판단된다.11) 즉, 금융기관 임원의 대출 상환 불능에 대한 손해배상청구와 같은 민사사례는 물론이고, 업무상 배임죄 성립에 관한 형사사례에서도 피고(인) 측의 경영판단행위라는 방어적 주장과 그에 대한 법원의 판단 절차는 이루어지는 것으로 판단된다. 후자(본고의 연구대상)의 (업무상) 배임죄의 성립과 관련하여 우리나라 대법원 판례는 다음과 같이 판시하였다: "경영상의 판단과 관련하여 기업의 경영자에게 배임의 고의가 있었는지 여부를 판단함에 있어서도 일반적인 업무상 배임죄에 있어서 고의의 입증 방법과 마찬가지의 법리가 적용되어야 함은 물론이지만, 기업의 경영에는 원천적으로 위험이 내재하여 있어서 경영자가 아무런 개인적인 이익을 취할 의도 없이 선의에 기하여 가능한 범위 내에서 수집된 정보를 바탕으로 기업의 이익에 합치된다는 믿음을 가지고 신중하게 결정을 내렸다 하더라도 그 예측이 빗나가 기업에 손해가 발생하는 경우가 있을 수 있는 바, 이러한 경우에까지 고의에 관한 해석 기준을 완화하여 업무상배임죄의 형사책임을 묻고자 한다면 이는 죄형법정주

연구[13], 2005, 314면 이하; 박미숙, "경영판단과 배임죄 성부", 형사판례연구[15], 박영사 2007, 212면; 이정민, "경영판단원칙과 업무상 배임죄", 형사정책연구 제18권 제4호(2007.12.), 166면 이하; 조국, "기업범죄 통제에 있어서 형법의 역할과 한계", 형사법연구 제19권 제3호(2007), 167면.

10) 우리나라와 같이 대륙법계 국가인 독일에서는 2005년 주식법(Aktiengesetz) 제93조 제1항 2문에 다음과 같은 문언으로 경영판단원칙이 추가되었다: §93 Sorgfaltspflicht und Verantwortlichkeit der Vorstandsmitglieder (1) Die Vorstandsmitglieder haben bei ihrer Geschäftsführung die Sorgfalt eines ordentlichen und gewissenhaften Geschäftsleiters anzuwenden. Eine Pflichtverletzung liegt nicht vor, wenn das Vorstandsmitglied bei einer unternehmerischen Entscheidung vernünftigerweise annehmen durfte, auf der Grundlage angemessener Information zum Wohle der Gesellschaft zu handeln(이사가 경영판단을 하는 경우에 적절한 정보에 근거하고 회사의 최대이익을 위한 행위라고 합리적으로 믿은 경우에는 임무위반이 존재하지 않는다).

11) 박미숙, "경영판단과 배임죄 성부", 형사판례연구[15], 박영사 2007, 212면.

의의 원칙에 위배되는 것임은 물론이고 정책적인 차원에서 볼 때에도 영업이익의 원천인 기업가 정신을 위축시키는 결과를 낳게 되어 당해 기업뿐만 아니라 사회적으로도 큰 손실이 될 것이므로, 현행 형법상의 배임죄가 위태범이라는 법리를 부인할 수 없다 할지라도, 문제된 경영상의 판단에 이르게 된 경위와 동기, 판단대상인 사업의 내용, 기업이 처한 경제적 상황, 손실발생의 개연성과 이익획득의 개연성 등 제반 사정에 비추어 자기 또는 제3자가 재산상 이익을 취득한다는 인식과 본인에게 손해를 가한다는 인식(미필적 인식을 포함)하의 의도적 행위임이 인정되는 경우에 한하여 배임죄의 고의를 인정하는 엄격한 해석기준은 유지되어야 할 것이고, 그러한 인식이 없는데 단순히 본인에게 손해가 발생하였다는 결과만으로 책임을 묻거나 주의의무를 소홀히 한 과실이 있다는 이유로 책임을 물을 수는 없다."[12] 즉 경영판단행위에 대한 업무상 배임죄 성립 여부는 고의를 포함하여 제반사정을 모두 고려하는 종합적 고려방식으로 평가되어야 한다는 것이다. 아래에서 논할 주관적 구성요건요소인 고의도 그 판단에 포함되기 때문에 이 문제에 대해서는 아래 [연구판례]의 평석에서 종합적인 관점에서 별도로 다시 논증하기로 한다.

(3) 재산상 이익의 취득과 손해의 발생

(업무상) 배임죄는 배임행위로 재산상 이익을 취하고, '본인'에게 손해를 가하여야 성립할 수 있다. 일본 형법에서는 재산상 이익의 취득이 객관적 구성요건요소가 아닌데 반하여 우리나라 형법은 이를 객관적 구성요건요소로서 명시하고 있다.[13] 따라서 설령 본인에게 손해

---

12) 대법원 2004. 7. 22 선고 2002도4229 판결.

13) 단순배임죄만 입법화하고 있는 일본형법 제247조는 "타인을 위하여 그 사무를 처리하는 자가 자기 또는 제3자의 이익을 도모하거나 본인에게 손해를 가할 목적으로 그 임무에 위배되는 행위를 하여 본인에게 재산상의 손해를 가한 때에는 6년 이하의 징역 또는 50만엔 이하의 벌금에 처한다."고 규정하여, 배임죄를 목적범으로 설정하면서 이익취득에 관한 것은 그 목적의 내용에 포함시키고, 최종적 객관적 구성요건요소로는 손해만을 규정하고 있다.

를 가하였다고 할지라도 자기 또는 제3자가 이익을 취득한 사실이 없으면 배임죄는 성립하지 않는다. 예컨대 갑과 을이 택시를 공동으로 구입하여 갑이 폐차시한 이전에 폐차한 판례사례의 경우에 을에 대하여 폐차시한까지 얻을 수 있는 수익금이 상실됨으로써 재산상 손해를 끼쳤으나 갑 또는 제3자에게 재산상 이익이 있은 것은 아니므로 갑의 행위는 배임죄가 인정될 수 없다.[14] 그리고 주식회사의 (대표)이사의 배임행위와 관련하여서는 법익 주체(피해 주체)인 '본인'은 회사(법인)이지 주주가 아니다. 그러한 이유로 판례는 일인주주(대표이사)의 배임행위에 의해 -주주는 이익을 취하지만- 회사가 재산상 손해를 보는 경우 업무상 배임죄의 성립을 긍정하였다.[15] 이에 반하여 주식회사의 이사가 회사에 대한 신임관계를 저버리는 행위를 함이 없이 주주나 회사채권자의 이익만을 해치는 행위를 한 경우에는 그로 인하여 회사가 주주나 회사채권자에게 별도의 손해배상책임을 부담하게 되었다는 등의 특별한 사정이 없는 이상 주주 또는 회사채권자에 대한 배임행위는 물론이고 회사에 대한 배임행위도 성립할 수 없다.[16] 상기한 [연구판례 (2)]가 "한편 주식회사와 주주는 별개의 인격으로서 동일인이라고 볼 수 없으므로, 회사의 임원이 그 임무에 위배되는 행위로 재산상 이익을 취득하거나 제3자로 하여금 이를 취득하게 하여 회사에 손해를 가한 때에는 이로써 배임죄가 성립하고, 그 임무위배행위에 대하여 사실상 대주주의 양해를 얻었다고 하여 본인인 회사에 손해가 없다거나 또는 배임의 범의가 없다고도 볼 수 없고 —"라고 판시한 것도 동일한 맥락에서 이해되어야 한다.

다음으로, (업무상) 배임죄(기수)는 본인에게 '재산상의 손해를 가

14) 대법원 1982. 2. 23 선고 81도2601 판결.

15) 대법원 2011. 3. 10. 선고 2008도6335 판결; 그에 반하여 대표이사가 가장납입의 방법으로 신주를 발행한 경우 기존 주주에게는 손해가 있더라도 회사에게는 손해가 없다는 이유로 업무상 배임죄의 성립을 부정한 대법원 2004. 5. 13. 선고 2002도7340 판결.

16) 대법원 1990. 5. 25. 선고 90도6 판결; 대법원 2004. 6. 17. 선고 2003도7645 전원합의체 판결; 대법원 2009. 5. 29. 선고 2007도4949 전원합의체 판결.

한 때'에 성립될 수 있다. 재산상 손해의 유무에 대한 판단은 본인의 전 재산 상태와의 관계에서 법률적 판단에 의하지 아니하고 경제적 관점에서 파악하여야 하므로, 법률적 판단에 의하여 당해 배임행위가 무효라 하더라도 경제적 관점에서 파악하여 배임행위로 인하여 본인에게 현실적인 손해를 가하였다면 배임죄를 구성한다(소위 경제적 재산설).[17] 이러한 법리는 최초 배임행위가 법률적 관점에서 무효라고 하더라도 그 후 타인의 사무를 처리하는 자가 계속적으로 배임행위에 관여하여 본인에게 현실적인 손해를 가한 경우에도 마찬가지이다.[18] 그리고 재산의 처분 등 직접적인 재산의 감소, 보증이나 담보제공 등 채무 부담으로 인한 재산의 감소와 같은 적극적 손해를 야기한 경우는 물론, 객관적으로 보아 취득할 것이 충분히 기대되는데도 임무위배행위로 말미암아 이익을 얻지 못한 경우, 즉 소극적 손해를 야기한 경우도 포함된다.[19] 이러한 소극적 손해는 재산증가를 객관적·개연적으로 기대할 수 있음에도 임무위배행위로 이러한 재산증가가 이루어지지 않은 경우를 의미하므로 임무위배행위가 없었다면 실현되었을 재산 상태와 임무위배행위로 말미암아 현실적으로 실현된 재산 상태를 비교하여 그 유무 및 범위를 산정하여야 한다.

남은 문제는 여기의 손해발생이 현실적 손해발생을 의미하는지, 아니면 손해발생의 위험성만으로 족한지에 있다. 이 문제는 기수시기와 관련된 보호정도의 문제로서 아래에서 별도로 기술하고자 한다.

(4) 기수시기와 관련된 재산상 손해(대응되는 이익)의 발생, 특히 특경법 적용을 위한 이득액 산정

(업무상) 배임죄의 마지막 객관적 구성요건요소인 재산상 손해를 가한 때는 상기한 [연구판례 (1)]은 물론이고 우리나라 대법원 판례의

17) 김성돈, 「형법각론(제2판)」, 418면; 손동권/김재윤, 「새로운 형법각론」, 471면; 이재상/장영민/강동범, 「형법각론(제10판)」, 430면.

18) 대법원 2013. 4. 11. 선고 2012도15890 판결.

19) 대법원 2013. 4. 26. 선고 2011도6798 판결.

일관된 태도에 따르면 현실적인 손해를 가한 경우뿐만 아니라 재산상 실해 발생의 '위험'을 초래한 경우도 포함된다. 즉 우리나라 판례는 업무상 배임죄의 보호정도에 관한한 명백하게 위험범인 것으로 판시하고 있다.[20] 상기한 [연구판례 (1)]이 "--(생략)-- 약속어음은 원칙적으로 배서에 의하여 양도할 수 있고, 약속어음에 의하여 청구를 받은 자는 그 소지인이 채무자를 해할 것을 알고 어음을 취득한 경우가 아니라면 발행인 또는 종전의 소지인에 대한 인적 관계로 인한 항변으로써 소지인에게 대항하지 못하므로, 대표이사가 대표권을 남용하여 회사 명의의 약속어음을 발행하였다면, 비록 상대방이 그 사실을 알고 있었거나 중대한 과실로 알지 못하여 회사가 상대방에 대하여는 채무를 부담하지 아니한다 하더라도 약속어음이 제3자에게 유통될 경우 회사가 소지인에 대하여 어음금 채무를 부담할 위험은 이미 발생하였다 할 것이므로, 그 약속어음이 제3자에게 유통되지 아니한다는 특별한 사정이 없는 한 경제적 관점에서는 회사에 대하여 배임죄에서의 재산상 실해 발생의 위험이 초래되었다고 봄이 상당하다."고 판시한 것도 동일한 맥락에서 이해되어야 한다.

그런데 학설에서는 (업무상) 배임죄의 보호정도에 대해 우리나라의 경우 -독일 형법과는 달리- 미수범 처벌규정이 존재한다는 이유로 침해범으로 이해하려는 견해도 대두되고 있다.[21] (업무상) 배임죄를

---

20) 특히 구체적 위험범이라고 판시한 대법원 2015. 9. 10. 선고 2015도6745 판결(피해은행의 지점장인 피고인 갑이 피해은행을 대리하여 을이 병에 대하여 장래 부담하게 될 물품대금 채무에 대하여 <지급보증>을 하였다고 하더라도, 을과 병이 거래를 개시하지 않아 지급보증의 대상인 물품대금 지급채무가 현실적으로 발생하지 않았다면, 보증인인 피해은행에게 경제적인 관점에서 손해가 발생한 것과 같은 정도의 구체적인 위험이 발생하였다고 평가할 수 없으므로, 피고인 갑을 특정경제범죄 가중처벌 등에 관한 법률 위반(배임)죄로 처벌할 수 없다고 한 사례); 그 이전에 이미 구체적 위험범으로 판시한 대법원 2008. 6. 19. 선고 2006도4876 전원합의체 판결.

21) 김성돈, 「형법각론(제2판)」, 408면; 손동권/김재윤, 「새로운 형법각론」, 율곡출판사 2013, 471면; 이성기, "기업 이사의 배임죄 성립에 관한 비판적 소고", 가천법학 제8권 제2호(2015), 126면; 조국, "기업범죄 통제에 있어서 형법의 역

위험범 또는 침해범으로 해석할 것인가의 여부는 그 기수시기와 해당 재산범죄가 기수인 경우에만 적용되는 특경법 적용 여부와 직접적인 관계가 있다. 상기한 [연구판례]와 같이 약속어음을 발행하거나 배서한 단계에 그친 경우에는 업무상 배임죄를 위험범으로 해석하여야 기수 및 특경법 적용이 가능할 것이고, 그에 반하여 침해범으로 해석하면 그 단계에서는 미수에 불과하기 때문에 특경법을 적용할 수 없을 것이다. 그리고 업무상 배임죄를 위험범으로 보는 판례의 태도에 따를 때에만, 피고인이 그 업무상 임무에 위배하여 부당한 외상 거래행위를 함으로써 업무상 배임죄가 성립하는 경우, 담보물의 가치를 초과하여 외상 거래한 금액이나 실제로 회수가 불가능하게 된 외상거래 금액만이 아니라 재산상 권리의 실행이 불가능하게 될 염려가 있거나 손해발생의 위험이 있는 외상 거래대금 전액을 그 손해액으로 보아야 하고, 그것을 제3자가 취득한 경우에는 그 전액을 특경법 제3조에 규정된 제3자로 하여금 취득하게 한 재산상 이익의 가액에 해당하는 것으로 보아야 한다는 판례논지가[22] 어느 정도 유지될 수 있을 것이다(다만 이러한 판시논지의 타당성은 개인적으로 의문스러움. 아래 [연구판례]의 평석 부분에서 다시 언급하기로 함).

2. 특히 [연구판례 (2)]와 관련된 업무상 배임죄의 주관적 구성요건요소

우리나라 형법상 (업무상) 배임죄의 경우는 고의범에 해당하는 기수범과 미수범의 처벌규정은 존재하지만 과실범에 대한 처벌규정은 존재하지 않는다. 따라서 (업무상) 배임죄가 성립하려면 주관적 요건으로서 적어도 객관적 구성요건요소 전부에 대한 인식과 의사, 즉 배임의 고의가 있어야 한다. 다만 주관요건으로서의 고의는 미필적 고의로

할과 한계" 형사법연구 제19권 제3호(2007년 가을), 184면; 허일태, "대표이사의 대표권남용행위와 배임죄의 관계", 형사실무연구회 편 「형사재판의 제 문제」 제7권, 사법발전재판 2014, 186면.

22) 대법원 2000. 4. 11. 선고 99도334 판결.

도 족하다. 객관적 구성요건요소와 관련하여 기술한다면, 침해범설에 의하면 배임죄의 고의 자체는 현실적 손해발생에 대한 인식과 의사이어야 할 것이고, 판례의 위험범설에 의하면 손해발생의 위험에 대한 인식과 의사로 족할 것이다. 그리고 자기 또는 제3자의 이득취득도 객관적 구성요건요소이기 때문에 이에 대한 인식과 의사도 주관적 구성요건요소로서 요구된다. 문제는 -고의를 초과하는 개념으로서의- 불법이득의 의사도 주관적 구성요건요소로서 요구될 것인가에 있다. 일단 불법(영득)이득의 의사를 주관적 구성요건요소로서 요구하는 점에서는 학설이 통일되어 있다. 다만, 불법영득의 의사를 고의 초과적 주관적 구성요건요소로서 설정하려는 견해와[23] 자기 또는 제3자의 재산상 이익취득이 형법상 객관적 구성요건요소로서 명시되었기 때문에 그에 대한 인식과 의사는 고의의 내용일 뿐이고 불법영득의 의사를 고의 초과요소로서 요구할 필요가 없다는 견해의[24] 대립이 있을 뿐이다.

생각건대, 배임죄를 침해범으로 해석하는 견해에 따르면 불법이득의 의사를 동 죄의 고의초과요소로 설정할 필요가 없을 것이다. 침해범설에 따르면 고의 자체가 현실적 침해의 발생에 대한 인식과 의사를 내용으로 하여야 하기 때문이다. 그러나 판례와 같이 (업무상) 배임죄를 위험범으로 보는 견해에 따르면 불법이득의 의사를 고의초과요소로 설정하는 것이 타당할 것이다. 위험범설에 의하면 고의는 손해발생의 위험에 대한 인식과 의사로 족하고, 현실적(종국적)인 손해발생(이익취득)의 의사까지는 포섭할 수 없기 때문이다. 그런데 상기한 [연구판례 (2)]는 (업무상) 배임죄에 대해 객관적 구성요건과 관련하여서는

23) 명시적으로 고의초과요소임을 밝힌 김성천/김형준, 「형법각론(제4판)」, 소진출판사 2013, 520면; 김신규, 「형법각론」, 청목출판사 2015년, 474면; 손동권/김재윤, 「새로운 형법각론」, 율곡출판사 2013년, 473면; 고의와는 별개로 이를 언급하고 있는 김일수/서보학, 「형법각론(제6판)」, 박영사 2004년, 488면; 박상기, 「형법학」, 집현재 2013년, 678면; 이재상/장영민/강동범, 「형법각론(제10판)」, 박영사 2016, 430면.

24) 김성돈, 「형법각론(제2판)」, 420면; 정성근/박광민, 「형법각론(전정2판)」, 성균관대학교 출판부 2015년, 476면.

위험범으로 보면서 주관적 구성요건에서는 실해발생의 위험에 대한 인식만으로 족하고 (현실적) 손해발생에 대한 의사적 요소는 요건이 아닌 것으로 판시하였다. 그러나 이러한 판시내용은 이론적으로 타당성을 인정받을 수 없다. 이론적으로 고의는 인식만으로는 족하지 않고 반드시 (미필적이라도) '의사'가 요구되고(고의의 본질에 관한 의사설),[25] 그리고 재산범죄에서는 불법이득(영득)의 '의사'도 주관적 구성요건요소이기 때문이다(특히 위험범설에 의하면 고의초과의 주관적 구성요건요소로 보아야 할 것임). [연구판례 (2)]에 대한 더 구체적인 비판은 아래 종합적 관점에서의 판례평석 부분에서 다시 제기하기로 한다.

3. 특경법 적용요건으로서의 이득액수

우리나라 '특정경제범죄 가중처벌 등에 관한 법률'(이하 특경법) 제3조 제1항은 형법상 재산범죄에서 이득액수가 클 경우 일반형법의 재산범죄에 비하여 법정형을 가중하고 있다. 동 법률에서 가중 법정형의 기준이 되는 이득액수는 5억 원 이상에서 50억 원 미만일 경우(제1호)와 50억 원 이상일 경우(제2호)의 2가지로 규정되어 있다. 그리고 <대법원 2007. 4. 19. 선고 2005도7288 전원합의체 판결>은 형법상 재산범죄가 이득액수에 따라 이렇게 특경법이 적용될 경우 그 이득액수는 (가중적) 구성요건요소인 것으로 해석하면서 "--- 이를 적용함에 있어서는 재물이나 재산상 이익의 가액을 엄격하고 신중하게 산정함으로써, 범죄와 형벌 사이에 적정한 균형이 이루어져야 한다는 죄형균형 원칙이나 형벌은 책임에 기초하고 그 책임에 비례하여야 한다는 책임주의 원칙이 훼손되지 않도록 유의하여야 한다."고 판시하였다. 그리고 우리나라 판례는 구체적인 이득액 산정이 불가능할 경우에는 특경법을 적용할 수 없는 것으로 판시하고 있다.[26] 특경법 적용의 기준이 되

25) 이론적으로 입법자가 객관적 구성요건요소로 표시된 손해발생에 대한 의사는 반드시 요구되어야 하겠지만, 문제는 이러한 고의를 초과하여 손해발생의 목적까지 요구되는지에 있다. 손해발생의 의사조차 요구하지 않는 대법원 판례[상기한 연구판례 (2)도 포함]는 당연히 목적까지 요구하지 않는 것은 명백하다.

는 업무상 배임죄의 이득액은 본인(회사)에 대한 손해에 따른 이득의 액수이어야 한다. 즉 회사에 대한 손해와 자기 또는 제3자가 취득하는 이익(액) 사이에는 인과관계가 있어야 한다(소위 재료의 동일성).[27] 따라서 상기의 [연구판례]의 사례에서 (대표)이사가 회사 명의로 약속어음을 발행(배서)함으로써 제3자로부터 대출받은 대출금 그 자체가 이득(액)이 될 수는 없고, 회사가 피해를 볼 수 있는 어음발행액수가 이득(액)으로 해석될 수는 있을 것이다(문제는 손해발생의 위험 내지 가능성만으로 이득액수를 산정할 것인지에 있음. 이에 대해서는 다시 판례에 대한 종합평석과 관련하여 후술하기로 함). 그런데 특경법 적용을 위한 이득액 산정의 기준 시점에 대해서 우리나라 판례는 기수시기로 설정하고 있다.[28] 그리고 상기한 [연구판례]는 업무상 배임죄를 위험범으로 보면서 그 기수시기를 위험발생 시로 해석하고, 동시에 그 당시의 손해발생 위험의 액수(그에 대응되는 이득 가능의 액수)에 따라 특경법을 적용하였다. 그러나 손해발생의 위험액수(그에 대응되는 이득 가능의 액수)를 특경법 적용의 기준으로 삼아서는 안 되고, 실제로 피해회사로부터 자기 또는 제3자에로의 그 피해에 따른 재산이동의 액수를 기준으로 삼아야 한다는 견해가 대두되고 있다.[29] 즉 배임죄 성립 자체에 대한 기수 시기는 위험발생으로 결정되지만 특경법 적용에 따른 가중처벌을 위한 이득액 산정은 현실적 침해(피해자 재산으로부터 자기 또는 제3자에게 이동된 현실적 재산이동의 액수)가 기준이 되어야 한다는 것이다. 이 점에 관해서도 다시 후술하기로 한다.

---

26) 영업비밀 누출의 손해를 야기한 사례의 경우(대법원 1999. 3. 12 선고. 98도4704 판결), 조합재산으로 제 값의 부동산을 매입하여 조합의 유동성 장애라는 손해를 야기한 사례(대법원 2001. 11. 13. 선고, 2001도3531 판결) 등에서 대법원은 이 경우 이득액을 구체적으로 산정할 수 없기 때문에 특경법을 적용할 수 없다고 판시하였음.

27) 한석훈, 「기업범죄의 쟁점연구」, 법문사 2013, 88면; 이주원, 「특별형법(제3판)」, 홍문사 2014, 380면.

28) 그 이후 사정변경은 고려되지 않는다는 대법원 1990. 10. 16. 선고 90도1815 판결.

29) 이주원, 「특별형법(제3판)」, 홍문사 2014, 377면.

Ⅲ. 종합적 관점에서의 상기한 [연구판례]에 대한 평석

1. 업무상 배임죄의 성립을 긍정한 것에 대해

상기한 2개의 [연구판례]는 모두 업무상 배임죄의 성립을 긍정하였다. 배임죄 구성요건과 관련하여서 위에서 이미 부분적으로 논술한 바와 같이, [연구판례 (1)]과 [연구판례 (2)]에서 회사의 경영을 담당하는 (대표) 이사가 업무상 배임죄의 행위주체에 해당함은 명백하다. 그리고 업무상 배임죄를 위험범으로 보는 견해(판례태도)에 의하면 상기한 [연구판례 (1)]에서 자신의 대출 채무를 담보하기 위하여 회사(법인) 명의의 약속어음을 발행하는 (대표) 이사의 행위와 [연구판례 (2)]에서 어음금의 지급능력이 없는 타인(다른 회사) 발행의 약속어음에 회사 명의로 배서한 이사의 행위는 그 자체로서 손해발생의 위험성이 인정될 수 있고, 다른 객관적 및 주관적 구성요건요소가 충족되면 이 단계에서 이미 동 죄의 기수가 인정될 수 있다. 그런데 업무상 배임죄를 위험범 또는 침해범으로 볼 것인가의 문제는 객관적 구성요건과 관련된 기수 또는 미수의 인정 여부에 관한 것에 불과하고 배임의 죄로서 형사 처벌할 수 있다는 점에서는 차이가 없기 때문에 판례의 위험범설이 이론적으로 잘못되었다고 평가될 당위성은 일단 없는 것으로 판단된다. 따라서 업무상 배임죄를 위험범으로 판시한 상기한 [연구판례 (1)]에 대한 이론적 비판은 본고에서 유보하기로 한다. 다만 필자는 배임의 죄에는 미수범 처벌규정이 있기 때문에 동 죄를 침해범으로 해석하는 것이 상대적으로 더 합리적이라는 견해를 피력하기로 한다.

문제는 상기한 [연구판례 (2)]가 배임죄의 성립 그 자체를 좌우하는 주관적 구성요건요소와 관련하여 판시한 내용에서 대두된다. 동 판례는 주관적 구성요건요소로서 실해발생의 위험에 대한 인식만으로 족하고 –불법이득의 의사에 대한 언급은 전혀 없이– 손해발생에 대한 의사적 요소는 요건이 아닌 것으로 판시하였는바, 이 논지는 전술한 바와 같이 이론적으로 타당성을 인정받을 수 없기 때문이다. 이론적으로 고의는 객관적 구성요건요소에 대한 인식만으로는 족하지 않고 반드시 (미필적이라도) '의사'가 요구되고(고의의 본질에 관한 의사설), 그리고 불법이득(영득)의 '의사'도 배임죄의 -판례의 위험범설에 따를 때에는- 초과 주관적 구성요건요소로 이해되어야 한다. 그런데 고의초과 불법이득의사의 여부는 행위 당시의 행위자 의사는 물론이고 그 이후 기수 내지 완료에 이르는 단계까지의 행위자 주관을 고려하여야 정확히 판단될 수 있다. 왜냐하면 고의 초과요소는 행위 이후 기수 내지 완료에 이르는 과정을 거쳐 실현되기 때문이다. 그리고 불법이득(영득)의 '의사'가 배임죄의 주관적 구성요건요소라는 것은 [연구판례 (1)]과 [연구판례 (2)]에서 공통적으로 주장될 여지가 있는 회사 (대표) 경영자의 경영판단행위와 관련하여 특별한 의미를 가질 수 있다. 전술한 바와 같이, 회사의 (대표) 이사가 회사 명의로 약속어음을 발행하거나 배서하여(판례의 위험범설에 의하면 회사 명의로 약속어음이 발행 내지 배서되었기 때문에 배임죄의 객관적 구성요건인 손해발생의 위험성은 충족될 수 있을 것임) 마련된 자금에 대해 처음 계획한 용도와 그 이후 사용내역이 자기 또는 제3자의 이익을 위한 것이 아니라 바로 본인(즉 회사)의 이익을 위하여 사무 처리한 것으로 입증되면 (업무상) 배임죄의 주관적 구성요건이 충족되지 않는 것으로 평가되어야 할 것이기 때문이다. 우리나라 대법원 판례가 피인수회사의 재산을 담보로 조성된 자금을 경영자가 실제로 인수회사와 피인수회사의 합병절차에 그대로 사용하는 소위 합병형 LBO의 경우에 업무상 배임죄의 성립을 부정한 것은[30] 위에서 대법원 판례 태도로서 소개된 정당

30) 대법원 2010. 4. 15. 선고 2009도6634 판결; 온세통신 사건에 대한 최근의 대법원 2015. 3. 12. 선고 2012도9148; 그런데 다른 판례는 담보제공형 LBO사례인 신한건설사례에 대해 동 죄의 성립을 긍정하였는데(대법원 2008. 2. 28. 선고 2007도5987 판결), 실제로는 차입자금 모두를 신한의 인수를 위한 자금으로 사용하여 기업을 회생시킴으로써 결과적으로 성공한 LBO 사례로 평가되고 있다. 만약 불법영득의사의 표지를 충실히 검토하였다면 이 사례에서도 배임죄의 성립을 부정할 수 있었을 것으로 사료된다.

한 경영판단행위(즉 경영판단원칙의 적용) 또는 불법이득의사의 결여라는 관점에서 충분히 이해될 수 있을 것이다.[31] 반면에 회사재산의 담보제공으로 조성된 자금을 개인용도로 사용할 경우에는 회사재산의 담보제공행위와 관련하여서는 업무상 배임죄의 주관적 구성요건요소 및 기수성립을 인정할 수 있는 징표가 되는 것은 물론이고, 회사소유에 귀속되어야 할 자금을 개인적으로 사용한 것(예컨대 개인채무의 변제 또는 정치자금으로 사용한 경우)과 관련하여서는 업무상 횡령죄까지 인정될 수 있을 것이다. 그런데 상기한 [연구판례 (2)]는 위험범설에 따른 객관적 구성요건과 그에 상응하는 고의의 인식요소만을 근거로 -즉 고의를 초과하는 불법이득의 의사에 관한 추가적 평가 없이- 곧바로 (업무상) 배임죄의 기수를 인정한 결함이 있는 것으로 판단된다. 즉, [연구판례 (2)]에서 주식회사의 이사가 어음금의 지급능력이 없는 타인(다른 회사) 발행의 약속어음에 본인 회사 명의로 배서한 행위도 객관적 구성요건요소와 관련하여서는 회사(법인)에게 배서인으로서의 책임을 지게 하는 손해를 끼칠 수 있는 행위로서 인정될 수는 있겠지만, 그 행위가 자기 또는 제3자의 이익을 위한 의사로서가 아니라 기업인수를 목적으로 하는 경영판단행위로서 시작하였고, 마련된 자금으로 실제 본인 회사 명의로 기업 인수를 하는 데 사용하였다면(예컨대 자신의 명의가 아니라 본인 회사의 명의로 피인수회사의 주식을 시장가격으로 매수한 경우) 업무상 배임죄의 -불법이득의 의사라는- 주관적 구성요건이 부정될 수 있을 것이다.

2. 이득액 산정에 따른 특경법 적용에 대해

상기한 2가지 [연구판례]는 모두 -위험범설에 따르면 손해발생의 위험이 있는 시점인- 기수시점을 기준으로 이득액수를 산정하면서, 바

31) 참고로, 전환사채의 현저한 저가발행이라도 주주배정의 방식으로 이루어진 경우에는 업무상 배임죄의 성립을 인정할 수 없다는 대법원 2009. 5. 29. 선고 2007도4949 전원합의체 판결.

로 손해발생의 위험시점인 약속어음의 발행 교부 시점에서의 형식적 어음발행 액수를 이득액수로 평가하면서 그 이득액수가 5억 이상임을 이유로 특경법을 적용하였는데, 이러한 특별법 적용의 실무에 대해서도 그 이론적 타당성이 의문스럽다. 왜냐하면 회사 재산의 실질적 이동 내지 담보제공과 같은 물권적 의무를 지는 단계가 아니라 단순히 민 상법상 채무만을 지는 단계에서 재산상 이득을 취득하였다고 평가하여 특경법에 따라 행위자를 가중 처벌하는 것은 죄형법정주의의 취지에 상응할 수 없기 때문이다.[32] 따라서 (업무상) 배임죄 기수의 성립 자체는 손해발생의 위험 시점에서 다소 앞당겨 인정하더라도, 적어도 특경법 적용을 위한 이득액 산정은 형식적 기수(formelle Vollendung) 이후 실질적 완료(materielle Beendigung)의 시점까지 전 과정을 평가하여 산정하는 것이 죄형법정주의의 엄격해석의 원칙에 상응할 것이다.[33] (업무상) 배임죄의 기수시기를 침해범으로 해석한다면 특경법

32) 이러한 점을 적절히 지적하고 있는 이주원, 「특별형법(제3판)」, 홍문사 2014, 381면; 그런데 최근의 대법원 판례도 "피고인이 실질적으로 소유·지배하는 甲 주식회사 명의로 빌딩을 매입하면서 은행에서 매입자금을 대출받고 乙 주식회사로 하여금 대출금채무에 연대보증하게 함으로써 乙 회사에 손해를 가하였다고 하여 특정경제범죄 가중처벌 등에 관한 법률 위반(배임)으로 기소된 사안에서, 빌딩은 일본 동경 중심가의 상업적 요지에 있는 건물로 대출 당시 부동산 가격과 임대료의 상승이 예측되고 있었던 점 등 제반 사정을 종합하면, 연대보증 당시 주채무자인 甲 회사가 이미 채무변제능력을 상실한 상태 또는 사실상 변제능력을 상실한 것과 같다고 평가될 정도의 상태에 있었다고 단정하기 어렵고, 오히려 甲 회사가 상당한 정도의 대출금채무를 자력으로 임의 변제할 능력을 갖추고 있었던 것으로 볼 수 있어 배임행위로 취득한 재산상 이익의 가액(이득액)을 산정할 수 없는 경우임에도, 이와 다른 전제에서 연대보증의 피담보채무인 대출 원리금 상당액을 이득액으로 하여 특정경제범죄 가중처벌 등에 관한 법률 제3조 제1항 제1호를 적용한 원심판결에 이득액 산정에 관한 법리오해의 잘못이 있다."고 전향적으로 바람직하게 판시하였다(대법원 2015. 9. 10. 선고 2014도12619 판결).

33) 형식적 기수 이후의 실질적 종료 내지 완료(materielle Beendigung)의 개념은 형사법상 특별한 의미를 가진다. 우선 계속범 또는 포괄일죄의 경우는 기수이후에도 계속된 최종행위가 종료(완료)한 시점에서 공소시효가 기산되는 것은 물론이고, 기수 이후 종료(완료)되기 이전에 가담한 자에게 공범도 성립될 수 있다. 기수 이후 완료 이전단계에서의 공범성립을 긍정하는 견해로는 손동권

적용과 관련하여 굳이 형식적 기수 이후 실질적 완료의 개념을 인정할 필요성은 없겠지만, [연구판례]와 같이 위험범의 관점에서 기수시기를 앞당겨 인정한다면 특경법 적용을 위한 이득액 산정은 그 위험이 현실화되는 실질적 완료의 시점이 기준이 되어야 할 것이다. 이렇게 엄격한 해석을 요구할 경우 상기한 [연구판례]의 사례에서 (대표)이사가 회사 명의로 발행하거나 배서한 약속어음이 그 이후 유통되어 지급요청에 따른 실질적 재산이동이 없는 상태에서 기소되었다면 형법상 업무상 배임죄로서만 처벌이 가능할 것이고, 가중처벌을 위한 특경법 적용은 불가능하게 될 것이다.

Ⅳ. 맺는 말

상기한 [연구판례]가 업무상 배임죄의 보호정도를 위험범으로 보고 그 기수시기를 앞당겨 인정한 것은 물론이고, 주관적 구성요건 조차 손해발생의 위험에 대한 인식만으로 족한 것으로 판시한 것은 형사정책적 내지 입법정책적 관점에서 보면 행위자인 (대표) 이사를 엄격히 처벌하고 회사(법인)를 강하게 보호할 수 있는 방향으로 작용하는데 기여할 것이다. 물론 기업이 독립된 법인격체로 설립된 이상 경영자의 배임행위에 의해 재산상 손해를 입지 않도록 충실히 보호되어야 하는 것은 당연하다.[34] 그런데 [연구판례]와 같은 논지에 의한 기업보호는 경영자의 행동범위를 제약하는 반대급부로서 얻게 되는 정체

/김재윤, 「새로운 형법총론」, 율곡출판사 2011, [§29]/17; 정성근/박광민, 「형법총론(전정판)」, 성균관대학교출판부 2012, 554면. 독일 학자로는 Jescheck/Weigend, Lehrbusch des Strafrechts(AT), 5. Aufl., S. 517, 678; Kühl, Strafrecht, AT, §14 Rn. 21 ff.; Samson, SK, §25 Rn. 48. 이에 반하여 재산범죄와 같은 상태범의 경우에는 실질적 완료의 개념과 공범성립을 인정할 수 없다는 김성돈, 형법총론(제2판), SKKUP 2011, 582면; 박상기, 「형법학」, 집현재 2013, 210면; 독일에서는 Roxin, AT II, §25/220 ff.

34) 이 점을 강조한 김재윤, "고위경영자의 횡령 배임죄에 대한 형사책임강화를 위한 형벌과 양형기준 개혁방안", 형사정책 제25권 제1호(2013년), 61면 이하.

된 형식적 보호의 측면이 강하다. 오늘날 자본주의 시장경제체제에서의 기업 경영자는 역동적으로 기업이익을 창출하여야 하고, 이를 위해 경우에 따라서는 모험거래(Risikogeschäft), 기업인수(특히 차입매수의 LBO) 등도 감행하여야 한다. 즉, 자본주의 시장경제체제에서 경영자에 의한 정상적인 모험투자 내지 기업인수의 행위는 적어도 해악적 행위로서 매도되어서는 안 된다. 그렇기 때문에 경영자의 정상적 경영판단행위도 보장하면서 기업 자체도 보호하는 새로운 입법 내지 해석모델이 강구되어야 한다. 그 방법으로서 형법상 업무상 배임죄를 아예 목적범 및 침해범으로 만들려는 입법론도 제기되고 있지만, 기업과 기업인을 위한다는 목적으로 -상법개정이면 모르겠지만- 일반국민을 규율대상으로 하는 형법상 배임의 죄를 개정하려는 것은 올바른 입법방향이 될 수 없다. 또한 목적범과 침해범의 양 범죄성을 동시에 요구하는 최근 제기된 개정 입법안은 정상적인 입법방법이 될 수도 없다. 따라서 현행법을 유지하면서 현실성 있는 방안은 -우리나라 형법에 특별히 배임죄의 미수범 처벌규정을 둔 입법자의 의사를 고려하여- 업무상 배임죄의 보호정도를 아예 침해범으로(즉 기수시기를 현실적 손해발생시기로) 해석하거나, 판례와 같이 위험범으로 보더라도(즉 기수시기를 다소 앞당겨 인정하더라도) (초과) 주관적 구성요건요소인 불법영득의 의사만큼은 지속적이고 현실적인 손해발생(이에 대응되는 이익취득)에 대한 인식과 의사로서 엄격히 심사하는 것이다.

[주 제 어]

배임죄, 업무상 배임죄, 재산상 손해, 경영판단원칙, 특정경제범죄가중처벌등에관한법률

[Key Words]

Untreue, dienstliche Untreue, Vermögensschaden, "Business Judgment Rule", Strafverschärfungsgesetz bezüglich der bestimmten Wirtschaftsdelikten

접수일자: 2016. 5. 4. 심사일자: 2016. 5. 30. 게재확정일자: 2016. 6. 3.

[참고문헌]

김성돈, 「형법각론(제2판)」, 성균관대학교 출판부, 2009.

김성천/김형준, 「형법각론(제4판)」, 소진출판사 2013.

김신규, 「형법각론」, 청목출판사 2015년.

김일수/서보학, 「형법각론(제6판)」, 박영사 2004.

김재윤, "고위경영자의 횡령 배임죄에 대한 형사책임강화를 위한 형벌과 양형기준 개혁방안", 형사정책 제25권 제1호, 2013년.

박상기, 「형법학」, 집현재 2013년.

박미숙, "경영판단과 배임죄 성부", 형사판례연구[15], 박영사 2007.

성낙현, 「형법총론(제2판)」, 동방문화사 2011.

손동권, "회사 경영자의 상법상 특별배임행위에 대한 현행법 적용의 문제점과 처벌정책을 둘러싼 입법논쟁", 형사정책 제25권 제3호(2013년).

손동권/김재윤, 「새로운 형법각론」, 율곡출판사 2013.

안동준/류전철/김재윤, 「형법판례」 전남대학교 출판부 2010.

이성기, "기업 이사의 배임죄 성립에 관한 비판적 소고", 가천법학 제8권 제2호(2015).

이재상/장영민/강동범, 「형법각론(제10판)」, 박영사 2016.

이규훈, "업무상 배임죄와 경영판단", 형사판례연구[13], 박영사 2005.

이주원, 「특별형법(제3판)」, 홍문사 2014.

이정민, "경영판단원칙과 업무상 배임죄", 형사정책연구 제18권 제4호, 2007.12.

정성근/박광민, 「형법각론(전정2판)」, 성균관대학교 출판부 2015년.

조국, "기업범죄 통제에 있어서 형법의 역할과 한계", 형사법연구 제19권 제3호 (상), 통권 제32호, 2007년 가을.

조기영, "배임죄의 제한해석과 경영판단원칙", 형사법연구 제30호, 2007년 봄.

최준선, "상법상 특별배임죄규정의 개정방향", 경제법연구 제11권 제2호, 2012년.

한석훈, 「기업범죄의 쟁점연구」, 법문사 2013.

허일태, “대표이사의 대표권남용행위와 배임죄의 관계”, 형사실무연구회 편 「형사재판의 제 문제」 제7권, 사법발전재판 2014.

Jescheck/Weigend, Lehrbuch des Strafrechts, 5. Aufl., 1996.

Roxin, Strafrecht AT Bd. II, 2003.

Rudolphi/Horn/Samson/Günter; Systematischer Kommentar zum Strafgesetzbuch, 6. Aufl., 1995.

Schönke/Schröder/Bearbeiter, Strfgesetzbuch(Kommentar), 25. Aufl., 1997.

[Zusammenfassung]

Vermögensschaden und -gewinn als Tatbestandsmerkmale der vom Unternehmer begangenen dienstlichen Untreue

Dong-Kwun Son*

Die dienstliche Untreue ist im Koreanischen Strafrecht ein Vermögensdelikt, das in §355 Abs. 2 StGB geregelt ist. Bei der (dienstlichen) Untreue handelt es sich um ein Vermögensdelikt, einen Tatbestand, der das Vermögen als Ganzes schützen soll. Der Tatbestand setzt die Verletzung einer besonderen Vermögensbetreuungspflicht voraus. Die Strafbarkeit setzt ferner voraus, dass als Folge der Verletzung der Vermögensbetreuungspflicht ein Vermögensnachteil für den Geschädigten eingetreten ist. Nach der koreanischen Urteile des obersten Gerichtshofs liegt aber ein Vermögensschaden auch dann vor, wenn der Täter nicht nur die Verletzung sondren auch die Gefährdung des Schutzvermögens verursacht hat. Die Strafbarkeit wegen des §355 Abs. 2 StGB setzt auch Vorzatz vor. Der Täter muss also alle objektive Tatbestandsmerkmale, aber nur die Gefährlichkeit des Vermögensschadens nach der koreanischen Entscheidung des obersten Gerichtshofs, wahrgenommen haben. In Korea wurde ferner das Strafverschärfungsgesetz bezüglich der bestimmten Wirtschaftsdelikten geschaffen, den schweren Vermögensverbrechen hartzubestrafen. Nach dem §3 Abs. 1 in diesem Gesetz wird der gesetzliche Verschärfungsstrafrahmen des Vermögensverbrechens, wie die Untreue in dieser Arbeit, vom Gewinn unterschieden. In Korea tritt die Problematik im Zusammenhang mit der Urteile des obersten Gerichtshofs vom 2012. 12. 27. “2012do10822” und

* Prof. Dr. jur., Law School of Konkuk University.

2000. 5. 26. “99do2781” vor, dass die vom Unternehmer begangene dienstliche Untreue überproportional schärfer verurteilt werden kann. Um diese Probleme der Rechtspflege des Gerichtshofs aufzulösen, ein Gesetzentwurf zur Änderung des Gesetzes im Jahre 2015, der den Tatbestand der (dienstlichen) Untreue mit Klarheit zum Verletzungs- und Zweckdelikt verändern wuerde, wurde von der einigen Abgeordnete eingebracht. In der vorliegenden Arbeit behandelt sich es noch ausführlicher gerade über diese Problematik der beiden Urteile des obersten Gerichtshofs.

배임죄에서 '타인의 사무'의 해석과 민사법리의 관계

류 전 철*

[대상판결] 대법원 2014. 8. 21. 선고 2014도3363 전원합의체 판결

[사실관계]

피고인은 피해자로부터 수회에 걸쳐 합계 3억 원을 차용하였다. 2008년 10. 24. 피고인은 피해자에게 차용금액 3억 원을 갚지 못할 경우 피고인 어머니 소유의 토지와 지상 건물(이하 "이 사건 부동산"이라고 함)에 대한 유증상속분을 피해자에게 대물변제로 약정하였다. 피해자는 이 사건 부동산에 대한 가등기 등을 경료하지 않고 있었는데, 피고인의 어머니가 2012. 2. 경 사망하였고, 같은 해 12. 경 피해자는 피고인에게 이 사건 부동산을 넘겨달라고 요구하였다. 그럼에도 피고인은 2013. 2. 1. 자신 앞으로 이 사건 부동산에 관하여 유증을 원인으로 소유권이전등기를 마쳤고, 같은 달 7. 토지는 피고인의 누나에게 1억 8,200만 원에, 건물은 매형에게 2억 원에 매도하고 소유권이전등기 절차를 경료하였다. 그 후에도 피고인은 피해자에게 차용금을 변제하지 않았다.

피고인은 이 사건 부동산에 관하여 유증을 원인으로 소유권이전등기가 경료되었으므로 피해자와의 약정에 따라 피해자에게 소유권이

* 전남대학교 법학전문대학원 교수.

전등기절차를 이행하여줄 의무가 발생하였음에도 그 임무에 위배하여 같은 달 7. 누나 및 매형에게 이 사건 부동산의 소유권이전등기절차를 이행하여 줌으로써 이 사건 부동산 시가 1억 8,500만 원 상당의 재산상의 이익을 취득하고 피해자에게 동액 상당의 손해를 가하였다는 범죄사실로 기소되었고, 1심과 원심은 피고인에 대하여 배임죄의 유죄를 선고하였다.

[대법원 판결]

[다수의견]

(가) 채무자가 채권자에 대하여 소비대차 등으로 인한 채무를 부담하고 이를 담보하기 위하여[1] 장래에 부동산의 소유권을 이전하기로 하는 내용의 대물변제예약에서, 약정의 내용에 좇은 이행을 하여야 할 채무는 특별한 사정이 없는 한 '자기의 사무'에 해당하는 것이 원칙이다.

(나) 채무자가 대물변제예약에 따라 부동산에 관한 소유권을 이전해 줄 의무는 예약 당시에 확정적으로 발생하는 것이 아니라 채무자가 차용금을 제때에 반환하지 못하여 채권자가 예약완결권을 행사한

---

1) 이 판결 이후 피고인이 아울렛 의류매장의 운영과 관련하여 공소외인으로부터 투자를 받으면서 투자금반환채무의 변제를 위하여 의류매장에 관한 임차인 명의와 판매대금의 입금계좌 명의를 공소외인 앞으로 변경해 주었음에도 제3자에게 의류매장에 관한 임차인의 지위 등 권리 일체를 양도한 행위가 배임죄에 해당하는지가 쟁점이 된 사건에서 대법원(대법원 2015. 3. 26. 선고 2015도1301 판결)은 대상판결을 참조하여 피고인이 의류매장에 관한 임차인 명의와 판매대금의 입금계좌 명의를 공소외인 앞으로 그대로 유지하여야 할 의무는 단순한 민사상의 채무로서 자기의 사무에 불과하여 타인의 사무에 해당하지 않는다고 보아 배임죄에 관한 공소사실을 무죄로 판단한 원심판결의 법리를 인정하면서 채무자가 투자금반환채무의 변제를 위하여 담보로 제공한 임차권 등의 권리를 그대로 유지할 계약상 의무가 있다고 하더라도, 이는 기본적으로 투자금반환채무의 변제의 방법에 관한 것이고, 성실한 이행에 의하여 채권자가 계약상 권리의 만족이라는 이익을 얻는다고 하여도 이를 가지고 통상의 계약에서의 이익대립관계를 넘어서 배임죄에서 말하는 신임관계에 기초하여 채권자의 재산을 보호 또는 관리하여야 하는 '타인의 사무'에 해당한다고 볼 수 없다고 판시하였다.

후에야 비로소 문제가 되고, 채무자는 예약완결권 행사 이후라도 얼마든지 금전채무를 변제하여 당해 부동산에 관한 소유권이전등기절차를 이행할 의무를 소멸시키고 의무에서 벗어날 수 있다. 한편 채권자는 당해 부동산을 특정물 자체보다는 담보물로서 가치를 평가하고 이로써 기존의 금전채권을 변제받는 데 주된 관심이 있으므로, 채무자의 채무불이행으로 인하여 대물변제예약에 따른 소유권등기를 이전받는 것이 불가능하게 되는 상황이 초래되어도 채권자는 채무자로부터 금전적 손해배상을 받음으로써 대물변제예약을 통해 달성하고자 한 목적을 사실상 이룰 수 있다. 이러한 점에서 대물변제예약의 궁극적 목적은 차용금반환채무의 이행 확보에 있고, 채무자가 대물변제예약에 따라 부동산에 관한 소유권이전등기절차를 이행할 의무는 궁극적 목적을 달성하기 위해 채무자에게 요구되는 부수적 내용이어서 이를 가지고 배임죄에서 말하는 신임관계에 기초하여 채권자의 재산을 보호 또는 관리하여야 하는 '타인의 사무'에 해당한다고 볼 수는 없다.

(다) 그러므로 채권 담보를 위한 대물변제예약 사안에서 채무자가 대물로 변제하기로 한 부동산을 제3자에게 처분하였다고 하더라도 형법상 배임죄가 성립하는 것은 아니다.

[반대의견]

(가) 판례의 축적을 통하여, 등기협력의무 등 거래 상대방의 재산보전에 협력하여야 할 의무가 있는 사람이 고의로 임무를 위반하여 상대방에게 회복하기 어려운 손해를 입힌 경우에는 배임죄로 처벌받을 수 있다는 것이 우리 사회의 확립된 법원칙으로서 자리매김하게 되었고, 이러한 법리는 전형적인 배신행위에 대하여는 형벌법규의 개입이 정당하다는 사회적 합의에 의해 지지되고 있는 것이다.

(나) 담보계약을 체결한 채권자와 채무자 사이에는 담보계약 자체로부터 피담보채권의 발생원인이 된 법률관계와는 별도의 독자적인 신임관계가 발생한다고 보아야 한다. 부동산 매매계약에서 신임관계

의 본질이 부동산의 소유권을 이전하는 데 있는 것과 마찬가지로, 담보 목적으로 체결된 대물변제예약에서 신임관계의 본질은 담보로 제공하기로 한 부동산의 담보가치를 채권자에게 취득하게 하는 데 있으며, 이는 결국 배임죄의 성립 여부에 있어 양자가 다르지 않다는 것을 의미한다.

(다) 담보 목적으로 부동산에 관한 대물변제예약을 체결한 채무자가 신임관계를 위반하여 당해 부동산을 제3자에게 처분함으로써 채권자로 하여금 부동산의 소유권 취득을 불가능하게 하거나 현저히 곤란하게 하였다면 이러한 행위는 대물변제예약에서 비롯되는 본질적·전형적 신임관계를 위반한 것으로서 배임죄에 해당한다고 보아야 한다. 그리고 그렇게 보는 것이 부동산의 이중매매, 이중근저당권설정, 이중전세권설정에 관하여 배임죄를 인정하여 온 판례의 확립된 태도와 논리적으로 부합한다.

[다수의견에 대한 보충의견]

배임죄의 본질을 어떻게 이해하든, 배임죄의 주체는 '타인의 사무를 처리하는 자'이다. 즉, 배임죄는 '타인의 사무를 처리하는 자'라는 신분을 요하는 진정신분범이다. 따라서 배임죄의 성립을 인정하기 위해서는 임무위배행위가 있었는지를 따지기에 앞서 '타인의 사무를 처리하는 자'에 해당하는지를 먼저 따져보아야 한다. 그리고 그 해석을 함에 있어서 피고인에게 불리하게 확장해석하거나 유추해석하는 일은 경계하여야 함은 물론이다.

종래 판례는, 배임죄에 있어서 '타인의 사무'라고 함은 신임관계에 기초를 둔 타인의 재산의 보호 또는 관리의무가 있을 것을 그 본질적 내용으로 하는 것이라고 하면서, 중도금 이상을 지급하고도 부동산의 소유권 취득을 법적으로 보장받지 못하는 매수인을 보호하기 위하여 부동산매매의 계약관계가 일정한 정도로 진행된 경우 매도인에게 매수인의 재산을 보호·관리하는 신임관계를 인정하여 그가 자신의 사무를 처리함과 동시에 타인의 사무를 처리한다고 평가하여 배임죄로 처벌하여 왔다.

그러나 채무의 이행이 타인의 이익을 위하여 중요하다는 이유로 그것이 자신의 사무임과 동시에 타인의 사무가 된다는 논리는 수용하기 어렵다. 반대의견은 등기절차에 협력하여야 한다는 신임관계에 기초한 임무위반행위라는 점을 강조하고 있으나, 이는 임무위배 여부를 판단하는 요소가 될 수 있음은 별론으로 하고, 이러한 신임관계가 있다는 이유로 '타인의 사무를 처리하는 자'가 될 수는 없다. '타인의 사무'는 계약에서 정한 급부의 내용을 어떤 관점에서 보는가에 따라 상대적으로 이해될 수 있는 것이 아니라, 어떠한 신임관계 위배를 형법적으로 처벌할 수 있을지 죄형법정주의의 관점에서 엄격하게 해석·적용되어야 한다. 계약상 의무의 이행을 통하여 상대방으로 하여금 그 재산에 관한 완전한 권리를 취득하게 하기 전에 이를 다시 제3자에게 처분하는 등으로 상대방의 재산 취득 또는 보전에 지장을 초래하는 행위는 상대방의 이익과 신뢰를 저버리는 것으로서 비난가능성이 높다고 할 수 있다. 그러나 그 대부분의 경우 매도인이 위배한 임무라는 것은 '타인을 위한 사무'에 해당할 뿐 '타인의 사무'가 아니다. 매도인의 행위가 임무위배행위에 해당하는지 여부를 판단하기 이전에 과연 그 매도인이 '타인의 사무'를 처리하는 자에 해당하는지 여부를 먼저 판단하여야 한다. 매도인의 행위가 임무위배행위에 해당하고 그 위반행위가 상대방의 이익을 위한 것이라거나 그 의무의 불이행이 상대방의 이익과 신뢰를 해친다는 이유만으로 막 바로 그 의무불이행에 대하여 배임죄의 죄책을 물을 수는 없다. 배임죄의 주체는 어디까지나 '타인의 사무를 처리하는 자'이어야 한다. 매도인에게 부동산 등기협력 의무가 있다고 하더라도 그 의무가 매수인의 사무가 될 수는 없다.

[참고판례]

- 대법원 2011. 1. 20. 선고 2008도10479 전원합의체 판결

[1] [다수의견]

(가) 매매와 같이 당사자 일방이 재산권을 상대방에게 이전할 것을 약정하고 상대방이 그 대금을 지급할 것을 약정함으로써 그 효력이 생기는 계약의 경우(민법 제563조), 쌍방이 그 계약의 내용에 좇은 이행을 하여야 할 채무는 특별한 사정이 없는 한 '자기의 사무'에 해당하는 것이 원칙이다.

(나) 매매의 목적물이 동산일 경우, 매도인은 매수인에게 계약에 정한 바에 따라 그 목적물인 동산을 인도함으로써 계약의 이행을 완료하게 되고 그때 매수인은 매매목적물에 대한 권리를 취득하게 되는 것이므로, 매도인에게 자기의 사무인 동산인도채무 외에 별도로 매수인의 재산의 보호 내지 관리 행위에 협력할 의무가 있다고 할 수 없다. 동산매매계약에서의 매도인은 매수인에 대하여 그의 사무를 처리하는 지위에 있지 아니하므로, 매도인이 목적물을 매수인에게 인도하지 아니하고 이를 타에 처분하였다 하더라도 형법상 배임죄가 성립하는 것은 아니다.

[반대의견]

(가) 매매계약의 당사자 사이에 중도금을 수수하는 등으로 계약의 이행이 진행되어 다른 특별한 사정이 없는 한 임의로 계약을 해제할 수 없는 단계에 이른 때에는 그 계약의 내용에 좇은 채무의 이행은 채무자로서의 자기 사무의 처리라는 측면과 아울러 상대방의 재산보전에 협력하는 타인 사무의 처리라는 성격을 동시에 가지게 되므로, 이러한 경우 그 채무자는 배임죄의 주체인 '타인의 사무를 처리하는 자'의 지위에 있고, 이러한 지위에 있는 자가 그 의무의 이행을 통하여 상대방으로 하여금 그 재산에 관한 완전한 권리를 취득하게 하기

전에 이를 다시 제3자에게 처분하는 등 상대방의 재산 취득 혹은 보전에 지장을 초래하는 행위는 상대방의 정당한 신뢰를 저버리는 것으로 비난가능성이 매우 높은 전형적인 임무위배행위에 해당한다.

(나) 동산매매의 경우에도 당사자 사이에 중도금이 수수되는 등으로 계약의 이행이 일정한 단계를 넘어선 때에는 매도인이 매매목적물을 타에 처분하는 행위는 배임죄로 처벌하는 것이 논리적으로 일관되고, 그와 달리 유독 동산을 다른 재산과 달리 취급할 아무런 이유를 찾아볼 수 없다. 다수의견은 본질적으로 유사한 사안을 합리적 근거 없이 달리 취급하는 것으로서 형평의 이념에 반하며, 재산권의 이중매매 또는 이중양도의 전반에 걸쳐 배임죄의 성립을 인정함으로써 거래상 신뢰관계의 보호에 기여하여 온 대법원판례의 의미를 크게 퇴색시키는 것이다.

I. 문제의 제기

대상판결에서 다수의견은 계약(대상판결에서는 대물변제예약) 자체의 궁극적 목적이나 성질에 따라 동일한 의무(대상판결에서는 소유권이전등기절차를 이행해 주어야 할 의무) 위반행위라도 '타인의 사무'는 달라질 수 있으며, 대상판결의 경우 대물변제예약에 따라 부동산에 관한 소유권을 이전해 줄 의무는 배임죄의 구성요건요소인 '타인의 사무'라 할 수 없다는 논지를 전개하고 있다.

배임죄의 주체인 '타인의 사무를 처리 하는 자'는 규범적 구성요건요소라고 이해되고 있으므로 그 해석을 위해서는 (규범적) 평가과정을 거쳐야만 한다.[2] 문제는 행위자가 자신이 '타인의 사무처리자'인지 여부를 판단하기 위해서는 '문외한으로서의 소박한 인식' 정도로는 평가가 불가능할 정도로 쉽지 않은 복잡한 민사법리에 대한 이해가 요구되고 있다는 점이다. 행위자가 자신이 상대방에게 임무위배행위를

2) 김범식, 규범적 구성요건요소의 착오, 형사법연구 제21권 제2호(2009), 11면.

하고 있다는 사실만으로 배임죄가 성립되는 것이 아니므로, 자신은 임무위배행위를 하여서는 안되는 자, 즉 '타인의 사무처리자'라는 사실을 인식하여야만 한다. 만일 (지금까지 논란이 되는 사례들에서) 행위자는 자신이 타인의 사무를 처리하는 자라는 사실을 인식하지 못한 경우가 대부분이라면 -또한 많은 판결들에서 법관들마다 이견이 있는 것을 보면- 지금까지 타인의 사무인지가 다투어졌던 사건들은 오히려 포섭의 착오문제로 다루어졌어야만 할 것이다.[3)]

행위자가 자신이 타인의 사무를 처리하는 자인지를 인식하지 못한 상태에서 임무위배행위를 하고 사후에 법원의 판단에 의해서 형사처벌의 대상인지가 결정된다면, 이는 죄형법정주의의 관점에서 받아들일 수 없다. 왜냐하면 죄형법정주의는 행위자의 규범수행의 예측가능성을 담보하는 기능을 수행하는 것이기 때문이다. 행위시에 존재하지 않은 규범으로 처벌하는 것이 죄형법정주의에 반한다는 것은 너무나 명백하지만, 다른 한편으로 형법규범이 존재하기는 하지만 행위자에게 어떠한 규범수행의 예측가능성을 수행하지 못한다면, 이 또한 죄형법정주의에 위반되는 것으로 보아야 한다. 그러므로 형법규범의 예측가능성을 명확하게 제시하는 임무는 먼저 입법자에게 있지만, 형법규범이 내재적으로 가질 수밖에 없는 규범의 추상성을 구체화시켜야 하는 임무는 형법규범을 해석하는 자의 몫인 것이다. 즉 형법 해석자에게는 불분명한 입법동기와 고도의 추상성 또는 한계설정이 모호한

3) 류전철, 규범적 구성요건요소에 관한 소고, 형사법연구 제10호(1998), 22면. 포섭의 착오는 금지착오로 이해되어질 수 있다. 왜냐하면 행위자가 구성요건요소의 의미를 인식했음에도 불구하고 착오로 그의 행위를 금지규범에 포섭하지 않은 경우로 생각하였을 수 있기 때문이다. 즉, 규범영역의 축소로 이끌려진 행위자의 잘못된 상상은 금지착오로서 이해되어질 수 있다. 예를 들어 행위자가 절도죄에 있어서 재물의 '타인성'이 타인의 단독소유만을 의미한다고 생각했다면, 그는 금지착오에 빠져 있고 이러한 착오가 비난받을 수 있을 때에만 행위자에게 책임을 지울 수 있다. 이와는 반대로 행위자의 잘못된 상상이 규범영역의 확장으로 이끌려졌다면, 소위 반전된 포섭의 착오가 존재하게 되고, 불능미수와 환각범의 문제를 검토해야 한다.

개념으로 구성된 개별 형법규범을 타당성 있는 해석과정을 통해 그 의미를 명확하게 하고, 적용상의 경계설정을 분명하게 하여야 할 임무가 주어져 있는 것이다.

우리 형법상 대부분의 규범은 죄형법정주의의 범위 내에 있는 것으로 이해되고 있다. 그러나 개별 구성요건들 중에는 구성요건요소가 불명확하게 기술되거나 적용을 위한 경계설정이 모호한 형법규범이 적지 않게 존재한다는 점은 모두가 인식하고 있는 것이다. 그 대표적인 형법규범 중의 하나가 배임죄라고 할 수 있다. '타인의 사무를 처리하는 자의 임무위배행위'라는 간결한 문언으로 구성된 배임죄의 구성요건표지는 입법자의 의도와는 달리 그 적용과정에서 규범수범자의 예측가능성이라는 기능을 수행하지 못하고 있다. 배임죄의 가벌성 판단에서 '타인의 사무'인지 여부는 핵심적 표지라고 할 수 있다. 그런데 거래관계에서 발생하는 셀 수 없이 많은 사무의 개별적인 특성을 사안마다 유형화 할 수 없음에도 불구하고 현재의 대법원의 태도는 개별적 사안에서 문제되는 '사무'의 특성을 고려하여 '타인의 사무'인지 여부를 판단하고 있다. 예를 들어 대법원은 동산의 이중매매에서 매도인의 매매목적물의 인도의무는 타인의 사무가 아니라고 하였고,[4] 평석대상 판결에서도 대물변제예약을 한 채무자가 채권자에게 등기이전을 해주어야 하는 것은 타인의 사무가 아니라고 하고 있다. 그리고 기존의 입장과 달리 판단하고 있는 추세로 보아 향후 부동산 이중매매의 매도인의 등기이전행위에 대한 판단도 그 경향성은 추측할 수 있다. 문제는 거래관계에서 행위자가 행하는 사무의 대부분이 민사적 규율하에 놓여 있는 것이 일반적이며, 그 사무가 자기의 사무인지 또는 타인의 사무인지 여부를 판단하기 위해서는 민사법리를 고려해야 한다는 점이다. 판례에서도 "배임죄에서 타인의 사무라 함은 신임관계에 기초를 둔 타인의 재산보호 내지 관리의무가 있을 것을 본질적인 내용으로 한다."는 추상적 기준을 제시하고 있어서 구체적 사례에서 '타

4) 대법원 2011. 1. 20. 선고 2008도10479 전원합의체 판결.

인의 사무' 여부를 민사법리에 의존해서 판단하고 있다.[5]

본 판례평석에서는 형법규범의 구성요건요소가 규범수범자에게 예측가능성을 부여해야 한다는 전제에서 배임죄의 구성요건요소가 갖는 형법상 불법요소의 의미를 분명하게 하고 그 적용의 경계를 명확하게 하는 해석 방법론을 통해서 대상판결의 평석을 하고자 한다.

Ⅱ. 기존 논의의 접근방식의 문제점

1. 해석론상 문제

개별범죄의 구성요건의 문언적 바탕위에서 각 요소의 내용과 범위가 정해지고 구체적 사례에 적용시키는 것이 형법해석과 적용의 일반적 과정이자 원칙이다. 구성요건요소의 해석결과가 모호한 경우는 적용과정도 모호할 수밖에 없다. 지금까지 배임죄의 해석론이 구성요건 해석을 통해서 구체적 사례를 포섭하는 법적용이라는 일반적 방법론이 아니라 구체적 사례에 법적용의 (예정된)결과를 정당화하기 위한 해석론은 아니었는지 되돌아볼 필요가 있다.

형법은 행위자의 '행위'에 대한 평가이다. 행위의 구성요소는 주관적 측면과 객관적 측면으로 이루어져 있다고 할 수 있으나, 그것이 결과이든 의사이든 이를 통해 나타나는 '행위'는 형법적 평가의 유일한 대상인 것이다. 이러한 행위를 평가하는 데 있어서 전제가 되는 사실 및 규범적 요소는 행위의 평가과정에서 일정한 제한을 부여하는 데 있다고 볼 수 있다. 배임죄에서 '임무위배행위'는 타인의 사무를 처리하는 자(행위자)로 일단 제한하고 사무는 '타인의 사무'(법률행위든 사실행위든)로 제한된다.

여기에서 중요한 점은 '임무위배행위'라는 점에 있다. 임무위배행위는 형법 외적으로도 가능하지만 형법에서 의미있는 임무위배행위는 '타인의 사무를 처리하는 자의 임무위배행위'인 것이다. 여기서 구성요

5) 대법원 2014. 2. 27. 선고 2011도3482 판결.

건적 행위의 전제는 -행위의 주체라 불리어지는 것- 형법상 행위평가의 요소가 되는 것이므로 구성요건적 행위와 일체가 되어 해당범죄의 불법요소를 구성하는 것이다. 물론 구성요건적 행위의 제한적 요소로서 전제된 요소 -예를 들어 진정신분범의 경우 신분자인 행위주체는 해당범죄의 주요요소라고 할 수는 없지만 범죄의 구성요건해당성을 판단하는 데 있어서는 중요한 역할을 한다.

그러나 지금까지의 배임죄 해석론의 중심이 구성요건적 행위가 아니라 그 행위를 제한하는 요소인 주체로 중심이동을 하였다는 것은 지금까지의 배임죄의 해석론이 개별범죄의 일반적인 해석론에서 벗어나 있다는 점을 시사하는 것이라고 본다.[6] 배임죄의 핵심은 배임행위이다. 그러한 배임행위를 제한하기 위해서 '타인의 사무를 처리하는 자'로 주체를 규정한 것이므로 그 주체의 해석과 적용은 엄격하게 제한적으로 해석하는 것이 타당하다. 지금까지는 '타인의 사무를 처리하는 자'에 해석의 초점을 맞추고 '임무위배행위'는 부수적인 것으로 해석하는 경향이 있어서 배임행위의 제한적 요소로서 '타인의 사무처리자'에 대한 해석론이 그 기능적 역할을 다하지 못한 것이 아닌지 생각해 볼 필요가 있다.

---

6) 배임죄에 관한 대부분의 문헌에서 행위주체의 문제를 다루고 있지만, 특히 행위주체의 문제를 논문의 제목으로 부각하고 있는 것으로는 강동욱, 배임죄의 본질과 주체에 관한 고찰, 법과 정책연구, 제10권 제1호, 2010, 229면 이하; 강동욱, 형사상 배임죄의 입법례와 주체에 관한 고찰, 법학논총 제37권 제1호 단국대학교 법학연구소, 2013, 151면 이하; 김현우, 배임죄의 행위주체의 해석상 문제와 개정방향, 한양법학 제34권 한양법학회, 2011, 213면 이하; 김혜정, 배임죄의 주체인 타인의 사무처리자에 대한 소고, 법과 정책연구 제12권 제4호, 2012, 1879면 이하; 문형섭, 배임죄의 본질과 주체의 범위, 법조 제51권 제1호, 2002, 5면 이하; 박상렬, 배임죄의 주체한정에 관한 소고, 법조 제43권 제2호, 1994, 68면 이하; 박성수, 배임죄와 타인의 사무처리하는 자, 법조 제46권 제4호, 1997, 127면 이하; 이승준, 배임죄 주체의 해석방향, 인권과 정의, 2011. 12, 98면 이하; 이재상, 배임죄의 주체, 사법행정, 제26권 제1호, 1985, 66면 이하; 임정호, 배임죄의 행위주체, 형사법연구 제20권 제2호, 2008, 49면 이하; 허일태, 배임죄에서 행위주체와 손해의 개념, 비교형사법연구 제6권 제2호, 2004, 137면 이하 등이 있다.

배임죄에서 타인의 사무인지 자기의 사무인지 혹은 타인을 위한 사무인지를 판단하는 것은 임무위배행위가 배임죄의 배임행위인지 여부를 결정하는 요소이다. 왜냐하면 배임행위 = 타인의 사무처리 자 + 임무위배행위의 구조를 가지고 있기 때문이다. 따라서 배임행위를 이루는 타인의 사무는 배임죄의 불법을 형성하는 임무위배행위와 연관되어 이해되어야 하지, 독자적인 판단대상으로 이해되어서는 안된다. 즉 형법적 해석의 대상으로서 '타인의 사무'라고 이해되어야 한다. 그러나 지금까지 해석론은 타인의 사무인지를 해석하면서 구체적 사례와 관련된 민사법리의 구조와 당사자의 의무를 규명하기 위해 민사법리에 몰입하였고, 그런 과정에서 배임죄의 해석이 아닌 구체적 사례와 관련된 민사법리의 판단결과에 '타인의 사무'가 좌지우지되어 배임죄의 형법상 불법은 실종되고 민사법리의 판단에 종속되는 결과를 가져오게 되었다. 민사법리에 따라 배임죄의 '타인의 사무'의 해석론이 결정된다는 것은 앞서 제기한 문제가 발생되는 단초가 되는 것이다. 형법은 규범수행자의 규범준수를 위해 가능한 한 단순하고 명확한 문언과 의미로 구성되는 것이 바람직한 것이다.

2. 해석론의 정체성 문제

지금까지의 배임죄의 논의에서 빠짐없이 등장하는 용어는 '죄형법정주의', '형사정책', '민사의 형사화', '형법의 독자성', '법질서의 통일성' 등이다. 배임죄의 해석 특히 '타인의 사무처리자'의 해석과정에서 각 입장은 위에 예시한 용어들을 각자의 논거로 사용하고 있다. 그런데 순수하게 '타인의 사무'라는 법문의 해석으로부터 도출될 수 있는 타인의 사무가 아닌 영역(예를 들어 이중매매, 저당, 담보 등)에서는 거의 모든 해석자는 '타인의 사무' 여부를 민사법리를 끌어들여 규범적으로 판단하는 경향이 있다.

타인의 사무가 규범적 구성요건요소로서 열려있는 부분이 있으므로 평가적 과정을 거쳐야 한다는 점은 당연하지만, 평가적 과정이 정책적 판단으로 대체되어서는 안된다.[7] 사회의 다양한 모든 임무위배 행위가 아니라 특정한 자의 임무위배행위에 불법성을 부여하고자 하는 입법자의 입장에서 '타인의 사무처리자'라는 배임죄의 주체는 형법상 불법한 배임행위를 수행하는 자로서 구성요건적 행위와 더불어 불법형성인자가 되어야 하는 것이다. 그리고 그것이 규범적 요소로서 평가적 과정을 통해서 확정된다고 하더라도 거기에는 형법적 '불법요소'가 본질적으로 존재하여야 한다. 정책적 판단은 형법적 불법요소에 의한 판단보다는 사회적 필요성과 (현상 유지적) 조정역할이 더 중요하게 작용하는 것이다.

현행 형법상 배임죄는 개인적 법익을 보호하는 범죄군에 속해있다. 통설과 판례의 입장에 의하면 '배신'이 배임죄의 본질을 구성한다고 한다.[8] 누구에 대한 배신인가? 배임죄를 개인적 법익의 보호에 형벌권이 관여하는 것으로 이해한다면, 법익을 침해하는 자와 침해받는 자와의 사이에서 양자의 균형적 관점이 고려되어야 하며, 배임죄가 사회적 법익을 보호하는 것이라면 법정책적 관점이 고려될 수 있을 것이다.[9] 지금까지 배임죄의 해석과 적용에 있어서 외견상 재산범죄로

7) 강수진, 부동산 대물변제예약의 채무자와 배임죄에서의 타인의 사무처리자 - 대법원 2014. 8. 21. 선고 2014도3363, 고려법학 제76호 2015년 3월, 고려대학교 법학연구원, 236면에서 "'타인의 사무처리자'에 대한 문언적 개념정의는 거의 불가능하다."고 하고 있다. 그러나 규범적 구성요건이라고 하더라도 문언적 개념정의를 전제로 평가과정이 이루어져야 한다. 예를 들어 '문서'의 문언적 개념정의를 전제로 법적용대상물의 포섭여부가 평가적으로 이루어질 수 있다.

8) 대법원 1976. 5. 11, 75도2245; 김성돈, 형법각론 제2판, 2009, 409면; 김성천 · 김형준, 형법각론 제2판, 2006년, 591면; 김일수 · 서보학, 형법각론 제7판, 2007년, 482면; 박상기, 형법각론 제7판, 2008년, 398면; 배종대, 형법각론 제9전정판, 2015년, 560면; 손동권, 형법각론 제2개정판, 2006년, 449면; 이정원, 형법각론 제3판, 2003년, 461면; 이재상, 형법각론 제9판, 2014년, 419면; 이형국, 형법각론, 2007년, 430면; 임웅, 형법각론 개정판 보정, 2006년, 441면; 정성근 · 박광민, 형법각론 전정 제2판, 2015년, 463면.

9) 배임죄를 경제범죄의 전형으로 보고 '우월적 지위'에 있는 자에 대한 형사정책적, 사회경제적 측면의 검토가 필요하다는 입장으로 이용식, 대물변제예약

서 개인적 법익을 보호하는 것으로 보면서도, 실제로는 배임죄를 전체 재산법질서의 수호자 역할을 시켜온 것은 아닌지 되돌아보아야 한다. 배임죄는 개인적 법익을 보호하는 범죄이지 사회적 법익을 보호하는 것은 아니다. 배임죄가 거래관계의 안정을 형법적으로 보장한다는 안도감을 주기 위한 상징성을 보여주는 구성요건으로 전락되어서는 안 된다.

Ⅲ. 배임죄에서 '타인의 사무'

1. 배임죄의 구성요건요소로서 '타인의 사무'와 '배임행위'의 역할

입법자는 형법적 불법형상을 구성요건을 통해서 유형화해 놓고 있다. 특히 구성요건에 해당하는 행위요소는 개별 범죄의 핵심적인 불법을 징표하고 있다. 구성요건을 형법의 기능적 측면에서 보면, 구성요건이라는 개념의 출발점은 보장적 기능을 수행하는 것이므로 당연히 명확하여야 한다. 그리고 구성요건에서 법익침해 내지 위험을 야기하는 행위유형을 분명하게 확인할 수 있어야만 형벌권행사의 전제로서 규범적 기능을 수행할 수가 있다.

형법적 불법에 해당하는 경우에는 다른 법영역에서도 불법하지만, 다른 법 영역의 불법에 해당하는 경우가 항상 형법상 불법하다고 할 수 없다. 이것은 형법이 가지고 있는 본질과 그에 따른 역할에 의해 자명한 것이다. 형법이 전체 법질서와 관련되는 경우에도 개별 구성요건에서가 아니라 위법성과 관련이 된다. 물론 형법이 다른 법 영역이나 사회규범에로 향한 열린 창의 역할을 맡는다면 형법상 위법성의 본질을 규명하는 일은 쉽지 않은 작업이 된다. 신뢰를 저버리는 행위는 사회의 현상이고, 이러한 현상을 개별 법영역들에서는 다양한 관점에서 평가를 하게 된다. 신의칙에 반하는 행위는 일반적으로 민사법

부동산의 이중매매와 배임죄의 형사불법적 구조, 형사판례연구[23], 2015, 252면. 같은 논지로 강수진, 전게논문, 236면.

영역의 평가대상이다. 물론 임무에 위배되는 행위는 형법적 평가대상이기는 하지만 모든 임무위배행위가 아니라 특정한 경우로 제한된 경우에만 형법적 평가대상이 된다. 특히 구성요건상 특정한 행위주체가 전제되어 있는 행위는 그 행위만이 평가대상이 아니라 그 행위를 행한 특정 행위자와 결합된 경우에 형법적 불법을 징표하는 구성요건요소로서 행위가 되는 것이다.

배임죄와 관련해서 보면, 타인의 사무를 처리하는 자의 행위로서 임무위배행위가 배임죄의 배임행위를 말하는 것이다.[10] 즉 타인의 사무처리자라는 신분이 있기 때문에 그의 임무위배행위가 배임죄의 구성요건을 충족시키는 배임행위가 될 수 있는 것이다. 배임죄의 해석론과 관련해서 이러한 논의의 핵심은 개별 구성요건요소를 중립적으로 분리해서 해석해서는 안된다는 점에 있다. 임무위배행위에 해당하는 행위를 해석하고, 타인의 사무처리를 하는 자를 해석하여 양자를 병렬적으로 결합시키는 해석방법은 필연적으로 용어의 개념적 범주에 머무르거나, 개별요소의 확장적 해석을 통해서 원래의 불법의 본질을 변형하거나, 다른 법영역의 법리에 종속될 수도 있게 하며, 종국적으로는 형법적 불법이 실종될 수도 있다.

해석론적 의미에서 '타인의 사무를 처리하는 자에 의한 임무위배행위'를 해석하는 입장과 타인의 사무처리자와 임무위배행위를 분리해서 해석하는 입장은 그 해석결과가 상이할 수 있다. 전자의 경우는 임무위배행위를 가능하게 하는 전제요소를 그 기능적 역할에 맞추어 '타인의 사무'를 매우 제한적으로 해석할 것이지만, 후자의 경우에는 '타인의 사무' 그 자체의 해석에 몰입하여 (기능적 역할을 고려하지 않고) 확장적으로 해석하는 경향이 있기 때문이다

모든 임무위배행위가 아닌 타인의 사무를 처리하는 자의 임무위

---

10) 일반적으로 배임죄의 행위태양으로 임무위배행위를 곧바로 배임행위라고 설명하고 있지만, 진정 신분범으로 이루어진 구성요건의 경우는 신분주체와 구성요건적 행위가 결합된 것을 해당 범죄의 구성요건 행위로 이해하여야 한다.

배행위를 배임죄의 평가대상이라고 본다면 부동산 이중매매에서 매도인의 행위는 일차적으로 임무위배행위라고 볼 수 있는지가 평가되어야 한다. 제1매수인에 대한 매도인의 행위가 배임죄의 불법요소인 임무위배행위라고 볼 수 있는지 여부가 평가되어야 한다. 만일 도의적으로 비난을 받는 행위라면 형법은 그러한 행위를 구성요건적 행위로 보지 않을 것이다. 도의적 비난을 넘어선 임무위배행위라고 해석되는 경우라도, 그 행위가 타인의 사무처리자가 행한 임무위배행위인지를 판단하여야 할 것이다. 이때 그 '타인의 사무'는 형법적 관점에서 - 여기서는 구성요건요소로서의 주체의 '불법형성'여부 - 제한적으로 해석하여야 할 것이다.

배임죄의 해석론상, 부동산을 매도하는 과정에서 매도인이 부담하는 등기이전에 협력할 의무가 거래관계에서 보편적인 의무이행행위로 평가될 수 있는 경우여야만 그 의무는 '타인의 사무'에 해당한다고 할 수 있다. 즉 매도인이 후매수인과 매매계약을 체결하고 중도금을 받은 후에 등기이전은 선매수인에게 이행한 경우, 매도인이 부담하는 후매수인에게 부담하는 의무도 보편적인 의무라고 할 수 있다면 매도인의 매수인에 대한 등기이전협력의무는 '타인의 사무'라고 할 수 있다. 그러나 이러한 논의에 의문을 품는다면 부동산 이중매매의 경우에 매도인이 선매수인의 사무처리자라고 보기는 어렵다고 본다.

타인의 사무라고 하기 위해서는 타인의 사무처리자로서의 지위가 어떤 경우에도 유지될 수 있을 정도로 보편적인 의무여야 한다. 즉 타인의 사무처리자로서 행위자의 불법성의 평가가 보편적이지 않다면 배임죄의 불법형성요소로서 '타인의 사무'로 볼 수 없다고 하는 것이 타당하다. 구성요건요소의 유기적 연관성을 형법상 불법이라는 측면에서 파악하지 않고, 개별화 시키고 확장시킴으로써 형법상 불법판단에서 벗어난 해석과 그에 따른 법적용이 실무와 학계에 만연하게 되지는 않았는지 재고해 보아야 한다.

2. 타인의 사무

배임죄의 구성요건 요소로서 '타인의 사무'라는 문언 그 자체는 해석론상 모호하지가 않다. 그러나 그 구체적 해석과정에서 단순하고 명확한 문언은 복잡하고 모호한 의미로 바뀌게 된다. 판례는 타인의 사무를 처리하는 자의 범위에 대해 ① 신임관계에 기초를 두고 타인의 재산관리를 대행하는 경우 ② 상대방의 재산보전에 협력할 의무가 있는 경우로 구분하고 있다.[11] 여기서 상대방의 재산보전에 협력할 의무가 있는 경우가 타인의 사무라고 볼 수 있는지는 문제가 된다.

판례에 의하면 "그 주체인 '타인의 사무를 처리하는 자'란 양자 간의 신임관계에 기초를 두고 타인의 재산관리에 관한 사무를 대행하거나 타인 재산의 보전행위에 협력하는 자의 경우 등을 가리킨다."고 한다.[12] 여기에서 '타인의 재산관리에 관한 사무를 대행'한다는 것은 명확하지만, '타인 재산의 보전행위에 협력하는 자'라는 것에 대한 그 내용의 의미파악은 쉽지 않다. 대상판결에서도 구체적 의미파악은 유보한 채 다수의견은 "당사자 관계의 본질적 내용이 단순한 채권채무관계를 넘어서 그들 간의 신임관계에 기초하여 타인의 재산을 보호 또는 관리하는 데 있어야"한다고 표현하고 있다. '단순한 채권채무관계를 넘어서'라는 표현은 배임죄의 주체로서 '타인의 사무처리 자'를 제한적으로 해석한다는 의미로 읽히지만, 여전히 '신임관계에 기초'한

11) 대법원 2014. 2. 27. 선고 2011도3482 판결: 배임죄는 타인의 사무를 처리하는 자가 위법한 임무위배행위로 재산상 이득을 취득하여 사무의 주체인 타인에게 손해를 가함으로써 성립하므로, 그 범죄의 주체는 타인의 사무를 처리하는 신분이 있어야 한다. 여기서 '타인의 사무처리'로 인정되려면, 타인의 재산관리에 관한 사무의 전부 또는 일부를 타인을 위하여 대행하는 경우와 타인의 재산보전행위에 협력하는 경우라야만 되고, 두 당사자 관계의 본질적 내용이 단순한 채권관계상의 의무를 넘어서 그들 간의 신임관계에 기초하여 타인의 재산을 보호 내지 관리하는 데 있어야 한다. 만약, 그 사무가 타인의 사무가 아니고 자기의 사무라면, 그 사무의 처리가 타인에게 이익이 되어 타인에 대하여 이를 처리할 의무를 부담하는 경우라도, 그는 타인의 사무를 처리하는 자에 해당하지 않는다.

12) 대법원 2004. 6. 17. 선고 2003도7645 전원합의체 판결.

'타인의 재산을 보호 또는 관리하는' 이라는 표현은 구체적 사례의 적용에서는 기능하기 어려운 추상적 해석인 것이다.

실무상 타인의 사무를 네 가지로 유형화하여 분석한 문헌에 의하면[13] 실무상 '타인의 사무처리자'의 인정여부는 다음 네 가지 상황에서 문제되어 왔다고 한다. ① 국가(지방자치단체), 법인 또는 단체의 기관 또는 임·직원으로서 국가, 법인 또는 단체의 재산을 관리하는 경우 ② 법률에 의하여 타인의 재산을 관리할 임무를 부여받은 경우 ③ 사인간의 계약에 의하여 재산관리, 처분을 위탁받아 타인의 재산을 관리하게 된 경우 ④ 단독 소유권의 형태까지는 이르지 않았으나 형법상 보호의 필요성이 인정되는 타인의 재산권 내지 재산상 이익을 관리하는 경우가 그것이다.

타인의 사무로서 신임관계에 기초를 두고 타인의 재산관리를 대행하는 경우는 ①, ②가 해당되고 이에 대한 해석과 적용은 비교적 문제없이 해결된다. ③의 경우는 원칙적으로 계약의 주된 내용이 위탁에 의한 재산관리라면 타인의 사무라고 할 수 있다. 우리가 배임죄의 '타인의 사무'의 해석과 관련해서 주로 논쟁하는 상황은 ④와 같은 경우이다. ④의 경우를 판례는 '상대방의 재산보전에 협력할 의무가 있는 경우'로서 타인의 사무에 해당한다고 보았거나, 보고 있다.

그러나 ④의 경우에 대해서 판례의 입장이 동산이중매매에 관한 참고판례에서와 같이 변화되고 있고,[14] 대상판결에서도 그러한 경향을 보여주고 있다. 타인의 사무를 처리하는 자란 타인과의 대내관계에서 신의성실의 원칙에 비추어 그 사무를 처리할 신임관계가 존재한다고 인정되는 자라고 할 수 있다. 이러한 타인의 사무처리 자에게 존재

13) 이창온, 동산 이중매매와 배임죄, 법학평론 제2권(2011.9.), 8-67면.

14) 대법원 2011. 1. 20. 선고 2008도10479 전원합의체 판결: 매매의 목적물이 동산일 경우, 매도인은 매수인에게 계약에 정한 바에 따라 그 목적물인 동산을 인도함으로써 계약의 이행을 완료하게 되고 그때 매수인은 매매목적물에 대한 권리를 취득하게 되는 것이므로, 매도인에게 자기의 사무인 동산인도채무 외에 별도로 매수인의 재산의 보호 내지 관리 행위에 협력할 의무가 있다고 할 수 없다.

하는 신임관계는 어떤 근거에 의해서 형성되는 것이지 거래의 상대방이라는 사실만으로 인정될 수 있는 것이 아니다. 참고판례에서 다수의견은 "타인의 사무를 처리하는 자에 해당한다고 보기 위해서는, 계약의 당사자 일방이 상대방에게 위와 같은 신의칙상 의무를 부담하는 것에 그치지 않고, 더 나아가 계약의 목적이 된 권리를 계약 상대방의 재산으로서 보호 내지 관리하여야 할 의무를 전형적·본질적인 내용으로 하는 신임관계가 형성되었음을 요구한다고 제한적으로 해석하여야 한다."고 함으로써 계약관계 '그 자체의 내용이' 전형적·본질적으로 타인의 재산을 보호·관리하는 것이어야 한다는 점을 명확히 하였다.

사견으로는 배임죄의 '타인의 사무'는 그 사무처리가 타인의 영역안에 있는 경우로만 제한적으로 해석하는 것이 타당하다고 본다. 자기의 사무와 타인의 사무가 교차하는 영역을 '상대방의 재산보전에 협력할 의무가 있는 경우'로 보아 타인의 사무로 해석하게 된다면, 이는 거의 모든 거래관계에 일방 당사자는 타인의 사무처리자가 되어 결국 채무불이행죄의 다른 이름이 배임죄라는 결과가 될 수 있기 때문이다. 거래관계에서 일방 당사자의 사무처리가 순전히 거래 상대방의 거래목적을 위한 경우와 일방 당사자의 사무처리가 거래상대방의 거래목적을 달성하기 위해 요구되는 경우로 구별할 경우에 전자의 경우는 일방 당사자는 거래 상대방을 위한 사무처리자로서 타인의 사무를 행하는 자이지만, 후자의 경우는 일방 당사자의 사무처리가 결과적으로 거래 상대방의 거래목적에 영향을 미치기는 하지만 일방 당사자의 사무처리 그 자체는 자신의 사무에 해당한다.

타인의 사무를 처리하는 자에서 '타의의 사무'라 함은 법적인 구속력에 의해서 타인의 사무로 인정되거나, 거래상 확고하게 정착된 관례에 의해 타인의 사무로 인정되는 경우를 말한다. 구속력을 갖는 사전적(事前的) 규범(여기서는 법률뿐만 아니라, 거래상 확고하게 정착된 관례도 포함) 위반만이 사회유해적인 것으로 보아야 한다. 모든 거래 당사자에게 요구되는 신의칙상의 의무는 해당 거래영역의 제재가 따를 뿐 형법적 불법으로 구성되는 것은 엄격한 죄형법정주의의 기준하에 놓여야만 하는 것이다. 문제는 '거래상 확고하게 정착된 관례'라는 것이 이중매매와 관련된 법원의 관점을 포함할 것인지 여부에 달려 있다. 사실 오랫동안 매도인에게 인정되어 온 등기협력의무가 매수인을 위한 '타인의 사무'라는 대법원의 입장은 거래상 확고하게 정착된 관례를 반영한 것이 아니라, 그러한 거래관계를 위해서 관리되어 온 법적 관행이었을 뿐이다.

Ⅳ. 결론

대상판결은 동산 이중매매에 관한 배임죄를 부정한 판결의 논지를 그대로 이어가는 판결이라고 할 수 있다. 이 판결에서 인상깊은 내용은 다수의견의 보충의견이라고 할 수 있다. 보충의견은 "'타인의 사무'는 계약에서 정한 급부의 내용을 어떤 관점에서 보는가에 따라 상대적으로 이해될 수 있는 것이 아니라, 어떠한 신임관계 위배를 형법적으로 처벌할 수 있을지 죄형법정주의의 관점에서 엄격하게 해석·적용되어야 한다."고 하면서 더 나아가서 "판례가 동산과 부동산의 이중양도 사안과 부동산 매매계약과 대물변제예약 사안에서 보인 일관성 없는 태도를 버리고, 이제는 원칙으로 돌아가 당사자 사이의 채권채무관계에서 그 내용이 매매계약이든 대물변제예약이든 그 대상이 부동산이든 동산이든 묻지 않고 민사상 채무불이행에 불과한 사안을 배임죄로 처벌할 수 없다는 점을 분명히 해 둘 때라고 생각한다."고 밝히고 있다. 타당한 지적이자 배임죄의 해석론의 방향성을 제시하는 것이라고 생각된다.

다수의견과 같이 배임죄의 '타인의 사무'를 개별 사안의 계약의 내용에 따라 판단하게 되는 해석방법은 죄형법정주의의 관점에서 많은 문제를 야기하게 된다. 물론 '타인의 사무'를 민사법리를 고려한 상대적 해석이 아닌 사전적(事前的) 형법개념으로 확정한다는 것은 비현실적일 수 있으나, 그렇다고 하여 '의무(또는 의무위반)의 내용뿐만 아니라 의무발생원인이 되는 개별 계약의 궁극적인 목적과 당사자의 의사, 계약의 구체적인 내용과 계약에 의하여 당사자에게 부여된 의무 및 그 내용, 이무의 이행 또는 불이행이 상대방에게 미치는 영향과 중요성, 의무위반으로 초래된 결과의 사회경제적 파장 등을 종합하여 판단'하고 있는 법원의 입장을 타당하다[15]고 할 수는 없다. 이러한 판단과정은 배임행위를 제한하는 '타인의 사무를 처리하는 자'라는 진정신분범의 기능을 전혀 수행할 수 없을 뿐만 아니라, 배임죄의 불법요소는 항상 사후적으로 드러나게 됨으로써 죄형법정주의에 반하게 되는 해석방법이다.

배임죄의 구성요건요소에 내재된 불법요소는 구성요건의 해석과정에서 확인될 수 있는 것이어야 한다. 민사법리의 확인을 통해서 형사제재가 결정되는 것이라면 결국은 민사상 법리를 통해 민사적 효력을 보장하는 방법으로서 형사적 제재로 변질될 수 있다.

'타인의 사무'여부는 배임죄의 불법을 결정하는 중요한 요소이므로 그 내용과 적용범위는 명확하여야 한다. 대향적 관계에서 일방의 의무불이행에 대한 타방의 민사적 책임의 근거는 타인의 사무처리에 대한 것이 아니라 그 일방의 자기 사무처리의 불이행으로 인해 받게 된 타방의 불이익을 구제하는 데 있다고 보는 것이 타당하다. 따라서 민사상 처음부터 타인의 영역 안에 있는 사무에 해당하는 경우가 아닌 한 당사자 일방의 의무위반은 자신의 사무를 처리하지 않거나 잘못 처리한 것이지 타인의 사무라고 볼 수는 없는 것이다.

15) 강수진, 전게논문, 244면.

[주 제 어]
배임죄, 타인의 사무, 규범적 구성요건요소, 진정 신분범, 대물변제예약에서의 이중매매

[Key Words]
Untreue, Geschäft eines anderen, normatives Tatbestandmerkmal, echte Sonderdelikte, Doppelverkauf im Vorvertrag über die Leistung an Erfüllungs- statt zum Zweck der Kreditsicherung.

접수일자: 2016. 5. 10. 심사일자: 2016. 5. 30. 게재확정일자: 2016. 6. 3.

[참고문헌]

강동욱, 배임죄의 본질과 주체에 관한 고찰, 법과 정책연구, 제10권 제1호, 2010.

______, 형사상 배임죄의 입법례와 주체에 관한 고찰, 법학논총 제37권 제1호 단국대학교 법학연구소, 2013.

강수진, 부동산 대물변제예약의 채무자와 배임죄에서의 타인의 사무처리자 - 대법원 2014. 8. 21. 선고 2014도3363, 고려법학 제76호 고려대학교 법학연구원, 2015년 3월.

김범식, 규범적 구성요건요소의 착오, 형사법연구 제21권 제2호(2009).

김성돈, 형법각론 제2판, 성균관대학교 출판부, 2009.

김성천 · 김형준, 형법각론 제2판, 동현출판사, 2006.

김일수 · 서보학, 형법각론 제7판, 박영사, 2007.

김현우, 배임죄의 행위주체의 해석상 문제와 개정방향, 한양법학 제34권 한양법학회, 2011.

김혜정, 배임죄의 주체인 타인의 사무처리자에 대한 소고, 법과 정책연구 제12권 제4호, 2012.

류전철, 규범적 구성요건요소에 관한 소고, 형사법연구 제10호(1998).

문형섭, 배임죄의 본질과 주체의 범위, 법조 제51권 제1호, 2002.

박상기, 형법각론 제7판, 박영사, 2008.

박상렬, 배임죄의 주체한정에 관한 소고, 법조 제43권 제2호, 1994.

박성수, 배임죄와 타인의 사무처리하는 자, 법조 제46권 제4호, 1997.

배종대, 형법각론 제9전정판, 홍문사, 2015.

손동권, 형법각론 제2개정판, 율곡출판사, 2006.

이승준, 배임죄 주체의 해석방향, 인권과 정의, 2011. 12.

이용식, 대물변제예약 부동산의 이중매매와 배임죄의 형사불법적 구조, 형사판례연구[23], 2015.

이재상, 배임죄의 주체, 사법행정, 제26권 제1호, 1985.

______, 형법각론 제9판, 박영사, 2014.

이정원, 형법각론 제3판, 법지사, 2003.

이창온, 동산 이중매매와 배임죄, 법학평론 제2권, 2011. 9.

이형국, 형법각론, 법문사, 2007.

임 웅, 형법각론 개정판 보정, 법문사, 2006.

임정호, 배임죄의 행위주체, 형사법연구 제20권 제2호, 2008.

정성근 · 박광민, 형법각론 전정 제2판, 성균관대학교 출판부, 2015.

허일태, 배임죄에서 행위주체와 손해의 개념, 비교형사법연구 제6권 제2호, 2004.

[Zusammenfassung]

Beziehung zwischen der Auslegung über den 'Geschäft eines anderen' im Untreudelikt und der zivilrechtliche Theorie

Ryu, Chenchel*

In dieser Rezension der Rechtsprechung will die Bedeutung des strafrechtlichen Unrechtsmerkmal von Untreu unter der Voraussetzung ins Klare bringen, dass die Tatbestandsmerkmale des Strafrechtsnorm den Normadressaten die Voraussehbarkeit haben zu geben.

In modernen Vermögensdelikten wurde der Treubruch für das schwierigsten Delikt gehalten. Das kommt nicht daraus, weil die theoretische Struktur der Untreue selbst so tiefgründig ist, sondern weil die Verständnisse für den Vorgang ihrer Abkunft, ihr Wesen und ihre Tatbestand so sehr unterschiedlich sind.

Der Untreuetatbestand steht seit geraumer Zeit in Zentrum der Aufmerksamkeit von Fachwelt und Öffentlichkeit. Der Untreuetatbestand sichert in allen Fällen ein im Grunde einfaches gesetzgeberisches Anliegen. Das Untreuedelikt soll insofern die Untreue nur dann strafbar sein, wenn der Täter, der die Geschäfte anderer verfügt, den Vorsatz, Vermögensschaden anderer herbeizuführen.

Der Täter der Untreue ist der Geschäftsbesorger eines anderen. Daher muss das Geschäft einem anderen gehören. Ob ein Geschäft in Untreu ein eigenes oder anderes Geschäft ist, hat bisher hauptsächlich auf zivilrechtliche Theorie angekommen. Aber 'das Geschäft einem anderen' in

* Professor, Law School of Chonnam National University.

Untreu soll als der Gegenstand der strafrechlichen Auslegung verstanden werden.

Meines Erachtens ist es entscheident, ob das Geschäft völlig einem Bereich eines anderen gehört. Es ist daher angemessen, dass das Überschneidungsbereich des eigenen und anderen Geschäfts nicht als 'das Geschäft einem anderen' sondern als 'das Geschäft einem eigenen' aufgefaßt werden soll.

대물변제예약체결 채무자 소유 부동산의 제3자에 대한 처분행위는 배임죄에 해당하는가*

백 원 기**

[대상판결] 대법원 2014. 8. 21. 선고 2014도3363 전원합의체 판결

Ⅰ. 판 례 소 개

1. 판 결 문

【피 고 인】피고인

【상 고 인】피고인

【변 호 인】변호사 손제현

【원심판결】대구지법 2014. 2. 13. 선고 2013노3665 판결

【주　　문】원심판결을 파기하고, 사건을 대구지방법원 합의부에 환송한다.

【이　　유】1. 배임죄는 타인의 사무를 처리하는 자가 그 임무에 위배하는 행위로 재산상 이익을 취득하여 사무의 주체인 타인에게 손해를 가함으로써 성립하는 것이므로 그 범죄의 주체는 타인의 사무를 처리하는 지위에 있어야 한다. 여기에서 <u>'타인의 사무'를 처리한다고</u>

* 이 논문은 2013년도 인천대학교 자체연구비 지원에 의하여 작성된 논문임을 밝혀 둔다.

** 국립인천대학교 법과대학 교수.

하려면 당사자 관계의 본질적 내용이 단순한 채권채무 관계를 넘어서 그들 간의 신임관계에 기초하여 타인의 재산을 보호 또는 관리하는 데 있어야 하고, [그 사무가 타인의 사무가 아니고 자기의 사무라면 그 사무의 처리가 타인에게 이익이 되어 타인에 대하여 이를 처리할 의무를 부담하는 경우라도] 그는 타인의 사무를 처리하는 자에 해당하지 아니한다(대법원 2011. 1. 20.선고 2008도10479 전원합의체 판결 참조).

채무자가 채권자에 대해 소비대차 등으로 인한 채무를 부담하고 이를 담보하기 위하여 장래에 부동산의 소유권을 이전하기로 하는 내용의 대물변제예약에서, 그 약정의 내용에 좇은 이행을 하여야 할 채무는 특별한 사정이 없는 한 '자기의 사무'에 해당하는 것이 원칙이다.

[채무자가 대물변제예약에 따라 부동산에 관한 소유권을 이전해 줄 의무]는 <그 예약 당시에 확정적으로 발생하는 것이 아니라 채무자가 차용금을 제때에 반환하지 못해 채권자가 예약완결권을 행사한 후에야> 비로소 문제가 되는 것이고, 채무자는 예약완결권 행사 후라도 얼마든지 금전채무를 변제하여 당해 부동산에 관한 소유권이전등기절차를 이행할 의무를 소멸시키고 그 의무에서 벗어날 수 있다. 한편 채권자는 당해 부동산을 특정물 그 자체보다는 담보물로서의 가치를 평가하고 이로써 기존의 금전채권을 변제받는 데 주된 관심이 있으므로, <채무자의 채무불이행으로 인하여 대물변제예약에 따른 소유권등기를 이전받는 것이 불가능하게 되는 상황이 초래되어도> 채권자는 채무자로부터 [금전적 손해배상]을 받음으로써 대물변제예약을 통해 달성하고자 한 목적을 사실상 이룰 수 있는 것이다. 이러한 점에서 대물변제예약의 궁극적 목적은 차용금반환채무의 이행 확보에 있고, [채무자가 대물변제예약에 따라 부동산에 관한 소유권이전등기절차를 이행할 의무]는 <그 궁극적 목적을 달성하기 위해 채무자에게 요구되는 부수적 내용이어서> 이를 가지고 배임죄에서 말하는 신임관계에 기초하여 채권자의 재산을 보호 또는 관리하여야 하는 '타인의 사무'에 해당한다고 볼 수 없다. 그러므로 채권담보를 위한 대물변제예약 사안에서

채무자가 대물변제하기로 한 부동산을 제3자에게 처분하였다고 하더라도 형법상 배임죄가 성립하는 것은 아니다.

이와 달리 채권 담보를 위한 대물변제예약 사안에서 배임죄의 성립을 인정한 대법원 2000. 12. 8. 선고 2000도4293 판결 등은 이를 폐기하기로 한다.

원심은, 피고인이 공소외인에게 차용금 3억 원을 변제하지 못할 경우 피고인의 어머니 소유의 이 사건 부동산에 대한 유증상속분을 대물변제하기로 약정하였고, 그 후 피고인은 유증을 원인으로 이 사건 부동산에 관한 소유권이전등기를 마쳤음에도 이를 누나와 자형에게 매도함으로써 이 사건 부동산의 실제 재산상 가치인 1억 8,500만 원 상당의 재산상 이익을 취득하고 공소외인에게 동액 상당의 손해를 입혔다는 이 사건 공소사실에 대하여, 피고인에 대하여 유죄를 선고한 제1심판결을 그대로 유지하였다.

그러나 앞서 본 법리에 비추어 살펴보면, [피고인이 대물변제예약에 따라 공소외인에게 이 사건 부동산의 소유권이전등기를 마쳐 줄 의무]는 <민사상의 채무에 불과할 뿐 타인의 사무라고 할 수 없으므로> 피고인이 '타인의 사무를 처리하는 자'의 지위에 있다고 볼 수 없다. 그런데도 원심은 피고인이 이에 해당된다고 전제하여 이 사건 공소사실을 유죄로 판단하였으니, 이러한 원심판결에는 배임죄에 있어서 '타인의 사무를 처리하는 자'의 의미에 관한 법리를 오해한 위법이 있다.

그러므로 상고이유에 대한 판단을 생략한 채, 원심판결을 파기하고 사건을 다시 심리 · 판단하게 하기 위해 원심법원에 환송하기로 하여 주문과 같이 판결한다. 이 판결에는 대법관 양창수, 대법관 신영철, 대법관 민일영, 대법관 김용덕의 반대의견이 있는 외에는 관여 법관의 의견이 일치하였고, 다수의견에 대한 대법관 김신, 대법관 조희대의 보충의견이 있다.

2. [대법관 양창수, 신영철, 민일영, 김용덕의 반대의견]은 다음과 같다.

가. 다수의견은 요컨대, 채무를 담보하기 위하여 부동산에 관한 대물변제예약을 체결한 채무자가 채권자에게 그 부동산에 대한 소유권이전등기절차를 이행할 의무는 '자기의 사무'일 뿐 '타인의 사무'에 해당하지 않으므로, 채무자가 그 부동산을 제3자에게 처분하더라도 배임죄가 성립하지 않는다는 것이다.

그러나 이러한 다수의견은 거래관계에서 발생하는 당사자 간의 신임관계를 보호하기 위하여 타인의 재산보전에 협력할 의무가 있는 경우에는 배임죄의 주체인 '타인의 사무를 처리하는 자'에 해당한다고 보아 온 이제까지의 대법원판례와 논리적으로 일관되지 않을 뿐만 아니라, 담보계약에 기초한 신임관계도 배임죄에 의해 보호되어야 할 법익이 될 수 있다는 점을 도외시한 것이어서 찬성할 수 없다.

나. 배임죄의 본질은 신임관계에 기한 타인의 신뢰를 저해하는 임무위반행위를 함으로써 그 타인으로 하여금 재산상 손해를 입게 하는 데 있고, 이러한 임무위반행위에는 사무의 내용, 성질 등 구체적 상황에 비추어 법률의 규정, 계약의 내용 혹은 신의칙상 당연히 할 것으로 기대되는 행위를 하지 않거나 당연히 하지 않아야 할 것으로 기대되는 행위를 함으로써 타인과의 신임관계를 저버리는 일체의 행위가 포함된다(대법원 1987. 4. 28. 선고 83도1568 판결 등 참조).

이와 같이 배임죄의 행위 태양은 일정한 행위 유형에 국한되지 않고 다양한 형태로 발현될 수 있으나, 그렇다고 거래관계에서 발생하는 모든 신뢰위반행위를 배임죄로 처벌할 수는 없으므로 형벌법규의 해석을 통하여 일정한 범위로 가벌적 배임행위를 제한할 수밖에 없음은 물론이다. 그러나 다른 한편으로는, 배임죄의 구성요건 자체가 이러한 제한적 해석의 필요성을 내포하고 있다 하더라도 그러한 해석을 통하여 배임죄의 처벌 범위를 지나치게 축소함으로써 형사법에 의해 마땅히 보호되어야 할 개인의 재산권이나 개인 간의 신임관계가 그 보호범위에서 제외되어 형벌법규로서의 배임죄가 그 본연의 기능을 다하지 못하게 하는 것 또한 경계하여야 한다. (이하생략)

다. 이와 같은 판례의 일관된 논리에 비추어 볼 때, 이 사건과 같이 담보 목적으로 부동산에 관한 대물변제예약을 체결한 후 그 부동산을 제3자에게 임의로 처분한 경우에도 배임죄가 성립한다고 보아야 한다.

다수의견이 대물변제예약에 따라 부동산의 소유권이전등기절차를 이행하는 것을 약정에 따른 '자기의 사무'에 해당할 뿐 '타인의 사무'가 아니라고 보는 것은 대물변제예약에서 비롯되는 채권자와 채무자의 신임관계를 단지 민사상 계약의 이행이라는 관점에서만 파악한 것이어서 찬성하기 어렵다. (이하생략)

라. 다수의견은, 대물변제예약의 궁극적 목적은 차용금반환의무의 이행 확보에 있고, 채무자가 대물변제예약에 따라 부동산에 관한 소유권이전등기절차를 이행할 의무는 계약의 본질적 내용이라기보다는 그 궁극적 목적을 달성하기 위한 부수적 내용에 불과하므로, 채무자가 당해 부동산을 제3자에게 처분하더라도 배임죄가 성립하지 않는다고 한다.

그러나 담보계약을 통해 채권자가 취득하는 담보권은 그 자체로 독립된 재산적 가치가 있을 뿐만 아니라, 담보물의 담보가치에 대한 채권자의 신뢰 또한 형사법에 의해 보호되어야 할 고유한 법률상 이익에 해당한다. 앞에서 본 것처럼 대물변제예약 후에 채권자가 예약완결권을 행사하면 채무자는 그 예약 대상 부동산에 관하여 소유권이전등기절차를 이행하여야 하는데, 이러한 부동산 소유권의 이전이라는 법률관계는 금전채무의 변제와는 또 다른 차원의 것이다. 그뿐만 아니라 금전을 차용하면서 그 담보로 대물변제예약을 하는 경우에 그 대물변제예약은 금전 차용의 전제가 되는 것으로서 금전소비대차 거래의 부수적인 내용에 불과하다고 할 수 없으며, 오히려 그 대물변제예약에 의한 채권자의 권리 및 그에 따른 담보가치를 유지ㆍ보전하여야 할 채무자의 의무 이행 내지 그에 대한 신뢰관계는 당사자 사이에서 금전소비대차를 가능하게 하는 본질적인 요소가 된다. 이는 마치 근저당권의 설정을 전제로 금전소비대차를 하는 것과 동일한 구조를 띠는 것으로서, 근저당권설정조건부 금전소비대차에서 근저당권설정등기의 이행이 부수적인 것이 아니라 본질적인 요소인 것과 마찬가지이다. (이하생략)

마. 끝으로, 거래 현실에서는 당사자 사이에 체결된 대물변제예약이 담보 목적으로 체결된 것인지 아니면 기존 채무의 소멸을 전제로 그를 대체하는 새로운 채무의 내용을 정하기 위하여 체결된 것인지 그 문언만으로는 분명하지 않은 경우가 많은데, 다수의견이 그 중 담보 목적으로 체결된 대물변제예약의 경우에만 배임죄가 성립하지 않는다는 취지라면 이러한 해석은 많은 경우에 형벌법규의 해석에 관한 법적 안정성을 크게 훼손하는 결과를 초래할 수 있다는 점을 유념하여야 할 것이다. 만일 다수의견이 후자의 경우에도 배임죄가 성립하지 않는다고 보는 것이라면 그 부당성에 관하여는 더 말할 것도 없이 이제껏 지적하여 온 논의가 그대로 적용되므로 더 이상 언급하지 아니한다.

바. 결론적으로, 담보 목적으로 부동산에 관한 대물변제예약을 체결한 채무자가 그 신임관계를 위반하여 당해 부동산을 제3자에게 처분함으로써 채권자로 하여금 그 부동산의 소유권 취득을 불가능하게 하거나 현저히 곤란하게 하였다면 이러한 행위는 대물변제예약에서 비롯되는 본질적·전형적 신임관계를 위반한 것으로서 배임죄에 해당한다고 보아야 한다. 그리고 그렇게 보는 것이 부동산의 이중매매, 이중근저당권설정, 이중전세권설정에 관하여 배임죄를 인정하여 온 판례의 확립된 태도와 논리적으로 부합한다. 이들 판례들을 근본적으로 부인한다면 모를까, 그렇지 않고 단지 대물변제예약의 경우에만 심정적으로 다소 부당하다는 생각에 달리 취급하다가는 자칫 교각살우의 우를 범하는 것이 아닐지 저어된다.

이상의 법리에 비추어 보면, 이 사건에서 대물변제예약을 체결한 피고인이 대물로 제공하기로 한 부동산을 자신의 누나와 자형에게 임의로 처분한 행위가 배임죄에 해당한다고 본 제1심을 유지한 원심의 판단은 정당하고, 거기에 배임죄에 있어서의 '타인의 사무를 처리하는 자'의 의미에 관한 법리를 오해한 잘못이 없다. 이상과 같은 이유로 다수의견에 반대하는 취지를 밝힌다.

3. [다수의견에 대한 대법관 김신, 대법관 조희대의 보충의견]은 다음과 같다.

가. 종래 대법원은 등기협력의무를 매개로 하여 부동산 이중매매, 이중저당 등 일정한 계약 파기 사안에 대하여 형법상 배임죄의 성립을 인정해 왔다. 배임죄에 있어서 '타인의 사무'라고 함은 신임관계에 기초하여 타인의 재산의 보호 또는 관리의무가 있음을 그 본질적 내용으로 하는 것인데, 매매나 담보권설정 등에 있어서 등기협력의무도 이에 포함된다고 보았다. 이러한 판례의 입장은 채권채무 관계에서 신임관계의 유형과 정도를 구별하지 않은 채 등기협력의무의 존재가 인정되기만 하면 예외 없이 그 의무의 이행불능을 초래한 등기의무자를 배임죄로 처벌하기에 이르렀다. 이러한 대법원 판결의 태도에 따르면, 이 사건과 같은 채권 담보를 위한 대물변제예약의 경우에도 그에 따른 등기협력의무를 지게 되므로 배임죄가 성립된다고 보아야 하겠지만, 다수의견은 등기협력의무가 존재한다는 사실만으로 등기의무자가 당연히 '타인의 사무'를 처리하는 자에 해당한다거나 배임죄가 성립한다고 할 수 없음을 명확히 밝히고 있다.

나. 판례는 계약에 따른 등기협력의무가 자기의 거래를 완성하기 위한 자기 사무의 처리라는 측면과 상대방의 재산보전에 협력하는 타인 사무의 처리라는 성격을 동시에 가진다고 보아 이를 부동산 이중매매, 이중저당 등 사안에서 배임죄의 처벌 근거로 삼아왔다(대법원 1983. 2. 8. 선고 81도3137 판결 등 참조). 그러나 등기협력의무가 부동산 거래에 있어서 배임죄의 처벌을 정당화하는 근거가 될 수 있는지에 대하여는 다음과 같은 근본적인 의문이 있다.

(1) 채무자가 계약의 내용에 좇아 채무를 이행하는 것은 '자기 사

무'의 처리이다. 채무자가 계약에 따른 이행을 함으로써 결과적으로 채권자가 권리의 실현이라는 이익을 얻는다고 하여도 그 이행은 어디까지나 채무자가 자기의 의무를 다하는 것일 뿐이다. (이하생략)

(2) 대법원 2011. 1. 20. 선고 2008도10479 전원합의체 판결은 매매와 같이 당사자 일방이 재산권을 상대방에게 이전할 것을 약정하고 상대방이 그 대금을 지급할 것을 약정함으로써 그 효력이 생기는 계약의 경우 쌍방이 그 계약의 내용에 좇은 이행을 하여야 할 채무는 특별한 사정이 없는 한 '자기의 사무'에 해당한다는 점을 분명히 하면서, 동산매매계약에서 매도인은 매수인에게 계약에서 정한 바에 따라 그 목적물인 동산을 인도함으로써 그 계약의 이행을 완료하게 되고 그때 매수인은 매매목적물에 대한 권리를 취득하는 것이므로, 매도인에게 자기의 사무인 동산인도채무 외에 별도로 매수인의 재산의 보호 또는 관리행위에 협력할 의무가 있다고 할 수 없다고 보아 동산매매계약에서 매도인은 매수인에 대하여 그의 사무를 처리하는 지위에 있지 아니하다고 판시하였다. 이러한 법리를 적용함에 있어서 계약의 목적물이 부동산인지 동산인지에 따라 차이를 둘 이유가 없다. (이하생략)

(3) 종전 판례는 부동산 매매계약에서 매도인에게는 등기협력의무가 있고, 등기협력의무는 자기의 사무라는 성격과 타인의 사무라는 성격을 동시에 가지고 있다고 판시하였다. 그러나 판례가 배임죄의 처벌근거로 삼은 '등기협력의무'라는 용어는 민사적으로 인정되는 '등기절차이행의무'와 그 내용이 전혀 다르지 않다. (이하생략)

(4) 부동산 소유권이전의무와 대가적·등가적 관계에 있는 반대의무와의 형평을 고려하지 않을 수 없다. 계약 당사자 일방에 대하여 상대방의 재산보전에 협력할 의무의 불이행을 이유로 배임죄의 성립을 인정한다면 그 반대의 경우에도 배임죄의 성립을 인정하는 것이 논리적으로 균형이 맞다. (이하생략)

다. 배임죄의 본질을 어떻게 이해하든, 배임죄의 주체는 '타인의 사무를 처리하는 자'이다. 즉, 배임죄는 '타인의 사무를 처리하는 자'라는 신분을 요하는 진정신분범이다. 따라서 배임죄의 성립을 인정하기 위해서는 임무위배행위가 있었는지를 따지기에 앞서 '타인의 사무를 처리하는 자'에 해당하는지를 먼저 따져보아야 한다. 그리고 그 해석을 함에 있어서 피고인에게 불리하게 확장해석하거나 유추해석하는 일은 경계하여야 함은 물론이다. (이하생략)

이러한 점에서 그동안 등기협력의무를 매개로 하여 부동산 이중매매, 이중저당 등의 사안에서 배임죄의 성립을 인정해 온 판례의 태도는 전면적인 재검토가 필요하다. 따라서 이 사건과 같은 채권 담보를 위한 대물변제예약 사안에서 채무자가 대물로 변제하기로 한 부동산을 제3자에게 처분하였다고 하더라도 형법상 배임죄가 성립하지 않는 것은 그 논리의 귀결에 비추어 당연한 결론이다.

라. 설령 등기협력의무의 존재를 매개로 하여 '타인의 사무를 처리하는 자'의 지위를 인정해 온 기존 판례의 태도를 전제로 하더라도, 다음에서 보는 이유로 채권 담보를 위한 대물변제예약 사안에서 배임죄가 성립한다고 할 수 없다.

(1) '타인의 사무'라고 하기 위해서는 본인의 재산보호가 신임관계의 전형적·본질적 내용이 되어야 하고 단순히 부수적 의무가 되는 것으로는 부족하다는 것이 판례의 태도이다. 따라서 채권채무 관계에서 신임관계의 유형과 정도를 구별하지 않은 채 등기협력의무의 존재가 인정되기만 하면 모두 신임관계의 전형적·본질적인 내용이 된다고 할 수는 없고, 계약관계에서 비롯되는 등기협력의무의 내용과 구속력의 정도에 있어서 차이가 있으므로 그것이 당사자 사이의 신임관계의 전형적·본질적 내용이 되는지 여부를 가려서 배임죄의 성부를 논해야 한다. (이하생략)

(2) 채권 담보를 위한 대물변제예약은 본래의 금전채무를 이행하지 못할 것에 대비하여 담보 목적으로 부동산에 대한 소유권을 이전하기로 하는 약정으로 부동산에 관한 소유권이전등기의무가 있다는 점에서는 부동산 이중매매 사안과 유사해 보인다. 그러나 부동산 이중

매매 사안에서 중도금을 수령한 매도인은 매수인의 대금지급의무의 불이행을 이유로 계약을 해제하지 않는 한 매수인에게 부동산의 소유권을 이전해 줄 의무에서 벗어날 길이 없다. 특히 잔금까지 모두 수령한 매도인은 매수인에게 그 부동산의 소유권을 이전해 주는 것만이 자신의 의무에서 벗어날 수 있는 유일한 방법이다. (이하생략)

(3) 부동산 이중매매 사안의 경우 배임죄라는 형사 제재를 통해 얻게 되는 사회적 · 경제적 효용은 매수인으로 하여금 특정 부동산의 소유권을 애초 약정한 대로 이전받게 하는 데 있다. (이하생략) 이러한 점에서 그 이행불능 사유를 초래한 매도인에 대하여 민사상 손해배상책임을 지우는 것 이외에 별도로 배임죄의 처벌을 통하여 매매계약의 이행을 강제하는 것은 그나마 정당화될 여지가 있다.

이에 반해 채권 담보를 위한 대물변제예약 사안에서 배임죄라는 형사 제재를 통해 얻고자 하는 사회적 · 경제적 효용이라는 것은 채권자의 금전채권을 확보해 주는 것에 불과하다. 채권자는 담보물로서의 부동산의 가치를 파악하여 이로써 기존의 금전채권을 변제받는 데 주된 관심이 있으므로 부동산에 대한 담보권의 설정 그 자체보다는 기존 금전채권을 변제받는 데 궁극적인 목적이 있다. 그리하여 채권자는 채무자로부터 대물변제예약에 따른 소유권등기를 이전받지 못하더라도 채무자로부터 기존 금전채권을 변제받으면 대물변제예약을 통해 이루고자 한 목적을 사실상 달성하게 된다. 이러한 면에서 채권 담보를 위한 대물변제예약 사안에서 당사자 사이의 부동산 소유권이전에 관한 신임관계는 본질적 · 전형적인 것으로 보기 어렵다.

마. 판례가 등기협력의무를 근거로 하여 배임죄의 성립을 인정해 온 데에는 나름대로 이유가 있었다. 부동산은 다른 재산과 달리 그 재산적 가치가 커서 거래당사자를 보호할 필요 역시 상대적으로 컸고, 또 의용 민법에서 현행 민법으로 변천하는 과정에서 의사주의의 잔재가 남아 있었던 거래현실을 무시할 수 없었던 것이다. 그렇지만 이제는 민법이 시행된 지 반세기가 넘었고 등기를 갖추어야만 소유권을

취득한다는 관념이 국민들 사이에서 확고하게 자리 잡았으며, 부동산보다 중요한 가치를 가진 재산도 많아졌다. 판례가 동산과 부동산의 이중양도 사안과 부동산 매매계약과 대물변제예약 사안에서 보인 일관성 없는 태도를 버리고, 이제는 원칙으로 돌아가 당사자 사이의 채권채무 관계에서 그 내용이 매매계약이든 대물변제예약이든 그 대상이 부동산이든 동산이든 묻지 않고 민사상 채무불이행에 불과한 사안을 배임죄로 처벌할 수 없다는 점을 분명히 해 둘 때라고 생각한다.

바. 반대의견의 주된 요지는, 부동산 이중매매나 이중양도에 대하여 배임죄의 성립을 인정해 온 대법원 판례를 변경하지 않는 이상 이 사건 채권 담보를 위한 대물변제예약의 경우에도 배임죄의 성립을 인정하는 것이 논리적으로 일관되고, 담보계약에 기초한 신임관계의 위배도 배임죄로 처벌할 현실적 필요성이 있다는 것으로 이해된다. 그러나 반대의견은 부동산 등기협력의무가 왜 배임죄의 성립 근거가 되는지에 대한 이론적 근거를 설명하는 데 여전히 미흡할 뿐 아니라, '자기의 사무를 처리하는 자'이거나 기껏해야 '타인을 위한 사무를 처리하는 자'라고 볼 수 있을 뿐인 등기협력의무를 위반한 매도인 등을 '타인의 사무를 처리하는 자'에 해당한다고 해석함으로써 죄형법정주의의 원칙에 충실하지 않다는 비판을 피하기 어렵다. 그리고 차용금에 대한 채권 담보를 위하여 대물변제를 약속하였다가 이를 이행하지 못한 채무불이행 사안에 불과한 이 사건 사안의 경우에까지 채무자에게 신임관계에 기초하여 채권자의 재산을 보호 또는 관리할 의무가 있고 더욱이 그것이 신임관계의 전형적·본질적 내용이 되므로 배임죄로 처벌하여야 한다는 것은 결국 민사상 채무불이행을 형사처벌하여야 한다는 지나친 주장에 불과하다고 생각한다.

대법원장　양승태(재판장)
대 법 관　양창수 신영철 민일영(주심) 이인복 이상훈 김용덕 박보영 고영한 김창석 김신 김소영 조희대

Ⅱ. 판 례 검 토

1. 사실의 개요 – 사례

채무자인 피고인은 2008년 채권자에 대한 3억원의 채권 담보 목적으로 피고인의 모친 소유 부동산의 유증상속분에 대한 대물변제예약을 체결했다. 그 모친은 2012년 2월 사망했고, 동년 12월 채권자는 피고인에게 그 부동산의 소유권이전을 주장했다. 그러나 피고인은 2013년 2월 자신의 명의로 소유권이전등기를 마치고 며칠 후 그 부동산을 자신의 누나와 매형 곧 제3자에게 매도하였다. 피고인은 제3자에게 소유권을 이전한 후에도 차용금을 변제하지 않았다.

2. 사건의 경과

검찰은 피고인을 그 부동산의 실제 재산상 가치인 1억 8500만원의 재산상 이익을 취득하고 채권자에게 그 금액 상당 재산상 손해를 입혔다는 사실에 근거하여 배임죄로 기소했다. 제2심 법원은 제1심 법원과 마찬가지로 공소사실에 대한 유죄를 인정하는 항소기각 판결을 선고했다. 이에 피고인은 그 판결에 대해 "피고인은 배임죄의 주체인 타인의 사무처리자의 지위에 있지 않다."는 이유로 무죄를 주장하여 대법원에 상고했다. 대법원은 다수의견으로 그 상고이유를 받아들여 무죄 취지로 원심판결을 파기하여 환송했다. 그러나 4명의 대법관은 배임죄 성립을 주장하는 [반대의견]을 제시했으며, 2명의 대법관은 그 다수의견에 대한 [보충의견]을 표명했다.

Ⅲ. 판 례 해 설

1. 서　　언

본 판례에서 대법원은 "[채무자가 채권자에 대하여 소비대차 등으로 인한 채무를 부담하고 이를 담보하기 위하여 장래에 부동산의 소유권을 이전하기로 하는 내용의 대물변제예약]에서, 그 약정의 내용에 좇은 이행을 하여야 할 채무는 특별한 사정이 없는 한 '자기의 사무'에 해당하는 것이 원칙이다."라는 다수의견의 전제를 제시하고 있다. 곧 대법원은 "배임죄는 타인의 사무를 처리하는 자가 그 임무에 위배하는 행위로 재산상 이익을 취득하여 사무의 주체인 타인에게 손해를 가함으로써 성립하는 것이므로 그 주체는 타인의 사무를 처리하는 지위에 있어야 한다. 여기에서 '타인의 사무'를 처리한다고 하려면 당사자 관계의 본질적 내용이 <단순한 채권채무 관계를 넘어서 그들 간의 신임관계에 기초하여 타인의 재산을 보호 또는 관리하는 데 있어야 하고>, 그 사무가 타인의 사무가 아니고 자기의 사무라면 그 사무의 처리가 타인에게 이익이 되어 타인에 대하여 이를 처리할 의무를 부담하는 경우라도 그는 타인의 사무를 처리하는 자에 해당하지 아니한다[2]"라고 주장하고 있다.

다수의견은 본 판례에서 다음과 같은 구체적인 세 가지 논거를 제시하고 있다 :

1) [채무자가 대물변제예약에 따라 부동산에 관한 소유권을 이전해 줄 의무]는 그 예약 당시에 확정적으로 발생하는 것이 아니라 <u><채무자가 차용금을 제때에 반환하지 못하여 채권자가 예약완결권을 행사한 후에야></u> 비로소 문제가 되는 것이고, 채무자는 예약완결권 행사 이후라도 얼마든지 금전채무를 변제하여 당해 부동산에 관한 소유권 이전등기절차를 이행할 의무를 소멸시키고 그 의무에서 벗어날 수 있다. 2) 채권자는 당해 부동산을 특정물 그 자체보다는 담보물로서의 가치를 평가하고 이로써 기존의 금전채권을 변제받는 데 주된 관심이 있으므로, <채무자의 채무불이행으로 인하여 대물변제예약에 따른 소유권등기를 이전받는 것이 불가능하게 되는 상황이 초래되어도> <u>채권자는 채무자로부터 금전적 손해배상을 받음으로써 대물변제예약을 통</u>

2) 대법원 2011. 1. 20. 선고 2008도10479 전원합의체 판결 참조.

해 달성하고자 한 목적을 사실상 이룰 수 있는 것이다.

3) 대물변제예약의 궁극적 목적은 차용금반환채무의 이행 확보에 있고, [채무자가 대물변제예약에 따라 부동산에 관한 소유권이전등기 절차를 이행할 의무]는 <그 궁극적 목적을 달성하기 위해 채무자에게 요구되는 부수적 내용이어서> 이를 가지고 배임죄에서 말하는 신임관계에 기초하여 채권자의 재산을 보호 또는 관리하여야 하는 '타인의 사무'에 해당한다고 볼 수는 없다.

결론적으로 본 판례에서 대법원은 "[피고인이 대물변제예약에 따라 공소외인에게 이 사건 부동산의 소유권이전등기를 마쳐 줄 의무]는 <민사상의 채무에 불과할 뿐 타인의 사무라고 할 수 없으므로> 피고인이 '타인의 사무를 처리하는 자'의 지위에 있다고 볼 수 없다. 그런데도 원심은 피고인이 이에 해당된다고 전제하여 이 사건 공소사실을 유죄로 판단하였으니, 이러한 원심판결에는 배임죄에 있어서 '타인의 사무를 처리하는 자'의 의미에 관한 법리를 오해한 위법이 있다."고 판시하고 있다. 곧 채무를 담보하기 위하여 부동산에 관한 대물변제예약을 체결한 채무자가 채권자에게 그 부동산에 대한 소유권이전등기절차를 이행할 의무는 '자기의 사무'일 뿐 '타인의 사무'에 해당하지 않으므로, 채무자가 그 부동산을 제3자에게 처분하더라도 배임죄가 성립하지 않는다는 것이다. 그러나 대법원의 이러한 변경된 입장은 거래관계에서 발생하는 당사자 간의 신임관계를 보호하기 위하여 타인의 재산보전에 협력할 의무가 있는 경우에는 배임죄의 주체인 '타인의 사무를 처리하는 자'에 해당한다고 보아 온 이전 대법원 판례와 논리적으로 일관되지 않는다.

따라서 본 논문을 통하여 <종전 견해를 변경한 대법원의 새로운 주장이 형법상 배임죄의 법리에 합당한 것인가>의 여부를 심층적으로 검토하기로 한다. 먼저 다수의견과 반대의견의 논점을 비교하여 그 타당성을 판단하기로 하고, 다음 형사법과 민사법의 시각이 교차하는 본 판례의 사안의 경우 합리적 판단의 준거가 어떻게 명확하게 수립되어야 하는가에 관한 진지한 고민을 해보기로 한다. 이를 통하여 형법상 배임죄의 존재가치와 민사상 채무불이행의 책임과 그에 따른 형사책임의 한계를 재조명하기로 한다.

2. 본 판결의 다수의견과 반대의견이 대립하는 논점

(1) [다 수 의 견]

1) 채무자가 채권자에 대하여 소비대차 등으로 인한 채무를 부담하고 이를 담보하기 위하여 장래에 부동산의 소유권을 이전하기로 하는 내용의 대물변제예약에서, 약정의 내용에 좇은 이행을 하여야 할 채무는 특별한 사정이 없는 한 '자기의 사무'에 해당하는 것이 원칙이다.

2) [채무자가 대물변제예약에 따라 부동산에 관한 소유권을 이전해 줄 의무]는 예약 당시에 확정적으로 발생하는 것이 아니라 <채무자가 차용금을 제때에 반환하지 못하여 채권자가 예약완결권을 행사한 후에야 비로소 문제가 되고>, 채무자는 예약완결권 행사 이후라도 얼마든지 금전채무를 변제하여 당해 부동산에 관한 소유권이전등기절차를 이행할 의무를 소멸시키고 의무에서 벗어날 수 있다.

3) 채권자는 당해 부동산을 특정물 자체보다는 담보물로서 가치를 평가하고 이로써 기존의 금전채권을 변제받는 데 주된 관심이 있으므로, <채무자의 채무불이행으로 인하여 대물변제예약에 따른 소유권등기를 이전받는 것이 불가능하게 되는 상황이 초래되어도> 채권자는 채무자로부터 금전적 손해배상을 받음으로써 대물변제예약을 통해 달성하고자 한 목적을 사실상 이룰 수 있다.

4) 이러한 점에서 대물변제예약의 궁극적 목적은 차용금반환채무의 이행 확보에 있고, [채무자가 대물변제예약에 따라 부동산에 관한 소유권이전등기절차를 이행할 의무]는 궁극적 목적을 달성하기 위해 채무자에게 요구되는 부수적 내용이어서 이를 가지고 배임죄에서 말하는 신임관계에 기초하여 채권자의 재산을 보호 또는 관리하여야 하

는 '타인의 사무'에 해당한다고 볼 수는 없다.

5) 그러므로 채권 담보를 위한 대물변제예약 사안에서 채무자가 대물로 변제하기로 한 부동산을 제3자에게 처분하였다고 하더라도 형법상 배임죄가 성립하는 것은 아니다.

(2) [대법관 양창수, 대법관 신영철, 대법관 민일영, 대법관 김용덕의 반대의견]

1) 다수의견은 [채무를 담보하기 위하여 부동산에 관한 대물변제예약을 체결한 채무자가 채권자에게 그 부동산에 대한 소유권이전등기절차를 이행할 의무]는 '자기의 사무'일 뿐 '타인의 사무'에 해당하지 않으므로, 채무자가 그 부동산을 제3자에게 처분하더라도 배임죄가 성립하지 않는다는 것이다. 그러나 이러한 다수의견은 <거래관계에서 발생하는 당사자 간의 신임관계를 보호하기 위하여 타인의 재산보전에 협력할 의무가 있는 경우에는> 배임죄의 주체인 '타인의 사무를 처리하는 자'에 해당한다고 보아 온 종전 판례와 논리적으로 일관되지 않고, [담보계약에 기초한 신임관계]도 배임죄에 의해 보호되어야 할 법익이 될 수 있다는 점을 도외시한 것이어서 찬성할 수 없다.

2) 배임죄의 본질은 [신임관계에 기한 타인의 신뢰를 저해하는 임무위반행위를 함으로써] 그 타인으로 하여금 재산상 손해를 입게 하는 데 있고, 이러한 임무위반행위에는 사무의 내용, 성질 등 구체적 상황에 비추어 <법률의 규정, 계약의 내용 혹은 신의칙상 당연히 할 것으로 기대되는 행위를 하지 않거나><당연히 하지 않아야 할 것으로 기대되는 행위를 함으로써> 타인과의 신임관계를 저버리는 일체의 행위가 포함된다[3].

이와 같이 배임죄의 행위 태양은 일정한 행위 유형에 국한되지 않고 다양한 형태로 발현될 수 있으나, 그렇다고 거래관계에서 발생하는 모든 신뢰위반행위를 배임죄로 처벌할 수는 없으므로 형벌법규의 해석을 통하여 일정한 범위로 가벌적 배임행위를 제한할 수밖에 없음

3) 대법원 1987. 4. 28. 선고 83도1568 판결 등 참조.

은 물론이다. 그러나 다른 한편 <구성요건 자체가 이러한 제한적 해석의 필요성을 내포하고 있다 하더라도> 배임죄의 그러한 해석을 통하여 배임죄의 처벌 범위를 지나치게 축소함으로써 형사법에 의해 마땅히 보호되어야 할 개인의 재산권이나 개인 간의 신임관계가 그 보호 범위에서 제외되어 형벌법규로서의 배임죄가 그 본연의 기능을 다하지 못하게 하는 것 또한 경계하여야 한다.

3) 종래 대법원은 타인의 재산관리에 관한 사무를 대행하는 경우 외에도 <등기절차의 이행과 같이 매매, 담보권설정 등 거래를 완성하기 위한 자기의 사무인 동시에 상대방의 재산보전에 협력할 의무의 이행인 경우에도> 일관하여 이를 배임죄에서 말하는 '타인의 사무'에 해당한다고 보아 왔다.[4] 그 결과 대법원은 [부동산 매매에서 매도인이 중도금을 수령한 후에는 그 계약의 내용에 좇아 소유권이전등기를 하여야 하는 의무를 이행하는 것]은 <채무자로서의 자기 사무의 처리라는 측면과 상대방의 재산보전에 협력하는 타인 사무의 처리라는 성격을 동시에 가지므로>, 이러한 단계에 이른 후에 매도인이 그 부동산을 제3자에게 처분하는 행위는 매수인을 위한 등기협력의무를 위반하는 것으로서 배임죄에 해당한다는 판례를 확립하여 왔다.[5] -부동산 매도인이 매수인에게 등기를 하여 그 권리를 이전하는 것은 단순히 매매계약에 따른 소유권이전의무의 이행이 아니라 부동산 거래에서 형성되어 온 매도인과 매수인 사이의 강한 신뢰관계에 기초를 둔 것으로서, 매매계약의 이행 내지 등기에 관한 협조·협력의무는 그와 같은 신뢰관계에 따른 의무로 평가될 수 있고,[6] 그와 같은 신뢰관계 아래에서 협조·협력의무를 지는 매도인의 지위는 매수인의 권리 취득에 관한 사무를 처리하는 자로 평가될 수 있는 것이다. 그래서 판례는

4) 대법원 1983. 2. 8. 선고 81도3137 판결, 대법원 2014. 2. 27. 선고 2011도3482 판결 등 참조.

5) 대법원 1986. 7. 8. 선고 85도1873 판결, 대법원 1988. 12. 13. 선고 88도750 판결, 대법원 2008. 7. 10. 선고 2008도3766 판결 등 참조.

6) 대법원 2001. 10. 9. 선고 2000다51216 판결 등 참조.

위와 같이 부동산의 이중매도인에 대하여 형법적으로 배임죄가 성립한다고 본 것이다.[7)]

이러한 판례의 축적을 통하여, 등기협력의무 등 거래 상대방의 재산보전에 협력하여야 할 의무가 있는 사람이 고의로 임무를 위반하여 상대방에게 회복하기 어려운 손해를 입힌 경우에는 배임죄로 처벌받을 수 있다는 것이 우리 사회의 확립된 법원칙으로서 자리매김하게 되었고, 이러한 법리는 [전형적인 배신행위에 대하여는 형벌법규의 개입이 정당하다]는 사회적 합의에 의해 지지되고 있는 것이다.

4) 이와 같은 판례의 일관된 논리에 비추어 볼 때, 이 사건과 같이 담보 목적으로 부동산에 관한 대물변제예약을 체결한 후 그 부동산을 제3자에게 임의로 처분한 경우 배임죄가 성립한다고 보아야 한다. 다수의견이 대물변제예약에 따라 부동산의 소유권이전등기절차를 이행하는 것을 약정에 따른 '자기의 사무'에 해당할 뿐 '타인의 사무'가 아니라고 보는 것은 그 예약에서 비롯되는 채권자와 채무자의 신임관계를 단지 민사상 계약의 이행이라는 관점에서만 파악한 것이어서 찬성하기 어렵다.

5) 담보계약을 체결한 채권자와 채무자 사이에는 <담보계약 자체로부터 피담보채권의 발생원인이 된 법률관계와는 별도의 독자적인 신임관계>가 발생한다고 보아야 한다. 부동산 매매계약에서 신임관계의

7) 반대의견은 "나아가 이러한 부동산에 관한 권리이전의 신뢰관계 및 그에 대한 보호 필요성은 매매계약뿐만 아니라 부동산에 관한 권리의 이전·설정을 목적으로 하는 다른 법률관계에서도 마찬가지로 인정되는 것이고, 때문에 그동안 판례는 이러한 법률관계에 대하여도 배임죄를 적용하여 왔다. 그리하여 근저당권설정계약을 체결한 후 그에 따른 등기절차를 이행하기 전에 제3자에게 부동산을 처분하거나 근저당권설정등기를 하여 준 경우(대법원 2008. 3. 27. 선고 2007도9328 판결, 대법원 2011. 11. 10. 선고 2011도11224 판결 등 참조), 부동산에 대한 전세권설정계약이나 양도담보설정계약 후 그에 따른 등기절차를 이행하기 전에 제3자에게 근저당권설정등기나 전세권설정등기를 하여 줌으로써 담보능력 감소의 위험을 발생시킨 경우(대법원 1993. 9. 28. 선고 93도2206 판결, 대법원 1997. 6. 24. 선고 96도1218 판결 등 참조) 등에도 배임죄의 성립을 인정하였다."고 부연하고 있다.

본질이 부동산의 소유권을 이전하는 데 있는 것과 마찬가지로, 담보 목적으로 체결된 대물변제예약에서 신임관계의 본질은 담보로 제공하기로 한 부동산의 담보가치를 채권자에게 취득하게 하는 데 있으며, 이는 결국 배임죄의 성립 여부에 있어 양자가 다르지 않다는 것을 의미한다.

6) 거래 현실에서는 당사자 사이에 체결된 대물변제예약이 담보 목적으로 체결된 것인지 아니면 기존 채무의 소멸을 전제로 그를 대체하는 새로운 채무의 내용을 정하기 위하여 체결된 것인지 그 문언만으로는 분명하지 않은 경우가 많은데, 다수의견이 그 중 담보 목적으로 체결된 대물변제예약의 경우에만 배임죄가 성립하지 않는다는 취지라면 이러한 해석은 많은 경우에 형벌법규의 해석에 관한 법적 안정성을 크게 훼손하는 결과를 초래할 수 있다는 점을 유념하여야 할 것이다. 만일 다수의견이 후자의 경우에도 배임죄가 성립하지 않는다고 보는 것이라면 그 부당성에 관하여는 더 말할 것도 없이 이제껏 지적하여 온 논의가 그대로 적용되므로 더 이상 언급하지 아니한다.

7) 담보 목적으로 부동산에 관한 대물변제예약을 체결한 채무자가 신임관계를 위반하여 당해 부동산을 제3자에게 처분함으로써 채권자로 하여금 부동산의 소유권 취득을 불가능하게 하거나 현저히 곤란하게 하였다면 이러한 행위는 그 예약에서 비롯되는 본질적·전형적 신임관계를 위반한 것으로서 배임죄에 해당한다고 보아야 한다. 그리고 그렇게 보는 것이 부동산의 이중매매, 이중근저당권설정, 이중전세권설정에 관하여 배임죄를 인정하여 온 판례의 확립된 태도와 논리적으로 부합한다.

(3) [다수의견에 대한 대법관 김신, 대법관 조희대의 보충의견]

1) 종래 대법원은 등기협력의무를 매개로 하여 부동산 이중매매, 이중저당 등 일정한 계약파기 사안에 대해 형법상 배임죄의 성립을 인정해 왔다. 배임죄에 있어서 '타인의 사무'라고 함은 신임관계에 기초하여 타인의 재산 보호 또는 관리의무가 있음을 그 본질적 내용으로 하는 것인데, 매매나 담보권설정 등에 있어서 등기협력의무도 이에

포함된다고 보았다. 이러한 판례의 입장은 <채권채무 관계에서 신임관계의 유형과 정도를 구별하지 않은 채> 등기협력의무의 존재가 인정되기만 하면 예외 없이 그 의무의 이행불능을 초래한 등기의무자를 배임죄로 처벌하기에 이르렀다.

2) 판례는 계약에 따른 등기협력의무가 <자기의 거래를 완성하기 위한 자기 사무의 처리라는 측면과 상대방의 재산보전에 협력하는 타인 사무의 처리라는 성격을 동시에 가진다고 보아> 이를 부동산 이중매매, 이중저당 등 사안에서 배임죄의 처벌 근거로 삼아왔다.[8] 그러나 등기협력의무가 부동산 거래에 있어서 배임죄의 처벌을 정당화하는 근거가 될 수 있는지에 대하여는 근본적인 의문이 있다.

3) 배임죄의 본질을 어떻게 이해하든, 그 주체는 '타인의 사무를 처리하는 자'이다. 즉, 배임죄는 '타인의 사무를 처리하는 자'라는 신분을 요하는 진정신분범이다. 따라서 배임죄의 성립을 인정하기 위해서는 임무위배행위가 있었는지를 따지기에 앞서 '타인의 사무를 처리하는 자'에 해당하는지를 먼저 따져보아야 한다. 그리고 그 해석을 함에 있어서 피고인에게 불리하게 확장해석하거나 유추해석하는 일은 경계해야 함은 물론이다.

종래 판례는 배임죄에 있어서 '타인의 사무'라고 함은 신임관계에 기초를 둔 타인의 재산의 보호 또는 관리의무가 있을 것을 그 본질적 내용으로 하는 것이라고 하면서, <중도금 이상을 지급하고도 부동산의 소유권 취득을 법적으로 보장받지 못하는 매수인을 보호하기 위하여 부동산매매의 계약관계가 일정한 정도로 진행된 경우 매도인에게 매수인의 재산을 보호·관리하는 신임관계를 인정하여> 그가 자신의 사무를 처리함과 동시에 타인의 사무를 처리한다고 평가하여 배임죄로 처벌해 왔다.

그러나 채무의 이행이 타인의 이익을 위하여 중요하다는 이유로 그것이 자신의 사무임과 동시에 타인의 사무가 된다는 논리는 수용하

8) 대법원 1983. 2. 8. 선고 81도3137 판결 등 참조.

기 어렵다. [반대의견은 등기절차에 협력하여야 한다는 신임관계에 기초한 임무위반행위라는 점을 강조하고 있으나, 이는 임무위배 여부를 판단하는 요소가 될 수 있음은 별론으로 하고, 이러한 신임관계가 있다는 이유로 '타인의 사무를 처리하는 자'가 될 수는 없다]. '타인의 사무'는 계약에서 정한 급부의 내용을 어떤 관점에서 보는가에 따라 상대적으로 이해될 수 있는 것이 아니라, 어떠한 신임관계 위배를 형법적으로 처벌할 수 있을지 죄형법정주의의 관점에서 엄격하게 해석·적용되어야 한다.

계약상 의무의 이행을 통하여 상대방으로 하여금 그 재산에 관한 완전한 권리를 취득하게 하기 전에 이를 다시 제3자에게 처분하는 등으로 상대방의 재산 취득 또는 보전에 지장을 초래하는 행위는 상대방의 이익과 신뢰를 저버리는 것으로서 비난가능성이 높다고 할 수 있다. 그러나 그 대부분의 경우 매도인이 위배한 임무라는 것은 '타인을 위한 사무'에 해당할 뿐 '타인의 사무'가 아니다. 매도인의 행위가 임무위배행위에 해당하는지 여부를 판단하기 이전에 과연 그 매도인이 '타인의 사무'를 처리하는 자에 해당하는지 여부를 먼저 판단하여야 한다. 매도인의 행위가 임무위배행위에 해당하고 그 위반행위가 상대방의 이익을 위한 것이라거나 그 의무의 불이행이 상대방의 이익과 신뢰를 해친다는 이유만으로 막 바로 그 의무불이행에 대하여 배임죄의 죄책을 물을 수는 없다. 배임죄의 주체는 어디까지나 '타인의 사무를 처리하는 자'이어야 한다. 매도인에게 부동산 등기협력의무가 있다고 하더라도 그 의무가 매수인의 사무가 될 수는 없다.

4) <설령 등기협력의무의 존재를 매개로 하여 '타인의 사무를 처리하는 자'의 지위를 인정해 온 기존 판례의 태도를 전제로 하더라도>, 채권 담보를 위한 대물변제예약 사안에서 배임죄가 성립한다고 할 수 없다.

5) 판례가 등기협력의무를 근거로 하여 배임죄의 성립을 인정해 온 데에는 나름대로 이유가 있었다. 부동산은 다른 재산과 달리 그 재

산적 가치가 커서 거래당사자를 보호할 필요 역시 상대적으로 컸고, 또 의용 민법에서 현행 민법으로 변천하는 과정에서 의사주의의 잔재가 남아 있었던 거래현실을 무시할 수 없었던 것이다. 그렇지만 이제는 민법이 시행된 지 반세기가 넘었고 등기를 갖추어야만 소유권을 취득한다는 관념이 국민들 사이에서 확고하게 자리 잡았으며, 부동산보다 중요한 가치를 가진 재산도 많아졌다. 판례가 동산과 부동산의 이중양도 사안과 부동산 매매계약과 대물변제예약 사안에서 보인 일관성 없는 태도를 버리고, 이제는 원칙으로 돌아가 당사자 사이의 채권채무 관계에서 그 내용이 매매계약이든 대물변제예약이든 그 대상이 부동산이든 동산이든 묻지 않고 민사상 채무불이행에 불과한 사안을 배임죄로 처벌할 수 없다는 점을 분명히 해 둘 때라고 생각한다.

6) 반대의견의 주된 요지는, <부동산 이중매매나 이중양도에 대하여 배임죄의 성립을 인정해 온 대법원 판례를 변경하지 않는 이상> 이 사건 채권 담보를 위한 대물변제예약의 경우에도 배임죄의 성립을 인정하는 것이 논리적으로 일관되고, 담보계약에 기초한 신임관계의 위배도 배임죄로 처벌할 현실적 필요성이 있다는 것으로 이해된다. 그러나 반대의견은 부동산 등기협력의무가 왜 배임죄의 성립 근거가 되는지에 대한 이론적 근거를 설명하는 데 여전히 미흡할 뿐 아니라, '자기의 사무를 처리하는 자'이거나 기껏해야 '타인을 위한 사무를 처리하는 자'라고 볼 수 있을 뿐인 등기협력의무를 위반한 매도인 등을 '타인의 사무를 처리하는 자'에 해당한다고 해석함으로써 죄형법정주의의 원칙에 충실하지 않다는 비판을 피하기 어렵다.

그리고 [차용금에 대한 채권 담보를 위하여 대물변제를 약속하였다가 이를 이행하지 못한 채무불이행 사안에 불과한 이 사건 사안의 경우]에까지 채무자에게 신임관계에 기초하여 채권자의 재산을 보호 또는 관리할 의무가 있고 더욱이 그것이 신임관계의 전형적·본질적 내용이 되므로 배임죄로 처벌하여야 한다는 것은 결국 민사상 채무불이행을 형사처벌하여야 한다는 지나친 주장에 불과하다고 생각한다.

3. 배임죄의 본질과 그 주체

형법상 배임행위는 [신임관계에 기한 타인의 신뢰를 저해하는 임무위반행위를 함으로써 그 타인으로 하여금 재산상 손해를 입게 하는 행위]를 말한다.[9] 이러한 임무위반행위는 사무의 내용, 성질 등 구체적 상황에 비추어 <법률의 규정, 계약의 내용 혹은 신의칙상 당연히 할 것으로 기대되는 행위를 하지 않거나> <당연히 하지 않아야 할 것으로 기대되는 행위를 함으로써> 타인과의 신임관계를 훼손하는 일체의 행위를 포함한다.[10]

최초의 근대적인 성문법전인 1810년 프랑스 형법전 제314-1조는 배임죄(l'abus de confiance)[11]를 규정하고 있다. 프랑스 형법상 배임행위는 "현금, 유가증권 기타 재물에 대하여 그 반환, 관리 또는 특정한 용도로 사용함을 위탁받은 자가 이를 유용하여 타인에게 손해를 야기하는 행위"를 말한다. 배임죄는 3년의 구금형과 375,000유로의 벌금형으로 처벌되고 있다. 따라서 배임죄의 본질은 신뢰 곧 신임관계를 파괴하는 것이다. 이러한 배임행위의 개념요소인 "유용"은 일정한 행위유형에 국한되지 않고 다양한 형태로 발현될 수 있다.

무엇보다 민법상 거래관계에서 발생하는 모든 신뢰위반행위를 배임죄로 처벌할 수는 없기 때문에 형벌법규의 해석을 통하여 가벌적 배

9) 대법원 1987. 4. 28. 선고 83도1568 판결 등 참조.

10) 김일수 / 서보학, 형법각론, 박영사, 2004. 464멱, 김종원외, 신고 형법각론, 사법행정, 1986. 397면, 박상기, 형법각론, 박영사, 2004. 401면, 배종대, 형법각론, 홍문사, 2002. 546면, 손동권, 형법각론, 율곡출판사, 2004. 441면, 이정원, 형법각론, 법지사, 2000. 388면, 이형국, 형법각론연구[1], 법문사, 1997. 440면, 임 웅, 형법각론, 법문사, 2003. 439면, 정성근 / 박광민, 형법각론, 삼지원, 2002. 440면, 정영일, 형법개론, 박영사, 2004. 387면 참조.

11) Article 314-1 (Modifié par Ordonnance n°2000-916 du 19 septembre 2000 - art. 3 (V) JORF 22 septembre 2000 en vigueur le 1er janvier 2002) "L'abus de confiance est le fait par une personne de détourner, au préjudice d'autrui, des fonds, des valeurs ou un bien quelconque qui lui ont été remis et qu'elle a acceptés à charge de les rendre, de les représenter ou d'en faire un usage déterminé. L'abus de confiance est puni de trois ans d'emprisonnement et de 375 000 euros d'amende." Code penal, Daiioz, 2009.

임행위를 일정한 범위로 제한할 필요성이 있다고 본다. 본 판례에서 반대의견은 "배임죄의 구성요건적 행위를 제한적으로 해석할 필요성을 내포하고 있다 하더라도 그러한 해석을 통하여 배임죄의 처벌 범위를 지나치게 축소함으로써 형사법에 의해 마땅히 보호되어야 할 개인의 재산권이나 개인 간의 신임관계가 그 보호범위에서 제외되어 형벌법규로서의 배임죄가 그 본연의 기능을 다하지 못하게 하는 것 또한 경계하여야 한다."고 주장하고 있는데 매우 타당한 의견으로 판단된다.

여기서 1789년에 최초의 시민혁명을 성공시킨 프랑스의 경우 1804년 최초의 근대적인 성문법으로서 사적 자치의 원칙과 계약자유의 원리를 표방한 민법전(Code civil)을 제정하여 시민의 민법상 권리를 구체적으로 규정하여 이를 보호하고 있음에도 불구하고, 6년 후인 1810년 4월 이와는 별개로 제정된 형법전에 재산법죄를 규율하기 위한 배임죄를 구체적으로 규정한 의도를 명확하게 인식할 필요가 있다고 본다. 곧 프랑스의 경우 재산권 보호에 관한 민사법리와 중대한 재산범죄에 대한 형사법리를 별개로 인종하고 있다는 사실에 주목할 필요가 있다고 본다.

4. 부동산 이중매매의 배임죄 성립여부에 관한 판례 동향

(1) 대법원은 타인의 재산관리에 관한 사무를 대행하는 경우 외에도 <등기절차의 이행과 같이 매매, 담보권설정 등 거래를 완성하기 위한 자기의 사무인 동시에 상대방의 재산보전에 협력할 의무의 이행인 경우에도> 일관하여 이를 배임죄에서 말하는 '타인의 사무'에 해당한다고 보아 왔다.[12)]

(2) 대법원은 부동산 매매에서 매도인이 중도금 수령 후 그 계약의 내용에 좇아 소유권이전등기를 하여야 하는 의무를 이행하는 것은 <채무자로서의 자기 사무의 처리라는 측면과 상대방의 재산보전에 협

12) 대법원 1983. 2. 8. 선고 81도3137 판결, 대법원 2014. 2. 27. 선고 2011도3482 판결 등 참조.

력하는 타인 사무의 처리라는 성격을 동시에 가지므로>, 이러한 단계에 이른 후 매도인이 그 부동산을 제3자에게 처분하는 행위는 매수인을 위한 등기협력의무를 위반하는 것으로서 배임죄에 해당한다는 판례를 확립해 왔다.[13)]

(3) 부동산 매도인이 매수인에게 등기를 하여 그 권리를 이전하는 것은 단순히 매매계약에 따른 소유권이전의무의 이행이 아니라 <부동산 거래에서 형성되어 온 매도인과 매수인 사이의 강한 신뢰관계에 기초를 둔 것으로서>, 매매계약의 이행 내지 등기에 관한 협조·협력의무는 그 신뢰관계에 따른 의무로 평가될 수 있고,[14)] 그 신뢰관계 아래에서 협조·협력의무를 지는 매도인의 지위는 매수인의 권리 취득에 관한 사무를 처리하는 자로 평가될 수 있는 것이다. 그래서 판례는 위와 같이 부동산의 이중매도인에 대하여 형법적으로 배임죄가 성립한다고 본 것이다.

(4) 이러한 부동산에 관한 권리이전의 신뢰관계 및 그에 대한 보호 필요성은 매매계약뿐만 아니라 부동산에 관한 권리의 이전·설정을 목적으로 하는 다른 법률관계에서도 마찬가지로 인정되는 것이기 때문에 그동안 판례는 이러한 법률관계에 대하여도 배임죄를 적용하여 왔다. 그리하여 근저당권설정계약을 체결한 후 그에 따른 등기절차를 이행하기 전에 제3자에게 부동산을 처분하거나 근저당권설정등기를 하여 준 경우,[15)] 부동산에 대한 전세권설정계약이나 양도담보설정계약 후 그에 따른 등기절차를 이행하기 전 제3자에게 근저당권설정등기나 전세권설정등기를 해 줌으로써 담보능력 감소의 위험을 발생시킨 경우[16)]에도 배임죄의 성립을 인정하였다.

---

13) 대법원 1986. 7. 8. 선고 85도1873 판결, 대법원 1988. 12. 13. 선고 88도750 판결, 대법원 2008. 7. 10. 선고 2008도3766 판결 등 참조.

14) 대법원 2001. 10. 9. 선고 2000다51216 판결 등 참조.

15) 대법원 2008. 3. 27. 선고 2007도9328 판결, 대법원 2011. 11. 10. 선고 2011도11224 판결 등 참조.

16) 대법원 1993. 9. 28. 선고 93도2206 판결, 대법원 1997. 6. 24. 선고 96도1218 판결 등 참조.

5. 대물변제예약 부동산의 이중매매의 배임죄 성립 여부

(1) 부동산의 소유권이전을 위한 대물변제예약의 본질

민법상 대물변제예약은 "채무자가 채권자에 대하여 소비대차 등으로 인한 채무를 부담하고 이를 담보하기 위하여 장래에 부동산의 소유권을 이전하기로 하는 내용의 계약"을 말한다. 본 판례에서 다수의견은 "대물변제예약의 궁극적 목적은 차용금반환의무의 이행 확보에 있고, 채무자가 [대물변제예약에 따라 부동산에 관한 소유권이전등기절차를 이행할 의무]는 계약의 본질적 내용이라기보다는 그 궁극적 목적을 달성하기 위한 부수적 내용에 불과하므로, 채무자가 당해 부동산을 제3자에게 처분하더라도 배임죄가 성립하지 않는다."고 하여 그 소유권이전등기절차를 이행할 의무를 부수적 의무로 본다.

그러나 반대의견은 "[담보계약을 통해 채권자가 취득하는 담보권]은 <그 자체로 독립된 재산적 가치가 있을 뿐만 아니라, 담보물의 담보가치에 대한 채권자의 신뢰 또한 형사법에 의해 보호되어야 할 고유한 법률상 이익>에 해당한다. 대물변제예약 후에 채권자가 예약완결권을 행사하면 채무자는 그 예약 대상 부동산에 관하여 소유권이전등기절차를 이행하여야 하는데, 이러한 부동산 소유권의 이전이라는 법률관계는 금전채무의 변제와는 또 다른 차원의 것이다. 그뿐만 아니라 금전을 차용하면서 그 담보로 대물변제예약을 하는 경우에 <그 대물변제예약은 금전 차용의 전제가 되는 것으로서> 금전소비대차 거래의 부수적인 내용에 불과하다고 할 수 없으며, 오히려 그 대물변제예약에 의한 채권자의 권리 및 그에 따른 담보가치를 유지·보전하여야 할 채무자의 의무 이행 내지 그에 대한 신뢰관계는 당사자 사이에서 금전소비대차를 가능하게 하는 본질적인 요소가 된다.[17]"고 주장하면

17) 더 나아가 반대의견은 "이는 마치 근저당권의 설정을 전제로 금전소비대차를 하는 것과 동일한 구조를 띠는 것으로서, 근저당권설정조건부 금전소비대차에서 근저당권설정등기의 이행이 부수적인 것이 아니라 본질적인 요소인 것과 마찬가지이다."라고 부연하여 설명하고 있다.

서 다수의견을 비판하고 있다.

여기서 신임관계의 배신을 본질적 내용으로 하는 배임죄의 성격을 고려하면 민법상 담보계약을 체결한 채권자와 채무자 사이에는 [그 담보계약 자체로부터 피담보채권의 발생원인이 된 법률관계와는 별도의 독자적인 신임관계]가 발생한다고 보아야 한다. 무엇보다 부동산 매매계약에서 신임관계의 본질이 부동산의 소유권을 이전하는 데 있는 것과 마찬가지로, 담보 목적으로 체결된 대물변제예약에서 신임관계의 본질은 담보로 제공하기로 한 부동산의 담보가치를 채권자에게 취득하게 하는 데 있는 것이다. 따라서 2가지 경우 모두 배임죄가 성립할 수 있다고 본다.

(2) 채무자의 금전적 손해배상의 대물변제예약 기능 대체 여부

본 판례에서 반대의견은 "다수의견의 논리대로라면 <신축한 아파트의 시행자가 일부 세대에 관하여는 분양계약을 체결하고 일부 세대에 관하여는 시공자에 대한 공사대금채무의 담보를 위한 대물변제예약을 체결한 아파트 전체를 제3자에게 일괄적으로 처분한 경우>, 수분양자에 대하여는 배임죄가 성립하지만 시공자에 대하여는 배임죄가 성립하지 않는다는 결론에 이르게 된다. 그러나 시행자의 배신적 처분행위로 인해 침해된 수분양자의 아파트 소유권에 대한 신뢰와 시공자의 아파트 담보가치에 대한 신뢰를 형법상으로 차별하여야 할 합리적 근거가 무엇인지 또 위와 같은 결론이 과연 정당한 것인지 의문이 아닐 수 없다."는 문제점을 제기하고 있다.

다수의견은 이 점에 관하여 "채무자의 배신행위로 인하여 대물변제예약에 따른 소유권이전등기를 넘겨받는 것이 불가능하게 되더라도 채권자는 채무자로부터 금전적 손해배상을 받음으로써 대물변제예약을 통해 달성하고자 한 목적을 사실상 이룰 수 있으므로 배임죄를 논할 것이 아니다."라고 한다. 그러나 반대의견도 지적하듯이[18] 다수의

18) 반대의견은 "이는 마치 변제의 능력과 의사가 있는 것처럼 기망하여 금전을 차용함으로써 사기죄가 성립한 이상 피해자가 그 금원 상당의 손해배상채권

견의 이러한 논리는 형법상 범죄의 성립 여부를 논의의 차원을 달리하는 민사상 손해배상채권 문제로 연관시키는 것으로서 옳지 않다고 본다.[19] 이와 같이 재산범죄의 경우 민사법리와 형사법리를 독자적으로 판단하지 않고, 양자를 혼동하여 판단하는 다수의견의 태도는 근본적인 문제점을 드러내고 있다고 본다.

더 나아가 반대의견은 “다수의견의 위 논거는 대물변제예약을 체결한 당사자의 진정한 의사에도 부합하지 않는다. 채권자는 원래의 채권에 대한 담보를 취득하기 위하여 대물변제예약을 체결한 것인데 그 담보물이 없어진 후에도 채무자의 일반재산으로부터 금전적 손해배상을 받기만 하면 대물변제예약의 목적이 달성된 것과 같다고 하는 것은 담보계약으로서의 대물변제예약 자체를 무의미한 것으로 만드는 것이나 다름없다. 통상적인 거래에서 채권자는 담보권의 유무에 따라 피담보채권의 원인이 되는 법률행위에 나아갈지를 결정하게 되므로 법률적으로 보나 경제적으로 보나 담보가치의 취득과 보전은 거래당사자에게 중요한 의미가 있는 것인데, 유독 배임죄의 해석에 있어서만 이를 부수적인 의미에 불과하다고 치부하는 것은 법리적으로도 옳지 않고, 일반 국민의 법감정에도 부합하지 않는다.”고 강력하게 반박하고 있는데 타당하다고 본다.

(3) 다수의견과는 다른 대물변제예약 사안에 대한 보충의견의 논지

보충의견은 “<설령 등기협력의무의 존재를 매개로 하여 ‘타인의 사무를 처리하는 자’의 지위를 인정해 온 기존 판례의 태도를 전제로 하더라도>, 다음에서 보는 이유로 채권 담보를 위한 대물변제예약 사

을 취득한다고 하여 사기죄의 성립 여부가 달라지는 것이 아니며, 나중에 피해자가 실제로 그 금원을 변제받는다 하더라도 사기죄가 여전히 인정되는 것과 동일한 이치이다.”라고 부연하여 설명하고 있다.

19) 동지: 이용식, “대물변제예약 부동산의 이중매매와 배임죄의 형사불법적 구조”, 형사판례연구[23], 2015 238쪽 이하 참조. 반대 : 강수진, “부동산 대물변제예약의 채무자와 배임죄에서의 타인의 사무처리자”, 고려법학 제76호, 2015, 257면 이하 참조.

안에서 배임죄가 성립한다고 할 수 없다."고 하여 다수의견의 전제를 무시하더라도 그 성립을 부정할 수 있다고 한다.

그 논거로서 보충의견은 다음과 같은 4가지 점을 구체적으로 지적하고 있다 :

1) '타인의 사무'라고 하기 위해서는 본인의 재산보호가 신임관계의 전형적·본질적 내용이 되어야 하고 단순히 부수적 의무가 되는 것으로는 부족하다는 것이 판례의 태도이다. 따라서 채권채무 관계에서 신임관계의 유형과 정도를 구별하지 않은 채 등기협력의무의 존재가 인정되기만 하면 모두 신임관계의 전형적·본질적인 내용이 된다고 할 수는 없고, 계약관계에서 비롯되는 등기협력의무의 내용과 구속력의 정도에 있어서 차이가 있으므로 그것이 당사자 사이의 신임관계의 전형적·본질적 내용이 되는지 여부를 가려서 배임죄의 성부를 논해야 한다.[20)]

2) 채권 담보를 위한 대물변제예약은 본래의 금전채무를 이행하지 못할 것에 대비하여 담보 목적으로 부동산에 대한 소유권을 이전하기로 하는 약정으로 부동산에 관한 소유권이전등기의무가 있다는 점에서는 부동산 이중매매 사안과 유사해 보인다. 그러나 양자는 부동산에 관한 소유권이전등기를 마쳐줄 의무가 있다는 점은 유사하지만, 그 의무의 내용과 구속력의 정도에 있어서는 현저한 차이가 있다.[21)]

---

20) 보충의견은 "부동산 이중양도 사안에서 계약금만 지급한 단계에서는 계약관계의 파기가능성을 이유로 배임죄의 성립을 부정하고 있는 것도 등기협력의무의 내용과 구속력의 정도에 따라 배임죄의 성부를 달리하고 있음을 보여주는 사례로 볼 수 있다."고 주장하면서 실례로 제시하고 있다.

21) 보충의견은 "그 사안에서 중도금을 수령한 매도인은 매수인의 대금지급의무의 불이행을 이유로 계약을 해제하지 않는 한 매수인에게 부동산의 소유권을 이전해 줄 의무에서 벗어날 길이 없다. 특히 잔금까지 모두 수령한 매도인은 매수인에게 그 부동산의 소유권을 이전해 주는 것만이 자신의 의무에서 벗어날 수 있는 유일한 방법이다. 이에 반해 채권 담보를 위한 대물변제예약 사안에서 채무자는 언제든지 자신의 차용금채무를 변제함으로써 채권자에게 그 부동산의 소유권을 이전해 줄 의무에서 벗어날 수 있다."라고 주장하면서 양자의 차이점을 지적하고 있다.

3) 부동산 이중매매 사안의 경우 배임죄라는 형사 제재를 통해 얻게 되는 사회적·경제적 효용은 매수인으로 하여금 특정 부동산의 소유권을 애초 약정한 대로 이전받게 하는 데 있다.[22)]

4) 이에 반해 채권 담보를 위한 대물변제예약 사안에서 배임죄라는 형사제재를 통해 얻고자 하는 사회적·경제적 효용이라는 것은 채권자의 금전채권을 확보해 주는 것에 불과하다. 채권자는 담보물로서 부동산의 가치를 파악하여 기존의 금전채권을 변제받는 데 주된 관심이 있으므로 부동산에 대한 담보권의 설정 그 자체보다는 기존 금전채권을 변제받는 데 궁극적인 목적이 있다.[23)]

요컨대 보충의견의 이러한 4가지 논거는, 부동산 이중매매사안을 대물변제예약이 첨부되어 있는가 여부에 따라 다른 것으로 판단하는 전제에 기초하고 있기 때문에, 모두 설득력이 없다고 판단한다.

6. 등기협력의무의 실체– 형사법리와 민사법리의 충돌

본 판례에서 보충의견은 "종래 대법원은 등기협력의무를 매개로 하여 부동산 이중매매, 이중저당 등 일정한 계약 파기 사안에 대하여 형법상 배임죄의 성립을 인정해 왔다. 배임죄에 있어서 '타인의 사무'라고 함은 신임관계에 기초하여 타인의 재산의 보호 또는 관리의무가

22) 보충의견은 "부동산 매매에 있어서 매수인은 특정물로서의 부동산의 가치를 파악하여 그 소유권을 이전받을 것을 기대하였다는 점에서 사후에 금전적 손해배상을 받더라도 그것만으로는 매매계약을 통해 이루고자 하는 목적을 달성할 수 없고, 다만 손해배상을 통해 그와 가치적으로 동등한 상태를 실현시킬 수 있을 뿐이다. 이러한 점에서 그 이행불능 사유를 초래한 매도인에 대하여 민사상 손해배상책임을 지우는 것 이외에 별도로 배임죄의 처벌을 통하여 매매계약의 이행을 강제하는 것은 그나마 정당화될 여지가 있다."고 구체적으로 설명하고 있다.

23) 보충의견은 "그리하여 채권자는 채무자로부터 대물변제예약에 따른 소유권등기를 이전받지 못하더라도 채무자로부터 기존 금전채권을 변제받으면 대물변제예약을 통해 이루고자 한 목적을 사실상 달성하게 된다. 이러한 면에서 채권 담보를 위한 대물변제예약 사안에서 당사자 사이의 부동산 소유권이전에 관한 신임관계는 본질적·전형적인 것으로 보기 어렵다."고 다수의견의 논거를 보충하고 있다.

있음을 그 본질적 내용으로 하는 것인데, 매매나 담보권설정 등에 있어서 등기협력의무도 이에 포함된다고 보았다. 이러한 판례의 입장은 채권채무 관계에서 신임관계의 유형과 정도를 구별하지 않은 채 등기협력의무의 존재가 인정되기만 하면 예외 없이 그 의무의 이행불능을 초래한 등기의무자를 배임죄로 처벌하기에 이르렀다."고 한다. 그러면서 "대법원 판결의 태도에 따르면 이 사건과 같은 채권 담보를 위한 대물변제예약의 경우에도 그에 따른 등기협력의무를 지게 되므로 배임죄가 성립된다고 보아야 하겠지만, 다수의견은 등기협력의무가 존재한다는 사실만으로 등기의무자가 당연히 '타인의 사무'를 처리하는 자에 해당한다거나 배임죄가 성립한다고 할 수 없음을 명확히 밝히고 있다."고 다수의견[24]의 논지를 보충하고 있다.

더 나아가 보충의견은 "등기협력의무가 부동산 거래에 있어서 배임죄의 처벌을 정당화하는 근거가 될 수 있는가"의 문제[25]에 관하여 다음과 같은 근본적인 의문을 제시하고 있다 :

1) 채무자가 계약의 내용에 좇아 채무를 이행하는 것은 '자기 사무'의 처리이다. 채무자가 계약[26]에 따른 이행을 함으로써 결과적으로 채권자가 권리의 실현이라는 이익을 얻는다고 하여도 그 이행은 어디까지나 채무자가 자기의 의무를 다하는 것일 뿐이다. 이를 넘어 채무

---

24) 이러한 다수의견을 찬성하면서 배임죄의 성립을 부정하는 입장으로는 강수진, 앞의논문, 261면, 백형구, 대물변제의 예약과 배임죄, 법률신문, 2015.1.22. 11면, 허일태, 배임죄의 해석과의 나아갈 방향, 형사법연구 제27권 제1호, 2015. 5면 참조. 이에 반하여 그 성립을 긍정하는 입장으로는 김일수/서보혁, 앞의 책, 475면, 배종대, 앞의 책, 558면, 정성근/박광민, 앞의 책, 467면, 이창현, 2014년 형법 중요판례, 인권과 정의 2015/3 108면 참조.

25) 이 문제에 대한 기존 판례는 계약에 따른 등기협력의무가 자기 거래를 완성하기 위한 자기 사무의 처리라는 측면과 상대방의 재산보전에 협력하는 타인 사무의 처리라는 성격을 동시에 가진다고 보아 이를 부동산 이중매매, 이중저당 등 사안에서 배임죄의 처벌 근거로 삼아왔다(대법원 1983. 2. 8. 선고 81도3137 판결 참조).

26) 보충의견은 "마찬가지로 부동산 거래에서 매도인이 등기절차이행의무를 이행하는 것 역시 자기 사무의 처리일 뿐이다."라고 주장하고 있다.

자에게 내부적 신임관계에 기초하여 채권자의 재산보전에 협력할 의무가 있다거나, 나아가 그 의무가 신임관계의 전형적·본질적 내용이 되어 결국 채무자가 타인인 채권자의 사무를 대신 처리하는 관계에 있다고 볼 근거는 어디서도 찾을 수 없다.

2) 2011년 대법원은 전원합의체판결[27]을 통하여 "매매와 같이 당사자 일방이 재산권을 상대방에게 이전할 것을 약정하고 상대방이 그 대금을 지급할 것을 약정함으로써 그 효력이 생기는 계약의 경우 쌍방이 그 계약의 내용에 좇은 이행을 하여야 할 채무는 특별한 사정이 없는 한 '자기의 사무'에 해당한다."는 점을 분명히 했다.[28]

3) 종전 판례는 부동산 매매계약에서 매도인에게는 등기협력의무가 있고, 등기협력의무는 자기의 사무라는 성격과 타인의 사무라는 성격을 동시에 가지고 있다고 판시하였다. 그러나 판례가 배임죄의 처벌근거로 삼은 '등기협력의무'라는 용어는 민사적으로 인정되는 '등기절차이행의무'[29]와 그 내용이 전혀 다르지 않다.

4) 부동산 소유권이전의무와 대가적·등가적 관계에 있는 반대의무와의 형평을 고려하지 않을 수 없다. 계약 당사자 일방에 대하여 상대방의 재산보전에 협력할 의무의 불이행을 이유로 배임죄의 성립을 인정한다면 그 반대의 경우[30]에도 배임죄의 성립을 인정하는 것이 논

27) 대법원 2011. 1. 20. 선고 2008도10479 전원합의체판결 참조.

28) 위 전원합의체판결은 "동산매매계약에서 매도인은 매수인에게 계약에서 정한 바에 따라 그 목적물인 동산을 인도함으로써 그 계약의 이행을 완료하게 되고 그때 매수인은 매매목적물에 대한 권리를 취득하는 것이므로, 매도인에게 자기의 사무인 동산인도채무 외에 별도로 매수인의 재산의 보호 또는 관리행위에 협력할 의무가 있다고 할 수 없다고 보아 동산매매계약에서 매도인은 매수인에 대하여 그의 사무를 처리하는 지위에 있지 않다."고 판시하였다.

29) 보충의견은 "등기절차이행의무라는 민사적 의무를 위반하였다면 그에 따른 민사적인 책임을 지는 것으로 충분하고 나아가 배임죄로 처벌하자고 말하기는 쉽지 않을 것이다. 그런데도 굳이 등기절차이행의무라는 용어 대신 '등기협력의무'를 고안하여 놓고 그 의무는 자기의 사무임과 동시에 타인의 사무라고 하여 그 위반행위를 배임죄로 처벌할 수 있다는 주장은, 결국 민사상 채무불이행 사안을 형사처벌하겠다는 의지의 표현이라고 말할 수밖에 없다." 고 강변하고 있다.

리적으로 균형이 맞다.

이 점에 관하여 반대의견은 “종래의 판례가 부동산을 이중매매한 매도인에 대하여 배임죄를 인정한 것은 매매계약에 따라 부동산의 소유권을 이전하지 않았다는 계약상의 단순한 채무불이행을 이유로 한 것이 아니라, 거래 상대방인 매수인의 부동산 등기절차에 협력하여야 할 의무가 있는 매도인이 고의로 신뢰를 저버리고 매수인의 부동산 소유권 취득을 불가능하게 하였다는 데 그 이유가 있는 것이다. 즉, 부동산 거래관계의 특성상 매도인은 매수인에게 그의 소유권 취득을 불가능하게 할 위험을 끼칠 수 있는 지위에 있기 때문에 배임죄의 주체가 되는 ‘타인의 사무를 처리하는 자’에 해당한다고 본 것이다. 이렇게 볼 때 [대물변제예약을 체결한 채무자가 대물로 제공하기로 한 부동산을 제3자에게 처분한 경우]도 배임죄의 성립 여부에 있어 부동산 이중매매와 다를 게 없다.”고 하여 보충의견을 비판하고 있다. 이는 부동산 이중매매사안을 대물변제예약이 첨부되어 있는가 여부에 따라 달리 보지 않는 입장[31]으로서 타당하다고 본다.

30) 보충의견은 “대법원은 부동산매매에서 미리 소유권을 이전받은 매수인이 목적물을 담보로 제공하는 방법으로 매매대금을 마련하여 매도인에게 제공하기로 한 약정에 위반하여 소유권을 이전받은 후에 다른 용도로 근저당권을 설정한 사안에서 배임죄의 성립을 부정한다. 배신적 행위라는 점에서 하등 다를 바 없는데도 매수인의 채무불이행에는 눈을 감고 매도인의 등기협력의무의 이행불능행위에 대하여만 두 눈을 부릅뜨고 배임죄의 성립을 인정하는 합당한 이유를 찾기 어렵다.”고 부언하고 있다.

31) 반대의견은 “오히려 매매의 경우 매도인이 중도금만 받은 단계에서는 매수인의 소유권이전등기청구에 대하여 매도인이 잔금과의 동시이행 항변을 주장할 수 있음에도 불구하고 이중매매 시 배임죄를 인정하고 있는바(대법원 1988. 12. 13. 선고 88도750 판결 등 참조), 대물변제예약을 한 경우에는 장차 채권자가 예약완결권을 행사하면 채무자로서는 그러한 항변조차 못하고 소유권이전등기에 응할 수밖에 없을 뿐만 아니라(이는 마치 매매잔금까지 다 수령한 부동산 매도인의 지위와 유사하다), 실제로 채권자가 예약완결권을 행사한 후에는 소유권이전등기절차를 이행할 의무가 현실화되어 민법 제607조에 해당하지 아니하는 한 그 소유권 이전이 종국적인 의무가 되므로 당해 부동산을 다시 제3자에게 처분하면 배임죄가 성립한다고 하는 것이 논리적이다. 매매를 원인으로 소유권을 넘겨주기로 했던 부동산은 다른 사람에게

이런 시각에서 부동산이 갖는 재산적 특수성과 등기의무자의 등기협력의무를 근거로 하여 동일한 이중매매임에도 불구하고 그 대상이 부동산이면 배임죄가 성립하고 동산이면 배임죄가 성립하지 않는다고 주장하는 대법원의 태도[32]는 옳다고 볼 수 없다. 곧 등기절차에 협력하여야 한다는 신임관계에 기초한 임무위반행위라는 면에서 볼 때 매매와 담보 사이에 그 행위의 불법성이나 비난가능성의 정도가 결정적으로 질적 차이가 있는 것도 아니다. 따라서 양자의 형사처벌을 달리하는 것은 재산의 이중적 처분[33]에 관한 대법원의 일관된 입장에 비추어 볼 때 모순이라고 판단한다.

7. 결 론

본 판례에서 대법원은 다수의견으로 "배임죄는 타인의 사무를 처리하는 자가 그 임무에 위배하는 행위로 재산상 이익을 취득하여 사무의 주체인 타인에게 손해를 가함으로써 성립하는 것이므로 그 범죄의 주체는 타인의 사무를 처리하는 지위에 있어야 한다. 여기에서 '타인의 사무'를 처리한다고 하려면 당사자 관계의 본질적 내용이 단순한 채권채무 관계를 넘어서 그들 간의 신임관계에 기초하여 타인의 재산을 보호 또는 관리하는 데 있어야 하고, 그 사무가 타인의 사무가 아니고 자기의 사무라면 그 사무의 처리가 타인에게 이익이 되어 타인에 대하여 이를 처리할 의무를 부담하는 경우라도 그는 타인의 사무를 처리하는 자에 해당하지 아니한다."라고 판시하여 2011년에 내린 전원합의체판결[34]을 인용하고 있다.

이러한 다수의견에 대하여 반대의견은 "거래 현실에서는 당사자

처분하면 배임죄가 되지만, 기존의 채무를 변제하는 대신에 소유권을 넘겨주기로 했던 부동산은 다른 사람에게 처분해도 배임죄가 안 된다고 하는 것은 논리적인 설득력이 떨어진다."라고 하여 이러한 입장을 취하고 있다.

32) 대법원 2011. 1. 20. 선고 2008도10479 전원합의체판결 참조.

33) 민법상 매매, 근저당권설정, 전세권설정, 채권양도 등이다.

34) 대법원 2011. 1. 20. 선고 2008도10479 전원합의체판결 참조.

사이에 체결된 대물변제예약이 <담보 목적으로 체결된 것인지> 아니면 <기존 채무의 소멸을 전제로 그를 대체하는 새로운 채무의 내용을 정하기 위하여 체결된 것인지> 그 문언만으로는 분명하지 않은 경우가 많은데, 다수의견이 그 중 담보 목적으로 체결된 대물변제예약의 경우에만 배임죄가 성립하지 않는다는 취지라면 이러한 해석은 많은 경우에 형벌법규의 해석에 관한 법적 안정성을 크게 훼손하는 결과를 초래할 수 있다는 점을 유념하여야 할 것이다.[35]"라고 경고하며 비판하고 있다. 본 판례의 사건과 같이 담보 목적으로 부동산에 관한 대물변제예약을 체결한 후 그 부동산을 제3자에게 임의로 처분한 경우에도 배임죄가 성립한다고 보는 것이 타당하다고 본다. 결국 대물변제예약에 따라 부동산의 소유권이전등기절차를 이행하는 것을 약정에 따른 '자기의 사무'에 해당할 뿐 '타인의 사무'가 아니라고 보는 다수의견은 대물변제예약에서 비롯되는 채권자와 채무자의 신임관계를 단지 민사상 계약의 이행이라는 관점에서만 파악하는 것으로 한 쪽 면만 관찰하는 편향적 태도로서 비판받아야 마땅하다고 본다.

무엇보다 본 판례에서 다수의견은 "[피고인이 대물변제예약에 따라 공소외인에게 이 사건 부동산의 소유권이전등기를 마쳐 줄 의무]는 <민사상의 채무에 불과할 뿐 타인의 사무라고 할 수 없으므로> 피고인이 '타인의 사무를 처리하는 자'의 지위에 있다고 볼 수 없다. 그런데도 원심은 피고인이 이에 해당된다고 전제하여 이 사건 공소사실을 유죄로 판단하였으니, 이러한 원심판결에는 배임죄에 있어서 '타인의 사무를 처리하는 자'의 의미에 관한 법리를 오해한 위법이 있다. 그러므로 상고이유에 대한 판단을 생략한 채, 원심판결을 파기하고 사건을 다시 심리·판단하게 하기 위하여 원심법원에 환송하기로 하여 주문과 같이 판결한다."라고 판시하여 상고이유에 대한 판단을 과감하

35) 반대의견은 "만일 다수의견이 후자의 경우에도 배임죄가 성립하지 않는다고 보는 것이라면 그 부당성에 관하여는 더 말할 것도 없이 이제껏 지적하여 온 논의가 그대로 적용되므로 더 이상 언급하지 아니한다."고 부연하여 다수의견을 강도높게 비판하고 있다.

게 생략하고 있다. 이로 인하여 다수의견을 보충하는 보충의견을 과도하게 설시하게 만든 점에 대하여 비난하지 않을 수 없다. 더욱이 이 보충의견은 다수의견과 마찬가지로 재산범죄에 관한 형사법리와 재산권 보호에 관한 민사법리를 혼동하여 형법상 배임죄의 본질을 호도하기에 이르렀다. 양자는 엄격하게 구별되는 것이며 각자의 독립적 영역을 확보하고 있는 것이다.

결론적으로 본 판례의 사안과 같이 채권 담보 목적으로 부동산에 관한 대물변제예약을 체결한 채무자가 채권자와 맺은 신임관계를 위반하여 그 부동산을 제3자에게 처분하여 그 채권자가 그 부동산의 소유권을 취득하는 것을 불가능하게 하거나 현저히 곤란하게 한 행위는 <대물변제예약에 기초한 본질적 신임관계를 위반한 것으로서> 배임행위에 해당하는 것이다. 이러한 견해가 부동산의 이중매매, 이중근저당권설정 또 이중전세권설정에 관하여 배임죄를 인정하여 온 대법원 판례의 확립된 입장[36]과 논리적으로 일치한다고 본다. 본 판례에서 반대의견의 논지가 설득력이 있고 타당하다고 하겠다.

36) 반대의견은 "우리나라와 같은 성문법국가에서는 판례가 법령만큼 구속력을 지니는 것이 아님은 물론이다. 그러나 오랜 시간에 걸쳐 축적되어 온 판례는 재판의 실제에 있어 법령 못지않게 재판의 준칙으로 작용한다. 때문에 그러한 판례는 논리적으로 일관되어야 하며, 그것이 논리를 떠나 구체적 타당성의 추구를 내세워 사안에 따라 달리 적용된다면 자연히 예측가능성을 상실하고 그 결과 재판 실무에 혼란을 초래할 수밖에 없다."라고 판시하여 판례의 논리일관성유지의 필요성을 설파하고 있는데 타당하다고 본다.

[주 제 어]

대물변제예약, 배임죄, 타인의 사무

[mot clef]

abus de confiance, le détournement d'objet,

접수일자: 2016. 5. 10. 심사일자: 2016. 5. 31. 게재확정일자: 2016. 6. 3.

[참 고 문 헌]

1. 한국문헌

강구진, 형법강의 각론 I, 박영사, 1983.

김일수/서보학, 형법각론, 박영사, 2004.

박상기, 형법각론, 박영사, 2004.

배종대, 형법각론, 홍문사, 2002.

손동권, 형법각론, 율곡출판사, 2004.

오영근, 형법각론, 박영사, 2005.

유기천, 형법학 [각론강의상,하], 일조각, 1982.

이정원, 형법각론, 법지사, 2000.

이형국, 형법각론연구 I, 법문사, 1997.

임 웅, 형법각론, 법문사, 2003.

정성근/박광민, 형법각론, 삼지원, 2002.

조준현, 형법각론, 법원사, 2002.

정영일, 형법개론, 박영사, 2004.

김종원외, 신고 형법각론, 사법행정, 1986.

이회창외, 주석 형법각칙 I, II, III, 사법행정, 1992.

신동운 편, 「형법제정자료집」, 한국형사정책연구원, 1990.

형사판례연구, 형사판례연구회, [1] - [23], 박영사, 1992-2015.

2. 프랑스문헌

Code pénal, Dalloz, paris, 2010.

Rassat, Droit pénal spécial, Dalloz, paris, 2008.

Larguier, Droit pénal spécial, Mémento Dalloz, paris, 1998.

Pradel et Danti-Juan, Droit pénal spécial, Cujas, paris, 2009.

3. 독일문헌

StGB, Beck-Texte, 38.Auf., 2002.

Schoenke/Schroeder/Cramer/Sternberg-Lieben, Strafgesetzbuch Kommentar, 26. Aufl., 2001.

Wessels/Hillenkamp, Strafrecht, Besonderer Teil／1,27. Aufl. 2003.

Lackner/Kühl, Strafgesetzbuch, 24. Aufl. 2001.

4. 영미문헌

Ashworth, Principles of Criminal Law, Oxford, London. 2005.

Clarkson & Keating, Criminal Law : Text and Materials, Sweet &Maxwell, London. 2002.

Johnson, Criminal Law Cases, Materials and Text, West, 2003.

LaFave & Scott, Criminal Law, West, 2005.

[Résumé]

Essai critique sur l'arrêt de la Cour suprême coréene, jugé l'accord de puissance de corps, du 21 âout. 2014.

Baek, Won-ki*

En général, L'abus de confiance est maintenant incriminé et puni par l'article 314-1 du Code pénal, aux termes duquel :« L'abus de confiance est le fait par une personne de détourner ,au préjudice d'autrui, des fonds, des valeurs ou un bien quelconque qui lui ont été remis et qu'elle a acceptés à charge de les rendre, de les représenter ou d'en faire un usage déterminé. L'abus de confiance est puni de trois ans d'emprisonnement et de 375.000 euros d'amende ».

L'abus de confiance couvre tous les agissements de détournement de fonds ou d'objet qui ont été confiés à une personne de confiance. le détournement de fonds est l'appropriation frauduleuse de biens par quelqu'un pour son propre intérêt à qui l'on avait fait confiance pour gérer l'argent et les fonds détenus par un autre individu ou par une organisation tiers. Les fonds peuvent être des fonds sociaux ou des fonds publics.

Il s'agit ici moins de protéger la propriété d'autrui que de protéger les droits des créanciers. En cela l'infraction se distingue de l'abus de confiance qui, quant à elle protège non pas le créancier, mais le propriétaire ou le possesseur d'un bien. Si un débiteur, propriétaire de la chose remise en gage, détourne le bien gagé, il se rend coupable, non pas d'abus de confiance, mais de détournement d'objet constitué en gage.

* Prof. de l'université nationale d'Incheon, Docteur en droit de l'Univ. Paris 2(1989).

L'arrêt de la cour suprême coréene, jugé l'accord de puissance de corps, du 21 âout. 2014 a décidé que "le détournement est l'acte par lequel un individu dépossède une personne d'un bien qu'elle lui a confié. Il constitue l'élément matériel des délits de la nature de l'abus de confiance" et que "l'article 355 du Code pénal coréen nest pas applicable au cas oú le détournement d'objet constitué en gage est intervenue après la vente tardif pour le tiers." En effet, cet arrêt de la cour suprême coréene a changé son opinion postérieure, malheureusement, sans l'explication concrète. De ce point de vue, il est naturel de critiquer la constatation de cet arrêt de la cour suprême coréenne.

공전자기록 위작·변작죄에서 위작·변작의 개념

강 동 범*

대상판결: 대법원 2013. 11. 28. 선고 2013도9003 판결(미간행)

[1] 형법 제227조의2는 "사무처리를 그르치게 할 목적으로 공무원 또는 공무소의 전자기록 등 특수매체기록을 위작 또는 변작한 자는 10년 이하의 징역에 처한다."고 규정하고 있는데, 여기에서 정하는 전자기록의 "위작"이란 전자기록에 관한 시스템을 설치 · 운영하는 주체와의 관계에서 전자기록의 생성에 관여할 권한이 없는 사람이 전자기록을 작출하거나 전자기록의 생성에 필요한 단위 정보의 입력을 하는 경우는 물론이고, 시스템의 설치 · 운영 주체로부터 각자의 직무 범위에서 개개의 단위 정보의 입력 권한을 부여받은 사람이 그 권한을 남용하여 허위의 정보를 입력함으로써 시스템 설치 · 운영 주체의 의사에 반하는 전자기록을 생성하는 경우도 포함하는데, 여기서 '허위의 정보'라고 함은 진실에 반하는 내용을 의미하며, "사무처리를 그르치게 할 목적"이란 위작 또는 변작된 전자기록이 사용됨으로써 시스템을 설치 · 운용하는 주체의 사무처리를 잘못되게 하는 것을 말한다.[1]

[2] 출장결과보고서상 실제 야구장 답사를 가서 현황을 파악한 공

---

* 이화여자대학교 법학전문대학원 교수.

1) 참조판례: 대법원 2010. 7. 8. 선고 2010도3545 판결(미간행); 대법원 2011. 5. 13. 선고 2011도1415 판결(공 2011상, 1250).

무원이 누구인지, 서울에서 열린 세미나 등에 누가 참석하였는지 등은 공전자기록인 출장결과보고서의 신뢰도에 결정적인 영향을 미치는데다가 그 관련 업무를 처리함에 있어 중요한 정보가 된다고 할 것인데, 피고인은 이러한 증명적 기능을 가진 공전자기록에 사실과 다른 정보를 입력한다는 점을 알면서도 허위의 정보를 입력함으로써 시스템 설치·운영 주체의 의사에 반하는 출장결과보고서를 작성하였으므로, 피고인에게 사무처리를 그르치게 할 목적이 있었음을 충분히 인정할 수 있다는 원심의 판단은 정당한 것으로 수긍할 수 있고, 거기에 공전자기록위작 및 동행사죄에 있어서의 위작의 의미나 사무처리를 그르치게 할 목적의 해석에 관한 법리를 오해하는 등의 위법이 없다.

참조판결: 대법원 2005. 6. 9. 선고 2004도6132 판결(공 2005, 1191)[2)]

[1] 형법 제227조의2에서 위작의 객체로 규정한 전자기록은, 그 자체로는 물적 실체를 가진 것이 아니어서 별도의 표시·출력장치를 통하지 아니하고는 보거나 읽을 수 없고, 그 생성 과정에 여러 사람의 의사나 행위가 개재됨은 물론 추가 입력한 정보가 프로그램에 의하여 자동으로 기존의 정보와 결합하여 새로운 전자기록을 작출하는 경우도 적지 않으며, 그 이용 과정을 보아도 그 자체로서 객관적·고정적 의미를 가지면서 독립적으로 쓰이는 것이 아니라 개인 또는 법인이 전자적 방식에 의한 정보의 생성·처리·저장·출력을 목적으로 구축하여 설치·운영하는 시스템에서 쓰임으로써 예정된 증명적 기능을 수행하는 것이므로, 위와 같은 시스템을 설치·운영하는 주체와의 관계에서 전자기록의 생성에 관여할 권한이 없는 사람이 전자기록을 작출하거나 전자기록의 생성에 필요한 단위 정보의 입력을 하는 경우는 물론

2) 이 판결에 대하여는 심준보, "공전자기록위·변작죄에서 위작과 변작의 개념", 대법원판례해설 제56호, 2005년 상반기, 235-247면 참조.

시스템의 설치 · 운영 주체로부터 각자의 직무 범위에서 개개의 단위정보의 입력 권한을 부여받은 사람이 그 권한을 남용하여 허위의 정보를 입력함으로써 시스템 설치 · 운영 주체의 의사에 반하는 전자기록을 생성하는 경우도 형법 제227조의2에서 말하는 전자기록의 '위작'에 포함된다.

[2] 경찰관이 고소사건을 처리하지 아니하였음에도 경찰범죄정보시스템에 그 사건을 검찰에 송치한 것으로 허위사실을 입력한 행위가 공전자기록위작죄에서 말하는 위작에 해당한다고 한 사례.3)

Ⅰ. 문제의 제기

정보화사회 내지 디지털시대라고 불리는 오늘날 개인용 컴퓨터의 보급과 정보통신기술(IT)의 비약적인 발전에 따라 기업이나 은행의 일상적 업무를 포함하여, 제조 · 유통 · 교통 · 통신 등의 사적 영역은 물론 의료 · 교육과 같은 공공적 분야와 국가 또는 지방자치단체의 사무 등 우리 생활의 모든 면에서 정보통신기술이 널리 활용되고 있다. 이러한 상황에서 컴퓨터에 사용되는 전자기록이 문서를 대신하여 자료의 기록 · 보존에 널리 사용되고, 유통업체나 금융기관의 업무처리시스템에서 볼 수 있듯이 자료의 자동적 · 기계적 처리만으로 거래가 완결되며, 컴퓨터통신을 이용하여 정보가 유통되는 등 종래 사람이 처리하던 작업이나 사무의 많은 부분이 사람의 개입 없이 이루어지는 등 혁명적으로 변화하고 있다.

컴퓨터가 일상생활의 거의 모든 영역에서 필수불가결하게 되고

3) 원심판결(수원지법 2004 9. 1. 선고 2004노2198 판결)은 공전자기록위작죄에서의 '위작'이라 함은 전자기록을 작성할 권한이 없는 자가 허위의 기억을 만들어 저장 기억케 하는 등의 행위를 말한다고 전제한 후, 피고인은 당해 사건의 담당 경찰관으로서 경찰 범죄정보시스템에 접근하여 당해 사건의 처리정보를 입력할 수 있는 정당한 권한을 가진 자이므로, 피고인이 권한 없이 이 사건 경찰범죄정보시스템에 허위사실을 입력하였다고 볼 수 없다 하여 무죄를 선고하였다(대법원 2005. 6. 9. 선고 2004도6132 판결에서 인용).

정보통신기술이 비약적으로 발전함에 따라, 예컨대 은행의 컴퓨터시스템을 악용한 은행원 등에 의한 허위 예금 자료의 입력, 은행원의 개입 없이 이루어지는 금융거래를 악용한 계좌이체사기, 주민등록파일 등 공무소에서 처리·보관되는 자료 또는 사회생활상의 증명을 위해 만들어진 자료의 무단변경, 신용카드·현금카드나 교통카드의 자기띠 부분의 부정 작성, 해커나 바이러스에 의한 컴퓨터파괴, 컴퓨터통신망에 무단으로 침입하여 자료·정보를 부정취득하거나 컴퓨터통신망을 통하여 음란물 등 불건전정보를 대량으로 유통시키는 행위 등이 빈번하게 발생하며 그로 인한 피해가 매우 심각하다. 이러한 부정행위는 컴퓨터와 정보통신기술의 결합 및 발전과 이에 대한 사회의 의존도가 높아짐에 따라 향후에도 지속적으로 증가할 것이다. 대상판결과 참조판결에서 문제가 된 피고인의 행위도, 과거에는 공문서인 출장결과보고서나 사건처리대장에 허위사실을 기재한 행위로서 허위공문서작성죄(형법 제227조)로 처벌되었을 것임에 틀림이 없다.

이와 같이 우리사회의 산업화·정보화의 추세에 따른 컴퓨터범죄 등 신종범죄에 효율적으로 대처할 수 있도록 1995년 형법을 개정하여 컴퓨터관련 범죄를 처벌하기 위한 규정을 신설 내지 보완하였다.[4] 그 구체적인 내용은 ① 문서에 관한 죄에 전자기록 위작·변작죄의 신설(제227조의2, 제232조의2)과 문서범죄의 객체로 전자기록을 추가(제228조, 제229조, 제234조), ② 컴퓨터등 사용사기죄(제347조의2) 및 ③ 컴퓨터손괴등 업무방해죄(제314조 제2항)의 신설, ④ 손괴죄의 객체에 전자기록을 추가(제141조 제1항, 제366조 제1항)하고, ⑤ 비밀침해죄의 객체에 전자기록을 추가(제140조 제3항, 제316조 제2항)한 것이다.

4) 컴퓨터범죄에 대처하기 위해 독일은 1986년 "제2차 경제범죄대책법"에 의해, 일본은 1987년 "형법 등의 일부를 개정하는 법률"로 각각 형법에 관련 구성요건을 신설 또는 보완하였다. 일본과 독일 그리고 미국의 컴퓨터범죄에 대한 입법례에 대하여는 이철, 컴퓨터범죄에 대한 형사법적 고찰, 법조 제38권 2호, 1989.2, 26-42면 참조. 일본형법의 컴퓨터범죄규정에 대한 상세는 강동범, 일본개정형법의 컴퓨터범죄규정에 대한 비판적 검토, 형사정책 제4호, 한국형사정책학회, 1990, 239면 이하 참조.

이들 신설 내지 보완된 구성요건의 해석을 둘러싸고 여러 가지 논란이 있는바, 본 대법원판결은 공전자기록위작 · 변작죄에서 '위작'의 의미에 대하여 최초로 판시한 참조판례의 태도를 다시 한 번 확인한 것이다. 대법원의 이러한 해석은, 컴퓨터범죄에 대한 형법의 태도나 문서범죄와의 체계성 등에 비추어 타당하지 않다는 시각에서, 대상판결을 검토하기로 한다.

Ⅱ. 대상판결의 검토

1. 형법 제227조의2(공전자기록 위작 · 변작)의 입법이유와 내용

컴퓨터에서 사용되는 전자기록이 문서와 더불어 또는 문서에 대신하여 사회적으로 중요한 사항에 대한 증명기능을 담당하고 있으므로 그것의 증명기능을 보호할 필요가 있다. 그러나 형법상 문서는 그 개념요소로서 계속적 기능, 증명적 기능, 보장적 기능을 필요로 하는바 전자방식 등으로 자료가 기록된 전자기록[5] 등은 계속적 기능의 내용인 가독성 · 가시성이 없을 뿐만 아니라, 그것의 기록과정에 다수인이 관여하는 경우가 많기 때문에 문서와 같은 작성명의를 생각하기 어려워 문서에 해당한다고 할 수 없다는 것이 통설 · 판례이다. 따라서 전자기록의 특성을 고려하고 그 증명기능을 보호하기 위한 입법적 대책이 요구되었다.

이러한 점을 고려하여 형법이 문서를 공문서와 사문서로 나누고 원칙적으로 이의 위조, 변조 및 행사를 처벌함에 대응하여, 전자기록 등을 공전자기록과 사전자기록으로 나누고 이의 위작, 변작 및 행사를 처벌하도록 1995. 12. 29. 형법을 일부 개정하였다. 또한 위조등 문서의 행사죄에 대응하여 위작등 전자기록을 행사죄의 객체로 추가하였다. 애

5) 전자기록은 기록매체인 유형물(예컨대 자기디스크 등 저장매체)이나 그것에 기록된 정보 그 자체가 아니라 정보가 매체에 기록된 상태, 즉 정보와 매체의 불가분적 결합상태를 의미한다.

초 법무부 형법개정심의위원회가 1989년 개정시안에서 행위태양으로 제안하였던 내용은 일본 형법 제161조의2와 동일하게 "전자적 기록을 부정하게 작출한다."는 것이었으나 1991년 형법개정시안에서 '위작·개변'으로 바꾸었고 국회에 제출된 형법개정안에서는 '위작·변작'으로 다시 바꾸었다.[6] 위 정부안은 형법개정안심사소위원회 심의 결과 1995. 12. 1. 국회 법제사법위원회에서 폐기되고, 같은 일자로 법제사법위원장이 대안을 제안하여 법제사법위원회의 의결을 거친 후 다음날인 같은 달 2일 본회의에 상정, 의결이 이루어졌는데, 위 정부안 폐기에도 불구하고 정부안의 제309조는 법제사법위원장안의 제227조의2로 그대로 살아남아 의결됨으로써 현행 형법 제227조의2가 되었다.[7]

형법이 전자기록을 행위객체로 하여 이를 문서와 유사하게 보호하려는 입법방식은 몇몇 용어를 제외하고는 일본형법과 동일하다. 이에 반하여 독일형법은 전자기록이 아니라 자료(Daten)를 행위객체로 규정[8]하고 있다.

2. 위작·변작의 의미

공전자기록 위작·변작죄는 물론 사전자기록 위작·변작죄의 행위태양은 "위작 또는 변작"이다. 위에서 언급한 바와 같이 문서범죄의 행위태양인 '위조·변조·허위작성·변개' 대신 '위작·변작'이라고 한 것은, 전자기록 등은 문서와는 달리 가독성·가시성이 없을 뿐만 아니라 기록과정에 다수인의 의사나 행위가 관여할 수 있으므로 작성명의를 생각하기 어렵다는 점을 고려한 것으로 보인다. 그리하여 형법은

6) 장영민, "형법개정안의 컴퓨터범죄," 형사정책연구 제3권 제2호(통권 제10호), 한국형사정책연구원, 1992, 89면.

7) 심준보, 주 2)의 글, 238면.

8) 독일 형법 제269조(증명에 중요한 자료의 위조) 제1항은 "법적 거래에서 기망하기 위하여 당해 자료를 시각적으로 인식할 때에 부진정 또는 변조된 문서가 존재하는 것처럼 증명에 중요한 자료를 저장 또는 변경하거나, 그렇게 저장 또는 변경된 자료를 사용한 사람은 5년 이하의 자유형 또는 벌금에 처한다."라고 규정하고 있다.

문서범죄의 경우와는 달리 전자기록범죄의 경우에는 공·사전자기록 모두 '위작·변작'을 행위태양으로 하였다. 그런데 구성요건적 행위인 위작 또는 변작의 의미에 대해서는 견해가 다투어지고 있다. 이에 관한 견해를 검토하기에 앞서 개정 당시에 참고가 되었던 일본 형법 제161조의2의 '부정작출'에 대한 해석론을 살펴보기로 한다.

(1) 일본 형법 제161조의2의 '부정작출'의 의미

일본형법 제161조의2 제1항은 "사람의 사무처리를 그르치게 할 목적으로 그 사무처리에 사용되는 권리·의무 또는 사실증명에 관한 전자적 기록을 부정하게 작출한 자는 5년 이하의 징역 또는 50만 엔 이하의 벌금에 처한다."고 규정하면서, 제2항은 "전항의 죄가 공무소 또는 공무원에 의하여 작출되어야 할 전자적 기록에 관계된 때에는 10년 이하의 징역 또는 100만 엔 이하의 벌금에 처한다."고 규정하고 있다. 전자적기록부정작출죄의 구성요건적 행위인 '부정하게 작출한다(부정작출)'의 의미에 대하여 다음과 같은 견해가 대립하고 있다.

먼저 문서범죄와는 달리 본죄에 의하여 무형위조적 행위가 일반적으로 처벌될 수 있게 되었다는 견해[9]가 있는데, 소수설이라고 할 수 있다. 이 견해에 따르면, 부정작출이라는 구성요건적 행위는 사전자적기록 및 공전자적기록에 대하여 공통적으로 쓰이고 있으며, 공문서 무형위조에 상당하는 행위를 불가벌로 하는 취지라고는 생각되지 않고 또 그것은 타당하지도 않으므로, 문서라면 무형위조에 상당하는 행위를 포함하게 되고, 사문서에 대해서는 불가벌이었던 무형위조에 상당한 행위도 처벌대상이 된다는 점에 특색이 있다.[10] 이와 같이 전자적기록의 허위작성을 처벌하게 됨으로써 전자적기록 부정작출죄는

9) 山口 厚, 刑法各論 보정판, 有斐閣, 2005, 469-470면; 西田典之, 刑法各論 제5판, 弘文堂, 2010, 372면; 中森喜彦, 刑法各論 제4판, 有斐閣, 2015, 227-229면; 中森喜彦, コンピュータ犯罪と刑法の一部改正, 法學教室 1987.6, 91면. 山口 厚, 電磁的記錄と文書犯罪規定の改正, ジュリスト No. 885, 8면은 이와 같이 해석하면서도 그것의 타당성에는 의문을 제기하고 있다.

10) 山口 厚, 주 9)의 책, 470면.

전자계산기에 의한 정보처리저해죄[11] 또는 컴퓨터에 의한 정보처리의 정확성을 침해하는 죄[12]로서의 성격을 갖게 된다.

다음으로 부정작출이란 유형위조와 권한남용적 무형위조를 의미한다는 견해[13]이다. 여기서 권한남용적 무형위조란, 예컨대, 자료의 입력 등을 담당하는 종업원이나 공무원과 같이 기록의 작성과정을 부분적으로 분담하기는 하지만 시스템의 설치운영주체와의 관계에서 그 보조자로서 진실한 자료를 입력하여야 할 자가 그 권한을 남용하여 허위의 자료를 입력하여 허위기록을 만드는 경우를 의미한다고 한다. 부정작출을 권한 없는 경우에 한정하면 공전자기록에 대하여는 무형위조가 처벌되지 않게 되어 불합리하다는 점을 근거로 하는데, 이 견해에 의하는 경우에도, 사문서에서는 원칙적으로 불가벌이었던 무형위조에 상당하는 유형도 전자적기록에 대해서는 처벌되는 것으로 된다.[14]

세 번째로 공전자기록은 권한남용적 무형위조를 포함하고, 사전자기록은 유형위조에 한정하는 견해가 있다. 그 이유는 전자기록부정작출죄를 신설하면서 실행행위를 「부정작출」로 일체화하여 문서라면 무형위조에 해당하는 행위도 일반적으로 처벌하는 방식을 채택함으로써 처벌범위를 문서보다 대폭적으로 확장하고 있으므로, 사문서에 대하여 처벌되지 않는 행위를 본죄로부터 배제하는 노력이 필요하다는 것이다. 그리하여 부정작출이란 사전자기록부정작출죄에서는 '권한 없이 또는 권한을 일탈하여' 작출한 경우를, 공전자기록부정작출죄에서는 '권한 없이 또는 권한을 남용하여' 작출한 경우를 의미한다고 해석한다.[15][16] 따라서 부정작출은 전자계산기에 입력할 권한이 없는 자가

---

11) 앞의 책, 470면.

12) 西田典之, 주 9)의 책, 373면.

13) 高橋則夫, 刑法各論 제2판, 成文堂, 2014, 535면; 大塚仁, 刑法概說(各論) 제3판 증보판, 有斐閣, 2005, 490면; 前田雅英, 刑法各論講義 제6판, 東京大學出版會, 2015, 399면; 米澤慶治, 刑法等一部改正法の概要, ジュリスト No. 889, 67면; 的場純男, コンピュータ犯罪と刑法の一部改正, 金融法務事情 No.1159, 13면; 鶴田六郎, コンピュータ關連犯罪と刑法の一部改正, 商事法務 No.1113, 16면.

14) 高橋則夫, 주 13)의 책, 535면.

데이터를 입력하거나 컴퓨터설치 · 운영주체에 의해 전자적 기록작출 권한을 부여받은 관리사무보조자가 그 권한을 일탈하여 기록을 만든 경우도 포함한다.[17]

끝으로 유형위조에 한정된다는 견해[18]이다. 이에 의하면 부정작출이란 전자적기록 작출권자, 즉 컴퓨터시스템을 설치하고 그것에 의해 일정한 사무처리를 행하거나 또는 행하려고 하는 자의 의도에 반하여 권한 없이 또는 권한을 일탈하여 자기 임의로 전자적기록을 작출하는 것을 말한다. 그 근거로 본조의 입법취지는 본래, 문서위조죄의 행위태양이 아니라 객체인 문서를 보충하는 점에 있었던 것이고 또 사인에 의해 만들어지는 기록 중에서 특히 전자적기록의 경우만 무형위조적 태양을 처벌하는 것에 충분한 이유가 있다고는 생각되지 않으며, 사적인 전자적기록에 대하여 무형위조를 처벌하는 것은 공적인 전자적기록에 대하여 무형위조를 처벌하지 않는 것보다도 실질적인 폐해는 크다고 생각되므로, 부정작출은 유형위조적 태양의 것에 제한되어야 한다는 것이다.[19]

---

15) 大谷 實, 刑法講義各論 신판 제4판 보정판, 成文堂, 2015, 477면 및 479-480면; 大谷 實, コンピュータ關聯犯罪と刑法の一部改正(中), 判例タイムズ No.645, 38면; 神山敏雄, 電磁的記錄不正作出罪, 刑法基本講座 제6권, 1993, 250면(大谷 實, 같은 책, 480면에서 재인용); 神山敏雄, コンピュータ犯罪立法の批判的考察, 法律時報 60卷1號, 78면.

16) 일본 판례는, 승마투표권의 자기띠 부분에 적중권의 데이터를 인자(印磁)하여 고친 행위, 현금카드의 자기띠 부분의 예금정보의 변경, 퍼스널 컴퓨터통신의 호스트 컴퓨터의 고객데이터베이스 파일의 변경, 시 직원에 의한 주민표 파일에의 부실기재에 관하여 부정작출을 인정하였다(大谷 實, 주 15)의 책, 479면에서 재인용).

17) 大谷 實, 주 15)의 책, 478-479면.

18) 山中敬一, 刑法各論 제3판, 成文堂, 2015, 644면; 松宮孝明, 刑法各論講義, 成文堂, 2006, 373면; 林 幹人, 刑法各論 제2판, 東京大學出版會, 2007, 385면; 足立昌勝, 日本辯護士連合會 刑法改正對策委員會 編, コンピュータ犯罪と現代刑法, 三省堂, 1990, 108-109면.

19) 林 幹人, 주 18)의 책, 385면.

(2) 위작 · 변작의 해석

가. 무형위조를 포함하는 견해

위작이란 권한 없이 전자기록 등을 만들거나 권한 있는 자가 내용 허위의 전자기록을 만드는 것을 의미하며, 변작이란 권한 없이 기존기록에 변경을 가하거나 허위내용의 기록을 작성 · 입력하는 행위를 말한다는 견해이다.[20] 즉 공전자기록위작 · 변작과 사전자기록위작 · 변작 모두 작성권한의 모용(소위 유형위조)은 물론 작성내용의 허위(소위 무형위조)를 포함한다고 한다. 그 근거로는, 전자기록은 가시성과 가독성이 없고 작출과정도 문서의 경우와 달라 위조 · 변조의 용어만 수평적으로 바뀐 것으로 볼 수는 없는 점, 전자기록에는 문서와는 달리 작성 · 입력의 주체가 표시되지 않는 경우가 많다는 점 및 전자기록의 제작에는 고도의 기술성 · 전문성 · 신뢰성을 요하므로 허위내용의 기록을 처벌할 필요성 내지 해석론상의 보완책이 필요하다는 점을 들고 있다.[21] 또한 허위공전자기록 작성행위의 당벌성은 그 불법의 크기와 성격에 비추어 별다른 어려움 없이 인정된다는 점, 입법 당시 기초자의 의사가 허위작성을 포함한 점, 위조와 위작의 행위태양이 다를 수 있다는 점, 위조와 위작 · 변조와 변작은 유사한 용어이나 언어의 유사성이 곧 동일성을 의미하는 것은 아니라는 점을 열거하면서 목적론적 해석에 의할 때 위작은 허위작성을 포함하는 것으로 해석된다고 한다.[22]

20) 김성돈, 형법각론 제3판, SKKUP, 2014, 631-633면; 김성천 · 김형준, 형법각론 제5판, 소진, 2015, 691면; 김일수 · 서보학, 새로쓴 형법각론 제8판, 박영사, 2015, 587면 및 595면; 배종대, 형법각론 제9전정판, 홍문사, 2015, [114]3; 오영근, 형법각론 제3판, 박영사, 2014, 584면 및 586면; 임웅, 형법각론 제6정판, 법문사, 2015, 708면 및 710면; 법무부, 형법개정법률안 제안이유서, 1992, 230면; 장영민, 허위공전자기록 작성행위의 죄책, 형사재판의 제문제 [제5권], 형사실무연구회, 2005, 104면.

21) 김성돈, 주 20)의 책, 631면; 임웅, 주 20)의 책, 708면.

22) 장영민, 주 20)의 글, 104면.

나. 공전자기록은 무형위조를 포함하고, 사전자기록은 유형위조에 한정하는 견해

공전자기록의 위작 · 변작은 유형위조와 무형위조를 포함하는 것으로 보아야 하지만, 사전자기록의 위작 · 변작은 사문서의 위조 · 변조에 대응하여 유형위조만을 의미한다고 한다.[23] 이에 의하면 공전자기록의 위작 · 변작은 작성권한의 모용과 작성내용의 허위를 포함하지만, 사전자기록의 위작 · 변작은 작성권한의 모용만을 뜻하게 된다. 그 이유는, 제225조(공문서 등의 위조 · 변조)와 제227조(허위공문서작성 등)가 각각 유형위조와 무형위조를 규정하고 있는 데 반하여 공전자기록 등은 양자를 구별하여 규정하고 있지 않기 때문이며, 사전자기록의 경우 사문서에 대해서까지 내용의 진실성을 형벌권에 의하여 보장하는 것은 우리 형법상 예외적이며(제233조), 사적 자치를 근간으로 하는 자본주의 경제체제하에서는 현실적으로도 타당하지 않기 때문이라는 것이다.

다. 공전자기록은 권한남용적 무형위조를 포함하고, 사전자기록은 유형위조에 한정하는 견해

위작 또는 변작은 권한 없이 또는 권한을 남용하여 전자기록을 작성하거나 변경한 경우뿐만 아니라 공무원이 허위내용의 전자기록을 만드는 경우도 포함된다고 해석하는 견해이다.[24] 권한 있는 공무원이 허위의 기록을 만든 경우는 실질적으로 권한의 범위를 일탈했다고 할 수 있기 때문이라고 한다. 즉 공전자기록의 위작이란 처음부터 허위의 기록을 만들어 저장 · 기억케 하는 행위를 말하고, 변작이란 기존의 기록을 부분적으로 고치거나 말소하여 기록의 내용을 변경하는 것을 말한다고 한다. 그 근거로는, 문서와는 달리 전자기록에는 그 작성에 관여하는 많은 사람이 있으면서도 통상 그 데이터 입력에 관한 상급감

---

23) 박상기, 형법각론 제8판, 박영사, 2011, 530면 및 541면.

24) 이재상 · 장영민 · 강동범, 형법각론 제10판, 박영사, 2016, §32/108; 심준보, 주 2)의 글, 245면.

독자의 결재나 승인 절차가 없는 수가 많으며, 개개 데이터의 결합 및 분류방식이나 필터(filter)를 어떻게 구성하느냐에 따라 무수한 층위와 연쇄가 존재하므로 많은 경우 그 작성자나 완성이라는 개념은 생각하기 어렵다는 점, 문서의 작성명의인·작성권한자에 대응되는 존재가 전자기록에 관하여는 정보처리시스템의 설치·운영주체이지 그로부터 개개의 단위데이터의 입력권한을 부여받은 자들이 아니므로 자료의 입력 등을 담당하는 종업원이나 공무원과 같이 기록의 작성과정을 부분적으로 분담하기는 하지만 시스템의 설치운영주체와의 관계에서 그 보조자로서 진실한 자료를 입력하여야 할 자가 그 권한을 남용하여 허위의 자료를 입력하여 허위기록을 만드는 경우에는 그 범위에서 권한 없이 전자기록을 작성한 것이 되어 전자기록을 위작한 것을 볼 수 있다고 한다.[25]

이에 반하여 사전자기록의 위작 또는 변작은 권한 없이 또는 권한의 범위를 일탈하여 전자기록을 작성·변경하는 것을 말하며, 전자기록의 작성권은 어떤 기록을 만드는가에 대한 결정권을 포함하므로 작성권자가 허위내용의 기록을 만드는 때에는 사전자기록위작·변작죄에 해당하지 않는다고 한다.[26]

라. 유형위조에 한정하는 견해

공전자기록에 대한 것이든 사전자기록에 대한 것이든 위작은 권한 없이 전자기록을 만들어 내는 것을 말하고, 변작은 이미 만들어진 전자기록의 내용을 권한 없이 변경하는 것을 의미한다는 견해이다.[27] 즉 공·사전자기록의 위작·변작 모두 유형위조에 한정된다고 한다. 이 견해는, 작성명의를 생각하기 어려운 전자기록의 특질을 고려하되 기본적으로는 문서범죄와 평행하게 해석하여야 한다는 점, 전자기록

25) 심준보, 주 2)의 글, 245면.

26) 이재상·장영민·강동범, 주 24)의 책, §32/104.

27) 강동범, 컴퓨터범죄와 개정형법, 법조 1997.8, 117면; 손해목, 제3판 주석 형법(Ⅳ), 한국사법행정학회, 1997, 65면; 오기두, 제4판 주석 형법[각칙(2)], 한국사법행정학회, 2006, 518면.

이 문서보다 중하게 보호받아야 할 이유가 있는지 의문이라는 점, 컴퓨터손괴 등 업무방해죄나 컴퓨터 사용사기죄를 업무방해죄나 사기죄와 동일한 형으로 처벌하고, 전자기록 등을 문서와 동일하게 취급하고 있음(제366조, 제141조 제1항)에 비추어 컴퓨터범죄에 대한 형법의 기본적 태도는 컴퓨터시스템을 특권화하여 보호하려는 것이 아니라 컴퓨터시스템을 이용함으로써 실현되는 개개의 이익 내지 가치를 종래의 법익과 평행하게 보호법익으로 하려는 것이라고 생각되는 점을 그 근거로 들고 있다.[28)]

3. 학설의 검토와 사견

위에서 살펴본 바와 같이 소위 유형위조, 즉 권한 없는 자에 의한 전자기록의 작성이나 변경이 위작 · 변작에 해당한다는 점에는 다툼이 없다. 견해의 차이는 권한 있는 자에 의한 허위내용의 기록이나 변경이 위작 · 변작에 포함되는지의 여부, 즉 위작 · 변작을 위조 · 변조와 어떠한 관계에 있는 것으로 파악할 것인가에 있다. 이들 견해를 검토한 후 사견을 제시하고자 한다.

(1) 검토

현재의 다수설이라고 할 수 있는 무형위조포함설에 의하면 위작은 문서의 위조와 허위작성을, 변작은 문서의 변조와 변개를 포함하는 것으로 되어 공전자기록의 허위작성이나 허위변경은 공문서의 허위작성이나 허위변경(변개)보다 중하게 처벌되고,[29)] 사문서의 경우에는 원칙적으로 처벌되지 않는 행위(허위작성)가 사전자기록의 경우에는 원칙적으로 처벌되는 결과가 된다. 그리고 사전자기록에 대해서만 유형위조에 한정하는 견해에 의하면 본질이 동일한 전자기록범죄에 규정된 동일한 용어가 서로 상이하게 해석되며, 다수설과 마찬가지로 공전자기록범죄의 경우 공문서범죄와의 형벌 불균형이 초래된다. 특히 공 · 사전자기록

28) 강동범, 앞의 글, 115-116면.

29) 형법 제227조의2와 제227조 참조.

위·변작죄가 형법전에 처음 도입된 1995. 12. 29.의 형법 개정 당시 종래 법정형의 상한이 같던 공문서위조·변조죄와 허위공문서작성죄의 법정형을 다르게 규정한 점,[30] 더구나 위작과 변작은 사전상 어의가 위조·변조와 같고, 법령상으로도 이들 견해와 같이 쓰인 전례가 없으며,[31] 형법 제227조의2와 제232조의2는 초과주관적 구성요건요소로서의 목적 부분을 제외하고는 각각 제225조, 제231조와 너무나 흡사한 구조를 가지고 있어 위작·변작을 위조·변조와 전혀 다른 개념으로 이해한다는 것은 아무래도 자연스럽지 못하다는 비판[32]을 받고 있다.

공전자기록에 대한 권한남용적 무형위조를 위작에 포함하는 견해는 공문서범죄와의 처벌의 불균형 내지 간격을 좁힐 수 있다는 장점이 있다. 그러나 권한남용적 무형위조가 공문서의 경우에는 무형위조가 됨에 반하여, 전자기록에 대해서는 왜 유형위조가 되는지가 명확하지 않다. 이에 대하여, 자료의 입력 등을 담당하는 종업원이나 공무원과 같이 기록의 작성과정을 부분적으로 분담하기는 하지만 시스템의 설치운영주체와의 관계에서 그 보조자로서 진실한 자료를 입력하여야 할 자가 그 권한을 남용하여 허위의 자료를 입력하여 허위기록을 만드는 경우에는 그 범위에서 권한 없이 전자기록을 작성한 것이 되어 전자기록을 위작한 것으로 볼 수 있다[33]고 한다. 그러나 기록의 작성과정을 부분적으로 분담하는 자의 허위기재가 권한 없는 작성임에 반하여 전부를 담당하는 자의 허위기재는 왜 권한 있는 작성인지가 불분명할 뿐 아니라, 만약 후자도 권한 없는 작성이라고 하면 권한 있는 자의 허위작성이 모두 권한 없는 작성이 된다는 결론에 이른다. 이러

30) 10년 이하의 징역(공문서위조·변조)과 7년 이하의 징역 또는 2천만 원 이하의 벌금(허위공문서작성)으로 개정하였다.

31) 국가통합교통체계효율화법 제117조(벌칙), 물류정책기본법 제71조(벌칙), 유통산업발전법 제49조(벌칙), 형사사법절차 전자화 촉진법 제15조(벌칙)에 '전자문서를 위작 또는 변작'이라는 표현이 있는데, 이들은 형법이 1995년 개정된 이후에 제정 또는 신설된 것이다.

32) 심준보, 주 2)의 글, 244면.

33) 심준보, 주 2)의 글, 246면.

한 결론이 개념상의 혼란을 초래할 뿐 아니라 유형위조와 무형위조를 구별하는 형법의 기본태도와 일치하지 않음은 명백하다. 또한 본질이 동일한 공 · 사전자기록범죄에 규정된 동일한 용어가 서로 상이하게 해석된다는 문제가 있다.[34]

유형위조한정설의 경우 문서범죄와의 통일성을 유지할 수는 있으나, 공문서와는 달리 공전자기록의 무형위조가 처벌되지 못한다는 점이 결정적인 문제이다. 이는 좋게 보아 입법자의 의도, 나쁘게 보자면 실수로 이해되므로, 그리 결정적인 것으로 보기 어렵고, 오히려 이 견해의 가장 큰 난점은 형법 제227조의2의 모태가 된 법무부 형법개정안의 초안 과정에서 '위 · 변작'의 의미가 일본 형법 제161조의2에서 말하는 '부정작출'과 같은 의미로 이해되어 왔음이 명백하다는 점 및 문서와 전자기록 등을 기계적으로 동일하게 취급하고 있다는 점에서 비판을 면하기 어렵다는 지적[35]을 받고 있다.

(2) 사견

위의 어느 견해에 의하든 만족할만한 결론에 이르지 못하는 근본적인 이유는 입법과정에서 기존 처벌규정의 내용이나 이들과의 체계적 관계에 대한 비교 · 검토 없이 입법되었기 때문일 것이다.[36] 아래에서는 전자기록의 특성과 전자기록위작 · 변작죄의 본질 내지 보호법익, 전자기록위작 · 변작죄 처벌규정의 입법형식과 내용, 문서범죄와의 불균형 해소 그리고 위작 · 변작의 통상적 의미의 관점에서 공전자기록위작 · 변작죄에서 위작 · 변작의 개념에 관하여 본인의 견해를 피력하고자 한다.

가. 전자기록의 특성과 전자기록위작 · 변작죄의 본질

전자기록의 위작 · 변작에 유형위조뿐 아니라 무형위조도 포함된다는 지배적인 견해는 그 근거로, 전자기록은 문서와는 여러 가지 점

34) 심준보, 주 2)의 글, 247면은 사전자기록에도 동일한 법리가 적용될 수 있을 것으로 생각된다고 하여, 이러한 문제점을 해소하려고 한다.

35) 심준보, 주 2)의 글, 245면.

36) 제177회 국회 법제사법위원회 회의록 제14호(1995. 12. 1.), 대한민국국회사무처, 6-9면; 심준보, 주 2)의 글, 247면.

에서 다르다는 점을 들고 있다. 즉 전자기록은 물질로서의 가시성·가독성이 없이 일련의 전자적·자기적·광학적 신호의 집합의 일정한 배열로서 존재하므로 그 지각단계에서의 변화는 없이 단지 전자적·자기적·광학적 신호의 배열의 변경 등 기록상태의 변화는 그 기록의 현출시의 형식이나 의미내용의 변화가 없는 한 이를 위작·변작이라고 할 수 없게 된다는 점(물질적 차이)과 전자기록의 작성(완성)에는 많은 사람이 관여하므로 명의인을 특정하기 어렵고 작성권한 있는 자가 컴퓨터 시스템에 들어가서 허위내용의 전자기록을 작성하는 행위는 추상적으로 작성권한이 있는가의 문제와 동시에 그 시스템 운영자의 적정한 시스템운영의 의사에 반하는가도 문제된다는 점(작성과정의 차이)을 지적한다.[37] 대법원도, "전자기록은 그 자체로는 물적 실체를 가진 것이 아니어서 별도의 표시·출력장치를 통하지 아니하고는 보거나 읽을 수 없고, 그 생성 과정에 여러 사람의 의사나 행위가 개재됨은 물론 추가 입력한 정보가 프로그램에 의하여 자동으로 기존의 정보와 결합하여 새로운 전자기록을 작출하는 경우도 적지 않으며, 그 이용 과정을 보아도 그 자체로서 객관적·고정적 의미를 가지면서 독립적으로 쓰이는 것이 아니라 개인 또는 법인이 전자적 방식에 의한 정보의 생성·처리·저장·출력을 목적으로 구축하여 설치·운영하는 시스템에서 쓰임으로써 예정된 증명적 기능을 수행하는 것"[38]이라고 하여, 전자기록이 문서와 물질적으로나 생성 및 이용의 과정이 다르다는 점을 언급하고 있다.

생각건대 전자기록과 문서의 물질적 차이 때문에 전자기록범죄가 도입된 것이므로 이러한 차이는 전자기록위작·변작죄의 도입 근거가 될 뿐 위작·변작에 허위작성(변경)을 포함시킬 근거가 될 수는 없다. 또한 전자기록과 문서의 작성과정의 차이는 누가 작성권자 또는 명의인인가를 확정할 때 제기되는 문제이며, 이로 인하여 작성권자나 명의

37) 심준보, 주 2)의 글, 245-246면; 장영민, 주 20)의 글, 101-102면.

38) 대법원 2005. 6. 9. 선고 2004도6132 판결(공 2005, 1191).

인이 전자기록에는 존재할 수 없는 것은 아니다.[39] 예컨대 은행 예금원장파일, 경찰범죄정보시스템, 공무원 인사기록전산자료, 수사기록파일, 판례전산자료, 자동차등록파일, 주민등록파일, 지적파일 또는 부동산등기부 파일과 같이 다수인이 각각의 정보를 기록하는 경우에도 해당 부분의 정보를 입력하는 자가 작성권자이다. 정보처리시스템의 특성상 이들 각각의 전자기록이 통합되어 보존·관리되고 있을 뿐 특정한 부분에 대하여 작성권자가 없는 것은 아니다. 즉 자신의 컴퓨터에서 만든 파일을 시스템의 해당 부분에 upload하는 경우는 물론 시스템에 일정한 자료를 직접 입력하는 경우에도 작성권자를 인정할 수 있다. 대법원은, 문서위조죄의 명의인과 관련하여 "문서 등에 작성명의인의 날인 등이 없다고 하여도 그 명의자의 문서 등이라고 믿을 만한 형식과 외관을 갖춘 경우에는 그 죄의 객체가 될 수 있으며",[40] "문서에 작성명의인이 명시되어 있지는 아니하더라도 문서의 내용, 형식, 체제 등에 비추어 그 문서 자체에 의하여 그 작성명의인을 판별할 수 있다면 사문서위조죄의 객체가 되는 문서로 볼 수 있다."[41]고 하였다.

무형위조포함설에 의하면, 전자기록범죄를 문서범죄와는 본질이 다른 범죄, 즉 전자기록범죄를 공공의 신용에 대한 죄가 아니라 정보처리방해죄[42]로 변질시킬 수 있다. 문서에 관한 죄의 보호법익은 문서에 대한 거래의 안전과 신용이며, 형법은 형식주의를 원칙으로 하면서 예외적으로 실질주의를 인정하고 있다는 점에 대하여 이론이 없다. 즉 문서범죄, 특히 문서위조·변조죄는 문서의 성립의 진정에 대한 사회일반의 신뢰를 보호하기 위한 범죄이며, 문서에 관한 죄에 규정되어 있는 전자기록위작·변작죄의 보호법익도 전자기록 등에 대한 공공의 신용이라는 것이 통설이다. 일본 형법 제161조의2의 전자적기록부정작출죄는 문서위조죄(일본 형법 제155조와 제159조)와 마찬가지로 전

39) 장영민, 주 20)의 글, 102면.
40) 대법원 2010. 7. 29. 선고 2010도2705 판결(공 2010하, 1767).
41) 대법원 2009. 3. 26. 선고 2008도6895 판결(미간행).
42) 주 11)과 주 12) 참조.

자적기록의 증명수단으로서의 기능을 보호법익으로 하며,[43] 독일 형법 제269조(증명상 중요한 자료의 위조)의 보호법익은 문서위조죄(독일 형법 제267조)의 보호법익과 동일하다는 것이 지배적인 견해이다.[44] 전자기록의 물질적·작성과정상 특성, 복제의 흔적도 잘 남지 않고 무한정 복제가 가능하며 경우에 따라서는 피해정도가 매우 클 수 있는 전자기록의 허위작성을 처벌할 필요성이 있다는 점을 들어, 위작·변작은 위조·변조에 한정되지 않고 허위작성도 포함한다는 주장도 경청할만하다. 그러나 전자기록위작·변작죄의 본질과 문서범죄에 대한 형법의 태도에 비추어 이는 입법으로 해결하는 것이 타당할 것이다.

나. 전자기록범죄의 입법형식과 내용

형법은 공전자기록위작·변작죄는 공문서위조·변조죄의 구성요건과, 사전자기록위작·변작죄는 사문서위조·변조죄의 구성요건과 기본적인 구조를 동일하게 하였다. 즉 행위객체인 전자기록과 문서의 구조적·기능적 차이를 고려하여 초과주관적 구성요건(행사할 목적 대신 사무처리를 그르치게 할 목적)과 행위태양(위조·변조 대신 위작·변작)만을 대체한 형식과 내용으로 규정하였다. 이러한 입법형식과 내용에 비추어 보면, 위작이나 변작은 위조와 변조에 대응하는 의미로 이해하여야 할 것이다. 만약 위작·변작에 위조·변조와 전혀 상이한 의미를 부여하려고 하였다면 구성요건의 구조를 문서범죄와는 다른 형태로 형성하는 것이 일반적이며 또한 적절할 것이다. 물론 조문의 형식이나 구조가 조문에 사용된 용어의 의미를 결정하는 데 절대적인 기준이 될 수는 없지만, 이미 확립된 어떤 조문의 구조와 용어가 있는 경우 그에 대응하는 형태로 신설된 조문의 구조와 용어를 해석하는 데 중요한 준거점이 될 수 있다. 이러한 점에 비추어 보면, 문서와 전

43) 高橋則夫, 주 13)의 책, 533면; 山口 厚, 주 9)의 책, 467면; 山中敬一, 주 18)의 책, 642면; 西田典之, 주 9)의 책, 371면; 前田雅英, 주 13)의 책, 398면.

44) Cramer · Heine, Schönke/Schröder Strafgesetzbuch Kommentar 27. Aufl., 2006, §269 Rn. 4; Puppe, Nomos Kommentar Strafgesetzbuch 3. Aufl., 2010, §269 Rn. 7.

자기록의 차이를 고려하여 새로운 용어를 선택한 것이지 별개의 의미를 갖는 용어를 선택한 것은 아니라고 이해하는 것이 자연스러울 것이다. 따라서 위작이나 변작은 위조나 변조를 대신하는, 즉 권한 없이 전자기록을 작성하거나 기존 기록을 변경하는, 소위 유형위조로 해석하여야 한다. 이는 공전자기록위작 · 변작죄와 공문서위조 · 변조죄 및 사전자기록위작 · 변작죄와 사문서위조 · 변조죄의 구조적 유사성과 더불어, 특히 사전자기록의 경우 사문서와 동일하게 '타인의' 라는 문언을 사용한 점에 비추어 보면 더욱 그러하다.

다. 문서범죄와의 불균형 해소-문서범죄와 전자기록범죄의 비교

문 서 범 죄	전 자 기 록 범 죄
공문서위조 · 변조(제225조) : 10년 이하의 징역	공전자기록위작 · 변작(제227조의2) : 10년 이하의 징역
허위공문서작성(제227조) : 7년 이하의 징역 또는 2천만원 이하의 벌금	
사문서위조 · 변조(제231조) : 5년 이하의 징역 또는 1천만원 이하의 벌금	사전자기록위작 · 변작(제232조의2) : 5년 이하의 징역 또는 1천만원 이하의 벌금
허위진단서작성(제233조) : 3년 이하의 징역이나 금고, 7년 이하의 자격정지 또는 3천만원 이하의 벌금	
자격모용공문서작성(제226조) : 10년 이하의 징역	
자격모용사문서작성(제232조) : 5년 이하의 징역 또는 1천만원 이하의 벌금	
공정증서원본등의 부실기재(제228조) : 5년 이하의 징역 또는 1천만원 이하의 벌금	공정증서원본등의 부실기재(제228조)의 객체에 추가되었음

위조등 공문서행사(제229조) : 그 각 죄에 정한 형	위조등 공문서행사죄(제229조)의 객체에 추가되었음
위조등 사문서행사(제234조) : 그 각 죄에 정한 형	위조등 사문서행사죄(제234조)의 객체에 추가되었음
공문서부정행사(제230조) : 2년 이하의 징역 또는 500만원 이하의 벌금	
사문서부정행사(제236조) : 1년 이하의 징역이나 금고 또는 3백만원 이하의 벌금	

잘 알려진 바와 같이 전자기록범죄 등 컴퓨터범죄의 입법이유는 컴퓨터의 보급 및 그에 따른 처벌의 공백을 메우기 위한 것이었다. 즉 현대의 디지털사회에서 전자기록이 문서와 동일한 기능을 수행함에도 문서 개념에 포함되지 않는다는 점을 고려한 것이지 행위태양이 다르다는 점을 고려한 것은 아니다. 바꾸어 말하면 사회생활에서 전자기록의 증명적 기능을 문서의 증명적 기능과 동일 내지 유사하게 보호하는 것일 뿐 전자기록을 더 두텁게 보호하려는 입법은 아니라는 것이다. 이점은 조문의 위치나 구성요건의 형식과 내용 그리고 법정형에 비추어 보면 명백하다. 따라서 공전자기록의 허위작성을 무권한작성과 동일하게 처벌하는 견해나 사전자기록의 허위작성을 원칙적으로 처벌하는 견해에는 동의하기 어렵다. 더욱이 1995년 전자기록범죄를 처벌하는 규정을 신설하면서, 공문서위조죄와 법정형의 상한이 동일(10년)하였던 허위공문서작성죄의 법정형을 7년 이하의 징역으로 낮추고 2천만원 이하의 벌금형을 선택형으로 규정한 점[45]도 고려하면 무형위조를 위작에 포함시키는 것은 타당하지 않다고 생각한다.

또한 기록의 부분적 작성과정을 분담하지만 시스템 설치운영주체

45) 이것은 유형위조와 무형위조의 불법 및 책임이 상이하다는 평가를 반영한 것으로 이해할 수 있다.

와의 관계에서 그 보조자로서 진실한 자료를 입력하여야 할 자가 그 권한을 남용하여 허위기록을 만드는 경우에는 그 범위에서 권한 없이 전자기록을 작성한 것이 되어 전자기록을 위작한 것으로 볼 수 있다는 견해가, 위작을 권한 없는 작성으로 제한하려는 시도는 타당하지만, 권한남용적 무형위조가 권한 없는 작성이 된다는 이러한 해석에도 의문이 있다. 왜냐하면 무형위조를 권한남용적(권한 없는) 무형위조와 일반적 무형위조로 구별하는 전제라면 무형위조 중 권한남용적 무형위조는 위작으로 처벌되지만 일반적 무형위조는 불가벌이라는 처벌불균형이 초래되며, 무형위조는 모두 권한남용(즉 권한 없는 작성)이라는 의미라면 공전자기록에 대하여는 권한 있는 자의 무형위조는 애초부터 존재하지 않는 행위태양이 될 것이기 때문이다.

물론 유형위조에 한정하는 경우 허위공문서작성은 처벌됨에 반하여 허위공전자기록작성은 처벌되지 않는다는 불균형이 초래된다. 이 문제는 입법의 실수 내지 미비라고 보아야 하며, 공전자기록의 허위작성(무형위조)을 처벌하는 규정을 신설함으로써 해결하여야 할 것이다.

라. 위작 · 변작의 의미

위작 · 변작의 사전적 의미를 보면, 명사로는 "다른 사람의 작품을 작가의 승낙을 얻지 않고 베끼거나 비슷하게 만듦 또는 그런 작품"을, 동사로는 "작가의 승낙을 얻지 않고 베끼거나 비슷하게 만들다."이다.[46] 즉 위조와 같은 뜻이지 허위작성을 의미하지는 않는다.[47] 이에 대하여, 일상언어로는 위작의 용법은 유형위조적 의미에 가깝다고 할 것이지만, 위서(僞書)와 같은 표현의 경우에는 작성자(작자)가 누구인가에 큰 상관없이 그 내용이 진실의 것으로 신빙할 수 없는 경우(예컨대 "「檀君古記」는 위서이다," "「도마(Thomas)서」는 위경(僞經)이다."라는 경우)를 말하기도 하는데, 이 경우의 용법은 무형위조적 의미에 가

---

46) http://dic.daum.net/word/view.do?wordid=kkw000197026&q=%EC%9C%84%EC%9E%91(2016. 5. 2. 방문).

47) 심준보, 주 2)의 글, 240면.

깝다고 하면서, 언어의 가능한 의미를 해석기준으로 삼을 때 위작=위조, 변작=변조로 대응시키는 것은 하나의 관점일 수는 있으나 유일한 관점이거나 유일하게 타당한 관점이라고 할 수는 없다고 한다.[48)]

이러한 지적도 타당하지만 유명화가의 위작시비에서 알 수 있듯이, 위작의 본래적 의미 내지 내포하는 바는 허위작성이 아니라 권한 없는 작성이다. 문제는 설령 위작의 가능한 의미가 허위작성까지 포섭할 수 있다고 하더라도 형법 제227조의2의 위작에 허위작성이 포함되느냐이다. 이는 결국 공전자기록위작죄의 성격 내지 본질을 밝힘으로써 결정될 수 있다. 앞에서 살펴본 바와 같이 전자기록위작·변작죄의 보호법익은 전자기록을 사용하는 사무처리의 정확성이 아니라 전자기록에 대한 공공의 신용이라는 점에 대해서는 다툼이 없다. 이것은 문서나 전자기록의 증명적 기능은 1차적으로 작성명의의 진정에서 나오고,[49)] 사전자기록위작·변작죄의 객체는 모든 전자기록이 아니라 '권리·의무 또는 사실증명에 관한' 전자기록이라는 점에 비추어 보아도 명백하다.

따라서 설령 위작의 가능한 의미에 허위작성이 포함될 수 있다고 하더라도 전자기록위작죄의 위작은 무형위조가 아니라 유형위조만을 뜻한다고 보아야 할 것이다.

Ⅲ. 맺음말

형법의 위작·변작보다 무형위조를 포함할 가능성이 높은 일본 형법의 '부정작출'을 유형위조에 한정하거나 권한남용적 무형위조로 제한하려는 일본의 다수설이나, 독일형법 제269조가 부진정(unecht) 또는 변조(verfälscht)라는 문언을 사용하고 있는 것은 전자기록이나 저장

---

48) 장영민, 주 20)의 글, 100면.

49) 독일이나 일본 및 우리나라 모두 원칙적으로 문서의 유형위조를 처벌하는 점에서 알 수 있다. 또한 독일 형법은 허위공문서작성죄(제348조)를 문서위조의 죄(제23장)가 아닌 직무에 관한 죄(제30장)에서 규정하고 있다.

된 자료를 문서와 평행하게 보호하려고 하기 때문이다. 즉 전자기록위작 · 변작죄의 보호법익은 정보처리의 정확성이 아니라 전자기록의 증명작용에 대한 공공의 신용이다. 이에 덧붙여 형법의 전자기록범죄의 입법형식과 내용, 문서범죄와의 체계적 정합성을 고려할 때, 문서범죄에 대하여 형식주의를 원칙으로 하고 예외적으로 공문서와 의사의 진단서 등에 대하여 실질주의를 취하고 있는 형법의 입장은 전자기록범죄에도 일관되어 있다고 할 것이다. 즉 작성명의를 생각하기 어려운 전자기록의 특질을 고려하되 기본적으로는 문서범죄와 평행하게 해석하여야 하므로, 위작은 권한 없이 전자기록을 만들어 내는 것을 의미하고 변작은 이미 만들어진 전자기록의 내용을 권한 없이 변경하는 것을 의미한다고 하여야 한다. 이러한 해석이 단순히 문서와 전자기록을 기계적으로 동일시한 결과는 아니다.

따라서 대상판결의 대법원의 해석에는 동의하기 어렵다. 공전자기록의 무형위조의 당벌성과 처벌 필요성을 부정할 수는 없다고 하더라도, 처벌규정의 형식과 내용이 문서위조죄와 동일하다는 점 및 관련 조문과의 체계적 해석에 비추어 피고인의 행위를 형법의 공전자기록위작죄로 처벌할 수는 없다고 할 것이다.

본인은 위작 · 변작이라는 용어는 적절하지 않다고 본다. 위작 · 변작이 문서의 위조 · 변조에 대응하는 것인지 아니면 위조 · 변조는 물론 허위작성 · 변개도 포함하는 것인지가 다투어지기 때문이다. 그중 어느 쪽으로 해석하더라도 문서범죄와의 불균형이 초래되는바 이러한 불균형을 정당화할만한 형법이론적 · 형사정책적 근거나 필요성이 없다. 따라서 생소할 뿐 아니라 불명확한 용어인 '위작 · 변작' 대신, '권한 없이 작성하거나 변경'이라고 표현하는 것이 타당하다. 전자기록의 물리적 특성과 작성과정이 문서와는 다름에도 불구하고 위조 · 변조의 개념적 전제인 작성권한자가 전자기록에도 존재하기 때문에 위조 · 변조라고 규정하는 것도 가능할 것이다.[50] 그러나 유형물을 권한 없이

50) 자기적 방식에 의한 기록을 담고 있는 신용카드 · 직불카드 · 선불카드에 대하

만들어낸다는 의미를 갖는 위조라는 용어보다는, 전자기록의 경우에는 권한 없이 작성한다는 표현을 사용하는 것이 보다 바람직하다고 생각한다.

또한 그에 따라 특히 공전자기록의 경우에는 공문서와 균형을 맞추어 무형위조적 행위를 처벌하는 규정을 두어야 할 것이다.

[주 제 어]
위작, 변작, 공전자기록, 위조, 변조, 문서

[Key Words]
Falsification(False Preparation), Alteration, Public Electromagnetic Record, Counterfeit, Document

접수일자: 2016. 5. 10. 심사일자: 2016. 5. 31. 게재확정일자: 2016. 6. 3.

여는 위조·변조라는 용어가 사용(여신전문금융업법 제2조 제6호·제8호, 제70조 제1항 제1호)되고 있다.

[참고문헌]

김성돈, 형법각론 제3판, SKKUP, 2014.

김일수 · 서보학, 새로쓴 형법각론 제8판, 박영사, 2015.

박상기, 형법각론 제8판, 박영사, 2011.

배종대, 형법각론 제9전정판, 홍문사, 2015.

손해목, 제3판 주석 형법(Ⅳ), 한국사법행정학회, 1997.

오기두, 제4판 주석 형법[각칙(2)], 한국사법행정학회, 2006.

오영근, 형법각론 제3판, 박영사, 2014.

이재상 · 장영민 · 강동범, 형법각론 제10판, 박영사, 2016.

임웅, 형법각론 제6정판, 법문사, 2015.

강동범, 일본개정형법의 컴퓨터범죄규정에 대한 비판적 검토, 형사정책 제4호, 한국형사정책학회, 1990.

______, "컴퓨터범죄와 개정형법", 법조 제491호, 1997.8.

노태악, "새로운 정보매체의 등장과 형벌법규의 해석", 사법연수원 논문집 제3집, 2006.1.

심준보, "공전자기록위 · 변작죄에서 위작과 변작의 개념", 대법원판례해설 제56호, 2005년 상반기.

이철, 컴퓨터범죄에 대한 형사법적 고찰, 법조 제38권 2호, 1989.2.

장영민, "형법개정안의 컴퓨터범죄," 형사정책연구 제3권 제2호(통권 제10호), 한국형사정책연구원, 1992, 89면.

______, "허위공전자기록 작성행위의 죄책", 형사재판의 제문제 [제5권], 형사실무연구회, 2005.10.

高橋則夫, 刑法各論 제2판, 成文堂, 2014.

大谷 實, 刑法講義各論 신판 제4판 보정판, 成文堂, 2015.

大塚 仁, 刑法概說(各論) 제3판 증보판, 有斐閣, 2005.

山口 厚, 刑法各論 보정판, 有斐閣, 2005.

山中敬一, 刑法各論 제3판, 成文堂, 2015.
西田典之, 刑法各論 제5판, 弘文堂, 2010.
松宮孝明, 刑法各論講義, 成文堂, 2006.
林 幹人, 刑法各論 제2판, 東京大學出版會, 2007.
前田雅英, 刑法各論講義 제6판, 東京大學出版會, 2015.
中森喜彦, 刑法各論 제4판, 有斐閣, 2015.
足立昌勝, 日本辯護士連合會 刑法改正對策委員會 編, コンピュータ犯罪と現代刑法, 三省堂, 1990.

大谷實, コンピュータ關聯犯罪と刑法の一部改正(中), 判例タイムズ No. 645.
米澤慶治, 刑法等一部改正法の概要, ジュリスト No.889.
山口厚, 電磁的記錄と文書犯罪規定の改正, ジユリスト No.885.
神山敏雄, コンピュータ犯罪立法の批判的考察, 法律時報 60卷 1號.
中森喜彦, コンピュータ犯罪と刑法の一部改正, 法學教室 1987.6.
的場純男, コンピュータ犯罪と刑法の一部改正, 金融法務事情 No.1159.
鶴田六郎, コンピュータ關連犯罪と刑法の一部改正, 商事法務 No.1113.

Schönke/Schröder Strafgesetzbuch Kommentar 27. Aufl., 2006.
Nomos Kommentar Strafgesetzbuch 3. Aufl., 2010.

[Abstract]

Definition of False Preparation or Alteration in the crime of False Preparation or Alteration of Public Electromagnetic Records

Dong-beom KANG*

This study reviews the definition of false preparation and alteration in the crime of false preparation or alteration of public electromagnetic records(Article 227-2 of Criminal Act).

Article 227-2 of Criminal Act protects the trustworthiness of the general public concerning the authenticity of public electromagnetic records, not the accuracy of information processing with electromagnetic record. Additionally in view of the fact that electromagnetic record crimes(Article 227-2 and Article 232-2 of Criminal Act) was enacted by following the form and contents of document crimes, the stand of Criminal Act which takes formalism(punishment of unauthorized preparation of document) on document crimes in principle, materialism(punishment of preparation of false document) exceptionally should be accomplished. So false preparation means to make an electromagnetic record without authority and alteration means to change the contents of a ready-made electromagnetic record without authority. This interpretation results from the systematic analyses of the penal clauses of crimes concerning documents and electromagnetic records, not from the mechanical identity of document with electromagnetic record.

So I don't agree with this judgement of the Supreme Court(2013do9003). Although we can not deny the necessity and

* Professor, Law School, Ewha Womans University.

worthiness of punishment of the preparation of false public electromagnetic record, the act of defendant cannot be punished by Article 227-2. In order to punish the preparation of false public electromagnetic records, it's necessary to legislate a new clause.

I think the terms of false preparation and alteration of public electromagnetic records are not appropriate, because these are very unfamiliar and confused with counterfeit or alteration of official document(Article 225 of Criminal Act) and private document(Article 232 of Criminal Act). So I recommend "to make an electromagnetic record without authority and to change the contents of a ready-made electromagnetic record without authority, instead of false preparation(falsification) or alteration of public and private electromagnetic records(Article 227-2 and Article 232-2 of Criminal Act). And as a result it needs to legislate a new clause that punishes the preparation of false public electromagnetic records.

'아동 · 청소년이용음란물'의 개념 및 판단기준

이 창 섭*

[대상판결] 대법원 2014. 9. 24. 선고 2013도4503 판결

1. 사실관계

甲은 2012. 8. 중순경 부천시 소사구에 있는 자신의 주거지에서, 모(某) 인터넷사이트에 여자청소년과 성년남성이 성행위를 하는 "(국NO)욜라 귀여운데..빠는것도..직스샷참조요!!", "(일NO)저 애처로운 눈빛어쩔거야...직스샷참조요!!"라는 제목의 아동 · 청소년이용음란물을 업로드(upload)하는 방법으로 배포하였다.

2. 소송경과

검사는 甲을 구(舊) 아동 · 청소년의 성보호에 관한 법률 위반(음란물제작 · 배포 등)죄[1]로 기소하였고, 제1심법원은 甲에 대한 공소사실을 유죄로 인정하였다.[2] 甲은 항소하였다. 항소심법원은 다음과 같은

* 제주대학교 법학전문대학원 부교수, 법학박사.

1) 이 사건에 적용된 「아동 · 청소년의 성보호에 관한 법률」은 2012. 12. 18. 법률 제11572호로 전부 개정되기 전의 것이다. 당시 제8조 제4항에 위치했던 "아동 · 청소년이용음란물을 배포 · 제공하거나 공연히 전시 또는 상영한 자는 7년 이하의 징역 또는 5천만 원 이하의 벌금에 처한다."라는 규정은 현재는 제11조 제3항에 위치한다.

2) 인천지방법원 부천지원 2012. 11. 28. 선고 2012고단1665 판결.

이유로 甲의 항소를 기각하였다.[3]

(1) 아동·청소년의 성보호에 관한 법률에서 정한 '아동·청소년이용음란물'은 애초 '아동·청소년'으로 한정되어 있다가 2011. 9. 15. 법률 제11047호로 개정되어 아동·청소년으로 '인식될 수 있는' 사람이나 '표현물' 부분이 추가되어 그 범위가 확대되었는바, 이와 같은 법률규정과 입법 과정에 비추어 보면, '아동·청소년으로 인식될 수 있는 사람이나 표현물'에 해당하는지 여부는, '음란물의 내용'을 기준으로 음란물에서 묘사된 구체적 상황, 표현 방식 등을 고려하여 일반인이 해당 인물이나 표현물을 아동·청소년으로 인식할 수 있는지 여부에 따라 판별함이 상당하다.

(2) 원심이 적법하게 채택·조사한 증거들에 의하여 인정되는 다음과 같은 사정, 즉 ① 외관상 청소년으로 인식될 수 있는 인물이 동영상에 등장하여 음란한 행위를 하는 장면이 묘사된 점, ② 교복으로 보이는 옷을 입고 학생으로 연출된 인물을 대상으로 음란한 행위를 하는 것을 내용으로 하고 있어 일반인으로서는 그 등장인물을 아동·청소년으로 인식할 수 있는 점 등을 종합하여 보면, 이 사건 각 동영상은 아동·청소년이용 음란물에 해당한다고 봄이 상당하다.

甲은 이 사건 동영상에 등장하는 여배우들은 모두 성인배우들로서 '아동·청소년'이 아닐 뿐만 아니라, 배우들의 신체발육 상태, 촬영장소 등에 비추어 볼 때 '아동·청소년으로 인식될 수 있는 사람'에 해당하지도 아니하므로, 이 동영상은 '아동·청소년이용음란물'에 해당하지 않는다는 이유로 상고하였다.[4]

3. 대법원의 판단

대법원은 먼저 「구 아청법 제2조 제1호는 "아동·청소년은 19세

3) 인천지방법원 2013. 4. 12. 선고 2012노3737 판결.

4) 고제성, "구 아동·청소년의 성보호에 관한 법률 제2조 제5호의 '아동·청소년으로 인식될 수 있는 사람이 등장하는 아동·청소년이용음란물'인지 판단하는 기준", 대법원판례해설 제102호(2014년 하), 2015. 6, 494면.

미만의 자를 말한다. 다만, 19세에 도달하는 해의 1월 1일을 맞이한 자는 제외한다."라고 규정하고, 같은 법 제2조 제5호에서 "아동 · 청소년이용음란물"을 '아동 · 청소년 또는 아동 · 청소년으로 인식될 수 있는 사람이나 표현물이 등장하여 제4호의 어느 하나에 해당하는 행위를 하거나 그 밖의 성적 행위를 하는 내용을 표현하는 것으로서 필름 · 비디오물 · 게임물 또는 컴퓨터나 그 밖의 통신매체를 통한 화상 · 영상 등의 형태로 된 것'으로 정의하면서, 위 법 제8조 제4항에서 아동 · 청소년이용음란물을 배포하거나 공연히 전시 또는 상영한 자는 3년 이하의 징역 또는 2천만 원 이하의 벌금에 처하도록 규정하고 있다」라고 전제한다.

다음으로 「① 국가형벌권의 자의적인 행사로부터 개인의 자유와 권리를 보호하기 위하여 형벌법규는 엄격히 해석되어야 하고 명문의 형벌법규의 의미를 피고인에게 불리한 방향으로 지나치게 확장해석하거나 유추해석하는 것은 죄형법정주의 원칙에 어긋나는 것으로 허용되지 않는 점, ② 구 아청법 제2조 제5호의 아동 · 청소년이용음란물 정의 규정 중 '아동 · 청소년으로 인식될 수 있는 사람이나 표현물'이라는 문언이 다소 모호한 측면이 있고, 일선 수사기관의 자의적 판정으로 뜻하지 않게 처벌의 범위가 지나치게 넓어질 우려가 있게 되자, 그 의미를 분명히 하기 위해서 2012. 12. 18. 법률 제11572호로 구 아청법을 개정하면서 '명백하게'라는 문구를 추가하여 '아동 · 청소년으로 명백하게 인식될 수 있는 사람이나 표현물'이라고 규정한 점 등 구 아청법의 입법 목적과 개정 연혁, 그리고 법 규범의 체계적 구조 등에 비추어 보면, 구 아청법 제2조 제5호의 '아동 · 청소년으로 인식될 수 있는 사람이 등장하는 아동 · 청소년이용음란물'이라고 하기 위해서는 그 주된 내용이 아동 · 청소년의 성교행위 등을 표현하는 것이어야 할 뿐만 아니라, 그 등장인물의 외모나 신체발육 상태, 영상물의 출처나 제작 경위, 등장인물의 신원 등에 대하여 주어진 여러 정보 등을 종합적으로 고려하여 사회 평균인의 시각에서 객관적으로 관찰할 때 외관상 의심의 여지 없이 명백하게 아동·청소년으로 인식되는 경우라야 하고, 등장인물이 다소 어려 보인다는 사정만으로 쉽사리 '아동·청소년으로 인식될 수 있는 사람이 등장하는 아동·청소년이용음란물'이라고 단정해서는 아니 된다」라고 '아동·청소년이용음란물'의 판단기준을 제시한다.

끝으로 「이 사건 각 동영상 중 하나는 다소 어려보이는 여자가, 다른 하나는 교복과 유사한 형태의 옷을 입은 여자가 각각 등장하여 성적 행위를 하는 영상물로 보이기는 하나, 위 각 동영상 전체가 증거로 채택되어 조사된 것이 아니라 단지 위 각 동영상의 스틸 사진 몇 장만 증거로 채택되어 조사된 것으로, 위 각 동영상의 내용과 출처, 제작 경위, 등장인물의 신원 등에 대한 배경 정보가 전혀 없는 점, 위 각 등장인물은 그 외모나 신체발육의 상태로 볼 때 성인일 가능성을 배제할 수 없는 점 등을 알 수 있고, 이를 앞서 본 법리에 비추어 보면, 위 각 등장인물을 구 아청법 제2조 제5호의 '아동·청소년으로 인식될 수 있는 사람'이라고 단정하기는 어렵다」라고 결론을 내린다.

[연　구]

Ⅰ. 문제의 제기

최근 법무부는 국민이 범죄와 형벌에 관한 형법의 내용을 보다 쉽게 읽고, 이해할 수 있게 되어, 법질서 확립과 준법문화 확산의 계기가 마련될 수 있을 것을 기대하면서, 1953년 형법제정 당시의 일본식 표현 잔재를 한글화하고, 어려운 한문표현 등을 국민이 쉽게 알 수 있도록 하는 형법개정을 추진하기 시작했다.[5] 형법규정의 표현을 법률전문가가 아닌 일반국민의 눈높이에 맞추려는 노력은 적절하다고 하지 않을 수 없다. 국민이 형법규정의 의미내용을 보다 잘 이해할수록 법치주의의 이념도 보다 잘 실현될 수 있을 것이다. 그런데 보다

5) "법무부, 국민이 알기 쉽도록 「형법」 개정 추진", 법무부(검찰국 형사법제과) 보도자료 2015. 7. 27.

바람직한 법상태를 지향하는 이러한 움직임에 비추어볼 때, 「아동 · 청소년의 성보호에 관한 법률」(이하 '아동 · 청소년성보호법')에서 정하는 '아동 · 청소년이용음란물'의 개념정의가 일반국민이 그 개념과 판단기준을 파악하여 행위의 지침으로 삼을 수 있을 만큼 충분히 명백한지에 대해서는 의문이 있다.

현재 아동 · 청소년이용음란물은 "아동 · 청소년 또는 아동 · 청소년으로 명백하게 인식될 수 있는 사람이나 표현물이 등장하여 성교행위, 구강 · 항문 등 신체의 일부나 도구를 이용한 유사성교행위, 신체의 전부 또는 일부를 접촉 · 노출하는 행위로서 일반인의 성적 수치심이나 혐오감을 일으키는 행위, 자위행위의 어느 하나에 해당하는 행위를 하거나 그 밖의 성적 행위를 하는 내용을 표현하는 것으로서 필름 · 비디오물 · 게임물 또는 컴퓨터나 그 밖의 통신매체를 통한 화상 · 영상 등의 형태로 된 것"으로 정의되어 있다(아동 · 청소년성보호법 제2조 제5호). 아동 · 청소년이용음란물은 그 제작 · 배포 등을 처벌하는 아동 · 청소년성보호법 제11조의 구성요건표지이므로, 죄형법정주의 원칙상 그 개념은 명확해야 한다. 특히 '아동 · 청소년으로 명백하게 인식될 수 있는 사람이나 표현물'과 '그 밖의 성적 행위'라는 문언은 그 외연을 가늠하기가 쉽지 않다. 2012. 12. 18. 법률 제11572호로 전부 개정되기 전의 아동 · 청소년성보호법에서는 아동 · 청소년이용음란물의 개념정의에서 '명백하게'라는 표현 없이 '아동 · 청소년으로 인식될 수 있는 사람이나 표현물'로 표현했지만, 헌법재판소는 이는 죄형법정주의의 명확성원칙에 위반되지 않는다고 결정했다.[6] 그렇지만 아동 · 청소년이용음란물을 단순히 소지하는 행위까지 처벌하는 현행법체계에서 아동 · 청소년이용음란물의 개념을 분명히 하는 것은 더더욱 중요한 과제가 됨에도 불구하고, 현재의 아동 · 청소년이용음란물의 개념정의는 자의적인 해석의 여지를 내포하고 있고, 또한 형법상 음란물과 비교해 볼 때, 처벌의 불균형을 초래하는 것으로 생각된다. 이 글에서는 대상판결

6) 헌법재판소 2015. 6. 25. 선고 2013헌가17 · 24, 2013헌바85(병합) 전원합의체 결정.

을 중심으로 헌법재판소결정도 함께 비판적으로 검토함으로써 아동·청소년이용음란물의 개념과 판단기준을 전체법질서와 조화될 수 있도록 정하는 방법을 찾아보고자 한다.

Ⅱ. '아동·청소년이용음란물' 개념의 문제점

1. 아동·청소년으로 명백하게 인식될 수 있는 사람 또는 표현물

(1) 아동·청소년으로 명백하게 인식될 수 있는 사람

아동·청소년이용음란물은 실제 아동·청소년이 등장하는 경우만을 의미하지 않는다. 아동·청소년으로 명백하게 인식될 수 있는 사람이 등장하는 경우와 아동·청소년으로 명백하게 인식될 수 있는 표현물이 등장하는 경우, 즉 가상의 아동·청소년이용음란물도 아동·청소년이용음란물에 해당한다. 전자는 아동·청소년으로 명백하게 인식될 수 있는 실제 사람이 등장하는 경우를 말하고, 후자는 실제 아동·청소년이 아니라 아동·청소년의 이미지가 성적 행위의 주체 내지 대상으로 묘사된 경우를 말한다.[7] 헌법재판소는 대상판결과 같은 취지로 '아동·청소년으로 인식될 수 있는 사람'은 단순히 등장하는 사람이 어려보인다거나 성인이 아동·청소년과 같이 옷을 입거나 분장한 정도에 그치는 것이 아니라, 통상의 상식을 가진 일반인의 입장에서 전체적으로 그 외모, 신원, 등장인물 사이의 관계, 그 사람을 등장시켜 각종 성적 행위를 표현한 화상 또는 영상 등 매체물의 제작 동기와 경위 등을 종합하여 볼 때, 실제 아동·청소년으로 오인하기에 충분할 정도의 사람이 등장하는 경우를 의미한다고 한다. '아동·청소년으로 인식될 수 있는 사람'은 '아동·청소년'과 대등한 개념으로서 그와 동일한 법적 평가를 받을 수 있는 사람을 의미한다.[8] 대상판결의 '명백하게 아동·

7) 앞의 헌법재판소결정 참조. 동 결정에는 '아동·청소년으로 인식될 수 있는'으로만 표현되어 있다. 심판대상이 된 조항에 아직까지 '명백하게'라는 문언이 없었기 때문이다. 이하에서 '헌법재판소결정'은 앞의 헌법재판소결정을 말한다.

청소년으로 인식되는 경우'나 헌법재판소의 '실제 아동 · 청소년으로 오인하기에 충분할 정도의 사람'이라는 표현에서 알 수 있듯이, '아동 · 청소년으로 인식될 수 있는 사람'이라고 규정되어도 '아동 · 청소년으로 명백하게 인식될 수 있는 사람'이라는 해석이 도출된다. 누구의 관점에서 인식될 수 있어야 하는가에 관하여 대상판결은 '사회 평균인', 헌법재판소는 '통상의 상식을 가진 일반인'을 제시하지만, 그 의미는 다르지 않다.

그런데 '아동 · 청소년'은 19세에 도달하는 연도의 1월 1일을 맞이하지 않은 19세 미만의 자를 말한다(아동 · 청소년성보호법 제2조 제1호). 사회 평균인 내지 통상의 상식을 가진 일반인의 입장에서 등장인물의 외모, 신체발육 상태 등을 보고 등장인물이 19세에 도달하는 연도의 1월 1일을 맞이하지 않은 사람이라고 명백하게 인식할 수 있을까? 애초 아주 어린 사람으로 인식되는 사람이라면 문제가 없겠지만, 19세에 도달하는 연도의 1월 1일이라는 경계선상에 있는 것으로 보이는 사람은 어떻게 판단해야 할까? 인식가능성 여부는 궁극적으로 법관이 판단할 수밖에 없다. 법관도 사회 평균인의 입장에서 등장인물을 아동 · 청소년으로 인식할 수 있는가를 판단해야 하므로, 특별한 지표가 없는 이상 등장인물이 19세에 도달하는 연도의 1월 1일을 맞이했는지 여부까지 명쾌하게 가늠하기는 어렵다. 이러한 상황은 자의적인 판단을 낳을 수 있는 충분한 배경이 되고, 법관이 정확하게 인식하려면 할수록 판단불능에 이를 가능성도 커질 것이다.

구(舊) 「성폭력범죄의 처벌 및 피해자보호 등에 관한 법률」(2010. 4. 15. 법률 제10258호 「성폭력범죄의 피해자보호 등에 관한 법률」로 개정되기 전의 것) 제8조의2 제1항에서 정하는 13세 미만 미성년자에 대한 강간죄의 성립이 인정되려면, 피고인이 피해자가 13세 미만의 여자임을 알면서 그를 강간하였다는 사실이 검사에 의하여 입증되어야 한다.[9] 피

8) 대법원 2014. 9. 26. 선고 2013도12607 판결.
9) 대법원 2012. 8. 30. 선고 2012도7377 판결.

고인이 피해자를 강간할 당시 피해자가 13세 미만이라는 사실을 인식하였는지 여부가 다투어지자, 서울고등법원은 피고인이 그 당시 피해자가 13세 미만의 여자라는 사실을 현실적이고 구체적으로 인식하지는 못하였다 하더라도, 피해자가 13세 미만의 여자인 이상 그 당시의 객관적인 정황에 비추어 피고인이 피해자가 13세 미만의 여자라는 사실을 인식하였더라면 강간행위로 나아가지 아니하였으리라고 인정할 만한 합리적인 근거를 찾을 수 없다면, 피고인에게 적어도 13세 미만 미성년자에 대한 강간죄의 미필적 고의는 있었다고 보아야 한다는 법리를 전개하였지만,[10] 대법원은 이러한 법리는 범죄의 주관적 구성요건사실 역시 객관적 구성요건사실과 마찬가지로 검사에 의하여 입증되어야 한다는 형사소송법상의 중요한 원칙을 정당한 이유 없이 광범위한 범위에서 훼손하는 것으로서 쉽사리 용납될 수 없다고 판단하였다.[11] 이렇듯 실제 사람을 직접 보는 경우에도 그 사람의 연령을 쉽사리 파악하기

10) 서울고등법원 2012. 6. 7. 선고 2012노1013 판결.

11) 대법원 2012. 8. 30. 선고 2012도7377 판결. 이 판결에서 대법원은 "① 피해자는 만 12세 6개월인 중학교 1학년생으로 만 13세가 되기까지 6개월 정도 남은 상황이었다. ② 피고인은 검찰 조사에서 "피해자를 밖에서 만났을 때는 어둡고 피해자가 키도 크고 해서 나이가 어린 줄 몰랐는데 모텔에서 보니까 피해자가 15살 또는 16살 정도로 어려 보였고, 피해자에게 '몇 살이냐'고 물어보니까 피해자가 '중학교 1학년이라서 14살이다'라고 했었습니다. 그래서 당시 우리식 나이로 14살 정도 되는 줄 알았다."고 진술하였고, 피해자 또한 수사기관에서 "피고인에게 14세라고 말하였다."고 진술하였다. ③ 종전의 우리식 나이인 연 나이 14세는 만 나이로 생일이 지나지 아니한 경우는 12세, 생일이 지난 경우는 13세에 해당하여 대상자의 생년월일을 정확히 알지 못하는 경우에는 정확한 만 나이를 알기 어렵다 할 것인데, 피고인과 피해자는 사건 당일 처음 만난 사이이었고, 피해자가 피고인에게 생년월일까지 알려준 바는 없었다. ④ 이 사건 강간 범행 발생 약 3개월 전에 이루어진 건강검사 결과에 의하면 피해자는 키 약 155cm, 몸무게 약 50kg 정도로 중학교 1학년생으로서는 오히려 큰 편에 속하는 체격이었다. ⑤ 피고인은 당시 피해자를 데리고 모텔로 들어갔는데 모텔 관리자로부터 특별한 제지를 받은 바 없었던 것으로 보인다."라는 사정에 비추어 보면, 피고인이 이 사건 강간 범행 당시 피해자가 13세 미만인 사실을 미필적으로라도 인식하고 있었음이 합리적 의심의 여지없이 증명되었다고 쉽사리 단정할 수 없다고 보았다.

어려운 경우가 있다는 점을 고려하면, 음란물에 등장하는 사람이나 표현물이 아동·청소년으로 '인식될 수 있다'는 것을 처벌의 기초로 삼는 것은 인간의 인식능력의 한계를 인정하면서도, 법관이 '인식가능성'에 대해 잘못 판단하더라도, 그 불이익은 피고인에게 돌아가도록 하는 것이 될 수 있다. 이는 음란물에 등장하는 사람이나 표현물이 아동·청소년으로 인식될 수 있다는 사실에 대해서 피고인이 이를 인식했다는 점에 대한 검사의 입증책임을 사실상 완화하는 결과를 초래한다. 대법원이 쉽사리 용납될 수 없다고 보는 바로 그것에 해당한다.

(2) 아동 · 청소년으로 명백하게 인식될 수 있는 표현물

가장 논란이 큰 부분이다. 여기의 표현물에는 고도의 사진합성기술이나 컴퓨터그래픽을 이용하여 실제 아동 · 청소년이 등장한 것으로 오인할 정도로 만들어진 표현물만이 아니라, 아동 · 청소년을 성적 대상으로 묘사한 것이라면 그림 또는 컴퓨터그래픽을 이용한 아동 · 청소년의 이미지, 만화나 게임물에서의 아동 · 청소년 캐릭터, 사진으로 합성된 아동 · 청소년의 이미지가 모두 포함될 수 있다.[12)]

헌법재판소결정의 다수의견은 2010년 이후 발생한 아동을 대상으로 한 일련의 흉악한 강력 성폭력범죄의 범죄자들이 범행 전에 아동 및 청소년을 성적 대상으로 하는 음란물을 다수 또는 장기간 시청하였거나 소지하고 있었던 것으로 밝혀지면서, 실제 아동 · 청소년이 등장하는지 여부와 무관하게 아동 · 청소년을 성적 대상으로 하는 표현물에의 노출은 잠재적으로 아동 · 청소년을 대상으로 한 성범죄를 유발하는 촉매가 될 수 있다는 점을 고려하여, 아동 · 청소년이용음란물의 범위에 '아동 · 청소년으로 인식될 수 있는 사람이나 표현물'이 등장하는 경우를 포함시키게 된 배경, 아동 · 청소년을 성적 학대 및 성범죄의 대상으로부터 보호하고자 하는 입법취지, 실제 아동 · 청소년이용음란물의 제작 등의 행위와 가상의 아동 · 청소년이용음란물의 제작

12) 헌법재판소 2015. 6. 25. 선고 2013헌가17 · 24, 2013헌바85(병합) 전원합의체 결정.

등의 행위가 동일한 법정형으로 규율되고 있다는 점 등을 고려하면, '표현물' 부분의 문언적 의미의 광범성이나 추상성만을 가지고 '아동·청소년으로 인식될 수 있는 표현물' 부분의 명확성여부를 판단하여서는 안 되고, 이러한 표현물을 이용하여 성적 행위를 나타낸 아동·청소년이용음란물이 아동·청소년을 상대로 한 비정상적 성적 충동을 일으키기에 충분한 행위를 담고 있어 아동·청소년을 대상으로 한 성범죄를 유발할 우려가 있는 수준의 것에 한정된다고 본다면, 법관의 양식이나 조리에 따른 보충적인 해석에 의하여 판단기준이 구체화되어 해결될 수 있으므로, '아동·청소년으로 인식될 수 있는 사람이나 표현물' 부분의 의미는 불명확하다고 할 수 없다고 한다.

그러나 헌법재판소결정의 반대의견은 가상의 아동·청소년이용음란물의 제작 등의 행위를 실제 아동·청소년이용음란물의 제작 등의 행위와 동일한 법정형으로 규율하면서, 그 법정형의 수준도 형법 기타 다른 법률상의 음란물유포행위와 비교할 때 상당히 높게 정한 점 등을 고려하면, '아동·청소년으로 인식될 수 있는 표현물' 부분에 단순히 그림, 만화로 표현된 아동·청소년의 이미지도 모두 포함된다고 보기는 어려운 측면이 있고, 이 부분이 실제 아동·청소년이 등장하는 것으로 오인하기에 충분할 정도로 묘사된 표현물만을 의미한다고 쉽사리 해석되지도 않는다고 한다. 통상의 판단능력을 가진 사람의 입장에서 볼 때, '아동·청소년으로 인식될 수 있는 표현물'이 실제 아동·청소년이 등장하는 것으로 오인하기에 충분할 정도로 묘사된 표현물만을 의미하는 것인지, 아니면 아동·청소년을 성적 대상으로 연상시키는 표현물이면 단순히 그림, 만화로 표현된 아동·청소년의 이미지도 모두 이에 해당할 수 있는 것인지 판단하기 어려우므로 처벌되는 행위가 무엇인지 미리 예측할 수 있다고 할 수 없고, 그 판단을 법 집행기관이나 법관의 보충적 해석에 전적으로 맡기고 있으므로 자의적 법 해석 내지 집행을 초래할 우려마저 있다는 이유로 이 부분은 명확성원칙에 위반된다고 한다.

'아동 · 청소년이용음란물'의 개념은 2가지 요소로 구성된다. 첫째, 아동 · 청소년 또는 아동 · 청소년으로 명백하게 인식될 수 있는 사람이나 표현물이 등장하여 일정한 성적 행위를 하는 내용을 표현해야 한다(내용요소). 둘째, 필름 · 비디오물 · 게임물 또는 컴퓨터나 그 밖의 통신매체를 통한 화상 · 영상 등의 형태로 되어야 한다(형태요소). '아동 · 청소년으로 명백하게 인식될 수 있는 사람이나 표현물' 부분이 명확성원칙에 위반되지 않는다고 가정하더라도, '아동 · 청소년이용음란물'이 되려면, 이러한 사람이나 표현물의 행위가 필름 등에 담겨야 한다. 책, 화보, 사진집 등의 출판물 형태로 된 것은 여기에 해당하지 않는다. 출판물은 형법상 음화반포 등 죄(제243조), 음화제조 등 죄(제244조)의 적용대상이 될 뿐이다. 양자의 법정형은 1년 이하의 징역 또는 500만 원 이하의 벌금이다. 이에 비하여 아동 · 청소년이용음란물을 영리목적 없이 단순 소지하는 행위조차 1년 이하의 징역 또는 2천만 원 이하의 벌금으로 처벌하고, 아동 · 청소년이용음란물의 제조 등 행위의 미수범도 처벌하는 등 아동 · 청소년성보호법 제11조[13]에서 정하는 법정형은 현저히 높다. 또한 정보통신망 이용촉진 및 정보보호 등에 관한 법률(이하 '정보통신망법')은 정보통신망을 통하여 음란한 부호 · 문언 · 음향 · 화상 또는 영상을 배포 · 판매 · 임대하거나 공공연하게 전시한 자를 1

13) 아동 · 청소년성보호법 제11조(아동 · 청소년이용음란물의 제작 · 배포 등) ① 아동 · 청소년이용음란물을 제작 · 수입 또는 수출한 자는 무기징역 또는 5년 이상의 유기징역에 처한다.
② 영리를 목적으로 아동 · 청소년이용음란물을 판매 · 대여 · 배포 · 제공하거나 이를 목적으로 소지 · 운반하거나 공연히 전시 또는 상영한 자는 10년 이하의 징역에 처한다.
③ 아동 · 청소년이용음란물을 배포 · 제공하거나 공연히 전시 또는 상영한 자는 7년 이하의 징역 또는 5천만 원 이하의 벌금에 처한다.
④ 아동 · 청소년이용음란물을 제작할 것이라는 정황을 알면서 아동 · 청소년을 아동 · 청소년이용음란물의 제작자에게 알선한 자는 3년 이상의 징역에 처한다.
⑤ 아동 · 청소년이용음란물임을 알면서 이를 소지한 자는 1년 이하의 징역 또는 2천만 원 이하의 벌금에 처한다.
⑥ 제1항의 미수범은 처벌한다.

년 이하의 징역 또는 1천만 원 이하의 벌금으로 처벌하므로(제74조 제1항 제2호, 제44조의7 제1항 제1호), 정보통신망을 통하여 아동·청소년이용음란물을 배포·판매·임대하거나 공공연하게 전시하는 행위는 정보통신망법의 규율을 받는다. 가령 인터넷상으로 출판물이든 화상·영상이든 아동·청소년이용음란물을 배포·판매·임대하거나 공공연하게 전시하는 행위가 그러하다. 아동·청소년의 성적 행위를 실감 있게 묘사한 만화책과 같은 출판물은 이러한 행위를 화상·영상에 담은 것만큼이나 사회적으로 해악을 끼칠 수 있다. 그럼에도 불구하고 전자를 배포하거나 공연히 전시한 경우, 1년 이하의 징역 또는 5백만 원 이하의 벌금, 인터넷을 통하여 이를 배포하거나 공연히 전시한 경우, 1년 이하의 징역 또는 1천만 원 이하의 벌금에 처해짐에 반해, 후자를 배포하거나 공연히 전시한 경우, 7년 이하의 징역 또는 5천만 원 이하의 벌금, 인터넷을 통하여 이를 배포하거나 공연히 전시하더라도 마찬가지이지만, 정보통신망법이 만약 적용된다면, 1년 이하의 징역 또는 1천만 원 이하의 벌금에 처해진다. 또한 아동·청소년성보호법에 의할 때에만, 아동·청소년이용음란물의 단순소지가 처벌된다. 이러한 형벌체계가 과연 적절한 것일까? 아동·청소년성보호법의 입법취지나 보호법익을 감안하더라도, 동등하게 규율함이 타당한 아동·청소년을 이용한 음란물인 출판물과 아동·청소년이용음란물이 크게 차이가 나는 형벌로 각각 규율되고 있다는 것은 특히 큰 문제라고 하지 않을 수 없다.[14] 국회 여성가족위원회에서 아동·청소년성보호법 개정안을 심의

14) '아동·청소년이용음란물' 개념은 다음과 같은 과정을 거쳐서 정립되었다.

(1) 2000. 2. 3. 법률 제6261호로 제정(2000. 7. 1. 시행)된 청소년의 성보호에 관한 법률(이하 '청소년성보호법') 제2조 제3호에서는 '청소년이용음란물'을 "청소년이 등장하여 성교행위, 구강·항문 등 신체의 일부 또는 도구를 이용한 유사성교행위에 해당하는 행위를 하거나, 청소년의 수치심을 야기시키는 신체의 전부 또는 일부 등을 노골적으로 노출하여 음란한 내용을 표현한 것으로서, 필름·비디오물·게임물 또는 컴퓨터 기타 통신매체를 통한 영상 등의 형태로 된 것"으로 정의하였다.

(2) 2005. 12. 29. 법률 제7801호로 일부개정(2006. 6. 30. 시행)된 청소년성보호법

제2조 제3호에서는 '청소년이용음란물'을 "청소년이 등장하여 성교행위, 구강·항문 등 신체의 일부 또는 도구를 이용한 유사성교행위, 신체의 전부 또는 일부를 접촉·노출하는 행위로서 일반인의 성적 수치심이나 혐오감을 일으키는 행위, 자위행위의 어느 하나에 해당하는 행위를 하거나, 그 밖에 성적 행위를 하는 내용을 표현한 것으로서 필름·비디오물·게임물 또는 컴퓨터 그 밖의 통신매체를 통한 화상·영상 등의 형태로 된 것"으로 정의하였다. 청소년에 대한 비접촉 성적 착취행위를 규율할 수 없는 문제점을 개선하기 위해서 청소년의 성을 사는 행위의 유형에 신체의 전부 또는 일부를 만지는 등 신체를 접촉하는 행위와 자위행위 및 신체의 전부 또는 일부를 노출하는 행위를 추가한 것이다.

2007. 8. 3. 법률 제8634호로 전부개정(2008. 2. 4. 시행)된 청소년성보호법 제2조 제5호에서는 약간의 자구수정을 하여 '청소년이용음란물'을 "청소년이 등장하여 성교행위, 구강·항문 등 신체의 일부나 도구를 이용한 유사성교행위, 신체의 전부 또는 일부를 접촉·노출하는 행위로서 일반인의 성적 수치심이나 혐오감을 일으키는 행위, 자위행위의 어느 하나에 해당하는 행위를 하거나 그 밖의 성적 행위를 하는 내용을 표현하는 것으로서, 필름·비디오물·게임물 또는 컴퓨터나 그 밖의 통신매체를 통한 화상·영상 등의 형태로 된 것"으로 정의하였다.

(3) 청소년성보호법은 2009. 6. 9. 법률 제9765호로 전부개정(2010. 1. 1. 시행)되어, 제명이 '아동·청소년의 성보호에 관한 법률'로 바뀌었고, 법 제2조 제5호에서는 '아동·청소년이용음란물'을 "아동·청소년이 등장하여 성교행위, 구강·항문 등 신체의 일부나 도구를 이용한 유사성교행위, 신체의 전부 또는 일부를 접촉·노출하는 행위로서 일반인의 성적 수치심이나 혐오감을 일으키는 행위, 자위행위의 어느 하나에 해당하는 행위를 하거나 그 밖의 성적 행위를 하는 내용을 표현하는 것으로서 필름·비디오물·게임물 또는 컴퓨터나 그 밖의 통신매체를 통한 화상·영상 등의 형태로 된 것"으로 정의하였다.

(4) 2011. 9. 15. 법률 제11047호로 일부개정(2012. 3. 16. 시행)된 아동·청소년성보호법 제2조 제5호에 처음으로 '아동·청소년으로 인식될 수 있는 사람이나 표현물'이라는 문언이 등장하였다. '아동·청소년이용음란물'을 "아동·청소년 또는 아동·청소년으로 인식될 수 있는 사람이나 표현물이 등장하여 성교행위, 구강·항문 등 신체의 일부나 도구를 이용한 유사성교행위, 신체의 전부 또는 일부를 접촉·노출하는 행위로서 일반인의 성적 수치심이나 혐오감을 일으키는 행위, 자위행위의 어느 하나에 해당하는 행위를 하거나 그 밖의 성적 행위를 하는 내용을 표현하는 것으로서 필름·비디오물·게임물 또는 컴퓨터나 그 밖의 통신매체를 통한 화상·영상 등의 형태로 된 것"으로 정의하였다.

(5) 2012. 12. 18. 법률 제11572호로 전부개정(2013. 6. 19. 시행)된 아동·청소년성보호법에서는 아동·청소년이용음란물의 범위와 소지 개념을 보다 분명히 하기 위하여 '아동·청소년이용음란물'의 개념을 아동·청소년으로 '명

하는 과정에서 화상·영상 등의 형태로 되지 않은 것은 아동·청소년이용음란물이 아니라는 점에 대해서는 분명한 이해가 있었지만,15) 화상·영상 등의 형태로 된 음란물과 그렇지 않은 음란물에 관계되는 각각의 형벌의 균형이 맞지 않는다는 점은 깊이 있게 논의되지 않은 것으로 보인다.

2. 아동·청소년이용음란물과 명확성의 원칙

결국 핵심적인 문제는 '아동·청소년으로 명백하게 인식될 수 있는 사람이나 표현물'이 과연 '정확히 윤곽 지워진'(genau umrissen)16) 명확한 구성요건이 될 수 있는가라는 점이다. 아동·청소년성보호법은 이와 같이 가능성표지(- 할 수 있는/- 될 수 있는)로 대상을 기술하는 형벌법규를 가지고 있는데, 이는 현행법체계에서 드문 현상이다.17) 예

백하게' 인식될 수 있는 경우로 한정하였다. 법 제2조 제5호에서 '아동·청소년이용음란물'을 "아동·청소년 또는 아동·청소년으로 명백하게 인식될 수 있는 사람이나 표현물이 등장하여 성교행위, 구강·항문 등 신체의 일부나 도구를 이용한 유사성교행위, 신체의 전부 또는 일부를 접촉·노출하는 행위로서 일반인의 성적 수치심이나 혐오감을 일으키는 행위, 자위행위의 어느 하나에 해당하는 행위를 하거나 그 밖의 성적 행위를 하는 내용을 표현하는 것으로서 필름·비디오물·게임물 또는 컴퓨터나 그 밖의 통신매체를 통한 화상·영상 등의 형태로 된 것"으로 정의하였다.

15) "○ **최원식 의원** … 필름, 비디오물, 게임물 또는 컴퓨터나 그밖의 통신매체를 통한 화상 영상 등의 형태로 된 것이기 때문에 만화는 빠지는 것 아닌가요?

○ **여성가족부권익증진국장 강월구** (…). 만화 중에서도요 인쇄매체로 된, 종이로 된 만화는 포함이 안 되는데 인터넷상의 웹툰이라든가 애니메이션, 영화 그런 것은 포함이 됩니다." 제311회국회(정기회) 아동·여성대상성폭력대책특별위원회회의록(법안심사소위원회) 제4호, 2012. 11. 14, 69면.

16) 임웅, "형법상 명확성의 원칙", 성균관법학 제16권 제1호, 2004. 6, 481면 주 1).

17) 형법상 가능성표지를 사용하여 대상을 규정하는 구성요건은 제97조(물건제공이적)('전투용에 공할 수 있는 물건')와 제346조(동력)('관리할 수 있는 동력')이다. '관리할 수 있는 동력'의 경우, 관리가능하다고 하려면, 무체물인 동력이 축전·압축 등의 방법으로 일정한 용기에 의해 유체화되거나 전력·수력 등처럼 통제가능한 작용력이 있어야 한다(김일수·서보학, 새로쓴 형법각론(제8판), 2015, 223-224면; 배종대, 형법각론(제9전정판), 2015, §61-8). 학설은 재물과 재

를 들어 명예훼손죄의 구성요건인 '공연히', 즉 공연성이 불특정 또는 다수인이 인식할 수 있는 상태를 말한다고 해석하는 것처럼,[18] 가능성 표지가 있어야 할 자리는 원칙적으로 형벌법규 자체가 아니라 그에 대한 해석이 아닐까? 형벌법규 자체에 가능성표지가 존재하면, 그에 대한 해석은 그만큼 어려워지고, 가벌성의 확대가 우려되지 않을 수 없다. 형벌법규 자체에 가능성표지를 사용하는 일은 가급적 자제할 필요가 있다고 생각한다.

'아동 · 청소년으로 인식될 수 있는 사람이나 표현물'이라고만 표현하는 경우, 아동 · 청소년이용음란물을 단속하는 과정에서 이를 판단하기가 상당히 애매하다는 문제점이 있었고, 결국 논란을 조금이라도 줄이는 취지에서 '명백하게'라는 문언이 추가되었다.[19] 당시 아동 · 여성대상성폭력대책특별위원회의 심의과정에서 '인식될 수 있는'이라는 문언이 가지는 논란의 소지로 인해 여러 의견이 제시되었고, 그 중에는 이 문언을 적용하는 과정에서 판례가 쌓이고 그에 의해 기준이 자동적으로 생긴다는 취지의 의견도 있었다.[20] 그러나 법률전문가조차 개념의

산상의 이익의 구별을 위해 '관리'는 사무적 · 법적 관리를 제외한 물리적 관리를 뜻한다고 해석하고, 따라서 물리적 관리가 불가능한 권리, 전파 등은 재물이 될 수 없다고 보는 반면, '동력'이 자연적 에너지에 국한되는가 아니면 사람이나 우마의 힘도 포함되는가에 대해서는 의견의 일치를 보지 못하고 있다(배종대, 앞의 책, §61-8). '관리'의 의미를 해석으로 제한함으로써 '관리가능성'의 테두리를 어느 정도 한정하여 그릴 수 있게 되었지만, '동력'의 의미를 어떻게 이해하는가에 따라 '관리할 수 있는 동력'의 외연은 커질 수 있다. 처음부터 '물리적으로 관리할 수 있는 자연력' 또는 '물리적으로 관리할 수 있는 자연력과 인력 등'으로 보다 명확하게 규정했더라면, 해석상 논란은 그나마 줄어들었을 것이다.

'전투용에 공할 수 있는 물건'에 관해서는 문헌상 상세한 설명이 보이지 않는다. 전투용으로 사용할 수 있는 물건의 범위를 넓게 잡을수록 물건제공이적죄의 성립범위는 확대될 수밖에 없다.

18) 대법원 2010. 10. 28. 선고 2010도2877 판결.

19) 제311회국회(정기회) 아동 · 여성대상성폭력대책특별위원회회의록(법안심사소위원회) 제4호, 2012. 11. 14, 66-70면 참조.

20) "○ **법무부차관 길태기** 위원장님, 이것은요 하루아침에 해결할 수 [있는] 문제는 아니고요. 이것을 적용을 하다 보면 판례가 쌓이거든요. 그런 판례가

외연을 정확히 확정하기 어려운 문언을 일반국민이 이해하고 행위의 준칙으로 삼기는 더더욱 어려운 일이다. 명확성원칙뿐만 아니라 소급효금지원칙에 대한 관계에서도 문제가 생긴다. 즉 불명확하고 내용이 공허한 구성요건은 형벌법규 형성의 중심을 입법에서 재판으로 옮기고, 소급효금지원칙을 불필요하게 만들 것이다. 법관은 그의 해석을 언제라도 변경할 수 있기 때문이다.[21] 또한 평가를 필요로 하는 문언의 사용이 예견될 수 있을지라도, 입법자 스스로 해야 하고 또한 할 수 있는 가치결단을 법관에게 위임해서는 안 되는 이유는 행위의 가벌성 여부가 원칙적으로 범행 후에 법관의 판결에 의해 비로소 결정되고, 소급효금지를 넘어서 입법자와 법관의 권력분립도 무력해질 것이기 때문이다.[22] 시민은 자신의 자유를 가벌적인 영역의 한계에까지 행사할 수 있어야 한다.[23] 숙고 끝에 '명백하게'가 아동 · 청소년이용음란물의 개념정의에 추가되었지만, 주지하다시피 해석상으로도 '명백하게'는 도출되므로, 이는 아동 · 청소년이용음란물의 개념을 해석하는 데 특별한 영향을 주지는 않는다고 생각된다. 여기에서 외국의 법률은 아동 · 청소년이 관련된 음란물에 어떻게 대처하고 있는지를 살펴보기로 한다.

몇 개 쌓이면, 대법원 판례도 쌓이고 1심법원 판례도 쌓이면 기준이 자동적으로 생깁니다. 얼마 안 됐기……

○ **소위원장 김희정** 그러니까 판례가 쌓이기까지 지금 불안해하는 국민들이 많지 않습니까, 말씀드렸듯이?

○ **법무부차관 길태기** 그것은 아는데, 제 취지는 한 마디로 해 가지고 모든 것을 일거에 해결할 수 있는 방법은 쉽지 않다 이 말씀을 드리는 겁니다." 제311회국회(정기회) 아동 · 여성대상성폭력대책특별위원회회의록(법안심사소위원회) 제4호, 2012. 11. 14, 68면.

21) Schönke, Adolf · Schröder, Horst-Eser, Albin · Hecker, Bernd, Strafgesetzbuch: Kommentar, 29. Auflage, 2014, §1 Rn.17.

22) Eser, Albin · Burkhardt, Björn, Strafrecht I, 4. Auflage, 1992, 22면.

23) Fischer, Thomas, Strafgesetzbuch, 62. Auflage, 2015, §1 Rn.4.

Ⅲ. 아동 · 청소년이 관련된 음란물에 대한 비교법적 검토

1. 일본

일본의 「아동매춘, 아동포르노에 관한 행위 등의 규제, 처벌 및 아동보호 등에 관한 법률」(이하 '아동포르노금지법')[24]은 '아동'을 18세 미만의 자로 정하고(제2조 제1항), '아동포르노'를 "사진, 전자적 기록(전자적 방식, 자기적 방식 그 밖의 타인의 지각에 의하여 인식할 수 없는 방식으로 제작된 기록으로, 전자계산기에 의한 정보처리를 위해 제공되는 것)에 관한 기록매체 그 밖의 것으로, ① 아동을 상대방으로 하거나 또는 아동에 의한 성교 또는 성교유사행위에 관한 아동의 자태, ② 타인이 아동의 성기 등을 만지는 행위 또는 아동이 타인의 성기 등을 만지는 행위에 관한 아동의 자태로 성욕을 흥분시키거나 자극하는 것, ③ 의복의 전부 또는 일부를 입지 않은 아동의 자태로, 특히 아동의 성적 부위(성기 등이나 그 주변부, 엉덩이 또는 흉부)가 노출되거나 강조되어 있고, 동시에 성욕을 흥분시키거나 자극하는 것의 하나에 해당하는 아동의 자태를 시각에 의하여 인식할 수 있는 방법으로 묘사한 것"(제2조 제3항)으로 정의한다.

아동포르노금지법은 제7조에서 아동포르노의 소지, 제공 등 행위를 처벌하는 규정을 두고 있다. 그런데 우리나라와는 달리 아동포르노 소지죄의 구성요건은 자기의 성적 호기심을 충족할 목적을 요구한다. 즉 "자기의 성적 호기심을 충족할 목적으로 아동포르노를 소지한 자(자기의 의사에 의하여 소지하게 된 자이며, 또한 해당자임이 명백히 인정되는 자에 한함)"와 "자기의 성적 호기심을 충족할 목적으로 제2조 제3항 각호의 하나에 해당하는 아동의 자태를 시각에 의하여 인식할 수 있는 방법으로 묘사한 정보를 기록한 전자적 기록을 보관한 자(자기의 의사에 의하여 보관하게 된 자이며, 또한 해당자임이 명백히

24) 1999년 5월 26일 제정되었고, 2014년 6월 25일 최종 개정되었다. 아동포르노소지죄(제7조 제1항)는 2015년 7월 15일부터 시행되었다(부칙 제1조 제2항).

인정되는 자에 한함)"를 1년 이하의 징역 또는 백만 엔 이하의 벌금으로 처벌한다. 또한 아동포르노금지법 제9조에서는 아동을 사용하는 자는 아동의 연령을 모르는 것을 이유로 처벌을 면할 수 없도록(다만, 과실이 없는 때에는 그러하지 아니하다) 규정하는데, 제7조 제1항의 아동포르노소지죄는 제9조의 적용대상에서 제외하고 있다.

아동포르노금지법은 만화, 애니메이션, 컴퓨터그래픽을 아동포르노의 개념에서 제외하고 있다. 2014. 6. 18. 아동포르노 소지자를 처벌하는 내용의 개정 아동포르노금지법을 통과시켰던 일본 참의원은 원래 만화, 애니메이션, 컴퓨터그래픽 등도 규제해야 하는지 연구한다는 부칙을 넣으려고 했지만, 표현의 자유 침해 우려가 있다는 이유로 보류했다.[25] 그러나 만화, 애니메이션, 컴퓨터그래픽을 아동포르노소지죄의 적용대상에서 제외한 것은 만화왕국 일본에서 강력한 영향력을 행사하는 관련업계의 입김이 작용했다는 지적도 만만찮다.[26]

2. 미국

1996년 제정된 미국의 「아동포르노방지법」(Child Pornography Prevention Act of 1996, 이하 'CPPA')에서는 현재 '아동포르노그래피'를 "사진, 필름, 비디오, 그림 또는 컴퓨터나 컴퓨터로 생성된 이미지나 그림을 포함하고, 전자적, 기계적 또는 그 밖의 방법으로 만들어지거나 생산되었으며, 노골적인 성행위(sexually explicit conduct)를 담은 시각적 묘사물"로 정의하면서, (A) 노골적인 성행위에 관여하는 미성년자(minor)[27]의 이용이 수반되는 시각적 묘사물의 생산, (B) 노골적인 성행위에 관여하는 미성년자의 이미지이거나 그와 구별하기 어려운(indistinguishable) 디지털 이미지, 컴퓨터 이미지 또는 컴퓨터에 의해 생성된 이미지인 시각적 묘사물, (C) 신원을 알 수 있는 미성년자가

25) "아동포르노 소지자 일본도 처벌하기로", 한겨레신문, 2014, 6. 19.
26) "일본, 아동 포르노 단순 소지자도 15일부터 처벌", 연합뉴스, 2015. 7. 14.
27) 18세 미만의 자를 말한다(18. U.S.C. §2256(1)).

노골적인 성행위에 관여하는 것처럼 보이도록 창작, 조정 또는 수정된 시각적 묘사물이 여기에 해당한다고 규정한다.28)

과거에는 "(D) 내용이 노골적인 성행위에 관여하는 미성년자의 시각적인 묘사물이거나 이를 포함한다는 인상을 주는 방식으로 광고, 홍보, 설명, 기술 또는 배포된 시각적 묘사물"도 여기에 포함되었지만, 2003년 삭제되었고, "(B) 노골적인 성행위에 관여하는 미성년자에 대한 것이거나 그 미성년자인 것처럼 보이는 시각적 묘사물"은 2003년 현재의 규정으로 개정되었다. 이 규정들에 의하면, 성인이 미성년자로 분하여 등장하는 경우나 컴퓨터그래픽이나 애니메이션으로 작성된 실제의 인물과 분간되지 않는 표현물이 등장하는 경우도 규제의 대상이 된다.29)

1997. 7. 성인물 제작 · 배포를 업으로 하는 사업자들의 이익단체인 '자유언론연합'(Free Speech Coalition)이 18 U.S.C. §2256(8)의 예전 규정 (B)와 (D)가 '모호한 법적 언어로 인해 위헌'이라는 이유로 위헌법률심판을 청구하였다.30) 2002. 4. 16. 미국 연방대법원은 심판대상조항들은 지나치게 광범위해서 헌법에 위반된다(overbroad and unconstitutional)고 판단하였고,31) 다음과 같은 이유를 제시했다.

(1) CPPA는 Miller 판결32)에 부합하지 않는다. 문제의 작품이 전체적으로 볼 때 호색적인 흥미에 호소하고, 공동체 기준에 비추어 명백히 모욕적이며, 중대한 문학적, 예술적, 정치적 또는 과학적 가치가 결여된다는 것을 정부가 입증할 것을 요구하는 Miller 기준33)에 의할 때,

---

28) 18 U.S.C. §2256 (8).

29) 김성규, "아동 · 청소년이용음란물의 개념적 한정성(限定性)", 형사정책 제25권 제1호, 2013. 4, 233면.

30) 자세한 소송경과는 심희기, "아동 포르노그라피와 한국의 청소년 성보호법", 비교형사법연구 제5권 제2호, 2003. 12, 894면.

31) Ashcroft v. Free Speech Coalition 535 U.S. 234 (2002).

32) Miller v. California 413 U.S. 15 (1973).

33) 미국에서는 일반적으로 Miller 판결에서 제시한 Miller Test가 음란물의 음란성에 관한 중요한 판단기준으로 작용하고 있다(임정호, "아동 · 청소년의 성보호에 관한 법률상 아동음란물 정의규정에 대한 미국법과의 비교 연구", 법학논

음란하지 않은 이미지까지 CPPA는 규제한다. CPPA는 어떻게 표현되어 있든 노골적인 성행위의 묘사물을 금지하므로, 작품이 노골적인 성행위에 호소하지 않거나, 명백하게 모욕적이지 않아도 금지된다. 그러나 노골적인 성행위에 관여하는 17살로 보이는 사람의 그림이 모든 경우에 공동체 기준을 위반하는 것은 아니다.[34)]

(2) CPPA는 Ferber 판결[35)]에서 지지를 얻지 못한다. Ferber 판결은 아동포르노의 제작뿐만 아니라, 배포와 판매의 금지를 지지했다. 이는 이러한 행위가, 아동 학대의 영속적인 기록으로서 지속적 유통 자체가 관여아동에 해를 끼칠 것이라는 점과 아동포르노 거래가 그 생산을 위한 경제적 동기이기 때문에 국가는 유통망을 차단하는 데 관심을 가진다는 점에서 아동의 성적 학대에 "본질적으로 관련되어" 있기 때문이다.[36)] Ferber 판결의 그 표현(speech), 즉 그 자체 성적 학대의 기록인 표현과는 달리, CPPA는 어떤 범죄도 기록하지 않고, 그 생산에 의해 어떤 피해자도 만들지 않는 표현을 금지한다. 가상아동포르노는 아동의 성적 학대에 "본질적으로 관련되어" 있지 않다. 정부는 그 이미지가 아동 학대의 실제사례로 이어질 수 있다고 주장하지만, 그런 우연한 관련은 불확정적이고 간접적이다.[37)]

다시 말하면, 미국 연방대법원은 표현의 자유에서 아동포르노를 배제하는 이유를 아동포르노가 아동의 성적 학대에 본질적으로 관련되어 있다는 점에서 찾고, 애니메이션이나 만화 등의 가상아동포르노는 아동의 성적 학대에 본질적으로 관련되어 있지 않으므로, 이를 금지할 수 없다는 입장이다.[38)] 미국 연방의회는 2003. 4. 「오늘날 아동착

총 제25권 제3호, 2013. 2, 20면).

34) Ashcroft v. Free Speech Coalition 535 U.S. 234, 235.

35) New York v. Ferber 458 U.S. 747 (1982). Ferber 등이 아동포르노를 뉴욕 맨하탄에서 판매하려다 매수자로 위장한 뉴욕시 경찰에 의하여 체포되자 아동포르노 판매를 처벌하는 법률의 위헌성을 주장한 사건이다(임정호, 주 33)의 글, 20-21면).

36) Ashcroft v. Free Speech Coalition 535 U.S. 234, 235.

37) Ashcroft v. Free Speech Coalition 535 U.S. 234, 236.

취 종결을 위한 소추상의 개선책 및 그 밖의 수단에 관한 법률」(Prosecutional Remedies and Other Tools to end the Exploitation of Children Today Act of 2003)을 제정하여, 현재의 18 U.S.C. §2256이 만들어졌다. 18 U.S.C. §2256 (11)에서는 「묘사물에 관하여 사용되는 "구별하기 어려운"(indistinguishable)이라는 개념은, 묘사물이 그것을 바라보는 일반인이 그것이 노골적인 성행위에 관여한 실제 미성년자에 관한 것이라는 결론을 내릴 정도로, 사실상 구별하기 어렵다는 의미이다. 이 개념정의는 미성년자 또는 성인을 묘사한 소묘(drawings), 만화, 조각 또는 그림(paintings)에는 적용되지 않는다」라고 규정한다. 이에 따라 미성년자의 노골적인 성행위를 묘사한 것이라도 소묘, 만화, 조각, 그림 등은 Miller Test에 의해 음란물 여부가 판명된다.[39)]

3. 독일

독일형법은 제184조의b에서 아동포르노(Kinderpornographische Schrift)의 반포, 취득 및 소지 등을, 제184조의c에서 청소년포르노(Jugendpornographische Schrift)의 반포, 취득 및 소지 등을 처벌하는 규정을 두고 있다. 아동포르노와 청소년포르노의 대상은 등장인물에서 차이가 있을 뿐만 아니라, 청소년포르노의 대상에는 '노출된 생식기나 엉덩이의 성적으로 흥분시키는 재현'은 포함되지 않는다. 즉 아동포르노그래피는 a) 14세 미만의 자(아동)에 대한 또는 그 앞에서의 성적 행위, b) 신체의 전부 또는 일부가 노출되고 부자연스럽게 성을 강조하는 자세로 있는 아동의 재현, c) 아동의 노출된 생식기나 엉덩이의 성적으로 흥분시키는 재현을 대상으로 하는 것을 말하고(§184b (1) 1), 청소년포르노그래피는 a) 14세 이상 18세 미만의 자에 대한 또는 그 앞에서의 성적 행위, b) 신체의 전부 또는 일부가 노출되고 부자연스

38) 김성진, "미국에서의 아동성범죄에 대한 형사법적 대응", 중앙법학 제15집 제1호, 2013. 3, 97면도 같은 뜻이다.

39) 박용철, "아동 · 청소년이용음란물의 범위에 대하여", 강원법학 제43권, 2014. 10, 259면.

럽게 성을 강조하는 자세로 있는 14세 이상 18세 미만의 자의 재현을 대상으로 하는 것을 말한다(§184c (1) 1). 실제의 또는 현실적인 사건(tatsächliches oder wirklichkeitsnahes Geschehen)을 재현하는 아동포르노를 소지하려고 한 자나 소지한 자(§184b (3)) 또는 실제의 사건을 재현하는 청소년포르노를 소지하려고 한 자나 소지한 자는 처벌된다(§184c (3)). 이는 다음과 같이 해석된다.

'대상'(Gegenstand) 개념에서 객관적인 행위의 묘사보다는 포르노물의 의미내용이 더 중요하기 때문에, 아동포르노의 대상은 가상의 행위일 수도 있다.[40] 행위자가 관찰자가 아동을 아동으로 생각하지 않을 것이라 믿을 때, 행위자가 관찰자에게 그런 착오를 야기하려고 한 때 또는 그렇게 거짓말을 한 때(예를 들어 아동을 '13세처럼 보이는 18세'라고 표시한 경우)에도 아동포르노에 해당한다.[41] 실제 아동이 아닌 사람이 포르노물에서 아동으로 보일 때에는 객관적 관찰자의 의미연결과 견해가 중요하고, 아동으로 표시된 사람의 연령이 포르노물 자체에서 밝혀진 때에는 그가 실제로 14세 미만인지 여부는 중요하지 않다.[42] 또한 관찰자가 18세의 여배우를 그녀의 아동적인 외관으로 인해 착오로 13세의 아동으로 생각할 때에는 아동포르노에 해당하지 않고, 만화 속 인물 같은 가상의 사람의 경우에도 마찬가지이다.[43] '사건'(Geschehen)이라는 표지는 제작을 위해 아동이 성적으로 남용되는 실물(Life) 촬영, 즉 영화, 비디오영화, 사진, 녹음을 나타내는 것으로 파악된다. 컴퓨터에 의해 생성되거나, 사진합성이나 영상편집에 의해 제작된 것과 같은 가상의 묘사물은 '현실적인 사건'을 재현하는 것으로 이해하면 충분하다. 반면 아동포르노의 내용을 담고 있는 소묘, 회화 또는 텍스트의 소지

---

40) Fischer, 주 23)의 책, §184b Rn.5.

41) Fischer, 주 23)의 책, §184b Rn.5a. "잘못된 표시는 언제나 위장을 위해 사용되고, 정보를 제공받은 아동포르노의 수요자에 의해 전혀 진지하게 생각되지 않을 것이다."

42) Fischer, 앞의 책, §184b Rn.6. "포르노물의 '대상'이 단지 객관적 사실만을 반영하는 것은 아니다."

43) Fischer, 앞의 책, §184b Rn.6.

는 처벌되지 않는다.[44)]

Ⅳ. 대상판결에 대한 소감(所感)

1. 아동 · 청소년이용음란물의 개념에 관하여

대상판결은 아동 · 청소년이용음란물의 개념 자체의 당부에 관해서는 특별한 언급을 하지 않는 반면, 헌법재판소는 이 개념이 헌법에 위반되지 않는다고 말한다. 그러나 '아동 · 청소년으로 (명백하게) 인식될 수 있는 사람 또는 표현물'은 과연 아동 · 청소년으로 명백하게 인식될 수 있는가라는 문제와 관련하여 분명히 어려움을 야기하는 문언이다. 특히 19세에 도달하는 해의 1월 1일을 맞이하기 전의 사람이라는 것이 통상의 인식능력을 갖춘 일반인이 명백하게 인식할 수 있는 사항이라고 할 수 있을지가 의문이다. 형사소송에서 검사가 이를 입증하기도 당연히 어려울 것이다.[45)] 결국 '의심스러운 때에는 피고인의 이익으로' 판단되는 부분이 많게 되어 이 문언이 실질적으로 효력을 발하는 영역은 문언 자체가 예정하는 영역보다는 축소될 것이다.

아동 · 청소년을 성범죄로부터 보호하는 것이 아동 · 청소년성보호법의 목적이기는 하지만(제1조), 실제 사람이 아닌 표현물이 등장하는 경우까지 아동 · 청소년이용음란물에 포함시키는 것은 지나친 입법으로 보인다. 헌법재판소결정의 반대의견이 적절히 지적하듯이, "단순히 잠재적으로 아동 · 청소년을 대상으로 한 성범죄에 영향을 미칠 수 있다."는 이유로 가상의 아동 · 청소년이용음란물의 경우를 "성적 착취를 당하는 일차적 피해법익이 존재하는 실제 아동 · 청소년이 등장하는 경우"와 동일하게 중한 법정형으로 규율하는 것은 "유해성에 대한 막연한 의심이나 유해의 가능성만으로 표현물의 내용을 광범위하게 규

44) Laufhütte, Heinrich Wilhelm · Roggenbuck, Ellen, Strafgesetzbuch: Leipziger Kommentar, Band 6, 12. Auflage, 2010, §184b Rn.11.

45) 김성규, 주 29)의 글, 239-240면도 같은 취지로 이해된다.

제하는 것”이다. 화상 · 영상 등의 형태를 갖추지 않고서도 마찬가지의 해악을 끼칠 수 있는 출판물 형태 등의 음란물이 있음에도, 아동 · 청소년성보호법은 전자만을 적용대상으로 하여 가중된 형벌을 규정한다. 이러한 불균형을 시정하기 위해서는 일본과 같이 실제로 성적 착취를 당하는 대상이 없는 만화, 애니메이션 등을 아동 · 청소년이용음란물 개념에서 배제하는 것이 적절하다고 보인다(입법론). 아동포르노의 내용을 담고 있는 소묘, 회화 또는 텍스트의 소지는 처벌되지 않는다는 독일의 해석론이나 미성년자의 노골적인 성행위를 묘사한 소묘, 만화, 조각, 그림 등은 Miller Test에 의해 음란물 여부가 판명된다는 미국의 해석론도 참고할 필요가 있다.

한편 ‘그 밖의 성적 행위’의 의미에 대해, 헌법재판소결정의 다수의견은 성교행위, 유사성교행위, 자위행위, 신체의 전부 또는 일부를 접촉 · 노출하는 행위로서 일반인의 성적 수치심이나 혐오감을 일으키는 행위에 준하는 것으로서 음란한 내용을 표현한 것으로 볼 수 있으므로, 이 문언은 불명확하지 않다고 하는 데 반해, 반대의견은, 음란한 성적 행위를 묘사한 것만 아동 · 청소년이용음란물에 해당한다고 볼 경우 오히려 아동 · 청소년의 성보호에 미흡한 결과가 초래될 수 있기 때문에, ‘그 밖의 성적 행위’가 개념정의에 등장하게 된 것으로 이해하고, 실제 아동 · 청소년이 성적 행위의 대상으로 이용되지 않는 가상의 아동 · 청소년이용음란물의 경우에도 ‘그 밖의 성적 행위’ 부분을 음란한 내용을 표현한 것에 국한하지 않는다고 볼 경우 그 처벌범위가 지나치게 확대될 우려가 있다고 한다. 독일형법은 ‘성적 행위’를 해당 보호법익과 관련하여 상당히 중요한 행위만을 말한다고 정의하지만(제184조의h 제1호), 우리 형법체계에는 그와 같은 규정이 없다. 그러나 아동 · 청소년이용음란물은 ‘음란물’이므로, ‘음란물’의 요소는 기본적으로 갖추어야 한다고 파악하면, ‘그 밖의 성적 행위’가 반드시 불명확하다고 볼 것은 아니지 않을까 생각한다.

2. 아동 · 청소년이용음란물의 판단기준에 관하여

대상판결은 등장인물의 외모나 신체발육 상태, 영상물의 출처나 제작 경위, 등장인물의 신원 등을 사회 평균인의 시각에서 객관적으로 관찰하여 아동 · 청소년이용음란물 여부를 판단해야 한다는 기준을 제시한다. 그런데 이러한 기준으로는 해결하기 곤란한 상황들이 있다. 사회 평균인의 시각에서 객관적으로 관찰해야 하므로, 예를 들어 음란물의 소지자는 19세 이상인 배우가 아동 · 청소년으로 분해 음란물에 등장한다는 사실을 알고 있지만, 그 배우가 아주 어려보이는 외모를 지니고 있기 때문에, 사회 평균인은 그를 아동 · 청소년으로 생각할 수밖에 없는 경우에도 당해 음란물은 아동 · 청소년이용음란물에 해당하게 된다. 이 경우 독일에서도 객관적 관찰자의 입장에서 판단하기는 하지만, 소지자의 관점에서 아동 · 청소년에 대한 성적 학대를 당하는 아동 · 청소년이 없음에도, 단지 그 이미지만으로 아동 · 청소년이용음란물이 되는 상황이 발생하는 것이다. 즉 현행법체계에서는 16세 남녀의 정사장면이 나오는 춘향전을 영화로 만들면 배우가 성인이더라도 아동 · 청소년이용음란물에 해당된다.[46)]

대상판결은 등장인물의 외모나 신체발육 상태 등을 판단의 요소로 들고 있지만, 신체적 성장이 빠른 요즘의 아동 · 청소년의 상황을 생각할 때, 이러한 요소가 결정적일 수는 없을 것이다. 같은 맥락에서, 대상판결은 외관상 의심의 여지없이 명백하게 아동 · 청소년으로 인식되는 경우라야 하고, 등장인물이 다소 어려 보인다는 사정만으로 쉽사리 아동 · 청소년으로 인식될 수 있는 사람이 등장하는 아동 · 청소년이용음란물이라고 단정해서는 안 된다고 하지만, 이러한 기준에 따르면, 후자의 경우는 대부분 아동 · 청소년이용음란물로 판단되지 않게 될 것이다. 실제로 대법원은 각 동영상의 '원조교제 로리 여학생' 등이라는 제목이 등장인물이 아동 · 청소년인 것과 같은 인상을 주고, 일부 장면에 교복 등 통상 아동 · 청소년이 착용하는 의복을 입고 등장하지

46) 박경신, "춘향전을 영화로 만들어도 아동성범죄인가", 경향신문, 2012. 11. 19.

만, 각 동영상의 제목과 특정장면을 캡처한 10장 미만씩의 사진만으로는 각 동영상에 등장하는 인물이 아동·청소년으로 명백히 인식될 수 있는 사람이라는 점에 대한 증명이 부족하다고 하였고,[47] 파일명이 'Japan school girl.mpg'인 동영상 중 일부를 캡처한 사진들에는 교복으로 보이는 옷을 입은 여성이 자신의 성기를 만지고 있는 모습 등이 나타나 있으나, 여성의 외모나 신체발육 상태 등에 비추어 여성을 아동·청소년으로 단정하기는 어렵다고 한 바 있다.[48]

대상판결에서 제시하는 판단기준은 원칙적으로는 타당하지만, 실제 적용에 있어서는 큰 역할을 하지 못하는 것으로 보인다. 이는 '아동·청소년으로 (명백하게) 인식될 수 있는 사람 또는 표현물'이 얼마나 윤곽을 긋기가 어려운 문언인지를 나타내는 것이기도 하다. 결국 원칙론을 되풀이할 것이 아니라, 입법적으로 '아동·청소년이용음란물'의 개념을 새롭게 정립하는 것이 필요하다고 생각한다.

Ⅴ. 맺음말

아동·청소년성보호법에서는 '아동·청소년이용음란물'의 개념을 정의하면서 '(명백하게) 인식될 수 있는'이라는 가능성표지를 사용하고 있다. 헌법재판소는 이는 명확성원칙에 위배되지 않는다고 보고, 대상판결도 아동·청소년이용음란물의 판단기준을 제시하며 사건을 심판한다. 그러나 이 기준은 등장인물이 아동·청소년인지 여부를 판단함에 있어 실효성은 크지 않은 것으로 보인다. 일반국민이 형벌법규 자체만으로는 그 적용범위를 제대로 알기 어렵고 판례가 형성되어야만 이를 알 수 있다면, 당해 형벌법규는 죄형법정주의 원칙의 관점에서 그렇게 바람직하다고 할 수는 없다. 형벌법규의 윤곽은 되도록 형벌법규 그 자체로 분명히 인식할 수 있어야 할 것이다.

---

47) 대법원 2014. 9. 25. 선고 2014도5750 판결.

48) 대법원 2014. 9. 26. 선고 2013도12607 판결.

2012. 11. 14. 발의된 아동 · 청소년성보호법 일부개정법률안(최민희의원 대표발의)은 "아동 · 청소년 또는 아동 · 청소년으로 인식될 수 있는 사람이나 표현물이 등장하여"를 "실제 아동 · 청소년이 출연하여"로 개정하는 내용이었다. 가능성표지로 대상을 규정하는 형벌법규에 대해서는 여러 측면에서 적용범위를 제한하는 해석론이 전개되지 않을 수 없다. 이 때문에 헌법재판소나 대법원은 '아동 · 청소년이용음란물'에 대해서 문언의 한계 위에서 아슬아슬한 줄타기를 하는 것 같은 해석론을 전개하는 것으로 생각된다. 이런 문제상황을 벗어나려면, 아무래도 실제 아동 · 청소년이 등장하는 경우만 아동 · 청소년이용음란물로 포착하도록 아동 · 청소년성보호법을 개정하는 것이 필요하지 않을까 생각한다. 이로 인해 아동 · 청소년성보호법의 규율대상에서 벗어나는 행위들은 형법과 정보통신망법에 의해 규율될 수 있으므로, 처벌의 공백은 생기지 않을 것이다. 무엇보다도 성인배우가 아동 · 청소년으로 분해 연기한 '은교', '로미오와 줄리엣', '춘향전'을 아동 · 청소년이용음란물로 볼 수는 없지 않을까.

[주 제 어]
아동 · 청소년이용음란물, 표현물, 의심스러운 때에는 피고인의 이익으로, 명확성의 원칙, 처벌의 공백

[Key Words]
child or juvenile pornography, representations, in dubio pro reo, principle of clarity, gap of punishment

접수일자: 2016. 5. 10. 심사일자: 2016. 5. 31. 게재확정일자: 2016. 6. 3.

[참고문헌]

고제성, “구 아동·청소년의 성보호에 관한 법률 제2조 제5호의 ‘아동·청소년으로 인식될 수 있는 사람이 등장하는 아동·청소년이용음란물’인지 판단하는 기준”, 대법원판례해설 제102호(2014년 하), 2015. 6.

김성규, “아동·청소년이용음란물의 개념적 한정성(限定性)”, 형사정책 제25권 제1호, 2013. 4.

김성진, “미국에서의 아동성범죄에 대한 형사법적 대응”, 중앙법학 제15집 제1호, 2013. 3.

김일수·서보학, 새로쓴 형법각론(제8판), 2015, 223-224면; 배종대, 형법각론(제9전정판), 2015.

박경신, “춘향전을 영화로 만들어도 아동성범죄인가”, 경향신문, 2012. 11. 19.

박용철, “아동·청소년이용음란물의 범위에 대하여”, 강원법학 제43권, 2014. 10.

심희기, “아동 포르노그라피와 한국의 청소년 성보호법”, 비교형사법연구 제5권 제2호, 2003. 12.

임 웅, “형법상 명확성의 원칙”, 성균관법학 제16권 제1호, 2004. 6.

임정호, “아동·청소년의 성보호에 관한 법률상 아동음란물 정의규정에 대한 미국법과의 비교 연구”, 법학논총 제25권 제3호, 2013. 2.

Eser, Albin · Burkhardt, Björn, Strafrecht I, 4. Auflage, 1992.

Fischer, Thomas, Strafgesetzbuch, 62. Auflage, 2015, §1 Rn.4

Laufhütte, Heinrich Wilhelm · Roggenbuck, Ellen, Strafgesetzbuch: Leipziger Kommentar, Band 6, 12. Auflage, 2010.

Schönke, Adolf · Schröder, Horst-Eser, Albin · Hecker, Bernd, Strafgesetzbuch: Kommentar, 29. Auflage, 2014.

제311회국회(정기회) 아동·여성대상성폭력대책특별위원회회의록(법안심사소위원회) 제4호, 2012. 11. 14.
"법무부, 국민이 알기 쉽도록 「형법」 개정 추진", 법무부(검찰국 형사법제과) 보도자료 2015. 7. 27.
"아동포르노 소지자 일본도 처벌하기로", 한겨레신문, 2014, 6. 19.
"일본, 아동 포르노 단순 소지자도 15일부터 처벌", 연합뉴스, 2015. 7. 14.

국회 의안정보시스템(http://likms.assembly.go.kr/bill/jsp/main.jsp).
대한민국 법원 종합법률정보(http://glaw.scourt.go.kr/).
법무부(http://www.moj.go.kr/).
법제처 국가법령정보센터(http://www.law.go.kr/).
헌법재판소(http://www.ccourt.go.kr/).

http://www.gpo.gov/.
https://supreme.justia.com/.
http://law.e-gov.go.jp/.
http://dejure.org/.

[Abstract]

A Study on the Term and the Standard of Judgment of "Child or Juvenile Pornography"

Lee, Chang-Sup*

Recently, the Supreme Court suggested the standard of judgment of "child or juvenile pornography" where persons or representations that can be perceived as children or juveniles appear(2013Do4503). According to the standard, a depiction's main content, appearances, states of physical development and identities of the characters, etc. must be considered in judging whether it is "child or juvenile pornography" or not, and it is not to be easily concluded that the depiction is "child or juvenile pornography", even if the characters look somewhat younger.

But I guess that this standard will not have a great effect on the judgment, because there are the conceptual element of "can be" and the principle of "in dubio pro reo". From the point of view of the principle of clarity, the use of the conceptual element like "can be" is to be restrained in articles of criminal law, if possible.

Therefore, it is proper that the term "child or juvenile pornography" should be reorganized as a depiction where real persons appear. The gap of punishment resulting from here will not happen. Criminal Act and Information and Communications Network Act will bridge the gap.

* Associate Professor, Law School, Jeju National University, Ph.D. in Law.

2010년 '옵션'쇼크와 연계시세조종의 판단기준
- 2016. 1. 25. 선고 서울중앙지방법원 2011고합1120호 사건을 중심으로 -

김 영 기*

Ⅰ. 사건 개관

1. 범죄사실 개요[1)]

A는 도이치은행 홍콩지점 차익거래부분 팀장 겸 상무, B는 같은 팀 이사, C는 도이치은행 홍콩지점 주식영업부분 리스크 총책임자, 피고인은 도이치증권 주식회사의 주식파생상품부분 팀장 겸 상무이다.

A, B, C, 피고인은 도이치은행과 도이치증권 주식회사의 고유계정에서 장내파생상품인 코스피(KOSPI)200 지수 옵션을 매수한 다음, 2010년 중 지수차익거래를 통해 보유하고 있던 대규모 코스피200 지수를 구성하는 현물 주식을 2010. 11. 11. 옵션만기일에 일시에 전량 매도하여 기초자산인 코스피200 지수를 하락시킴으로써 위와 같은 파

* 전주지방검찰청 남원지청장(부장검사), 한국거래소(KRX) 법률자문관 파견 역임.

1) 범죄사실은 대상 판결문의 2쪽 이하 범죄사실을 인용하였다. A, B, C는 모두 외국인이고, 피고인은 한국인이다. A, B, C는 이 사건 옵션사태에 대한 금융감독원의 기초조사가 진행되던 중 해외로 출국하여 결국 피고인만 기소가 되었는바, A, B, C에 대한 형사제재가 이루어지지 못하였다는 점이 이 사건의 한계이다.

생상품 매수에서 도이치은행과 도이치증권 주식회사에게 부당한 이익을 얻게 할 목적으로,

A는 한국시장 지수차익거래의 총책임자로서 위와 같은 전략을 수립하고 그 실행을 지휘하는 역할을, B는 그에 따른 주식 매도와 파생상품 매수 주문을 처리하는 등의 역할을, C는 본건 거래에 대한 보고를 받아 이를 승인하면서 거래시 손실한도액 등을 설정해 주는 등의 역할을, 피고인은 본건 거래의 효율적 실행방법에 관한 아이디어를 제시하고 도이치은행 홍콩지점이 외국인 소유 제한 등의 이유로 보유하지 못한 에스케이텔레콤(SKT),[2] 케이티(KT) 주식을 매도하는 등 거래의 일정 부분을 수행하는 등의 역할을 각 담당하기로 하고,

2010. 11. 11.(목)[3] 동시호가 직전인 14:19:56경부터 14:49:58경까지 사이에 당일 만기가 도래하는 2010년 11월물 코스피200 지수를 기초자산으로 하는 '합성선물과 풋옵션(put option) 거래'를 통해 코스피200 지수 하락시 이득을 얻을 수 있는 투기적 포지션을 구축[4]한 다음, 장마감 동시호가 시간대(14:50~15:00)에 코스피200 지수를 구성하는 200개 종목 중 도이치은행이 보유한 삼성전자 등 198개 종목의 현물 주식 2조 3,731억 4,160만 2,300원 상당을 동시호가 직전 가격 대비 4.5%~10.0% 낮은 가격으로 7회 분할하여 매도 주문을 제출[5]하고, 도

---

2) 에스케이텔레콤 주식은 도이치은행에서도 일부 보유하였으나 코스피200 지수에 대한 영향을 일정하게 유지하기 위해 필요한 양에 미치지 못하여 그 부족분을 도이치증권 주식회사가 보유하였다. 대상 판결문 각주 2.

3) 본 사건이 발생한 당일이다.

4) 이하 밑줄은 필자가 그은 것이다. 도이치은행은 합성선물거래로 255.0p 콜옵션 19,645계약을 매도하고 같은 행사가 풋옵션 19,595계약을 매수하였고, 이와는 별도로 252.5p 풋옵션 30,000계약과 255.0p 풋옵션 21,007계약을 매수하였다. 한편 도이치증권 주식회사는 13:03:30~14:41:19경 255.0p 풋옵션 2,000계약을 매수하였는바, 도이치은행과 도이치증권 주식회사의 이와 같은 옵션거래는 뒤에서 검토하는 바와 같이 지수차익거래와는 무관하게 오로지 코스피200 지수 하락시 이익을 목적으로 한 것으로 볼 수 있다. 대상 판결문 각주 3 참고.

5) 동시호가 직전 199개 종목의 가격대비 4.5% 낮은 가격을 일률적으로 지정(3회 주문시에는 10% 낮은 금액)하여 동시호가 시간대에 약 1분여 간격으로 시장 상황(예상 지수)을 지켜보며 지정가로 주문을 제출하였다. 본건 주문으

이치증권 주식회사가 보유한 에스케이텔레콤, 케이티 2개 종목의 현물 주식 693억 3,678만 5,000원 상당은 시장가로 7회 또는 9회 분할하여 매도 주문을 제출하는 방법[6]으로 코스피200 지수를 동시호가 직전 254.62p에서 247.51p로 7.11p 급락(▽2.79%)시키고, 이로 인하여 위와 같이 매수한 풋옵션 등에서 도이치은행과 도이치증권 주식회사에게 총 448억 7,873만 3,524원[7]의 이익을 얻게 하였다.

이로써 피고인은 A, B, C와 공모하여 장내파생상품 매매에서 도이치은행과 도이치증권 주식회사에게 부당한 이익을 얻게 할 목적으로 그 장내파생상품의 기초자산의 시세를 변동시키는 행위를 하였다.[8]

로 지수가 하락하였다가 다시 회복되는 추세를 보이면 다음 주문을 내어 주가를 계속하여 하방으로 떨어뜨렸다. 대상 판결문 각주 4 참고.

6) 동시호가 직전에 '지정가'로 매도주문을 내고, 단일가 매매방식이 적용되는 동시호가 시간대에 '시장가'로 매도주문을 냈다는 것은 매매를 통한 이익실현보다 매도를 통한 주가하락에 더 큰 목적이 있었음을 의미한다고 평가할 수 있을 것이다. 주문방식도 당사자의 의사를 추정하는 중요한 간접사실 중 하나이다.

7) 도이치은행은 436억 9,537만 1,124원의 이익을, 도이치증권 주식회사는 11억 8,336만 2,400원의 이익을 각 얻었다. 대상 판결문 각주 7.

8) 피고인이 소속되어 있던 도이치증권 주식회사도 자본시장과금융투자업에관한 법률(이하, '자본시장법'으로 약칭한다)상 양벌규정(제448조)에 근거해 기소되었고 동 사건에서 1심 유죄(벌금 15억원) 선고되었다. 재판과정에서 피고인 도이치증권 주식회사는 '내부 준법감시통제시스템 등을 갖추고 종업원에 대한 준법교육, 업무과정에 대한 모니터링, 사후교육 등 직원들의 위법행위를 방지하기 위해 통상적으로 기울여야 하는 상당한 주의와 감독을 다하였다'고 주장하였으나 법원은 '그와 같은 것은 일반적·추상적 수준의 조치에 불과할 뿐이고 오히려 피고인 회사도 피고인이 이 사건 차익거래를 수행하고 있음을 사전에 인지하고 있었던 점, 이 사건 당일 이 사건 차익거래가 청산될 것임을 알면서도 이에 관한 검토나 감시를 소홀히 하였던 점, 차익거래를 실행하는 담당자들간 정보교류의 차단이나 휴대전화기 사용금지 등 내부통제시스템도 제대로 작동시키지 않은 점 등을 종합할 때 상당한 주의와 감독을 다하였다고 볼 수 없다'며 피고인 도이치증권 주식회사의 주장을 배척하였다. 다만, 본고에서는 피고인과 A, B, C의 위법행위를 중심으로 검토한다.

2. 피고인의 변소 요지와 1심 선고형량

피고인은 수사 및 재판과정에서 줄곧 '자신은 한국의 청산규정 등을 제대로 알지 못하는 도이치은행 A, B, C에게 한국거래소의 시장감시시스템 등을 알려주며 자문을 하였을 뿐 A, B, C와 범행을 공모한 사실이 없고(공모관계의 부정), 2010. 11. 11. '11월물' 옵션만기일 당일 풋옵션을 매수한 것은 자신이 도이치증권 주식회사 소속 파생상품 팀장의 업무로서 수행 중이던 ELW[9]의 해지를 위한 것이었지 도이치증권 주식회사에 부당한 이익을 얻게 할 목적이 아니었다(범의의 부인)'는 취지로 변명하였다.

그러나 법원은 '피고인의 본건 기능적 행위분담을 통한 A, B, C와의 공모관계는 물론 시세조종의 범의도 인정된다'면서 피고인에게 징역 5년[10]을 선고하였다.[11]

한편 이 사건의 중요한 쟁점 중 하나는 '금융감독원 선임조사역이 피고인, A, B, C를 상대로 작성한 각 문답서의 증거능력 유무'였다.

피고인은 '금융감독원 선임조사역은 법률에 따라 수사권한이 인정되는 수사기관에 해당하지 않으므로 선임조사역에 의해 작성된 문답서와 문답서에 기초해 수집된 증거들은 모두 위법수집증거에 해당하여 증거능력이 없다'고 주장하였다.

그러나 법원은 '금융감독원장은 자본시장법 제438조 제4항, 동법 시행령 제387조 제3항, 제426조 제2항 등에 근거해 증권선물위원회로

---

9) ELW(주식워런트증권, Equity Linked Warrant)는 특정 주식이나 주가지수를 미래의 특정시점에 미리 정해진 가격으로 사거나 팔 수 있는 권리(즉 옵션)가 부여된 유가증권을 말한다. ELW는 본질적으로 옵션과 유사하지만 특정 증권회사에서 발행하여 상장한 뒤 한국거래소 시장을 통해 거래되는 유가증권이고, 발행회사가 유동성공급자(LP)로서 ELW시장에 유동성을 공급하므로 투자자는 유동성에 대한 우려없이 원활하게 ELW를 거래할 수 있다는 점에서 옵션과 다르다. LP는 매도한 ELW와 반대방향으로 주식이나 옵션을 매수함으로써 ELW거래의 위험을 해지한다. 대상 판결문 43~44쪽 참고.

10) 대법원 양형기준에 의한 피고인의 법률상 처단형의 범위는 '징역 5년~징역 30년'으로 법원은 최하한형을 선고하였다.

11) 본건은 피고인 등의 항소로 현재 항소심 진행 중에 있다.

부터 자본시장법위반 등의 조사업무집행을 위해 조사에 필요한 장부, 서류나 그 밖의 물건제출은 물론 관계자의 출석과 진술을 요구할 수 있으므로 금융감독원 선임조사역의 본건 조사활동은 적법하다. 설령 본건 각 문답서가 권한없는 자에 의해 작성되었다고 하더라도 문답서 작성 대상자에 대한 권리침해의 정도, 피고인과의 관련성, 절차위반행위와 증거수집사이의 인과관계 등을 종합할 때 그러한 절차위반행위가 적법절차의 실질적 내용을 침해하는 경우에 해당하지 아니하고 오히려 그 증거의 증거능력을 배제하는 것이 헌법과 형사소송법이 형사소송에 관한 절차조항을 마련하여 적법절차의 원칙과 실체적 진실규명의 조화를 도모하고 이를 통하여 형사사법정의를 실현하려 한 취지에 반하는 결과를 초래하는 것으로 보인다(대법원 2007. 11. 15.선고 2007도3061 전원합의체 판결 참고)'며 문답서의 증거능력을 인정하였다.[12)]

금융감독원 선임조사역의 문답조사는 수사활동이 아니라 수사활동을 보조하기 위한(또는 수사활동에 선행하는) 행정조사이고 자본시장법에 근거가 마련되어 있으므로 원진술자의 진술에 의해 성립의 진정함이 증명된다면(형사소송법 제313조 제1항) 증거능력을 인정하여야 할 것이다. 원심 법원의 판단이 타당하다고 생각한다.

Ⅱ. 차익거래와 옵션투자의 기본 이해

1. 선물과 옵션

선물(futures)거래는 현재 시세로 매매계약을 체결하되 미래의 특정 시점에 결제를 실행하기로 하는 내용의 계약을 말하고, 옵션(options)거

12) 대상 판결문 7~9쪽 참고. 다만 사견으로, 이 사건에서 법원은 '금융감독원 선임조사역의 문답서는 자본시장법에 근거해 작성된 서류로서 권한있는 자가 작성한 문서이며 형사소송법 제313조 제1항에 따라 증거능력이 있다'고 판시하면 충분하지 더 나아가 '가사 권한없는 자에 의해 작성되었다고 하더라도...'라는 판단은 불필요하다고 본다.

래는 어떤 상품을 특정기일 또는 특정 기간 내[13]에 특정 가격으로 사거나 또는 사지 않거나 팔거나 또는 팔지 않아도 되는 권리를 매매하는 거래를 말한다.[14]

옵션거래도 일종의 선물거래라 할 수 있고, 현재를 기준으로 장래 발생할 위험을 거래 당사자들이 안분하며, 현물에서 파생된 상품이라는 점에서는 선물과 옵션이 공통된다.

그러나 당사자들의 권리, 계약목적물, 본 계약의 체결시점, 한국거래소 시장에서의 1계약당 매매단가,[15] 특히 선물거래와 달리 옵션거래에서는 옵션매수자가 계약금을 포기하고 권리행사를 하지 않음으로써 손실규모를 계약금에 한정할 수 있는 반면 선물거래에서는 그와 같은 안전장치가 없다는 점 등에서 양자는 차이가 있다.

2. 코스피200 선물과 코스피200 옵션

코스피200 선물과 코스피200 옵션은 우리 자본시장의 대표적 파생상품이다.

'코스피200'이란 유가증권시장에서 시가총액 비중이 큰 200개 종목의 시가총액을 근거로 만든 주가지수를 말한다. 시세 단위는 포인트이고, 지수 산출 기준시점은 1990. 1. 3.이며, 시장 대표성·유동성·업종 대표성 등을 고려하여 연 1회 한국거래소의 선물·옵션 주가지수 운영위원회가 '200개'에 새로이 편입하거나 제외할 종목을 심의한다.[16]

'코스피200 선물'이나 '코스피200 옵션'은 '코스피200' 주가지수를 선물이나 옵션으로 거래하기 위해 인위적으로 만들어낸 금융상품이라 할 수 있는데 코스피200선물은 3월물, 6월물, 9월물, 12월물 등 네 가

13) 계약 후 특정일(만기일)이나 그 전까지 권리행사가 가능한 옵션을 미국식 옵션이라 하고, 특정일에만 권리행사가 가능한 옵션을 유럽식 옵션이라 부른다. 한국거래소가 운영하는 자본시장에서는 유럽식 옵션상품만 거래되고 있다.

14) 옵션거래는 매매계약을 체결할 권리를 사고 파는 것이므로 일종의 '매매예약'이라고도 할 수 있다.

15) 선물 1계약당 매매단가는 50만원이고, 옵션 1권리당 매매단가는 10만원이다.

16) '코스피200'에 상응한 코스닥시장의 주가지수는 '코스닥50'이다.

지 종류가 있고 각 상품의 결제일은 해당월 둘째 주 목요일이며, 코스피200옵션은 매월물 상품이 거래되고 각 상품의 결제일은 매월 둘째 주 목요일이다.[17]

한편 선물과 옵션의 혼합거래방식 중에는 '합성선물(synthetic futures)'이라는 것도 있는데 '합성선물'은 만기가치가 선물과 같아지도록 옵션만을 이용해서 만드는 포지션으로서[18] 차익거래로 보유한 현물에 대한 반대포지션을 선물로 구축하지 않고 같은 손익구조를 갖는(예를 들면 행사가가 같은) 옵션(콜옵션, 풋옵션)을 합성해 구축하는 것을 말한다. 합성선물의 매수는 콜옵션을 매수하고 풋옵션을 매도하는 방법으로 이루어지고 합성선물의 매도는 콜옵션을 매도하고 풋옵션을 매수하는 방법으로 이루어진다.[19]

3. 매수차익거래와 매도차익거래

한편 파생상품거래는 미래 시세를 알 수 없어 손실위험이 상존하고 투자자로서는 늘 불안하기 마련이다. 그러다보니 파생상품거래와 반대방향으로 현물거래를 함으로써 위험을 해지하는 경우가 많다.

그런데 현물과 선물거래를 동시에 하는 경우 현물과 선물 가격의 일시적 불균형을 이용해 이득을 보기도 하는데[20] 현물과 선물의 베이시스 차이(가격 차이)를 활용하여 수익을 추구하는 거래를 차익거래(arbitrage trading)라 한다.

---

17) 따라서 매년 3월, 6월, 9월, 12월 둘째 주 목요일에는 선물과 옵션의 결제(청산)가 중복된다.

18) 동일한 행사가의 콜옵션과 풋옵션을 동일한 수량으로 각 5계약 이상 매수하면(옵션은 1계약의 기본단위가 10만원인 반면 선물은 50만원이므로 선물효과를 얻기 위해서는 옵션 5계약 이상을 매수하여야 한다) 선물과 같은 효과를 얻을 수 있는데 이를 '합성선물'이라 하는 것이다. 합성선물의 가격(포인트)은 (옵션의 행사가격 + 콜옵션 프리미엄 - 풋옵션 프리미엄)으로 계산한다.

19) 대상 판결문 각주 3 등 참고.

20) 이론상으로는 청산 전까지 현물과 선물의 가격이 같을 수 없기 때문에 현물과 선물 병행거래에서는 늘 차익이 발생하게 된다.

차익거래 중 주가지수(index)와 주가지수 선물을 매매하는 차익거래를 지수차익거래라고 한다. 다만 주가지수를 매매하는 시장은 현실적으로 존재하지 않기 때문에 차익거래자가 선물의 기초자산을 인위적으로 만들어야 한다. 코스피200지수 선물을 이용한 지수차익거래의 경우 코스피200지수를 구성하는 주식들을 시가총액 구성비율에 따라 매수하여 포트폴리오(주식 바스켓[21])를 구성함으로써 주가지수를 복제하게 된다.[22]

<u>지수차익거래에는 현물을 매수하고 선물을 매도하는 '매수차익거래'와 현물을 매도하고 선물을 매수하는 '매도차익거래'가 있다.</u>

'매수차익거래'는 현물인 주식 포트폴리오가 주가지수 선물에 비해 상대적으로 저평가 되었을 때(콘탱고 상태) 투자자는 주가지수 선물을 매도함과 동시에 (일정한 이자를 부담하고 차입한 자금으로) 대상 주가지수에 속한 주식들(포트폴리오)을 매수한 후, 선물의 만기나 현물과 선물의 가격이 균형을 이룰 때 또는 그 가격차이가 축소된 때에 <u>처음 거래와 반대로</u> 선물을 매수하고 보유하고 있던 주식들을 매도(그 매도대금으로 차입금을 상환한다)하는 방법으로 이루어진다.

'매도차익거래'는 매수차익거래와 반대로, 현물인 주식 포트폴리오가 주가지수 선물에 비해 상대적으로 고평가 되었을 때(백워데이션) 투자자는 주가지수 선물을 매수함과 동시에 대상 주가지수에 속한 주식들(포트폴리오)을 공매도한 후(그 공매도대금을 일정한 이자율로 운용하게 된다), 선물의 만기나 현물과 선물의 가격이 균형을 이룰 때 또는 그 가격차이가 축소된 때에 <u>처음 거래와 반대로</u> 선물을 매도하고 주식들을 매수하는 방법으로 이루어진다.[23]

지수차익거래를 위해서는 현물이나 선물을 매수 또는 매도해야

21) 일정 수 이상 여러 종목의 주식을 한꺼번에 거래하는 것을 '바스켓 트레이딩(basket trading)'이라고 하며, 이때 여러 종목 주식들의 묶음을 '바스켓(basket)'이라고 한다.

22) 대상 판결문 12쪽.

23) 대상 판결문 13쪽.

하므로 그 과정에서 발생하는 수수료, 세금 등 거래비용, 시세 오차(tracking error)[24] 등도 함께 고려하여야 한다.

주가지수 선물 가격이 위와 같은 비용을 상쇄할 만큼 충분히 이론 가격보다 높거나 낮게 형성되었을 경우 지수차익거래가 가능하므로 지수차익거래 여부를 결정함에 있어서는 선물 가격뿐만 아니라 거래 비용, 시세 오차, 시장충격 비용 등을 최대한 정확히 예측하고 계산하여야 한다.[25] 이와 같은 이유로 사실상 개인은 차익거래를 하기 어렵고 대부분 기관투자가들이 컴퓨터 프로그램매매를 이용하여 대규모로 차익거래를 하고 있다.[26]

Ⅲ. 연계시세조종의 구성요건과 형사책임

1. 개요

우리 자본시장법은 제176조 제1항에서 제3항까지 상장증권 또는 장내파생상품과 관련된 시세조종을 금지하고 있다. 그런데 현물시장

24) 대상 판결문에서는 '추적 오차'라는 표현을 사용하였다(대상 판결문 14쪽). 시세 오차는 현물인 주식 바스켓과 주가지수의 움직임이 일치하지 않아 발생하는 비용을 말한다. 즉 코스피200 지수 선물을 이용한 지수차익거래의 경우 코스피200 지수를 구성하는 200개의 종목 전체를 시가총액 구성비율과 똑같이 매수하여 포트폴리오를 구성하였을 경우 주식 바스켓이 주가지수를 거의 정확하게 따라가게 되지만 200개 종목 중 일부만으로 바스켓을 구성하거나 구성비율이 다를 경우 주식 바스켓이 주가지수를 정확하게 좇지 못하게 되어 실제 주가지수와 주식 바스켓의 주가지수간에 차이가 발생하게 되는데 이를 시세 오차라고 부르는 것이다. 대상 판결문 각주 20 참고.

25) 대상 판결문 13~14쪽 참고.

26) 차익거래와 연관된 기관투자가들의 프로그램 대량매매로 특히 만기일에 포지션 청산을 위한 현물 매도·매수 물량이 시장에 쏟아져 주가가 요동을 치는 경우가 종종 발생한다. 증권가에서는 주가가 요동치는 선물만기일을 마녀가 날뛰는 날에 비유해 위칭데이(witching day)라고 부른다. 1년에 네 번(3월, 6월, 9월, 12월) 둘째 주 목요일에는 지수 선물·지수 옵션과 개별주식 선물·개별주식 옵션의 만기가 겹치게 되는데 이를 '네 마녀의 날'(quadruple witching day)이라고 하기도 한다.

과 현물시장에서 파생된 파생상품시장은 현물시장의 기초자산 가격변동에 의해 장내파생상품의 가격이 영향을 받는 등(그러므로 장내파생상품의 수익과 손실을 좌우하는 중요변수는 결국 '현물시세'이다) 직접적이고 밀접하게 연관되어 있으므로[27] 특히 파생상품에서 이득을 얻기 위해 그와 연관된 현물의 시세를 조종할 유인이 존재할 가능성을 배제하기 어렵다.

이에 동법 제176조 제4항은 '④ 누구든지 증권, 파생상품 또는 그 증권·파생상품의 기초자산 중 어느 하나가 거래소에 상장되거나 그 밖에 이에 준하는 경우로서 대통령령으로 정하는 경우에는 그 증권 또는 파생상품에 관한 매매, 그 밖의 거래와 관련하여 다음 각 호의 어느 하나에 해당하는 행위를 하여서는 아니된다. 1. 파생상품의 매매 등에서 부당한 이익을 얻거나 제3자에게 부당한 이익을 얻게 할 목적으로 그 파생상품의 기초자산의 시세를 변동 또는 고정시키는 행위, 2. 파생상품의 기초자산의 매매 등에서 부당한 이익을 얻거나 제3자에게 부당한 이익을 얻게 할 목적으로 그 파생상품의 시세를 변동 또는 고정시키는 행위, 3. 증권의 매매 등에서 부당한 이익을 얻거나 제3자에게 부당한 이익을 얻게 할 목적으로 그 증권과 연계된 증권으로서 대통령령으로 정하는 증권 또는 그 증권의 기초자산의 시세를 변동 또는 고정시키는 행위, 4. 증권의 기초자산의 매매 등에서 부당한 이익을 얻거나 제3자에게 부당한 이익을 얻게 할 목적으로 그 증권의 시세를 변동 또는 고정시키는 행위, 5. 파생상품의 매매 등에서 부당한 이익을 얻거나 제3자에게 부당한 이익을 얻게 할 목적으로 그 파생상품과 기초자산이 동일하거나 유사한 파생상품의 시세를 변동 또

27) 통상, 현물시장을 '몸통'에 파생상품시장을 '꼬리'에 비유한다. 당연히 '몸통'이 '꼬리'를 흔드는 것이 보통인데 때로는 파생상품청산을 위한 현물거래로 현물시장이 큰 충격을 받기도 한다. 이와 같은 역방향 현상을 가리켜 '개의 꼬리가 개의 몸통을 흔든다'(tail wag the dog)고 한다. 파생상품에서 이득을 보기 위해 그 기초자산인 현물의 시세를 조종하는 행위도 '꼬리가 몸통을 흔드는 행위'에 비유할 수 있을 것이다.

는 고정시키는 행위'로서 '연계시세조종의 금지'를 규정하고 있다.

1호는 '현선 연계시세조종(순방향 연계시세조종)', 2호는 '선현 연계시세조종(역방향 연계시세조종)', 3호는 '현현 연계시세조종[28]', 5호는 '선선 연계시세조종'을 금지하는 것으로 이해할 수 있다.[29] 본건과 관련하여서는 제1호 현선 연계시세조종이 문제된다.

2. 형사책임

연계시세조종행위를 한 자는 자본시장법 제443조 제1항에 따라 10년 이하의 징역 또는 그 위반행위로 얻은 이익이나 회피한 손실액의 1배 이상 3배 이하에 상당하는 벌금에 처한다. 또한 그 이득액이나 손실회피액수에 따라 가중처벌한다(동법 제443조 제2항).

본건의 경우, 피고인은 그 이득액수가 50억원 이상이어서 '무기 또는 5년 이상의 징역형'에 처할 수 있는 대상이었는바, 앞서 언급한 것처럼 1심 법원은 피고인에 대해 법정형(처단형) 하한형인 '징역 5년'을 선고하였다.[30]

Ⅳ. 본건 사실관계의 정리

1. 사건 이해의 전제

본건 피고인과 A, B, C의 시세조종 공모범의 등을 판단하기 위해

---

28) 특히 동법 제176조 제4항 제3호, 동법 시행령 제207조 제4호는 ELS(주가연계증권)의 발행자들이 만기 상환의무를 면하기 위해 기초자산의 시세를 조종하는 행위를 명시하여 시세조종행위로 보고 있다. 참고로, ELS의 델타헤지거래 관련된 최근의 시세조종 등 형사법적 쟁점(특히 미래에셋증권 시세조종사건 등)에 대해서는 나지수, '주가연계증권(ELS) 델타헤지거래 관련 분쟁의 분석', 서강대학교 대학원 법학과 석사학위논문(2015. 12.), 49쪽 이하 참조.

29) 김정수, 자본시장법원론, 서울파이낸스앤로그룹(2014), 1296쪽 이하 ; 한국증권법학회, 개정판 자본시장법 주석서(Ⅰ), 박영사(2015), 1126쪽 이하 ; 김건식·정순섭, 자본시장법(제3판), 두성사(2013), 461쪽 이하.

30) 다만 1심 법원은 피고인에 대해 유죄의 징역형을 선고하면서 법정구속은 하지 아니하였다.

서는 정확한 사실관계 파악이 요구된다. 사실관계는 '2010. 11. 11.(목) 옵션만기일 전까지 정상적인 차익거래 상황', '2010. 9.경부터 위 옵션 만기일 전, 특히 옵션만기일 직전인 2010. 11. 8.(월)~11. 10.(수) 상황', '2010. 11. 11. 이 사건 거래일 당일 상황'의 세 단계로 나눠 살펴볼 필요가 있다.[31)]

가. 2010. 11. 11.(목) 옵션만기일 전까지 매도 · 매수 정상 포지션

① A는 도이치은행 홍콩지점 ASG[32)]의 담당 상무로서 코스피200 지수차익거래에 관한 실질적인 결정권한을 보유하고 있었고, B는 같은 지점 ASG 이사로서 코스피200 지수차익거래를 직접 운용한 실무책임자였으며, C는 도이치은행의 주식부문 거래 및 위험 담당 부서장으로서 A의 직근 상급자였다.

② ASG는 2009. 9. 24.부터 도이치은행의 자기자본을 이용하여 110억원 상당의 주식 등을 매수하면서 코스피200 지수차익거래를 시작하였는데 2010. 7. 14. 매수차익잔고가 1조 1,300억원에 이를 정도로 거래규모가 꾸준히 증가하였다. 2010. 7.경 ASG의 접속시스템 성능이 개선되어 더 많은 지수차익거래 주문 · 체결이 가능해졌고, 2010. 9.경부터는 현물에 대한 반대포지션을 선물뿐 아니라 합성선물로 구축하기 시작하였으며, 2010. 11. 10.경 매수차익거래 잔고는 2조 1,079억원으로 늘어났다.

③ 2010년 초순경부터 시세 오차 및 델타 관리 등을 이유로 <u>도이치은행의 계열사</u>로서 피고인이 소속되어 있던 도이치증권 주식회사 한국지점(이하 'DSK'라고 한다)에서 ASG의 코스피200 지수차익거래를 통합하여 관리했고, 특히 도이치은행이 외국인의 상장주식취득 한도 때문에 매수하지 못하는 에스케이텔레콤, 케이티 주식을 <u>DSK가 자기</u>

31) 이하 단계별 사실관계는 대상 판결문 15쪽 이하의 사실관계를 필자의 발표내용에 맞춰 요약, 정리한 것이다.

32) Absolute Strategy Group. 도이치은행의 하위조직으로 지수차익거래를 담당하는 부서이다.

자본으로 매수하여 보유하게 되었다.

④ ASG는 지수차익거래를 시작한 이래 꾸준히 매수차익거래 잔고를 늘려온 결과 2010. 11. 10.경 2조 1,079억원 상당의 주식을 보유하고 있었고, 옵션만기일인 같은 해 11. 11. 09:42:51~14:08:01경 2,653억원 상당의 주식을 순매수하여, 이 사건 당일 장 마감 동시호가 직전에는 2조 3,731억원 상당의 주식을 보유하였다.

⑤ DSK는 2010. 11. 10.경 638억원 상당의 현물 주식을 보유하고 있었고, 같은 해 11. 11. 09:14:22~12:54:59경 55억원 상당의 주식을 매수하여, 장 마감 동시호가 직전에는 693억원 상당의 주식을 보유하고 있었다.

⑥ 따라서 ASG(DSK 소유분을 포함한다, 이하 같다)가 이 사건 당일 장 마감 동시호가 시간대 직전 보유 주식은 합계 2조 4,424억원(=2조 3,731억원+638억원+55억원) 상당이었다.

⑦ 한편 ASG는 2010. 9. 6.부터 12월물 선물을 매수하여 이 사건 시세조종 직전 합계 5,500계약(명목금액 7,030억원)의 선물을 보유하고 있었다.

⑧ DSK는 2010. 11. 5.부터 같은 달 11.까지 매수한 약 269억원 상당의 에스케이텔레콤, 케이티 주식에 대한 반대포지션으로 12월물 선물 197계약(명목금액 250억원)을 매도하였다.

⑨ 그러므로 ASG가 이 사건 당일 장 마감 동시호가 시간대 직전 보유한 12월물 선물은 합계 6,780억원(=7,030억원-250억원) 상당이었다.

⑩ ASG는 2010년 9월 옵션만기일 이후 롤오버시킨 계약과 현물을 매수할 때마다 구축한 계약을 포함하여, 행사가 230.0p~257.5p 사이의 12가지 가격에 11월물 합성선물 119,480계약(명목금액 2조 9,855억원) 매도포지션을 취하였다.

⑪ 또한 DSK도 2010년 11월 이전에 매수한 에스케이텔레콤, 케이티 주식에 대응하여 행사가 232.5p~245.5p 사이의 12가지 가격에 11월물 합성선물 4,055계약(명목금액 966억원) 매도포지션을 취하였다.

⑫ 따라서 ASG가 이 사건 당일 장 마감 동시호가 시간대 직전까지 취한 11월물 합성선물 매도포지션은 합계 3조 821억원(=2조 9,855억원+966억원) 상당이었다.

⑬ 결국 ASG의 이 사건 당일 차익거래 장 마감 동시호가 시간대 직전 포지션은 약 383억원(=2조 4,424억원+6,780억원-3조 821억원) 상당 long delta(매수) 포지션인 상태였다.

⑭ 비록 롱포지션과 숏포지션의 규모가 정확하게 일치하지는 않지만 대규모 지수차익거래의 경우 포지션 설정 과정에서 100% 정확하게 같은 금액으로 해지하기 어렵고 초과한 매수금액이 전체 매수금액의 1% 정도였다는 점을 고려하면 이 시점까지 ASG가 취한 포지션은 델타 중립 포지션(Delta Neutral Position)으로서 정상적인 차익거래를 진행해왔다고 평가할 수 있는 것이다.[33)]

나. 2010. 9.경 이후 상황 특히 2010. 11. 8.~11. 10. 상황

(1) 범행의 동기 발생

도이치은행은 2010. 9.경 도이체 포스트 방크 아게(Deutsche Post Bank AG) 지분 인수자금 확보와 보통주 자본 추가 확보를 기본 골자로 하는 바젤(Basel) III 협약에 따라 자본확충을 위하여 102억 유로(15조 3,000억원) 상당의 대규모 유상증자를 하여야 할만큼 자기자본 운용상에 제약이 생긴 상황이어서 자기자본으로 투자 중인 투자규모를 축소할 필요가 생겼다.

이에 도이치은행은 2010. 9.경부터 '각 팀의 투자자산 포지션을 2010년 연말을 넘겨 이월하게 되면 자기자본 사용 비용을 팀의 성과에서 차감할 수도 있다'는 등의 구체적인 방침을 제시하며 연내 투자자산규모 축소를 독려하였다.

그와 같은 상황에서 ASG는 2010년 성과목표인 6,000만 유로(약 900억원)를 달성하여야 성과금을 받을 수 있는데 2010. 10.말 기준

---

33) 대상 판결문 18~19쪽 참고.

4,300만 유로(약 645억원, 목표대비 71.7%)의 실적만 거둔 상태여서 연말까지 성과목표에 미달할 우려가 있었고, 특히 2010. 9.말까지 코스피200 지수차익거래 수익이 590만 유로(약 88억원), 자기자본이익률(ROE)[34]이 0.55%에 그쳐 그 성과가 저조하였다.[35]

(2) 2010. 11. 8.~11. 10. **범행의 단계별 모의**[36]

① ASG 담당 상무로서 코스피200 지수차익거래에 관한 실질적인 결정권한을 보유한 A는 2010. 11. 8. 자신의 상사이자 도이치은행 글로벌 ASG 총책임자인 D에게 'this week'이라는 제목으로 '목요일 한국에서 만기일에 우리는 14억 유로 상당의 포지션을 청산할 가능성이 있다. 기술팀, 준법감시부 등에 문제가 없는지 확인하고 있다'는 이메일을 보내 처음으로 청산가능성을 보고하였다.

② A는 같은 해 11. 9. D가 이메일로 청산에 관해 구체적으로 물어보자, '유동성도 평균 이하이기 때문에 덜 시끄러워야 한다', 'OTM[37] 풋옵션도 고려하고 있다'고 회신하였다.

③ A는 2010. 11. 10.에도 D에게 과거 옵션 만기일의 거래규모에 관하여 분석한 내용을 첨부하여 '우리는 포지션을 청산할 것이다, 15억 유로를 청산할 것이고 만기 이전의 사전포지션의 델타값은 -7억 5천만 유로(약 1조 1,250억원)가 될 것이다, 또한 만기 동시호가 시간대

34) Return On Equity. 기업의 자기자본에 대한 기간이익의 비율을 말한다. 예를 들어, 'ROE 10%'는 10억원의 자기자본을 투자하여 동기 1억원의 이익을 냈다는 것을 말한다. ASG의 ROE가 0.55%에 불과하였으니 당시 ASG의 투자실적이 매우 좋지 않았음을 알 수 있다.

35) 대상 판결문 20쪽 참고.

36) 대상 판결문 20~21쪽 참고.

37) 옵션의 행사가격과 기초자산가격과의 관계를 나타내는 용어로 '외가격(Out of The Money)' 상태를 의미한다. 콜옵션에서 행사가격이 기초자산가격보다 높은 경우, 풋옵션에서 행사가격이 기초자산가격보다 낮은 경우가 이에 해당하는데, 옵션 매수자의 입장에서는 권리를 행사하지 않을 것이므로 옵션의 가치는 0에 가깝다. 반대로 ITM은 콜옵션에서 행사가격이 기초자산가격보다 낮고, 풋옵션에서 행사가격이 기초자산가격보다 높은 '내가격(In The Money)' 상태를 의미하고, ATM은 옵션의 행사가격과 기초자산가격이 같은 '등가격(At The Money)' 상태를 의미한다. 대상 판결문 각주 39.

에 OTM 풋옵션을 매수할 것이다'라고 하면서 이메일로 청산에 대한 승인을 요청했다.

④ D는 '좋다(I'm OK conceptually)'고 답하였다.

⑤ 한편 A의 상급자인 C는 2010. 11. 10. A와 A의 부하 직원인 B로부터 이 사건 차익거래의 청산에 관하여 보고받고 '코스피200 지수 상승으로 손실이 발생하더라도 최대 500만 유로(약 75억원)가 넘지 않도록 하라'고 지시하였다.

다. 2010. 11. 11. 본건 거래일 당일 상황

(1) 투기적 포지션의 구축

앞서 언급한 것처럼 이 사건 당일 차익거래는 사실상 델타 중립 포지션을 유지하고 있었다. 그럼에도 불구하고 A는 위와 같은 모의에 따라 B에게 지시하여 합성선물 매도포지션을 추가로 구축하고 풋옵션을 추가로 매수하게 하였다.

① B는 지수차익거래를 할 때 일반적으로 사용하는 자동주문시스템(너브센터)이 아니라 수동주문시스템인 아발론(Avalon)을 통해 2010. 11. 11. 14:19:56경 행사가 255.0p 콜옵션 50계약을 매도하고, 같은 행사가격의 풋옵션 50계약을 매수한 것을 비롯하여 그때부터 14:49:58경까지 총 1,323회(콜옵션 매도 631회, 풋옵션 매수 692회)의 주문을 제출하여, 콜옵션 매도 19,645계약, 풋옵션 매수 19,595계약을 체결시켰다.

이로써 ASG는 총 19,595계약(명목금액 4,997억원)의 합성선물 매도포지션을 취하게 되었고, 위와 같은 합성선물 구축을 위한 옵션매매에 총 4억 7,532만원을 지출하였다.

② 이와 별도로 B는 아발론을 통해 같은 날 14:12:24경부터 14:42:48경까지 총 19회의 주문을 제출하여 행사가 255.0p 풋옵션 21,007계약을 매수하였을 뿐만 아니라 당시 가격이 255.0p 풋옵션의 4%에 불과하였던 행사가 252.5p 풋옵션[38] 30,000계약도 매수하였다.

38) 이는 당시 코스피200 지수에 비추어 볼 때 OTM 옵션이었다. A가 D에게 보낸 이메일에서 OTM 옵션도 매수할 것이라고 한 바 있다. OTM 옵션까지 매

이로써 ASG는 총 51,007계약(명목금액 1조 2,932억원)의 풋옵션을 보유하게 되었고 위와 같은 옵션매수에 총 11억 1,944만원을 지출하였다.

③ 이에 더하여 DSK는 이 사건 당일 14:25:32~14:57:53경 12월물 선물 5,500계약(명목금액 6,780억원)을 매도하였고,

④ 같은 날 13:03:30~14:41:19경 255 풋옵션 2,000계약(명목금액 408억원)[39]을 매수하였다.

⑤ 요약하면, ASG의 지수차익거래는 이 사건 당일 장 마감 동시호가 시간대 직전 명목금액 기준으로 1조 1,394억원(= 383억원 - 6,780억원 - 4,997억원)[40] 상당의 매도 오버포지션 위험에 노출되어 있었는데 여기에 ASG와 DSK가 추가 매수한 풋옵션까지 고려하면 이 사건 당일(2011. 11. 11.) 장 마감을 불과 1시간도 채 남기지 않은 상태에서 시작된 투기적 포지션의 규모가 총 2조 4,734억원(= 1조 1,394억원 + 1조 2,932억원 + 408억원, 약 16.9억 유로)에 달하였다.

이러한 포지션 설정은 통상의 지수차익거래 범주를 벗어난 것으로 매수차익거래에서의 현물 매수에 대한 반대포지션과 관계없이 시세조종을 통한 이익을 노리고 구축된 것이라고 하지 않을 수 없다.

(2) 불법이익 극대화를 위한 시세조종 : 대규모 현물 매도와 주가하락의 도모

지금까지 살펴본 '합성선물 매도 + 추가 풋옵션 매수' 포지션에서는 주가가 일정 수준 이상으로 상승할 경우 손실을 보는 반면 주가가 하락하여 옵션 행사가와 만기일 종가의 격차가 커질수록 큰 이익을 얻는다.[41]

입하였다는 사실은 A, D 등이 의도한 것이 무엇이었는지를 말해준다고 할 수 있다.

39) 피고인은 이 부분 풋옵션 매수가 'ASG의 지수차익거래와 무관하고 자신들의 주업무인 ELW 판매에 관한 해지수단이었다'고 주장하였으나 법원은 이를 받아들이지 않았다.

40) 1조 1,394억원은 약 7.6억 유로에 해당하는 금액으로 A가 D에게 보낸 이메일에서 '-7.5억 유로 상당의 델타 포지션을 취할 것'이라고 언급한 부분과 거의 일치한다. 대상 판결문 각주 43.

① 이에, A와 B는 동시호가 시간대에 약 2조 4,424억원 상당의 주식(코스피200 지수를 구성하는 200개 종목 중 199개 종목의 주식) 중 ASG가 보유하고 있던 197개 종목의 주식은 종목별로 7회에 걸쳐 동시호가 직전에 형성된 가격보다 4.5% 내지 10% 낮은 가격에 지정가로 매도 주문을 제출하였다.

② 또한 DSK가 보유하고 있던 2개 종목의 주식은 9회 또는 7회에 걸쳐 시장가로 매도 주문을 제출하였다.

③ 이러한 거래는 한국 주식시장에서 유례가 없는 것이었다.

④ 동시호가 시간대 진입 직후 매수차익기회가 발생하여 프로그램 매수세가 유입됨으로써 14:50:24경 동시호가 직전 지수인 254.62p보다 2.55% 상승한 261.10p로 코스피200 예상체결지수가 상승하기도 하였다.

⑤ 그러나 첫 번째 대규모 매도 주문이 제출된 14:51:21경 이후 코스피200 지수는 크게 하락하였다.

⑥ 계속하여 옵션 만기일에 따른 차익실현을 위해 프로그램 매수세가 유입되었고 그로 인해 예상체결지수가 반등하려 할 때마다 위와 같이 대량의 매도주문이 연이어 제출되었다.

⑦ 결국 코스피200 지수는 동시호가 직전의 254.62p에서 247.51p로 급락한 채 장이 마감되었다. 장 마감 동시호가 시간대에 체결된 체결금액은 이 사건 당일 전체 체결금액의 92%, 체결 수량도 전체 체결수량의 91.3%에 달하였다.

V. 사안의 쟁점 : 특히 연계시세조종의 판단기준

1. 서설

앞서 적시한 것처럼, 이 사건은 도이치은행 ASG의 A, B, C가 주

---

41) 손실 또는 이익의 크기는 '옵션의 행사가격과 만기 종가의 차이 × 1계약당 가격(모두 옵션으로 구성되어 있으므로 10만원이다) × 수량'이다. 대상 판결문 각주 44.

도하여 저지른 것이고 피고인은 도이치증권 주식회사 임원으로 A, B, C의 범행에 가담하는 형태로 이루어졌다. 이와 같은 이유로 피고인은 공모관계를 부정하였다. 더 나아가 피고인은 'A, B, C가 투기적 포지션을 의도하였는지 알지 못하며 자신이 이 사건 당일 일부 풋옵션을 매수한 것은 그 무렵 수행 중이던 ELW의 해지를 위한 것이었을 뿐 투기적 청산을 위한 것이 아니었다'는 취지로도 주장하였다. 외국인인 A, B, C가 해외로 도피하여 기소되지 못한 채 피고인만 공소제기된 상황에서 이 사건의 주요 쟁점은 '공모관계와 시세조종의 범의'였다.

2. 기능적 행위지배와 공모관계의 인정

형법 제30조의 공동정범은 2인 이상이 공동하여 죄를 범하는 것으로서 공동정범이 성립하기 위하여는 주관적 요건인 공동가공의 의사와 객관적 요건인 공동의사에 의한 기능적 행위지배를 통한 범죄의 실행사실이 필요하다.

공동가공의 의사는 공동의 의사로 특정한 범죄행위를 하기 위해 일체가 되어 서로 다른 사람의 행위를 이용하여 자기의 의사를 실행에 옮기는 것을 내용으로 하는 것인바,[42] 이러한 공동가공의 의사는 타인의 범행을 인식하면서도 이를 제지하지 아니하고 용인하는 것만으로는 부족하나 반드시 사전에 치밀한 범행계획의 공모에까지 이를 필요는 없으며 공범자 각자가 공범자들 사이에 구성요건을 이루거나 구성요건에 본질적으로 관련된 행위를 분담한다는 상호이해가 있으면 충분하다.[43]

또한 2인 이상의 범죄에 공동가공하는 공범관계에 있어서 공모는, 법률상 어떤 정형을 요구하는 것이 아니고 2인 이상이 공모하여 범죄에 공동가공하여 범죄를 실현하려는 의사의 결합만 있으면 되는 것으로서 비록 전체의 모의과정이 없었다고 하더라도 수 인 사이에 순차

42) 대법원 2001. 11. 9.선고 2001도4792 판결 등 참고.
43) 대법원 2000. 4. 7.선고 2000도576 판결 등 참고.

적으로 또는 암묵적으로 상통하여 그 의사의 결합이 이루어지면 공모관계가 성립한다고 할 것이고, 공모공동정범에 있어서의 이러한 공모나 모의는 범죄사실을 구성하는 것으로서 이를 인정하기 위하여는 엄격한 증명이 요구되지만 피고인이 그 실행행위에 직접 관여한 사실을 인정하면서도 공모의 점과 함께 범의를 부인하는 경우에는 이러한 주관적 요소로 되는 사실은 사물의 성질상 범의와 상당한 관련성이 있는 간접사실을 증명하는 방법에 의하여 이를 입증할 수밖에 없고 무엇이 상당한 관련성이 있는 간접사실에 해당할 것인가는 정상적인 경험칙에 바탕을 두고 치밀한 관찰력이나 분석력에 의하여 사실의 연결상태를 합리적으로 판단하는 방법에 의하여야 한다.[44)]

피고인은 공모관계를 부인하였지만 법원은 ① 10여 년 가까이 '펀드매니저, 트레이더'로 일하며 지수차익거래 등을 담당해 온 피고인의 이력, ② 외국인 보유한도가 있어 도이치은행이 소유하지 못하는 에스케이텔레콤, 케이티 주식을 도이치증권 주식회사가 보유하며 계열사인 도이치은행(ASG)의 지수차익거래를 지원해 온 점, ③ 피고인이 A로부터 옵션 만기일 프로그램매매 가능성을 전해 듣고 2010. 11. 9.경 도이치은행의 주식계정이 개설되어 있던 미래에셋증권 국제부에 '옵션 만기일 프로그램 매매'를 문의하는 과정에서 도이치증권의 대규모 지수차익거래 잔고를 알게 되었다는 점(피고인은 지수차익거래 잔고를 확인한 후 미래에셋증권 담당자에게 '수수료를 1bp 수준으로 저렴하게 해 달라'는 취지의 부탁도 하였다), ④ 피고인이 A와 주고받은 이메일 내용[45)], ⑤ 이 사건 발생 하루 전인 2010. 11. 10. DSK의 주식

44) 대법원 2000. 7. 7.선고 2000도1899 판결 등. 대상 판결문 25~26쪽 참고.

45) A는 2010. 11. 8. 'Korea Trading'이라는 제목의 이메일(참조 : B, C, 피고인)에서, '목요일에 10억 유로(약 1조 5천억원) 이상 매우 큰 규모의 청산 가능성'을 시사하며, '시스템상 어떤 제한들이 있는지 검토해 달라'고 부탁하였다. 피고인은 위 이메일을 받고 같은 날 A에게 한국거래소 가이드라인과 DSK 내부시스템상의 제한에 관해 회신하였고, B는 같은 날 피고인에게 '바스켓은 너브센터(도이치은행 전산시스템)를 통해 보낼 것이며, 세부적인 논의를 위해 전화하겠다'고 회신하였다. 피고인은 2010. 11. 8. 15:49~15:57경(약 8분 40초 동

딜링부 담당 직원을 찾아가 '프로그램매매 사전보고'[46]에 관한 내용을 문의한 점, ⑥ 한국거래소에 대한 동시호가시간대 프로그램매매 사전보고를 최대한 늦게 하려고 노력하였고 실제로 보고마감시한(14:45)보다 1분여 늦게 보고를 한 점[47], ⑦ 이 사건 당일 피고인이 A, B와 사전보고지연을 논의한 점[48], ⑧ 피고인도 DSK의 담당 직원을 통해 이

안) B와 전화통화를 하며 '한국의 딜러가 사전공시를 한 다음 누가 주문실행을 해야 하느냐'는 B의 질문에 '딜러들이 바스켓 주문에 익숙하지 않으므로 직접 주문을 내는 것이 안전하다'고 하면서, '네가 너희쪽 주문을 내고 DSK 쪽 계좌에서 함께 팔아야 하는 것이 있으면 나에게 얘기해라'라고 답변하였다. 계속하여 B가 '빅사이즈'의 매도 주문을 원하며 '주문이 잘 들어가는지 테스트하고 싶다'고 하므로 피고인은 '얼마나 많은 매도 주문을 낼 것이냐'고 물었고 B가 '잘 모르겠지만 10억 유로 정도 된다'고 답하자 피고인은 '와우'하고 놀라면서 '장중에 주문을 넣었다가 취소하는 방법으로 테스트해보라', '만약 거래소에서 문제를 삼으면 실수로 주문했다고 얘기하라'고 조언하기도 하였다. 대상 판결문 30~31쪽 참고.

46) 코스피200에 대한 선물거래종목 또는 옵션거래종목의 최종거래일에 장 종료 10분 전부터 장 종료시까지 프로그램매매 호가를 제출하고자 하는 경우(이미 제출된 프로그램매매 호가를 당해 시간 중에 정정하고자 하는 경우를 포함한다)에는 그 내용, 즉 '프로그램매매하고자 하는 주식 종목명, 매도 또는 매수 호가 수량'을 장 종료 15분 전까지 한국거래소에 보고하여야 한다. 한국거래소는 이 사건 당시 위와 같이 보고된 사항을 시장에 공시하고 있었다. 사전보고 및 공시제도는 시장참여자들에게 프로그램매매 주문량을 예측하고 적절하게 대응할 기회를 제공함으로써 선물·옵션의 결제지수가 결정되는 만기일 장 마감 무렵에 있을 수 있는 주가 급등락을 최소화하고 투자자들을 보호하기 위해 마련된 제도이다.(한국거래소 유가증권시장 업무규정 제104조 제1항, 제3항, 유가증권시장 업무규정 시행세칙 제130조 제3항, 별지 제10호 등) 대상 판결문 35쪽 참고.

47) 사전보고를 지연하면 한국거래소의 제재(과징금 등)를 받는다. 그럼에도 A는 피고인과 대화 도중 피고인으로부터 '거래소로부터 제재를 받을 수 있다'는 말을 듣고도 '그런 상황이 생긴다면 그렇게 할 것'이라고 말하는 등 어느 정도의 규정 위반을 감수하려는 태도를 보이기도 하였다. 사전보고가 늦어지고 그로 인해 한국거래소의 공시가 순차 지연되면 기관투자자들은 프로그램매매 포지션에 변화를 줄 시간적 여유를 갖지 못해 결국 동시호가 시간대로 들어가 단일가 매매에 응할 수밖에 없게 된다. 피고인, A, B, C는 동시호가 시간대를 이용해 대규모 청산을 할 의도였기 때문에 일부러 사전보고를 늦춘 것이라고 추정할 수 있다.

48) 피고인은 2010. 11. 11. 오전 B, C와 블룸버그 메신저로 대화를 하였는바, 피

사건 당일 행사가가 코스피200지수 255.0p인 11월물 풋옵션을 매수하였다는 점(이에 대해 피고인은 "코스피200지수 255.0p인 11월물 풋옵션을 매수한 것은 ELW에 대한 해지를 위한 것이었다."고 변명하였다. 그러나 이 사건 당일에는 행사가가 코스피200지수 250.0p인 11월물 풋 ELW가 가장 많이 매도되었고 255.0p 11월물 풋ELW은 매도되지 않은 상태였으므로 ELW 해지를 위해서라면 같은 행사가(즉 250.0p)의 11월물 풋옵션을 매수하여야 하는 것이어서 피고인의 주장은 ELW 해지업무에도 부합하지 않는 것이었다[49]), ⑨ 이 사건 당일 피고인이 A와 전화, 메신저, 이메일 등을 통해 긴박하게 나눈 대화 내용[50]), ⑩ 피고인

고인은 "사전보고를 늦게 할수록 영향력이 커질 것이다(so... late input will increase impact...)"라고 말하였고, B와 C는 "그들에게 최대한 보고를 늦게 하라고 지시해라(give them instruction to report as late as possible)"라고 말하였다. 피고인은 이에 대해 공판에서 '사전보고를 늦게 하라는 것이 아니라 주문을 늦게 넣으라는 취지였다'고 주장하였으나 피고인의 주장대로라면 전후 문맥상 '주문을 늦게 넣으면 비용이 증가할 텐데 ... 그들에게 최대한 주문을 늦게 하라고 지시하라'는 것으로 모순되어 법원은 받아들이지 아니하였다. 대상 판결문 37쪽 참고.

49) ELW의 델타는 한 번 정해진 뒤 계속 고정되어 있는 것이 아니라 기초자산 가격이 변하거나 다른 여러 가지 변수가 변함에 따라 계속해서 변한다. 따라서 델타 해지를 하는 경우 기초자산 가격이 변함에 따라 해지를 위해 매수해야 하는 주식 수가 달라지므로 해지를 위해서는 계속해서 주식 수를 늘리거나 줄이는 거래를 반복해야 하는데 이러한 과정에서의 오차 발생 위험을 감마 리스크(gamma risk)라고 한다. 피고인도 검찰에서 "감마의 경우 어떤 종목에서 감마가 발생하였는지 원인을 찾아야 한다. 즉 많이 팔린 워런트가 무엇인지 파악하여 원인을 찾아내고 그것을 해지하기에 적당한 옵션이 무엇인지 찾는다. 가능하다면 감마를 실제로 많이 발생시킨 워런트에 대응한 옵션으로 해지하는 것이 낫다.", "250.0p 풋ELW 매도포지션을 해지하기 위해서는 행사가 250.0p 풋옵션을 매수하는 것이 통상적이다."라고 진술한 바 있기도 하다. 대상 판결문 45쪽.

50) 피고인은 이 사건 당일 A와 여러 차례 사무실 전화, 블룸버그 메신저, 이메일 등을 통해 연락하였을 뿐만 아니라 12:52경부터 사전보고 마감시각 직전인 14:44경까지 사이에 총 6회에 걸쳐 휴대전화로 통화하였다. 또한 피고인은 이 사건 당일 장 마감 이후 A로부터 "휴대전화 대화내용을 지우라"는 지시를 받고 피고인의 휴대전화기에 설치되어 있던 '왓츠앱'이라는 메신저 애플리케이션에 저장된 대화내용을 삭제하였고, 15:30경에는 DSK의 담당 직원에게 "오늘 날짜로 A로부터 온 이메일이 있는지 확인해 봐라"라고 한 후, 담당 직

이 A, B, C에게 한국의 '사전보고, 주문정보보안' 관련 사항을 설명하고 '시장상황'을 전달하였다는 점 등을 종합하면 '피고인은 늦어도 2010. 11. 8.에서 같은 달 10.경에는 이 사건 차익거래의 규모뿐만 아니라 ASG가 선물·옵션 만기일인 같은 달 11. 매수차익거래를 모두 청산할 예정이라는 사실과 이를 통해 주가가 하락할 경우 투기적 포지션에서 이익을 얻을 것이라는 사실을 적어도 미필적으로나마 인식하고 있었고, 비록 전체의 모의과정이 없었다고 하더라도 피고인과 A, B, C 사이에 순차적으로 또는 암묵적으로 이 사건 시세조종 행위를 이루거나 그에 본질적으로 관련된 행위를 분담한다는 상호이해가 있었음을 충분히 인정할 수 있다'고 판시하였다.

3. 연계시세조종의 판단기준

가. 피고인의 행위에 대한 결론

법원은 '피고인은 A, B로부터 2010. 11. 11. 옵션만기일에 이 사건 차익거래로 도이치은행이 보유하고 있던 코스피200지수 구성종목 주식을 대량매도하리라는 것을 전해 듣고, 그 청산과정에서 필요한 매도시점 및 주문제출방식, 사전신고 등과 관련하여 ① 코스피200지수를 효과적으로 하락시키는 방법을 조언하였다. 더 나아가 피고인은 A, B 등과 함께 피고인의 조언대로 장 마감 동시호가 시간대에 도이치은행(ASG) 및 도이치증권 주식회사(DSK)가 보유하고 있던 코스피200지수 구성종목 주식을 지정가 또는 시장가로 7~9회 분할해 전량 매도함으로써 ② 코스피200지수 하락에 직접 기여하였을 뿐만 아니라 지수 하락을 예상하고 ASG와 마찬가지로 이 사건 풋옵션을 사전에 매수함으로써 ③ 투기적 포지션을 구축하는 데에도 가담하였다. 피고인의 이러

원이 "한 통 와 있다."고 하자 "지우라"고 지시하였다. 피고인이 시장상황에 관한 정보를 얻기 위해 여러 차례 연락하였던 지인이 있었는데 그 자는 이 사건 당일 장 마감 이후 피고인에게 "여의도 전역 파문~~ 잠수 타셔야 할 듯"이라는 내용의 문자메시지를 보냈다. 대상 판결문 51~52쪽 참고.

한 행위는 피고인이 이 사건 시세조종행위의 구성요건을 이루거나 구성요건에 본질적으로 관련된 행위를 분담함으로써 기능적 행위지배를 통해 범죄를 실행한 것으로 평가할 수 있다'[51]고 판시하였다.[52]

피고인은 공판 내내 이 사건의 본질(투기적 포지션 구축)과 별로 관련이 없거나 근거가 빈약한 사정, 예를 들면 'B와 대화를 하는 중에 B로부터 준법감시부와 상의를 해보라는 조언을 받았다', 'ASG가 롤오버를 할 것으로 보았지 시세조종에 나설 것으로 예상하지 못하였다', '지정가가 아니라 시장가로 매도를 하였다', '개별주식거래에서 8.7억원의 손실을 보았다', '장 종료 직전 풋옵션 400계약을 매도하였다'는 등 주장을 하였으나 법원은 피고인의 변명에 현혹되거나 사건의 본질에서 벗어나지 않고 정확하게 실체 판단을 하였다고 생각한다.

나. 통상의 거래(차익거래, 해지거래 등) 속에 숨어 있는 시세조종 구별 기준

최근, ELS의 델타해지거래와 관련된 몇 개의 시세조종사건,[53] 도이치증권과 대한전선간 Knock-out 옵션 시세조종사건,[54] 그리고 본건의 공통점은 '사실은 피고인들이 시세조종을 도모해 놓고서도 해지나 차익거래 등 정상적인 위험회피나 이익실현의 행위였을 뿐이라고 주장을 하였다는 점'과 '시세조종이 분명함에도 그들의 주장에 일응 부합한 외형으로 해지 또는 차익거래의 모습을 띠고 있어 시세조종의 판단이 쉽지 않았다[55]'는 점이라고 할 수 있다.

---

51) 대상 판결문 52~53쪽.

52) 이 사건 당일 투기적 포지션의 청산을 미리 예상하지 못한 자산운용사 등 투자자들이 입은 피해는 약 1,400억원에 이르는 것으로 추정되었다.

53) 상세한 것은 나지수, '주가연계증권(ELS) 델타해지거래 관련 분쟁의 분석', 서강대학교 대학원 법학과 석사학위논문(2015), 49~75쪽 참고.

54) 이에 대해 상세한 것은 拙稿, '현실거래에 의한 시세조종과 매매유인 목적', 형사판례연구 제21권(지송 이재상 교수 고희기념 논문집), 박영사(2013), 325쪽 이하 참고.

55) 실제로 일선에서 해지업무를 담당하는 트레이더 등은 '해지와 시세조종은 외견상 잘 구분되지 않고 또 포지션 청산의 효과를 제대로 거두기 위해서는 장

그러나 시세조종은 ① 행위 당시의 정황에 있어서 시세를 인위적으로 조작하게 된 다른 목적이 존재하고, ② '거래량, 가격, 전후의 거래상황, 시장관여정도' 등의 사정을 종합할 때 거래 방식이 비정상적이며, ③ 그로 인해 취득하는 이득(또는 손실회피) 규모가 통상의 해지거래나 차익거래로 달성하기 어려운 수준이라는 점에서 일상적인 차익거래 내지 해지거래와 분명히 구별될 수밖에 없다.[56)]

그러므로 정상적인 거래와 정상적인 거래를 가장한 시세조종은 '거래 동기(목적 요건), 거래 방식(수단 요건), 이득 규모(결과 요건)'의 세 가지 복합적 관점에서 구분이 가능하다고 생각한다.

그런데 세 가지 기준 중 중요한 것은 '거래 방식'이라 할 수 있다. 한국거래소는 2012. 4.경 회원사들에게 배포한 '해지거래 가이드라인'에서 거래 방식 관련하여 '① 자연스런 시장수급에 의한 가격결정에 부당한 영향을 미치지 않도록 최선을 다하여야 한다, ② 해지 물량이 특정시기에 집중되지 않도록 합리적인 운용계획을 수립하는 등 적절한 내부통제(compliance)를 갖추어야 한다, ③ 해지거래의 매매수량, 매매거래 시기 및 호가 가격 등이 해지목적에 부합하고, 위험관리에 필요한 범위에 해당하는 등 객관적으로 정당화될 수 있어야 한다'는 등 몇 가지 준수사항을 제시한 바 있다.

시세조종 여부를 판단함에 있어서는 이러한 기준에 비춰 거래방식이 수긍될 수 있는지 살펴보고 특히 '적절한 내부통제시스템이 갖추어져 있는지, 거래 전 적합한 방식으로 내부통제를 실질적으로 거쳤는지'의 점도 중요한 비중으로 검토해볼 필요가 있다.[57)]

요컨대, 시세조종을 인정하는 데 필요한 기준은 '행위 당시의 정

마감 직전 거래를 하여야 하는 경우가 보통인데 시장에 충격을 주었다고 해서 이를 시세조종으로 본다면 어떻게 해지업무를 하란 말이냐'는 취지의 하소연을 하고 있다.

56) 그럼에도 불구하고 행위자들은 복잡한 상품구조, 해지와 같은 전문기술적 필요성 등을 내세워 시세조종을 정당한 거래로 위장하는 경우가 많았다.

57) 사전에 정상적인 컴플라이언스(compliance)가 작동되었다면 이와 같은 거래는 내부에서부터 용인되지 못하였을 것이다.

황+거래 방식의 합리성 구비 여부+부당한 이익 여부'라 할 것이며 결국 '행위자가 의도한 바가 무엇이었는지'가 관건으로 그에 관련된 정황과 간접사실을 얼마나 충분히 확보하느냐에 따라 판단도 달라질 것이다.

이 사건 대상판결은 핵심을 놓치지 않고 '① 투기적 포지션을 구축하게 된 동기(거래 동기), ② 경험칙상 납득하기 어려운 투기적 포지션의 구축 방법(거래 방법), ③ 투기적 포지션의 구축과 통상의 차익거래만으로는 얻을 수 없는 막대한 이득의 취득(결과)'이라는 기준에서 시세조종 여부를 판단하였는바, 지극히 타당한 결론이라고 하지 않을 수 없다.

Ⅵ. 마무리하며

정상적인 거래 속에 숨어 있는 비정상적 시세조종은 '거래의 목적, 거래의 수단, 그로 인한 이득 규모' 세 가지 기준을 종합하여 가려낼 수 있다고 본다.

이러한 기준은 그간 발생하였던 유사사건에서도 공통적으로 적용이 가능하며 대상판결에서도 같은 판단기준이 시사되었다는 점에서 의미가 있다고 생각한다.

시세조종을 정상적인 거래로 가장할 때 피해를 입는 것은 일반투자자뿐만이 아니다. 정상적인 거래를 하고 있는 트레이더들도 피해를 입을 수 있다.

한국거래소의 시장감시자료에 의할 때 한국거래소 시장감시본부가 적발한 2014년 자본시장 내 현물 불공정행위는 105건(262종목)인 반면 2015년 상반기 현물 불공정행위는 2014년에 비해 19.6% 증가하였으며, 특히 파생상품시장에서 불공정행위는 2014년에 비해 2015년 상반기 57.1% 증가하였다고 한다.[58]

58) 한국거래소 발간, '자본시장 자율규제리포트', 제34호, 17쪽.

파생상품시장은 계속 발전할 것으로 예상되고 이해하기 힘들 정도의 구조를 갖춘 파생상품도 등장할 것이며 더불어 파생상품과 연계된 현물 시세조종의 태양도 크게 진화할 것이다.

시세조종을 범하고서도 처벌을 모면하거나 잘못된 판단으로 억울한 피해자가 발생하지 않도록 차제에 위와 같이 시세조종의 구별기준을 명확히 유형화할 필요가 있을 것이다.

[주 제 어]

파생상품, 선물, 옵션, 연계시세조종, 연계시세조종의 구별기준

[Key Words]

derivatives, futures, options, linked-manipulations, some criterias distinguishing linked-manipulations from faked-normal stock tradings

접수일자: 2016. 5. 13. 심사일자: 2016. 5. 31. 게재확정일자: 2016. 6. 3.

[참고문헌]

1. 단행본

김정수, 자본시장법원론, 서울파이낸스앤로그룹(2014).

김건식·정순섭, 자본시장법(제3판), 두성사(2013).

금융감독원, 자본시장 불공정거래 및 기업공시 판례분석(2015).

박상기, 형법학, 집현재(2013).

한국증권법학회, 개정판 자본시장법 주석서(Ⅰ), 박영사(2015).

한국거래소, '자본시장 자율규제리포트', 제34호.

2. 논문 기타 문헌

김영기, '현실거래에 의한 시세조종과 매매유인 목적', 형사판례연구 제21권 (지송 이재상 교수 고희기념 논문집), 박영사(2013).

나지수, '주가연계증권(ELS) 델타해지거래 관련 분쟁의 분석', 서강대학교 대학원 법학과 석사학위논문(2015).

한국거래소 유가증권시장 업무규정, 업무규정 시행세칙.

[Abstract]

A study on so-called 'option shock' in 2010 and some standards of judgement about linked-manipulations

Kim, Young-Ki*

There are futures, options as derivatives in our capital-market including KOSPI200 futures and options. Unfortunately linked-manipulations between stock tradings and derivatives tradings happen too often.

It is able to distinguish linked-manipulations from faked-normal stock tradings using some criterias ; real purposes of tradings, rationals manners or not, the scales of profits.

These acts of unfair trades are increasing in our capital market and especially the occurrences of new type of unfair trades cast attentions on same fields for example manipulations disguising hedge in option trades etc.

Crimes in manipulations fields are developing without halts.

In order to cope with its revolutions, we should make clear standards to distinguish linked-manipulations from faked-normal stock-tradings by searching same case studies.

* Senior Prosecutor of Branch in Namwon, Jeonju District Prosecutor's Office.

인터넷링크행위와 저작권침해*
-대법원 2015. 3. 12. 선고 2012도13748 판결-

홍 승 희**

[대상판결] 대법원 2015. 3. 12, 2012도13748 판결(일본만화링크사건)

【사실관계】

피고인 甲은 애니메이션을 주로 다루는 C사이트(http://www.chuing.net)를 관리 · 운영하는 자이다. 그런데 C사이트의 일부 회원들이 C사이트의 게시판에, 저작권자로부터 이용 허락을 받지 아니한 일본만화 등 디지털콘텐츠를 게시하거나 또는 불특정 인터넷 이용자가 이를 열람 또는 다운로드(download) 할 수 있도록 하는 해외에 주소를 둔 블로그(blog)에 연결되는 링크 글을 게재하였다. 이 일본만화는 한국어로 번역하여 출판하기로 예정되어 있었는데, 링크된 외국 블로그 운영진이 만화가 출간되기 전에 블로그에 이들 만화를 한국어로 번역하여 일주일에 1회 주기로 게재한 것이다. 그런데 피고인 甲은 이들 블로그의 디지털콘텐츠가 불법임을 알면서도 개설한 C사이트를 만화, 애니메이션, 이미지 등에 따른 항목으로 구분하고 다시 개별 만화명에 따라 분리한 후, 이들 회원들로 하여금 링크를 통하여 각 블로그 등에 쉽게 접근하여 위 만화들을 볼 수 있게 하고, 그 클릭 수에 따라 구글 배너 광고료를 받는 방법으로 수익을 올려왔으며 당시 C사이트의 회

* 이 논문은 2015학년도 원광대학교의 교비지원에 의해 수행됨.
** 원광대학교 법학전문대학원 부교수, 법학박사.

원수는 약 21만명이 넘었다. 피고인 甲은 이들 회원들의 링크 글을 삭제하지 않고 방치하였다는 저작권법위반방조죄 혐의로 기소되었다.

【원심판결】 청주지법 2012. 10. 19, 2012노626 판결

원심인 청주지법은 甲에 대하여 회원들의 링크글을 삭제하지 않고 방치한 행위에 대하여 보증인지위나 주의의무가 인정되지 않아 부작위에 의한 저작권법위반방조로 볼 수 없다고 판단하면서 또한 이들 회원들의 링크행위에 대해서도 저작권법이 규정하는 복제 및 전송에 해당하지 않는다고 판단하였다.

【대법원 판결요지】

[1] 인터넷 링크(Internet link)는 인터넷에서 링크하고자 하는 웹페이지나, 웹사이트 등의 서버에 저장된 개개의 저작물 등의 웹 위치 정보나 경로를 나타낸 것에 불과하여, 비록 인터넷 이용자가 링크 부분을 클릭함으로써 링크된 웹페이지나 개개의 저작물에 직접 연결된다 하더라도 위와 같은 링크를 하는 행위는 저작권법이 규정하는 복제 및 전송에 해당하지 아니한다.

[2] 형법상 방조행위는 정범의 실행을 용이하게 하는 직접, 간접의 모든 행위를 가리키는 것인데, 링크를 하는 행위 자체는 위와 같이 인터넷에서 링크하고자 하는 웹페이지 등의 위치 정보나 경로를 나타낸 것에 불과하여, 인터넷 이용자가 링크 부분을 클릭함으로써 저작권자로부터 이용 허락을 받지 아니한 저작물을 게시하거나 인터넷 이용자에게 그러한 저작물을 송신하는 등의 방법으로 저작권자의 복제권이나 공중송신권을 침해하는 웹페이지 등에 직접 연결된다고 하더라도 그 침해행위의 실행 자체를 용이하게 한다고 할 수는 없으므로, 이러한 링크 행위만으로는 위와 같은 저작재산권 침해행위의 방조행위에 해당한다고 볼 수 없다.

[참조판례] 대법원 2003. 7. 8., 2001도1335 판결(팬티신문사건)

【사실관계】

피고인 乙은 1998. 5. 8.경부터 1998. 6. 23.경까지 사이에 인터넷 서비스업체인 아이뉴스(Inews)상에 인터넷 신문인 '팬티신문'을 개설한 자이다. 乙은 '팬티신문'에 접속하는 사람이 많아야 팬티회사로부터 광고수익을 올릴 수 있다는 계산아래, 이용자들의 접속을 유도하기 위하여 '팬티신문' 초기화면의 좌측 하단에 '관련 사이트' 항목을 별도로 만든 후 여기에 'free photo', 'nippon', 'sixnine 주식회사', '야설' 등의 링크표지를 집중적으로 나열해놓았는데, 이 가운데 'free photo'는 해당 링크를 이용자가 클릭할 경우 서양여성의 음부가 드러난 음란영상과 함께 일부의 음란영상을 무료로 더 볼 수 있다는 취지가 홈페이지게 기재되어 있는 'persiankitty'라는 외국의 웹사이트에 곧바로 접속되도록 함으로써 전기통신역무를 이용하여 음란한 영상 및 문언을 공연히 전시하였다는 사실로 공소제기되었다.

【원심판결】 수원지법 2001. 2. 15., 99노4573 판결

원심은 피고인 乙에 대해서 다른 웹사이트('persiankitty')의 초기화면을 링크한 경우에는 웹사이트의 주소를 전시하거나 알려준 것에 불과하여 음란한 부호 등을 전시한 것에 해당한다고 볼 수 없다고 판시하였는데, <u>음란한 부호 등이 게재되거나 음란한 부호 등이 수록된 파일들이 존재하는 웹사이트의 주소를 전시하는 것까지 음란한 부호 등을 전시하는 것으로 본다면,</u> 음란한 부호 등을 전시하는 것뿐만 아니라 음란한 부호 등이 위치하고 있는 주소를 전시하는 것도 처벌하게 되는 결과 <u>그 처벌범위가 지나치게 확대되어 죄형법정주의에 반한다</u>는 이유로 무죄를 선고하였다.

【대법원 판결요지】

대법원에서는 "구 전기통신기본법 제48조의2(현행 정보통신법 제74조 제1항 2호, 제44조의7 제1항 제2호)의 "전기통신역무를 이용하여 음란한 부호문언 · 음향 또는 영상을 반포 · 판매 또는 임대하거나 공연히 전시(展示)한"이라는 규정에서 '공연히 전시'한다고 함은, 불특정 · 다수인이 실제로 음란한 부호 · 문언 · 음향 또는 영상(이하 '부호 등'이라 한다)을 인식할 수 있는 상태에 두는 것을 의미하는데, ... 음란한 부호 등이 담겨져 있는 다른 웹사이트나 웹페이지 또는 음란한 부호 등으로의 '링크(link)를 포함한 일련의 연결수단부여행위'가 '음란한 부호 등을 전시한 경우와 같게 볼 수 있는지' 여부를 판단하였다.

그러면서 형식적으로 보면, 인터넷상의 링크는 링크된 웹사이트나 파일의 인터넷 주소 또는 경로를 나타내는 것에 불과하여 그 링크에 의하여 연결된 웹사이트나 파일의 음란한 부호 등을 전시하는 행위 자체에 해당하지 않는다고 볼 여지가 없지 않지만, 실질적으로 보면, **"링크된 웹페이지의 내용을 이용자에게 직접 전달하는 것과 마찬가지의 기능을 수행하고 있다."**고 판단하면서 링크설정자를 음란물유포죄의 정범에 해당한다고 보았다. 그 이유로는 "인터넷상의 링크란 하나의 웹페이지 내의 여러 문서와 파일들을 상호 연결하거나 인터넷상에 존재하는 수많은 웹페이지들을 상호 연결해 주면서, 인터넷 이용자가 '마우스 클릭(mouse click)'이라는 간단한 방법만으로 다른 문서나 웹페이지에 손쉽게 접근 검색할 수 있게 해주는 것으로서, ... 그 마우스 클릭행위에 의하여 다른 웹사이트로부터 정보가 전송되어 오는 데 걸리는 시간이 매우 짧기 때문에, 인터넷 이용자로서는 자신이 클릭함에 의하여 접하게 되는 정보가 링크를 설정해 놓은 웹페이지가 아니라 링크된 다른 웹사이트로부터 전송되는 것임을 인식하기조차 어렵다는 **'실질적'**인 이유로 그러하다고 판단하였다.

[연 구]

I. 문제제기

오늘날 인터넷이 발달하면서 '1인 1미디어' 시대가 되었다. 이는 이제 누구든지 특수한 전문지식 없이도 인터넷공간에 자신만의 공간을 만들어 원하는 정보를 제공할 수 있게 되었다는 것을 의미한다. 그러나 이러한 자신만의 인터넷공간은 순수한 자기 창작물로 온전히 메워지기보다는 '링크'라는 연결도구를 이용해 타인의 웹사이트에 연결되어 직접 그 링크된 웹사이트로 연결되던가(직접링크), 아니면 링크된 웹사이트의 글, 이미지, 음악, 동영상 등이 곧바로 링크를 설정한 웹사이트에서 제공되기도(프레임링크, 임베디드링크) 한다. 그런데 이때 링크의 성격에 따라 링크를 설정한 행위자 및 이러한 링크설정된 웹사이트의 공간을 제공·관리·운영하는 온라인서비스제공자에게는 몇가지 법적인 문제가 발생한다.

이때 대상판결에서 피고인 甲은 링크공간을 제공하였다는 점에서 온라인서비스제공자(OSP)[1][2]로서 방조범의 책임을 묻게되는데, 그렇다면 과연 정범이 누가 되는지, 즉 甲의 회원들인 링크설정자에게 정범성을 인정할 것인지 방조범을 인정할 것인지 여부가 중요한 판단대상

1) 온라인서비스제공자와 혼용하여 많이 쓰이는 개념으로 인터넷서비스제공자(Internet Service Provider, ISP)가 있다. 많은 경우 이 두 개념을 구분없이 사용하기도 하나 일반적으로 ISP는 OSP에 포함되는 좁은 개념으로 이해된다. 즉 ISP는 인터넷을 매개하여 이용자들에게 인터넷 접속, 웹사이트 호스팅, 검색엔진, 전자게시판 시스템 제공 등의 각종 서비스를 제공하는 자를 지칭한다고 한다. 반면에 온라인서비스제공자(OSP)의 경우 인터넷을 매개하지 않는 예컨대 금융시스템이나 폐쇄된 회사내부전산망 등을 제공 또는 운영하는 자도 포함함으로써 엄밀히 두 개념은 구분된다.

2) 저작권법에 따르면 '온라인서비스제공자'란 첫째, 이용자가 선택한 저작물등을 그 내용의 수정 없이 이용자가 지정한 지점 사이에서 정보통신망을 통하여 전달하기 위하여 송신하거나 경로를 지정하거나 연결을 제공하는 자이거나 또는 둘째, 이용자들이 정보통신망에 접속하거나 정보통신망을 통하여 저작물등을 복제·전송할 수 있도록 서비스를 제공하거나 그를 위한 설비를 제공 또는 운영하는 자를 말한다(제2조 제30호).

이 된다. 실제로 대상판결에서도 이들 링크설정자인 일부 회원들의 법률위반 여부에 대해서도 판단하였는데, 최신판례인 대상판결에서는 링크설정자에게 정범성은 물론 종범성도 인정되지 않는다 하여 무죄로 판시하였다. 그러나 유사한 링크행위를 통한 법률위반 여부에 대해 판단한 10년이 넘은 2003년 당시 판단한 참조판례에서는 링크설정자에 대하여 음란한 부호의 '공연전시'행위에 해당한다 하여 종범도 아닌 바로 정범의 유죄를 선고하였다. 물론 참조판례는 판결 이후 많은 논란이 되어 참조판례에 대한 직접적인 판례평석[3]과 그리고 관련 논문들이[4] 많이 쏟아져 나왔다.

물론 대상판결과 참조판례의 구성요건 행위는 다르지만, 링크를 통해 불법한 웹페이지로 연결하는 직접링크라는 점에서 공통된 링크유형인 바 대상판결을 위주로 하여 법원의 판단에 어떤 변화가 있었

3) 김종호, 인터넷 링크에 의한 음란부호 등의 공연전시, 정보법학 7권 2호(2003. 12), 233-150면, 한국정보법학회; 박희영, 인터넷의 유포범죄와 링크제공자의 형사책임, 비교형사법연구 5권 2호(2003. 12), 63-110면; 서보학, 유해정보사이트에 링크해 놓은 경우의 형사책임 -대법원 2003. 7. 8. 선고 2001도1335 판결-, 법률신문 3205호(2003. 9), 13면; 심희기, 온라인상의 범죄행위에 대한 오프라인상의 범죄이론 연장의 가부: 링크(link)를 포함한 일련의 연결수단부여행위와 '공연전시', 고시연구 제30권 제12호(357호), 185-195면; 오영근, 인터넷상 음란정보 '전시'의 개념, 법률신문 3213호(2003. 10), 13면; 위인규, 구 정보통신기본법 제48조의2 소정의 '공연전시'의 개념, 재판실무연구 3권(2006. 1), 383-396면; 정현미, 인터넷상 음란정보 전시 및 링크의 형사책임, 형사판례연구 12호(2004. 7), 510-540면; 진동혁, 음란한 부호 등이 전시된 웹페이지에 대한 링크행위가 그 음란한 부호 등의 전시에 해당하는지 여부, 정보법 판례백선 I, 609-616면; 황병하, 인터넷상의 '링크(link)'와 '전시'의 관계, 민형사실무연구: 서울북부지방법원 승격기념논문집(2004. 12), 135-162면.

4) 김학태, 인터넷상의 음란물에 대한 형사책임에 관한 연구: 특히 음란물에 대한 인터넷 서비스제공자의 형사책임을 중심으로, 외법논집 23집(2006. 8), 225-262면; 박희영, 독일의 전자적 정보통신서비스법과 ISP의 형사책임에 관한 연구, 법학연구 44권 1호(52호)(2003. 12), 261-304면; 전지연, 하이퍼링크의 형사법적 책임; 사이버음란물의 링크를 중심으로, 법학연구 13권 4호(2003. 12), 161-184면; 최호진, 인터넷상의 음란물유포에 대한 범죄가담형태, 비교형사법연구 6권 1호(2004. 7), 51-72면; 최호진, 연결수단부여행위를 통한 음란정보유포죄의 성립, 비교형사법연구 10권 1호(2008. 7), 157-180면.

는지를 살펴보고자 한다.

Ⅱ. 링크행위

먼저 대상판결과 참조판례를 제대로 파악하기 위해서는 이들 사건의 공통된 행위인 링크행위의 성격을 이해하여야 한다. 따라서 이러한 링크행위의 일반적 특성부터 살펴보고 이에 상응하는 법적 쟁점을 살펴보고자 한다. 이때 이해의 편의상 링크를 설정한 웹사이트를 'X웹사이트'라 하고, X웹사이트에 링크되어 연결되는 웹사이트를 'Y웹사이트'라고 지칭하기로 한다.

1. 링크행위의 개념

링크(link)란 일반적으로 컴퓨터상에서 어떤 대상에의 연결을 의미하는데, 법적으로는 보다 구체화하여 다양하게 개념정의되고 있다. 즉 두 개의 서로 다른 파일 또는 하나의 파일 내에서의 다른 일부분을 구성하는 콘텐츠를 단순히 연결시키는 것으로 이해되기도 하고,[5] 인터넷이용자들이 접속(access)하고자 하는 웹페이지로의 이동을 용이하게 해주는 기술로 이해되기도 하고[6] 또는 링크란 웹페이지, 파일 등을 서로 연결시켜주는 그 자체 또는 그러한 기능을 할 수 있도록 제공되는 위치정보, 태그 등으로 이루어진 연결도구라고도 이해된다.[7] 세부적으로는 각기 다양한 형태로 이해하나, 이러한 의견들 속에서 공통되는 점은 바로 '연결'이라는 속성이다. 그런데 연결되는 웹사이트의 문자, 사진, 음악, 동영상 등의 콘텐츠를 어떤 방법으로 연결하는가에 따라 링크는 다시 세분화되고 있는데, 링크의 유형에 따라 법적인 쟁점이 달라질 수 있으므로 이러한 유형을 살펴보면 다음과 같다.

5) 이러한 이해로는 이해완, Browsing, Caching, Linking&Framing, 남효순/정상조, 인터넷과 법률, 법문사 2002, 299면).
6) 정상조, 지적재산권법, 홍문사, 2004, 379면.
7) 유대종/신재호/김형렬/김윤명, 인터넷서비스와 저작권법, 경인문화사 2010, 79면.

2. 링크행위의 유형[8)]

가. 단순링크(Simple Link or Surface link)

단순링크란, 이용자가 링크를 클릭하게 되면 타겟이 된 링크된 Y 웹사이트의 초기화면, 메인화면, 홈페이지 등으로 연결시켜주는 링크를 말하는데, 이를 '외부링크'라고도 부르기도 한다. 대표적으로는 공공기관이나 정부부처, 학교 등의 홈페이지에서 유관기관들의 바로가기 메뉴 등을 말하는데, 이러한 메뉴를 클릭하게 되면 항상 링크된 Y 웹사이트의 홈페이지로 연결되게 된다. 예컨대 행위자가 자신이 만든 X라는 웹사이트에 링크를 통해서 Y사이트를 단순링크하게 되면, 이용자가 X웹사이트를 방문하여 해당 링크를 클릭하는 경우, Y웹사이트의 초기화면인 Y의 홈페이지로 연결되는 것을 말한다.

나. 직접링크(Deep Link or direct link)

이에 반하여 직접링크란 링크를 설정한 X웹사이트의 링크를 클릭하게 되면 Y웹사이트의 홈페이지를 거치지 않고 직접 Y웹사이트의 타겟이 된 특정 내부 또는 하위페이지로 연결되도록 하는 것을 말한다.[9)] 이를 홈페이지 보다 한단계 이상의 심층에 존재하는 내부 또는 부속페이지로 연결된다는 점에서 '심층링크'라고 부르기도 한다.[10)]

다. 프레임링크(Frame Link or framing)

프레이밍(framing)이라고도 불리우는 프레임링크란, 자신의 X웹사

---

8) 오승종, 저작권법, 박영사 2012, 615면; 키플&리플의 지재권 돋보기, 다섯 번째 시간: 링크행위의 저작권에 대하여, 한국지적재산권법제연구원, 83면; 최정열, 인터넷상의 디지털 정보에 관한 권리보호, 「CYBER LAW의 諸問題 [上], 법원도서관 재판자료 제99집(2003), 265-357면(304-307)에서 참조

9) 이러한 직접링크의 경우 링크된 B 사이트의 홈페이지를 거치지 않고 바로 목적이 된 내부사이트로 연결됨으로써 B사이트의 경우, 홈페이지 방문자수에 카운트되지 않아 B사이트의 운영자에게는 그만큼 광고수입 등의 불이익을 발생시킬 수 있다. 이에 대한 설명으로는 키플&리플의 지재권 돋보기, 다섯 번째 시간: 링크행위의 저작권에 대하여, 한국지적재산권법제연구원, 83면 참조.

10) 오승종, 저작권법, 박영사 2012, 615면.

이트인 홈페이지, 블로그, 게시판 등의 화면을 둘 이상의 영역으로 나누어 하나 이상의 화면 프레임에 Y웹페이지의 디지털콘텐츠(문서, 이미지 등)가 바로 나타나도록 하는 것을 말한다. 이때 X웹사이트에서 독자적으로 디자인된 영역을 브라우징프레임이라고 하고, 여기 프레임에 Y웹사이트의 특정 콘텐츠를 바로 보이게 함으로써 Y웹페이지의 콘텐츠가 마치 X웹페이지에 포함된 것처럼 보이므로 저작권침해의 가능성이 있다고 한다.[11)]

라. 임베디드링크 또는 인라인링크(Embedded Link or Inlining link)

임베디드링크는 X웹사이트의 홈페이지, 블로그, 게시판 등에서 Y웹사이트에서 제공하고 있는 음악, 이미지, 음악, 동영상 등이 자동으로 실행되도록 하는 것을 말한다. 이는 Y웹사이트에서 제공하는 이미지, 음악, 동영상 등의 웹주소를 HTML[12)]에 삽입하여, 제3의 불특정 이용자가 X웹사이트를 방문했을시 링크된 Y웹사이트의 이미지, 음악, 동영상 등이 자동으로 실행되는 것을 말한다.

3. 링크유형과 저작권법 위반

앞서 살펴본 링크의 유형별로 법적 위반의 평가가 달라진다고 보는 것이 일반적이다. 그리고 대표적인 법적 위반으로는 '저작권침해'를 들 수 있다. 이에 유형별로 저작권침해여부를 살펴보면 다음과 같다.

먼저 링크행위의 가장 기본적인 형태라 할 수 있는 단순링크(Surface link)와 직접링크(Deep link)의 경우는 링크된 해당 웹페이지의 이용을 용이하게 하는 데 불과하여 저작권법적으로는 문제가 되지 않는 것으로 보는 것이 일반적인 견해이다. 먼저 단순링크에 대한 그 근

11) 이에 대해서는 키플&리플의 지재권 돋보기, 다섯 번째 시간: 링크행위의 저작권에 대하여, 한국지적재산권법제연구원, 83면 참조.

12) HTMP(Hypertext Markup Language)이란 웹에서 사용되는 문서언어로서, 인터넷의 홈페이지 등을 만들기 위한 명령어이다.

거로는 첫째, 링크에서 이용되는 것은 URL(인터넷주소)뿐인데, URL 자체는 창작성이 없어 저작물이 복제될 수 없다는 점, 둘째, 링크 자체는 웹페이지의 소재 또는 장소를 지시할 뿐이어서 웹페이지 그 자체를 복제한다거나 복제물을 송신하는 것은 아니라는 점 등을 든다.[13)] 또한 보다 더 설득력 있는 근거로는 셋째, 자신의 웹페이지가 링크되기를 희망하지 않을 경우, 타인이 열람하지 못하도록 웹페이지의 공개여부를 비공개로 하는 등으로 그 접근을 제한할 수 있다는 점에서 저작권법 침해의 문제는 발생하지 않는다고 한다.[14)] 직접링크의 경우도 단순링크에서의 이와 같은 근거와 크게 다르지 않아 저작권법의 문제는 발생하지 않을 것으로 보인다.[15)]

그러나 프레임링크와 임베디드링크의 경우는 저작권침해의 가능성이 있다는 의견들이 있다. 그러나 프레임링크의 경우도, 프레이밍을 토대로 해서 만들어진 링크를 설정한 X웹페이지의 링크는, 실제로는 링크된 Y웹페이지의 URL주소만을 표시해둔 것일 뿐이고 다만 X웹페이지상 링크를 통해서 인터넷이용자들의 단말기화면에 보이는 것은 링크된 Y웹페이지의 위치를 링크를 클릭한 이용자 컴퓨터의 웹브라우저에게 알려주어 Y웹페이지에 접속하여 이를 보여주는 것으로서, 결과적으로는 X웹페이지 링크설정자의 웹서버 하드디스크나 램 등에는 링크된 정보가 일시적으로라도 저장되거나 전송되지 않는다 하여 복제권이 침해되는 것은 아니라고 한다.[16)] 나아가 전송권과 관련해서도

13) 이러한 근거의 보다 자세한 내용으로는 오승종, 저작권법, 616-617면 참고.

14) 물론 접근제한을 기술적으로 파괴하는 경우 해킹 등의 부정한 접근행위에 따른 다른 법적인 문제가 발생할 가능성은 있다는 설명으로는 오승종, 저작권법, 617면.

15) 물론 직접링크의 경우 홈페이지의 방문자수에 따라 광고수익이나 영향력(예컨대 파워블로거 등으로 선정) 등이 좌우되므로 홈페이지를 거치지 않고 곧바로 목표가 된 내부 웹페이지로 연결되도록 하는 경우, 저작권자의 다양한 이익에 도움이 되지 않을 수도 있으나 이를 곧바로 이익을 '침해'하는 것으로 보기는 어렵다. 이에 반하여 광고수익을 침해하는 것으로 이해하기는 하나 다만 저작권침해의 문제는 아니라는 설명으로는 오승종, 저작권법, 717면.

16) 최정열, 앞의 글, 317면; 이형정, 링크(link)와 프레이밍(framing)의 저작권, 법학

X웹페이지의 운영자인 링크설정자는, 링크된 Y웹페이지의 운영자가 Y웹페이지에 올린 콘텐츠를 일반 공중이 이용할 수 있도록 전송행위를 미리 설정한 것을, 그 사이트의 주소로 연결하는 HTML 문서에 태그를 기재하여 올려두는 행위를 한 것에 불과하므로 저작권법상의 '전송'에 해당하지 않는다고 한다.17)

4. 판례사안에서 링크설정의 성격

한편 대상판결에서 문제가 되는, 피고인 甲이 개설한 웹사이트의 일부 회원들이 일본만화 등의 디지털콘텐츠가 불법 게재되어 열람 및 다운로드할 수 있는 외국 웹사이트인 블로그에 곧바로 연결되도록 한 링크행위는 직접링크에 해당한다. 그런데 앞에서 살펴본, 저작권법의 문제가 발생하지 않는 직접링크유형에서 링크를 통해 타겟이 되는 Y웹페이지는 일반적으로 저작권이 있는 원저작물이 게재된 웹사이트이다. 따라서 타겟이 된 링크된 Y웹페이지(대상판결에서 외국 블로그)가 불법이라는 점에서 대상판결의 직접링크는 다소 성격이 달라 설령 링크설정자의 정범성은 여전히 인정되지 않는다 해도, 일반적인 직접링크와 달리 방조범의 성립여부는 남아있다고 할 수 있다.

Ⅲ. 링크설정행위의 법적 쟁점

1. 저작권법 위반의 정범성립여부

대상판결의 피고인 甲은 제2차적 연결행위자이다. 따라서 피고인의 법적 책임을 검토하기 위해서는 직접 링크를 설정한 제1차적 연결행위자들(C사이트 일부 회원들)의 법적 책임 문제가 먼저 검토되어야 한다. 이들의 이러한 직접링크행위에 대해서는 저작권법 위반과 관련

연구 제11권 제3호(2008), 인하대 법학연구소, 165-194면(186).

17) 이러한 설명과 의견으로는 이형정, 위의 글, 165-194면(188); 최정열, 위의 글, 319면.

하여 복제, 전송(공중송신), 전시에 해당하는지 여부가 문제된다.

(1) 복제권 침해여부

먼저 저작권법의 '복제'란, "인쇄 · 사진촬영 · 복사 · 녹음 · 녹화 그 밖의 방법으로 일시적 또는 영구적으로 유형물에 고정하거나 다시 제작하는 것"을 의미한다(저작권법 제2조 제22호). 이러한 복제의 방법에는 제한이 없어서, 컴퓨터 파일형태로 된 저작물을 컴퓨터의 하드디스크나 시디롬 등 전자적 기록매체에 저장하는 것도 복제에 해당한다.[18)]

그런데 대상판결의 일본만화를 열람 또는 다운로드할 수 있는 불법 외국 블로그에 연결되도록 하는 회원들의 직접링크의 경우, 불법콘텐츠를 이용가능한 웹페이지에 연결만 하였다는, 즉 경로를 알려만 준 것이어서 '복제'에 해당하기는 어렵다. 왜냐하면 링크를 설정한 X웹페이지의 링크를 마우스를 통해 클릭할 경우, 클릭한 이용자의 컴퓨터화면에는 연결된 Y웹페이지(대상판결에서 외국 블로그)로 이동하여 곧바로 Y웹페이지가 보이게 되는데, 이때 링크설정자의 하드디스크, 램 등의 그 어떤 전자적 기록매체에도 영구적이든 일시적이든 이러한 불법 콘텐츠파일이 저장되는 것이 없기 때문에 '복제'라는 문언 그대로에 해당하는 것으로 보기는 어렵다.

(2) 전송권(공중송신권) 침해여부

대상판결에서 쟁점이 된 '공중송신'이란 "저작물, 실연 · 음반 · 방송 또는 데이터베이스를 공중이 수신하거나 접근하게 할 목적으로 무선 또는 유선통신의 방법에 의하여 송신하거나 이용에 제공하는 것"을 말하는데(저작권법 제2조 제7호), 저작권자가 갖는 이러한 공중송신권은 저작권법 초기부터 인정되어오던 권리가 아닌 2006년 저작권법이 개정되면서 새롭게 등장한 권리이다.[19)]

---

18) 오승종/이해완, 저작권법, 박영사 2004, 276면.

19) 이러한 공중송신권이 신설된 배경에는, 그동안 방송, 전송, 디지털음성송신

이러한 공중송신의 하위개념으로 이해되는 것이 바로 문제가 되는 '전송'인데, 전송이란 "공중송신 중 공중의 구성원이 개별적으로 선택한 시간과 장소에서 접근할 수 있도록 저작물 등을 이용에 제공하는 것을 말하며, 그에 따라 이루어지는 송신을 포함"하는 것으로 정의되어 있다(법 제2조 제10호). 이러한 전송행위의 특징은 '주문형'[20], '쌍방향성'[21], '이시성(異時性)'[22]을 갖는 것이라 한다.[23] 문제가 되는 링크행위의 경우 이러한 공중송신 중에서 동시성을 갖지 않으므로 다른 공중송신의 형태인 '방송'이나 '디지털음성송신'으로 보기는 어렵고 따라서 바로 '전송'행위에 해당하는지 여부가 문제된다. 이러한 전송은 물리적 공간인 현실공간에서는 '전달'과 유사한 개념인데, 따라서 '전송'이란 무엇인가를 특정한 a지점에서 다른 b지점으로 전하는 '전달'과 같은 것을 말한다.

그런데 대상판결에서 URL 주소를 링크하여 일본만화를 -적법하게든 불법하게든- 열람 또는 다운받을 수 있는 해당 Y웹페이지로 연결해주는 경우 직접링크는 결과적으로는 '전송'에 해당하기는 어렵다. 왜냐하면 앞서 복제권침해에서 살펴보았듯이 이러한 링크행위로는 링크설정자의 어떠한 전자기록물들에도 이들 만화콘텐츠가 영구적이든 일시적이든 저장되는 형태가 아니라는 점은 바로 전달된 행위로 볼

등이 모두 송신을 주된 개념으로 하고 있었으나, 오늘날 통신기술의 발달로 통신과 방송이 융합되면서 새로운 형태의 저작물 이용방법이 생겨나 이에 따라 방송, 전송, 디지털음성송신 등의 송신행위를 모두 포괄할 수 있는 최상위의 개념으로서 저작물, 실연·음반·방송 또는 데이터베이스를 목적대상으로 하는 공중송신이라는 개념이 신설되었다고 한다. 이러한 설명으로는 오승종, 저작권법, 박영사 2012, 434면 참조.

20) 주문형이란 이용자가 선택한 시간과 장소에서 접근하거나 이용할 수 있는 서비스를 말한다.

21) 쌍방향성이란 인터넷상에서 서비스이용자와 서비스제공자가 서로 상대방에 대하여 일정한 상호작용을 하는 것을 말한다.

22) 이시성이란 동시성에 대응하는 개념으로서 공중송신의 다른 하위개념인 '방송'과 '디지털음성송신'이 동시에 송신되는 동시성을 갖는 데 반하여 '전송'이란 다른 시간대에 송신되는 것을 말한다.

23) 이에 대한 자세한 설명으로는, 오승종, 저작권법, 박영사 2012, 434면 이하 참조.

수 없고 따라서 링크를 설정한 X웹사이트로부터의 전송은 애당초 불가능한 것이 된다.

또한 만에 하나 설령 X웹사이트로부터 Y웹사이트로의 '전송'이 인정된다 하더라도, 이러한 전송은 애당초 링크를 통해 연결된 Y웹페이지 운영자가 링크된 만화콘텐츠의 일반공중에로의 전송에 대한 설정을 어떻게 했는지 여부가 중요한 것이므로 이러한 전송에 대한 실질적인 지배는 Y웹페이지(외국 블로그) 운영자에게 있기 때문에 X웹페이지에 링크를 설정한 자에게는 전송의 지배권이 없어서 저작권자의 전송권을 침해했다고 보기는 어렵다.

(3) 전시권침해여부

한편 대상판결에서는 '전시권침해'에 대해서는 다투지 않았으나, 실제로 대상판결과 유사한 참조판례(일명 '팬티신문'사건)에서는 피고인 乙의 링크표지(**'free photo'**, **'nippon'**, **'sixnine** 주식회사', '섹스룰렛', '야한박물관', '야설' 등)를 통해 특정 음란정보사이트('persiankitty')로 연결되어 음란영상을 무료로 볼 수 있게 된 점에 대하여, 당시 법원은 피고인 乙에게 음란물 '공연전시'에 해당한다고 하여 링크설정자인 피고인 乙에 대하여 정범의 지위에서 유죄를 인정하였다. 따라서 참조판례의 법원태도를 통해서 대상판결의 링크행위도 저작권법상의 '전시'행위에 해당한다고 볼 소지도 있다.[24)]

더욱이 전시권은 저작권법 제19조에서 보호되고 있으나 제2조의 정의에서는 별도로 '전시'행위가 무엇인지에 대해서 규정하고 있지 않아 다른 저작재산권보다 다양한 해석의 가능성이 있다. 저작권법상의 '전시'에 대한 일반적인 견해는 "저작물이 화체되어 있는 유형물을 일반인이 자유로이 관람할 수 있도록 진열하거나 게시하는 것'[25)]을 의미함으로써 전시의 보호대상이 '유형물'이라는 점에서 단순히 저작물이

24) 참조판례의 '전시'개념을 모든 종류의 링크로 넓혀 저작권법에서도 같은 논리를 적용하는 것에 대한 부정적인 입장으로는 전지연, 앞의 글, 161-180(172면).

25) 오승종, 저작권법, 454면.

디지털화된 파일을 지시하는 링크만 기재한 행위를 전시로 볼 수 없다는 견해가 지배적이었다.[26] 그러나 음란물이 아닌 음란정보에 대한 링크행위를 '공연전시'에 해당하는 것으로 판단한 참조판례의 대법원의 입장이나, 또한 저작권의 대상인 저작물을 오늘날 현실공간상의 유형물만을 의미하는 것으로 보지 않는 이상 웹페이지에 게재된 전자기록, 이미지, 동영상 등의 디지털콘텐츠 또한 저작권이 인정되는 대상으로 보아야 한다. 따라서 이러한 저작권에 반하는 디지털콘텐츠를 "링크를 통하여 별다른 제한없이 바로 접할 수 있는 상태가 실제로 조성되었다면... 전체적으로 보아 ... 공연히 전시한다는 구성요건을 충족한다."[27]고 볼 수 있기 때문이다.

물론 이러한 참조판례는 한동안 계속 논란의 대상이 되었다. 링크행위를 공연전시의 정범성에 해당한다는 판단에 대하여 긍정하는 입장[28]과 부정하는 입장,[29] 그리고 단순링크와 직접링크를 구분하여 직접링크만 전시에 해당하여 법적 책임을 물을 수 있다는 입장[30], 나아가 단순링크와 직접링크는 공연전시에 해당하지 않으나, 프레임링크와 임베디드링크는 전시에 해당한다는 입장[31] 등 굉장히 많은 글들이

26) 최정열, 앞의 글, 321면. '유형물을 공중에게 보여주는 것을 의미하는 것'이라는 견해로는 오승종, 저작권법, 445면.

27) 참조판례의 판결문 인용.

28) 먼저 긍정하는 입장에서는 링크행위자는 스스로 링크할 가치가 있는 대상임을 판단하여 웹사이트를 선택·분류하고, 이를 다른 이용자가 손쉽게 발견하고 이용할 수 있도록 자신의 웹사이트에 일목요연한 목록을 만든다는 점, 그리고 링크설정행위를 통하여 타인이 개설한 음란부호 등을 담고 있는 웹페이지에 초고속통신망을 통해 불특정 다수인이 제한이나 불편없이 접속가능하다는 점에서 링크행위자는 링크행위와 결과의 인과적 과정을 지배·조종하기에 이르렀다고 충분히 평가할 수 있어서 정범성이 있다고 한다. 이에 대해서는 황병하, 앞의 글, 157면 외에도 대법원의 판단을 긍정하는 입장으로는 권창국, 음란물의 형법적 규제에 관한 문제점의 검토, 형사정책연구 제13권 제1호(2002. 봄호), 256면; 김종호, 앞의 글, 233-250면; 박희영, 인터넷의 유포범죄와 링크제공자의 형사책임, 63-111면(95면); 심희기, 앞의 글, 185-194면 참조.

29) 김학태, 앞의 글, 225-260면(239면); 서보학, 앞의 글, 13면; 전지연, 앞의 글, 161-180면(172면).

30) 오영근, 앞의 글, 13-14면; 정현미, 앞의 글, 510-540면(538면) 등.

쏟아져 나왔다.

그러나 설령 만에 하나 참조판례의 대법원의 입장과 같이 '전시'의 문언 그 자체에 해당한다 하더라도, 링크설정자는 전시의 실질적인 지배권이 있다고 보기는 어려워 전시권침해의 정범을 인정하기는 어렵다. 왜냐하면 이러한 링크를 이용한 전시의 경우, 이미 사전에 링크를 허용한 링크된 Y웹페이지의 운영자의 의사가 전제되지 않으면 불가능한 것으로서, 실질적인 지배권은 Y웹페이지의 운영자에게 있으므로 방조범의 가능성은 있으나 정범성을 인정하기는 어렵다고 보여진다.

2. 링크설정행위의 방조범성립여부

한편 대상판결에서 일부회원들의 디지털콘텐츠(일본만화)를 열람 및 다운로드할 수 있는 불법(저작권자로부터 이용허락을 받지 않은) 외국블로그 Y웹사이트에 연결되도록 하는 링크행위는 이러한 Y웹사이트 운영자의 불법을 용이하게 해주는 방조범이 될 소지도 있다. 이에 따라 대상판결에서도 대법원은 이러한 방조범 성립여부를 심판대상으로 삼았다. 이러한 방조범성은 설령 불법 Y웹사이트 운영자인 정범과 링크를 설정한 X웹사이트 운영자 사이에 아무런 의사소통이 없더라도 편면적 종범이라는 종범성이 인정되므로 방조범의 검토에는 무리가 없다.

(1) 사후종범 성립여부

그렇다면 링크설정자인 회원들의 방조행위가 인정되려면 방조의 시점이 어디까지 인정될 수 있는지, 그리고 링크된 불법사이트의 저작권위반의 실행행위시점을 어디로 보아야 하는지가 문제된다. 일반적으로 방조행위는 정범의 실행행위가 기수에 이르렀다 하더라도 범죄가 종료되기 전이라면 성립할 수 있다고 한다. 즉 사후방조에 대해서는 판례도 인정하고 있는 바이다.[32] 대상판결에서 링크된 외국블로그

31) 최호진, 연결수단부여행위를 통한 음란정보유포죄의 성립, 157-177면(173면).
32) 대법원 1994. 3. 22., 선고, 93도2080 전원합의체판결.

는 불법디지털콘텐츠를 업로드(게시)함으로써 일단 저작권법위반의 기수에는 도달했으나, 이러한 불법콘텐츠를 삭제하기 전까지는 위법상태가 그대로 이어져 저작권자의 법익(재산권)침해가 계속 발생하므로 실행행위가 종료된 것으로 볼 수 없다. 따라서 불법 블로그 운영자의 불법상태가 계속되는 중에, 링크를 통해 저작권자의 법익침해를 증가시키는 이러한 링크설정행위는 방조범으로 인정될 것으로 보인다.

(2) 편면적 방조범 성립여부

한편 링크설정자에게 불법 블로그 운영자의 정범에 대한 방조를 인정하기 위해서는 링크된 블로그의 불법성을 인식하여야 방조의 고의가 인정이 된다. 그런데 링크를 설정한 자는 링크를 통하여 타겟이 된 웹사이트를 인식하고 있음은 당연하지만, 그렇다고 이때 타겟이 된 특정 웹페이지가 저작권법 위반인지 여부는 항상 긍정되지는 않는다. 해당 콘텐츠가 저작권이 있는지 없는지를 확인하여 링크하는 경우도 있을 수 있지만, 확인없이 호기심에 그대로 링크하는 경우도 있을 수 있기 때문이다.

그런데 대상판결에서는 저작권과 매우 민감한 일본만화가 그 대상이었다는 점, 특히나 유명한 일본만화의 경우 번역을 통해 국내에 출간되는데 일본만화를 링크할 정도면 일본만화에 매우 관심이 있는 것으로 보여지고, 더욱이 우리말로 번역된 일본만화를 링크할 정도면 해당 만화가 아직 우리말로 번역이 되었는지 여부를 확인할 수 있었다는 점에서 링크된 해당 블로그의 저작권법 위반에 대한 인식은 있었던 것으로 보인다.

한편 링크된 외국 블로그의 불법성을 링크설정자가 인식하였다 하더라도, 정범인 블로그 운영자는 이러한 방조받는 사실을 인식하지 못했을 수도 있다. 설령 그렇다 하더라도 편면적 방조가 인정되므로[33)] 링크설정자의 방조범 성립에는 영향이 없다.[34)]

---

33) 판례 또한 편면적 방조를 인정한다. 이러한 판례입장으로는 대법원 1974. 5. 28., 선고, 74도509 판결.

Ⅳ. 링크공간제공과 OSP의 형사책임

피고인 甲은 온라인서비스제공자로서, 저작권침해와 관련해서는 부작위에 의한 방조범성립여부만이 문제가 된다. 따라서 甲은 -공범성립에 있어서 다수설인 '공범종속성설'에 따라- 정범의 지위를 갖는, 甲이 개설한 사이트에 불법사이트를 링크한 일부 회원들의 불법에 종속될 수 밖에 없다. 대상판결에서는 甲이 개설한 사이트의 일부회원들의 링크설정행위에 대해서 저작권법 위반의 정범은 물론 방조범도 인정하지 않았으므로 링크공간을 제공한 甲에 대해서도 방조범이 성립하지 않는다고 판단하였다. 그러나 일부회원들의 링크설정행위가 정범성은 인정되지 않는다 하더라도 방조범은 인정될 여지가 있고, 그렇다면 방조범의 지위를 갖는 甲에게는 '방조의 방조'라는 법적 책임문제가 남아있다. 즉 일부 회원들의 불법웹사이트로의 링크설정행위와 관련하여 온라인서비스제공자에게는 이러한 회원들 행위를 인식했음에도 문제가 되는 게시판을 삭제하지 않은 데 대한 부작위책임을 묻게 되고, 또한 온라인서비스제공자는 회원들의 불법 공간을 제공하였다는 점에서, 이들의 범행을 용이하게 하였다는 점에서 재차 (연쇄)방조범의 성립여부가 문제된다.

1. 방조범 성립여부

한편 甲의 방조행위가 인정된다고 할 때, 대상판결에서 甲은 정범인 링크된 불법 블로그 운영자의 불법을 방조하는, 甲의 회원들인 X 웹사이트의 링크설정공간을 제공한 방조행위이므로, 방조의 방조인 연쇄방조에 해당한다.[35] 그런데 문제는, 설령 외형적으로 방조를 돕는

---

34) 실제로 참조판례의 링크행위에 대하여 정범성을 부정하고 방조범이 성립된다는 견해로는 박희영, 인터넷의 유포범죄와 링크제공자의 형사책임, 99-102면; 이상돈, 형법강의, 법문사 2010, 613면; 황병하, 앞의 글, 151면.

35) 이러한 연쇄방조에 대하여 정범의 실행행위를 돕는 방조가 아니므로, 방조의 방조는 처벌규정이 마련되지 않는 한 종범이 성립되지 않는다는 의견이 있

(연쇄)방조행위가 인정된다고 하더라도, (연쇄)방조범이 성립하기 위해서는 마찬가지로 방조의 고의가 인정되어야 한다. 즉 연쇄방조에 있어서도 정범이 실현하는 행위의 불법성을 인식하여야 한다.

그런데 온라인이라는 특수성에 비춰볼 때 이들 온라인서비스제공자에게 (연쇄)방조의 고의를 인정하기란 일반적으로 매우 어렵다.[36] 왜냐하면 온라인서비스제공자가 설령 자신이 제공하는 웹사이트의 관리·운영자라 하더라도 수많은 회원들이 갖는 각자의 수많은 웹페이지의 불법성을 인식하기란 매우 어렵고, 더욱이 자신이 제공하는 특정회원의 X웹페이지의 직접링크를 통해 연결되는 정범성을 갖는 불법의 Y웹사이트(대상판결에서는 외국블로그)를 인식하기란 더더욱 어렵기 때문이다.

그런데 대상판결 사안의 경우에 있어서는 조금 다른 관점에서 바라볼 필요가 있다. 즉 피고인 甲이 개설한 C사이트는 일반 포털사이트가 아닌, 저작권과 매우 밀접한 관련이 있는 애니메이션을 주로 게재하는 특정 목적의 웹사이트란 점에서 링크된 불법블로그(Y웹사이트)의 불법성에 대해 전혀 인식하지 못하였다고 주장할 수 있을지 의심이 된다. 그러나 해당 C사이트의 회원이 당시 21만명이 넘었다는 점에서, 저작권자 등으로부터 게시물삭제의 요청이 있지 않는 한, 불법성을 인식하고 고의로 링크글을 삭제하지 않았다고 행위자에게 불리하게 인정하기는 어려워(in dubio pro reo) 방조의 고의를 인정하기는 어렵다. 더욱이 링크설정게시물에 대한 위법여부는 현재 법률전문가들 사이에서도 의견이 분분한 사안이므로 법률문외한이자 영리를 목적으로 하는 이러한 온라인서비스제공자에게 중립적인 규범적 판단을 기대하기란 더욱 어렵다.

다. 이러한 견해로는 이상돈, 형법강의, 617-618면.

36) 사이버범죄 공간의 특성을 고려해 볼때, 온라인서비스제공자의 범의는 일반 형사범의 범의 판단에 비해 완화되어야 한다는 견해로는 김영기, 사이버 공간 범죄와 온라인서비스제공자(OSP)의 형사책임, 형사판례연구 20(2012.6), 341면.

2. 부작위범 성립여부

대상판결인 대법원에서는 甲의 회원들의 링크설정행위에 대하여 저작권법 위반의 정범을 인정하지 않아 甲의 부작위형태의 방조범 성립여부에 대해서는 판단하고 있지 않다. 그러나 원심판결에서는 甲의 부작위에 의한 저작권법위반 방조행위를 다루면서 링크글을 삭제해야 할 보증인지위나 주의의무가 없다고 판시하였다.

이에 따라 온라인서비스제공자인 甲에게 부진정부작위범 형태의 방조범이 인정된다면, 과연 보증인적 지위의 근거를 어디에서 찾을 수 있을 것인가 하는 문제가 발생한다. 직접적으로 온라인서비스제공자에게 특정 작위행위를 요구하는 법률 규정은 없으나, 저작권법 제102조 제1항,[37] 제103조 제1항,[38] 제103조의2[39]에서 규정하고 있는 온라인

---

37) 제102조(온라인서비스제공자의 책임 제한) ① 온라인서비스제공자는 다음 각 호의 행위와 관련하여 저작권, 그 밖에 이 법에 따라 보호되는 권리가 침해되더라도 그 호의 분류에 따라 각 목의 요건을 모두 갖춘 경우에는 그 침해에 대하여 책임을 지지 아니한다. <개정 2011. 6. 30., 2011.12.2.>

1. 내용의 수정 없이 저작물등을 송신하거나 경로를 지정하거나 연결을 제공하는 행위 또는 그 과정에서 저작물등을 그 송신을 위하여 합리적으로 필요한 기간 내에서 자동적·중개적·일시적으로 저장하는 행위
   가. 온라인서비스제공자가 저작물등의 송신을 시작하지 아니한 경우
   나. 온라인서비스제공자가 저작물등이나 그 수신자를 선택하지 아니한 경우
   다. 저작권, 그 밖에 이 법에 따라 보호되는 권리를 반복적으로 침해하는 자의 계정(온라인서비스제공자가 이용자를 식별·관리하기 위하여 사용하는 이용권한 계좌를 말한다. 이하 이 조, 제103조의2, 제133조의2 및 제133조의3에서 같다)을 해지하는 방침을 채택하고 이를 합리적으로 이행한 경우
   라. 저작물등을 식별하고 보호하기 위한 기술조치로서 대통령령으로 정하는 조건을 충족하는 표준적인 기술조치를 권리자가 이용한 때에는 이를 수용하고 방해하지 아니한 경우

② 제1항에도 불구하고 온라인서비스제공자가 제1항에 따른 조치를 취하는 것이 기술적으로 불가능한 경우에는 다른 사람에 의한 저작물등의 복제·전송으로 인한 저작권, 그 밖에 이 법에 따라 보호되는 권리의 침해에 대하여 책임을 지지 아니한다. <개정 2011. 6. 30.>

38) 제103조(복제·전송의 중단) ① 온라인서비스제공자의 서비스를 이용한 저작물등의 복제·전송에 따라 저작권, 그 밖에 이 법에 따라 보호되는 자신의

서비스제공자의 책임제한 규정으로부터 보증인지위의 발생가능성을 생각해볼 수 있다. 그러나 이러한 책임제한은 온라인서비스제공자의 책무에 대한 선언적 규정에 불과한 것으로서 위반시 처벌규정이 없다는 점에서 보증인지위라는 형사책임을 인정하기 위한 근거로 삼기에는 부당해 보인다.[40] 물론 조리에 의한 게시물삭제라는 작위의무도 그 근거로 생각해볼 수 있으나, 조리라는 '사물의 이치'라는 추상적 관념을, 과연 영리를 목적으로 하는 온라인서비스제공자에게 객관적 · 중립적으로 그것도 형사책임을 근거짓는 작위의 발생근거로 기대할 수 있을지는 회의적이다.

권리가 침해됨을 주장하는 자(이하 이 조에서 "권리주장자"라 한다)는 그 사실을 소명하여 온라인서비스제공자에게 그 저작물등의 복제 · 전송을 중단시킬 것을 요구할 수 있다. <개정 2011. 6. 30.>

② 온라인서비스제공자는 제1항에 따른 복제 · 전송의 중단요구를 받은 경우에는 즉시 그 저작물등의 복제 · 전송을 중단시키고 권리주장자에게 그 사실을 통보하여야 한다. 다만, 제102조제1항제3호 및 제4호의 온라인서비스제공자는 그 저작물등의 복제 · 전송자에게도 이를 통보하여야 한다. <개정 2011. 6. 30.>

39) 제103조의2(온라인서비스제공자에 대한 법원 명령의 범위) ① 법원은 제102조제1항제1호에 따른 요건을 충족한 온라인서비스제공자에게 제123조제3항에 따라 필요한 조치를 명하는 경우에는 다음 각 호의 조치만을 명할 수 있다.

1. 특정 계정의 해지
2. 특정 해외 인터넷 사이트에 대한 접근을 막기 위한 합리적 조치

② 법원은 제102조제1항제2호부터 제4호까지의 요건을 충족한 온라인서비스제공자에게 제123조제3항에 따라 필요한 조치를 명하는 경우에는 다음 각 호의 조치만을 명할 수 있다.

1. 불법복제물의 삭제
2. 불법복제물에 대한 접근을 막기 위한 조치
3. 특정 계정의 해지
4. 그 밖에 온라인서비스제공자에게 최소한의 부담이 되는 범위에서 법원이 필요하다고 판단하는 조치

[본조신설 2011. 12. 2.]

40) 같은 견해로는 김학태, 앞의 글, 257면.

Ⅴ. 결론

오늘날 정보화사회에서 인터넷을 경험한 사람들 대부분은 링크행위를 직·간접적으로 모두 경험하였다고 해도 과언이 아니다. 그러나 기술적으로 이용가능한 링크행위가 불법사이트(음란물, 저작권위반물 등)로 연결될 때 과연 X웹사이트의 링크설정자가 어떻게 법적 책임을 부담해야 하는지는 모두의 관심사가 되었다. 이에 12년전에 판시한 참조판례에서는 링크설정자에게 '음란정보 공연전시'라는 다소 파격적인 정범성을 인정하여 유죄로 판단한 반면에 최근 판시한 대법원의 대상판결에서는 링크설정자에 대하여 정범성은 물론 방조범도 인정하지 않았다. 그러나 위에서 살펴보았듯이 링크설정자가 링크된 Y웹페이지의 불법성에 대한 인식이 있었다면 방조범의 책임까지 외면하기는 다소 어렵다고 판단된다. 다만 설령 링크설정자에게 방조범으로 형사책임이 인정된다 하더라도, 이러한 링크공간을 제공한 온라인서비스제공자에게는 정범의 불법성에 대한 인식과 보증인지위를 인정할만한 근거가 부족하다는 점에서 여전히 온라인서비스제공자에게는 형사책임을 부담지우기는 어려울 것으로 판단된다.

[주 제 어]
인터넷링크, 링크설정행위, 온라인서비스제공자, 저작권침해, 연쇄방조.

[Stichwörter]
Internet-Link, Internetdienstanbieter, Angriff auf Urheberrecht, Beihilfe, Kettenbeihilfe.

접수일자: 2016. 5. 10. 심사일자: 2016. 5. 31. 게재확정일자: 2016. 6. 3.

[참고도서]

오승종, 저작권법, 박영사 2012.
유대종/신재호/김형렬/김윤명, 인터넷서비스와 저작권법, 경인문화사 2010.
이해완, Browsing, Caching, Linking&Framing, 남효순/정상조, 인터넷과 법률, 법문사 2002.
이상돈, 형법강의, 법문사 2010.
정상조, 지적재산권법, 홍문사, 2004.
키플&리플의 지재권 돋보기, 다섯 번째 시간: 링크행위의 저작권에 대하여, 한국지적재산권법제연구원, 83면.

[참고논문]

권창국, 음란물의 형법적 규제에 관한 문제점의 검토, 형사정책연구 제13권 제1호(2002. 봄호), 256면.
김영기, 사이버 공간 범죄와 온라인서비스제공자(OSP)의 형사책임, 형사판례연구 20(2012. 6), 322-349.
김종호, 인터넷 링크에 의한 음란부호 등의 공연전시, 정보법학 7권 2호(2003. 12), 233-150면.
김학태, 인터넷상의 음란물에 대한 형사책임에 관한 연구: 특히 음란물에 대한 인터넷 서비스제공자의 형사책임을 중심으로, 외법논집 23집(2006. 8), 225-262면.
박희영, 인터넷의 유포범죄와 링크제공자의 형사책임, 비교형사법연구 5권 2호(2003. 12), 63-110면.
______, 독일의 전자적 정보통신서비스법과 ISP의 형사책임에 관한 연구, 법학연구 44권 1호(52호)(2003. 12), 261-304면.
서보학, 유해정보사이트에 링크해 놓은 경우의 형사책임 -대법원 2003. 7. 8. 선고 2001도1335 판결-, 법률신문 3205호(2003. 9), 13면.
심희기, 온라인상의 범죄행위에 대한 오프라인상의 범죄이론 연장의 가부:

링크(link)를 포함한 일련의 연결수단부여행위와 '공연전시', 고시연구 제30권 제12호(357호), 185-195면.

오영근, 인터넷상 음란정보 '전시'의 개념, 법률신문 3213호(2003. 10), 13면; 위인규, 구 정보통신기본법 제48조의2 소정의 '공연전시'의 개념, 재판실무연구 3권(2006. 1), 383-396면.

이형정, 링크(link)와 프레이밍(framing)의 저작권, 법학연구 제11권 제3호(2008), 인하대 법학연구소, 165-194면.

전지연, 하이퍼링크의 형사법적 책임; 사이버음란물의 링크를 중심으로, 법학연구 13권 4호(2003. 12), 161-184면.

정현미, 인터넷상 음란정보 전시 및 링크의 형사책임, 형사판례연구 12호(2004. 7), 510-540면.

진동혁, 음란한 부호 등이 전시된 웹페이지에 대한 링크행위가 그 음란한 부호 등의 전시에 해당하는지 여부, 정보법 판례백선 I, 609-616면.

최정열, 인터넷상의 디지털 정보에 관한 권리보호, 「CYBER LAW의 諸問題[上], 법원도서관 재판자료 제99집(2003), 265-357면.

최호진, 인터넷상의 음란물유포에 대한 범죄가담형태, 비교형사법연구 6권 1호(2004. 7), 51-72면.

_____, 연결수단부여행위를 통한 음란정보유포죄의 성립, 비교형사법연구 10권 1호(2008. 7), 157-180면.

황병하, 인터넷상의 '링크(link)'와 '전시'의 관계, 민형사실무연구: 서울북부지방법원 승격기념논문집(2004. 12), 135-162면.

[Zusammenfassung]

Internet-Link und Beihilfe vom Angriff auf Urheberrecht

Hong, Seung-Hee*

Heute haben fast alle Leute, die Internet benutzen, Internet-Link direkt oder indirekt erheben. Die Frage ist, dass man sich durch Internet-Link ab und zu unrecht webseite, z.B. Angriff auf Urheberrecht, Porno etc. nährt. Dann kommt es zuerst in Betracht, ob man, wer einen Link auf diese Webseite erstellt, die Beihilfe betrifft. Zweites ist die Frage, ob Internetdienstanbieter, wer einen Internetraum anbietet, auch die Beihilfe von Beihilfe(Kettenbeihilfe) betrifft. Aber es ist nicht einfach, dass Internetdienstanbieter den Vorsatz bei Beihilfe hat, weil es ist ¬nach in dubio pro reo- auch schwer, dass er Unrecht von einem bestimmten Website erkennt.

* Associate Professor, Law School, Wonkwang University, Dr.jur.

디지털 증거 압수절차의 적정성 문제
- 피압수자 참여 범위 및 영장 무관 정보의 압수를 중심으로 -

전 승 수*

[대상결정] 대법원 2015. 7. 16.자 2011모1839 전원합의체 결정

1. 사실관계

검사 A는 2011. 4. 25. 준항고인 2 회사의 회장 겸 대표이사인 준항고인 1의 배임 혐의와 관련하여 발부받은 압수·수색영장(이하 '제1 영장'이라 한다)으로 이 사건 저장매체를 압수하였는데, 압수 당시 이 사건 저장매체에 혐의사실과 관련된 정보와 관련되지 않은 전자정보가 혼재된 것으로 판단하여 준항고인 2 회사 관계자의 동의를 받아 저장매체에 대해 봉인 조치를 한 후, 이 사건 저장매체 자체를 압수하였다.[1)]

그리고 검사 A는 2011. 4. 26.경 이 사건 저장매체를 대검찰청 디지털포렌식센터에 인계하여 그곳에서 저장매체에 저장되어 있는 전자

* 광주지방검찰청 형사제1부 부장검사, 법학박사.

1) 이 사건 저장매체에 저장되어 있는 전자정보의 용량이 200GB를 초과하는 상황이었기 때문에 현장에서 위 전자정보를 모두 검색하여 그 혐의사실과 관련된 전자정보만 추출하는 방식으로 압수하거나 위 전자정보 전부를 이미징의 방식으로 압수하는 것이 곤란하다고 판단하여 이 사건 저장매체 자체를 압수하였다.

정보파일 전부를 '이미징'의 방법으로 다른 저장매체로 복제(이하 '제1 처분'이라 한다)하도록 하였는데, 준항고인 1 측은 검사의 통보에 따라 2011. 4. 27. 위 저장매체의 봉인이 해제되고 위 전자정보파일이 대검찰청 디지털포렌식센터의 원격디지털공조시스템에 복제되는 과정을 참관하였다.

검사 A는 2011. 5. 2. 이 사건 저장매체를 준항고인 2에게 반환한 다음, 2011. 5. 3.부터 같은 달 6.까지 위 원격디지털공조시스템에 저장된 파일을 자신이 소지한 외장 하드디스크에 다운로드하여 저장(이하 '제2 처분'이라 한다)하고, 같은 달 9.부터 같은 달 20.까지 외장 하드디스크를 통하여 제1 영장 기재 범죄혐의와 관련된 전자정보를 검색하고, 검색과정에서 내용이 복잡한 일부 전자정보에 관하여는 이를 문서로 출력(이하 '제3 처분'이라 한다)[2]하여 검토하는 작업을 병행하였다. 그 과정에는 준항고인 1 측을 그 절차에 참여하게 하지 않았다.

한편 검사 A는 위와 같이 외장 하드디스크의 전자정보를 검색하는 과정에서 우연히 준항고인 2의 약사법 위반 및 조세범처벌법 위반 혐의와 관련된 자료를 발견하고, 2011. 5. 20.경 이를 특별수사를 담당하는 검사 B에게 통보하였다. 검사 B는 2011. 5. 26.경 약사법위반 등을 혐의사실로 다시 압수·수색영장을 청구하여 법원으로부터 별도의 압수·수색영장(이하 '제2 영장'이라 한다)을 발부받은 후, 외장 하드디스크에서 별건 정보를 탐색·출력하는 방식으로 압수·수색을 하였고, 이 때 준항고인 측을 참여시키지 않았다.

2. 소송경과

준항고인들은 2011. 10. 4.경 검사의 압수처분이 위법하다는 이유로 법원에 준항고를 제기하였다. 법원은 2011. 10. 31. 제1 처분, 제2 처분, 제3 처분과 제2 영장에 기한 압수처분을 모두 취소하는 준항고

2) 그 과정에서 준항고인 2의 약사법 위반 및 조세범처벌법 위반 혐의와 관련된 전자정보 등 제1 영장에 기재된 혐의사실과 무관한 정보들도 함께 출력하였다.

인용결정[3])을 하였고, 검사는 2011. 11. 2. 이에 대해 재항고를 제기하였다.[4])

대법원은 2015. 7. 16. 재항고를 기각하였다.[5])

3. 대법원의 결정 요지

가. 2011. 4. 25.자 압수 · 수색영장에 기한 압수 · 수색 부분

(1) 전자정보의 압수 · 수색에 관한 법리

저장매체 자체 또는 적법하게 획득한 복제본을 탐색하여 혐의사실과 관련된 전자정보를 문서로 출력하거나 파일로 복제하는 일련의 과정 역시 전체적으로 하나의 영장에 기한 압수 · 수색의 일환에 해당한다 할 것이므로, 그러한 경우의 문서출력 또는 파일복제의 대상 역시 저장매체 소재지에서의 압수 · 수색과 마찬가지로 혐의사실과 관련된 부분으로 한정되어야 함은 헌법 제12조 제1항, 제3항과 형사소송법 제114조, 제215조의 적법절차 및 영장주의 원칙이나 비례의 원칙에 비추어 당연하다. 따라서 수사기관 사무실 등으로 반출된 저장매체 또는 복제본에서 혐의사실 관련성에 대한 구분 없이 임의로 저장된 전자정보를 문서로 출력하거나 파일로 복제하는 행위는 원칙적으로 영장주

3) 수원지방법원 2011. 10. 31.자 2011보2 결정.

4) 검사는 재항고 이유로 특히 제2, 3 처분과 관련하여 2011. 4. 25.자 압수수색영장의 집행은 그 원본의 반환으로써 이미 종료되었고, 그 이후 관련 데이터를 분석하기 위해 하드디스크에 다운로드받거나 복사 또는 출력한 것으로 압수집행 종료 이후의 압수물 분석 방법에 해당하는 임의수사이거나 증거로 제출하기 위한 수반행위에 해당한다고 주장하였다. 이와 관련한 구체적인 사정으로 당시 45만개의 파일인 200GB의 데이터를 대검찰청 사내 망을 통해 접속하여 검색할 경우 검색 속도가 현저히 떨어지고, WINDOWS XP가 제공하는 각종 검색 및 분석 도구를 활용할 수 없어 하드디스크에 사본을 저장하여 검색한 것이고, 그 중 파일의 사이즈가 매우 크고 그 내용이 복잡하여 모니터 화면으로는 이해가 잘 되지 않는 일부 파일을 출력하여 그 내용을 확인하였는데, 그 중 일부는 배임 사건과 관련된 데이터를, 일부 파일은 배임 사건과 관련 없는 데이터가 포함된 것이라고 설명하였다.

5) 대법원 2015. 7. 16.자 2011모1839 결정.

의 원칙에 반하는 위법한 압수가 된다.

전자정보는 복제가 용이하여 전자정보가 수록된 저장매체 또는 복제본이 압수·수색 과정에서 외부로 반출되면 압수·수색이 종료한 후에도 복제본이 남아있을 가능성을 배제할 수 없고, 그 경우 혐의사실과 무관한 전자정보가 수사기관에 의해 다른 범죄의 수사의 단서 내지 증거로 위법하게 사용되는 등 새로운 법익침해를 초래할 가능성이 있으므로, 혐의사실 관련성에 대한 구분 없이 이루어지는 복제·탐색·출력을 막는 절차적 조치가 중요성을 가지게 된다.

따라서 저장매체에 대한 압수·수색 과정에서 범위를 정하여 출력 또는 복제하는 방법이 불가능하거나 압수의 목적을 달성하기에 현저히 곤란한 예외적인 사정이 인정되어 전자정보가 담긴 저장매체 또는 복제본을 수사기관 사무실 등으로 옮겨 이를 복제·탐색·출력하는 경우에도, 그와 같은 일련의 과정에서 형사소송법 제219조, 제121조에서 규정하는 피압수·수색 당사자(이하 '피압수자'라 한다)나 그 변호인에게 참여의 기회를 보장하고 혐의사실과 무관한 전자정보의 임의적인 복제 등을 막기 위한 적절한 조치를 취하는 등 영장주의 원칙과 적법절차를 준수하여야 한다. 만약 그러한 조치가 취해지지 않았다면 피압수자 측이 참여하지 아니한다는 의사를 명시적으로 표시하였거나 절차 위반행위가 이루어진 과정의 성질과 내용 등에 비추어 피압수자 측에 절차 참여를 보장한 취지가 실질적으로 침해되었다고 볼 수 없을 정도에 해당한다는 등의 특별한 사정이 없는 이상 압수·수색이 적법하다고 평가할 수 없고(대법원 2011. 5. 26.자 2009모1190 결정 등 참조), 비록 수사기관이 저장매체 또는 복제본에서 혐의사실과 관련된 전자정보만을 복제·출력하였다 하더라도 달리 볼 것은 아니다.

전자정보에 대한 압수·수색 과정에서 이루어진 현장에서의 저장매체 압수·이미징·탐색·복제 및 출력행위 등 수사기관의 처분은 하나의 영장에 의한 압수·수색 과정에서 이루어지는 것이다. 그러한 일련의 행위가 모두 진행되어 압수·수색이 종료된 이후에는 특정단계의 처분만을 취소하더라도 그 이후의 압수·수색을 저지한다는 것을 상정할 수 없고 수사기관으로 하여금 압수·수색의 결과물을 보유하도록 할 것인지가 문제 될 뿐이다. 그러므로 이 경우에는 준항고인이 전체 압수·수색 과정을 단계적·개별적으로 구분하여 각 단계의 개별 처분의 취소를 구하더라도 준항고법원으로서는 특별한 사정이 없는 한 그 구분된 개별 처분의 위법이나 취소 여부를 판단할 것이 아니라 당해 압수·수색 과정 전체를 하나의 절차로 파악하여 그 과정에서 나타난 위법이 압수·수색 절차 전체를 위법하게 할 정도로 중대한지 여부에 따라 전체적으로 그 압수·수색 처분을 취소할 것인지를 가려야 할 것이다. 여기서 위법의 중대성은 위반한 절차조항의 취지, 전체과정 중에서 위반행위가 발생한 과정의 중요도, 그 위반사항에 의한 법익침해 가능성의 경중 등을 종합하여 판단하여야 한다.

(2) 제1 처분의 적법성

검사가 이 사건 저장매체에 저장되어 있는 전자정보를 압수·수색함에 있어 저장매체 자체를 자신의 사무실로 반출한 조치는 제1 영장이 예외적으로 허용한 부득이한 사유의 발생에 따른 것이고, 제1 처분 또한 준항고인들에게 저장매체 원본을 가능한 한 조속히 반환하기 위한 목적에서 이루어진 조치로서 준항고인들이 묵시적으로나마 이에 동의하였다고 볼 수 있을 뿐만 아니라 그 복제 과정에도 참여하였다고 평가할 수 있으므로 제1 처분은 위법하다고 볼 수 없다.

(3) 제2·3 처분의 적법성

그러나 제2·3 처분은 제1 처분 후 피압수자에게 계속적인 참여권을 보장하는 등의 조치가 이루어지지 아니한 채 제1 영장 기재 혐의사실과 관련된 정보는 물론 그와 무관한 정보까지 재복제·출력한 것으로서 영장이 허용한 범위를 벗어나고 적법절차를 위반한 위법한 처분이라 하지 않을 수 없다.

제2·3 처분에 해당하는 전자정보의 복제·출력 과정은 증거물을 획득하는 행위로서 압수·수색의 목적에 해당하는 중요한 과정인 점, 이 과정에서 혐의사실과 무관한 정보가 수사기관에 남겨지게 되면 피압수자의 다른 법익이 침해될 가능성이 한층 커지게 되므로 피압수자에게 참여권을 보장하는 것이 그러한 위험을 방지하기 위한 핵심절차인데도 그 과정에 참여권을 보장하지 않은 점, 더구나 혐의사실과 무관한 정보까지 출력한 점 등 위법의 중대성에 비추어 볼 때, 비록 제1 처분까지의 압수·수색 과정이 적법하다고 하더라도 전체적으로 제1 영장에 기한 압수·수색은 취소되어야 할 것인바, 그 단계별 처분을 모두 취소한 원심의 판단은 결국 준항고인들이 신청한 범위 내에서 제1 영장에 기한 압수·수색을 전체적으로 취소한 것과 동일한 결과이어서 정당한 것으로 수긍할 수 있다. 따라서 원심의 판단에 압수·수색 방법의 적법성이나 영장주의의 적용 범위에 관한 법리를 오해한 위법이 있다는 재항고인의 주장은 이유 없다.

나. 2011. 5. 26.자 압수·수색영장에 기한 압수·수색 부분에 대하여

(1) 혐의사실과 무관한 전자정보에 대한 압수·수색의 요건

전자정보에 대한 압수·수색에 있어 그 저장매체 자체를 외부로 반출하거나 하드카피·이미징 등의 형태로 복제본을 만들어 외부에서 그 저장매체나 복제본에 대하여 압수·수색이 허용되는 예외적인 경우에도 혐의사실과 관련된 전자정보 이외에 이와 무관한 전자정보를 탐색·복제·출력하는 것은 원칙적으로 위법한 압수·수색에 해당하므로 허용될 수 없다. 그러나 전자정보에 대한 압수·수색이 종료되기 전에 혐의사실과 관련된 전자정보를 적법하게 탐색하는 과정에서 별도의 범죄혐의와 관련된 전자정보를 우연히 발견한 경우라면, 수사기관으로서는 더 이상의 추가 탐색을 중단하고 법원으로부터 별도의 범죄혐의에 대한 압수·수색영장을 발부받은 경우에 한하여 그러한 정

보에 대하여도 적법하게 압수·수색을 할 수 있다고 할 것이다.

나아가 이러한 경우에도 별도의 압수·수색 절차는 최초의 압수·수색 절차와 구별되는 별개의 절차이고, 별도 범죄혐의와 관련된 전자정보는 최초의 압수·수색영장에 의한 압수·수색의 대상이 아니어서 저장매체의 원래 소재지에서 별도의 압수·수색영장에 기해 압수·수색을 진행하는 경우와 마찬가지로 피압수자는 최초의 압수·수색 이전부터 해당 전자정보를 관리하고 있던 자라 할 것이므로, 특별한 사정이 없는 한 그 피압수자에게 형사소송법 제219조, 제121조, 제129조에 따라 참여권을 보장하고 압수한 전자정보 목록을 교부하는 등 피압수자의 이익을 보호하기 위한 적절한 조치가 이루어져야 할 것이다.

(2) 제2 영장에 기한 압수·수색의 적법성

제1 영장에서 예외적으로나마 저장매체 자체의 반출이나 그 전자정보 전부의 복제가 허용되어 있으나, 제2 영장 청구 당시 압수할 물건으로 삼은 정보는 제1 영장의 피압수자에게 참여의 기회를 부여하지 않은 상태에서 임의로 재복제한 외장 하드디스크에 저장된 정보로서 그 자체가 위법한 압수물이어서 앞서 본 별건 정보에 대한 영장청구 요건을 충족하지 못한 것이므로, 비록 제2 영장이 발부되었다고 하더라도 그 압수·수색은 영장주의의 원칙에 반하는 것으로서 위법하다고 하지 않을 수 없다.

나아가 제2 영장에 기한 압수·수색 당시 준항고인 1 등에게 압수·수색 과정에 참여할 기회를 전혀 보장하지 않았으므로 이 점에 비추어 보더라도 제2 영장에 기한 압수·수색은 전체적으로 위법하다고 평가함이 상당하다.

[연　구]

I. 들어가는 말

오늘날 컴퓨터의 정보처리능력 발달과 정보통신기술의 접목은 정보사회의 모습을 지속적이고 비약적으로 변화시키고 있다. 정보를 생산, 공유, 활용하는 수단이 개인용 컴퓨터뿐만 아니라 스마트폰, 태블릿PC 등의 각종 모바일 기기로 확대되고, 카메라, GPS, 각종 센서를 통하여 생산된 다양한 정보는 인터넷, 블로그, 소셜미디어 등의 다양한 매체를 통해서 실시간으로 공유되고 있다. 또한 이러한 정보들은 기존에 주로 사용하던 문서의 형태뿐만 아니라 음성, 사진, 동영상, 위치정보 등 여러 가지 형태의 정보로 이루어져 있다. 즉 개인과 기업이 업무 등에서 활용하는 디지털 정보의 양과 형태가 늘어나고, 대용량 저장매체의 발달에 따라 저장되는 디지털 정보의 양이 방대해지고 있다.

한편 고도화된 정보사회는 나날로 범죄의 다양화, 지능화 및 범행수법의 첨단화 등 범죄환경의 변화를 초래하였다. 그로 인해 형사소송절차에서도 디지털 정보의 확보와 증거사용 및 과학적 증거분석의 수요가 급격하게 증가하고 있다. 그러나 대용량성, 비가시성, 복제용이성 등과 같은 디지털 정보의 특성으로 인하여 범죄와 관련된 정보와 관련되지 아니한 정보가 혼재되어 있을 가능성이 높다. 이로 인하여 디지털 저장매체에 대한 압수·수색은 개인의 사생활이나 기업의 영업비밀 등을 침해할 우려가 있고, 압수·수색의 절차에서 피압수자의 프라이버시 등을 보호할 조치를 강구할 필요성이 있다. 이러한 필요성에도 불구하고 디지털 증거의 수집절차와 증거능력을 둘러싼 명확한 법적 근거와 한계가 정립되지 못한 상황에서 많은 논란이 제기되고 있었다.

이러한 상황에서 대법원은 2011. 5. 26.자 2009모1190 결정에서 정보저장매체에 대한 압수수색에 있어서 관련성의 요건, 출력 또는 파일복사의 원칙, 저장매체에 대한 예외적 압수, 피압수자의 참여권 보장,

전자정보의 왜곡이나 훼손 등의 방지조치 등을 그 적법 요건으로 선언하였다. 그리고 2011. 7. 18. 공포되어 2012. 1. 1.부터 시행되고 있는 형사소송법 일부 개정 법률은 관련성의 요건, 원칙적 압수방법으로 출력 또는 복제, 저장매체 자체에 대한 예외적 압수 등을 규정하였다.

대상 결정은 대법원의 2009모1190 결정이 나오기 전의 사실관계를 바탕으로 위 결정의 취지에 따른 준항고 결정과 재항고 결정이 내려진 사안이다. 종래의 압수수색절차에 대한 수사기관의 관념, 적법절차원칙의 실현을 위한 법원의 요구, 디지털 증거의 특성과 기술적 제약 등 디지털 증거의 적법한 확보를 통한 실체적 진실발견의 요구와 적법절차 원칙에 따른 인권보호의 요청이 잘 드러나고 있다. 본 논문에서는 대상결정이 요구하고 있는 디지털 증거의 압수절차상 요건과 관련하여 피압수자의 참여범위와 영장 범죄사실과 무관한 다른 범죄증거의 압수 요건을 중심으로 실체적 진실발견과 적법절차 원칙의 조화라는 측면에서 그 절차의 적정성을 살펴보기로 한다.

Ⅱ. 디지털 증거의 압수절차상 피압수자 참여범위 등의 적정성

1. 디지털 증거분석의 성격

가. 의의

실무상 디지털 정보를 확보하는 과정은 수사기관이 혐의사실과 관련성 있는 정보를 선별하여 출력 또는 복제하거나 예외적으로 저장매체 자체를 압수하는 압수·수색단계, 사무실에 가져온 저장매체 자체 또는 복제한 파일들에 대하여 정보를 탐색하여 선별하는 압수·수색 이후 사후분석 단계로 나누어 볼 수 있다.

대상결정의 사례에서 볼 수 있듯이 압수수색의 현장에서 원칙적으로 관련 정보를 출력 또는 복제하고, 예외적으로 저장매체 자체를 압수하며, 저장매체를 '이미징'의 방법으로 수사기관의 시스템에 복제하고 있는데, 그 과정에서 피압수자의 참여권 보장, 동의에 의한 봉인 및 해제 등의 조치가 실무상 정착되어 있어 별다른 문제가 없다.

그러나 사무실에 가져온 저장매체 자체 또는 복제한 파일들에 대하여 정보를 탐색하여 선별하는 절차가 문제되는데, 여기서 디지털 증거분석의 법적 성격에 따라 압수절차의 종료시점 및 피압수자의 참여범위 등이 달라지게 된다.

나. 학설

(1) 수색 · 검증설

영장의 집행 이후에 수사기관의 시설 내에서 이루어지는 컴퓨터 관련 증거의 검색 등에 대하여 수색 · 검증이라고 전제하면서 피고인이나 변호인의 참여 없이 분석하여 획득한 디지털 증거는 형사소송법 제121조, 제122조 및 제145조를 위반한 위법수집증거라고 보는 견해[6]가 있다. 이 견해는 컴퓨터 전자기록이 스크린에 현출되는 것과 같이 수사기관의 관찰에 현출되었을 때 수색 · 검증이 시작된다고 보아 압수영장과 달리 새로운 수색 · 검증영장을 받아야 한다고 주장한다.[7]

(2) 수색설

전자정보저장매체에 대한 압수수색에 있어서 해당 범죄행위와 관련된 자료만을 압수할 수 있고, 무관한 자료가 함께 저장된 매체는 압수할 수 없으며, 범죄행위와 관련된 자료와 무관한 자료가 함께 저장되어 있는 매체에 대하여 범죄혐의와 관련된 증거를 확인해 나가는 과정을 수색이라고 보는 견해이다.[8]

(3) 임의수사로서 압수물의 확인행위설

현행법의 해석상 디지털 저장매체를 직접 압수하거나 일부 복사 또는 이미징 방법으로 복제하는 등의 행위가 있는 때에 압수수색 집

6) 조국, "컴퓨터 전자기록에 대한 대물적 강제처분의 해석론적 쟁점", 형사정책 제22권 제1호(2010. 7.), 한국형사정책학회, 109쪽.

7) 조국, 앞의 논문, 109-110쪽.

8) 오기두, "형사절차상 컴퓨터 관련증거의 수집 및 이용에 관한 연구", 서울대학교 박사학위논문, 1997, 77-80쪽.

행은 종료되는 것이고 그 이후에 그 내용을 검색하는 행위는 압수물의 내용을 알기 위한 수사기관의 내부적인 확인행위로 보는 견해이다.[9] 이 견해에 의하면 디지털 증거분석은 디지털 증거의 증거가치를 확인하기 위한 행위로서 임의수사에 해당하여 피압수자의 참여권 등은 인정되지 아니한다.[10]

다. 판례

대법원은 전자정보에 대한 압수수색영장을 집행함에 있어서 저장매체 자체를 직접 또는 이미징 형태로 수사기관의 사무실 등 외부로 가져오는 과정과 이미징 사본에서 영장에 기재된 범죄혐의 관련 정보를 탐색하여 해당 부분의 파일을 복사하거나 해당 부분을 출력하는 과정을 전체적으로 압수수색영장의 집행에 포함된다고 해석하여 왔고,[11] 대상결정도 동일한 입장을 취하고 있다.

그리고 이에 의하면 디지털 저장매체를 탐색하는 것은 압수수색영장 집행과정 중의 일부이므로 피압수자의 참여권이 보장되어야 하고, 참여권이 보장되지 않은 상태에서 취득한 증거는 위법수집증거로서 원칙적으로 그 증거능력이 부정된다.

라. 검토

형사소송법은 압수수색과 관련하여 디지털 증거에 대해 다른 유체물과 달리 취급하는 규정을 두고 있지 않으므로 디지털 증거의 압수수색이든 유체물의 압수수색이든 동일한 법리가 적용되어야 한다는

---

9) 김성룡, "전자정보에 대한 이른바 '별건 압수·수색' – 대법원 2015. 7. 16. 선고 2011모1839 전원합의체 결정의 평석을 겸하여", 한국형사소송법학회와 독일형사법연구회 공동학술대회 발표문(2015. 9.), 36쪽; 이완규, "디지털 증거의 압수수색 개념 및 증거능력 요건", 차한성 대법관 퇴임기념 논문집 「형사재판의 제문제 제7권」, 박영사, 2014, 331-332쪽.

10) 전승수, "디지털 정보에 대한 압수수색영장의 집행", 법조 통권 제670호(2012. 7.), 270쪽.

11) 대법원 2011. 5. 26.자 2009모1190 결정; 대법원 2012. 3. 29. 선고 2011도 10508 판결.

점, 형사소송법 제106조 제1항에서 압수대상으로 물건, 즉 무체물로서의 정보가 아니라 유체물을 규정하고 있고, 형사소송법 제106조 제3항은 압수의 목적물을 '정보저장매체'라고 규정하면서 그 집행방법으로 출력 또는 복제를 규정하고 있으므로, 현행법의 명문규정 및 그 구조상 저장매체의 압수 혹은 관련 정보의 출력 또는 복제가 이루어지는 시점에 압수영장의 집행이 종료한다고 보는 것이 타당하다.[12)]

그리고 압수수색이 종료된 이후에 압수물의 내용을 탐색하는 행위는 압수물의 내용을 알기 위한 수사기관의 내부적인 확인행위에 해당하고, 따라서 압수 종료 이후에 피압수자의 참여를 인정하는 것은 법률에 의한 당연한 권리라고 보기 어렵다.

따라서 수사기관이 무체적인 전자정보를 오관에 의하여 인지하는 것을 강제처분으로서의 검증이라고 할 수 없고, 디지털 정보의 증거가치를 판별하는 행위에 대하여 강제처분으로서의 수색에 해당한다고 볼 수도 없다. 압수한 저장매체에 담긴 유관정보를 선별해 내는 과정은 현행법 구조 하에서는 압수된 흉기의 지문을 채취하는 것이나, DNA를 분석하는 것과 다를 바 없다.[13)]

2. 법원의 새로운 압수 · 수색영장 실무지침

가. 새로운 실무운영 지침

서울중앙지방법원은 대법원 2015. 7. 16.자 2011모1839호 전원합의체 결정 이후 디지털 증거의 압수수색 방식 등과 관련하여, 2015. 7. 28.「전자정보 압수수색영장에 관한 새로운 실무운영(2015. 8. 1. 시행)」(이하에서 '실무운영 지침'이라고 한다)이라는 제목으로, ① 압수목적물을 원칙적으로 전자정보로 제한하여 압수수색영장 발부시 특별한

12) 김성룡, 앞의 논문, 36쪽; 이완규, "디지털 증거 압수 절차상 피압수자 참여 방식과 관련성 범위 밖의 별건 증거 압수 방법", 형사법의 신동향 통권 제48호(2015. 9.), 104쪽.

13) 김성룡, 앞의 논문, 36쪽; 전승수, 앞의 논문, 271쪽.

사정이 없는 한 압수의 목적물을 컴퓨터나 노트북 등 저장매체가 아니라, 그 안에 저장된 범죄혐의 관련 전자정보라고 명시하고, ② 압수한 전자정보의 상세목록 교부 및 혐의 무관 정보의 삭제·폐기 또는 반환의무를 명시하며, ③ 저장매체나 그 복제본의 탐색에서부터 범죄혐의 관련 정보의 출력, 복사에 이르기까지 전자정보에 대한 압수수색의 전 과정에 걸쳐 피압수자 등의 참여권이 보장되어야 함을 명시하고, 이에 위반된 압수수색으로 취득한 증거의 증거능력을 부정한다는 등의 내용을 포함한 보도자료를 배포하였다.[14] 그리고 이와 같은 내용을 반영하여 압수수색영장 발부시 첨부하는 별지 내용은 다음의 별지와 같다.

나. 종전 실무와의 비교

내용		종전 실무	새로운 실무지침
압수 목적물		컴퓨터, 노트북, 외장 하드디스크, USB 등 저장매체	저장매체에 저장된 범죄사실 관련 전자정보로 압수대상을 제한함
목록 교부 및 폐기	본문	언급없음	전자정보의 탐색·복제·출력 완료 후 지체 없이 압수대상 전자정보의 상세목록을 교부하고, 목록에서 제외된 전자정보를 폐기할 것
	별지	압수한 전자정보 목록 교부, 혐의사실과 관련 없는 전자정보 삭제·폐기	압수 대상 전자정보의 상세목록 교부, 목록에서 제외된 전자정보를 삭제·폐기 또는 반환하고 그 취지를 통지하여야 함
참여권	본문	언급 없음	압수·수색의 전체 과정(저장매체 또는 그 복제본의 탐색·출력·복제 포함)에 걸쳐 피압수자의 참여권이 보장될 것

14) 서울중앙지방법원 2015. 7. 28.자 "전자정보 압수·수색 영장에 관한 새로운 실무운영" 보도자료.

	별지	압수·수색의 전체 과정을 통하여 피압수자 등의 참여권 보장	압수·수색의 전체 과정(복제본의 획득, 저장매체 또는 그 복제본에 대한 탐색·출력·복제 과정포함)에 걸쳐 피압수자 등의 참여권 보장

3. 대상결정 및 실무운영 지침의 문제

가. 압수목적물 및 압수의 종료시점 문제

대상결정에 의하면 전자정보에 대한 압수방법은 범죄혐의와 관련된 전자정보의 출력 또는 복사에 제한된다. 대상결정은 저장매체 자체 또는 적법하게 획득한 복제본을 탐색하여 혐의사실과 관련된 전자정보를 문서로 출력하거나 파일로 복제하는 일련의 과정 역시 전체적으로 하나의 영장에 기한 압수·수색의 일환에 해당한다 할 것이므로, 그러한 경우의 문서출력 또는 파일복제의 대상 역시 저장매체 소재지에서의 압수·수색과 마찬가지로 혐의사실과 관련된 부분으로 한정되어야 한다고 판시하고 있다.

법원은 실무운영 지침 보도자료에서 "법 제106조 제3항 단서에서 저장매체를 '압수'할 수 있다는 표현을 사용하고 있으나, 이는 그 단계에서 압수수색이 종료하는 것이 아니라, 추후 범죄 혐의와 관련 있는 전자정보를 찾아 해당 정보를 출력 복제함으로써 압수가 종료되는 것이므로, 이는 '반출'이라고 표현한다."고 설명하고 있다.

그러나 압수영장에 의하여 압수의 목적물을 수사기관의 점유로 이전하는 이상, 대상물에 대한 점유의 이전을 본질적 내용으로 하는 '압수'에 해당하고, 압수의 종료시점 확장을 설명하기 위한 목적에서 단순히 물건을 외부로 옮기는 사실행위로서의 '반출'이라는 용어를 사용하는 것은 부적절하다.[15] 또한 위에서 살펴본 바와 같이 형사소송법 제106조 제1항 및 제3항은 압수의 대상을 유체물로 규정하면서 전자

15) 강수산나, "디지털 증거의 증거능력에 관한 검토", 경기지역 법학실무연구회 발표문(2015. 9.), 17쪽.

별지

압수 대상 및 방법의 제한

1. 문서에 대한 압수

가. 해당 문서가 몰수 대상물인 경우, 그 원본을 압수함.

나. 해당 문서가 증거물인 경우, 피압수자 또는 참여인[1](이하 '피압수자 등'이라 한다)의 확인 아래 사본하는 방법으로 압수함 (다만, 사본 작성이 불가능하거나 협조를 얻을 수 없는 경우 또는 문서의 형상, 재질 등에 증거가치가 있어 원본의 압수가 필요한 경우에는 원본을 압수할 수 있음).

다. 원본을 압수하였더라도 원본의 압수를 계속할 필요가 없는 경우에는 사본 후 즉시 반환하여야 함.

2. 컴퓨터용 디스크 등 정보저장매체에 저장된 전자정보에 대한 압수・수색・검증

가. 전자정보의 수색・검증

수색·검증만으로 수사의 목적을 달성할 수 있는 경우, 압수 없이 수색·검증만 함.

나. 전자정보의 압수

(1) 원칙 : 저장매체의 소재지에서 수색·검증 후 혐의사실과 관련된 전자정보만을 범위를 정하여 문서로 출력하거나 수사기관이 휴대한 저장매체에 복제하는 방법으로 압수할 수 있음.

(2) 저장매체 자체를 반출하거나 하드카피・이미징 등 형태로 반출할 수 있는 경우

(가) 저장매체 소재지에서 하드카피·이미징 등 형태(이하 "복제본"이라 함)로 반출하는 경우

- 혐의사실과 관련된 전자정보의 범위를 정하여 출력·복제하는 위 (1)항 기재의 원칙적 압수 방법이 불가능하거나, 압수 목적을 달성하기에 현저히 곤란한 경우[2]에 한하여, 저장매체에 들어 있는 전자파일 전부를 하드카피・이미징하여 그 복제본을 외부로 반출할 수 있음.

(나) 저장매체의 원본 반출이 허용되는 경우

1) 위 (가)항에 따라 집행현장에서 저장매체의 복제본 획득이 불가능하거나 현저히 곤란할 때[3]에 한하여, 피압수자 등의 참여 하에 저장매체 원본을 봉인하여 저장매체의 소재지 이외의 장소로 반출할 수 있음.

2) 위 1)항에 따라 저장매체 원본을 반출한 때에는 피압수자 등의 참여권을 보장한 가운데 원본을 개봉하여 복제본을 획득할 수 있고, 그 경우 원본은 지체 없이 반환하되, 특별한 사정이 없는 한 원본 반출일로부터 10일을 도과하여서는 아니됨.

(다) 위 (가), (나)항에 의한 저장매체 원본 또는 복제본에 대하여는, 혐의사실과 관련된 전자정보만을 출력 또는 복제하여야 하고, 전자정보의 복구나 분석을 하는 경우 신뢰성과 전문성을 담보할 수 있는 방법에 의하여야 함.

(3) 전자정보 압수시 주의사항

(가) 위 (1), (2) 항에 따라 혐의사실과 관련된 전자정보의 탐색・복제・출력이 완료된 후에는 지체 없이, 피압수자 등에게 ① 압수 대상 전자정보의 상세목록을 교부하여야 하고, ② 그 목록에서 제외된 전자정보는 삭제・폐기 또는 반환하고 그 취지를 통지하여야 함[위 상세목록에 삭제・폐기하였다는 취지를 명시함으로써 통지에 갈음할 수 있음].

(나) 봉인 및 개봉은 물리적인 방법 또는 수사기관과 피압수자 등 쌍방이 암호를 설정하는 방법 등에 의할 수 있고, 복제본을 획득하거나 개별 전자정보를 복제할 때에는 해시 함수값의 확인이나 압수·수색과정의 촬영 등 원본과의 동일성을 확인할 수 있는 방법을 취하여야 함.

(다) 압수·수색의 전체 과정(복제본의 획득, 저장매체 또는 복제본에 대한 탐색・복제・출력 과정 포함)에 걸쳐 피압수자 등의 참여권이 보장되어야 하며, 참여를 거부하는 경우에는 신뢰성과 전문성을 담보할 수 있는 상당한 방법으로 압수·수색이 이루어져야 함.

---

1) 피압수자 - 피의자나 변호인, 소유자, 소지자 // 참여인 - 형사소송법 제123조에 정한 참여인

2) ① 피압수자 등이 협조하지 않거나, 협조를 기대할 수 없는 경우, ② 혐의사실과 관련될 개연성이 있는 전자정보가 삭제·폐기된 정황이 발견되는 경우, ③ 출력·복제에 의한 집행이 피압수자 등의 영업활동이나 사생활의 평온을 침해하는 경우, ④ 그 밖에 위 각 호에 준하는 경우를 말한다.

3) ① 집행현장에서의 하드카피·이미징이 물리적·기술적으로 불가능하거나 극히 곤란한 경우, ② 하드카피·이미징에 의한 집행이 피압수자 등의 영업활동이나 사생활의 평온을 현저히 침해하는 경우, ③ 그 밖에 위 각 호에 준하는 경우를 말한다.

정보와 관련하여 전자정보저장매체를 압수의 목적물이라고 명시적으로 규정하고 있으므로, 형사소송법의 명문 규정에 배치되는 해석이고, 저장매체의 압수 혹은 관련 정보의 출력 또는 복제가 이루어지는 시점에 압수영장의 집행이 종료한다고 보는 것이 타당하다.

그리고 대상결정의 입장과 실무운영 지침에 따라 범죄 혐의와 관련된 정보를 찾을 때까지 압수가 종료되지 않는다고 보게 되면 목적물의 점유 이전을 본질적 내용으로 하는 압수의 특성에도 불구하고 점유이전에 따른 압수를 인정하지 아니하여 수사절차가 불안정하게 되고, 영장의 집행종료시점을 확정하지 못한 채 영장의 집행과정을 무한하게 확장할 위험이 있으며, 간명하고 선명한 절차를 추구하여야 하는 형사소송절차의 기본적인 요청에 반한다.

또한 실무운영 지침은 혐의 무관 정보의 삭제·폐기의무를 명시하고 있는데, 저장된 전체 정보 중 일부 정보의 삭제·폐기는 기술적으로 전체 정보의 무결성을 훼손하는 결과를 초래하는 문제가 있다.

그리고 압수·수색의 경우 그 대상을 특정하여야 하고, 특정성의 요청을 충족하지 못한 압수·수색의 영장은 포괄적인 영장에 해당한다. 현행 법상 압수·수색의 대상은 유체물이므로, 압수·수색을 위해서 다른 물건과 구별되는 개별 컴퓨터 구성장치로 특정하여야 하고, 이를 '독립구성장치의 원칙(The Independent Component Doctrine)'이라고 한다.[16] 이러한 독립구성장치의 원칙에 비추어 압수·수색의 대상을 컴퓨터, 노트북, 외장 하드디스크, USB 등 저장매체와 같은 유체물로서의 독립구성장치로 특정함이 상당하고, 혐의관련 디지털 정보는 0과 1의 조합인 디지털 형태로 저장되어 있어 다른 물건이나 정보와 구별할 수 없기 때문에 독립구성장치의 원칙 내지 특정성의 요청을 충족시키지 못하는 문제가 있다.

16) 이진태, "사이버범죄 관련 증거의 증거조사 방법과 증거능력", 법정논총 제38권 통권 제52집(2003. 2.), 중앙대학교 법과대학, 168쪽.

나. 관련성의 판단 문제

디지털 정보에 대한 압수·수색절차에 있어서 관련성과 압수의 종료시점을 연계시키는 것은 실무상 매우 복잡하고 혼란스러운 상황을 초래할 수 있어 부적절하다.

압수수색의 단계에서 관련성의 요건은 확정적인 것이 아니라 관련성이 있을 가능성 또는 개연성을 의미하고, 따라서 관련성 판단은 원칙적으로 압수·수색·검증영장을 집행할 당시를 기준으로 판단하여야 한다. 압수 단계에서 압수물의 증거가치를 즉각적으로 인지할 수 있는 경우도 있지만, 수사의 초기 단계에서 압수물이 어떠한 증거로서의 의미를 지니고 있는지를 확정할 수 없으며, 수사나 재판의 진행에 따라 피의자나 범죄사실이 달라질 수도 있다. 그러므로 압수·수색 당시에 관련성이 있다고 생각할 만한 합리적인 사정이 있다면 사후에 관련성이 없다고 확인되었다고 하더라도 그 압수가 위법한 것이 되지 않으며, 사후적으로 관련성이 없는 것으로 확인된다면 압수를 계속할 필요성이 없어지게 되어 환부의 문제가 발생할 뿐이다.[17]

예를 들어 강도사건의 현장에서 범행도구로 의심되는 혈흔이 묻어 있는 흉기를 압수하였으나, 이후 DNA검사 등을 통하여 해당범죄와 관련이 없는 것으로 밝혀진다고 하더라도 범죄와 무관한 물건이 압수되었다는 이유로 압수가 위법하다고 볼 수는 없고, 소유자 등에게 환부하는 것으로 족하다. 디지털 증거의 경우에도 이와 마찬가지로 압수·수색영장을 집행할 당시를 기준으로 판단하여야 한다.

그러나 범죄 혐의와 관련된 정보를 찾을 때까지 압수가 종료되지 않는다고 보게 되면 관련성은 압수수색 집행 당시의 시점에서 판단하는 것이 아니라 판례가 말하는 압수수색의 종료시점에서 판단하게 된다. 그리고 범죄혐의 관련성 유무에 관하여 사후적으로 판단하게 되면 압수수색의 집행 단계별로 압수수색절차의 적법 여부가 달라지거나

17) 이완규, 앞의 논문(각주 12), 138쪽.

사후적으로 결정될 우려가 크다.

그리고 대상판결은 혐의사실 관련성에 대한 구분 없이 이루어지는 복제·탐색·출력을 막는 절차적 조치가 필요하다고 하면서 이를 위하여 피압수자나 그 변호인에게 참여의 기회를 보장하고 있다. 그러나 탐색·복제·출력시 보장되는 피압수자등의 참여가 디지털 정보의 관련성 유무에 대한 감시를 위한 것이라면 실무상 해당 정보가 관련성이 있는지 여부에 대하여 수사기관과 피의자 등의 의견이 달라 해당 정보의 삭제·반환 등을 둘러싼 다툼과 혼란이 생길 여지가 많다.

다. 증거분석 방법의 제한 문제

검사는 재항고 이유로 특히 제2, 3 처분과 관련하여 관련 데이터를 분석하기 위해 하드디스크에 다운로드받거나 복사 또는 출력한 것이라고 주장하였다.

그러나 대법원은 이러한 주관적 의도와 객관적 사정의 유무에 대한 고려나 판단을 전혀 하지 아니한 채 제2, 3 처분에 해당하는 전자정보의 복제·출력과정은 증거물을 획득하는 행위로서 압수·수색의 목적에 해당한다고 단정하였다. 즉 복제·출력과 탐색을 구별하고, 탐색 내지 내용 확인을 위한 복제·출력을 부인하며, 복제·출력을 일률적으로 압수·수색의 목적인 증거물을 획득하는 행위에 해당한다고 보고 있다.

이러한 의견에 의하면 탐색 또는 디지털 증거분석은 키워드(keyword) 중심의 검색이나 모니터 화면을 통한 내용 확인에 제한되는 문제가 있다. 디지털 정보의 비가시성이라는 특징으로 인하여 디지털 정보를 인지 가능한 상태로 현출하는 행위가 필요하고, 이러한 현출행위는 모니터 화면 현출뿐만 아니라 문서 형태로 출력하는 것이 대표적이다. 그리고 탐색행위의 경우에도 키워드(keyword) 중심의 검색 외에도 다양한 검색 내지 분석 소프트웨어를 활용할 필요가 있고, 무결성 내지 원본과의 동일성을 위하여 사본을 통한 검색 내지 분석이 필요하다.

이러한 필요성에도 불구하고 대상결정은 탐색 또는 디지털 증거 분석을 사실상 화면을 통한 내용 확인이나 검색에 제한하여 기술의 발달에 부응하지 못하고, 가시적인 현출행위로서의 출력이나 각종 검색을 위한 복제를 부인하는 문제가 있다.

라. 피압수자 참여의 문제

대상판결은 혐의사실 관련성에 대한 구분 없이 이루어지는 복제·탐색·출력을 막는 절차적 조치가 필요하다고 하면서 이를 위하여 피압수자나 그 변호인에게 참여의 기회를 보장하고 있다. 그러나 앞에서 살펴본 바와 같이 탐색·복제·출력시 보장되는 피압수자등의 참여가 디지털 정보의 관련성 유무에 대한 감시를 위한 것이라면 실무상 해당 정보가 관련성이 있는지 여부에 대하여 수사기관과 피의자 등의 의견이 달라 해당 정보의 출력·삭제·반환 등을 둘러싼 다툼과 혼란이 생길 여지가 많다.

대상결정은 복제·출력과정에서 혐의사실과 무관한 정보가 수사기관에 남겨지게 되면 피압수자의 다른 법익이 침해될 가능성이 커진다고 우려하면서 피압수자에게 참여권을 보장하는 것이 그러한 위험을 방지하기 위한 핵심절차라고 한다. 하지만 수사기록 내지 증거기록은 향후 수사·재판과정이나 그 종결 이후에 열람이나 등사의 대상이 되어 보관·유통될 가능성이 많고, 이러한 위험은 유체물이나 무체물 여부에 관계없이 동일하다. 수사기관에 대하여는 피의사실공표, 수사기밀 누출 등으로 인한 민형사적 책임과 징계를 통하여 대응할 수 있고, 수사기관의 증거보유 가능성에 대하여는 수사기관 자체의 관리 및 통제절차를 보완하는 것이 상당하며, 그 외에 디지털 정보의 위험성을 강조하여 피압수자의 참여를 인정할 필요성은 크지 아니하다.

또한 실무운용 지침에 의하면 혐의사실과 관련이 없는 정보에 대하여 삭제·폐기 또는 반환하고, 그 취지를 통지하여야 함을 영장에 명시한다고 한다. 그러나 혐의사실과 무관한 정보만을 삭제·폐기 또는 반환하는 것은 현재의 기술 수준에서 불가능한 것이 현실이다. 디지털 증거의 수집과정에 있어 가장 중요한 것이 무결성의 확보이고 이를 위하여 실무에서는 이미징 복제라는 방식을 사용하고 있는데, 이미징한 복제본에서 무관한 정보를 삭제하는 식의 조치를 하게 되면 해쉬값이 달라져서 그 파일이 최초에 압수되었던 상태 그대로라는 무결성을 입증할 수 없게 된다. 따라서 관련성이 있는 정보를 선별한 후 최종 압수대상물로 정하여 압수절차를 종료하였더라도 그 압수대상물 이외에 관련성이 없는 것으로 분류된 부분도 관련성 있는 증거를 사용하기 위한 무결성 입증에 필요하기 때문에 그대로 수사기관의 수중에 남아 있어야 하는 것이다. 즉, 무관한 정보를 수사기관 수중에 계속 남아 있지 않도록 하는 것은 참여를 통해 해결할 수 있는 문제가 아니다.[18)]

그리고 암호가 설정된 파일의 복호화, 삭제된 파일의 복구 등 상당한 부분의 디지털 증거분석은 전문적인 과학기술을 바탕으로 이루어지기 때문에 그 방법의 과학적 신뢰성이 문제될 뿐이어서 피압수자의 참여를 통한 감시는 그 의미가 없고, 암호 복호화와 파일 복구의 기술과 과정을 피압수자에게 공개하는 것은 수사기법을 누출할 우려가 있어 수사의 밀행성에 비추어 부당하다.[19)]

또한 저장매체에 저장된 정보의 양이 방대하여 증거 선별 및 분석에 상당한 시일이 소요되는 경우가 많은데, 그러한 과정에 피의자 등 피압수자를 계속 참여시키는 경우에 충분한 참관 공간을 설치하기 어려운 공간적 제약과 시간적 한계가 있다.

위와 같이 실무상 수사에 부담을 줄 수 있다는 지적에 대하여 "대부분의 피압수자는 오랜 탐색과정에 참여하길 원하지 않을 것이어서 수사에 부담을 준다고 단정할 수 없다."고 주장하는 의견이 있다. 이러한 의견은 피압수자의 참여가 실효성이 없다는 점을 인정하는 것

18) 이완규, 앞의 논문(각주 12), 117쪽.
19) 강수산나, 앞의 논문, 15쪽.

이고, 관련성 선별 내지 탐색 과정에 참여한 피압수자는 변호인의 조력을 받을 수 있으나, 탐색 과정의 참여는 참관 및 의견 제시 이외에 실질적인 의미를 가질 수 없는 한계가 있다.

그러므로 범죄 무관 정보에 대한 과잉압수 또는 환부 거부처분 등의 문제에 대하여는 법원에 준항고로 해결하거나 위법수집증거의 문제로 다룰 수 있으므로, 압수·수색의 과정을 확장하면서 피압수자의 참여를 보장하는 방식보다는 압수절차와 압수처분을 증거분석절차와 명백하게 분리하고, 범죄 무관 정보의 보유·유통을 통제할 수 있도록 수사기관의 디지털 정보 관리절차를 상세하게 제정하며, 이를 바탕으로 가환부제도, 준항고제도 등을 통하여 무관정보의 반환 및 압수절차와 압수처분의 위법문제를 다루는 것이 상당하다.

3. 소결

앞에서 살펴본 바와 같이 현행법의 명문규정 및 그 구조상 저장매체의 압수 혹은 관련 정보의 출력 또는 복제가 이루어지는 시점에 압수영장의 집행이 종료한다고 보는 것이 타당하다. 그리고 압수수색이 종료된 이후에 압수물의 내용을 탐색하는 행위는 압수물의 내용을 알기 위한 수사기관의 내부적인 확인행위에 해당하고, 따라서 압수 종료 이후에 피압수자의 참여를 인정하는 것은 법률에 의한 당연한 권리라고 보기 어렵다.

그리고 압수물 내의 개개 정보의 관련성 여부를 일일이 확인할 때까지 압수수색영장 집행의 일환이라고 의제하면서 압수수색영장의 집행방법을 문서 형태의 출력이나 해당 부분 파일의 복제로 제한하는 것은 현행 형사소송법의 해석상 인정하기 어렵고, 압수수색영장의 집행 종료시점이 매우 불분명하며, 압수수색의 집행 시점에서 압수의 대상물에 대한 관련성 유무를 판단하는 것이 아니기 때문에 사후적인 판단에 따라 압수의 적법성도 유동적이고 불안정한 상태로 만드는 문제가 있다.

또한 관련성 판단이 유동적인 상황에서 피압수자 등의 참여를 무한하게 인정하게 되면 실체적인 판단과 절차적인 권리가 결합됨으로써 수사기관, 특히 사법경찰관이 관련성과 피압수자 참여범위 등에 관한 판단을 하기 어렵고, 따라서 이를 준수하도록 요구하는 것은 지나친 부담을 지우는 결과가 된다. 형사소송절차 중 수사절차는 그 단계별로 선명성과 준수의 용이성이 요구되는 점에 비추어 대상결정의 논리는 그 적정성을 인정하기 어렵다. 그리고 검색 및 디지털 증거분석의 기술적 측면 및 시간적·공간적 제약 등으로 인하여 피압수자의 참여권이 실질적인 의미가 없다는 점에 비추어 그 절차적 보장은 상세한 목록 교부와 디지털 증거분석 절차의 기준 정립 등을 통하여 이루어짐이 상당하다.

그러므로 디지털 정보에 있어서도 유체물의 경우와 마찬가지로 압수수색의 집행종료시점을 분명하게 하되, 범죄 무관 정보의 보유·유통을 통제할 수 있도록 수사기관의 디지털 정보 관리절차를 규정하고, 과잉압수 또는 환부의 문제 등을 해결할 수 있도록 가환부제도, 준항고제도 등의 청구원인과 절차를 보다 구체화하고 실질화하는 방향으로 형사소송법을 개정하려는 노력이 필요하다.

Ⅲ. 영장의 범죄사실과 무관한 정보의 압수 문제

1. 문제의 제기

이른 바 '제주도지사' 사건의 대법원 판결[20] 이후 실무상 압수수색영장을 집행하는 과정에서 영장 기재 범죄사실과 관련되지 아니한 다른 범죄사실과 관련된 증거를 발견한 경우에 별도의 범죄사실에 대하여 새로이 영장을 발부받아 그 증거에 대하여 압수수색을 하고 있었다. 다만 디지털 정보에 대하여도 유체물의 경우와 동일하게 별도의

20) 대법원 2007. 11. 15. 선고 2007도3061 전원합의체 판결.

범죄혐의에 대한 새로운 압수수색영장을 발부받아 압수수색을 하였으나, 구체적으로 압수할 물건, 영장 청구시 소명자료의 가능한 범위, 참여권을 보장하여야 하는 피압수자 등이 명확하지 않았다.

대상결정은 전자정보에 대한 압수수색에 있어서 별도의 범죄혐의와 관련된 전자정보를 적법하게 압수·수색하기 위한 요건으로 ① 별도의 범죄혐의와 관련된 전자정보를 우연히 발견할 것, ② 추가 탐색을 중단하고 법원으로부터 별도의 범죄혐의에 대한 압수·수색영장을 발부받을 것, ③ 압수의 대상이 적법한 압수물일 것, ④ 최초의 압수·수색 이전부터 해당 전자정보를 관리하고 있던 자를 피압수자로 보아 참여권을 보장하고 압수한 전자정보 목록을 교부하는 등의 조치를 취할 것을 요구하고 있다.

이러한 대법원의 결정에 의하여 별도 범죄혐의와 관련된 전자정보에 대한 압수수색의 요건으로서 참여권이 보장되는 피압수자 등의 범위가 명확해졌을 뿐이고, 대상결정에도 불구하고 우연한 발견과 추가 탐색 중단의 범위, 영장 청구시 소명자료로 사용할 수 있는 증거의 범위 등의 문제가 해결되지 않고 있으므로, 대상결정에 따른 실무상 문제점과 그 적정성 및 해결방향을 살펴볼 필요가 있다.

2. 우연한 발견 및 추가 탐색 중단의 문제

가. 문제의 소재

대상결정은 영장의 범죄혐의와 다른 별도의 범죄혐의와 관련된 전자정보를 우연히 발견한 경우에 수사기관으로서는 더 이상의 추가 탐색을 중단하고 별도의 범죄혐의에 대한 압수·수색영장을 발부받을 것을 요구하고 있다. 여기서 우연한 발견과 추가 탐색 중단의 의미가 실무상 문제될 수 있다. 즉 기존의 압수수색영장에 기재된 범죄사실과 관련된 전자정보를 계속 탐색할 수 있는지 여부와 별도 범죄혐의에 대한 추가 탐색 중단의 의미 등이 문제된다.

나. 우연성 및 탐색 중단의 범위

별도 범죄혐의와 관련된 전자정보의 우연한 발견과 추가 탐색의 중단을 요구하는 대상결정의 문구는 미국 제10연방항소법원이 Carey 판결[21]에서 제시한 디지털 증거에 관한 Plain View Doctrine의 적용범위 논리를 연상시킨다.

위 Carey 사건에서 수사기관은 마약거래에 관한 압수수색영장에 기하여 피의자의 컴퓨터 하드디스크를 검색하고 있었는데, 그 과정에서 '*.jpg'파일을 열어보다가 아동음란물 사진임을 확인하고 그 후 더 많은 아동음란물 사진을 찾기 위하여 다른 이미지 파일을 계속 검색하면서 수백 개의 jpg 파일을 추가 압수하였다. 수사기관은 모든 이미지파일들이 Plain View의 범위 내에 있어 적법하게 압수된 것이라고 주장하였으나 제10연방항소법원은 영장 기재 범죄사실과 다른 것임을 알면서 계속 검색을 한 이상 그 수색은 영장의 범위를 벗어난 것이어서 위법하다는 이유로 첫 번째의 이미지파일을 제외한 나머지 파일에 대해서 Plan View의 적용을 거부하였다.

그런데 Carey 판결의 논리는 수사기관의 주관적 의도를 기준으로 한 것이어서 실무상 탐색에 관한 수사기관의 주관적 의사를 입증하기 어려운 문제가 있고, 미국의 경우 영장 범죄사실과 무관한 전자정보에 대하여도 일정한 범위 내에서 Plain View Doctrine에 의하여 적법하게 압수가 허용되는 경우가 있지만, 현행 법률상 우연히 발견된 경우라도 사후영장 없이 압수가 허용되는 경우가 없다는 점에 비추어 우연성이라는 특성을 기준으로 판단하기보다는 객관적 상황을 기초로 그 적법성을 판단함이 상당하다.

만약 별도의 범죄사실과 관련된 증거를 우연히 발견하였다는 사실만으로 기존에 발부된 압수수색영장의 범죄사실과 관련된 정보를 검색하지 못하게 된다면 우연한 사실에 의하여 수사를 중단하라는 것

21) United States v. Carey, 172 F.3d 1268, 1273 (10th Cir. 1999).

이 되어 부당하다. 반면에 기존 압수수색영장이 일반영장으로 변질될 가능성을 방지할 필요가 있으므로, 영장주의의 원칙상 별도 범죄사실에 대한 본격적인 수사를 금지하여야 한다.

따라서 대상결정은 별도의 범죄사실에 관련된 증거를 본격적으로 탐색하기 위하여는 새로운 압수수색영장이 필요하다는 취지로 이해함이 상당하다.[22] 즉 기존에 발부된 압수수색영장의 범죄사실과 관련성이 있는 정보를 계속 탐색하는 것은 가능하고, 대상결정에서 중단되어야 하는 '추가 탐색'의 범위는 별도의 범죄혐의와 관련된 증거를 본격적으로 찾기 위한 추가 탐색으로 국한된다. 여기서 본격적인 탐색인지 여부는 탐색행위의 내용, 발견된 정보의 수 및 증거가치, 수사의 필요성, 관련자 조사 등 수사의 개시 여부 등을 종합적으로 고려하여 판단하여야 한다.

3. 별도 영장 청구시 소명자료의 문제

가. 문제의 제기

별도의 범죄사실에 대한 압수수색영장을 청구하는 경우에 별도의 범죄사실에 대한 수사의 단서로서 소명자료를 첨부할 필요가 있다. 여기서 기존 영장에 의한 탐색시 발견한 별도의 범죄사실에 관련된 디지털 정보를 어떠한 형태로 사용할 수 있는지가 문제된다.

나. 복제 · 출력 이외의 방법에 의한 현출 범위

대상결정에 의하면 저장매체 또는 복제본에서 기존 압수수색영장의 혐의사실과 관련성이 없는 전자정보를 문서로 출력하거나 파일로 복제하는 행위는 원칙적으로 영장주의 원칙에 반하는 위법한 압수가 된다. 따라서 별도의 범죄사실과 관련된 정보는 이를 출력하거나 파일로 복제하는 경우에 위법한 압수물에 해당하므로, 새로운 압수수색영장을 청구함에 있어서 출력된 문서 또는 복제된 파일 형태의 정보는

22) 김성룡, 앞의 논문, 31쪽.

새로운 범죄사실을 소명하는 첨부자료로 사용할 수 없다.

새로운 압수수색영장을 청구하는 경우에 그 소명자료로는 우선 문제된 별도의 범죄사실과 관련된 정보를 발견하게 된 경위와 증거의 내용을 기재한 수사보고서가 있을 수 있다. 즉 기존 압수수색영장에 의하여 저장매체를 검색 내지 분석하는 과정에서 별도의 범죄사실 관련 증거를 발견하게 된 경위, 이를 통하여 지득하게 된 증거의 개략적인 내용 등을 수사보고서에 기재하여 현출할 수 있다.

그런데 수사보고서에 현출하는 증거의 개략적인 내용 외에 해당 전자정보의 내용을 촬영한 사진 등의 적법성이 문제될 수 있다. 해당 전자정보의 내용 전체를 사진으로 촬영하는 것은 출력에 유사한 행위로 판단될 여지가 있어 관련성과 피압수자등의 참여 여부 등으로 그 적법성이 문제될 소지가 크다. 유체물의 경우에 별도의 범죄사실과 관련된 증거의 존재 및 위치를 확인하기 위하여 사진을 촬영하는 것과 마찬가지로 디지털 정보의 경우에도 그 존재 및 파일 경로 등 개략적인 관련성을 확인할 수 있는 정도의 사진을 첨부할 수 있고, 복사·출력 이외의 방법으로 현출하는 경우에도 위와 같이 정보 자체의 내용이 아니라 개략적인 관련성을 나타내는 자료는 그 적법성을 인정함이 상당하다. 이 경우에 대상결정이 우려하는 바와 같은 복제본으로 볼 여지가 없고 그 증거내용에 비추어 새로운 법익침해를 초래할 가능성도 인정하기 어렵다.

Ⅳ. 결론

대상결정은 정보저장매체에 대한 압수수색에 있어서 관련성의 요건, 출력 또는 파일복사의 원칙, 저장매체에 대한 예외적 압수, 압수수색의 일환으로서의 탐색, 탐색·출력·복사 등 일련의 압수수색 집행과정에서 피압수자의 참여 등을 보장하여야 한다는 종래의 대법원 판례 입장을 유지한 것이다.

대상결정이 종래의 대법원 판례의 입장을 더욱 엄격하게 적용하였지만, 실체적 진실발견의 요구와 인권보호를 위한 적법절차 원칙을 적정하게 조화시키고 있는지에 대한 의문이 여전히 제기된다. 압수의 목적물, 압수수색의 종료시점과 피압수자의 참여범위, 유체물에 대한 압수수색영장 집행과의 차이 등을 둘러싼 형사소송법 규정의 다양한 해석 가능성이 존재하고, 실무상 비효율성 및 피압수자 등의 권리에 대한 적정한 보장방향 등에 대한 혼란은 여전히 남아 있다.

특히 관련성에 대한 실체적 판단과 피압수자의 참여라는 절차적인 권리가 결합되는 구조는 수사기관과 피압수자 양측 모두의 시간적 · 물리적인 제약 등 실무상 비효율성, 수사의 밀행성에 배치되는 점, 수사절차의 불안정성 증대, 절차 준수의 어려움 증대 등의 문제를 야기하고 있다.

따라서 피압수자의 구체적 참여범위, 별도의 범죄사실 관련 증거 발견시 추가 참색 중단의 범위 등 실무상 제기되는 문제들에 대하여 실체적 진실발견의 요구와 인권보호를 위한 적법절차 원칙을 적정하게 조화하는 방향으로 실무를 운용함이 상당하다.

그리고 디지털 정보에 있어서도 유체물의 경우와 마찬가지로 압수수색의 집행종료시점을 분명하게 하되, 범죄 무관 정보의 보유 · 유통을 통제할 수 있도록 수사기관의 디지털 정보 관리절차를 보다 상세하게 규정하며, 과잉압수 또는 환부의 문제 등을 해결할 수 있도록 가환부제도, 준항고제도 등의 청구원인과 절차를 보다 구체화하고 실질화하는 방향으로 형사소송법을 개정하려는 노력이 필요하다.

또한 증거의 은닉, 멸실 우려에 따른 긴급압수수색제도 내지 사후영장제도 등을 도입할 필요성이 있고, 피압수자의 안정성 확보 측면에서 사후영장을 청구할 수 있는 기간 내지 별도의 범죄사실에 대한 수사 개시 기한 등을 검토할 필요가 있다. 이러한 문제들은 국민의 의사와 입법자의 결정에 따라 구체적인 절차가 형성될 여지가 있는 절차법의 영역에 있으므로, 이에 대한 학계의 적극적인 논의를 통한 입법적 해결을 기대해 본다.

[주 제 어]
디지털 증거, 압수수색, 피압수자의 참여, 관련성, 증거분석, 위법수집증거배제법칙, 종근당 사건

[Key Words]
digital evidence, search and seizure, the presence right of those subject to seizure, relevancy, digital forensics, the exclusionary rule, the Chong Kun Dang pharmaceutical Corp. Case.

접수일자: 2016. 5. 3. 심사일자: 2016. 5. 31. 게재확정일자: 2016. 6. 3.

[참고문헌]

강수산나, “디지털 증거의 증거능력에 관한 검토”, 경기지역 법학실무연구회 발표문(2015. 9.).

김성룡, “전자정보에 대한 이른바 ‘별건 압수·수색’ – 대법원 2015.7.16. 선고 2011모1839 전원합의체 결정의 평석을 겸하여”, 한국형사소송법학회와 독일형사법연구회 공동학술대회 발표문(2015. 9.).

이완규, “디지털 증거 압수 절차상 피압수자 참여 방식과 관련성 범위 밖의 별건 증거 압수 방법”, 형사법의 신동향 통권 제48호(2015. 9.).

이완규, “디지털 증거의 압수수색 개념 및 증거능력 요건”, 차한성 대법관 퇴임기념 논문집 「형사재판의 제문제 제7권」, 박영사, 2014.

오기두, “형사절차상 컴퓨터 관련증거의 수집 및 이용에 관한 연구”, 서울대학교 박사학위논문, 1997.

이진태, “사이버범죄 관련 증거의 증거조사 방법과 증거능력”, 법정논총 제38권 통권 제52집(2003. 2.), 중앙대학교 법과대학.

전승수, “디지털 정보에 대한 압수수색영장의 집행”, 법조 통권 제670호(2012. 7.).

조국, “컴퓨터 전자기록에 대한 대물적 강제처분의 해석론적 쟁점”, 형사정책 제22권 제1호(2010. 7.), 한국형사정책학회.

대법원 2007. 11. 15. 선고 2007도3061 전원합의체 판결.

대법원 2011. 5. 26.자 2009모1190 결정.

대법원 2012. 3. 29. 선고 2011도 10508 판결.

대법원 2015. 7. 16.자 2011모1839 결정.

수원지방법원 2011. 10. 31.자 2011보2 결정.

United States v. Carey, 172 F.3d 1268, 1273 (10th Cir. 1999).

[Abstract]

The practical appropriateness of the seizure procedure of digital evidence

Chun, Seung Soo*

The 2011Mo1839 ruling of the Supreme Court of Korea decided on July 17, 2015 that the course of retrieving the data storage device or the legally copied files, printing and copying the information related to the accused case is regarded as a part of the total search and seizure procedure under a warrant. And the ruling described that those printed and copied objects are limited to the scope which is relevant to the accused crime under a warrant. In addition to that, the Court ruled that during the total course of retrieving, printing and copying, the presence right of those subject to seizure shall be guaranteed. By the ruling, it would illegal to print and copy relevant digital files mixed with information which is not relevant to the accused crime or not to guarantee the presence right of those subject to seizure.

This ruling maintains a point of view the Court's 2009Mo1190 ruling. Especially, the requirement that seized articles shall be deemed to be relevant to the accused case has benefits of making general searches under warrants impossible and preventing the seizure of things irrelevant to the case under a warrant.

But those rulings are open to a lot of questions if the balance with the due process law and the truth-finding function of the criminal justice process is being maintained. There are various opinions about the

* Senior Prosecutor of the 1th Criminal Department, Gwangju District Prosecutors' Office/Ph. D. in Law.

construction and interpretation of the Criminal Procedure Act, such as the object of seizure, the time of completing the search and seizure, the scope of those whose presence right are guaranteed, the difference between physical evidence and digital evidence in the execution of search and seizure warrant. If it is not sure when the search and seizure is completed, the procedural guarantee including the presence right would make the truth-finding function and the legality of search and seizure highly fluid and unsettled. And those confusion and inappropriate restrictions will cause the execution inefficiency of the warrant and impose a substantial burden upon the administration of the criminal justice process.

Therefore, enthusiastic discussions of digital evidence seizure should proceed and lead to a law-making solution to strengthen the truth-finding function of the criminal justice process while preserving the due process law.

2015년도 형법판례 회고

오 영 근*

I. 머리말

2015년 선고된 대법원형사판결 중 2016. 2. 1. 현재 대법원 종합법률정보 사이트[1]에 공개되어 있는 대법원 형사판례는 모두 219건이고, 이중 전원합의체 판결은 모두 6건이다

전원합의체 판결 6건 중 3건이 형법판결이고, 나머지 3건은 형사소송법에 관한 것이다. 형법판결 3건 중 대법원 2015. 6. 25. 선고 2015도1944 전원합의체 판결은 차량명의자가 아닌 사람이 차량횡령죄의 주체가 될 수 있는가에 대해 종래 대법원의 입장을 변경한 것이다. 대법원 2015. 1. 22 선고 2014도10978 전원합의체 판결은 내란 선동죄 및 음모죄 등에 관한 것이고, 대법원 2015. 11. 12. 선고 2015도6809 전원합의체 판결은 세월호 사건 관련자들에 대한 것인데, 두 판결 모두 관여 대법관의 의견이 일치하지 않아 전원합의체에 붙여진 것이다.

2015년 전원합의체 형법판결 3건은 2014년의 2건, 2013년의 3건, 2012년의 2건, 2011년의 5건, 2010년의 2건 등과 비교할 때 예년과 비슷한 수준이라고 할 수 있다. 이전에도 언급한 것과 같이 기존의 대법원 판례 중 변경되어야 할 것들이 매우 많다는 점을 고려한다면 전원합의체 판결 그 중에서 종래의 입장을 변경한 판결이 1건에 불과한

* 한양대학교 법학전문대학원 교수.

1) http://glaw.scourt.go.kr/wsjo/panre/sjo060.do#1454297136931. 2016. 2. 1. 검색.

것은 매우 불만스럽다고 할 수 있다. 또한 3건의 전원합의체 판결 모두 형벌권의 범위를 확장하는 입장이라고 할 수 있는데, 이러한 경향이 바람직한 것인지에 대해서도 의문이 있다. 아직도 대법원은 법적 안정성보다는 구체적 타당성을 추구하는 태도를 버리지 못하고 있기 때문이다.

대법원이 구체적 타당성을 추구하는 이유 중의 하나는 피고인 개인의 인권보장보다는 대법원판결이 사회에 미칠 영향이나 국민들의 법감정을 우선시하기 때문이라고 할 수 있다. 그러나 사법기관은 판결이 사회에 미칠 영향을 고려하거나 판결에 국민의 법감정을 담으려고 하는 거시적 관점을 갖기보다는 피고인 개인의 인권보장을 우선시하는 미시적 관점을 가져야 한다. 이것이 삼권분립 하에서 사법기관에게 주어진 사명이고, 대법원은 더욱 그렇다. 판결이 사회에 미칠 영향이나 국민의 법감정을 판결에 담는 일들은 원칙적으로는 사법기관이 해야 할 일이 아니라 국회나 행정부가 해야 할 일이다.

한편 2015년에는 헌법재판소가 형법이나 형사특별법상의 규정들에 대해 위헌 혹은 헌법불합치 결정을 하였다. 헌재 2015. 2. 26. 2009헌바17 등 결정은 재판관 7 대 2의 의견으로 형법 제241조의 간통죄를 위헌이라고 하였다. 또한 헌법재판소는 폭처법상의 가중처벌 규정에 대해 특수폭행·협박죄와 같이 형법에 규정되어 있는 범죄를 가중처벌하는 것은 위헌이지만(헌재 2015. 2015. 9. 24. 선고 2015헌가3 결정 등), 특수상해죄와 같이 형법에 규정되어 있지 않은 범죄를 가중처벌하는 것은 합헌이라고 하였다(헌재 2015. 9. 24. 선고 2014헌가1, 2014헌바173 병합 결정). 또한 '성폭력범죄의 처벌등에 관한 특례법'상의 성범죄자 신상등록(헌재 2015. 7. 30. 2014헌마340 등) 및 '성폭력범죄자의 성충동 약물치료에 관한 법률 제8조 제1항(헌재 2015. 12. 23. 2013헌가9)의 성충동 약물치료는 헌법에 합치되지 아니하므로 개정입법을 할 것을 촉구하였다. 이러한 헌법재판소의 태도는 엄벌주의의 광풍이 몰아치는 최근의 실정을 고려할 때 이전보다 진일보하였지만, 여전히 형법의 보장적 기능을 확보하도록 하는 데에 소극적이라고 평가할 수 있다.

이하에서는 2015년 선고된 대법원 전원합의체 판결과 대법원 판결 및 헌법재판소의 결정 중에서 필자가 임의로 선정한 판결 또는 결정들을 살펴보기로 한다.

Ⅱ. 전원합의체 판결

I. 살인의 고의 및 수난구호법 제18조 제1항 단서의 적용범위
- 대법원 2015. 11. 12. 선고 2015도6809 전원합의체 판결 -[2]

1. 사실관계

이 판결은 세월호사건에 대한 것이다. 이 판결은 여러 가지 문제를 다루고 있지만, 이 글에서는 이준석선장(피고인 1)에게 부작위살인의 고의가 인정되는지 및 수난구호법 제18조 제1항 단서의 적용범위에 대해서만 언급하기로 한다. 전자에 대해서는 관여 대법관의 의견이 일치되었지만, 후자에 대해서는 8 대 5로 관여 대법관의 의견이 갈라졌다.

2. 판결요지

[살인의 고의]

피고인의 이와 같은 행태는 자신의 부작위[3]로 인하여 승객 등이 사망에 이를 수 있음을 예견하고도 이를 용인하는 내심의 의사에서 비롯되었다고 할 것이므로, 부작위에 의한 살인의 미필적 고의가 인정

---

2) 이 판결에 대해서는 한국형사판례연구회의 2016년 1월 발표회에서 김태명교수의 평석이 있었다. 김태명 “부작위에 의한 살인죄의 공범의 성립요건과 범위”, 한국형사판례연구회, 2016년 1월 발표회 발표자료.

3) 승객들에게 퇴선명령을 하지 않은 것을 말한다.

된다고 할 것이다.

[수난구호법 제18조 제1항 단서의 적용범위]

[다수의견] 수난구호법 제18조 제1항 단서의 '조난사고의 원인을 제공한 선박의 선장 및 승무원'에는 조난사고의 원인을 스스로 제공하여 '조난된 선박의 선장 및 승무원'도 포함된다.

[반대의견] 수난구호법 제18조 제1항은 기본적으로 조난된 선박의 구조요청에 따라 발생하는 인근 선박 선장 등의 조난된 선박 내외의 조난된 사람에 대한 구조지원 내지 구조조치의무를 규정하고 있는 것이지, 조난된 사람이라는 지위에 차이가 없어 모두 구조대상이 된다는 점에서 다르지 않은 조난된 선박 내부 사람들 상호 간의 구조지원 내지 구조조치의무를 규정한 것으로 볼 수는 없다.

3. 평 가

(1) 살인의 고의

대상판결은 부작위살인의 고의를 '자신의 부작위로 인하여 승객 등이 사망에 이를 수 있음을 예견하고도 이를 용인하는 내심의 의사'라고 하고 있는데, 이는 대법원이 고의에 대해 일관되게 인용설을 따르고 있음을 보여주는 것이라고 할 수 있다. 살인죄의 고의에 대해 판례가 인식설로 전환했다는 견해도 있지만 대상판결은 대법원이 살인죄에 대해서도 인용설을 따르고 있다는 것을 분명히 하고 있다[4].

다만, 이 사례에서 살인의 고의를 인정하는 것이 타당한지에 대해서는 의문이 있다. 만약 피고인이 퇴선할 당시 승객에게 퇴선명령을

4) 학계의 다수설인 감수설은 인용설에서 말하는 인용을 '결과가 발생하면 좋겠다'라는 내심상태를 의미하는 것이라고 이해하고, 이와 같이 '좋겠다'라고 하는 감정적 요소를 배제하고 '결과가 발생해도 할 수 없다'고 하는 내심상태를 감수라고 한다. 그러나 우리의 인용설이 이러한 감정적 요소를 강조한 예는 어디에도 없다.

하는 것과 승객을 선내에 머물러 있도록 하는 것 중 어느 것이 더 안전한가에 대한 판단을 하지 못하였다면, 피고인에게 고의를 인정해서는 안될 것이다. 예컨대 호랑이를 피해 동쪽으로 도망가는 것과 서쪽으로 도망하는 것 중 어느 것이 더 안전한지 불확실한 상황에서 전자가 더 안전하다고 판단하고 甲이 A에게 동쪽으로 도망가라고 하였는데 A가 동쪽으로 도망가다 호랑이를 만나 잡아먹혔다고 가정해보자. 이 경우 甲은 A가 동쪽으로 도망가도 호랑이를 만날 가능성 내지 개연성이 있음을 인식하고 이를 인용하였다고 할 수 있지만, 그렇다고 무조건 살인의 고의를 인정해서는 안된다. 예컨대 동쪽으로 도망가면 호랑이를 만날 확률이 40%, 서쪽으로 도망가면 호랑이를 만날 확률이 60%라고 판단하고 A가 호랑이에게 잡아먹힐 것을 의욕 내지 인용하면서 A에게 서쪽으로 도망가라고 하였다면 甲에게 살인의 고의를 인정할 수 있을 것이다.

그러나 甲이 A의 사망을 의욕하지 않고 잡아먹힐 확률이 낮은 동쪽으로 도망가라고 하였다면, 甲이 A의 사망을 인용한 것이라고 할 수는 있지만 이것을 이유로 살인의 고의를 인정할 수 없을 것이다. 이 경우 소위 객관적 귀속의 척도로 이용되는 위험감소의 원칙이 고의를 인정하는 데에도 적용될 수 있을 것이다. 즉, 여러 개의 행위 중 어떤 행위를 하더라도 결과발생의 개연성이 있는 경우에는 그것을 인용하였다는 이유만으로 고의를 인정해서는 안된다는 것이다.

대상판결의 사건에서 피고인이 피해자들의 사망을 의욕하였을리는 없다. 피고인은 - 비록 자신은 선박에서 탈출하였다고 하더라도 - 퇴선명령을 내리는 것과 선박에 머물도록 하는 것 중 어느 것이 승객에게 더 안전한지 판단하지 못하였거나 나아가 승객들을 선박에 머물며 구조를 기다리게 하는 것이 조금은 더 안전할지 모른다고 판단했을 수도 있다. 왜냐하면 퇴선명령을 하였다고 하더라도 퇴선과정에서 많은 승객들의 사망이나 상해가 예견되고 이를 인용해야 했기 때문이다. 퇴선명령과 같이 말로만 해도 되는 행위를 하지 않는 것이 이러한 피고인 1의 내심상태를 짐작케 해준다.

객관적으로 보아도 당시 퇴선명령을 내리는 것이 더 나았으리라고 하는 것은 사후에야 밝혀진 일이다. 피고인이 탈출한 이후라도 구조가 제대로 이루어졌더라면 승객들에게 퇴선명령을 하지 않은 것이 오히려 현명하였다고 평가될 수도 있었을 것이다. 이와 같이 사후적으로 평가가 이루어지는 경우는 고의가 아니라 과실이 문제되는 전형적인 경우이다.

대상판결은 다른 승무원들에 대해서는 '선장의 전문적인 판단과 지휘명령체계를 무시하면서까지 결과책임이 따를 수 있는 퇴선조치를 독단적으로 강행하여야 할 만큼 비정상적인 상황이 전개되고 있음을 쉽게 인식할 수 있었다고 단정할 수 없다'는 등의 이유로 살인의 고의를 부정하고 있다. 그러나 피고인에게 적용되는 논리를 이들에게도 적용하였다면 얼마든지 고의를 인정할 수 있었을 것이다.

결국 대상판결은 피고인을 국민적 충격이 큰 사건을 짊어지고 갈 희생양으로 삼은 것이라고 할 수 있다.[5] 이것은 정부와 언론이 국민적 분노를 해소하기 위해 유병언을 세월호 참사의 희생양으로 삼은 것과 마찬가지라고 할 수 있다. 희생양이라는 원시적 방법을 통해 문제를 해결하게 되면 문제의 진정한 해결은 불가능하다. 세월호 사건 이후에도 비슷한 어처구니 없는 사고들이 계속 발생하는 것이 이를 말해준다.

(2) 수난구조법 제18조 제1항의 적용범위

수난구조법 제18조는 '인근 선박등의 구조지원'이라는 제목 하에 제1항에서 '조난현장의 부근에 있는 선박등의 선장·기장 등은 조난된 선박등이나 구조본부의 장 또는 소방관서의 장으로부터 구조요청을 받은 때에는 가능한 한 조난된 사람을 신속히 구조할 수 있도록 최대

5) 대법원은 이 사건에서 피고인 1에게 살인의 고의를 인정하지 않을 경우 대법원이나 우리 재판제도에 대한 국민적 비난을 염려하였을지도 모른다. 그러나 대법원은 피고인의 인권을 보장하기 위해서는 국민적 비난도 감수해야 한다.

한 지원을 제공하여야 한다. 다만, 조난사고의 원인을 제공한 선박의 선장 및 승무원은 요청이 없더라도 조난된 사람을 신속히 구조하는 데 필요한 조치를 하여야 한다."고 규정하고 있다.

제18조 제1항 본문의 주체는 '조난 현장의 부근에 있는 선박등의 선장 · 기장'이고, 단서의 주체는 '조난 사고의 원인을 제공한 선박의 선장 및 승무원'이다. 선장 · 기장과 선박 및 승무원의 차이는 여기에서는 언급하지 않기로 한다. 다른 조문이나 항에서 규정되어 있지 않고 같은 항에서 본문과 단서로 규정된 관계를 볼 때 본문의 '조난 현장의 부근에 있는'이라는 수식어는 단서도 수식하는 것이라고 보아야 할 것이다. 즉 본문의 선박등은 조난현장의 부근에 있는 선박등을 의미하므로 단서는 조난현장부근에 있는 선박등으로서 조난사고의 원인을 제공한 선박이라고 해석하는 것이 자연스럽다. 다수의견의 입장도 논리적으로 불가능한 것은 아니지만, 형법해석의 엄격성원칙상 보다 자연스러운 해석을 따라야 할 것이다. 이런 의미에서 반대의견이 더 타당하다.

Ⅱ. 지입차량 횡령죄의 주체

- 대법원 2015. 6. 25. 선고 2015도1944 전원합의체 판결 -

1. 사실관계 및 재판의 경과

피고인은 A주식회사의 대표이사인 K가 사실상 보관하고 있던 A주식회사가 지입한 4대의 차량과 A주식회사 소유의 차량 2대를 사실상 처분하는 방법으로 횡령한 차량들을 구입하여 장물취득죄로 기소되었다.

2. 판결요지

소유권의 취득에 등록이 필요한 타인 소유의 차량을 인도받아 보관하고 있는 사람이 이를 사실상 처분하면 횡령죄가 성립하며, 보관위임자나 보관자가 차량의 등록명의자일 필요는 없다. 그리고 이와 같은 법리는 지입회사에 소유권이 있는 차량에 대하여 지입회사에서 운행관리권을 위임받은 지입차주가 지입회사의 승낙 없이 보관 중인 차량을 사실상 처분하거나 지입차주에게서 차량 보관을 위임받은 사람이 지입차주의 승낙 없이 보관 중인 차량을 사실상 처분한 경우에도 마찬가지로 적용된다.

3. 평석

(1) 대상판결의 의의

종래의 판례는 소유권의 취득에 등록이 필요한 차량에 대한 횡령죄에서 타인의 재물을 보관하는 사람의 지위는 일반 동산의 경우와 달리 차량에 대한 점유 여부가 아니라 등록에 의하여 차량을 제3자에게 법률상 유효하게 처분할 수 있는 권능 유무에 따라 결정하여야 한다는 입장을 취하였다.[6)]

이에 의하면, 예를 들어 지입차량의 소유권은 지입차주가 아닌 지입회사에 있으므로, 차량의 소유권자가 아닌 지입차주로부터 차량의 보관을 위탁받은 사람이 그 차량을 임의처분한 경우 횡령죄가 성립하지 않으므로 이러한 차량을 취득하여도 횡령물로서의 장물취득죄는 성립하지 않았다.

대상판결은 종래의 입장을 변경하고 위와 같은 경우에도 차량에 대한 횡령죄와 장물취득죄가 성립한다고 하였다. 이는 형법에서는 재산을 사법상의 권리·의무의 총체로 파악하는 법률상 재산개념이 아니라 경제적 재산개념을 따라야 한다는 입장,[7)] 그리고 업무방해죄의

---

6) 대법원 1978. 10. 10. 선고 78도1714 판결; 대법원 2006. 12. 22. 선고 2004도3276 판결 등.

7) 대법원 2014. 2. 13. 선고 2011도16763 판결(배임죄에 있어 재산상의 손해를 가한 때라 함은 현실적인 손해를 가한 경우뿐만 아니라 재산상 실해 발생의 위

업무에 공법상 적법한 업무만이 아니라 공법상으로는 부적법하여도 형법상으로 보호할 가치가 있는 업무도 포함된다는 입장[8]에 더 가까운 것이라고 할 수 있다.

(2) 평 가

형법상의 사람의 개념은 민법상의 사람 개념과 다르고 형법상 업무방해죄의 업무는 공법상 적법한 업무에 국한되지 않는다고 해석한다. 마찬가지로 횡령죄에서 타인소유나 보관이라는 개념을 반드시 민법상의 소유권이나 보관의 개념에 따를 필요는 없다. 형법상 고유한 소유개념이 있을 수 있고, 민법상 무효인 보관을 형법상으로는 유효한 보관이라고 할 수도 있다. 이는 형법의 목적과 기능이 민법의 그것과 다르기 때문이다.

그러나 대법원판례를 보면 어떤 때에는 법률상 개념을 중시하기도 하고, 어떤 때에는 경제적 혹은 사실상의 개념을 중시하는 등 일관성이 없다. 대상판결의 사건과 같은 것이 전형적인 예라고 할 수 있다. 법률상 개념을 중시하면 종래의 판례와 같은 입장을, 경제적 혹은 사실적 개념을 중시하면 대상판결과 같은 입장을 취하게 된다. 형법에서는 형법상 고유한 개념을 인정해야 하므로 대상판결이 더 타당하다고 할 수 있다.

대상판결이 부동산과 같이 등기를 요하는 재물의 횡령죄에 대한

험을 초래한 경우도 포함되고, 재산상 손해의 유무에 대한 판단은 본인의 전 재산 상태와의 관계에서 법률적 판단에 의하지 아니하고 경제적 관점에서 파악하여야 한다); 대법원 1997. 2. 25. 선고 96도3411 판결(강도죄의 요건이 되는 재산상의 이익이란 재물 이외의 재산상의 이익을 말하는 것으로서, 그 재산상의 이익은 반드시 사법상 유효한 재산상의 이득만을 의미하는 것이 아니고 외견상 재산상의 이득을 얻을 것이라고 인정할 수 있는 사실관계만 있으면 여기에 해당된다)

8) 대법원 2008. 3. 14. 선고 2007도11181 판결. 업무방해죄에 있어서 그 보호대상이 되는 '업무'라 함은 직업 또는 계속적으로 종사하는 사무나 사업을 말하는 것으로서 타인의 위법한 행위에 의한 침해로부터 보호할 가치가 있는 것이면 되고, 그 업무의 기초가 된 계약 또는 행정행위 등이 반드시 적법하여야 하는 것은 아니다.

판례에 어떠한 영향을 미칠지도 궁금하다. 즉 현재의 판례는 부동산의 경우 보관자의 지위는 점유가 아니라 그 부동산을 제3자에게 유효하게 처분할 수 있는 권능을 기준으로 결정하여야 한다고 한다.[9] 따라서 예컨대 권리자로부터 등기이전업무를 위탁받아 등기서류를 보관하고 있는 사람은 부동산을 처분할 수 있는 지위에 있어 보관자가 될 수 있으나, 등기이전업무를 위탁받지 않고 등기서류를 보관하고 있는 사람은 보관자라고 할 수 없다. 그러나 대상판결에 의하면 후자의 경우에도 보관자로 볼 수도 있을 것이다.

나아가 대상판결로 인해 지입차량에 대한 권리행사방해죄나 절도죄가 문제될 경우 어떻게 해결해야 하는지도 문제될 수 있다. 종래의 판례[10]에 의하면 지입차주가 지입회사의 차고에 보관되어 있는 차량을 임의취거한 경우 권리행사방해죄가 성립할 수 없다. 그러나 법률상의 소유권개념이 아니라 경제적 소유개념을 인정한다면 절도죄가 아니라 권리행사방해죄가 인정될 수도 있기 때문이다.

대상판결과 관련하여 한가지 의문점은 M이 A주식회사의 대표이사였으므로 법률상으로도 A주식회사 소유의 차량을 유효하게 처분할 수 있는 권능이 있는 것은 아닌지이다. 대상판결은 M이 사실상 처분행위를 하였다고 하므로 M이 A 주식회사의 대표이사의 지위에서 차량을 처분한 것은 아닌 것으로 보인다. 그러나 이 부분에 대해서도 조금 더 상세하게 언급하였으면 좋았을 것이다.[11]

---

9) 대법원 2007. 5. 31. 선고 2007도1082 판결; 대법원 2004. 5. 27. 선고 2003도6988 판결.

10) 대법원 2003. 5. 30. 선고 2000도5767 판결

11) 대법원에서 종래의 판례들을 변경할 때에는 항소심에서 종래의 판례에 따른 판결을 하고 대법원에서 종래의 판결을 변경하고 파기환송하는 것이 일반적일 것이다. 그런데 이 사건에서는 항소심에서 종래의 판례와 다른 입장을 취하고, 피고인이 상고하였으나 대법원이 상고를 기각하는 형태로 이루어졌다. 이 역시 흥미로운 점이다.

Ⅲ. 내란선동죄 및 음모죄의 성립요건

- 대법원 2015. 1. 22. 선고 2014도10978 전원합의체 판결 -

1. 내란선동죄

(1) 사실관계

M당 소속의 국회의원인 피고인 甲은 조직원들과 두 차례 회합을 통하여 회합 참석자 130여 명에게 다음과 같은 발언등을 하였고, M당 지역위원장인 피고인 乙은 이 회합에서 사회를 보았다.

"… 핵보유 강국은 전면전이 없다. 국지전, 비정규전, 이런 상태가 앞으로 전개될 것이다. 또한, 현대전의 영역은 심리전이고 사상전이다. 우리의 활동이 '북에서는 다 애국이나 남에서는 모두 반역'이고, 우리는 선차적인 제거 대상이다. … 우리가 싸울 대상은 북한이 아니라 외래 침략자 미국이라는 걸. 자주 · 민주 · 통일을 전면에 갖고 있던 사람들 다 수사대상자이고 이적표현물로 처벌된다. 그러니까 이 권력의 근간을 이루는 뿌리를 이제 바꿔버려라. 분단의 체제 자체를 무너뜨려버려라. 남북의 자주 역량에 의해서 민족사의 새로운 대전환기를 우리 힘으로 만들자.

두 번째는 이러한 상황이 '최후에는 군사적으로 결정될 수밖에' 없으므로, 지배세력이 60년 동안 형성했던 이 물적 토대를 무너뜨려서 '시작된 전쟁을 끝장'내야 한다. 이를 위해 '정치군사적 준비, 구체적으로는 물질기술적 준비'를 해야 한다. 이게 현 정세에서 우리가 수세적 방어가 아닌 공세적 공격기회를 만드는 것에 대한 우리의 입장과 태도이다. … 오늘 이 시작으로 격변 정세를 주동적으로 준비하는 것에 대한 하나의 결의가 아니라 실질적인 내용으로 물질적으로 강력하게 준비하기를 바란다.".

피고인들은 내란선동죄로 기소되었다. 대법원은 피고인들에게 유죄를 신고하였다.

(2) 판결요지

[다수의견] (가) 내란선동은 주로 내란행위의 외부적 준비행위에도 이르지 않은 단계에서 이루어지지만, 다수인의 심리상태에 영향을 주는 방법으로 내란의 실행욕구를 유발 또는 증대시킴으로써 집단적인 내란의 결의와 실행으로 이어지게 할 수 있는 파급력이 큰 행위이다. 따라서 내란을 목표로 선동하는 행위는 그 자체로 내란예비·음모에 준하는 불법성이 있다고 보아 내란예비·음모와 동일한 법정형으로 처벌되는 것이다.

[반대의견] 내란선동죄는 내란음모죄보다도 성립범위가 지나치게 확장될 우려가 더 크다. 아울러 내란선동은 대개 내란음모의 전 단계에 위치하는 것으로서 내란음모보다 내란의 직접적인 실현가능성이 높지 아니함에도 형법은 내란선동죄를 내란음모죄와 동일한 법정형으로 규정하고 있는 점에서도, 내란선동죄는 내란음모죄에 상응한 정도의 위험성이 있는 경우에 한하여 범죄 성립을 인정하여야 하고, 이를 위하여는 구성요건을 객관적인 기준에 의하여 더욱 엄격하게 해석·적용할 필요가 있다.

(3) 평 석

1) 선동죄와 교사죄의 비교

선동과 교사는 타인으로 하여금 범죄의 결의를 하고 그 결의에 따라 실행행위로 나아가도록 하려는 행위라는 점에서 유사점이 있지만, 다음과 같은 차이점이 있다.

첫째, 교사범이 성립하기 위해서는 교사행위가 있어야 하고 피교사자가 범죄의 결의를 해야 하고, 실행행위로 나아가야 하고, 교사행위와 범죄의 결의 및 실행행위 사이에 인과관계가 있어야 한다. 교사자에게는 교사에 대한 고의와 실행행위에 대한 고의가 있어야 한다. 피교사자가 범죄결의를 하지 않았거나(실패한 교사) 범죄결의를 하였더라도 실행행위를 하지 않은 경우(효과없는 교사)에는 예비·음모에 준하여 처벌된다. 이에 비해 선동죄가 성립하기 위해서는 선동행위만 있으면 족하다. 교사범을 결과범이라고 한다면 선동죄는 거동범이라고 할 수 있다.

둘째, 교사범이 성립하기 위해서는 피교사자가 특정되어야 하지만 선동죄는 불특정인에 대한 것도 가능하다.

이와 같은 차이점이 있지만, 실행행위가 특정되어야 하는지에 대해서는 문제가 있을 수 있다. 교사범이 성립하기 위해서는 실행행위가 특정되어야 한다. 예컨대 공무원에게 '적당히 뇌물을 받으며 살아라'라고 하는 경우 교사범이 성립할 수 없음은 분명하다. 이 경우 뇌물선동죄가 성립할 수 있는지에 대해서는 긍정설과 부정설이 있을 수 있다.

2) 선동죄의 성립요건

반대의견이 지적하는대로 내란선동죄는 내란예비·음모죄와 법정형이 동일하므로 내란선동죄의 성립요건은 내란예비·음모죄의 성립요건과 비슷한 수준에서 인정해야 한다. 내란예비·음모죄로 처벌되는 행위유형 중 공동정범과 유사한 형태가 아닌 교사범과 유사한 형태는 내란죄의 실패한 교사 내지 효과없는 교사가 있다. 따라서 내란선동죄도 이들에 준하는 성립요건을 갖춰야 한다고 해야 한다.

실패한 교사나 효과없는 교사가 성립하기 위해서는 실행행위의 대상, 일시, 방법 등이 어느 정도 특정되어야 한다. 즉, '적당히 뇌물도 받으며 살아가라'라는 정도는 교사행위라고 할 수 없고, '아무개가 오늘 가져오는 뇌물은 받아라'라는 정도의 행위가 있어야 실패한 교사나 효과없는 교사가 문제될 수 있다. 이렇게 본다면 단순히 '언젠간 현정부를 전복시킬 준비를 하라', '때가 되면 들고 일어나 정부를 전복시키자'라는 정도의 행위는 내란교사행위가 될 수 없고, 따라서 내란선동죄도 성립할 수 없다고 해야 한다. 이렇게 본다면 다수의견은 내란선동죄를 너무 넓게 인정하는 것으로 부당하다고 할 수 있다.

3) 평 가

피고인 甲은 지배세력이 60년 동안 형성했던 물적 토대를 무너뜨려야 하고 이를 위해 정치군사적 준비, 구체적으로는 물질기술적 준비를 해야 한다고 하였다. 그리고 물질기술적 준비에 대해서는 토론해보라고 하였다. 이는 내란죄의 일시, 장소, 방법 등이 구체적으로 정해지지 않았다는 것을 의미한다. 다수의견보다는 반대의견이 형법해석의 원칙에 더 충실하다고 할 수 있고, 후술하는 것과 같이 내란음모죄가 성립하지 않는다면 당연히 내란선동죄도 성립하지 않는다고 해야 한다.

2. 내란음모죄

(1) 사실관계

M정당 소속의 국회의원인 피고인 甲 및 M정당의 지역위원장인 피고인 乙을 비롯한 피고인들은, 회합 참석자 130여 명과 한반도에서 전쟁이 발발하는 등 유사시에 상부 명령이 내려지면 바로 전국 각 권역에서 국가기간시설 파괴 등 폭동을 할 것을 통모함으로써 내란의 죄를 범할 목적으로 음모하였다는 내용으로 기소되었다.

대법원 전원합의체는 재판관 9 대 4의 의견으로 피고인에게 무죄를 선고하였다.

(2) 판결요지

[다수의견] 2인 이상의 자 사이에 어떠한 폭동행위에 대한 합의가 있는 경우에도 공격의 대상과 목표가 설정되어 있지 않고, 시기와 실행방법이 어떠한지를 알 수 없으면 그것이 '내란'에 관한 음모인지를 알 수 없다. 따라서 내란음모가 성립하였다고 하기 위해서는 개별 범죄행위에 관한 세부적인 합의가 있을 필요는 없으나, 공격의 대상과 목표가 설정되어 있고, 그 밖의 실행계획에 있어서 주요 사항의 윤곽을 공통적으로 인식할 정도의 합의가 있어야 한다.

[반대의견] 내란음모죄의 성립에 반드시 구체적인 공격의 대상과 목표, 방법 등이 설정되어 있어야 할 필요는 없다.

(3) 평석

1) 음모죄의 성립요건

다수의견과 반대의견은 내란음모죄의 성립에 폭동의 구체적인 공격의 대상과 목표, 방법 등에 관하여는 확정적인 합의에 이를 것을 요하는지 여부에서 차이를 보인다.

다수의견이 지적하듯이 음모는 실행행위로서의 정형성이 없기 때문에 지나치게 확대될 수 있으므로 엄격하게 해석해야 한다. 음모는 본범을 범하기 위한 목적이 있어야 성립할 수 있는 목적범이므로 적어도 본범이 확정되어 있어야 한다. 본범이 확정되었다고 할 수 있기 위해서는 본범의 일시, 장소, 태양, 대상 등이 확정되어야 한다. 예컨대 누군가를 살해하기 위해 흉기를 휴대하고 집 밖을 나선 것만으로는 살인죄의 실행의 착수를 인정할 수 없다. 그렇다면 누군가를 살해하기 위해 흉기를 휴대하고 집 밖으로 나서자고 합의를 한 것만 가지고는 살인음모죄가 성립할 수 없다. 이는 단순히 폭력조직의 구성원에게 과도를 팔았다고 하는 것만으로는(이를 '중립적 방조'라고도 한다) 폭력범죄의 방조범이 성립할 수 없는 것과 유사하다. 일정한 일시, 장소에서 피해자의 가슴을 흉기로 찌르는 행위를 시작할 때에 살인죄의 실행의 착수가 인정된다고 한다면, 이러한 단계까지 나아가는 행위를 할 목적으로 음모해야 살인음모죄가 성립할 수 있다고 해야 한다.

2) 평가

가. 반대의견에 대한 평가

첫째, 반대의견은 누군가를 살해하기 위해 흉기를 휴대하고 집 밖으로 나서자고 합의를 한 것만으로도 살인음모죄를 인정하는 것과 같이 음모죄를 너무 넓게 인정하는 문제점이 있다. 또한 반대의견은 이 사건에서 일정한 시기에 내란을 실행하자는 내용의 의사합치가 이루어졌다고 하지만, 이 역시 부당하다. 피고인들 사이에서는 '언젠가 때가 오면' 정도의 시기에 대한 합의가 이루어졌는데, 이는 일정한 시기에 내란을 실행하자는 합의라고 할 수 없기 때문이다.

둘째, 반대의견은 내란의 피해 정도가 살인이나 강도에 비해 훨씬 중대하고, 범행의 구도나 윤곽이 한 지방의 평온을 해할 정도의 것이기만 하면 파업이나 시위는 물론 살인, 상해, 강도, 손괴, 방화 등도 포함되는 광범위한 개념이므로 내란음모죄를 넓게 해석해도 된다고 한다.

그러나 이것은 내란죄를 넓게 해석할 수 있는 근거가 아니라 오히려 좁게 해석해야 하는 근거라고 할 수 있다. 한 지방의 평온을 해할 정도로 큰 규모의 폭동에 이르기 위해서는 다수인을 통제할 수 있어야 하고 그러기 위해서는 음모의 내용이 좀더 치밀하고 구체적이어야 하기 때문이다. 이는 마치 소형차를 움직이기 위한 준비행위보다는 기차를 움직이기 위한 준비행위가 좀더 강력해야 하는 것과 마찬가지이다.

나. 다수의견의 문제점

다수의견의 결론은 타당하지만, 그 근거에는 다음과 같은 문제점이 있다.

첫째, 다수의견은 내란음모죄와 관련하여서는 명백하게 언급하고 있지 않지만, 내란선동죄와 관련하여서는 내란죄의 폭행·협박을 최광의의 폭행·협박이라고 한다. 그러나 내란죄의 폭행·협박은 한 지방의 평온을 해하게 할 정도여야 하므로 소위 최협의 폭행·협박인 강도죄나 강간죄의 폭행·협박보다 엄격한 개념이다. 후자의 경우에는 한 지방의 평온을 해할 정도로 강력해야 할 필요가 없다. 즉, 최광의의 폭행·협박은 객체를 기준으로 한 개념이지만, 최협의 폭행·협박은 정도를 기준으로 한 개념으로서 그 기준이 일치하지 않는다. 따라서 최광의의 폭행·협박 개념이 최협의의 폭행·협박 개념보다 넓다고 할 수 없다. 따라서 폭행·협박을 최협의, 협의, 광의, 최광의로 분류하는 것은 오히려 혼란만을 야기하는 것이다.

다수의견은 음모죄나 선동죄의 목적은 미필적 인식으로도 족하다고 한다. 그런데 이는 개념모순이라고 할 수 있다. 고의, 과실, 목적, 불법영득의사, 동기 등을 포괄하는 개념으로서 의사라는 개념이 사용된다. 과실이 의지적 요소가 가장 약한 의사이고, 목적이 의지적 요소가 가장 강한 의사이다. 고의는 그 중간이다. 고의에는 미필적 고의와 확정적 고의가 있다. 확정적 고의는 결과발생에 대한 의욕이 있는 경우로서 결과발생에 대한 목적을 수반한 고의라고 할 수 있다. 따라서 고의보다 더 강한 의지적 요소를 지닌 의사인 목적이 미필적 인식만으로도 성립할 수 있다고 하는 것은 목적의 개념에 반하는 것이라고 할 수 있다.

Ⅲ. 헌법재판소 결정

Ⅰ. 폭처법 제2조 및 제3조의 위헌성

대상결정 1 : 헌법재판소 2015. 9. 24. 선고 2015헌가3, 2015헌가9, 2015헌가14, 2015헌가18, 2015헌가20, 2015헌가21,2015헌가25, 2014헌바154, 2014헌바398(병합) 결정.

대상결정 2 : 헌법재판소 2015. 9. 24. 선고 2014헌가1, 2014헌바173(병합) 결정

1. 사실관계 및 재판의 경과

대상결정 1의 사건에서는 법원이 헌법재판소에 폭처법 제3조 제1항 및 제2조 제1항 제1호 중 위험한 물건 휴대 폭행·협박 부분에 대해 위헌법률심판을 제청신청을 하였다. 헌법재판소는 이 규정들이 형법 조항과 똑같은 구성요건을 규정하면서 법정형만 상향 조정하여 형벌체계상의 정당성과 균형을 잃어 인간의 존엄성과 가치를 보장하는 헌법의 기본원리에 위배되고 그 내용에 있어서도 평등원칙에 위반된다고 판시하였다.

대상결정의 2의 사건에서는 폭처법상 특수상해죄로 기소된 피고인이 헌법소원심판을 청구하였다. 헌법재판소는 상해죄의 경우 형법에서 위험한 물건을 휴대하여 상해죄를 범한 경우를 가중처벌하는 규정을 별도로 두고 있지 않으므로, 합헌이라고 판시하였다.

2. 결정요지

[대상결정 1] 흉기 기타 위험한 물건을 휴대하여 폭행죄, 협박죄, 재물손괴죄를 범하는 경우, 검사는 심판대상조항을 적용하여 기소하는 것이 특별법 우선의 법리에 부합하나, 형법조항들을 적용하여 기소할 수도 있다. 그런데 위 두 조항 중 어느 조항이 적용되는지에 따라 피고인에게 벌금형이 선고될 수 있는지 여부가 달라지고, 징역형의 하한을 기준으로 최대 6배에 이르는 심각한 형의 불균형이 발생한다.

따라서 심판대상 규정들은 형법조항들과 똑같은 구성요건을 규정하면서 법정형만 상향 조정한 심판대상조항은 형벌체계상의 정당성과 균형을 잃은 것이 명백하므로, 인간의 존엄성과 가치를 보장하는 헌법의 기본원리에 위배될 뿐만 아니라 그 내용에 있어서도 평등원칙에 위반된다.

[대상결정 2] 폭행죄, 체포죄, 감금죄 등과 달리, 상해죄의 경우에는 위험한 물건을 휴대하여 범행을 하였을 경우를 가중하여 처벌하는 조항이 형법에 규정되어 있지 않으므로, 폭처법에 위험한 물건을 휴대하여 형법상의 상해죄를 범한 경우를 가중 처벌하는 규정을 둘 필요성이 없다고 할 수 없다.

3. 평석

(1) 대상결정의 입장

대상결정들을 종합하면 형법과 구성요건은 동일하면서 법정형만을 가중하는 형사특별법상의 규정은 헌법에 위반되지만, 형법에 없는 구성요건과 처벌규정을 형사특별법에서 규정하는 것은 헌법에 위반되지 않는다는 취지라고 할 수 있다.

대법원은 "일반법과 특별법이 동일한 구성요건을 가지고 있고 그 구성요건에 해당하는 어느 범죄사실에 대하여 검사가 그 중 형이 가벼운 일반법의 법조를 적용하여 그 죄명으로 기소하였는데 그 일반법과 특별법을 적용한 때 형의 범위가 차이 나는 경우에는, 비록 그 공소사실에 변경이 없고 적용법조의 구성요건이 완전히 동일하다 하더라도, 그러한 적용법조의 변경이 피고인의 방어권 행사에 실질적인 불이익을 초래한다고 보아야 하며, 따라서 법원은 공소장변경 없이는 형이 더 무거운 특별법의 법조를 적용하여 특별법 위반의 죄로 처단할 수 없다."(대법원 2007. 12. 27. 선고 2007도4749 판결)고 한다. 대상결정은 이러한 대법원의 입장을 따를 때에, 검사가 특별법을 적용하여 기소하는지 아니면 일반법을 적용하여 기소하는지에 따라 나타날 수 있는 불평등의 문제점을 경계한 것이라고 할 수 있다.

(2) 평 가

1) '휴대하여'의 문제점

대상결정들은 판례가 '휴대하여'의 의미를 합리적으로 제한하여 해석하고 있으므로 명확성원칙에 반하지 않는다고 하는데, 이것은 문제라고 할 수 있다. 왜냐하면 대법원은 자동차로 폭행을 한 경우 '위험한 물건을 휴대'한 폭행에 해당된다고 하는데(대법원 2010. 11. 11 선고 2010도10256 판결 등), 과연 자동차가 휴대가능한 것인지 의문이 있기 때문이다.

이와 같이 판례가 '휴대하여'를 합리적으로 제한해석하는 것이 아니라 문언의 가능한 의미를 넘어서서 넓게 해석하고 있고, 현실적으로도 대부분의 사람들은 위험한 물건을 소지하고 있는데(예를 들어 등산객이 폭행한 경우) 그것을 범행에 사용하려는 의도에서 휴대한 것인지 아니면 우연히 휴대하였는지를 구별하는 것이 매우 어렵다. 따라서 이를 입법적으로 해결할 필요가 있기 때문에 '휴대하여'보다는 '사용하여'라고 개정하는 등 관련법규의 전반적인 정비를 촉구하는 보충의견이 더 바람직하다고 할 수 있다.

2) 형벌가중의 문제점

대상결정들은 특수상해죄에 대한 형벌가중은 특수상해죄를 가중처벌하는 조항이 형법에 규정되어 있지 않기 때문에 폭처법에서 이를 가중처벌하는 규정을 둘 필요성이 있고, 특수상해죄의 법정형이 징역 3년 이상으로서 법관이 작량감경을 하지 않더라도 집행유예의 선고가 가능하며, 작량감경에 의하여 피고인의 책임에 상응하는 형을 선고할 수 있다는 것을 근거로 합헌이라고 한다.

그러나 특수폭행, 특수협박, 특수손괴죄의 예에서 보듯이 특수상해죄를 형법에 규정하였다면 벌금형이 선택형으로 규정되었을 가능성이 많았는데, 폭처법상의 특수상해죄는 벌금형이 선택형으로 규정되어 있지 않다. 위험한 물건과 휴대의 개념이 넓게 해석되는 한, 사소한 상해도 특수상해죄에 포함될 수 있다. 이 경우 벌금형을 선택형에서 배제한 것은 과도한 입법이라고 할 수 있다. 징역형의 집행유예가 가능하더라도 징역형을 선고받는 사람들이 사회생활에서 받게 될 불이익을 고려한다면, 사소한 특수상해가 예상됨에도 불구하고 그에 대한 형벌로서 징역형만을 규정하는 것은 과잉입법이라고 할 수 있다.

이러한 의미에서 대상결정 2의 반대의견이 훨씬 설득력있다고 할 수 있다.

Ⅱ. 신상정보등록의 헌법불합치성

- 헌재 2015. 7. 30. 2014헌마340 · 672, 2015헌마99(병합) -

1. 사실관계

청구인 甲등은 성폭력특례법 제14조 위반(카메라등이용촬영, 카메라등이용촬영미수)죄로 유죄 확정판결을 받아 동법 제42조 제1항, 제

45조 제1항에 의하여 20년간 신상정보 등록대상자가 되었다. 이에 위 청구인들이 헌법소원심판을 청구하였다.

헌법재판소는 재판관 5 대 4의 의견으로 위 조항들이 헌법에 불합치하므로 입법자는 늦어도 2016. 12. 31.까지 개선입법을 하여야 하며, 그때까지 개선입법이 이루어지지 않으면 이 사건 관리조항은 2017. 1. 1.부터 그 효력을 상실한다고 결정하였다. 4명의 재판관은 위 조항들이 헌법불합치가 아니라 위헌이라는 입장을 취하였다.

2. 결정요지

[다수의견] 가. 카메라등이용촬영죄의 행위 태양, 불법성의 경중은 다양할 수 있으나, 결국 인격체인 피해자의 성적 자유 및 함부로 촬영당하지 않을 자유를 침해하는 성범죄로서의 본질은 같으므로 입법자가 개별 카메라등이용촬영죄의 행위 태양, 불법성을 구별하지 않은 것이 지나친 제한이라고 볼 수 없고, 신상정보 등록대상자가 된다고 하여 그 자체로 사회복귀가 저해되거나 전과자라는 사회적 낙인이 찍히는 것은 아니므로 침해되는 사익은 크지 않은 반면 이 사건 등록조항을 통해 달성되는 공익은 매우 중요하다. 따라서 이 사건 등록조항은 개인정보자기결정권을 침해하지 않는다.

나. 이 사건 관리조항은 모든 등록대상 성범죄자에 대하여 일률적으로 20년의 등록기간을 적용하고 있으며, 이 사건 관리조항에 따라 등록기간이 정해지고 나면, 등록의무를 면하거나 등록기간을 단축하기 위해 심사를 받을 수 있는 여지도 없으므로 지나치게 가혹하다. 그리고 이 사건 관리조항이 추구하는 공익이 중요하더라도, 모든 등록대상자에게 20년 동안 신상정보를 등록하게 하고 위 기간 동안 각종 의무를 부과하는 것은 비교적 경미한 등록대상 성범죄를 저지르고 재범의 위험성도 많지 않은 자들에 대해서는 달성되는 공익과 침해되는 사익 사이의 불균형이 발생할 수 있으므로 이 사건 관리조항은 개인

정보자기결정권을 침해한다.

[반대의견 1]

이 사건 등록조항은 재범의 위험성이 인정되지 않는 등록대상자에게 불필요한 제한을 부과한다. 또한 미수범이나 벌금형이 선고되는 경우처럼 불법성이나 책임이 가벼운 경우도 등록대상자로 삼고 있어 침해의 최소성에 반한다. 이 사건 등록조항으로 인하여 비교적 경미한 성범죄를 저지르고 재범의 위험성이 인정되지 않는 이들에 대해서는 달성하려는 공익과 침해되는 사익 사이에 불균형이 발생할 수 있어 법익의 균형성도 인정되지 않는다. 따라서 이 사건 등록조항은 개인정보자기결정권을 침해한다.

[반대의견 2]

현행 성폭력특례법 제14조 제1항의 구성요건이 명확하지 않아 수범자인 국민은 처벌의 범위를 확실하게 예측할 수 없는데, 이 사건 등록조항은 카메라등이용촬영죄로 유죄판결이 확정된 사람은 누구나 법관의 판단 등 별도의 절차 없이 필요적으로 신상정보 등록대상자가 되도록 하고 있어, 수범자는 어떠한 행위로 신상정보 등록이 되는지도 예측할 수 없게 된다.

따라서 이 사건 등록조항은 죄질이 무겁고 재범의 위험성이 인정되는 범죄로 등록대상을 축소하거나, 유죄 확정과 별개로 등록 여부에 관한 법관의 판단을 받도록 하는 다른 수단을 채택하지 않아 헌법에 위반된다.

3. 평석

다수의견은 카메라이용촬영죄가 성적 자유 및 함부로 촬영당하지 않을 자유를 침해한다는 점에서 일반적인 성범죄들과 다르지 않다고 한다. 그러나 이것 자체가 논리비약이다. 일반적인 성범죄에서는 촬영당하지 않을 자유의 침해는 없기 때문이다. 카메라이용촬영죄가 성적 자유를 침해한다고 하지만, 성적 자유가 성적 자기결정권을 의미한다면 성적 자기결정권이란 성행위를 할 것인지, 누구와 할 것인지를 결정할 자유인데 카메라등촬영죄에서 이러한 권리 내지 자유가 침해되는지 의문이다. 따라서 카메라등촬영죄에서는 성적 자유보다는 함부로 촬영당하지 않을 자유가 더 중요하다.

한편 동영상이나 사진 등에 피해자의 신분이나 얼굴이 노출되지 않았다면 그 피해란 그저 기분 나쁜 정도에 그칠 수도 있다. 그리고 카메라이용촬영죄의 전형적인 형태는 바로 이러한 방식으로 이루어진다. 이러한 의미에서 카메라이용촬영죄에 재범위험성을 요건으로 하지 않고 중간심사 없는 신상정보등록을 규정하는 것은 헌법상 과잉금지원칙에 반한다고 해야 한다. 나아가 이러한 요건이 추가되었다고 하더라도 카메라촬영죄와 같이 우발적이거나 정신병적 성격의 범죄에 대해 신상정보등록과 같은 보안처분의 성격보다는 응보적 성격이 더 짙은 제재를 과하는 것은 수단의 적절성이나 상당성이 인정되지 않는다고 해야 할 것이다.

Ⅲ. 성충동약물치료의 헌법불합치성

- 헌재 2015. 12. 23. 2013헌가9 -

1. 사실관계 및 재판의 경과

피고인은 2009. 6. 7.경 대전 동구의 한 공동주택의 주차장에서 당시 5세이던 피해자를 강제추행하고, 2009. 7. 1. 대전 동구의 한 주택가에서 당시 6세이던 또 다른 피해자를 강제추행하였다는 범죄사실로 기소되면서(대전지방법원 2012고합512), 치료의 필요성 및 재범의 위험성이 있다는 이유로 치료감호(대전지방법원 2012감고17) 및 성충동약물치료가 청구되었다(대전지방법원 2012치고1).

대전지방법원은 성폭력약물치료법 제4조 제1항과 제8조 제1항에 대한 위헌법률심판을 제청하였다. 헌법재판소는 재판관 6 대 3의 의견으로 동법 제4조 제1항[12]은 합헌이지만 제8조 제1항[13]은 헌법에 불합치한다고 결정하였다. 반대의견은 두 조항 모두가 위헌이라고 하였다.

2. 결정요지

[1] 심판대상조항들 중 검사의 치료명령 청구에 관한 이 사건 청구조항은 과잉금지원칙에 위반되지 아니하여 피치료자의 신체의 자유 등 기본권을 침해하지 아니한다.

[2] 이 사건 명령조항의 위헌성은 치료명령 청구가 이유 있다고 인정하는 때 15년의 범위에서 치료기간을 정하여 판결로 치료명령을 선고하도록 규정한 것 자체에 있는 것이 아니라, 피치료자가 치료명령의 집행 시점에서 치료감호에 의한 치료 등으로 치료의 필요성이 달라졌다고 주장하며 그 치료에 이의를 제기하는 경우 치료의 필요성에 관하여 다시 법원의 판단을 거치게 하는 등 불필요한 치료가 이루어지는 것을 막을 수 있는 절차가 마련되어 있지 않음에도, 일률적으로 그 선고 시점에서 치료명령의 요건이 충족된다고 판단하는 때에는 치료명령을 선고하도록 한 데에 있다.

3. 평가

반대의견은 ① 남성호르몬의 생성과 작용을 억제하는 성충동 약물치료(특히 피치료자의 동의없는 위와 같은 성충동 약물치료)가 성도착증 환자의 성폭력범죄의 재범을 억제하는 데 기여하는 적절한 수단

12) 제4조(치료명령의 청구) ① 검사는 사람에 대하여 성폭력범죄를 저지른 성도착증 환자로서 성폭력범죄를 다시 범할 위험성이 있다고 인정되는 19세 이상의 사람에 대하여 약물치료명령(이하 "치료명령"이라고 한다)을 법원에 청구할 수 있다.

13) 제8조(치료명령의 판결 등) ① 법원은 치료명령 청구가 이유 있다고 인정하는 때에는 15년의 범위에서 치료기간을 정하여 판결로 치료명령을 선고하여야 한다.

이라고 볼 수 있을지 의문이고, ② 성충동 약물치료는 형벌과 같이 범죄자에 대하여 책임을 묻고 비난을 가하기 위한 것이 아님에도, 심판대상조항들은 성도착증의 치료나 성폭력범죄의 재범 억제의 필요성과 효과가 인정되지 아니하는 경우에까지 성충동 약물치료가 이루어질 수 있도록 하는 것으로서 입법목적 달성에 필요한 범위를 넘는 과도한 제한을 규정하고 있으며, 또한 입법목적 달성을 위하여 충분히 가능하고 덜 침해적인 대체수단을 채택하지 아니하다는 점에서 침해의 최소성에 반하고, ③ 피치료자 1인당 1년에 약 5백만 원에 가까운 비용을 들여 최대 15년 동안 피치료자의 기본권에 대해 위에서 살핀 바와 같이 중요한 사익을 제한함으로써 달성할 수 있는 공익을 확신하기 어렵다면, 결국 심판대상조항들은 불확실한 공익 달성을 위하여 인간을 물화(物化)하는 것으로서 인간의 존엄과 가치에 반하여 법익의 균형성을 갖추지 못하였으므로 제4조 제1항 및 제8조 제1항 모두 위헌이라고 한다. 다수의견보다는 반대의견이 훨씬 더 설득력이 있다고 생각된다.

한편 다수의견이나 반대의견 모두 성충동약물치료가 보안처분이라고 하는 점에는 일치한다. 보호관찰로부터 신상공개, 전자감시 그리고 성충동약물치료까지 새로운 제재들의 정당화 근거로 제시되는 것이 이들 제재가 보안처분이고 보안처분에는 소급효금지와 같은 죄형법정주의의 원칙이 적용되지 않는다는 것이다.

그러나 성충동약물치료를 과연 보안처분이라고만 할 수 있는지 의문이다. 나아가 오늘날 형벌과 보안처분을 구별하는 것이 타당한지 의문이다. 형벌은 응보를, 보안처분은 특별예방을 목표로 한다는 19세기 말이나 20세기 초의 사고에서는 양자를 명백히 구분할 수 있을지도 모른다. 그러나 오늘날 형벌도 응보가 아니라 범죄인의 사회복귀를 이념으로 하고 있고, 보안처분의 운영실태를 보면 형벌과 구별이 되지도 않았다. 결국 형벌과 보안처분의 이원적 제재라는 개념 자체가 오늘날 타당성을 지닐 수 있는지 의문이다. 왜냐하면 피고인들에게 형벌과 같은 고통을 주지 않는 보안처분은 없기 때문에 보안처분도 형벌의 관점에서 파악하고 그에 대해 죄형법정주의적 통제를 가하는 것이 더 타당하다고 할 수 있다. 그리고 반대의견이 밝히고 있듯이 보안처분 중 치료감호라는 제도의 틀에서 도입, 운영하는 것이 훨씬 합리적이라고 생각된다.

형벌적 내용을 지닌 새로운 형사제제를 빨리 시행해보겠다는 정부의 조급증에 제동을 걸기보다는 이를 보안처분으로 파악하여 소급효금지원칙등 죄형법정주의원칙을 피해나갈 수 있도록 방조하는 대법원과 헌법재판소의 입장은 결코 바람직하지 않다고 할 수 있다. 언론에서는 성충동약물치료를 '화학적 거세'라고 칭하고 있는데, 새로운 형사제제의 도입에 대한 조급증은 머지 않아 범죄자엄벌의 여론을 등에 없고 '물리적 거세'의 도입까지 조급하게 추진할 가능성이 있기 때문이다.

Ⅳ. 대법원 판례

I. 담보로 제공한 임차권의 양도와 배임죄의 성립여부

- 대법원 2015. 3. 26. 선고 2015도1301 판결 -

1. 사실관계

피고인은 아울렛 의류매장의 운영과 관련하여 A로부터 투자를 받으면서 투자금반환채무의 변제를 위하여 의류매장에 관한 임차인 명의와 판매대금의 입금계좌 명의를 A 앞으로 변경해 주었다. 그럼에도 불구하고 이후 피고인은 K에게 의류매장에 관한 임차인의 지위 등 권리 일체를 양도하였다.

2. 판결요지

채무자가 투자금반환채무의 변제를 위하여 담보로 제공한 임차권 등의 권리를 그대로 유지할 계약상 의무가 있다고 하더라도, 이는 기본적으로 투자금반환채무의 변제의 방법에 관한 것이고, 성실한 이행에 의하여 채권자가 계약상 권리의 만족이라는 이익을 얻는다고 하여도 이를 가지고 통상의 계약에서의 이익대립관계를 넘어서 배임죄에서 말하는 신임관계에 기초하여 채권자의 재산을 보호 또는 관리하여야 하는 '타인의 사무'에 해당한다고 볼 수 없다.

3. 평석

대상판결은 채무자가 채무의 담보를 위하여 채권자에게 임차권이나 기타의 권리를 제공하였다가 이를 유지하지 아니하고 제3자에게 양도하였다고 하더라도 배임죄는 성립하지 않고 단순히 민사상의 채무불이행에 해당한다고 한 최초의 판결이라는 점에 의의가 있다.

대법원은 최근 동산의 이중양도[14]나 대물변제예약된 부동산의 이중양도[15]에서 매도인에게 제1양수인 또는 채권자의 재산의 보호 내지 관리 행위에 협력할 의무가 없다고 하는 이유로 배임죄의 성립을 부정하고 있다. 이는 민사사건의 형사화라는 현상을 막고, 비정상을 정상화하는 것으로서 긍정적으로 평가할 수 있다.

이 판결에서는 부동산의 이중양도와 유사한 문제도 있지만 명의신탁된 부동산을 신탁자가 임의처분한 경우와도 유사한 문제가 있다. 즉, 임차권의 명의신탁자인 피고인이 임차권의 수탁자인 A의 의사에 반하여 임차권을 양도한 경우도 문제될 수 있을 것이다. 그러나 임차권의 명의신탁에서는 부동산의 명의신탁에서와 달리 대내적 소유관계와 대외적 소유관계가 분리될 수는 없을 것이다. 또한 부동산 명의신탁에서 신탁자가 수탁자의 의사에 반하여 부동산을 처분한 경우에도

14) 대법원 2011. 1. 20 선고 2008도10479 전원합의체 판결.

15) 대법원 2014. 8. 21. 선고 2014도3363 전원합의체 판결.

횡령죄는 성립하지 않는다. 대내적인 관계에서는 신탁자에게 소유권이 인정되기 때문이다. 마찬가지의 원리를 적용한다면 임차권의 명의신탁에서 신탁자가 수탁자의 의사에 반하여 임차권을 처분한 경우에도 임차권이라는 권리에 대한 횡령으로서 배임죄의 성립여부 문제는 발생하지 않을 것이다.

결국 대상판결의 사건에서 임차권의 명의신탁자인 피고인은 명의신탁한 임차권의 처분행위나 임차권의 이중양도 어느 행위에 의해서도 배임죄의 죄책을 지지 않을 것이고, 이러한 의미에서 대상판결의 입장은 타당하다고 할 수 있다.

Ⅱ. 마약류 매매죄의 객체

- 대법원 2015.3.20. 선고 2014도16920 판결 -

1. 사실관계 및 재판의 경과

마약류취급업자가 아닌 피고인은 2011. 1. 24. 필로폰을 매매하였고(제1사실), 2011. 2. 중순경 부산, 경남 일원에서 A로부터 필로폰을 추가 매매해 달라는 부탁을 받고 그 대가로 200만 원을 송금받았으나 필로폰을 구하지 못하여 이를 제공하지 못하였다(제2사실).

2. 판결요지

필로폰을 매수하려는 자에게서 필로폰을 구해 달라는 부탁과 함께 돈을 지급받았다고 하더라도, 당시 필로폰을 소지 또는 입수한 상태에 있었거나 그것이 가능하였다는 등 매매행위에 근접·밀착한 상태에서 대금을 지급받은 것이 아니라 단순히 필로폰을 구해 달라는 부탁과 함께 대금 명목으로 돈을 지급받은 것에 불과한 경우에는 필로폰 매매행위의 실행의 착수에 이른 것이라고 볼 수 없다.

3. 평 석

마약류관리에 관한 법률은 마약류매매죄(제60조 제1항)와 미수범 처벌규정은 두고 있지만(제60조 제3항), 예비 · 음모를 처벌하는 규정은 두고 있지 않다. 따라서 마약류매매죄의 실행의 착수시기는 피고인의 처벌여부를 좌우하게 된다.

대상판결은 필로폰 매매행위의 실행의 착수에 대한 이전 판결의 입장[16)]을 재확인하고 있다. 일반적으로 매매죄는 매매계약의 체결시에 실행의 착수가 있고, 매매대상을 인도하고 대금을 수령할 때에 기수에 이른다고 할 수 있다. 이 사건에서 피고인은 필로폰의 매매계약을 체결하였고 대금도 수령하였으므로 적어도 필로폰매매죄의 미수에는 해당된다고 할 수도 있다. 그러나 대상판결은 필로폰매매죄의 실행의 착수를 인정하지 않고 있다.

대상판결의 입장을 마약류매매죄의 실행의 착수시기를 매매행위에 근접 · 밀착한 행위를 하는 시점으로 파악하는 것이라고 오해할 수도 있다. 그러나 대상판결은 마약류매매죄의 실행의 착수시기가 아닌 마약류매매죄의 객체에 관한 판결이라고 보아야 할 것이다. 즉, 마약류매매죄의 객체는 단순히 마약류가 아니라 '소지 또는 입수하였거나 소지 또는 입수가 근접 · 밀착한 상태에 있는 마약류'(이를 '자신의 지배하에 있는 마약류'라고 할 수도 있을 것이다)라고 하는 입장으로 해석할 수 있다. 이는 마치 인신매매죄(형법 제289조)의 객체가 모든 사람이 아니라 '자신의 실력적 지배하에 있는 사람'이라고 해석하는 것과 마찬가지이다. 예컨대 자신의 실력적 지배하에 있지 않은 사람을 매매하고 대금을 수령하거나 자신의 실력적 지배하에 있지 않은 사람을 자신의 실력적 지배하에 둔 후 넘겨주겠다고 하고 매매대금을 수령하였다고 하여 인신매매죄의 실행의 착수가 인정되는 것은 아니다.

이렇게 본다면 대상판결이 실행의 착수 여부를 언급하기보다는 차라리 마약류매매죄의 객체를 정면으로 언급하는 것이 훨씬 이해하

16) 대법원 2008. 5. 29. 선고 2008도2392 판결 등.

기 쉬웠을 것이다. 왜냐하면 대상판결의 '매매행위에 근접·밀착한 상태에서'라는 표현은 실행의 착수시기에 관한 실질적 객관설 중 밀접행위설을 취하는 인상을 줄 수 있기 때문이다.

Ⅲ. 공무집행방해죄에서 공무원의 범위

- 대법원 2015. 5. 29. 선고 2015도3430 판결 -

1. 사실관계

피고인은 국민권익위원회 운영지원과 소속 기간제근로자로서 청사 안전관리 및 민원인 안내 등의 사무를 담당한 A의 공무집행을 방해하였다는 이유로 기소되었다.

2. 판결요지

A는 국민권익위원회 위원장과 계약기간 1년의 근로계약을 체결한 점, 공무원으로 임용된 적이 없고 공무원연금이 아니라 국민연금에 가입되어 있는 점, 국민권익위원회 훈령으로 '무기계약근로자 및 기간제근로자 관리운용 규정'이 있으나 국민권익위원회 내부규정으로 그 내용도 채용, 근로조건 및 퇴직 등 인사에 관한 일반적인 사항을 정하는 것에 불과하고, 달리 A가 법령의 근거에 기하여 위 사무에 종사한 것이라고 볼 만한 자료가 없는 점 등 제반 사정에 비추어 A는 법령의 근거에 기하여 국가 등의 사무에 종사하는 형법상 공무원이라고 보기 어렵다.

3. 평 석

대상판결은 공무집행방해죄에서 공무원 개념을 '법령의 근거에 기하여 국가 등의 사무에 종사하는 자'라고 한 종래의 입장(대법원 1997. 3. 11. 선고 96도1258 판결 등)을 재확인하고, 공무집행방해죄에서 공무원에 해당하는지를 판단하기 위한 상세한 기준을 제시한 후 국민권익위원회 운영지원과 소속 기간제근로자는 공무집행방해죄에서 공무원에 해당되지 않는다고 한다.

형법은 공무원의 개념을 규정하지 않고 있기 때문에, 우선적으로는 국가공무원법이나 지방공무원법 등 공법상의 공무원 개념을 원용할 수밖에 없다.[17] 그러나 형법과 공법의 취지와 목적이 다를 수 있기 때문에 형법상의 공무원개념이 공법상의 공무원개념과 반드시 일치하는 것은 아니다.[18] 그리고 형법상독자적인 공무원 개념을 인정한다면 개별범죄에서의 공무원 개념을 달리 파악할 수 있을 것이다. 예컨대 뇌물죄에서는 일정한 사람을 공무원으로 보는 법률들이 있지만,[19] 이 사람들을 공무집행방해죄에서 공무원이라고까지 할 수는 없다.

또한 통설 및 판례는 뇌물죄에서 공무원에 대해 국가 또는 지방자치단체의 사무에 종사하는 자라도 환경미화원, 인부, 사환 등 그 노무의 내용이 단순한 기계적 · 육체적인 것에 한정되어 있는 자는 공무

17) 종래의 판례에 의하면, 세무수습행정원(대법원 1961. 12. 14. 선고 4294형상99 판결), 군대의 사병(대법원 1969. 9. 23. 선고 69도1214 판결), 집행관대리(대법원 1970. 5. 12. 선고 70도561 판결), 청원경찰관(대법원 1986.1.28. 선고 85도2448 판결), 파출소에서 근무하는 방범원(대법원 1991. 3. 27. 선고 90도2930 판결), 전투경찰순경(대판 1992. 8. 18. 선고 92도1244 판결), 국회의원이나 지방의회 의원(대법원 1997. 3. 11. 선고 96도1258 판결) 등과 같이 당시의 법률에 의해 공무원으로 규정된 사람은 공무원에 속하지만, 국민기초생활 보장법상 '자활근로자'로 선정되어 주민자치센터 사회복지담당 공무원의 복지도우미로 근무하던 사람(대법원 2011. 1. 27. 선고 2010도14484 판결)은 공무원에 포함되지 않는다.

18) 이 때문에 다수설과 판례(대법원 1978. 4. 25. 선고 77도3709 판결)는 행정기관에 준하는 공법인의 직원도 공무원에 속한다고 한다. 또한 도시계획에 관하여 시장 또는 구청장의 자문에 응하며, 당해 시 또는 구의 도시계획에 관한 사항을 심의하기 위하여 설치된 시 · 구도시계획위원회의 위원도 공무원에 속하고(대법원 1997. 6. 13. 선고 96도1703 판결), 공무원 임용이 무효라고 하더라도 임용행위라는 외관을 갖추어 실제로 공무를 수행한 사람은 뇌물죄에서 규정한 공무원으로 보아야 한다고 한다(대법원 2014. 3 .27. 선고 2013도11357 판결).

19) 대법원 2013. 11. 14 선고 2012도15254 판결; 대법원 2013. 6. 13 선고 2013도1685 판결 등 참조.

원에서 배제된다고 한다.[20] 그러나 이러한 원리가 공무집행방해죄에도 그대로 적용된다고 할 수 없을 것이다.

공무원의 직무범죄에서든 공무집행방해죄에서든 공무원이라는 개념은 피고인에게 불리한 개념이라고 할 수 있으므로 엄격하게 해석해야 한다. 따라서 공법인의 직원도 공무원에 포함된다고 하는 것은 형법해석의 엄격성원칙상 문제가 있다. 형법에서 피고인에게 불리한 개념인 경우에는 명백한 근거가 있는 경우에만 그 개념을 인정해야 하고 명백한 근거는 없고 어느 정도의 근거만이 있는 경우에는 그 개념을 인정하지 말아야 한다. 따라서 공무원이라고 볼 수 있는 명백한 근거가 없는 피해자를 공무원이 아니라고 본 대상판결의 입장은 타당하다고 할 수 있다.

[주 제 어]
살인의 고의, 내란선동, 내란음모, 흉기등휴대 폭력범죄, 성충동 약물치료, 성범죄자 신상등록

[Key Words]
the intentionality of murder, the incitement of rebellion, the contempt of rebellion, the medicine treatment of sex offenders, the registration of sex offenders

접수일자: 2016. 5. 1. 심사일자: 2016. 5. 31. 게재확정일자: 2016. 6. 3.

---

20) 대법원 1997. 6. 13. 선고 96도1703 판결; 대법원 2012. 8. 23. 선고 2011도12639 판결 등.

[Abstract]

The Reviews of the Criminal Cases of the Korean Supreme Court and Korean Constitutional Court in 2015

OH, Young Keun*

In the year of 2015, 219 criminal cases by the Korean Supreme Court(KSC) are registered on the internet homepage of the Court. 3 criminal law cases of which are decided by the Grand Panel. In this paper, these three cases and several cases are reviewed which seem to be comparatively important. In addition, are reviewed some cases by Korean Constitutional Court which review the constitutionality of some criminal provisions such as violence with weapon or dangerous thing.

All the reviews are constituted as follows : 1. The Fact of the Case, 2. The Summary of Decision and 3. The Note.

The contents of this paper is as follows;

I. Introduction

II. The Judgements of the Grand Panel of the Korean Supreme Court

In this chapter, 3 cases of the Grand Panel of the KSC are reviewed.

III. The Decisions of the Korean Constitutional Court

In this chapter, 3 cases on the constitutionality of the criminal provisions are reviewed. The subject of the cases are the violence crime with a weapon or a dangerous thing, sex offender registration and the medicine treatment of sex offenders.

IV. Several Judgements of The Korean Supreme Court

* Prof. Dr.. School of Law, Hanyang University.

In this chapter, 3 cases are reviewed. The subjects of the cases are such as the breach of trust, the concept of the drug, the concept of the public service man and etc.

刑事判例研究 總目次
(1권~24권)

[刑事判例研究(1)]

[刑事判例硏究(2)]

[刑事判例硏究(4)]

[刑事判例研究(5)]

[刑事判例硏究(6)]

[刑事判例硏究(10)]

[刑事判例研究(11)]

[刑事判例研究(12)]

[刑事判例研究(15)]

[刑事判例研究(16)]

[刑事判例研究(17)]

[刑事判例研究(19)]

[刑事判例硏究(20)]

[刑事判例研究(21)]

[刑事判例研究(22)]

[刑事判例硏究(23)]

[刑事判例硏究(24)]

한국형사판례연구회 2015년도 발표회

○ 제271회 형사판례연구회(2015.01.05)

강우예 교수: 위증죄 성립에 있어 증언거부권 미고지의 성격과 의미

안성수 검사: 내부스캘퍼의 거래와 자본시장법 위반

○ 제272회 형사판례연구회(2015.02.02)

백원기 교수: 횡령죄의 본질과 불가벌적 사후행위에 관한 비판적 고찰

오영근 교수: 2014년도 형법판례 회고

○ 제273회 형사판례연구회(2015.03.02)

장영민 교수: 미필적 고의에 의한 약간의 고찰

김영기 검사: 자본시장 불공정행위의 죄수와 부당이득 산정
－대법원 2011. 10. 27. 선고 2011도8109 판결을 중심으로－

○ 제274회 형사판례연구회(2015.04.06)

이경재 교수: 强制醜行罪를 둘러싼 몇 가지 문제점

김혜경 교수: 진정부작위범의 법리적 구성

○ 제275회 형사판례연구회(2015.05.09－10)

<한국형사판례연구회 · 한국형사소송법학회 · 형사법제전문검사커뮤니티 공동학술회의>

한상훈 교수: 입찰방해와 사기죄, 컴퓨터등사용사기죄의 성부
김성룡 교수: 법 이론과 실무에 던지는 물음, '법학의 학문성'
김태업 판사: 형사소송법 제314조에 따라 증거능력을 인정하기 위한 요건
전승수 검사: 압수수색상 관련성의 실무상 문제점

○ 제276회 형사판례연구회(2015.06.08)
김영환 교수: 고의와 법률의 부지의 구별
－대법원 2014. 11. 27. 선고 2013도15164 판결과 관련하여－
조　국 교수: 독수과실의 원리 보론(補論)

○ 제277회 형사판례연구회(2015.07.06)
김종구 교수: 사실상 인과관계 및 법적 인과관계와 객관적 귀속
홍승희 교수: 인터넷링크행위와 저작권침해
－대법원 2015. 3. 12. 선고 2012도13748 판결－

○ 제278회 형사판례연구회(2015.09.07)
류전철 교수: 배임죄에서 '타인의 사무'의 해석과 민사법리의 관계
우인성 판사: 명의신탁 부동산의 처분과 재산범죄의 성립 여부

○ 제279회 형사판례연구회(2015.10.05)
손동권 교수: 배임 경영자에게 적용되는 업무상 배임죄의 구성요건요소로서의 재산상 손해와 이익(이득액)
이창섭 교수: '아동·청소년이용음란물'의 개념 및 판단기준

○ 제280회 형사판례연구회(2015.11.02)
조병선 교수: 의무범과 행위자의 특정

－우리나라 대형사고 판례의 '행위자의 특정'을
중심으로－

전승수 검사: 디지털 증거 압수절차의 적정성 문제
－피압수자 참여 범위 및 영장 무관정보의 압수를
중심으로－

○ 제281회 형사판례연구회(2015.12.07)

최병각 교수: 사후적 경합범에 대한 고찰

한국형사판례연구회 회칙

1997. 11. 03. 제정
2006. 12. 04. 개정
2007. 12. 10. 개정
2011. 12. 05. 개정
2013. 12. 02. 개정

제 1 장 총 칙

제 1 조 [명칭]
본회는 한국형사판례연구회(이하 '본회'라 함)라 한다.

제 2 조 [주소지]
본회는 서울특별시에 주소지를 둔다.

제 3 조 [목적]
본회는 형사판례를 연구하고 회원 상호간의 의견교환을 장려·촉진·지원함으로써 형사법학 및 형사판례의 발전을 도모함을 목적으로 한다.

제 4 조 [사업]
본회는 전조의 목적을 달성하기 위하여 다음의 사업을 한다.

1. 형사판례연구
2. 월례연구발표회 및 토론회 개최
3. 학술지 '형사판례연구' 및 기타 간행물의 발간
4. 기타 본회의 목적에 적합한 사업

제 2 장 회 원

제 5 조 [회원]
본회의 회원은 본회의 목적에 찬동하는 자로서, 다음 각 호에 따라 구성한다.

1. 정회원은 판사, 검사, 변호사, 대학의 전임강사 이상의 자, 박사학위 소지자 기타 이와 동등한 자격을 갖추었다고 인정되는 자로서 정회원 3인 이상의 추천과 이사회의 승인을 얻은 자로 한다.
2. 준회원은 대학원 박사과정 이상의 연구기관에서 형사법학 및 유관분야를 연구하는 자로서 정회원 1인 이상의 추천과 이사회의 승인을 얻은 자로 한다.
3. 기관회원은 대학도서관 기타 형사법학을 연구하는 유관기관으로 정회원 3인 이상의 추천과 이사회의 승인을 얻은 기관으로 한다.

제 6 조 [권리의무]

회원은 본회의 각종 사업에 참여할 수 있는 권리를 가지며 회칙준수, 총회와 이사회 의결사항의 이행 및 회비납부의 의무를 진다.

제 7 조 [자격상실]

회원 중 본회의 목적에 위배되거나 품위를 손상시키는 행위를 한 자는 이사회의 결의에 의하여 제명할 수 있다.

제 3 장 총 회

제 8 조 [종류와 소집]

① 총회는 정기총회와 임시총회로 하고, 회장이 이를 소집한다.

② 정기총회는 매년 하반기 중에 소집함을 원칙으로 한다.

③ 임시총회는 회장이 필요하다고 인정하거나, 이사회의 의결이 있거나, 재적회원 2/5 이상의 요구가 있을 때에 소집한다.

④ 총회의 소집은 적어도 회의 7일 전에 회의의 목적을 명시하여 회원들에게 통지하여야 한다. 다만 긴급하다고 인정되는 사유가 있는 때에는 예외로 한다.

제 9 조 [권한]

총회의 의결사항은 다음과 같다.

1. 회칙의 제정 및 개정에 관한 사항

2. 회장·부회장 및 감사의 선임에 관한 사항
3. 예산 및 결산의 승인에 관한 사항
4. 기타 회장이 이사회의 의결을 거쳐 회부한 사항

제10조 [의결]

총회의 의결은 출석회원 과반수의 찬성으로 한다.

제4장 이 사 회

제11조 [구성 및 소집]

① 이사회는 회장, 부회장 및 이사로 구성한다.
② 회장·부회장은 당연직 이사로서, 각각 이사회의 의장·부의장이 된다.
③ 이사회는 회장이 필요하다고 인정하거나 이사 3인 이상의 요구가 있을 때에 회장이 소집한다.

제12조 [권한]

이사회는 다음 사항을 심의·의결한다.

1. 사업계획에 관한 사항
2. 재산의 취득·관리·처분에 관한 사항
3. 총회의 소집과 총회에 회부할 의안에 관한 사항
4. 총회가 위임한 사항
5. 기타 회장이 회부한 본회 운영에 관한 중요사항

제13조 [의결]

이사회의 의결은 재적이사 과반수의 출석과 출석이사 과반수의 찬성으로 한다.

제14조 [상임이사회]

① 회장은 이사회의 효과적인 운영을 위하여 이사 중에서 총무, 연구, 연구윤리, 출판, 섭외, 재무, 법제, 홍보의 업무를 전담할 상임이사를 위촉할 수 있다.
② 상임이사회는 회장, 부회장, 상임이사로 구성한다.
③ 회장은 상임이사회를 소집하고 그 의장이 된다.

④ 이사회는 필요하다고 인정되는 경우에는 그 권한을 상임이사회에 위임할 수 있으며, 회장은 긴급하다고 인정되는 사유가 있는 경우에는 이사회의 권한을 상임이사회로 하여금 대행하게 할 수 있다.
⑤ 상임이사회의 의결은 재적상임이사 과반수의 출석과 출석상임이사 과반수의 찬성에 의한다.

제5장 임 원

제15조 [종류]
본회에 다음의 임원을 둔다.
1. 회장 1인
2. 부회장 4인
3. 이사 5인 이상 40인 이내
4. 감사 2인

제16조 [임원의 선임]
① 회장은 부회장 및 상임이사 중에서 이사회의 추천을 받아 총회에서 선임한다.
② 부회장은 이사 중에서 이사회의 추천을 받아 총회에서 선임한다.
③ 이사는 회장의 추천을 받아 총회에서 선임한다.
④ 감사는 이사회의 추천을 받아 총회에서 선임한다.

제17조 [임원의 직무]
① 회장은 본회를 대표하고 회무 전반을 관장한다.
② 부회장은 회장을 보좌하고, 회장 유고시에 그 직무를 대행한다.
③ 이사는 이사회의 구성원으로서 중요 회무를 심의·의결한다.
④ 감사는 본회의 사업과 회계를 감사하여 정기총회에 보고한다.

제18조 [임원의 임기]
① 임원의 임기는 2년으로 하되 중임할 수 있다.
② 임원이 궐위된 때의 후임자의 임기는 전임자의 잔임기간으로 한다.

제19조 [고문]
① 본회의 발전을 위하여 약간 명의 고문을 둘 수 있다.

② 고문은 이사회의 의결을 거쳐 회장이 위촉한다.

제20조 [간사]

① 회장의 명을 받아 회무를 처리하기 위하여 간사 약간 명을 둘 수 있다.

② 간사는 회장이 임명한다.

제21조 [위원회]

① 본회에 편집위원회와 연구윤리위원회를 둔다.

② 본회 사업의 효율적인 추진을 위하여 이사회의 의결을 거쳐 필요한 분과위원회를 둘 수 있다.

제 6 장 재 무

제22조 [재정]

① 이 회의 재정은 회원의 회비, 기부금, 보조금 및 기타 수입으로 한다.

② 회비의 액수는 이사회가 정한다.

제23조 [예산과 결산]

재정에 관한 수입과 지출은 매년도마다 예산으로 편성하여 총회의 결의를 얻어야 하고 결산은 다음 연도 총회에 보고하여야 한다.

부칙(1997. 11. 03)

제 1 조

발기인 및 발기인 3인 이상의 추천을 받아 이 회의 회원이 되기를 승낙한 자는 제 5 조 제 2 항의 규정에 불구하고 회원이 된다.

부칙(2006. 12. 04)

제 1 조 [시행일]

이 회칙은 이사회의 승인이 있은 날부터 시행한다.

부칙(2007. 12. 10)

제 1 조 [시행일]
이 회칙은 이사회의 승인이 있은 날부터 시행한다.

부칙 (2011. 12. 05.)

제1조 [시행일]
이 회칙은 이사회의 승인이 있은 날부터 시행한다.

부칙 (2013. 12. 02.)

제1조 [시행일]
이 회칙은 이사회의 승인이 있은 날부터 시행한다.

한국형사판례연구회 편집위원회 규정

1997. 11. 03. 제정

2006. 12. 04. 개정

2007. 12. 10. 개정

2013. 12. 02. 개정

제 1 조 [목적]

이 규정은 한국형사판례연구회(이하 '본회'라 함) 회칙 제 4 조 제 3 호에 규정된 학술지 기타 간행물의 발간을 위한 편집위원회(이하 '위원회'라 함)의 구성과 운영에 관한 사항을 정함을 목적으로 한다.

제 2 조 [구성]

위원회는 편집위원장을 포함한 10인 이내의 편집위원으로 구성한다.

제 3 조 [편집위원의 선임 및 임기]

① 편집위원장은 본회의 출판담당 상임이사로 한다.

② 편집위원은 본회의 회원 중에서 이사회가 선임한다.

③ 편집위원의 임기는 2년으로 하되, 연임할 수 있다.

제 4 조 [업무]

위원회의 주요업무는 다음 각 호와 같다.

1. 본회의 학술지 '형사판례연구'의 편집 및 출판
2. '형사판례연구' 원고의 접수 및 게재여부 심사
3. 기타 간행물의 편집 및 출판
4. 편집위원회의 업무와 관련된 지침의 제정

제 5 조 [운영]

① 이 위원회는 위원장 또는 편집위원 과반수의 요구가 있는 경우에 위원장이 소집한다.

② 이 위원회의 의결은 편집위원 과반수의 출석과 출석위원 과반수의

찬성에 의한다.

③ 편집위원장은 위원회의 업무를 효율적으로 수행하기 위하여 편집간사를 둘 수 있다.

제 6 조 [투고원고의 심사]

① 위원회는 '형사판례연구' 기타 간행물에 투고된 원고를 심사하여 그 게재여부를 의결한다.

② 위원회는 '형사판례연구'에 투고되는 원고의 작성 및 문헌인용방법, 투고절차 등에 관한 지침(투고지침)을 제정할 수 있다.

③ 위원회는 '형사판례연구'에 투고된 원고의 심사기준 및 절차에 관한 지침(심사지침)을 제정할 수 있다.

④ 제1항의 원고 게재여부에 관한 의결은 '可', '否', '수정후 재심의'로 나눈다.

⑤ '수정후 재심의'로 의결된 원고가 수정·투고된 때에는 위원회는 그 재심의를 위원장 또는 약간 명의 위원에게 위임할 수 있고, 재심의의 결정은 '可' 또는 '否'로 한다.

제 7 조 [형사판례연구의 발간]

① '형사판례연구'는 연 1회 발간하며, 발간일자는 매년 6월 30일로 한다.

② 학술대회 발표논문 기타 학회에서 개최하는 학술발표회에서 발표된 논문은 '형사판례연구'의 별책으로 발간할 수 있다.

제 8 조 [개정]

이 규정의 개정은 이사회의 승인을 받아야 한다.

부칙(2006. 12. 04)

제 1 조 [시행일]

이 규정은 이사회의 승인이 있은 날부터 시행한다.

부칙 (2007. 12. 10)

제 1 조 [시행일]
이 규정은 이사회의 승인이 있은 날부터 시행한다.

부칙 (2013. 12. 02)

제 1 조 [시행일]
이 규정은 이사회의 승인이 있은 날부터 시행한다.

한국형사판례연구회 심사지침

2006. 12. 04. 제정

2007. 12. 10. 개정

제 1 조 [목적]

이 지침은 한국형사판례연구회 편집위원회 규정 제 6 조 제 3 항에 규정된 '형사판례연구' 투고원고에 대한 심사기준 및 절차에 관한 지침을 정함을 목적으로 한다.

제 2 조 [원고모집의 공고]

① 편집위원장은 매년 1월 중에 각 회원에게 전자우편으로 '형사판례연구'에 대한 원고를 모집하는 공문을 발송하고, 본 학회 홈페이시(http://www.kaccs.com)에 원고모집에 관한 사항을 게시한다.

② 원고모집을 공고함에 있어서는 투고절차, 논문작성 및 문헌인용방법, 심사기준 및 절차에 관한 기본적인 사항을 고지하여야 한다.

제 3 조 [원고접수]

① 편집간사는 원고를 접수하고, 각 투고자에게 전화 또는 전자우편으로 접수결과를 통보한다.

② 편집간사는 투고자의 인적사항, 논문제목, 접수일자, 분량 등을 기재한 접수결과표를 작성하여 투고원고를 편집위원장에게 송부한다.

③ 편집위원장은 투고원고가 편집위원회가 정한 투고지침에 현저히 위배된다고 판단하는 경우에는 투고자에게 수정을 요구할 수 있다.

제 4 조 [심사위원의 선정 및 심사원고 송부]

① 편집위원장은 각 투고원고에 대해 3인의 심사위원을 선정하고, 각 심사위원에게 심사기한을 정하여 심사원고를 송부한다.

② 심사위원을 선정함에 있어서는 해당분야에 대한 심사위원의 전문성을 고려하고 심사의 공정성을 기할 수 있도록 유의한다.

③ 심사원고에는 투고자의 인적사항이 기재되어서는 안 되며, 이미 기재되어 있는 경우에는 그 내용 가운데 인적 사항을 추론할 수 있

는 부분을 삭제한다.

제 5 조 [투고원고에 대한 심사]

① 심사위원은 투고원고를 심사하고 심사평가서를 작성하여 심사기간 내에 이를 편집위원장에게 송부한다.

② 심사위원은 투고원고를 심사함에 있어서는 다음의 각 호의 사항을 기준으로 한다.

1. 일반연구의 논문의 경우에는 주제의 창의성, 연구방법의 적절성, 내용의 완결성, 논문작성 및 문헌인용방법의 정확성, 연구결과의 학문적 기여도
2. 번역논문의 경우에는 번역의 필요성, 번역의 정확성 및 학문적 기여도

제 6 조 [투고원고에 대한 게재여부의 결정]

① 편집위원장은 심사위원의 심사평가가 완료된 후 투고원고에 대한 게재여부의 결정을 위한 편집회의를 개최한다.

② 편집위원장은 심사결과표를 작성하여 편집회의에 보고하고, 편집회의에서는 이를 토대로 게재여부를 결정한다. 다만 투고원고의 게재여부에 대한 최종결정이 있을 때까지 투고자 및 심사위원의 인적사항이 공개되지 않도록 유의하여야 한다.

③ 투고원고에 대한 게재여부의 결정은 다음 각 호의 기준에 의한다.

1. 3인의 심사위원 모두 게재 '可' 의견을 내거나, 2인의 심사위원이 게재 '可' 그리고 1인이 '수정후 재심의' 의견을 낸 때에는 게재 '可'로 결정한다. 다만 수정을 조건으로 할 수 있다.
2. 1인의 심사위원이 게재 '可' 의견을 내고 2인이 '수정후 재심의' 의견을 내거나 3인의 심사위원이 모두 '수정후 재심의' 의견을 낸 때에는 '수정후 재심의' 결정을 한다.
3. 투고원고에 대한 심사결과 심사위원 중 1인 이상이 게재 '否' 의견을 낸 경우에는 게재하지 아니한다. 다만 2인이 게재 '可' 의견을 내고 1인이 게재 '否' 의견을 낸 때에는 '수정후 재심의' 결정을 할 수 있다.

④ 수정원고에 대한 심사는 편집위원회 규정 제6조 제4항에 따라 편집위원장이 직접 또는 약간 명의 심사위원에게 위임하여 게재 '可' 또는 '否'로 결정한다. 다만 '수정후 재심의'결정된 원고에 대하여 투고자가 수정을 거부한 경우에는 '否'로 결정한다.

⑤ 편집위원장은 게재결정이 내려진 투고원고가 타인의 원고를 표절한 것이거나 이미 다른 학술지에 게재한 사실이 있는 것으로 밝혀진 때에는 게재결정을 취소한다.

제 7 조 [심사결과의 통보, 이의신청]

① 편집위원장은 편집회의 후 즉시 각 투고자에게 결정결과 및 이유 그리고 사후절차를 내용으로 하는 공문을 발송한다.

② 게재 '否' 결정을 받은 투고자는 편집위원장에게 이의신청을 할 수 있으며, 편집위원장은 이의신청에 대해서 인용 또는 기각여부를 결정한다.

③ 편집위원장이 이의신청에 대해 인용결정을 한 때에는 심사위원을 다시 선정하고 심사를 의뢰하여 그 결과에 따라 게재 '可' 또는 '否' 결정을 한다.

제 8 조 [최종원고의 제출, 교정 및 편집]

① 게재 '可'의 결정을 통보받은 투고자는 정해진 기간 내에 최종원고를 작성하여 편집간사에게 제출한다.

② 최종원고에 대한 교정 및 편집에 관한 사항은 편집위원장이 결정하며, 필요한 때에는 교정쇄를 투고자에게 송부하여 교정을 하게 할 수 있다.

제 9 조 [논문게재예정증명서의 발급]

편집위원장은 '형사판례연구'의 발행 이전에 최종적으로 게재가 결정된 원고에 대하여 투고자의 신청이 있는 경우에는 '논문게재예정증명서'를 발급한다.

제10조 ['형사판례연구' 게재논문의 전자출판]

'형사판례연구'에 게재된 논문의 전자출판과 관련된 사항은 편집위원회의 결정에 따른다.

부칙(2006. 12. 04)

제 1 조 [시행일]
이 지침은 '형사판례연구' 제15권 발행시부터 적용한다.

부칙(2007. 12. 10)

제1조 [시행일]
이 지침은 '형사판례연구' 제16권 발행시부터 적용한다.

한국형사판례연구회 투고지침

2006.12.04. 제정

2007.12.10. 개정

2011.12.05. 개정

제 1 조 [목적]

이 지침은 한국형사판례연구회 편집위원회 규정 제 6 조 제 2 항에 규정된 '형사판례연구' 투고원고에 대한 논문작성, 문헌인용방법 및 투고절차에 관한 사항을 정함을 목적으로 한다.

제 2 조 [논문제출]

① 투고원고는 다른 학술지에 발표되지 않은 것으로서 형법, 형사소송법 및 행형법 등 형사법 분야에 관한 것이어야 한다.

② 투고자는 원고마감기한 내에 투고신청서와 함께 원고파일 및 심사용 출력원고 3부를 편집간사에게 직접 또는 등기우편으로 제출한다. 다만 심사용 출력원고에는 필자가 누구임을 알 수 있는 사항(성명, 소속, 직위, 연구비지원 등)이 기재되어서는 안 된다.

③ 원고파일은 한글 프로그램으로 다음 각 호의 형식에 따라 작성하여 플로피디스켓 또는 전자우편으로 제출한다.

1. 용지종류 및 여백 : A4, 위쪽 35mm, 오른쪽 및 왼쪽 30mm, 아래쪽 30mm
2. 글자모양 및 크기 : 휴먼명조체 11포인트(단 각주는 10포인트)
3. 줄간격 : 160%

④ 투고원고의 분량은 원고지 120매 이하를 원칙으로 하며 이를 초과하는 경우 초과게재료를 납부하여야 한다.

⑤ 투고원고가 이 지침에 현저히 위반되는 경우 편집간사는 투고자에게 수정을 요구할 수 있다.

⑥ 편집간사는 투고원고의 접수결과를 편집위원장에게 보고하고, 투고자에게 전화 또는 전자우편으로 접수결과를 통보한다.

제 3 조 [논문작성방법]

① 투고원고의 작성에 있어서는 편집위원회 규정 및 이 지침에 규정된 사항을 준수하여야 한다.

② 투고원고는 다음 각 호의 내용으로 구성되어야 한다.

1. 제목(한글 및 외국어)
2. 저자명, 소속기관(한글 및 외국어). 저자(공동저자 포함)의 소속 기관은 각주 형태로 표기한다.
3. 목차
4. 본문(항목번호는 Ⅰ, 1, (1), 가, ①, A의 순서로 함)
5. 주제어(5단어 내외의 한글 및 외국어)
6. 초록(500단어 내외의 외국어)

③ 투고원고의 내용은 원칙적으로 국문으로 작성되어야 한다. 다만 외국인의 원고 기타 논문의 특성상 외국어로 작성되어야 하는 것은 외국어로 작성할 수 있으나 국문으로 된 번역문을 첨부하여야 한다.

④ 제 2 항 각 호의 외국어는 영어, 독일어, 프랑스어, 중국어, 일본어 중의 하나로 작성한다.

⑤ 저자가 2인 이상인 경우에는 책임저자와 공동저자의 구분을 명시하여야 한다.

제 4 조 [논문작성시 유의사항]

투고원고를 작성함에 있어서는 다음 각 호의 사항에 유의하여야 한다.

1. 국내외의 문헌을 인용함에 있어서는 최신의 문헌까지 인용하되 가급적 교과서 범주를 넘어서 학술논문 수준의 문헌을 인용하고, 교과서의 경우에는 출판연도와 함께 판수를 정확하게 기재한다.
2. 외국법에 관한 논문이 아닌 한 국내의 학술논문을 인용하여 국내 학설의 현황을 파악할 수 있도록 하고, 외국문헌은 필요한 한도 내에서 인용한다.
3. 이론이나 학설을 소개하는 경우 일부 문헌만을 근거로 삼지 않고 될수록 많은 문헌을 인용하여 다수설 및 소수설의 평가가 정확

히 되도록 유의한다.

4. 기존의 학설을 비판하거나 새로운 학설을 주장하는 경우 그 근거되는 논의상황이 국내의 상황인지 또는 외국의 상황인지를 명확하게 구별하고, 자신의 주장이 해석론인지 형사정책적 제안인지도 분명히 제시한다.
5. 원고는 원칙적으로 한글로 작성하며 한자와 외국어는 혼동이 생길 수 있는 경우에만 괄호 안에 넣어서 표기한다.
6. 외국의 논문이 번역에 가깝게 게재논문의 기초가 되어서는 안 된다.

제 5 조 [문헌인용의 방법]

다른 문헌의 내용을 인용하는 경우에는 다음 각 호의 방식에 의하고, 각주에서 그 출처를 밝혀야 한다.

1. 인용되는 내용이 많은 경우에는 별도의 문단으로 인용하고, 본문과 구별되도록 인용문단 위와 아래를 한 줄씩 띄우고 글자크기를 10포인트 그리고 양쪽 여백을 4ch(칸)으로 설정한다.
2. 인용되는 내용이 많지 않은 경우에는 인용부호(“ ”)를 사용하여 표시한다.
3. 인용문의 내용 중 일부를 생략하는 경우에는 생략부호(…)를 사용하고, 내용을 변경하는 경우에는 변경표시([ ])를 하여야 한다.
4. 인용문의 일부를 강조하고자 할 때에는 국문은 밑줄을 쳐서 표시하고 영문은 이탤릭체를 사용한다.

제 6 조 [각주의 내용]

① 각주에서는 원칙적으로 한글을 사용하여야 하고, 인용되는 문헌이 외국문헌인 경우에도 저자명, 논문제목, 서명 또는 잡지명, 발행지, 출판사 등과 같은 고유명사를 제외한 나머지는 한글로 표기한다. 특히 See, Cf, Ibid, Supra, Hereinafter, et al, etc, Vgl, Dazu, Siehe, a.a.O., f(ff), usw 등과 같이 외국어로 된 지시어는 사용하지 않는다.

② 인용문헌이 여러 개인 경우에는 각각의 문헌 사이에 세미콜론(;)을 표기하여 구분한다.

③ 문헌을 재인용하는 경우에는 원래의 문헌을 표시한 후 괄호 안에

참조한 문헌을 기재한 후 '재인용'이라고 표시한다.

④ 제1항 내지 제3항 및 제7조 내지 제11조에 규정된 이외의 사항에 대하여는 한국법학교수협의회에서 결정한 「논문작성 및 문헌인용에 관한 표준(2000)」에 따른다.

제 7 조 [인용문헌의 표시]

① 인용되는 문헌이 단행본인 경우에는 저자, 서명, 판수, 발행지 : 출판사, 출판연도, 면수의 순서로 기재한다. 다만 발행지와 출판사는 생략할 수 있다.

② 인용되는 문헌이 논문인 경우에는 저자, 논문제목, 서명(잡지인 경우에는 잡지명, 권수 호수), 발행지 : 출판사, 출판연월, 면수의 순서로 기재한다. 다만 발행지와 출판사는 생략할 수 있고, 월간지의 경우에는 권수와 호수 및 출판년도 대신에 '○○○○년 ○월호'로 기재할 수 있다. 그리고 논문 제목은 동양문헌인 때에는 인용부호(" ")안에 기재하고, 서양문헌인 때에는 별도의 표시 없이 이탤릭체로 표기한다.

예) 김종서, "현행 지방자치관계법의 비판적 검토", 인권과 정의 1992년 3월호, 99쪽.

③ 서명 및 잡지명은 그 명칭의 전부를 기재하여야 한다. 다만 외국문헌의 경우 처음에는 그 전부를 표기하고 이후부터는 약어로 기재할 수 있다.

④ 저자가 두 명인 경우에는 저자명 사이에 가운데점(·)을 표시하고, 세 명 이상인 경우에는 대표 저자만을 표기한 후 '외(外)'라고 기재한다.

⑤ 인용문헌이 편집물인 경우에는 저자명 뒤에 '편(編)'이라고 기재한다.

⑥ 인용문헌이 번역물인 경우에는 저자명 뒤에 사선(/)을 긋고, 번역자의 이름을 기입한 뒤 '역(譯)'이라고 기재한다.

예) Karl Larenz·Claus-Wilhelm Canaris/허일태 역, 법학방법론, 2000, 120쪽.

⑦ 기념논문집, 공청회자료집 등은 서명 다음에 콜론(:)을 표시하고 그 내용을 표시한다.

예) 현대형사법의 쟁점과 과제 : 동암 이형국 교수 화갑기념논문집

제 8 조 [판례의 표시]

① 판례는 선고법원, 선고연월일, 사건번호 및 출처의 순서로 개재하되, 출처는 괄호 안에 표기한다.

예) 대법원 1996. 4. 26. 선고 96다1078 판결(공 1996상, 1708), 대전고법 2000. 11. 10. 선고 2000노473 판결(하집 2000(2), 652)

② 판례의 출처는 다음 각 호와 같이 약어를 사용하여 표시한다.

1. 법원공보(또는 판례공보) 1987년 125면 이하 → 공 1987, 125
2. 대법원판례집 제11권 2집 형사편 29면 이하 → 집11(2), 형 29
3. 고등법원판례집 1970년 형사·특별편 20면 이하 → 고집 1970, 형특 20
4. 하급심판결집 1984년 제 2 권 229면 → 하집 1984(2), 229
5. 판례카드 3675번 → 카 3675
6. 헌법재판소판례집 제5권 2집 14면 이하 → 헌집5(2), 14
7. 헌법재판소공보 제3호 255면 → 헌공3, 255
8. 판례총람 형법 338조 5번 → 총람 형338, 5

③ 외국판례는 당해 국가에서 일반적으로 사용되는 표기방법에 따른다.

제 9 조 [법령의 표시]

① 법령은 공식명칭을 사용하여야 하며, 띄어쓰기를 하지 않고 모두 붙여 쓴다.

② 법령의 이름이 긴 경우에는 '[이하 ○○○이라고 한다]'고 표시한 후 일반적으로 사용되는 약칭을 사용할 수 있다.

예) 성폭력범죄의처벌및피해자보호등에관한법률[이하 성폭력특별법이라고 한다]

③ 법령의 조항은 '제○조 제○항 제○호'의 방식으로 기재하며, 필요한 경우에는 본문, 단서, 전문 또는 후문을 특정하여야 한다.

④ 법령이 개정 또는 폐지된 때에는 그 연월일 및 법령 호수를 기재하여야 한다.

예) 형사소송법(1995. 12. 29. 법률 제5054호로 개정되고 1997. 12.

13. 법률 제5435호로 개정되기 이전의 것) 제201조의2 제1항

⑤ 외국의 법령은 당해 국가에서 일반적으로 사용되는 표기방법에 따른다.

제10조 [기타 자료의 표시]

① 신문에 실린 자료는 작성자와 기사명이 있는 경우 저자명, "제목", 신문명, 연월일자, 면을 표시하고, 작성자와 기사명이 없는 경우에는 신문명, 연월일, 면을 표시한다.

예) 박상기, "부동산 명의신탁과 횡령죄", 법률신문, 1997. 10. 27, 14쪽.

② 인터넷 자료는 저자명, "자료명", URL, 검색일자를 표시한다.

예) 박영도 외, "법률문화 및 법률용어에 관한 국민여론 조사", http://www.klri.re.kr/LIBRARY/library.html, 2002. 6. 1.검색.

제11조 [동일한 문헌의 인용표시]

① 앞의 각주에서 제시된 문헌을 다시 인용할 경우에는 저자명, 주 ○)의 글(또는 책), 면의 순서로 표기한다.

② 바로 앞의 각주에서 인용된 문헌을 다시 인용하는 경우에는 앞의 글(또는 앞의 책), 면의 순서로 표기한다.

③ 하나의 각주에서 동일한 문헌을 다시 인용할 경우는 같은 글(또는 같은 책), 면의 순서로 표기한다.

제12조 [표 및 그림의 표시]

표와 그림은 <표 1>, <그림 1>의 방식으로 일련번호와 제목을 표시하고, 표와 그림의 왼쪽 아랫부분에 그 출처를 명시하여야 한다.

제13조 [편집위원회의 결정통보 및 수정원고 제출]

① 편집위원회는 투고원고에 대한 심사위원의 평가가 완료된 후 편집회의를 개최하여 투고원고에 대한 게재여부를 결정하고 투고자에게 그 결과를 서면 또는 전자우편으로 통지한다.

② 편집위원회가 투고원고에 대하여 '수정후 재심의' 결정을 한 경우 투고자는 정해진 기간 내에 수정원고를 제출하여야 한다.

제14조 [학회비 및 게재료 납부]

① 편집위원회에 의해 게재결정된 투고원고는 투고자가 당해 연도 회

비를 납부한 경우에 한하여 학회지에 게재될 수 있다.

② 편집위원회에 의해 게재결정된 투고원고의 투고자는 다음 각 호의 구분에 의하여 게재료를 납부하여야 한다.

1. 교수 및 실무가: 편당 20만원
2. 강사 기타: 편당 10만원

③ 투고원고(외국어 초록 포함)의 분량이 원고지 120매를 초과하고 150매 이하인 경우에는 1매당 3천원, 150매를 초과하는 경우에는 1매당 5천원의 초과게재료를 납부하여야 한다.

제15조 [논문연구윤리 준수]

① 투고원고는 논문연구윤리 확인서에 포함된 논문연구윤리를 준수하여야 한다.

② 투고원고는 논문연구윤리 확인서를 제출한 경우에 한하여 학회지에 게재될 수 있다.

제16조 [논문사용권 등 위임동의서 제출]

투고원고는 논문사용권 및 복제·전송권 위임동의서를 제출한 경우에 한하여 학회지에 게재될 수 있다.

제17조 [중복게재의 제한]

① '형사판례연구'에 게재된 논문은 다른 학술지에 다시 게재할 수 없다.

② 편집위원회는 제 1 항에 위반한 투고자에 대하여 결정으로 일정기간 투고자격을 제한할 수 있다.

부칙(2006. 12. 04)

제 1 조 [시행일]

이 지침은 '형사판례연구' 제15권 발행시부터 적용한다.

부칙(2007. 12. 10)

제 1 조 [시행일]

이 지침은 '형사판례연구' 제16권 발행시부터 적용한다.

부칙 (2011.12.05.)

제1조 [시행일]

이 지침은 '형사판례연구' 제20권 발행시부터 적용한다.

한국형사판례연구회 연구윤리위원회 규정

2007. 12. 10. 제정

2008. 06. 02. 개정

제 1 조 [목적]

이 규정은 연구윤리위반행위의 방지 및 건전한 연구윤리의 확보를 위한 기본적인 원칙과 방향을 제시하고, 한국형사판례연구회(이하 '본회'라 함) 회원의 연구윤리위반행위에 대한 조치와 절차 등을 규정함을 목적으로 한다.

제 2 조 [연구윤리위반행위]

연구윤리위반행위는 다음 각 호의 하나에 해당하는 것을 말한다.

1. "위조" — 존재하지 않는 데이터 또는 연구결과 등을 허위로 만들어 내는 행위
2. "변조" — 연구의 재료·장비·과정 등을 인위적으로 조작하거나 데이터를 임의로 변형·삭제함으로써 연구의 내용 또는 결과를 왜곡하는 행위
3. "표절" — 타인의 아이디어, 연구의 내용 또는 결과 등을 정당한 승인 또는 인용 없이 도용하는 행위
4. "부당한 논문저자 표시" — 연구내용 또는 결과에 대하여 과학적·기술적 공헌 또는 기여를 한 사람에게 정당한 이유 없이 논문저자 자격을 부여하지 않거나, 과학적·기술적 공헌 또는 기여를 하지 않은 자에게 감사의 표시 또는 예우 등을 이유로 논문저자 자격을 부여하는 행위
5. "중복게재" — 과거에 공간된 논문 등 저작물을 중복하여 출판하는 행위

6. “조사방해·부정은폐”—본인 또는 타인의 연구윤리위반행위의 의혹에 대한 조사를 고의로 방해하거나 제보자에게 위해를 가하는 행위

제 3 조 [연구윤리위원회]

① 연구윤리위반행위의 조사·의결을 위하여 연구윤리위원회(이하 ‘위원회’라 함)를 둔다.

② 연구윤리위원회는 연구윤리위원장을 포함한 10인 이내의 위원으로 구성한다.

③ 연구윤리위원장(이하 ‘위원장’이라 함)은 본회의 연구윤리담당 상임이사로 한다.

④ 연구윤리위원(이하 ‘위원’이라 함)은 본회 회원 중에서 이사회가 선임한다.

⑤ 연구윤리위원의 임기는 1년으로 하며, 연임할 수 있다.

제 4 조 [연구윤리위원회의 조사]

① 위원장은 다음 각 호의 경우 위원회에 연구윤리위반 여부의 조사를 요청하여야 한다.

1. 제보 등에 의하여 연구윤리위반행위에 해당한다는 의심이 있는 때
2. 본회 회원 10인 이상이 서면으로 연구윤리위반행위에 대한 조사를 요청한 때

② 제보의 접수일로부터 만 5년 이전의 연구윤리위반행위에 대해서는 이를 접수하였더라도 처리하지 않음을 원칙으로 한다. 단, 5년 이전의 연구윤리위반행위라 하더라도 피조사자가 그 결과를 직접 재인용하여 5년 이내에 후속 연구의 기획·수행, 연구결과의 보고 및 발표에 사용하였을 경우와 공공의 복지 또는 안전에 위험이 발생하거나 발생할 우려가 있는 경우에는 이를 처리하여야 한다.

③ 연구윤리위반행위의 사실 여부를 입증할 책임은 위원회에 있다. 단, 피조사자가 위원회에서 요구하는 자료를 고의로 훼손하였거나 제출을 거부하는 경우에 요구자료에 포함되어 있다고 인정되는 내용의 진실성을 입증할 책임은 피조사자에게 있다.

④ 위원회는 제보자와 피조사자에게 의견진술, 이의제기 및 변론의 권리와 기회를 동등하게 보장하여야 하며 관련 절차를 사전에 알려주어야 한다.

제 5 조 [연구윤리위원회의 의결]

① 위원회의 연구윤리위반결정은 재적위원 과반수의 출석과 출석위원 3분의 2 이상의 찬성으로 의결한다.

② 조사·의결의 공정을 기하기 어려운 사유가 있는 위원은 당해 조사·의결에 관여할 수 없다. 이 경우 당해 위원은 재적위원의 수에 산입하지 아니한다.

제 6 조 [제보자의 보호]

① 제보자는 연구윤리위반행위를 인지한 사실 또는 관련 증거를 위원회에 알린 자를 말한다.

② 제보자는 구술·서면·전화·전자우편 등 가능한 모든 방법으로 제보할 수 있으며 실명으로 제보함을 원칙으로 한다. 단, 익명의 제보라 하더라도 서면 또는 전자우편으로 논문명, 구체적인 연구윤리위반행위의 내용과 증거를 포함하여 제보한 경우 위원회는 이를 실명 제보에 준하여 처리하여야 한다.

③ 위원회는 제보자가 연구윤리위반행위 신고를 이유로 부당한 압력 또는 위해 등을 받지 않도록 보호해야 할 의무를 지니며 이에 필요한 시책을 마련하여야 한다.

④ 제보자의 신원에 관한 사항은 정보공개의 대상이 되지 않으며, 제보자가 신고를 이유로 제 3 항의 불이익을 받거나 자신의 의지에 반하여 신원이 노출될 경우 위원회 및 위원은 이에 대한 책임을 진다.

⑤ 제보자는 연구윤리위반행위의 신고 이후 진행되는 조사 절차 및 일정 등을 알려줄 것을 위원회에 요구할 수 있으며, 위원회는 이에 성실히 응하여야 한다.

⑥ 제보 내용이 허위인 줄 알았거나 알 수 있었음에도 불구하고 이를

신고한 제보자는 보호 대상에 포함되지 않는다.

제 7 조 [피조사자의 보호]

① 피조사자는 제보 또는 위원회의 인지에 의하여 연구윤리위반행위의 조사대상이 된 자 또는 조사 수행 과정에서 연구윤리위반행위에 가담한 것으로 추정되어 조사의 대상이 된 자를 말하며, 조사 과정에서의 참고인이나 증인은 이에 포함되지 아니한다.

② 위원회는 검증 과정에서 피조사자의 명예나 권리가 부당하게 침해되지 않도록 주의하여야 한다.

③ 연구윤리위반행위에 대한 의혹은 판정 결과가 확정되기 전까지 외부에 공개되어서는 아니 된다.

④ 피조사자는 연구윤리위반행위의 조사·처리절차 및 처리일정 등을 알려줄 것을 위원회에 요구할 수 있으며, 위원회는 이에 성실히 응하여야 한다.

제 8 조 [예비조사]

① 예비조사는 연구윤리위반행위의 의혹에 대하여 조사할 필요가 있는지 여부를 결정하기 위한 절차를 말하며, 신고 접수일로부터 30일 이내에 착수하여야 한다.

② 예비조사 결과 피조사자가 연구윤리위반행위 사실을 모두 인정한 경우에는 본조사 절차를 거치지 않고 바로 판정을 내릴 수 있다.

③ 예비조사에서 본조사를 실시하지 않는 것으로 결정할 경우 이에 대한 구체적인 사유를 결정일로부터 10일 이내에 제보자에게 문서 또는 전자우편으로 통보한다. 단, 익명제보의 경우는 그러하지 않다.

④ 제보자는 예비조사 결과에 대해 불복하는 경우 통보를 받은 날로부터 30일 이내에 위원회에 이의를 제기할 수 있다.

제 9 조 [본조사]

① 본조사는 연구윤리위반행위의 사실 여부를 입증하기 위한 절차를 말하며, 예비조사에서 본조사의 필요성이 인정된 경우 즉시 착수하여야 한다.

② 위원회는 제보자와 피조사자에게 의견진술의 기회를 주어야 하며, 본조사결과를 확정하기 이전에 이의제기 및 변론의 기회를 주어야 한다. 당사자가 이에 응하지 않을 경우에는 이의가 없는 것으로 간주한다.

③ 제보자와 피조사자의 이의제기 또는 변론 내용과 그에 대한 처리 결과는 조사결과 보고서에 포함되어야 한다.

제10조 [판정]

① 판정은 본조사결과를 확정하고 이를 제보자와 피조사자에게 문서 또는 전자우편으로 통보하는 절차를 말하며, 본조사에 의하여 연구윤리위반이 인정된 경우 즉시 하여야 한다.

② 예비조사 착수 이후 판정에 이르기까지의 모든 조사 일정은 6개월 이내에 종료되어야 한다.

③ 제보자 또는 피조사자가 판정에 불복할 경우에는 통보를 받은 날로부터 30일 이내에 본회 회장에게 이의신청을 할 수 있으며, 본회 회장은 이의신청 내용이 합리적이고 타당하다고 판단할 경우 이사회의 결정으로 임시 조사위원회를 구성하여 재조사를 실시하여야 한다.

제11조 [위원회의 권한과 의무]

① 위원회는 조사과정에서 제보자·피조사자·증인 및 참고인에 대하여 진술을 위한 출석을 요구할 수 있고 피조사자에게 자료의 제출을 요구할 수 있으며, 이 경우 피조사자는 반드시 이에 응하여야 한다.

② 위원회 및 위원은 제보자의 신원 등 위원회의 직무와 관련하여 알게 된 사항에 대하여 비밀을 유지하여야 한다.

제12조 [조사의 기록과 정보의 공개]

① 위원회는 조사 과정의 모든 기록을 음성, 영상, 또는 문서의 형태로 5년 이상 보관하여야 한다.

② 조사결과 보고서는 판정이 끝난 이후 공개할 수 있다. 단, 증인·참고인·자문에 참여한 자의 명단 등은 당사자에게 불이익을 줄 가능성이 있을 경우 공개하지 않을 수 있다.

제13조 [연구윤리위반행위에 대한 조치]
위원회가 연구윤리위반행위로 결정한 때에는 다음 각 호의 조치를 취하여야 한다.

1. 투고원고를 '형사판례연구' 논문목록에서 삭제
2. 투고자에 대하여 3년 이상 '형사판례연구'에 논문투고 금지
3. 위반사항을 한국형사판례연구회 홈페이지에 1년간 공고
4. 한국학술진흥재단에 위반내용에 대한 세부적인 사항 통보

제14조 [연구윤리에 대한 교육]
위원회는 본회 회원의 연구윤리의식을 고취시키기 위하여 연구수행과정에서 준수해야 할 연구윤리 규범, 부정행위의 범위, 부정행위에 대한 대응방법 및 검증절차 등에 관한 교육을 실시하여야 한다.

제15조 [규정의 개정]
이 규정의 개정은 이사회의 의결에 의한다.

부칙 (2008. 06. 02)

제 1 조 [시행일]
이 규정은 이사회의 의결이 있은 날부터 시행한다.

한국형사판례연구회 임원명단

2016년 6월 현재

한국형사판례연구회 회원명부

2016년 6월 현재

〈학　계〉

성 명	직 위	근 무 처	우편번호	주 소	직장/자택 전화번호
강 기 정	교수	창원대 법학과	51140	경남 창원시 의창구 창원대학로 20	055-213-3203
강 동 범	교수	이화여대 법학전문대학원	03760	서울 서대문구 이화여대길 52	02-3277-4480
강 석 구	부연구위원	형사정책연구원	06764	서울 서초구 태봉로 114	02-3460-5128
강 수 진	교수	고려대 법학전문대학원	02841	서울 성북구 안암동 145	02-3290-2889
강 우 예	교수	한국해양대 해사법학부	49112	부산 영도구 태종로 727	051-410-4393
권 오 걸	교수	경북대 법학전문대학원	41566	대구 북구 대학로 80	053-950-5473
권 오 봉	교수	부산대 법학전문대학원	46241	부산 금정구 부산대학로63번길 2	051-510-1574
권 창 국	교수	전주대 경찰행정학과	55069	전북 전주시 완산구 천잠로 303	063-220-2242
김 대 근	부연구위원	형사정책연구원	06764	서울 서초구 태봉로 114	02-3460-5175
김 범 식	조교수	서남대 경찰행정법학과	31556	충남 아산시 송악면 평촌길 7-111	041-539-5630
김 봉 수	교수	전남대 법학전문대학원	61186	광주 북구 용봉로 77	062-530-2278

성 명	직 위	근 무 처	우편번호	주 소	직장/자택 전화번호
김 선 복	교수	부경대 법학과	48513	부산 남구 용소로 45	051-629-5441
김 성 돈	교수	성균관대 법학전문대학원	03063	서울 종로구 성균관로 25-2	02-760-0343
김 성 룡	교수	경북대 법학전문대학원	41566	대구 북구 대학로 80	053-950-5459
김 성 은	교수	강원대 법학전문대학원	24341	강원 춘천시 강원대학길 1	033-250-6539
김 성 천	교수	중앙대 법학전문대학원	06974	서울 동작구 흑석로 84	02-820-5447
김 영 철	교수	건국대 법학전문대학원	05029	서울 광진구 능동로 120	02-2049-6047
김 영 환	교수	한양대 법학전문대학원	04763	서울 성동구 왕십리로 222	02-2220-0995
김 유 근	부연구 위원	형사정책 연구원	06764	서울 서초구 태봉로 114	02-3460-5182
김 인 선	명예교수	순천대 법학과	57922	전남 순천시 중앙로 255	061-750-3430
김 인 회	교수	인하대 법학전문대학원	22212	인천 남구 인하로 100	032-860-8965
김 재 봉	교수	한양대 법학전문대학원	04763	서울 성동구 왕십리로 222	02-2220-1303
김 재 윤	교수	전남대 법학전문대학원	61186	광주 북구 용봉로 77	062-530-2240
김 재 희	박사	성균관대 법학연구소 선임연구원	03063	서울시 종로구 성균관로 25-2	02-760-1288
김 정 환	교수	연세대 법학전문대학원	03722	서울 서대문구 연세로 50	02-2123-3003

성 명	직 위	근 무 처	우편번호	주 소	직장 자택 전화번호
김 종 구	교수	조선대 법학과	61452	광주광역시 동구 필문대로 309	062-230-6703
김 종 원	명예교수	성균관대 법학과	03063	서울 종로구 성균관로 25-2	02-760-0922
김 태 명	교수	전북대 법학전문대학원	54896	전북 전주시 덕진구 백제대로 567	063-270-4701
김 택 수	교수	계명대 경찰법학과	42601	대구 달서구 달구벌대로 1095	053-580-5468
김 한 균	부연구위원	형사정책 연구원	06764	서울 서초구 태봉로 114	02-3460-5163
김 혁 돈	교수	가야대 경찰행정학과	50830	경남 김해시 삼계로 208번지	055-330-1145
김 형 준	교수	중앙대 법학전문대학원	06974	서울 동작구 흑석로 84	02-820-5452
김 혜 경	교수	계명대 경찰행정학과	42601	대구 달서구 달구벌대로 1095	053-580-5956
김 혜 정	교수	영남대 법학전문대학원	38541	경북 경산시 대학로 280	053-810-2616
김 희 균	교수	서울시립대 법학전문대학원	02504	서울 동대문구 서울시립대로 163	02-6490-5102
남 선 모	교수	세명대 법학과	27136	충북 제천시 세명로 65	043-649-1231
노 수 환	교수	성균관대 법학전문대학원	03063	서울시 종로구 성균관로 25-2	02-760-0354
도 중 진	교수	충남대 평화안보대학원	34134	대전 유성구 대학로 99번지	042-821-5297
류 부 곤	교수	한경대 법학과	17579	경기 안성시 중앙로 327 (석정동 67)	031-670-5304

성 명	직 위	근 무 처	우편번호	주 소	전화번호 (직장/자택)
류 석 준	교수	영산대 공직인재학부	50510	경남 양산시 주남로 288	055-380-9423
류 인 모	교수	인천대 법학과	22012	인천 연수구 아카데미로 119	032-835-8324
류 전 철	교수	전남대 법학전문대학원	61186	광주 북구 용봉로 77	062-530-2283
류 화 진	교수	영산대 공직인재학부	50510	경남 양산시 주남로 288	055-380-9448
문 성 도	교수	경찰대 법학과	31539	충남 아산시 신창면 황산길 100-50	041-968-2562
민 영 성	교수	부산대 법학전문대학원	46241	부산 금정구 부산대학로63번길 2	051-510-2514
박 강 우	교수	충북대 법학전문대학원	28644	충북 청주시 서원구 충대로 1	043-261-2622
박 광 민	교수	성균관대 법학전문대학원	03063	서울 종로구 성균관로 25-2	02-760-0359
박 기 석	교수	대구대 경찰행정학과	38453	경북 경산시 진량읍 대구대로 201	053-850-6182
박 미 숙	선임 연구위원	형사정책 연구원	06764	서울 서초구 태봉로 114	02-3460-5166
박 상 기	교수	연세대 법학전문대학원	03722	서울 서대문구 연세로 50	02-2123-3005
박 상 진	교수	건국대 공공인재대학 경찰학과	27478	충북 충주시 충원대로 268	043-840-3429
박 수 희	교수	가톨릭관동대 경찰행정학과	25601	강원 강릉시 범일로 579번길 24	033-649-7336
박 찬 걸	교수	대구가톨릭대 경찰행정학과	38430	경북 경산시 하양읍 하양로 13-13	053-850-3339

성 명	직 위	근 무 처	우편번호	주 소	직장/자택 전화번호
박 혜 진	연구원	고려대학교 법학연구원	02841	서울 성북구 안암로 145 고려대학교 CJ법학관 405호	02-3290-1630
백 원 기	교수	인천대 법학과	22012	인천 연수구 아카데미로 119	032-835-8328
변 종 필	교수	동국대 법학과	04620	서울 중구 필동로1길 30	02-2260-3238
서 거 석	교수	전북대 법학전문대학원	54896	전북 전주시 덕진구 백제대로 567	063-270-2663
서 보 학	교수	경희대 법학전문대학원	02447	서울 동대문구 경희대로 26	02-961-0614
성 낙 현	교수	영남대 법학전문대학원	38541	경북 경산시 대학로 280	053-810-2623
소 병 철	석좌교수	농협대학교	10292	경기도 고양시 덕양구 서삼릉길 281	031-960-4000
손 동 권	교수	건국대 법학전문대학원	05029	서울 광진구 능동로 120	02-450-3599
손 지 영	강사	연세대 법학전문대학원	03722	서울 서대문구 연세로 50	02-2123-8644
송 광 섭	교수	원광대 법학전문대학원	54538	전북 익산시 익산대로 460	063-850-6373
승 재 현	부연구위원	형사정책연구원	06764	서울 서초구 태봉로 114	02-3460-5164
신 동 운	교수	서울대 법학전문대학원	08826	서울 관악구 관악로 1	02-880-7563
신 양 균	교수	전북대 법학전문대학원	54896	전북 전주시 덕진구 백제대로 567	063-270-2666
심 영 주	강사	인하대학교 법학전문대학원	22212	인천광역시 남구 인하로 100 인하대학교 로스쿨관	032-860-7920

성 명	직 위	근 무 처	우편번호	주 소	직장/자택 전화번호
심 재 무	교수	경성대 법학과	48434	부산 남구 수영로 309	051-663-4518
심 희 기	교수	연세대 법학전문대학원	03722	서울 서대문구 연세로 50	02-2123-6037
안 경 옥	교수	경희대 법학전문대학원	02447	서울 동대문구 경희대로 26	02-961-0517
안 성 조	교수	제주대 법학전문대학원	63243	제주 제주시 제주대학로 102	064-754-2988
안 성 훈	연구위원	형사정책연구원	06764	서울 서초구 태봉로 114	02-3460-5182
안 원 하	교수	부산대 법학전문대학원	46241	부산 금정구 부산대학로63번길 2	051-510-2502
오 경 식	교수	강릉원주대 법학과	25457	강원 강릉시 죽헌길 7	033-640-2211
오 병 두	교수	홍익대 법학과	04066	서울 마포구 와우산로 94	02-320-1822
오 영 근	교수	한양대 법학전문대학원	04763	서울 성동구 왕십리로 222	02-2220-0994
원 재 천	교수	한동대 법학과	37554	경북 포항시 북구 흥해읍 한동로 558	054-260-1268
원 혜 욱	교수	인하대 법학전문대학원	22212	인천 남구 인하로 100	032-860-7937
유 용 봉	교수	한세대 경찰행정학과	15852	경기 군포시 한세로 30	031-450-5272
윤 동 호	부교수	국민대 법학과	02707	서울 성북구 정릉로 77	02-910-4488
윤 용 규	교수	강원대 법학전문대학원	24341	강원 춘천시 강원대학길 1	033-250-6517

성 명	직 위	근 무 처	우편번호	주 소	직장 자택 전화번호
윤 종 행	교수	충남대 법학전문대학원	34134	대전광역시 유성구 대학로 99번지	042-821-5840
윤 지 영	연구위원	형사정책연구원	06764	서울 서초구 태봉로 114	02-3460-5136
윤 해 성	연구위원	형사정책연구원	06764	서울 서초구 태봉로 114	02-3460-5156
은 숭 표	교수	영남대 법학전문대학원	38541	경북 경산시 대학로 280	053-810-2615
이 강 민	강사	이화여대 법학과	03760	서울 서대문구 이화여대길 52	02-3277-4936
이 경 렬	교수	성균관대 법학전문대학원	03063	서울 종로구 성균관로 25-2	02-760-0216
이 경 재	교수	충북대 법학전문대학원	28644	충북 청주시 서원구 충대로 1	043-261-2612
이 경 호	교수	한국해양대 해사법학부	49112	부산 영도구 태종로 727	051-410-4393
이 근 우	교수	가천대 법학과	13120	경기 성남시 수정구 성남대로 1342	031-750-8728
이 기 헌	교수	명지대 법학과	03674	서울 서대문구 거북골로 34	02-300-0813
이 동 희	교수	경찰대 법학과	31539	충남 아산시 신창면 황산길 100-50	041-968-2662
이 상 문	교수	군산대 해양경찰학과	54150	전북 군산시 대학로 558	063-469-1893
이 상 용	교수	명지대 법학과	03674	서울 서대문구 거북골로 34	02-300-0817
이 상 원	교수	서울대 법학전문대학원	08826	서울 관악구 관악로 1	02-880-2618

성 명	직 위	근 무 처	우편번호	주 소	직장/자택 전화번호
이 상 한	초빙교수	충북대학교 법학전문대학원	28644	충북 청주시 서원구 충대로 1	043-261-2620
이 상 현	교수	숭실대 국제법무학과	06978	서울 동작구 상도로 369	02-820-0486
이 승 준	교수	충북대 법학전문대학원	28644	충북 청주시 서원구 충대로 1	043-261-3689
이 승 현	연구위원	형사정책연구원	06764	서울 서초구 태봉로 114	02-3460-5193
이 승 호	교수	건국대 법학전문대학원	05029	서울 광진구 능동로 120	02-450-3597
이 영 란	명예교수	숙명여대 법학과	04310	서울 용산구 청파로47길 100	02-710-9494
이 용 식	교수	서울대 법학전문대학원	08826	서울 관악구 관악로 1	02-880-7557
이 원 경	외래교수	숭실사이버대 법·행정학과	06978	서울특별시 동작구 상도로 369	02-828-5450
이 원 상	교수	조선대 법학과	61452	광주광역시 동구 필문대로 309	062-230-6073
이 유 진	선임연구위원	청소년정책연구원	30147	세종특별자치시 시청대로 370 세종국책연구단지 사회정책동(D동)	044-415-2114
이 윤 제	교수	아주대 법학전문대학원	16499	경기 수원시 영통구 월드컵로 206	031-219-3784
이 은 모	교수	한양대 법학전문대학원	04763	서울 성동구 왕십리로 222	02-2220-2573
이 인 영	교수	백석대 법정경찰학부	31065	충남 천안시 동남구 문암로 76	041-550-2124
이 정 념	교수	숭실사이버대 법 · 행정학과	06978	서울 동작구 상도로 369 미래관 B101호	02-828-5450

성 명	직 위	근 무 처	우편번호	주 소	직장/자택 전화번호
이 정 민	교수	단국대 법학과	16890	경기 용인시 수지구 죽전로 152	031-8005-3973
이 정 원	교수	영남대 법학전문대학원	38541	경북 경산시 대학로 280	053-810-2629
이 정 훈	교수	중앙대 법학전문대학원	06974	서울 동작구 흑석로 84	02-820-5456
이 주 원	교수	고려대 법학전문대학원	02841	서울 성북구 안암동 5가 1번지	02-3290-2882
이 진 국	교수	아주대 법학전문대학원	16499	경기 수원시 영통구 월드컵로 206	031-219-3791
이 진 권	교수	한남대 경찰행정학과	34430	대전 대덕구 한남로 70	042-629-8465
이 창 섭	교수	제주대 법학전문대학원	63243	제주 제주시 제주대학로 102	064-754-2976
이 천 현	연구위원	형사정책 연구원	06764	서울 서초구 태봉로 114	02-3460-5125
이 태 언	교수	부산외대 법학과	46234	부산 금정구 금샘로 485번길 65	051-509-5991
이 호 중	교수	서강대 법학전문대학원	04107	서울 마포구 백범로 35	02-705-7843
이 희 경	연구교수	성균관대 글로벌리더학부	03063	서울특별시 종로구 성균관로 25-2	02-760-0191
임 정 호	부연구 위원	형사정책 연구원	06764	서울 서초두 태봉로 114	02-3460-5150
임 창 주	교수	서영대학교 사회복지행정과	10843	경기도 파주시 월롱면 서영로 170	031-930-9560
장 규 원	교수	원광대 경찰행정학과	54538	전북 익산시 익산대로 460	063-850-6905

성 명	직 위	근 무 처	우편번호	주 소	직장/자택 전화번호
장 성 원	교수	세명대 법학과	27136	충북 제천시 세명로 65	043-649-1208
장 승 일	강사	전남대학교 법학과	61186	광주 북구 용봉로 77	062-530-2207
장 연 화	교수	인하대 법학전문대학원	22212	인천 남구 인하로 100	032-860-8972
장 영 민	교수	이화여대 법학전문대학원	03760	서울 서대문구 이화여대길 52	02-3277-3502
전 지 연	교수	연세대 법학전문대학원	03722	서울 서대문구 연세로 50	02-2123-5996
전 현 욱	부연구위원	형사정책연구원	06764	서울 서초구 태봉로 114	02-3460-9295
정 도 희	교수	경상대 법학과	52828	경남 진주시 진주대로 501	055-772-2042
정 승 환	교수	고려대 법학전문대학원	02841	서울 성북구 안암동5가 1번지	02-3290-2871
정 영 일	교수	경희대 법학전문대학원	02447	서울 동대문구 경희대로 26	02-961-9142
정 웅 석	교수	서경대 법학과	02713	서울 성북구 서경로 124	02-940-7182
정 준 섭	교수	숙명여대 법학과	04310	서울 용산구 청파로47길 100	02-710-9935
정 진 수	선임연구위원	형사정책연구원	06764	서울 서초구 태봉로 114	02-3460-5127
정 한 중	교수	한국외대 법학전문대학원	02450	서울 동대문구 이문로 107	02-2173-3258
정 행 철	명예교수	동의대 법학과	47340	부산 부산진구 엄광로 176	051-890-1360

성 명	직 위	근 무 처	우편번호	주 소	직장 / 자택 전화번호
정 현 미	교수	이화여대 법학전문대학원	03760	서울 서대문구 이화여대길 52	02-3277-3555
조 국	교수	서울대 법학전문대학원	08826	서울 관악구 관악로 1	02-880-5794
조 균 석	교수	이화여대 법학전문대학원	03760	서울 서대문구 이화여대길 52	02-3277-6858
조 병 선	교수	청주대 법학과	28503	충북 청주시 청원구 대성로 298	043-229-8221
조 인 현	연구원	서울대 법학연구소	08826	서울 관악구 관악로 1	02-880-5471
조 준 현	교수	성신여대 법학과	02844	서울 성북구 보문로 34다길 2	02-920-7124
조 현 욱	학술 연구교수	건국대 법학연구소	05029	서울 광진구 능동로 120	02-450-3297
주 승 희	교수	덕성여대 법학과	01369	서울 도봉구 쌍문동 419	02-901-8177
천 진 호	교수	동아대 법학전문대학원	49236	부산 서구 구덕로 225	051-200-8509
최 민 영	부연구 위원	형사정책 연구원	06764	서울 서초구 태봉로 114	02-3460-5178
최 병 각	교수	동아대 법학전문대학원	49236	부산 서구 구덕로 225	051-200-8528
최 병 문	교수	상지대 법학과	26339	강원 원주시 우산동 660	033-730-0242
최 상 욱	교수	강원대 법학전문대학원	24341	강원 춘천시 강원대학길 1	033-250-6516
최 석 윤	교수	한국해양대 해양경찰학과	49112	부산 영도구 태종로 727	051-410-4238

성 명	직 위	근 무 처	우편번호	주 소	직장/자택 전화번호
최 우 찬	교수	서강대 법학전문대학원	04107	서울 마포구 백범로 35	02-705-8404
최 준 혁	교수	인하대 법학전문대학원	22212	인천 남구 인하로 100	032-860-7926
최 호 진	교수	단국대 법학과	16890	경기 용인시 수지구 죽전로 152	031-8005-3290
탁 희 성	선임 연구위원	형사정책 연구원	06764	서울 서초구 태봉로 114	02-3460-5161
하 태 영	교수	동아대 법학전문대학원	49236	부산 서구 구덕로 225	051-200-8573
하 태 훈	교수	고려대 법학전문대학원	02841	서울 성북구 안암동5가 1번지	02-3290-1897
한 상 돈	교수	아주대 법학전문대학원	16499	경기 수원시 영통구 월드컵로 206	031-219-3786
한 상 훈	교수	연세대 법학전문대학원	03722	서울 서대문구 연세로 50	02-2123-5998
한 영 수	교수	아주대 법학전문대학원	16499	경기 수원시 영통구 월드컵로 206	031-219-3783
한 인 섭	교수	서울대 법학전문대학원	08826	서울 관악구 관악로 1	02-880-7577
허 일 태	교수	동아대 법학전문대학원	49236	부산 서구 구덕로 225	051-200-8516
홍 승 희	교수	원광대 법학전문대학원	54538	전북 익산시 익산대로 460	063-850-6469
황 만 성	교수	원광대 법학전문대학원	54538	전북 익산시 익산대로 460	063-850-6467
황 문 규	교 수	중부대 경찰행정학과	32713	충청남도 금산군 추부면 대학로 201	041-750-6500

성 명	직 위	근 무 처	우편번호	주 소	직장/자택 전화번호
황 민 웅	사법 연수원생	사법연수원	10413	경기도 고양시 일산동구 호수로 550	031-920-3114
황 정 인	경정	형사정책 연구원	06764	서울 서초구 태봉로 114	02-3460-5170
황 태 정	교수	경기대 경찰행정학과	16227	경기 수원시 영통구 광교산로 154-42	031-249-9337
황 호 원	교수	한국항공대 항공교통물류 우주법학부	10540	경기 고양시 덕양구 항공대학로 76	02-300-0345

〈변 호 사〉

이 름	직 위	근 무 지	우편번호	주 소	직장/자택 전화번호
강 민 구	대표 변호사	법무법인 진솔	06605	서울 서초구 서초중앙로 148 김영빌딩 11층	02-536-2455
강 용 현	대표 변호사	법무법인 태평양	06132	서울 강남구 테헤란로 137 현대해상빌딩 17층	02-3404-1001 (3404-0184)
곽 무 근	변호사	법무법인 로고스	06164	서울 강남구 테헤란로 87길 36(삼성동 159-9 도심공항타워 14층)	02-2188-1000 (2188-1049)
권 광 중	고문 변호사	법무법인 광장	04532	서울 중구 남대문로 63 한진빌딩	02-2191-3031
권 태 호	변호사	법무법인 청주로	28625	청주시 서원구 산남동 산남로 64 엔젤변호사 B/D 7층	043-290-4000
금 태 섭	국회의원	국회	07233	서울 영등포구 의사당대로 1 국회의원회관 933호	02-784-9761

이 름	직 위	근 무 지	우편번호	주 소	직장/자택 전화번호
김 광 준	변호사	김광준 법률사무소	42013	대구 수성구 동대구로 351	053-218-5000
김 광 준	변호사	법무법인 태평양	06132	서울 강남구 테헤란로 137 현대해상빌딩 17층	02-3404-1001 (3404-0481)
김 남 현	변호사	법무법인 현대 노원분사무소	08023	서울 양천구 신월로 385 동진빌딩 302호	02-2606-1865
김 대 휘	대표 변호사	법무법인 화우	06164	서울 강남구 영동대로 517 아셈타워 22층	02-6003-7120
김 동 건	대표 변호사	법무법인 바른	06182	서울 강남구 테헤란로 92길 7 바른빌딩	02-3476-5599 (3479-7500)
김 동 철	대표 변호사	법무법인 유앤아이	35240	대전 서구 둔산중로 74 인곡타워 3층	042-472-0041
김 상 헌	대표이사	NHN	13561	경기 성남시 분당구 불정로 6 NAVER그린팩토리	1588-3830
김 상 희	변호사	김상희 법률사무소	06596	서울 서초구 서초대로 49길 18 상림빌딩 301호	02-536-7373
김 성 준	변호사	김성준 법률사무소	01322	서울 도봉구 마들로 735 율촌빌딩 3층	02-3493-0100
김 종 형	대표 변호사	법무법인 서울센트럴	06595	서울 서초구 법원로 15 정곡빌딩 서관 517호	02-537-41000
김 주 덕	대표 변호사	법무법인 태일	06595	서울 서초구 법원로3길 25 태흥빌딩 4층	2-3481-4200
김 진 환	원장	형사정책 연구원	06764	서울 서초구 태봉로 114	02-3460-5106
김 희 옥	고문 변호사	법무법인 해송	06606	서울 서초구 서초대로 301 동익성봉빌딩 9층	02-3489-7100 (3489-7178)

이 름	직 위	근 무 지	우편번호	주 소	직장/자택 전화번호
문 성 우	대표 변호사	법무법인 바른	06181	서울 강남구 테헤란로 92길 7 바른빌딩	02-3476-5599 (3479-2322)
문 영 호	변호사	법무법인 태평양	06132	서울 강남구 테헤란로 137 현대해상빌딩 17층	02-3404-1001 (3404-0539)
박 민 식	변호사	법무법인 하늘	47511	부산시 연제구 거제동 1490-1 부산법조타운빌딩 301호	051-949-9896
박 영 관	변호사	법무법인 동인	06620	서울 서초구 서초대로74길 4 삼성생명서초타워 17층	02-2046-1300 (2046-0656)
박 혜 진	변호사	김&장 법률사무소	03170	서울 종로구 사직로8길 39 세양빌딩	02-3703-1114 (3703-4610)
백 승 민	고문 변호사	테크앤로 법률사무소	03739	서울 서대문구 통일로 87 임광빌딩 신관 17층	02-365-2410
백 창 수	변호사	법무법인 정률	06069	서울 강남구 학동로 401 금하빌딩 4층	02-2183-5500 (2183-5539)
서 우 정	부사장	삼성생명	04513	서울 중구 세종대로 55 삼성본관빌딩 11층 법무실	02-751-3490
석 동 현	변호사	법무법인 대호	06134	서울 강남대로 테헤란로 119 대호레포츠빌딩 6층	02-568-5200
선우 영	대표 변호사	법무법인 세아	06164	서울 강남구 삼성동 159-1 트레이드타워 205호	02-6000-0040 (6000-0089)
손 기 식	고문 변호사	법무법인 대륙아주	06151	서울 강남구 테헤란로 317 동훈타워	02-563-2900
손 기 호	사무총장	대한법률구조 공단	39660	경북 김천시 혁신2로 26	054-810-0132
신 남 규	고문 변호사	법무법인 인	06233	서울 강남구 테헤란로8길 8 동주빌딩 11층	02-523-2662
신 용 석	변호사	법무법인 동헌	06595	서울 서초구 법원로1길 5 우암빌딩 3층	02-595-3400

이 름	직 위	근 무 지	우편번호	주 소	직장/자택 전화번호
여 훈 구	변호사	김&장 법률사무소	03170	서울 종로구 사직로8길 39 세양빌딩	02-3703-1114 (3703-4603)
원 범 연	변호사	법무법인 강남	06593	서울 서초구 서초중앙로 203 OSB빌딩 4층	02-6010-7000 (6010-7021)
유 병 규	법무팀장	삼성SDS	05510	서울 송파구 올림픽로35길 125 삼성SDS 타워	02-6115-3114
윤 병 철	변호사	법무법인 화우	06164	서울 강남구 영동대로 517 아셈타워 22층	02-6182-8303
윤 재 윤	파트너 변호사	법무법인 세종	04631	서울 중구 퇴계로 100 스테이트타워 남산 8층	02-316-4114 (316-4205)
이 건 종	변호사	법무법인 화우	06164	서울 강남구 영동대로 517 아셈타워 22층	02-6003-7542
이 광 재	변호사	법무법인 보람	05044	서울 광진구 아차산로 375 크레신타워 507호	02-457-5522
이 기 배	대표 변호사	법무법인 로월드	06647	서울 서초구 서초대로 254 오퓨런스빌딩 1602호	02-6223-1000
이 명 규	변호사	법무법인 태평양	06132	서울 강남구 테헤란로 137 현대해상빌딩 17층	02-3404-1001 (3404-0131)
이 상 철	변호사	법무법인 유원	06604	서울 서초구 서초대로51길 14 JH엘로펌애비뉴빌딩	02-592-6500
이 승 현	변호사	법무법인 지평	03740	서울 서대문구 충정로 60 KT&G 서대문타워 10층	02-6200-1804
이 용 우	상임고문 변호사	법무법인 로고스	06164	서울 강남구 테헤란로 87길 36(삼성동 159-9 도심공항타워빌딩 14층)	02-2188-1001
이 용 주	국회의원	국회	07233	서울 영등포구 의사당대로 1 국회의원회관 532호	02-784-6090

이 름	직 위	근 무 지	우편번호	주 소	직장 자택 전화번호
이 재 홍	변호사	김&장 법률사무소	03170	서울 종로구 사직로8길 39 세양빌딩	02-3703-1114 (3703-1525)
이 종 상	법무팀장	LG그룹	07336	서울 영등포구 여의대로 128 LG트윈타워	02-3277-1114
이 충 상	대표 변호사	법무법인 대호	06134	서울 강남구 테헤란로 119 대호레포츠빌딩 6층	02-568-5200
이 훈 규	고문 변호사	법무법인(유) 원	06253	서울 강남구 강남대로 308 랜드마크타워 11층	02-3019-3900 (3019-5457)
전 주 혜	변호사	법무법인 태평양	06132	서울 강남구 테헤란로 137 현대해상빌딩 17층	02-3404-1001 (3404-0153)
정 구 환	변호사	법무법인 남부제일	07301	서울 영등포구 영신로34길 30	02-2635-5505
정 동 기	고문 변호사	법무법인 바른	06181	서울 강남구 테헤란로 92길 7 바른빌딩	02-3476-5599 (3479-2423)
정 동 욱	고문 변호사	법무법인 케이씨엘	03151	서울 종로구 종로5길 58 석탄회관빌딩 10층	02-721-4000 (721-4471)
정 석 우	변호사	법무법인 동인	06620	서울 서초구 서초대로74길 4 삼성생명서초타워 17층	02-2046-1300 (2046-0686)
정 진 규	대표 변호사	법무법인 대륙아주	06151	서울 강남구 테헤란로 317 동훈타워	02-563-2900
조 영 수	변호사	법무법인 로월드	06647	서울 서초구 서초대로 254 오퓨런스빌딩 1602호	02-6223-1000
최 교 일	국회의원	국회	07233	서울 영등포구 의사당대로 1 국회의원회관 934호	02-784-4195
최 근 서	변호사	최근서 법률사무소	06595	서울 서초구 법원로2길 15 길도빌딩 504호	02-532-1700
최 동 렬	변호사	법무법인 율촌	06180	서울 강남구 테헤란로 518 섬유센터 12층)	02-528-5200 (528-5988)

이 름	직 위	근 무 지	우편번호	주 소	직장/자택 전화번호
최 성 진	변호사	법무법인 세종	04631	서울 중구 퇴계로 100 스테이트타워 남산 8층	02-316-4114 (316-4405)
최 운 식	변호사	법무법인 대륙아주	06151	서울 강남구 테헤란로 317 동훈타워	02-563-2900 (3016-5231)
최 재 경	변호사	변호사 최재경 법률사무소	06164	서울 강남구 영동대로 511 삼성트레이드타워 4305호	02-501-3481
최 정 수	대표 변호사	법무법인 세줄	06220	서울 강남구 테헤란로 208 안제타워 17층	02-6200-5500
최 철 환	법무 비서관	청와대 대통령비서실	03048	서울 종로구 청와대로 1	02-730-5800
추 호 경	고문 변호사	법무법인 대륙아주	06151	서울 강남구 테헤란로 317 동훈타워	02-563-2900 (3016-5242)
한 영 석	변호사	법무법인 우일	04637	서울 중구 퇴계로 18 대우재단빌딩 1103호	02-591-6633
홍 석 조	회장	BGF리테일	06162	서울 강남구 테헤란로 405	1577-3663
황 인 규	대표이사	주식회사 충남도시가스	34800	대전광역시 중구 유등천동로 762	042-336-5100

〈법 원〉

이 름	직 위	근 무 지	우편번호	주 소	직장/자택 전화번호
고 제 성	재판 연구관	대법원	06590	서울 서초구 서초대로 219	02-3480-1100
권 순 건	판사	의정부 지방법원	11616	경기도 의정부시 녹양로 34번길 23	031-828-0114
권 창 환	판사	서울중앙지법	06594	서울 서초구 서초중앙로 157	02-530-1114

이 름	직 위	근 무 지	우편번호	주 소	직장/자택 전화번호
권 태 형	부장판사	서울가정법원	06749	서울 서초구 강남대로 193	02-2055-7114
김 광 태	법원장	광주지방법원	61441	광주광역시 동구 준법로 7-12(지산2동)	062-239-1114
김 기 영	부장판사	서울중앙지법	06594	서울 서초구 서초중앙로 157	02-530-1114
김 대 웅	수석부장 판사	인천지방법원	22220	인천 남구 소성로 163번길 17(학익동)	032-860-1114
김 동 완	판사	서울고등법원	06594	서울 서초구 서초중앙로 157	02-530-1114
김 용 헌	사무처장	헌법재판소	03060	서울 종로구 북촌로 15(재동 83)	02-708-3456
김 우 진	부장판사	서울고등법원	06594	서울 서초구 서초중앙로 157	02-530-1114
김 정 원	선임부장 연구관	헌법재판소	03060	서울 종로구 북촌로 15(재동 83)	02-708-3456
김 형 두	부장판사	서울고등법원	06594	서울 서초구 서초중앙로 157	02-530-1114
김 희 수	재판 연구관	대법원	06590	서울 서초구 서초대로 219	02-3480-1100
김 희 철	재판 연구관	대법원	06590	서울 서초구 서초대로 219	02-3480-1100
남 성 민	부장판사	서울중앙지법	06594	서울 서초구 서초중앙로 157	02-530-1114
박 진 환	부장판사	의정부 지방법원	11616	경기도 의정부시 녹양로 34번길 23	031-828-0114
송 영 승	재판 연구관	대법원	06590	서울 서초구 서초대로 219	02-3480-1100

이 름	직 위	근 무 지	우편번호	주 소	직장/자택 전화번호
오 기 두	부장판사	서울동부지법	05050	서울 광진구 아차산로 404	02-2204-2114
오 상 용	부장판사	서울중앙지법	06594	서울 서초구 서초중앙로 157	02-530-1114
우 인 성	부장판사	청주지방법원	28624	충북 청주시 서원구 산남로62번길 51	043-249-7114
유 현 정	판사	창원지방법원	51456	경상남도 창원시 성산구 창이대로 681	055-239-2177
윤 승 은	부장판사	대전고등법원	35237	대전광역시 서구 둔산중로 78번길 45(둔산동)	042-470-1882
이 규 훈	판사	서울행정법원	06749	서울 서초구 강남대로 193	02-2055-8114
이 민 걸	부장판사	서울고등법원	06594	서울 서초구 서초중앙로 157	02-530-1114
이 승 련	부장판사	서울고등법원	06594	서울 서초구 서초중앙로 157	02-530-3114
이 정 환	판사	서울고등법원	06594	서울 서초구 서초중앙로 157	02-530-3114
이 창 형	부장판사	서울고등법원	06594	서울 서초구 서초중앙로 157	02-530-1114
임 경 옥	판사	전주지방법원	54889	전주시 덕진구 사평로 25	063-259-5400
임 동 규	부장판사	서울중앙지법	06594	서울 서초구 서초중앙로 157	02-530-1114
한 경 환	지원장	대전지방법원 서산지원	31988	충청남도 서산시 공림4로 24	041-660-0600
한 대 균	판사	서울중앙지법	06594	서울 서초구 서초중앙로 157	02-530-1114

〈검　찰〉

이 름	직 위	근 무 지	우편번호	주 소	직장/자택 전화번호
고 흥	공안기획관	대검찰청	06590	서울 서초구 반포대로 157	02-3480-2000
구 태 연	검사	서울중앙지검	06594	서울특별시 서초구 반포대로 158	02-530-3114
권 순 철	검찰연구관, 국제협력단장	대검찰청	06590	서울 서초구 반포대로 157	02-3480-2000
권 익 환	기획조정 실장	법무부	06590	경기도 과천시 관문로 47 정부과천청사 1동	02-2110-3000
김 기 준	검사	서울고검	06594	서울 서초구 반포대로 158	02-530-3114
김 석 우	검사	서울고검	06594	서울 서초구 반포대로 158	02-530-3114
김 영 규	지청장	대전지검 홍성지청	32226	충청남도 홍성군 홍성읍 법원로 40	041-640-4200
김 영 기	지청장	전주지검 남원지청	55761	전라북도 남원시 용성로 59	063-633-3131
김 윤 섭	부부장검사	서울동부지검	05050	서울 광진구 아차산로 404	02-2204-4000
김 진 숙	연구위원	법무연수원	27873	충북 진천군 덕산면 교연로 780	043-531-1600
노 진 영	부부장검사	서울중앙지검	06594	서울특별시 서초구 반포대로 158	02-530-3114
류 장 만	부부장검사	부산지검	47510	부산 연제구 법원로 15	051-606-3300
박 민 표	검사장	서울동부지검	05050	서울 광진구 아차산로 404	02-2204-4000

이 름	직 위	근 무 지	우편번호	주 소	직장/자택 전화번호
박 수 민	검사	부산지검	47510	부산광역시 연제구 법원로 15	051-606-3300
박 종 근	부장검사	수원지검	16517	경기도 수원시 영통구 월드컵로 120	031-210-4200
박 지 영	검사	의정부지검 고양지청	10413	경기도 고양시 일산동구 장백로 213	031-909-4000
백 재 명	공안 부장검사	부산지검	47510	부산광역시 연제구 법원로 15	051-606-3300
변 창 훈	차장검사	서울북부지검	01322	서울특별시 도봉구 마들로 747	02-3399-4200
봉 욱	검사장	서울동부지검	05050	서울 광진구 아차산로 404	02-2204-4000
송 삼 현	차장검사	부산지검	47510	부산광역시 연제구 법원로 15	051-606-3300
신 승 희	검사	부산지검	47510	부산광역시 연제구 법원로 15	051-606-3300
심 우 정	부장검사	서울중앙지검	06594	서울특별시 서초구 반포대로 158	02-530-3114
안 미 영	부부장검사	수원지검	16517	경기도 수원시 영통구 월드컵로 120	031-210-4200
안 성 수	검사	대검찰청	06590	서울 서초구 반포대로 157	02-3480-2000
오 세 인	검사장	광주고검	61441	광주광역시 동구 준법로 7-12	062-231-3114
유 혁	부장검사	의정부지검 고양지청	10413	경기도 고양시 일산동구 장백로 213	031-909-4000
이 상 진	지청장	광주지검 장흥지청	59330	전라남도 장흥군 장흥읍 읍성로 121-1	061-860-4200

이 름	직 위	근 무 지	우편번호	주 소	직장/자택 전화번호
이 선 욱	검찰과장	법무부	06590	경기도 과천시 관문로 47 정부과천청사 1동	02-2110-3000
이 선 훈	검사	서울고검	06594	서울 서초구 반포대로 158	02-530-3114
이 승 호	부부장검사	수원지검 안산지청	15472	경기도 안산시 단원구 광덕서로 73	031-481-4200
이 완 규	지청장	인천지검 부천지청	14602	경기도 부천시 상일로 127	032-320-4000
이 주 형	제2차장 검사	대구지검	42027	대구광역시 수성구 동대구로 364	053-740-3300
이 흥 락	제1차장 검사	인천지검	22220	인천광역시 남구 소성로163번길 49	032-860-4000
전 승 수	형사1부장 검사	광주지검	61441	광주광역시 동구 준법로 7-12	062-231-3114
정 점 식	공안부장	대검찰청	06590	서울 서초구 반포대로 157	02-3480-2000
정 진 기	부장검사	수원지검 안양지청	14054	경기도 안양시 동안구 관평로 212번길 52	031-470-4200
정 혁 준	검사	인천지검	402-768	인천 남구 소성로 163번길 49	032-860-4000
조 상 준	방위사업 감독관, 검사	방위사업청	04353	서울시 용산구 두텁바위로 54-99	1577-1118
조 은 석	부원장	사법연수원	10413	경기도 고양시 일산동구 호수로 550	031-920-3114
조 희 진	검사장	의정부지검	11616	경기도 의정부시 녹양로 34번길 23	031-820-4200
차 맹 기	지청장	대전지검 천안지청	31125	충청남도 천안시 동남구 신부7길 17	041-620-4500

이 름	직 위	근 무 지	우편번호	주 소	직장/자택 전화번호
최 기 식	형사5 부장검사	서울중앙지검	06594	서울특별시 서초구 반포대로 158	02-530-3114
최 길 수	검사	서울고검	06594	서울 서초구 반포대로 158	02-530-3114
최 순 호	검찰연구관	대검찰청	06590	서울 서초구 반포대로 157	02-3480-2000
최 인 호	부부장검사	인천지검	402-768	인천 남구 소성로 163번길 49	032-860-4000
한 웅 재	형사8 부장검사	서울중앙지검	06594	서울특별시 서초구 반포대로 158	02-530-3114
한 제 희	인권조사 과장	법무부	06590	경기도 과천시 관문로 47 정부과천청사 1동	02-2110-3000
홍 완 희	검사	서울중앙지검	06594	서울특별시 서초구 반포대로 158	02-530-3114
황 병 주	범죄예방 기획과장	법무부	06590	경기도 과천시 관문로 47 정부과천청사 1동	02-2110-3000
황 철 규	검사장	부산지검	47510	부산광역시 연제구 법원로 15	051-606-3300

刑事判例研究〔24〕

2016년 6월 20일 초판인쇄
2016년 6월 30일 초판발행

편　자　한국형사정책연구원
발행인　안 종 만
발행처　(주) 博英社
서울특별시 종로구 새문안로3길 36, 1601
전화 (733)6771 FAX (736)4818
등록 1959. 3. 11. 제300-1959-1호(倫)

편자와 협의하여 인지첩부 생략함

www.pybook.co.kr e-mail: pys@pybook.co.kr

ISBN 979-11-303-2930-7
978-89-6454-587-4(세트)

정 가 52,000원　ISSN 1225-6005 24